英國與廣東海盜的較量
一九二〇年代英國政府的海盜剿防對策

應俊豪 著

臺灣 學生書局 印行

周序

　　17 世紀以來，海洋給西方人帶來無窮的財富，也給中國帶來許多新挑戰。從葡萄牙商人經印度抵達中國開始，歐洲許多國家的商人紛紛募集資金購買船隻，航向中國，購買各種物品，從茶、絲到瓷器與藥材。因為利潤龐大，儘管有些風險也在所不惜；罹患傳染疾病、遭遇海盜或風災等都是當時航海者的夢魘。1752 年，普魯士派遣商船「普魯士國王」號來華，船上原有船員 132 人，回航時只剩 112 人，折損頗多。

　　19 世紀中，英國在香港建立殖民基地，經營各種商業，船隻行經中國幾個重要港口，附帶也經營客輪業務，海運業隨之發達。1870 年代，大清朝派遣官員出使歐美，都得搭乘西方商人經營的海船。

　　世界各海域都有海盜，船運發達之後，海船也成了盜匪的目標。西方有許多有關加勒比海的海盜船說，明末中國也有蔡牽、李旦等著名海盜。對長居陸地，耕種維生的農業民族而言，海盜並不發生在日常生活中，但對海運業者而言，防海盜是重要課題。廣東為中國南方門戶，海上交通發達，20 世紀初年，因為政局不明，鬆懈了防盜、捕盜的工作，廣東海面的海盜相當猖獗，英國船隻當然不能倖免於盜賊。

　　臺灣海洋大學海洋文化研究所的應俊豪副教授關心廣東海盜課題，蒐羅當時中西雙方紀錄及報章雜誌的資料，商量涵養，寫成《英國與廣東海盜的較量——一九二〇年代英國政府的海盜剿防對策》一書。

　　應教授學兼中西，對西方歷史發展與近代中國的課題俱有專精，撰寫本書之時，廣收資料，並與同儕論學，下筆為文，自然說理清楚，敘事明白。付梓之際，特綴數語，敬祈讀者高明察之。

國立政治大學人文中心主任周惠民教授

2015 年 3 月

II 英國與廣東海盜的較量——一九二〇年代英國政府的海盜剿防對策

唐序

　　大學校園中指導教授與研究生的關係，常在解惑與辯難之間拔河，充滿樂趣與挑戰。技術層次的材料、邏輯、章節架構問題比較容易解決，複雜的理念層次上，師生常會在選題及切入角度等微妙的差異上反覆磨合，辯難過程中逼出彼此性向稟賦與學術看法的差異，在一點一滴摸索出合於學生特質路徑的過程中，老師也會有很多想法上的修正與調整，或許這就是所謂的「教學相長」吧。俊豪對我而言，就是這樣的學生。

　　我在英國讀書時，受指導教授 Prof. Ian Nish 的影響，特別注意中國近代史研究中「歷史事實」與「政治宣傳」的區別。回臺之後，鑑於兩岸許多所謂學術研究中常滲入先入為主的政治傾向，我對此戒心特重，時時警惕要回歸檔案，並對照他國一手史料及嚴謹研究成果，盡可能做出逼近真相的「歷史事實」。另外，對於風行一時的「後現代主義」，我當時認為西方歷史學經過長期「現代」史學實踐，不免出現弊端，遂有「後現代」的對應攻錯。但是臺海兩岸近代史學實證研究的基礎仍未確立，就受種種意識形態的牽引，尚未真正進入「現代」就貿然跳入「後現代」，只怕未蒙其利反先受其害。因此，我的研究十分強調紮實檔案史料基本功，排斥政治宣傳與過多的花俏詮釋，我也這樣要求我的研究生。

　　第一次與俊豪接觸，是他在政大讀碩士時，我在研究生論文發表會評論他的文章，我欣賞他堅實的中外檔案功夫，但對稍多的詮釋，則認為「後現代」腔太重。不久我到政大任教，俊豪讀博士班，上我開的「外交史理論與研究取向」課程，對話機會較多。我一貫堅持中國外交史研究的檔案實證基礎不夠，而政治宣傳太多，今日應先回歸一手史料，盡可能排除當時輿論激情及後日宣傳的誤導。研究者在五十歲之前，應謹守檔案做實證研究，累積紮實的個案研究基礎，對當時歷史脈絡有掌握能力後，再談語境與意義不遲，庶不致只見淺薄之表面，望文生義，或以後設的概念任意割裂當時歷史脈絡，自以爲是的詮釋當時的語境。同時，我還認爲中國外交史上層的雙邊交涉，還有許多題目沒被好好研究，應先集中力量做較重要的問題。

俊豪有不同的看法，認爲傳統外交史研究的檔案排比與考證，太過枯燥無趣。上層交涉常只見冠冕堂皇的表面官樣文章，若不看中下層社會人民之交往，無法全面理解雙邊外交。除上層外交文書外，他更注重領事館報告中有血有肉的中外衝突，報章雜誌中對事件的細節描繪，以及社會群眾的情緒反應，努力將上下層歷史與外交的隔閡打破，相信在史料空白處研究者應有詮釋描繪的空間，讓歷史研究更有生命力與感染性。由於他的堅持，我同意以「洋大人」與「丘八爺」做爲博士論文研究主題。

在指導他寫博士論文的過程中，我逐漸體會我們研究取徑的差別，可能因爲我做的主要是上層外交，兩國官方往來涉及外交及條約談判，必須盡可能實證嚴謹。俊豪著重多層次的官方與民間往來，關懷的更多是下層歷史，檔案史料相對不完全，語境研究十分重要。加以 1920 年代輿論與政治宣傳的影響力甚大，即使是基於錯誤史實的宣傳所發生的社會影響力，在當時也是一種歷史事實，甚且在特定時間內，其影響比外交史家做出的「歷史事實」要大得多。若不把輿論、宣傳的影響考慮進去，無法全面理解當時的歷史發展。所以五十歲之後，我的檔案研究也開始考量到當時的輿論宣傳，逐漸由純文本實證史實研究，稍稍觸及與語境的對話，讓研究成果與讀者有較多的互動。如果我在這方面有突破，獲致了一點業績，不能不說是與俊豪「教學相長」的成果吧。

俊豪聰明用功，研究領域雖聚焦於 1920 年代的中外關係，但不限於傳統外交史研究的兩國中央政府間的官式往來，對劫案、輿論、互毆等中外官民之間多元豐富的往來更有興趣。他的碩、博士論文都獲選入政大史學叢書，出版了《公眾輿論與北洋外交》(2001)、《「丘八爺」與「洋大人」》(2009)兩書，大獲好評。到海洋大學任教後，持續研究長江航運的中外衝突，又出版《外交與砲艦的迷思》(2010)一書，受到學界矚目。近年他的研究領域由大江邁向大海，辛勤累積多年研究成果，終有本書之付梓。

　　本書探討英國與廣東大亞灣海盜的關係，反映了 1920 年代中外關係中，少為人知卻十分重要的面相，可幫助學界更全面的理解當時的中外關係。海盜是個重要而有趣的問題，然而一直是很難處理的課題，主要的困難在於沒有史料。（就像經濟史中的走私及黑市問題一樣，誰都知道重要，但不知從何下手）好在俊豪從英國檔案中找到許多與中國海盜相關的材料，讓我們對海盜的認識從模糊變得稍微清晰一些。

　　1920 年代英國對華政策的複雜程度，遠超出過去學界認知的英國帝國主義與中國民族主義，或是英俄在華的資本主義與布爾希維克的對抗。所謂砲艦外交(Gunboat Diplomacy)不只是發生於兩國之間，也可發生於海軍強權與海盜之間。英國以堂堂世界海軍第一強國，在中國沿海航運受到廣東海盜的威脅，居然絞盡腦汁費盡心力也無法應付，顯示了海權帝國的限制。英國一直希望中國統一而繁榮，可在中國貿易賺錢，因此支持中國改革，支持中央政府。然而 1920 年代中國中央政府日趨衰敗，地方當局不奉號令各行其是，甚至各省之下又有種種地方割據勢力，如陳炯明殘部盤據廣東東江一帶，政治不安經濟凋弊，遂成了廣東海盜的巢穴。英國一直希望列強在華合作，共同維護所謂「條約體系」，然而各國各懷鬼胎，表面和諧，實則暗中角力。英國被迫獨自行動，並與地方當局甚至各割據勢力打交道，但總是用大砲打小鳥，事倍功半。然而等到中國統一強大，海盜消失了，大英帝國也瓦解了。

　　中國近代史研究過去被「革命史觀」與「民族主義」敘事結構遮蔽，顯得一元、單調、貧瘠，束縛了國人對過去的理解，以及對未來的想像空間。俊豪此書展現了近代史中多元豐富的一個面相，他用多層次的豐富歷史敘事描繪，讓故事生動有趣，打破過去外交史研究枯燥無味的限制，開創了國際關係史豐富多彩的敘事可能。我對這種研究取向寄以厚望，並十分樂意向讀者們大力推薦。

東海大學歷史系主任唐啟華教授
2015 年 3 月

VI 英國與廣東海盜的較量———一九二〇年代英國政府的海盜剿防對策

自序

　　筆者近年來研究的重心，在於探明 1920 年代中國現狀發展如何影響到列強對華政策與外交軍事施為，並嘗試釐清兩者之間的關連性，以期對 1920 年代中外關係史，有更爲深入的了解。因此，筆者長期大量閱讀英、美、日等列強的外交檔案，希望從中找到線索與蛛絲馬跡。而就在查閱英國外交檔案(FO371)的過程中，卻發現廣東(大亞灣)海盜一詞，頻繁地出現在英國駐華使領報告中。這其實意謂廣東海盜問題，可能持續困擾著當時的英國駐華官員。尤其是廣東緊鄰英國在華主要的根據地香港，廣東局勢稍有風吹草動，即可能影響到香港的商業活動。況且大亞灣水域又位於香港往來上海間的航路上，海盜的劫船威脅，更可能因此波及到英國在華最重要的商貿利益。爲了進一步了解英國政府與涉華事務官員對於廣東海盜問題的觀察、因應對策及其對當時中英關係的影響，筆者申請了國科會專題計畫的補助前往香港，查閱英國殖民部檔案(CO129)微捲。在殖民部檔案中，筆者找到大量英國政府內部，包括內閣、殖民部、外交部、海軍部、陸軍部、貿易委員會等部會關於廣東海盜問題的複雜政策討論與決策過程。在歷經近四年的整理與仔細爬梳英國外交部與殖民部檔案，以及內閣、國會與港英政府資料，並輔以中國方面的相關檔案後，筆者終於逐步弄清 1920 年代英國政府眼中的廣東海盜問題及其剿防對策，也才有本書的出現。在撰寫過程中，爲提早獲得同儕專家學者對於個人研究的建議與看法，本書部份章節曾投稿國內 THCI Core 學術期刊，例如第八章與第十一章曾分別刊登在《國史館館刊》(第 37 期，2013)與《國立政治大學歷史學報》（第 41 期，2014）。第十章則經過匿名審查，收錄在政大人文中心出版的學術專書《國際秩序與中國外交的形塑》（2014）一書中。

　　其次，必須澄清與強調的，筆者研究此議題的核心關懷，並非爲了探究當時廣東海盜的社會組成與發展成因，這其實是社會史研究者有興趣的議題，並非筆者所長。直言之，筆者屬於近現代外交史研究者，所受的史學訓練也著重在處理外交與國際關係，因此所關注的，是廣東海盜此一中國社會問題如何成為外交議題，從而影響到當時列強對華的外交與軍事施為。換言之，筆者所關心的是外國人眼中的中國現狀，以及他們的因應對策。至於民國廣東海盜的社會組成與發展成因，只能留給社會史專家來深入探究了。不過，筆者在研究此議題時，曾參閱大量的英國外交與殖民部檔案，特別是其中不少乃是當時英國駐華使領、海軍官員對於廣東海盜問題的第一手觀察，甚至還有香港警察的線民報告，非常彌足珍貴，相信未來對於社會史專家在探究民國海盜問題時，也會有一定程度的助益。

本書能夠出版，要感謝的人也很多。周惠民教授與唐啟華教授是我就讀政大研究所時期的授業恩師，即使畢業在大學開始教書工作，兩位老師仍然持續給予我極大的鼓勵，並不時在學術上給予指點，讓我在研究路上能夠繼續往前邁進。國史館館長呂芳上教授，自研究所時期就是筆者十分敬重的前輩學者，其對北伐時期英國出兵上海的研究，啟迪我對於 1920 年代英國對華政策複雜面向的認知。中央研究院近史所張力教授、政大歷史系劉維開教授、東華大學歷史系吳翎君教授，則是國內海軍史、民國史與中外關係史研究的權威學者，因與我研究主題密切相關，故近年來曾多次向他們請教，承蒙其不吝給予建議與指教。東京大學總合文化研究科的川島真教授，是日本研究近現代中國外交史的重要學者，曾評論過筆者的相關研究，其對外交史的廣度分析與見解，是筆者要努力學習的。中研院人社中心海洋史專題研究中心的劉石吉教授、張彬村教授、陳國棟教授、朱德蘭教授、湯熙勇教授、劉序楓教授等是國內研究海洋史的先驅學者與帶頭人。筆者曾受邀到該中心進行主題演講，在與諸位前輩學者的交流中，獲益良多。臺灣海洋大學的同事，黃麗生院長、安嘉芳所長、卞鳳奎教授、吳智雄教授、顏智英教授、林谷蓉教授以及我的學姊吳蕙芳教授，無論在教學、服務工作上，均給我很大的幫助，讓我有餘力可以專心從事研究。

　　此外，受到歐美學界的影響，國內史學研究主流轉向社會文化史，而傳統外交史研究，則因須長期處理生硬棘手的外國外交檔案史料而漸趨式微。有鑑於此，故自 2011 年起，國內一群年輕的近現代外交史研究者，決定自行籌組中華民國外交史研究群，推動國內外交史研究。這些年來，在研究群諸位成員的彼此激勵與共同努力下，以每年召開一次外交史研討會、出版一本外交史專書為職志。同時也在政大人文中心主任周惠民教授與李素瓊助教的協助下，將研究群納入政大頂大計畫「現代中國的形塑」項下，成為子計畫之一。迄今外交史研究群核心成員人數已高達二十餘人，已順利招開五次外交史研討會，出版了四本外交史專書。因此，研究群成員間的砥礪打氣，也是筆者能夠完成本書的重要關鍵。

　　最後，還要感謝的是我的家人，在我沉悶的歷史研究生活中，一直默默給予最大支持，容忍我犧牲家庭時間，讓我能在沒有後顧之憂的情況，專心從事學術工作。尤其我的妻子怡香，從我還是小小的碩士生開始，她即陪伴身旁。我大學畢業於英文系，研究所後才投身歷史學科，很多學術研究的專業知識與技能對我而言，均相對陌生，仰賴怡香的帶領與幫忙，我才能很快熟悉歷史學術圈的運作模式。爾後在歷史研究的人生道路上，不論遭遇學術困境或是挫折時，她均忍受我的負面情緒，並鼓勵我正向思考。當我一度退縮甚至懷疑是否要繼續從事歷史研究工作時，也是由於她不斷的疏導，我才能夠鼓起勇氣，面對所有的挑戰。如今我能夠站在大學講堂任教，並在歷史研究上有些許成就，大部分也要歸功於她的陪伴與相助。由衷感謝她十餘年來的包容與支持，謹以此書獻給她。

國立臺灣海洋大學海洋文化研究所應俊豪副教授

2015 年 3 月

英國與廣東海盜的較量
一九二〇年代英國政府的海盜剿防對策

目　次

【表次與圖次】

表次

圖次

英文檔案略語表	
英文檔案名稱	英文檔案略語
Sessional Papers Laid before The Legislative Council of Hong Kong	*SP*
The Parliamentary Debates: House of Commons	HC Deb
The Cabinet Papers	CAB
Colonial Office, Original Correspondence: Hong Kong	CO129
Foreign Office, General Correspondence, Political, China(1905-1940)	FO371
Records of the Department of State Relating to the Internal Affairs of China, 1910-1929	RIAC
Papers Relating to the Foreign Relations of the United States	FRUS

緒論

一、前言

> 世界上最頻繁發生海盜事件的地區，是中國的沿岸與內河……。多
> 年來，中國陷於分崩離析的狀態。陸上、海上均充斥著非法活
> 動……。海面與河川上，情況尤其嚴重。除了河川上的搶匪外，有
> 組織的海盜迅速發展，數以百計。其中最惡名昭彰的海盜，集中在
> 大陸沿岸、香港北方附近的大亞灣(Bias Bay)一帶。[1]
>
> *The Singapore Free Press and Mercantile Advertiser*

　　現今索馬利亞海盜問題日益嚴重，航行印度洋西北水域的船隻無不深
受其害，世界各強國亦先後實施船團編組、海軍護航等反制措施。在歷史
上，中國華南水域的海盜問題也曾經令西方船隻聞風喪膽，尤其晚清民國
以來，華南各省內戰頻繁、社會失序嚴重，廣東海盜肆虐於香港往來中國
各港口間水路上。英國在當時所採行的因應策略與成效，或許也能夠與今
日索馬利亞海盜問題作一參照，明瞭近百年來歐美國家在反盜措施上的演
變情況。

　　美國知名語言學家與政治評論者杭士基(Noam Chomsky)在其《海盜與
皇帝：真實世界中的新舊國際恐怖主義》*(Pirates and Emperors, Old and
New: International Terroism in the Real World)*一書中，曾引述聖奧古斯丁(St.
Augustine)所說的一則故事：當亞歷山大質問一個海盜為何敢在海上興風作
浪時，該海盜答以「那你又怎麼有膽量在整個世界興風作浪？我有一艘小

---

[1] "Crime and Bloodshed on the Waters: The Pirates of Bias Bay," *The Singapore Free Press and Mercantile Advertiser*, June 14, 1927.

船，所以被稱爲海盜；你有一支海軍，所以被稱爲皇帝。」[2]杭士基便是以這個故事爲開端，嘲諷以美國爲主的西方強權國家如何以「恐怖主義」與「反恐」的概念，來掩飾其對外的暴行。發人省思的是，透過皇帝（及其海軍）與海盜（及其小船）的對比概念，從聖奧古斯丁口中的亞歷山大與海盜，到杭士基筆下的西方強權與「所謂的」恐怖主義國家，我們可以察覺到在海軍打海盜、官兵捉強盜等看似理所當然、義所當爲的概念下，其實可能隱藏著某種極度不對等的權力關係。而強權國家似乎往往利用這種權力關係，以追求公理與正義的口號，來包裝其對外的軍事征戰行動。

　　如果將歷史場景拉到 1920 年代的中國南方水域上，類似的戲碼同樣也在英國與中國之間開展著。強悍的廣東海盜肆無忌憚的馳騁在中國東南水域上，無視大英帝國的權威，任意劫持往來航行的英國商船、搶奪財物甚至戕害性命。英國政府乃向中國表示嚴重抗議，要求立即鎮壓海盜，維護英國商船在中國周遭水域的航行安全。爲了處理日益嚴重的廣東海盜問題，香港總督、英國駐廣州總領事甚至多次與廣州當局表達合作的意願，希望雙方共同出兵徹底解決位於廣東西江水域以及大亞灣沿岸的海盜巢穴。但 1925 年後，隨著五卅事件的爆發及其後的反英風潮，中英關係陷入極度緊張的狀況，雙方共同合作處理廣東海盜的計畫也就成爲泡影，廣州當局對於危害英國商船的海盜事件亦多半消極以對，不願處理。因此，英國政府與香港總督決定採取更爲激進的手段來處理廣東海盜問題，甚至不惜動用海軍武力，直接進剿廣東南方大亞灣沿岸的海盜據點。值此之際，廣州當局的北伐行動也如火如荼的進行，不數年已經掩有東南數省，有問鼎中原之勢。處於北伐、反英的複雜局勢下，英國究竟該如何處理廣東海盜問題？

　　本書主旨在於探究 1920 年代英國爲解決廣東海盜問題而規劃的剿防對策及其後續影響。不過，本書無意爲海盜行爲作辯解，因爲海盜強劫船

---

[2] 杭士基(Noam Chomsky)，李振昌譯，《海盜與皇帝—真實世界的新舊國際恐怖主義》*(Pirates and Emperors, Old and New: International Terrorism in the Real World)*（臺北：立緒文化，2004），頁 33。

隻殺人越貨行徑本來即應受到譴責；同時，也無意仿效杭士基以恐怖主義的認定與反恐戰爭角度來切入廣東海盜與英國海軍的報復行為。因為還原歷史場景，當時英國雖然對於廣東海盜深惡痛絕，但從未視中國是恐怖主義國家或是指控其刻意策動海盜活動。英國針對廣東海盜採行的各類軍事與外交行動，也只是單純希望能夠徹底解決海盜問題，抑或藉此為手段以逼迫中國當局出面處理罷了。然而，另外一方面必須強調的，英國的剿防對策、軍事行動背後所隱藏的帝國主義思維及其成效，則應該予以特別關注。換言之，當英國與香港政府面臨廣東海盜的騷擾與挑戰，是否又尋思重現 19 世紀的老方法，再度以砲艦外交來訓誡中國人，並使其符合西方標準？而這些軍事高壓手段，又是否能如同晚清時期一般，繼續發揮其作用？

二、1920年代的英國、香港與廣東海盜問題

1920 年代是民國史上相當動盪的一個時期。北洋軍閥混戰在前、國民革命軍北伐在後，中國泰半陷入分裂割據與戰亂的陰影之下，內政秩序漸趨失控。陸上地區盜匪四起以及沿海地區海盜猖獗的社會現象，即是中國動亂局面的具體反映。近代以來，在華享有重大商務利益的英國，亦深受中國現狀惡化的波及，通商條件與英人生命財產均遭到嚴重威脅。

英國在華最重要的據點，上海之外，莫過於香港，而香港與華中、華南等地區的聯繫順暢與否，則關係英國在華利益甚巨。[3]根據 1926 年底香港港務長(Harbor Master)的調查，香港與廣東珠江流域各港口之間的輪船航班，平常日（週一至週六）每日約來港、離港各 14 班，週日則來港、離港各 8 班；平常日每日來港乘客人數約 3200 人、離港乘客約 2750 人，週日每日來港約 2500 人、離港約 2300 人（換算每年來港或離港輪船航班各約

---

[3] 〈英國の宿志たる香港中心策著々實現せんとす〉，《滿州日日新聞》，1923 年 2 月 14 日。

4700 餘班，每年來港乘客約 100 萬人上下，離港乘客約 90 萬上下）。至於香港與（珠江流域以外）福建、廣東、廣西等省各港口間往來輪船乘客總數，估計每年來港乘客約 151,212 人、離港乘客約 72,412 人。[4]由上述統計數字，不難看出 1920 年代香港與整個南中國之間的密切臍帶關係。

　　然而，香港通往中國東南沿海各港口的海路運輸，卻經常遭到廣東水域海盜的阻擾與劫掠。早在 1914 年時香港政府即明訂香港往來福建、廣東、廣西等省沿岸及內河，以及法屬安南北部地區，均是海盜猖獗的「危險區域」(Danger Zone)。[5]1924 年初，皇家海事服務工會(Imperial Merchant Service Guild)又向英國政府請願，希望政府正視「近來發生在中國附近水域，劫掠英商貿易船的 977 件海盜事件」。[6]英國《經濟學人》雜誌亦稱「華南水域的海盜，是香港永遠揮之不去的威脅」。[7]究竟英國政府如何看待日益嚴重的廣東海盜問題，又如何謀求解決之道？關於 1920 年代廣東海盜猖獗的情況，英國駐華公使館曾有相當深刻的描述。英國認為自晚清〈天津條約〉簽訂、中英同意協調會商解決海盜問題以降，沿海海盜情況已有顯著改善，僅有零星帆船劫案，至於輪船劫案則幾乎更是沒有發生。但是好景不常，到了民國時期，特別是 1920 年代，輪船劫案似已開始成

---

[4] 此外，香港港務長亦統計香港與海外港口，如美洲、南洋的新加坡、爪哇之間的輪船航班，每年來港乘客人數約 208656 人、離港約 220344 人。上述香港對外往來輪船航班，因絕大多數乘客以華人為主，故成為廣東海盜下手的對象。"Reply from Harbor Master," cited from "Mr. R. Sutherland's Scheme," 24 January 1927, *Sessional Papers Laid before The Legislative Council of Hong Kong 1927*, (hereafter referred to as *SP 1927*), No.3, pp. 90-91.

[5] "Regulations made by the Governor-in-Council under Section 17 of the Piracy Prevention Ordinance, 1914, (Ordinance No. 23 of 1914), for the purposes of Section 6 of the Said Ordinance, on the 17th day of September, 1914," No.361 of 1914, *Hong Kong Government Gazette*, 18 September 1914, pp.377-383.

[6] "Oral Answers," 3 March 1924, His Stationery Majesty's Office (Great Britain), *The Parliamentary Debates: House of Commons* (London: His Stationery Majesty's Office) (hereafter referred to as HC Deb) , vol. 170, cc976-7.

[7] "The Position in Hong Kong (By A Correspondent)," 9 May 1924, *The Economist*, 99:4219 (5 July 1924), pp.7-8.

爲常態：

> 自民國十一年（1922年）至於今日，因中國時局之不靖，不幸而有中國沿海上舉行向所見（按英文照會原意，乃指前所未聞）大規模海盜案件之發生。其被劫者，則非僅帆船，乃華洋輪船，亦常遭之。尤於近年別司灣（即大亞灣）一地，乃已成爲組織有序海盜藉以行其不法之策源地，此乃不可或掩之實況也！該匪平常行用之計畧，乃爲冒充良善旅客搭乘一船，遂於中途用強力手段霸據之。若霸據時，不遇實力抵抗，則將船迫令駛往別司灣，將船上所有值錢物品劫掠一空；如有中國富客，則往往拘留勒贖。倘遇其行動恐或不能成功之時，該海盜…遂即放火…。此種情事，不幸已成稔見，無待縷述其細節…。[8]

1920 年代的廣東海盜問題，大約可以區分爲兩個部分，一個是活動在珠江三角洲附近，特別是西江的海盜，成員以當地人爲多，講廣東話，主要劫掠內河輪船；另一個則是分佈在大亞灣、紅海灣與香港東部海面的海盜，多半講河洛語、客語，活動範圍更大，幾乎整個東亞水域，北起天津、南至新加坡的輪船航班，均曾慘遭其劫掠。[9]而海盜的劫掠模式，一般而言均是僞裝成普通乘客挾帶武器登船，待輪船航行途中，趁機發動攻擊，劫持輪船、洗劫財物，再強迫輪船駛往廣東南方的大亞灣附近靠岸，乘坐輪船上的小艇或由接應的舢板船攜帶財物、人質離去。主要的原因在於外國輪船普遍雇有武裝警衛，如果海盜另外乘船從外部攻擊輪船，得手的機會不大，倒不如僞裝乘客，再伺機發動突擊，一舉制服船長或警衛。

---

[8] 引文主要參考自 1929 年 11 月英國駐華公使館給國民政府外交部的中文照會（應係英使館人員翻譯），但部份文句意思不甚明確者，則再參酌英文照會擬稿原文。見〈英國駐華公使藍浦生照覆國民政府外交部函〉，1929 年 11 月 23 日，《國民政府外交部檔案》，檔號 367.1/0007-1，影像號 11-EUR-02618；"A Draft Note from the British Foreign Office to the Ministers for Foreign Affairs, National Government of China," June 1929, CO129/515/1.

[9] "How Piracies Are Planned," *The Strait Times*, 17 October 1928.

[10]根據香港總督府統計，1920 年代上半期 10 起廣東海盜劫持輪船的重大事件中，其中 9 起均是海盜偽裝乘客搶劫，只有 1 起是海盜另外乘坐船隻攻擊輪船。[11]所造成的人員與財產損害，據統計共 4 人被殺（其中 1 人為歐洲人），9 人受傷，76 人被綁架，損失財產約達 50 萬元。[12]香港總督金文泰(Sir Cecil Clenmenti, Governor, Hong Kong)即稱海盜偽裝乘客從內部發動突襲方式，乃是 1920 年代經常出現的「一種新型態海盜手法」，相當不易防制。[13]這批橫行於南中國水域的海盜，甚至被稱為是「東方的維京人」。[14]

其次，廣東海盜並非 1920 年代的新問題，而是中國地方社會長期動亂現象的寫照。早自 19 世紀中葉在香港建立殖民地開始，廣東海盜問題就一直困擾著英國政府、駐華使領與香港總督。1850-60 年代太平天國亂事期間，香港附近的海盜劫掠事件更是達到高峰（其中又以 1853 年的 70 件為最），也因此催生了香港最早的海盜防制立法。[15]另外一波高峰期發生在 1920 年代，[16]這可能與廣東局勢的動盪不安以及北伐戰事的發展有關。

---

[10] "Chinese Piracy: An Historical Employment," *The Singapore Free Press and Mercantile Advertiser*, 14 August 1925.

[11] L. H. V. Booth, Assistant Director of Criminal Intelligence, Hong Kong, "Precis of Piracies Committed by Bias Bay Pirates since 1921," *The Cabinet Papers* (henceforth CAB), CAB/24/181:0072.

[12] "The Piracy Evil: Half Million Haul Since 1921, Considerable Casualties," *The Singapore Free Press and Mercantile Advertiser*, 11 February 1927.

[13] "Minutes of A Meeting to Discuss Anti-Piracy Measures," held at the Japanese Legation at 11 a.m. 16 November 1927, 日本外務省外交史料館藏，《支那海賊關係雜件》，第一卷，F-0138/0180-0183。.

[14] 為了抵禦南中國海的海盜，日本甚至研發了一種標榜能克制海盜的特殊科技船，必要時能將艙梯灌入高壓電，保護艦橋免於海盜攻擊。"Raid Proof Ship: Planned to Foil Chinese Pirates," *The Singapore Free Press and Mercantile Advertiser*, 5 July 1929; "Special Vessel Being Built in Japan," *The Strait Times*, 6 September 1929.

[15] Sheliah Hamilton, *Watching Over Hong Kong: Private Policing 1841-1941* (Hong Kong: Hong Kong University Press, 2008), pp.93-94.

[16] 依據 A. D. Blue 的統計，在兩次世界大戰期間，中國水域最頻繁的海盜事件發生在 1922、1927、1928 年。見 A. D. Blue, "Piracy on the China Coast," *Journal of the Hong*

香港與廣東地理位置毗鄰、命運也相連，肆虐香港附近水域的廣東海盜問題即與南中國的情況密切相關。叛亂與內戰的發生，往往造成社會失序，削弱地方控制力，導致土匪、海盜勢力猖獗，香港遭池魚之殃，飽受廣東海盜之苦。

三、問題意識與研究面向

(一)外交史研究視野的擴大：以廣東海盜問題為核心的中英外交史研究

　　現代外交制度墊基於西伐利亞條約體系(Westphalia Treaty System)，著重主權國家之間的外交往來，也因此外交史研究，多半聚焦中央政府層級（外交部）的外交。但是近代中國受到不平等條約的影響，主權受到限制，列強勢力也深入中國內陸地區，導致中國在外交與內政上的界線，呈現出模糊不清的情況。再加上清末民初以來，地方上割據分裂的趨勢日益顯著，外交行為者不侷限在中央政府，地方政府亦經常主導著重要的對外交涉。例如地方實力派（從晚清的督撫到民國時期的省長、督軍、巡閱使等，甚至包括大大小小的地方駐軍司令）即在許多重要的中外交涉上，有著舉足輕重的影響。而列強駐華的使領機構，為了因應中國現況的發展，也往往不以中央政府外交部為唯一交涉對象，更多的是直接與地方實力派或是軍隊指揮官接觸，進行檯面下的外交交涉。又例如地方的交涉員，往往兼任海關監督，處理許多涉外事務，而他們所體現的時代意義，也並非只是外交部派在地方的涉外機構，更多的，其實是地方政府在分享著或執行著原先屬於中央政府的外交權力。

　　即是之故，近現代中國外交史研究，除了原先正統的、以中央政府外交機構為核心的外交交涉外，也應該納入中央以外、更多地方層級以及其他各種類型的中外往來互動。透過研究視野的擴大與轉換，將上層外交

(high diplomacy)的研究，與更爲廣義的外交往來與中外互動（亦即中外關係史研究）相互結合，將可以更爲豐富外交史研究。同時，藉由正統外交史研究與中外關係史研究的對話，將「中央化」的外交施爲與「去中央化」的外交互動放在一起思考、比較，或許也可以對於近代中國外交的形塑，有更爲深入探討。[17]

　　受到清末民初中國內憂外患、局勢動盪不安的影響，政府對地方的控制力減弱，社會秩序瀕臨瓦解；加以西力入侵後，原先自給自足的社會經濟也逐漸遭到打破，百姓生活困苦，流離失所，盜匪現象也因此日益嚴重。陸上土匪橫行、海上強盜肆虐，幾乎成爲中國部份地方社會的具體寫照。尤其 1920 年代中國局勢異常混亂，先是北洋軍閥割據混戰，包括 1920 年的直皖戰爭、1922 年的第一次直奉戰爭、1924 年的江浙戰爭與第二次直奉戰爭，後是 1926-1928 年的國民革命軍北伐軍事行動，整個中國陷於一連串內戰的折磨。除了省際以及多省際戰爭外，省內戰爭更不可勝數。以廣東爲例，僅是陳炯明叛變事件及其延伸而出的兩次東征之役與驅逐滇桂軍戰爭，就讓粵東地區飽受戰火摧殘。其中惠州地區，是陳炯明所部抗衡廣州當局的根據地，自然成爲雙方交戰爭奪的主要戰區。而惠州南方沿海區域，則受到北部戰火影響，幾乎成爲三不管地帶，情勢異常複雜，則成爲海盜活動的天堂。另外一方面，自鴉片戰爭後，英國取得香港、構建殖民地，並以此爲中心向中國東南各省口岸建立航運網路，擴大在華商業貿易利益。但是晚清時期中國內政失序、盜匪四起，卻造成英國在華航運發展極大的危害，海盜經常性騷擾、劫掠英國船隻。除了派遣海軍艦艇護航之外，英國政府也透過外交與戰爭手段，迫使清廷共同處理海盜問題。但到了民國時期，受到南北分裂與軍閥割據混戰的影響，中國「去中央化」與「地方化」的傾向愈加明顯，而與晚清政治情況迥異，英

---

[17] 以中央政府外交施爲爲重點的正統外交，是以往外交史研究的核心，關注的是國家大事，姑且稱呼爲外交史的大歷史。至於「去中央化」的外交史與中外關係史研究，其關注的主題多半是民間日常生活中各類形形色色的中外互動、交流與衝突，或許可以稱呼爲外交史的小歷史。將大、小歷史結合的外交史研究，應可建構不同面向的歷史解釋。

國為了解決海盜問題，除了使用傳統砲艦外交的手段外，也必須思考其他各種可行之道，方足以因應新局勢的發展與海盜的挑戰。

中國海盜問題以往一直都是社會史學者才會關注的歷史問題，外交史學者多半並未將其視為重要的研究主題。然而，當海盜問題日益惡化，開始嚴重影響到外人在華的生命財產與交通往來安全，而列強政府也甚至不惜透過外交與軍事手段來謀求海盜問題的解決時，它就會成為一個相當嚴肅的外交議題。1920 年代的中外關係史的研究雖然已相當豐碩，[18]但當時危害外國在華利益甚巨的廣東海盜問題，恰巧提供一個絕佳的觀察視野，適足以用來檢視當時中外互動的其他面向。

就國際局勢發展來說，其一，在第一次世界大戰後的新格局下，自巴黎和會山東問題爭議，到華盛頓會議中國問題決議，在美國的主導與影響下，不干涉中國內政事務，尊重中國主權獨立與領土完整，以及不利用中國現狀擴張利益，已逐漸成為列強對華政策的共識。[19]其二，俄國自布爾什維克革命成功後，開始向世界輸出革命模式，而自晚清以來即備受西方列強帝國主義侵略的中國，則成為其主要目標之一。俄國看準中國亟欲擺脫西方列強在華樹立的不平等條約特權體制，積極操作「反帝國主義」宣

---

[18] 1920 年代中外關係史已有許多相當經典的研究，多從國家角度探究中國與外國政府之間的外交往來或國際合作。例如 Edmund S. K. Fung, *The Diplomacy of Imperial Retreat: Britain's South China Policy, 1924-1931* (Hong Kong; New York: Oxford University Press, 1991)、唐啟華，《被廢除不平等條約遮蔽的北洋修約史(1912-28)》（北京：社會科學文獻出版社，2010）、川島真，《近代中國外交の形成》（名古屋：名古屋大學出版會，2004）。吳翎君，《美國與中國政治(1917-1928)：以南北分裂政局為中心的探討》（臺北：東大圖書公司，1996）。

[19] 關於一戰後中國與國際體系的研究，見白井勝美，〈凡爾賽‧華盛頓會議體制與日本〉，《中國をめぐる近代日本の外交》，陳鵬仁譯，《近代日本外交與中國》（臺北：水牛出版社，1989），頁 19-53、唐啟華，《北京政府與國際聯盟（1919-1928）》（臺北：東大圖書公司，1998）、張力，《國際合作在中國：國際聯盟角色的考察(1919-1946)》（臺北：中央研究院近代史研究所，1999）、唐啟華，〈北洋外交與「凡爾賽－華盛頓體系」〉、川島真，〈再論華盛頓會議體制〉，金光耀、王建朗主編，《北洋時期的中國外交》（上海：復旦大學出版社，2006），頁 47-80、81-90。

傳，利用最易煽動人心的手法，挑起中國知識分子與百姓的民族敏感神經。[20]其三，自鴉片戰爭以來，列強對於華洋衝突或是任何損及外人條約權利與貿易通商之事，動輒以砲艦外交作爲因應之舉，甚至不惜轟擊城鎮或是派兵登陸干涉。而英國正是執行此砲艦政策的主要推手。但是到了一戰之後的 1920 年代，英國是否還是延續晚清以來的行爲模式，習慣使用軍事武力來處理中英之間的麻煩事，或是顧慮國際局勢的改變以及中國民族主義運動的日趨高漲，而逐漸調整期對策，則有必要進一步思考。[21]

廣東海盜雖然主要劫掠活動範圍位於國際水域，但海盜根據地則位於廣東沿岸地區（以大亞灣與西江沿岸爲最），屬於中國領土範圍。英國的海盜處置方策，自然以較少爭議的海上（江上）防盜行動爲主，盡量提升商船本身的防盜能力，同時強化海軍的保護，建立海盜高風險水域的海軍巡邏與護航計畫，以嚇阻海盜的攻擊。然而，無論如何，海上防盜行動充其量只能治標，徹底瓦解陸上的海盜根據地才是治本之法。但海上追緝海盜是一回事，登岸剿盜則是另外一回事。因此，英國如欲根本解決海盜問題，從較爲被動的防盜思維，逐漸轉向更爲積極、高壓的主動剿盜行動，不論與地方當局合作或是自行派兵進剿，則稍有不慎就可能抵觸到華盛頓會議體制的中國問題原則，屆時非但無法獲得美國等西方列強的支持，也可能引起其猜忌，質疑英國行動有干涉中國內政、侵犯中國領土主權之嫌；尤有要者，勢必也會讓「反帝國主義」宣傳有可趁之機，大肆渲染英國帝國主義侵華行徑，策動中國民眾對於英國的仇恨情緒，甚至可能進而

---

[20] 北伐期間國民政府所推動的革命外交模式即是其中最重要的例證。見李恩涵，《北伐前後的「革命外交」(1925-1931)》（臺北：中央研究院近代史研究所，1993）一書。

[21] 關於 1920 年代列強對華砲艦外交的行爲模式，可以參見筆者先前的幾篇研究：應俊豪，〈海軍武嚇、上海中立化與合作政策：江浙戰爭期間列強對華舉措分析〉，《國立政治大學歷史學報》，第 36 期（臺北，2011.11），頁 1-84；應俊豪，〈1920 年代列強對華砲艦外交的分析研究〉，《多元視野下的中華民國外交》（臺北：國立政治大學人文中心，2012.5），頁 1-26；應俊豪，〈1920 年代前期長江航行安全問題與中外爭執〉，政大人文中心，《國際法在中國的詮釋與應用》（臺北：政大出版社，2012.12），頁 1-33。

引起大規模的反英風潮與抵制運動。

（二）英國的海盜處置對策

　　要研究英國政府對廣東海盜問題的因應對策，可以從幾個方面來思考。首先是從海盜防制立法層面來看，1914 年公布施行的〈防範海盜規例〉(*Piracy Prevention Ordinance*)以及〈防範海盜章程〉(*Piracy Prevention Regulations*)是 1910、1920 年代香港政府在處理海盜問題時最重要的條例。尤其〈防制海盜章程〉除了擴大警察對船隻的搜索權外，更嚴格規定從香港前往澳門或廣東等地區的船隻上，必須部署由警察指揮調配的武裝警衛，配備防彈的閃躲裝置，以及裝設限制乘客行動的鐵窗；同時，也詳細規範了武裝警衛的人數與武器彈藥數量、值勤須知、危險區域的範圍等。[22]換言之，〈防制海盜章程〉乃是自香港建立殖民地以來，海盜防制立法之集大成者。由上述相關條例，可以清楚勾勒出從 1860 年代到 1920 年代，香港政府的反制海盜方策：明訂海盜刑責、強化香港總督便宜行事之權、追究與加重船商防制海盜的責任、擴大警察對於商船安全的主導權等。然而〈防制海盜章程〉從 1914 年實施至 1927 年正式撤廢爲止，持續遭到船商的抵制，尤其 1920 年代起幾重大海盜劫掠事件的發生，更引起香港輿論質疑聲浪，船商紛紛痛斥〈防制海盜章程〉無助於防制海盜。香港總督府、英國政府內部爲此多次召開調查委員會重新反思防制海盜對策的方向。[23]藉由深入分析香港社會與英國政府對於〈防制海盜章程〉的檢

---

[22] "Ordinance No. 23 of 1914.- An Ordinance to amend the law relating to the observance of precautions against Piracy," No.337 of 1914, *The Hong Kong Government Gazette*, 28 August 1914, pp.342-346; "Regulations made by the Governor-in-Council under Section 17 of the Piracy Prevention Ordinance, 1914, (Ordinance No. 23 of 1914), for the purposes of　Section 6 of the Said Ordinance, on the 17th day of September, 1914," No.361 of 1914, *Hong Kong Government Gazette*, 18 September 1914, pp.377-383.

[23] 例如 1924 年 6 月、7 月英國政府兩度召開由殖民部、外交部、海軍部、香港政府、工會代表等參加的跨部會議(interdepartmental conference)，討論香港附近水域的海盜問題以

討重點，以及該章程的撤廢決策過程，可以建構出 1920 年代英國（香港）政府在處理廣東海盜問題的基本思維。[24]

　　其次，關於廣東海盜問題的處理，必須深入分析英國政府內部的決策經過，這牽涉到不同部會之間的意見交流與政策討論：香港總督的建言，以及英國內閣殖民、外交、海軍等不同部門的意見溝通，以擬定可行的處置之道。特別是以殖民地利益為重的殖民部、香港總督府比較傾向動用武力來解決海盜問題，但以整體對華利益為思考點的外交部、駐華公使則顧忌較多，力持以外交協調解決。殖民與外交系統之間的歧見與角力，關係到最後的因應對策。此外，在政策討論過程中，亦不能忽視商人團體（特別是船商）的遊說壓力，也可能作用在香港總督、殖民部等官員身上，並試圖影響政府決策。尤其香港總督背後體現著英商在中國與香港的重大商業利益，督促行政部門必須盡快解決麻煩的廣東海盜問題。[25]

　　此外，對英國來說，更好的海盜因應方案並非英國單獨施行，而是其他在華有海軍武力的列強採取合作政策一同防範海盜。海盜劫掠船隻時，並不會區分國籍，所以中國水域的海盜問題，不只英國受害，其他國家的

　　及〈防制海盜規例〉的存廢問題。香港政府在 1923-1926 年間亦多次召開由船商代表、法律人士參加的海盜事件調查委員會，檢討〈防制海盜規例〉的成效。見 "Memorandum Respecting Piracy Suppression Received from Sir Miles Lampson," dispatch No. 1030, 21 September 1927, CAB/24/202: 0024.

[24] 關於香港歷年來如何透過立法手段來防制海盜問題，可以參見 Sheliah Hamilton, *Watching Over Hong Kong: Private Policing 1841-1941* 一書，該書第 6 章按照年份簡要介紹香港殖民地史上相關的防制海盜規例。不過，該書重心在探討香港的私人警衛，強調在香港往來船隻上部署警衛對於防制海盜的重要作用，但對於香港以及英國政府內部對於海盜防制問題複雜的立法、檢討、調整與決策過程，則未有深入討論。見 Sheliah Hamilton, *Watching Over Hong Kong: Private Policing 1841-1941*, pp.93-101.

[25] 例如 1925 年初由香港商人團體向總督所提出的〈少數報告〉(Minority Report)以凸顯與官方報告不同的看法，認為英國政府，特別是海軍與警察，必須為海盜事件擔負起更大的責任。署名的商人團體有香港（英商）總商會、中國商會、中國沿海英商船職員機士聯合公會代表。"The Minority Report," January 1925, *Sessional Papers Laid before The Legislative Council of Hong Kong 1927*, No.3, pp. 95-100.

船隻同樣處於海盜的威脅恐懼中。英國如能說服其他列強駐華海軍,共同籌組成一支國際軍事武力介入處理海盜問題,不但足以構成驚人的威嚇作用,有助改變廣州當局態度,強大的列強海軍武力,更能在實質上進行大規模巡邏計畫,進而有效防範廣東水域的海盜活動。因此,英國駐華使領及香港總督多次試圖將海盜問題「國際化」,利用列強對於海盜的同仇敵愾之心,籌組國際軍事武力來處理海盜問題。[26]然而 1920 年代的國際政治環境卻不利於英國推動聯合武力政策。美國主導通過的華盛頓會議中國決議案,確立尊重中國主權獨立與領土完整的基本原則,英國的列強合作武力政策則有違反中立、干涉中國內政之嫌,故遭到美國的質疑與抵制。[27]英國能否說服美國,並拉攏日、法、義一同行動,亦影響到海盜懲治的力道與成效。

再者,海盜犯罪一般帶有地緣因素,從 1920 年代重大海盜劫掠事件中,被劫船隻最後多駛往廣東大亞灣水域,可知其巢穴與遁逃路線可能都在廣東境內,[28]因此治盜的正本清源之法,在於英國能否取得廣州當局的支持與合作。然而自孫中山推動聯俄容共政策以來,蘇俄顧問團與中共對廣州當局的影響力與日劇增。加上歷經白鵝潭事件、商團事件、五卅慘案與反英風潮之後,廣州當局與英國關係極為惡劣,英國能否化解廣州方面的敵意,俾便雙方取得共識,關係到治盜的成敗。換言之,中(粵)英關係的變化也會影響到英國的海盜防制對策。[29]

尤有要者,懲治海盜亦有賴於海軍實力的展現,英國後續勢必得出動

---

[26] "Governor, Hong Kong, to the Secretary of State for the Colonies," 30 June 1926, CAB/24/181:0072;"Oral Answers," 14 December 1927, HC Deb, vol. 211, 2383.

[27] "Report by the Chiefs of Staff Sub-Committee," 30 January 1929, CAB/24/202: 0024.

[28] 1920 年代最困擾香港的即是廣東大亞灣海盜問題,1920 年代中後期英國內閣「帝國國防委員會」(Committee of Imperial Defense)即多次開會討論「大亞灣海盜事件」。見 "Cabinet. China: Piracy in Bias Bay," 13 January 1927, CAB/24/184:0006.

[29] 關於 1910 年代至 20 年代中(粵)英合作進剿海盜的情況可以參見 "Bias Piracies: Endeavours to Obtain Co-operation of Canton Government in Its Suppression," *Sessional Papers Laid before The Legislative Council of Hong Kong 1927*, No.7, pp. 149-174.

武裝艦艇，以執行剿滅海盜或護航決策。特別當 1920 年代中期以後，中（粵）英合作模式常因雙方關係緊張而受阻之際，英國僅能仰賴採行獨立軍事行動來遏止海盜行為。但海軍該不該動武？分寸又該如何拿捏？海軍行動因爭議性較強，稍有不慎即可能被布爾什維克宣傳為英國帝國主義侵華行徑，不但無法解決海盜問題，反倒可能刺激中國民族主義情緒，掀起反英運動。

（三）廣東海盜問題的範疇

最後，必須強調的，本書所探討的廣東海盜問題，除了國際法定義下的公海海盜案件外，也將包括中國內陸水域，特別是前述廣東珠江流域及其支流的海盜問題。雖然在現今國際法範疇內，對於所謂海盜行為(piracy)，有較為明確的定義，特別指涉是發生在公海上的武裝搶劫活動。[30]然而，在過去對於海盜行為的界定，則並非那麼清楚，而是世界各國國際法專家歷經很長一段時間的討論，才逐漸從國際慣例中醞釀與凝聚共識。十八、十九世紀的國際法學者，對於海盜行為的定義，已傾向將其指為公海上帶有劫掠意圖的暴力攻擊行動，但是此時多半還是屬於學術觀點上的討論，並未形成國際慣例。[31]一直要到第一次世界大戰後，國際聯盟「專家委員會」轄下「編定國際法專門委員會」(Committee of Experts for the Progressive Codification of International Law)，才委託一個附屬委員會，試圖將海盜行為予以明確定義化。在其於 1926 年初提出的「制止海盜行為草案」("Draft Provision for the Suppression of Piracy")上，即將海盜行為專指是發生在公海上，帶有普遍敵意，以及無差別攻擊的劫掠行動。不過，

---

[30] Eugene Kontorovich, "The Piracy Analogy: Modern Universal Jurisdiction's Hollow Foundation," *Harvard International Law Journal*, Volume 45, Issue 1, pp.183-238.

[31] 例如 19 世紀知名國際法學者 James Kent、Robert Phillimore 對於海盜行為定義的討論，見 James Kent, *Commentaries on American Law* (New York: O. Halsted, 1826); Robert Phillimore, *Commentaries on International Law* (Philadelphia: T. & J. W. Johnson, 1854).

「編定國際法專門委員會」曾對外公開強調，附屬委員會所作的相關報告，僅是對海盜行為嘗試作一般性原則的討論，目前尚未形成具體的結論。[32]是故，雖然早已有國際法學者從學理上討論海盜行為的定義，但在 1920 年代，國際聯盟專家委員會依然認為要去明確定義海盜行為，尚屬言之過早，仍有待後續更多的討論，方能凝聚共識，作出結論。換言之，在 1920 年代時，國際上對於海盜行為還是並無明確共識。發生在公海上的劫案，固然屬於海盜行為，但僅能算是海盜行為的狹義範疇，如以廣義定義來說，發生在其他水域的劫掠行動，仍然可能構成海盜行為。[33]

其次，如以發生在中國內陸水域的船隻劫案來說，情況又更為複雜。受到近代以來不平等條約的影響，外國在華享有內河航行權。對於條約國來說，大部份中國內陸水域幾乎形同國際水域，外國商船、軍艦均得自由航行其中。發生在此類水域的商船劫案，自然不能僅以一般主權國家境內的盜匪問題等而視之。[34]況且，根據中外條約，外國軍艦對於中國水域的

---

[32] 關於 1920 年代「編定國際法專門委員會」關於海盜行為的報告以及後續相關討論，可以參見下列資料："United Nations Documents on the Development and Codification of International Law," *Supplement to American Journal of International Law*, Volume 41, No. 4 (October, 1947), pp.29-148; Manley Ottmer Hudson, "The Progressive Codification Of International Law," *American Journal Of International Law*, Vol. 20, no. 4 (October 1926), pp 655-669; Azubuike, Lawrence "International Law Regime Against Piracy," *Annual Survey of International & Comparative Law*, Vol. 15, Iss. 1(2009), pp.43-59; 黃立，何田田，〈海盜罪的國際法規制〉，《太平洋學報》2009 年第 09 期，頁 1-6。

[33] 英國駐華公使館即質疑國際聯盟「編定國際法專門委員會」附屬委員會將海盜行為僅侷限在公海之上劫案的定義，實乃過於狹隘。見"Memorandum by the British Legation," 10 January 1928, CO129/508/4.

[34] 〈中英天津條約〉(1858 年)給予英國長江漢口以下航行權（長江中下游）、〈中英煙台條約〉(1876 年)給予英國長江沿岸（長江中下游）碼頭停泊權以及長江漢口至宜昌段（長江上游）航行權；〈中日馬關條約〉(1895 年)給予日本長江宜昌至重慶航行權（長江上游宜渝段）以及運河航行權。再加上後續又簽訂〈中日通商行船條約〉(1896 年)、〈華洋輪船駛赴中國內港章程〉(1898 年)、〈內港行輪章程續補〉(1898 年)、〈修改長江通商章程〉(1899 年)、〈中英續議內港行輪修改章程〉(1902 年)、〈中美續議通商行船章程〉(1903 年)、〈中日通商行船續約〉(1903 年)等航行章程，而在片面最惠國待遇

盜匪，享有條約上所賦予的緝捕權。例如〈中英天津條約〉第五十三款，規定：「中華海面每有賊盜搶劫，大清、大英視爲向於內外商民大有損礙，意合會議設法消除」。「中華海面」，顯然不是指公海，乃係指中國領海之內。而〈中美天津條約〉第九款，更規定「大合眾國如有官船在通商海口遊弋巡查 ……應准大合眾國官船追捕盜賊」。「通商海口」意謂著各通商口岸，所以除沿海各港外，內河、內江沿岸等通商口岸附近水域，外國軍艦亦有巡弋、緝盜之權。[35]也因此，英、美等國普遍將中國內陸水域的商船劫案，與公海上的中國海盜劫案，一併歸類於海盜案件。[36]1926 年 1 月，英國政府召開專爲處理廣東海盜問題對策的「跨部會議」(Inter-departmental Conference)，前任香港總督司徒拔(R.E. Stubbs)亦在會議上明確表示，在現實條件上不太可能去嚴格「區分發生在公海與中國內河水域」的海盜問題。[37]即是之故，本書所討論的海盜案件，將同時包括發生在公海上以及廣東沿海（領海）、內河水域內的廣東海盜問題。

四、研究回顧與相關史料

　　關於 1920 年代中英關係史的研究甚多，泰半集中探討隨著中國形勢

的影響下，所有有約國（條約國），均一體適用上述航行權利，等於使得中國沿海以及內陸各沿江水域，均對條約列強開放。相關條約、章程內容，見黃月波等編，《中外條約彙編》（上海：商務印書館，1935），頁 6、14-16、151、494-495；汪毅、許同莘、張承棨編，《清末對外交涉條約輯》（臺北：國風出版社，1963），第二冊，頁 338-342、417-419、592-593、653-659、664-671。

[35] 〈中英天津條約〉(1858 年)、〈中美天津條約〉(1858 年)，收錄在黃月波等編，《中外條約彙編》，頁 6-10、頁 126-129。

[36] 在英國外交部檔案、美國國務院檔案中，對於中國內陸水域劫案，與公海海盜事件，均一併歸類於海盜案件(Piracy)，並未將之區隔開來。

[37] 此次「跨部會議」由殖民部召開，會議目的在研商廣東海盜問題的因應對策，外交部、海軍部、陸軍部、貿易委員會等部員均派員參加，甫卸任的香港總督司徒拔亦參與討論。。見"Piracy in Waters Adjacent to Hong Kong," Notes of Meeting Held at the Colonial Office on the 13th January 1926, FO371/11670.

的劇烈變化（尤其著重國民政府北伐成功、政權形將易主之際），英國對華政策的調整與轉折；研究視野乃偏向從英國外交部的角度來思考對華新架構。[38]不過，自英國在香港建立殖民地開始，在對華事務上，殖民部也有一定程度的發言權。誠如以上所言，香港在地理位置上密邇廣東，華南地區政治、社會形勢稍有波動，香港立刻受到影響。理論上，屬於殖民系統的香港總督不應與中國地方當局直接接觸，凡事均應透過外交使領系統為之。但在關係殖民地利益甚巨的議題上，殖民部、香港總督會採取較為主動的態度，提供建言，有時甚至不惜直接介入對華事務，廣東海盜問題即是屬於此類範疇。此外，要處理廣東海盜問題，除了需要外交使領交涉處理外，往往更需要海軍積極介入，透過砲艦軍事武力的展現，來確保英國在華利益。例如海軍須派出軍艦在危險水域進行例行性巡邏、護航工作，必要時還得追捕海盜、執行援救任務，甚至動用陸戰隊上岸進剿海盜據點。這些任務勢將造成英國駐華海軍極大的負擔，因此海軍部與海軍司令的態度與建議，也關係到英國政府內部的決策。透過探究 1920 年代英國政府對廣東海盜問題的因應對策，將可以觀察到處於中國局勢變動環境下，外交、殖民、海軍等部會在辯論政策路線時的不同立場，進而深入瞭解英國對華政策的形成過程。

其次，關於廣東海盜問題的兩波高峰期，第一波高峰（1850s-60s）與晚清時期的海盜問題，相關研究著作甚多，但是對於民國時期的第二波高峰（1920s）以及英國政府的因應對策的研究較少。大致上，歷史學界有關 1920 年代中國海盜問題與列強如何透過外交與武力途徑以為反制之道的研

---

[38] 最具代表性的著作為馮兆基的研究，見 Edmund S. K Fung, *The Diplomacy of Imperial Retreat: Britain's South China Policy, 1924-1931* (Hong Kong; New York: Oxford University Press, 1991)；唐啟華的博士論文乃以政權轉變中的英國與北洋政府關係為主軸，見 Chi-hua Tang, *Britain and the Peking Government, 1926-1928* (London School of Economics and Political Science PhD Dissertation, 1991)；呂芳上則是從北伐時期英國出兵上海的行動來分析英國對華外交的本質：懷柔中不忘堅持既得利益，見呂芳上，〈北伐時期英國增兵上海與對華外交的演變〉，《中央研究院近代史研究所集刊》，第 27 期(臺北，1997.6)，頁 187-229。。

究，目前仍尚待積極深入發掘。但是關於中國海盜本身的先行研究，則已
有不少成果，且爲本書提供相當重要的背景知識。例如 A.D. Blue、Diana
H. Murray、松浦章等學者的均致力於研究明清時期的海盜，切入點多以社
會史研究取徑的方式，分析當時海盜活動的大致情況，讓學界對於明清海
盜樣貌有較爲清楚與整體性的瞭解。[39]基本上，前述研究較爲著重建構海
盜的社會組成及其活動的情況，與本書偏向以外交史與海軍史的視野，來
探討列強政府如何看待中國海盜問題，在研究取徑與視野上均有相當大的
不同。而與本書研究主軸較爲靠近的研究者，則有以下諸位：村上衛研究
清朝時期英國在福建的活動情況，特別深入分析當時英國如何與清朝合作
處理閩粵海盜，並恢復華南海域秩序的過程；Grace Estelle Fox 也初步探究
了 19 世紀中期英國海軍與中國海盜的互動經過；近來香港大學龍康琪的
碩士論文，專門探究了 19 世紀英國政府在香港建立殖民地初期，如何鎮
壓緊鄰香港水域的中國沿岸海盜勢力；Christopher John Bowie 則是研究
1920 年代前後(1919-1931)英國政府在華的動武模式，雖非專研英國的反制
海盜決策，但還是有約略觸及到海盜問題的處置模式。[40]至於中央大學歷
史所江定育的碩士論文，則嘗試處理了民國時期東南沿海海盜問題，是最

---

[39] A. D. Blue, "Piracy on the China Coast," *Journal of the Hong Kong Branch of the Royal Asiatic Society*, Vol.5 (1965), pp.69-85; Dian H. Murray, *Pirates in the South China Seas in the 19th Century* (Ithaca, New York: Connell University PhD dissertation, 1979); Dian H. Murray, *Pirates of the South China Coast 1790-1810* (Stanford: Stanford University Press, 1987); Dian H. Murray, "Pirate in the Pearl River Delta," *Journal of the Hong Kong Branch of the Royal Asiatic Society*, Vol.28 (1988), pp.69-85；松浦章，卞鳳奎譯，東亞海域與臺灣的海盜（臺北：博揚文化，2008）。

[40] 村上衛，《海の近代中國－福建人の活動とイギリス・清朝》（名古屋：名古屋大學出版會，2013），第三章，頁 136-181；Grace Estelle Fox, *British Admirals and Chinese Pirates, 1832-1869* (London: K. Paul, Trench, Trubner & Co., ltd., 1940); 龍康琪 (Lung, Hong-kay), *Britain and the Suppression of Piracy on the Coast of China with Special Reference to the Vicinity of Hong Kong 1842-1870* (Hong Kong: Hong Kong University Master thesis, 2001); Christopher John Bowie, *Great Britain and the Use of Force in China, 1919 to 1931* (Oxford: Oxford University Ph.D. Diss.,1983).

新的研究成果，特別是第三章約略探討了 1927 年列強如何透過國際合作的手段來反制中國海盜問題。[41]

　　簡言之，與一般社會史範疇的海盜史研究性質不同，本書重心並非在於剖析廣東海盜的社會組成，而是透過廣東海盜問題，來窺視英國人眼中的海盜威脅及其因應對策，特別是英國政府內部（外交、殖民、海軍等）路線之爭與中國現狀發展（反英運動、革命外交、北伐軍事行動等）、國際政治演變（華盛頓會議體系、列強對華新外交等）間的密切關係。簡言之，本書將從英國政府內部觀點，來檢討廣東海盜問題的因應對策，尤其隨著五卅、北伐以後國際環境的變動，以及中國局勢發展，英國如何調整其海盜因應對策，其中轉折點的關鍵因素又為何。

　　在史料來源方面，本書乃以外文、中文檔案與報紙為主要參考依據。例如「英國內閣檔案」(*The Cabinet Papers,* CAB)、「外交部檔案」(FO371)、「殖民部檔案」(CO 129)，[42]香港政府出版品等（如 *Hong Kong Government Gazette*、*Hong Kong Hansard*、*Hong Kong Government Administrative Reports*、*The Ordinances of the Legislative Council of the Colony of Hong Kong*、*Sessional Papers*）、日本外務省外交史料館的《支那海賊関係雑件》檔案；中文檔案部分則利用「國民黨中央前五部檔案」[43]、「國民政府檔案」、「蔣中正總統文物」、「北京政府外交檔案」、「國民政府外交部檔案」等。其次，當時的中英文報紙，如《廣州民國日報》、《字林西報》(*The North China Daily News*)、《京津泰晤士報》(*The Peking &*

---

[41] 此文的史料來源較為集中在日文檔案與資料，故論述上偏向是日本理解下的海盜反制問題，而不太能夠具體反映出當時列強在處理中國海盜問題上所面臨的牽制與內部矛盾，特別是英國與美國政府的態度。見江定育，《民國東南沿海海盜之研究》（中壢：中央大學歷史所碩士論文，2012）。

[42] 國內學術機構與圖書館均未典藏有英國殖民部檔案，筆者乃前往香港，查閱香港公共圖書館所藏的英國殖民部微捲資料。

[43] 「五部檔」為國民黨中央前五部檔案，收入 1924-1927 年期間工人、農民、青年、婦女、商民等五部原始檔案，以及中央特別委員會（1927 年）黨務文件。目前除國民黨黨史館外，臺大圖書館的「中國國民黨史料資料庫」亦收有「五部檔」檔案。

Tientsin Times)、《北華捷報》(*The North China Herald*)、《泰晤士報》(*The Times*)、《香港捎剌西報》(*The Hong Kong Daily Press*)、《德臣西報》(*The China Mail*)、《南華早報》(*South China Morning Post*)、《海峽時報》(*The Strait Times*)等均十分關注中國南方水域海盜問題與英國的反應,其報導與評論適足以與官方決策作參照。

五、章節架構

在章節安排上,本書除緒論、結論外,共計分四大部分、十一章。第一章「英人眼中的廣東海盜問題」為通論性整體敘述,第二章至第十一章則預計分從「商船防盜策略」(第二章至第四章)、「軍事防盜策略」(第五章至第七章)、「中(粵)英軍事合作剿盜行動」(第八章、第九章)、「獨立軍事剿盜行動」(第十章、第十一章)等四大部份,深入分析英國政府對廣東海盜問題的剿防因應對策。

第一章為「英國眼中的廣東海盜問題」,主要從英國與香港的官方檔案與報紙中,建構出當時英國人所看到的廣東海盜問題,特別是他們如何分析廣東海盜的成因、活動範圍、類型、運作的網絡與犯案手法。由於香港對外往來航路長年受到廣東海盜的騷擾,為了搜集海盜情資、及時預警與有效防制,香港警方很早即在廣東布建有情資網,並有線人滲透海盜集團內部。至於英國駐廣州的海軍與領事官員,也因為經常與廣東海盜過招,所以對於海盜活動的樣態,也有一定程度的瞭解。換言之,藉由警察、海軍與領事等三重情蒐管道,英國與香港政府對於 1920 年代廣東海盜實際情況的掌握,是非常深入且具體的。也因此,透過建構英人眼中的廣東海盜問題,我們可以進一步瞭解當時此問題對英國與香港的意義,以及其為何會成為1920 年代英國處理對華關係時一個異常棘手的麻煩。

（一）第一部份、英國的「商船防盜策略」

　　第二章「〈防範海盜章程〉的規劃調整與爭議（一）」。本章除了扼要回顧自晚清以來英國在香港周邊水域防盜立法上的歷程外，主要將探究1920 年代前期英國與香港政府，以及民間海事相關從業工會之間，針對防盜政策與防盜規定調整爭議，所產生的對抗與角力。自 1922 年瑞安輪劫案後，香港政府檢討劫案過程，認爲船商與船員幹部未能遵守〈防範海盜章程〉是導致劫案得逞的主要原因，因此決定調整防盜規定，著重船商與船員幹部的防盜責任。但是此一防盜規定的調整，卻引起海事相關從業工會的極大不滿，指責政府將防盜重責強加至船員幹部身上，主張應由警察與海軍來提供防範與保護措施：香港警方負責碼頭登船檢查措施，英國海軍建立危險水域的巡邏體系。工會多次透過請願與抗議活動來表達反對立場，並串連其他英商工會與商會以壯大聲勢。英國與香港政府爲緩解反彈聲浪，雖嘗試回應工會要求，稍微調整商船在防盜工作上的角色，並提供撫卹與支援措施，以減輕船員幹部的防盜負擔。不過，英國政府在 1924年召開「跨部會議」，雖曾邀請工會與商會代表提供意見，但最後依然認定商船與船員幹部在防盜上有著不容推卸的首要責任，而政府與海軍只是從旁提供協助；至於〈防範海盜章程〉，同樣也有繼續維持的必要，英船劫案頻傳並非防盜規定有問題，而是船商與船員幹部未能落實之故。

　　第三章爲「〈防範海盜章程〉的規劃調整與爭議（二）」。本章主要探討英國政府如何回應民間商會與工會針對防盜規定所提出的〈少數報告〉。由於對於防盜規定的調整方向有著迥異的立場，航運利益相關的英商與華商商會、海員與機工工會等決定採取更爲激烈的抗議手段，宣布退出香港政府的〈防範海盜章程〉修改建議委員會，並於 1925 年初自行提出另外一份檢討報告（即〈少數報告〉，有別於官方立場的「多數報告」），重申防範海盜的責任不應在民間船商或船員幹部，而是在英國政府。況且英國船商每年均繳納大筆稅金給英國政府，政府理應提供適當的保護，使其能夠免於海盜威脅。因此，既有著重強調商船防盜能力的〈防範海盜章程〉並無繼續存在的必要，而應改由英國與香港政府規劃起海軍巡邏體系，以預防海盜犯案。但英國政府在召開第二次「跨部會議」後，認為〈少數報告〉不過乃是在船商利益集團運作下作的誤導性報告，其目的乃是為了推卸商船防盜責任與減輕相關開支。至於〈少數報告〉建議以海軍巡邏體系來取代既有商船防盜架構，更是完全不切實際的作法。因為建立海軍巡邏體系不但牽涉到必須擴編駐華海軍艦艇，如此額外衍生的海軍人事、油料、維持等龐人經費絕非英國政府願意負擔的。因此，英國政府只同意微調防盜規定，堅持〈防範海盜章程〉所規範的防盜架構原則上仍有繼續維持的必要。

第四章為「〈防範海盜章程〉的撤廢及其後續問題」。本章主要探討自 1927 年 10 月〈防範海盜章程〉撤廢，不再強制規範商船的防盜能力後，英國所面臨的新挑戰。1926 年 11 月太古輪船公司新寧輪劫案發生，又再度於英人在華社群中投下震撼彈，既畏懼廣東海盜犯案的能力，更懷疑現有防盜措施的作用。在民間海事相關商業、工會團體的主導下，重申〈少數報告〉的主張，同時繼續匯集反對香港防盜立法的力量，嚴辭痛責〈防範海盜章程〉完全不足以防止廣東海盜的犯案。他們質疑英國與香港政府長期以來冀望透過立法手段，強制規定商船的要塞化、武裝化，藉此預防海盜案件的發生，但實則是緣木求魚，特別是一味地強調商船內部防禦措施，但卻沒有外部的海軍巡邏保護作搭配，仍然不可能有效反制海盜劫案。在商業、工會團體以及報紙輿論的持續批判下，1927 年 10 月香港總督府終於宣布撤廢〈防範海盜章程〉，不再以立法手段強制約束船商與船員幹部必須遵從政府所規劃的防盜架構，而放手讓其自由決定該如何處理海盜問題。此後，航行危險水域的英國商船，不再強制規定要塞化與執行艙房隔離措施，也不一定要雇用武裝警衛。然而，英國與香港政府從商船防盜架構上的抽手，並不意謂著海盜問題就此解決。其他替代性防盜措施，無論是各港口岸上碼頭的登船檢查措施，還是海上的無線電報防盜通報系統以及海軍巡邏體系，經過驗證都不太可能完全有效防範海盜犯案。換言之，在〈防範海盜章程〉撤廢後，英國船商與船員幹部固然有更大的權限與彈性來自行規劃其防盜措施，但沒有改變的是，廣東海盜依然馳騁在東亞水域，繼續虎視眈眈地注視著英國商船，尋找可趁之機劫掠英船。究其實際，英國船商與船員幹部還是處於抵抗海盜攻擊的第一線，他們依舊無法迴避廣東海盜可能帶來的威脅與損失。

（二）第二部份、英國的「軍事防盜策略」

　　第五章為「英國海軍處理廣東海盜問題的防盜策略」。為了處理日益嚴重的廣東海盜問題，英國與香港政府曾規劃有一套防範海盜架構，而與海軍密切相關的，包括海軍巡邏體系、武裝汽艇方案、船團護航方案等。英國之所以將海軍投入到防盜任務，無外乎企圖藉由強大海軍武力的展現，以發揮嚇阻海盜犯案的目的。不過，受到 1920 年代國際局勢的影響，英國海軍已不能再像晚清時期可以任意動用武力，英國政府對於在華動武時機也有較為嚴格的限制，故海軍艦艇基本上還是以執行巡邏防盜任務為主，較少主動發動剿盜攻擊行動。然而中國沿海、內河水域極為遼闊，僅是執行廣東水域的例行性防盜巡邏任務，即已對艦艇數量有限的英國駐華海軍造成不小的負擔，尤其在軍艦的調度上頗有捉襟見肘的窘態。也因此，英國海軍當局開始思考除了原有的海軍巡邏體系以外，是否還有其他輔助措施。在與香港總督府協調後，英國海軍決定採取武裝汽艇方案，由香港總督府承擔汽艇的租用與維持費用，海軍則負責人力與武器，如此即可以用較少成本，解決船艦不足的問題。而新編的武裝汽艇具備速度快、吃水淺、機動性強的特徵，適足以與吃水較重的正規軍艦互補。其次，為了減少英國海軍護航商船的負擔，當海盜威脅情況嚴重時，英國海軍亦規劃有船團護航方案，將不同的船班集中組合，分別由海軍艦艇與武裝汽艇執行護航任務，如此即可防止海盜對英船下手。

　　第六章為「英國推動國際軍事合作共同防制廣東海盜方案」。1920 年代後期，由於廣東海盜問題漸趨惡化，英船屢屢遭到劫持掠奪，商民的生命財產均受到嚴重威脅。故與海事航運利益相關的英國船商、工會、商會等團體乃齊一陣線，透過遊說行動，強烈要求英國海軍應提供更多的保護，並擴大海軍巡邏體系。這自然會造成英國政府與海軍極大的壓力與負擔。1927 年時，因各國商船同樣遭到廣東海盜的威脅，故英國趁機利用其他列強的不滿情緒，順勢在北京外交團五國公使會議上，提出國際軍事合作防盜方案，建議由五國海軍建立更爲強大的海軍巡邏體系，共同防範海盜問題。香港總督也列席五國公使會議，大力遊說國際軍事合作防盜方案。此方案初始曾獲得五國公使的支持，原冀望能順利通過，但後來卻因美國的反對而告破局。美國國務院在參酌美國海軍亞洲艦隊的意見後，明確表態拒絕加入國際軍事合作防盜計畫，法、義兩國稍後也跟隨美國步調決定退出，迫使英國意圖引入國際軍事力量共同防盜的計畫胎死腹中。只有日本仍同意與英國合作處理海盜問題，但顯然只是口惠而實不至。英國海軍後來嘗試與日本海軍直接聯繫，以建立兩國海軍防盜合作平臺，但日本政府與海軍當局卻相當意興闌珊，對於英國要求僅是敷衍了事，甚至只願派出一艘軍艦參與合作防盜計畫。換言之，英國海軍最終還是只能依靠自己的力量來處理日益棘手的防盜問題。

　　第七章爲「英軍士兵駐防商船防盜方案」。自 1927 年香港總督府宣布撤廢〈防範海盜章程〉，不再強制規定英國商船必須配備武裝警衛，商船本身的防盜能力下降，再加上國際軍事合作防盜計畫的觸礁，無法引進其他列強海軍武力，以擴大既有的海軍巡邏體系，這使得海事航運利益相關的英國船商、工會與商會等團體要求英國軍方強化保護的呼聲日漸高漲。在強大的民間輿論壓力下，英國政府不得不宣布對於航行危險水域的主要英商船隻，開始提供武裝士兵駐防保護的措施。這套方案後來又進一步擴大至新加坡航線、上海航線以及長江航線。如此龐大的士兵人力需求與調派，英國海軍「中國艦隊」根本無力負擔，故只好另外抽調陸軍士兵來支援各商船的海上防盜任務。英國陸軍華北指揮部、華南指揮部，甚至連馬來亞指揮部也都納編，必須提供適當兵員，以充作商船的防盜戒護任務。爲了統籌管理支援防盜任務的海、陸軍士兵，英國海軍在「中國艦隊」之下特別設置一個特別任務編組，由駐香港海軍准將擔任主席，專門負責士兵駐防商船方案的派遣調度事宜。在此方案執行期間，凡是有英國士兵駐防的商船多能夠免於海盜攻擊的威脅，也因此英商團體等均表達高度的肯定。然而，對於英國軍方而言，充任戰備任務才是其本職，而非支援防盜勤務。1920 年代後期中國局勢又呈現混沌不安的情況，英國軍方必須保留充分的戰備能力，才能隨時因應中國現況發展，派遣武力保護英國在華各通商口岸的利益。但駐防商船防禦海盜的任務卻耗去其部份兵力，從而影響到英國在華的戰備能力。況且許多支援登船執行防盜任務的兵力為陸軍士兵，現竟擔任海上防務工作，充當起商船的武裝保鏢，犧牲其本來應該擔任的陸上戰備任務，實乃本末倒置。故在英國軍方的強烈反彈下，此方案不過僅執行約一年多即難以為繼而宣告停止。

（三）第三部份、英國推動的「中（粵）英軍事合作剿盜行動」

　　第八章為「中（粵）英軍事合作剿盜方案」。為了有效打擊廣東海盜在大亞灣與西江流域沿岸的根據地，英國與香港政府一直致力於推動中（粵）英軍事合作剿盜行動。一來藉由軍事合作名義，英國海軍可以在華適當動用武力，而不會惹出不必要的爭議，造成其他列強猜忌，也比較不會引起中國與廣東方面的反英情緒；二來，廣州當局熟悉地方盜匪分布情況，英軍與當地駐軍合作方能徹底根除海盜在地方上的勢力。然而自民國以來，廣東方面一直婉拒英國的軍事合作剿盜要求。歷經多次交涉，在1924 年，英國利用孫文急於獲得外國援助推動北伐事業的良機，終於獲得其同意，由陳友仁與英國駐廣州總領事館居中聯繫合作事宜，粵軍第三軍李福林與英國海軍西江分遣艦隊則負責執行軍事行動。雙方軍事合作剿盜的形式，由粵軍主導，除決定剿盜的對象、擬定行動方案外，還承擔正面進攻行動任務；而英國海軍則從旁提供支援，派出艦艇協助粵軍運兵、封鎖水路、提供火砲支援掩護、追擊乘船逃亡的海盜等。在約一年多的軍事合作剿盜期間，中（粵）英雙方多次協同掃蕩位於珠江支流東江、西江水路沿岸的各海盜據點。雖然英國政府內部，尤其是外交系統的官員，對於中（粵）英軍事合作剿盜成效頗有質疑，擔心粵軍李福林部的所作所為，可能讓英國不適當地捲入到廣東內部的派系與地盤之爭，但是海軍方面基本上還是相當肯定剿盜行動對於海盜勢力的鎮懾作用。中（粵）英軍事合作剿盜行動，自 1924 年 3 月起一直持續執行至 1925 年中，受五卅事件的影響，廣州也連帶發生沙基、沙面慘案，廣州當局決定切斷與英國的關係，除發動省港大罷工以經濟手段抵制英國外，雙方原有的軍事合作剿盜行動自然也受到波及，無以為繼。

　　第九章為「非正規中（粵）英軍事合作剿盜模式及其爭議」。香港總督府為了有效解決廣東海盜問題帶給殖民地的重大威脅，持續致力推動中（粵）英軍事合作剿盜行動，甚至不惜使用爭議性極大的「非正規」手段。首先，為了維持與粵軍李福林間的緊密合作關係，香港總督府即曾秘密動用殖民地經費，購置煤料等軍事物資以援助李福林。藉由檯面下金援手段的運用，香港總督府順利拉攏李福林，也有助於英國海軍與其的後續軍事合作剿盜行動。然而，以秘密金援方式來換取中（粵）英軍事合作剿盜行動的運作順暢，在某種程度上似有英國願以金錢買通粵軍來進行剿盜之意。這樣的行為極可能開下惡例，讓粵軍往後多以此為要挾，利用英國亟欲解決海盜問題的心裡，趁機勒贖金錢援助。尤有要者，秘密金援粵軍之事如果不幸曝光，將會使得英國政府陷於相當尷尬的處境，因為香港總督府竟然以金錢援助特定軍事派系，不但可能影響與北京政府之間的關係，也會造成其他列強質疑英國以金援手段介入中國內部軍事派系之爭。其次，由於最惡名昭彰的中國海盜，多半利用廣東惠州南方大亞灣沿岸地區為根據地，但此地在 1920 年代前期屬於陳炯明所部軍隊控制地區。陳炯明叛變後，孫文雖在滇、桂軍協助下，重新取回廣州的控制權，但惠州一帶仍舊由陳炯明殘部佔領。換言之，惠州南方大亞灣沿岸等海盜據點並非孫文領導的廣州當局所能控制之區，因此即使推動中（粵）英合作剿盜行動，充其量只能應付珠江流域的海盜問題，但卻無法有效處理位於惠州南方大亞灣沿岸的海盜勢力。所以，在香港總督府及其麾下警察司的運作媒介下，英國海軍與陳炯明殘部軍隊取得聯繫，在 1925 年初共同發動一次軍事合作剿盜行動，直接打擊位於大亞灣沿岸的海盜聚落。然而，盤據在惠州南部的陳炯明殘部軍隊，在廣州當局眼中則是不折不扣的「叛軍」。英國海軍與所謂的「叛軍」合作剿盜之事，一旦消息外洩，必定會引起廣州當局的猜忌，認為香港總督府與陳炯明之間的不正當合作關係，質疑香港方面意圖利用陳炯明來推翻既有的廣州當局。所以，香港總督府自行推動與「叛軍」間的合作剿盜，極可能引起廣州當局的憤怒，導致中（粵）英關係陷入不穩定情況，甚至引起反英情緒，反倒不利於原先致力推定的中（粵）英軍事合作行動。

（四）第四部份、英國推動的「獨立軍事剿盜行動」

第十章為「亟思反制：英國處理廣東海盜政策之轉向」。受到五卅事件與省港大罷工的影響，中（粵）英關係陷入僵局與敵對狀態，廣州當局發起經濟抵制運動，並策動反英輿論宣傳，原有的中（粵）英軍事剿盜行動自然無法繼續執行。與此同時，廣東海盜勢力卻沒有因為中（粵）英僵局而稍偃旗鼓，大亞灣海盜仍然在華南水域肆意劫掠英船。在一連串英船劫案的刺激下，1926 年中，香港總督府正式向英國政府提交一份由英軍自行發動武力進剿行動的計畫方案，希望以軍事報復手段掃蕩海盜據點，藉此嚇阻廣東海盜勢力。此方案因爭議性過強，英國政府內部各相關部會歧見亦大，故遲遲未有定論。但由於英船劫案頻傳，以及香港總督府與英商組織的一再努力與遊說下，英國內閣「帝國國防委員會」及其轄下的次級委員會「海外國防委員會」開始正視此方案，並與外交、海軍、陸軍、殖民等部頻繁交換意見。其中，外交部明確表達反對的態度，顧慮當時正值國民革命軍北伐期間，中國局勢相當不穩定，英國更應慎重其事，故宜優先以外交交涉，而非軍事手段來處理廣東海盜問題，否則極可能使英國捲入不利的困境中。然而，以參謀首長會議為首的英國軍方，卻選擇與香港總督府、殖民部等立場一致，建議可以採取有限度的軍事剿盜行動。1926年底，英國內閣「帝國國防委員會」在參酌軍方意見後，雖然對於獨立軍事剿盜行動設下了幾項先決條件並限制其規模，但最終還是批准了香港總督府的動武計畫。

　　第十一章爲「以暴制暴：英國海軍的懲罰性武力剿盜行動」。自 1926 年底英國政府批准香港總督府的獨立軍事剿盜計畫後，原則上只要英船劫案發生，英國駐香港軍事武力即可以片面進行軍事進剿行動。1927 年 3 月，英船合生輪遭到廣東大亞灣海盜的劫掠，雖然英國駐華公使館以上海局勢緊張，建議暫緩軍事剿盜行動，然而香港總督府還是決定依照原先授權方案，逕自籌組行動艦隊，攻擊了位於廣東惠州南方大亞灣沿岸的幾個村落。登陸的英軍部隊在不傷人命的前提下，驅散村民，但將各村落所有屋舍、船隻盡數焚燬，以爲報復之舉。此次軍事行動初始看似有了相當顯著的效果，因爲之後長達近半年的時間，沒有其他英船劫案發生。但 1927 年 9 月，海盜夢魘復臨，英船日陞輪又遭到廣東大亞灣海盜的劫掠。英國海、陸軍也再次出動，登陸部隊仍焚燬了疑似參與此次劫案的大亞灣沿岸部份村落屋舍與船隻。與此同時，廣東西江沿岸的海盜勢力也對一艘英國商船高州輪伸出魔爪，英國海軍只得再籌組由三艘砲艦組成的行動艦隊，針對海盜登岸處與藏匿採取砲轟行動。這幾次英國獨立軍事進剿行動，自然引起廣州當局的極度不滿，操作「慘案化」，刻意誇大英軍行動過程的所造成的華人傷亡，鼓動反英輿論宣傳，並將此類英軍行動定位爲帝國主義侵華行爲，也使得中（粵）英關係又再陷入緊張對立的局面。而英國政府內部在檢討獨立軍事進剿行動的成效時，也認爲嚇阻效果其實相當有限，海盜勢力隨時可以轉移陣地，另起爐灶又策動新劫案。況且登陸時執行的無差別掃蕩作戰，盡數焚燬民宅、船隻之舉，也可能傷及無辜，徒增該地的百姓反英情緒。也因此，在執行三次軍事剿盜行動後，英國政府只得重新檢討海盜政策，並另謀其他良法。

第一章 英國人眼中的廣東海盜問題

一、前言

在缺乏水警的情況下，北京（政府）無力阻止海盜在中國水域洗劫英國船隻，而我們在現場的海軍力量又不足以應付情況。「這簡直是對英國旗幟的污辱」。一方面英國海軍無力承擔中國內河與沿海水域的警戒任務，二方面，海盜問題不過是正啃食整個國家的普遍性盜匪問題的結果。

倫敦《每日通訊報》引述香港匯豐銀行會議主席(A.O. Lang)的言論[1]

廣東海盜問題基本上是當地社會秩序惡化、經濟破產的具體反映。英國《錫蘭時報》(*Times of Ceylon*)曾以一句英文諺語：「戰爭造成盜賊，而和平將他們吊死」(War makes thieves and peace hangs them!)，生動地描繪出1920 年代廣東海盜問題再度肆虐的主要背景。[2]因為社會和平之時，政府對地方的控制力強，海盜無以為繼只能偃聲息鼓，然而一旦戰爭爆發，社會隨之動盪不安，海盜自然又重新猖獗起來。1920 年代上半期的廣東，幾乎陷入一連串的內戰之中。從 1920 年陳炯明驅逐桂系之戰、1921 年的粵桂之戰、1922 年的北伐與陳炯明叛變、1923 年的許崇智與陳炯明之戰、粵桂之戰，1924 年的商團事件與再度北伐等，廣東全省幾乎陷入戰亂中，除粵軍本身常常分裂內訌外，尚有其他滇、桂、湘等客軍分區盤據，廣東情況異常複雜。這樣的局勢自然對地方社會的穩定造成極其嚴重的衝擊，

---

[1] "Chaos and Corruption in the Chinese Republic: Hopeless Breakdown," *The Daily Telegraph*, 9 April 1924.

[2] *Times of Ceylon*, 3 September 1927, cited from "Bias Bay: Ceylon Papers Comment on Raid," *The China Mail*, 21 September 1927.

而具體影響之一，就是海盜、土匪數目的急遽成長。[3]而原本應執行緝捕海盜、維護水路安全任務的廣東海軍（或是地方的水上保安隊），也因為受到政局動盪的影響，往往訓練不足、紀律不佳，而無法發揮其應有的作用；尤有要者，這些廣東官方的海上武力有時甚至兼作海盜事業，或與海盜勾結，形成兵匪合一、兵匪不分的特殊現象。[4]曾身兼剿盜指揮官的粵軍第三軍軍長李福林甚至親口對英國海軍官員表示，廣州當局「才沒有經費去執行進剿海盜這樣烏托邦式的計畫」，因為「事實上，（與去其剿盜）倒不如收受海盜的賄賂，讓其為所欲為，更有利可圖」。[5]

　　1920 年代廣東海盜問題甚為猖獗，無庸置疑地，中國籍輪船自然首當其衝、深受荼毒，[6]但毗鄰廣東的英國香港殖民地同樣亦無法倖免，遭到池魚之殃。特別是從香港往來中國各港口甚至遠及東南亞的船隻，均淪為廣東海盜下手的目標。影響所及，不但英船貨物財產遭到掠奪之事成為常態，英籍船員被海盜殺害案件亦時有所聞。英國政府與一般商民百姓自然對於廣東海盜感到深惡痛絕，但同時也對廣東海盜的成因及其運作網路模式有著極為深刻的體認與瞭解。

---

[3] 關於 1920 年上半期廣東局勢與內戰情況，可以參見郭廷以，《近代中國史綱》（香港：香港中文大學出版社，1988），頁 471-472、482、523-523。

[4] 1927 年 9 月的廣金艦事件最具代表性，廣金艦為廣東海軍砲艦，原先受命從海南島護送稅銀 90 萬元回廣州，但艦長與半數以上官兵竟集體與海盜勾結，在航行途中掠奪部份餉銀，然後棄艦逃逸。見〈廣金艦員串通海匪行劫〉，《世界日報》，1927 年 9 月 26 日第 2 版。

[5] "Piracy and Anti-Piracy Operation," An Extract from the Letter of Proceedings for the Month of October Addressed by the Senior Naval Officer of the West River to the Commodore at Hong Kong, November 6, 1924, FO371/10932.

[6] 由於中國籍輪船極易遭到海盜挾持，故中國軍政大員在乘船時，一般來說都會避免乘坐本國籍輪船，而選擇較為安全的外國輪船。見"Hongkong - The Changing Scene - The Piracy Problem - Trade - A Government Loan (From Our Correspondent)," 5 November 1927, *The Economist*, 105:4399 (17 December 1927), pp.22-23.

二、大亞灣海盜

　　廣東沿海地區海盜，主要以大亞灣(Bias Bay)、紅海灣(Honghai Bay)、碣石灣(Hie-che-chin Bay)等三處水域及其沿岸城鎮、村落爲據點。三灣之中，又以大亞灣最具代表性，是英人眼中廣東海盜最主要的根據地。[7]大亞灣位於廣東惠陽縣稔山鎮（今改屬惠東縣）西南方，該灣與稔山相連處狹小水域則爲范和港。[8]

　　事實上，大亞灣沿岸地區很早即是海盜聚集之地。回顧過去，大亞灣海盜馳騁在廣東附近水域已長達好幾百年，他們往往駕駛著木船到處攻擊與劫掠往來商船。自英國在香港建立殖民地後，亦不能倖免，飽嚐大亞灣海盜肆虐之禍。

---

[7] 大亞灣北往內陸可至粵東大城惠州、紅海灣可至海豐、碣石灣則可至陸豐，而根據英國海軍的資料，此三灣為 1920 年代廣東海盜最為猖獗的地區。見 "Anti-Piracy Measures," by Rear Admiral, Hong Kong, June 1930, CO129/521/3.

[8] 廣東省惠陽地區地名委員會編，《廣東省惠陽地區名志》（惠陽：廣東省地圖出版社，1987），頁 20 與所附惠東縣地圖。

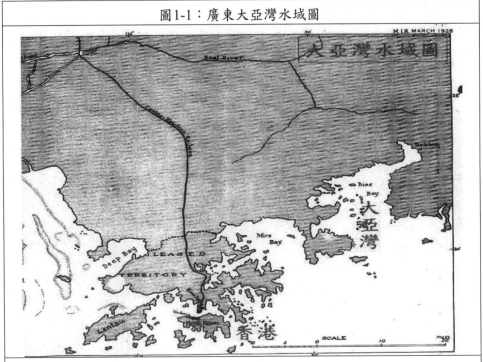

圖1-1：廣東大亞灣水域圖

圖片來源：Naval Intelligence Division, Naval Staff, Admiralty, *Confidential Admiralty Monthly Intelligence Report*, No.106 (15 March 1928), CO129/507/3.

　　例如在 1890 年，一艘航行香港與福州之間的英國輪船即遭到大亞灣海盜的劫持。不過，在英國的交涉與要求下，清朝採取了強力鎮壓手段，逮捕 15 名海盜，並將之在九龍地區斬首示眾，殺雞儆猴的手段使得大亞灣海盜感到畏懼與退縮，也因此廣東海盜劫掠問題頗有緩和之勢。[9]其次，隨著近代以來輪船大量引進東亞水域，以及英國海軍在此建立強有力的巡邏體系，也使得大亞灣海盜無法繼續猖獗。他們小小的木船無論在速度或噸位上均不可能與大型輪船抗衡，更不用說船堅砲利的英國海軍，故只能

[9] "Letter from J.W. Jamieson, Consul General, Canton to the Commissioner of Foreign Affairs, Canton," 29 December 1925, FO371/11670.

退避三舍。[10]換言之，清朝的強力鎮壓、輪船優勢以及英國海軍的威懾作用等因素，使得廣東大亞灣海盜因此暫時銷聲匿跡好長一段時間。

　　然而，到了 1920 年代，廣東大亞灣海盜又再度猖獗，在大亞灣沿岸地區大約就有八個海盜聚落。[11]至於海盜盛行的原因，基本上還是與當地政治與社會環境的惡化脫離不了關係。關於中國盜匪現象，英國外交部曾有相當精闢的分析：

> 雖然中國的盜匪問題時常與官員施政不當有關，但並不能夠因此說具有反政府的傾向。受到軍隊蹂躪社會的影響，當百姓無以為繼之時，往往只有坐以待斃與落草為寇兩條路子。很自然地，百姓會選擇第二條路，這與道德原則沒有多大的關係。大多數的盜匪都是由於經濟問題造成的。中國人口眾多，又極度仰賴農業為生，一旦發生飢荒或水災，百姓同樣會選擇落草為寇。[12]

換言之，無論是天災或人禍（軍閥肆虐）的破壞，當社會經濟秩序瓦解之際，百姓為求生存，最後只能選擇做盜做匪來尋求出路。廣東海盜問題亦是如此。依據香港《工商日報》的報導，大亞灣附近的地理情況與人口分佈如下：

> 該處之形勢，擺亞士灣（大亞灣）一帶，村落甚多，其最為興旺者為稔山……鄉民以萬人計，其次為范羅江（亦稱范和江、范和港），人數亦不少。除此兩處外，於皆屬小村落，如龜洲、海洲、蟹洲等。海洲與蟹洲相連中隔一山，海洲在後、蟹洲在前，背山面水，由海道前往，則先到蟹洲，後到海洲。獨龜洲與蟹洲對面，中間一水道，此處之水甚淺，雖乘小舟亦要下海步行，方達彼岸，惟遇潮水漲時，則或不致步行。該三小村之人數，查龜洲約有住戶七八十間，人數抵百數；海洲住戶數百，人數約七百；蟹洲住戶百餘，人

---

[10] *Times of Ceylon*, 3 September 1927, cited from "Bias Bay: Ceylon Papers Comment on Raid," *The China Mail*, 21 September 1927.

[11] 此為英國殖民部內部備忘錄所作的調查。"SS *Sunning* Piracy," Minutes of Colonial Office, 17 November 1926, CO129/495.

[12] "Situation in China," Minutes of Foreign Office, April 1924. FO371/10243.

　　數約二百餘。鄉人多操惠州語，多屬係屬無業遊民。[13]

基本上，大亞灣東北角稔山鎮沿海龜洲、海洲、蟹洲、長排、范和江等村居民過去多以討海爲生，但受到民國以來廣東內爭與社會經濟動盪影響，爲求生計，極易利用原先的討海技能鋌而走險，從事海上劫掠勾當，故不難理解大亞灣海盜活動猖獗其實與經濟問題息息相關。 也由於此緣故，此類海盜成員間多半帶有地緣同鄉背景，且使用相同方言，彼此間呼朋引伴一同策劃犯案。

表1-1：一支廣東大亞灣海盜組織部份成員資料表（1928年3月）[14]					
姓名	年紀	籍貫	位置	語言情況	備註
黃慶	29	稔山鎮大墩村	大亞灣東北	河洛話，但會講客家話	首領
陳官輝	25	稔山鎮長排村	大亞灣東北	河洛話，但會講客家話	
洪亞勤	25	稔山鎮龜洲村	大亞灣東北	河洛話，但會講客家話	
林亞茗	30	稔山鎮長排村	大亞灣東北	河洛話，但會講客家話	
黃亞色	42	稔山鎮下涌塩灶背村	大亞灣東北	客家話	
黃秀魁	28	稔山鎮下涌塩灶背村	大亞灣東北	客家話	
紀帝子	26	稔山鎮范和江村	大亞灣東北	河洛話，但會講客家話	金主
黃松	38	淡水坑仔村	大亞灣西北	客家話	
黃玉	27	淡水坑仔村	大亞灣西北	客家話	
說明：此為香港警方根大亞灣當地線民所掌握的一股海盜勢力情資					

　　除了稔山鎮之外，大亞灣東南角的平山鎮及其附近的平海灣水域同樣也是海盜的淵藪。船隻行駛其間或是漁船在該水域捕魚時均必須格外小心，不時有海盜乘坐小艇出沒搶劫船隻、殺人越貨。[15]部分海盜極爲囂

[13] 〈英水兵痛剿大亞灣海盜〉，香港《工商日報》，1927 年 3 月 25 日第 3 張。

[14] "T. Murphy, C.D.I.'s Report," 23 March 1928, CO129/508/4.

[15] 〈慘無人道之海賊〉，《香港華字日報》，1927 年 9 月 9 日第 2 張第 2 頁。

張，甚至還在小艇上安裝土砲，意圖開砲攻擊往來船隻。[16]

　　1920 年代惠州南方大亞灣水域一帶的海盜活動之所以異常猖獗，跟當地政治局勢混亂有相當的關係。英國駐廣州總領事館即稱「從大亞灣到汕尾這一帶區域，充斥著海盜、土匪與共產黨，而軍事當局似乎不可能將其恢復秩序」。[17]東江流域、惠州一帶本為陳炯明主要地盤，自 1922 年陳炯明叛變與孫中山決裂後，雙方多次在東江流域發生戰鬥，導致此區域情況極度不穩定。香港往來珠江水域的汽艇即經常遭到軍隊強制徵用，英國海軍往往必須出動軍艦護航，才能確保航運暢通。[18]而在國民黨兩度東征軍事行動後，陳炯明雖然作戰失敗逃亡香港，但部分東江區域仍由陳炯明舊部掌控，持續打著反對國民黨統治的旗幟。[19]大亞灣為惠州南方主要的出海口之一，難免受到戰亂波及，社會失序。其次，國共合作期間，廣東東部地區亦已逐漸成為中共推展農民運動的主要區域之一，但自 1927 年 4月國民黨展開清黨行動、國共決裂之後，東江流域自然則成為中共策動農民、反抗國民黨統治的重要據點，特別是「東江起義」（「海陸豐三次起義」）期間，整個東江地區從惠陽、紫金到海豐、陸豐一帶大部分成為國共角逐的戰場。[20]根據天主教教會 1928 年 4 月對於海豐附近的情況報告，

---

[16] 例如 1926 年 5 月，太古輪船所屬 SS *Chenan* 輪船從香港前往上海途中，即曾於大亞灣東南方平海灣水域附近遭遇兩艘海盜小艇的「土砲」攻擊。見 "Wanton Attack? *Chenan* Fired on by Cannons; Bias Bay Incident," *The China Mail*, 30 May 1927.

[17] "Mr. Brenan to Sir Miles Lampson," 4 October 1928, CO129/508/4.

[18] 例如 1924 年 1 月時，香港「南華與香港汽艇公司」(South China and Hong Kong Launch Company)兩艘汽艇即在珠江附近被軍隊強制徵用，幸賴英國海軍秋蟬號(HMS *Cicala*)與松雞號(HMS *Moorhen*)軍艦交涉奪回。"Proceedings of HMS *Tarantula* during the Month of February 1924," from Senior Naval Officer, HMS *Tarantula*, Hong Kong to the Secretary of the Admiralty, London, March 5, 1924, FO371/10243.

[19] "Against Canton: Irregular Troops near Bias Bay; Village Rebels; Govt. Troops Busy Dispersing Chen's Late Soldiery," *The China Mail*, 12 September 1927.

[20] 陳耀煌，〈粵東農民運動發展與中國共產黨之關係（一九二二至一九二六）〉，《近代中國》，期 126(1998.8)，頁 28-51；周康燮主編，《1927-1945 年國共鬥爭史料匯輯（第一集）》（臺北：存萃學社、大東圖書公司，1978）。

當時國民革命軍第 4 軍、第 5 軍正分從汕頭、廣州往汕尾、海豐等地進
兵，共軍則據守山區採取敵進我退、敵退我進的游擊作戰策略，第 4 軍、
第 5 軍因無法有效作戰，只能勉強控制大城市，至於山區周邊則仍是共軍
的天下。在國共激戰的背景下，汕尾、海豐等地不但交通要道受到嚴重影
響，農村田事無以為繼，難民潮也開始湧現，加上第 5 軍軍紀不佳，進軍
過程中劫掠行為頻傳，幾乎與土匪無異，以致民怨沸騰，立場亦有倒向共
軍之勢。[21]簡而言之，在國共競逐、陳炯明舊部割據的影響下，廣東東南
部沿岸地帶，如大亞灣、紅海灣、碣石灣等區域陷入相當混亂的情況，
「農民軍、盜匪與陳炯民殘部」參雜其中、各有地盤，局勢異常動盪不
安。[22]

　　再者，根據香港警察部門的調查，大亞灣附近的駐軍多半可能與海盜
有所勾結，駐軍與海盜往往維持友善關係，甚至部份海盜即具備軍職身份
或曾在軍中服役。[23]例如 1925 年 12 月英商太古輪船公司的通州輪劫案(SS
Tungchow Piracy)中，為首者即「疑係軍界中人，當時指揮極有法」：

> 匪夥劫既畢，勒令船上人員將傳駛來香港，駛到擺亞士灣（大亞
> 灣），此處已先預備有小艇十餘艘，賊只以手遙報之，各艇應聲而
> 至，中有兩艘不允駛來，賊乃放槍二响，各艇不得不齊到。聞連贓
> 物等，併駛往海豐左右。疑賊輩皆軍界中人。[24]

也因此對英國來說，實在難以寄望地方駐軍會自行肅清當地海盜勢力，更
別說要與其合作一同處理海盜問題。

---

[21] "Conditions in Hoifong," Bishop Valtorta to the Government House of Hong Kong, 11 April
1928, CO129/508/4.

[22] "Against Canton: Irregular Troops near Bias Bay; Village Rebels; Govt. Troops Busy
Dispersing Chen's Late Soldiery," *The China Mail*, 12 September 1927.

[23] L. H. V. Booth, Assistant Director of Criminal Intelligence, Hong Kong, "Precis of Piracies
Committed by Bias Bay Pirates since 1921," CAB/24/181:0072、FO371/11671.

[24] 通州輪乃從上海經威海衛前往天津途中，遭到海盜劫持至廣東大亞灣。見〈通州輪船
中途被劫〉，《香港華字日報》，1925 年 12 月 24 日第 2 張 3 頁。

圖1-2：廣東大亞灣海盜

BIAS BAY PIRATE.

This captured pirate (note the chain) is one of the hundreds who infest the neighbourhood of Bias Bay, on the Kwangtung coast, and close to Hongkong.

《德臣西報》刊載的大亞灣海盜：已被捕獲上鍊的「要匪莫朗洲」。

"Bias Bay Pirate," *The China Mail*, 13 March 1926.

　　動盪不安的社會環境固然有助於海盜形成，但大亞灣海盜也必須因應時代變化，採取新型態的劫掠手法，方能適應輪船時代的航運模式。由於傳統華式木船與西式輪船之間的懸殊比例，海盜們普遍放棄自駕海盜船公然劫掠船隻的舊方法，而是化明為暗，搖身一變扮成普通乘客，暗中挾帶武器登船，待輪船航行到外海時，再趁機發難以劫持船隻。而令人諷刺的，由於海盜猖獗，跨洋輪船普遍配備有武器以備抵禦海盜，但船上的武器後來反倒成為海盜劫船成功的一大助力。因為海盜劫船時往往無須攜帶人多的武器，而只需挾帶少量武器登船（將可大幅減少登船檢查時被查獲的機率），待輪船駛至外海發動突襲時，則首先攻擊艦橋、船長艙房與警衛室，屆時即能取得武器室所儲藏的大量武器，以便將其分派給所有海盜成員；再憑藉此批武器成功壓制其餘船員、控制全船，接著就能強迫其將輪船駛至廣東大亞灣水域，並由當地木船接應將劫掠品運往岸上。[25]這種假扮乘客、挾帶武器登船、發動突襲、取得輪船武器、控制輪船、駛往大亞灣、木船接應等一系列劫船程序與手法，也就成為 1920 年代廣東大亞灣海盜最為人熟知的顯著特徵。加上大亞灣附近水深較深，適合吃水較重的大型輪船駛入，故大亞灣乃成為廣東海盜在劫持輪船後，最佳的登岸選擇之一。[26]其次，除了搶奪財物外，海盜多半也會將船上部分乘客、買辦等一同擄走，以便向其家屬勒索贖金之用。然而，與華北地區土匪大相徑庭的是，廣東海盜雖然經常劫掠外國船隻，但並不熱衷綁架「洋票」（外國人質），[27]多半只對「華票」（華籍人質）下手。一般而言，廣東海盜對於船上的外籍船員、乘客較為尊重，只要不持槍抵抗，海盜不會主動傷害其性命，亦不會將其擄走，僅是在挾持輪船期間限制其行動、搶奪其財物而已。但華籍船員、乘客或買辦，則沒有上述優遇，部分甚至淪為所謂的「華票」，被海盜搶擄上岸，並囚禁在秘密地點。基本上在劫持過程中，海盜會從船上華籍人員裡物色適合後續執行勒贖的對象，一般來說多是出身富貴、衣著華麗或是有影響力之人。[28]待登岸藏匿妥當，並等風聲稍歇

---

[25] *Times of Ceylon*, 3 September 1927, cited from "Bias Bay: Ceylon Papers Comment on Raid," *The China Mail*, 21 September 1927; "Lieutenant, Officer of the Guard, HMS Cornflower to the Commanding Officer, HMS Cornflower," 28 May 1928, CO129/508/4; "Piracy on SS *Tean* in Hoi How Harbor," T. Murphy, Chief Detective Inspector to Chief Superintendent of Police, Hong Kong, 29 May 1928, CO129/508/4.

[26] "T.H. King, Director of Criminal Intelligence to Captain Superintendent of Police," 30 April 1927, CO129/507/3.

[27] 關於華北地區土匪與「洋票」之間的關係，可以參見應俊豪，《「丘八爺」與「洋大人」──國門內的北洋外交研究（1920-1925）》（臺北：國立政治大學歷史系，2009），第四章「從兵匪問題與帝國主義思維反思綁架外人事件」，頁 91-340。

[28] 以 1928 年 4 月的輪船招商局新華輪劫案(SS *Hsin Wah* Piracy)為例，該輪船上後來有 5 名乘客遭到海盜挾持登岸，淪為肉票，而根據香港警方的調查，此五人的背景資料如下：

新華輪劫案五名華票背景資料			
華籍肉票姓名	年齡	籍貫	背景
盧叔良	48	江西	醫生

之後，海盜會先以簡信通知「華票」家屬，要求準備贖金以贖回人質。一段時間後，海盜則會令「華票」自行撰寫第二封通知信，信中會提及贖金金額，以及「貢品」數量，如鴉片煙、絲綢、衣物等，以便換回人質。[29]

簡言之，1920 年代大亞灣海盜甚爲猖獗，幾乎已造成風聲鶴唳的情況，各國輪船航經此水域時即必須保持高度警戒，任何形跡可疑、或拒絕燈號回應的船隻往往則被視爲海盜船（或已遭到海盜劫持的輪船），而必須立刻通報香港當局。[30]英國海軍更是將大亞灣納爲例行巡邏的重點水域，海軍艦艇在往來上海、香港時，必定繞行大亞灣水域以防海盜犯案。[31]

三、珠江（西江、東江）流域海盜

1920 年代珠江流域海盜問題同樣也十分嚴重。英國《經濟學人》(*The Economist*)即戲稱對英國在華貿易的威脅不只來自公海上，因爲當英船「順

劉禺嘉	40	貴州	輪船招商局監督人員
徐榮燦	30	貴州	輪船招商局監督人員
李子和	41	廣東三水	不詳
不詳	不詳	不詳	不詳，從上海登上輪船

"Piracy of SS *Hsin Wah*," C.G. Perdue, Director of Criminal Intelligence to the Captain Superintendent of Police, Hong Kong, April 1928, CO129/508/4.

[29] 此為英國怡和輪船公司日陞輪(SS *Yatshing*)被大亞灣海盜掠後，船上「華票」家屬遭到勒索的經過，見"Piracy Echo: News of *Yatshing* Victims; Ransom Negotiations," *The China Mail*, 13 September 1927.

[30] 1927 年 10 月即曾發生一件相當誇張的大亞灣海盜假警報事件。英商怡和輪船公司所屬的合生輪曾在是年 3 月時被海盜劫持至大亞灣，故該輪船員幹均對此水域懷抱著戒慎恐懼的心態。10 月時，合生輪又航經該水域時，察覺一艘輪船「形跡可疑」，故隨即通報香港當局可能又有新的輪船遭劫受害。但經香港當局派遣艦艇搜尋調查後，才赫然發現合生輪所通報的形跡可疑輪船，竟是正在大亞灣水域巡邏視察盜情的英國海軍德里號軍艦(HMS *Delhi*)。見 "Mystery Solved: No Further Bias Bay Piracy; A Warship's Movement," *The China Mail*, 17 October 1927.

[31] "Governor, Hong Kong, to the Secretary of State for the Colonies," 30 June 1926, CAB/24/181:0072.

利通過來自公海海盜的攻擊後，還要面對潛伏在內陸水路上的危險」。[32]
英國海軍情報處指出香港往來廣東之間部份水路危險異常，特別是在東江
水域上游，以及西江小欖、馬寧、江門一帶是整個珠江三角洲最失序的區
域。[33]英國駐廣州總領事館曾詳細分析珠江流域海盜的為害情況，基本上
香港往來廣州之間的水路大致上還算安全，一來乘客來源單純，在登船前
也實行較為嚴格的行李檢查度，[34]加以船隻直航在珠江主水道上，航程較
短，海軍馳援較易，對於海盜而言要成功犯案的機率不高。但是香港往來
珠江流域各內陸港口之間的水道（主要在香港與梧州間），由於船隻沿江
沿港停泊，乘客來源複雜，則是高度危險的區域。此區海盜劫船手法多
元，有類似大亞灣海盜模式亦即假扮乘客挾帶武器登船，再伺機發動攻擊
劫持輪船者，但也有另外乘坐海盜船從外部攻擊輪船者。英國總領事對珠
江流域海盜問題態度相當悲觀，因為：廣東內陸水域海盜肆虐「從不可考
的年代開始，就是華南地區或大或小的老問題」，而對英國來說，「除了
等待廣州當局改變態度正視海盜問題外，似乎也暫無其他辦法了」。[35]

表1-2：英國駐廣州總領館分析珠江流域海盜大致情況表（1927年11月）

	廣州往來香港間		廣東省各港與香港間	
水路	珠江主水道		珠江內陸支流水道	
航行船隻類	近岸船隻	大江輪	小江輪	汽艇

---

[32] "The Position in Hong Kong (By A Correspondent)," 9 May 1924, *The Economist*, 99:4219 (5 July 1924), pp.7-8.

[33] Naval Intelligence Division, Naval Staff, Admiralty, *Confidential Admiralty Monthly Intelligence Report*, No.106 (15 March 1928), p.30, CO129/507/3.

[34] 以英商太古輪船公司為例，該公司輪船在從廣州出發前，必先由駐船戒護的印度警衛執行徹底的行李搜查，如果船長對於特定乘客有所懷疑時，則再由船員幹部另行搜查，因此海盜難以從廣州挾帶武器登船。至於從香港出發的輪船則更無疑慮，因為香港警察均會在船隻離港前，先登船對所有乘客執行行李搜查。見"Memorandum Respecting Chinese Passengers Embarking on C.N. Coast Steamers at Pak Hin Hok Wharf," by local representatives of Butterfield and Swire Co., Canton, 21 November 1927, CO129/507/3.

[35] "Acting Consul-General Brenan to Sir Lampson," 22 November 1927, CO129/507/3.

型	Coasting Vessel	River Steamer	Small River Steamer	Launch
停泊情況	以直航為主		多在沿江各港停泊	
乘載客貨來源	以貨船為主，偶爾搭載少數貧窮的華籍乘客	以客運為主，部份承運高價值物品	客貨兩運、多元複雜	
備註	大宗貨物，單位價值多不高，對海盜欠缺吸引力，加以乘客多為苦力也無搶劫、綁架價值	直航廣州與香港間，航程短，海盜不易下手	海盜高犯罪區域	

　　以實際情況來說，珠江海盜除了劫掠船隻外，也經常強佔水道，勒贖往來船隻。香港往來廣東珠江流域的重要水路有時即被海盜把持，船隻欲順利通過此類水道，則必須繳納保護費。部分海盜非常囂張，甚至還敢襲擊或劫持官方的武裝汽艇。例如 1924 年 1 月間，英國海軍砲艦知更鳥號 (HMS *Robin*)曾在珠江水域附近此擊沈一艘海盜船，據查該艘船原本為廣東政府的武裝艇，但已遭到海盜奪取。[36]

---

[36] 不過，這艘被英軍擊沈的武裝艇，也有可能根本不是海盜劫持官艇，而是官匪不分的產物。因為廣東各地官方汽艇有時也兼作海盜勾當。"Proceedings of HMS *Tarantula* during the Month of February 1924," from Senior Naval Officer, HMS *Tarantula*, Hong Kong to the Secretary of the Admiralty, London, March 5, 1924, FO371/10243.

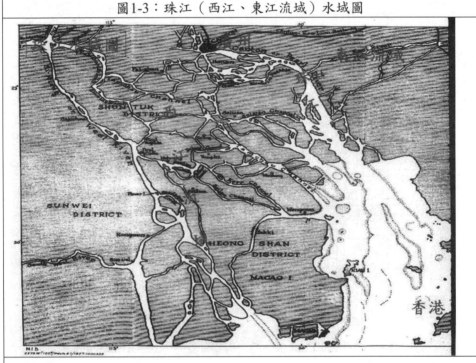

圖1-3：珠江（西江、東江流域）水域圖

圖片來源：Naval Intelligence Division, Naval Staff, Admiralty, *Confidential Admiralty Monthly Intelligence Report*, No.106 (15 March 1928), CO129/507/3.

　　珠江三角洲的黃圃地區（*廣州南方*），亦是惡名昭彰的海盜聚集地，輪船航經此地常常遭到海盜的攻擊。為了防止海盜犯案，廣州當局雖曾在此處駐軍、設置檢查哨，並派遣武裝汽艇巡弋河道，但是海盜攻擊船隻的情況仍然時有所聞。[37]

---

[37] "Watch for River Pirates," *The China Mail*, 16 September 1927.例如 1927 年 11 月仍有一艘日本輪船航經黃圃時，遭到海盜攻擊。日本海軍軍令部編，〈支那二於ケル海賊被害狀況一覽〉(大正 10 年以降昭和 4 年 9 月末調)，《軍令部常報第 28 號》，國情第 6 號，1929 年 10 月 25 日，日本外務省外交史料館藏，《支那海賊関係雜件》，第二卷，F-0139/0298-0304。

珠江支流西江沿岸的海盜集團數量更是驚人，幾乎堂口林立、各有地盤，讓行駛其間的輪船無不戒慎恐懼。這些海盜集團多半乃使用劫掠與勒索交替的雙重手法來威逼輪船，亦即以劫掠為手段威脅航經該處的輪船必須自動上繳通行費（「收行水」，[38]保護費），來換取平安通過。例如 1925年 3 月時西江流域順德附近的海盜集團，即曾對行經此處的船隻發出繳納保護費的警告信，文稱：「我們通知你，必須在五日內繳交為數 1 萬的護航費用。你必須前來本堂，詢問我們所要求的相關消息。否則你將遭到我們以大槍攻擊」。[39]船隻如有不從，海盜輕則從岸邊開槍攻擊航駛中的輪船，重則派遣海盜假扮乘客，以武力劫持輪船，除搶奪船上貨物、擄走人質外，必要時不惜殺害船員、警衛立威；[40]海盜有時甚至還在河道安置水雷，意圖炸毀航行船隻，達到封鎖河道以勒索通行費的目的。[41]

> 刻下西江河道，賊匪猖獗，沿西江內河幾成賊匪世界，除省城都市之一隅尚稱安寧外，離都市稍遠則強盜巨匪，已不啻成第二政府。黨軍謂竭全力以維持省城治安，而各江交通則滿途荊棘，實則未暇顧及也……。商船行駛內河，近已實行聯航，及請官兵保護，費用甚大，西江行旅大感不便……。四邑（新會、台山、開平、恩平）一帶匪氛更為猖獗，爛大船（江門水道）一帶已被賊匪佔據，封鎖

---

[38] 其實，關於在珠江流域的「行水」或通行費問題，不只海盜意圖染指，連廣州當局本身為籌措軍費也曾擬議收取內河船艇通行費。根據 1925 年初廣州大本營擬議的「徵收內河船艇軍費辦法」，對於通行船隻，依照類型、大小收取不一的通行費；例如一等輪船收 200 元、二等輪船收 100 元、三等輪船收 50 元，至於一般小艇則一等收 12 元、二等10 元、三等 6 元。見〈有徵收內河船艇軍費之提議〉，《香港華字日報》，1925 年 1月 10 日第 3 張。

[39] 海盜發出的警告信上首，甚至還繪有一副中國旗幟，應為該海盜集團自行設計的專屬圖騰符號，旗幟為紅獅白框，框內紅獅張口凝視，並附有文字說明意指「吼獅吞噬」("The Sign of the roaring lion who will devour")。見"Piracy," N.I.D. 7157/25, from Intelligence Division, Naval Staff, Admiralty to the Colonial Office, May 1925, CO129/490

[40] 〈高州輪被劫情形續詳〉，《香港華字日報》，1927 年 9 月 5 日第 2 張第 2 頁。

[41] 〈再誌爛大船河面匪患〉，《大漢公報》，1926 年 4 月 8 日。

交通，內河船隻多已停擺。[42]

西江水域三水、西南鎮附近，即是海盜情況相當嚴重的區域。例如1927 年下半年，一股強大的海盜集團盤據在廣東北江、西江交會處的重要水道附近，不但大肆劫掠沿岸村落，甚至還傳聞準備攻打作爲條約口岸的三水及其鄰近的西南鎮，使得人心惶惶。據英國海軍調查，該批海盜人數高達 500 餘人，並擁有大約數十挺機關槍，實力驚人，他們將機關槍架設在三水東南方一處沙洲（新沙島）上，迫令往來三水、西南鎮間的船隻必須繳納保護費，否則將開火攻擊。[43]英國海軍研判新沙島南岸各村可能就是海盜據點。尤有要者，此批海盜組織嚴密，分工細緻，他們通常利用天未明或黃昏之際，從新沙島乘坐舢舨船出發，襲擊西南鎮沿岸地區，將富有的商戶綁走，再藉以勒索贖金。海盜甚至還向一般村落索取保護費，如果拒絕支付，將會遭到攻擊。此區海盜情況惡化，基本上與廣州政局動盪不安有著密切的關係。原先三水附近區域駐紮有粵軍部隊，但因北伐軍事行動以及廣州局勢的緊張，坐鎮廣州的李濟深乃將此批粵軍全數調往廣州，導致三水、西南鎮一帶防務空虛，海盜乃乘機佔領水道要衝，擴大勢力範圍。由於三水設有海關，英商亞細亞石油公司(Asiatic Petroleum Company)又在三水、西南鎮置有商業據點與碼頭，鄰近的新沙島又是惡名昭彰的海盜據點，因此英國海軍官員即相當擔心此批海盜可能危及海關以及英商生命財產的安全。特別是三水、西南鎮等區因爲並無軍隊駐守，早已成爲海盜鎖定的目標。三水海關稅務司即報告，民間盛傳海盜計畫攻擊三水，目的就是要劫掠亞細亞石油公司以及整個城鎮。至於西南鎮也是相當危險，亞細亞石油公司駐當地代表也報告，海盜在 1927 年 10、11 月間已數度攻擊西南鎮周邊村落及往來船隻；英商雇用的拖船，也曾因拒絕繳

---

[42] 〈西江河道梗塞近況〉，《大漢公報》，1926 年 4 月 21 日。

[43] 1927 年 11 月英國海軍知更鳥號砲艦即是在前往三水途中發現此批海盜蹤跡，乃動用火砲突襲海盜設於沙洲上的機關槍陣地，當場擊斃數名海盜，其餘海盜則逃上岸。見 Naval Intelligence Division, Naval Staff, Admiralty, *Confidential Admiralty Monthly Intelligence Report*, No.106 (15 March 1928), p.36, CO129/507/3.

納保護費而遭到此批海盜攻擊。為了防範海盜來襲，西南鎮設置兩座石製監視塔監視周圍情況，並有為數約 100 名的警察與 200 名左右的商團民兵防守城鎮。[44]

　　面對囂張的海盜勢力，航行珠江（西江）水域的輪船如不願屈服繳納通行費，就只能武裝自衛，亦即配備充分的武器與警衛，同時採取「聯航行駛」（多艘輪船結伴而行），以便遭遇搶劫行動時，能有足夠武力自衛。[45]職是之故，珠江（西江）水域的民用商輪多半高度武裝化，一般均配備有步槍，部分船隻甚至還裝有小型火砲，必要時即能與海盜火拼。[46]至於貨運拖船也多半自行配置武裝船(War Junk)，一旦遭遇海盜攻擊時，即可自衛還擊。[47]例如航行於澳門、江門之間的拖船泰興輪(Towboat *Taishing*，音譯)在 1925 年 3 月曾在香山附近西江水域遭到海盜從岸邊以機關槍攻擊，泰興輪的護衛船隻立刻以強大的火力反擊，並與海盜交火近一個小時，最後順利將海盜驅散。數日後，香港、澳門兩艘拖船改由軍隊指揮，並與一艘地方砲船組成聯航船隊，在香山附近與一艘海盜汽艇直接交火。歷經約一小時的交戰後，上述聯航船隊成功擊敗海盜汽艇，迫使海盜棄船

---

[44] "Report from A.L. Poland, Lieutenant Commander, Commanding Officer, HMS *Robin* to the Commodore, Hong Kong & the Senior Naval Officer, West River," 11 November 1927, CO129/507/3.

[45] 〈高州輪被劫之港訊〉，《香港華字日報》，1927 年 9 月 3 日第 2 張第 2 頁。

[46] 例如 1927 年 7 月初，兩艘「聯航」的香港籍渡輪（德利輪與新德合輪），即在從廣州市橋返回香港途中，於虎門附近遭遇一艘海盜船小輪，船上約有海盜 80 餘人。雙方遭遇後隨即彼此駁火、衝撞，所幸兩渡輪上裝有小型火砲故略居上風，最終順利將海盜船小輪擊沈，船上海盜亦全數遭到擊斃，但兩渡輪方面亦有死傷。見〈渡船大戰賊匪之經過〉，《香港華字日報》，1927 年 9 月 22 日第 2 張第 3 頁。此外，1926 年 4 月廣東中華海面貨船工會給國民黨中央工人部的報告中，亦強調海盜猖獗，故船隻往來廣東各地必須自備武器。見〈中華海面貨船工會上中央工人部呈〉，1926 年 4 月 22 日，中國國民黨黨史館藏，《中央前五部檔案》，檔號 14934。

[47] "Report from A.L. Poland, Lieutenant Commander, Commanding Officer, HMS *Robin* to the Commodore, Hong Kong & the Senior Naval Officer, West River," 11 November 1927, CO129/507/3.

逃逸。[48]此外，往來廣州與香港之間的商船在招徠顧客時，除強調迅速穩固之外，也多半強調具有防盜設計，以便遭遇海盜時能及時向外求援。[49]

其次，珠江流域海盜也時常劫持往來的汽艇，再利用其做為海盜船，攻擊其他船隻。例如行駛在珠江水道的英國汽艇即多次遭此劫難。根據英國駐廣州領事館的調查，僅是 1924 年 9 月下旬，兩週內就發生兩起英國汽艇遭到西江海盜劫持而被轉為海盜船的案件。同年 10 月，另一艘英國汽艇在東江被海盜劫持，同樣亦被充作海盜船以襲擊其他船隻。諷刺的是，英國海軍有時甚至在攻擊海盜汽艇並將其擄獲後，才赫然發現該汽艇竟是屬於英國人所有。[50]1925 年 1 月又有一艘海盜汽艇在西江水域攻擊民船，但因遭到撞擊而沈沒，數十名海盜溺斃。該汽艇原先乃是法國汽艇(French SL *Siu Fook*)，可能也因遭到海盜劫持而被改為海盜船。[51]事實上，這些海盜武裝汽艇往往也不易查緝，因為海盜習慣夜出日伏，利用夜晚時在不同水域間移動轉換陣地，白天則將擄獲來的汽艇藏匿在從主要水路不易覺察的狹小溪流內。[52]這也大幅增加英國海軍在追緝海盜汽艇的難度。

---

[48] 因為當時航行香山附近水域的船隻均收到威脅與勒贖信件，故船商乃籌組聯航船隊以抵禦海盜。雙方交火結束後，聯航船隊後來在海盜汽艇搜出大量的糧食必需品以及火藥。見"Piracy," N.I.D. 7157/25, from Intelligence Division, Naval Staff, Admiralty to the Colonial Office, May 1925, CO129/490.

[49] 例如在同安輪船公司的招徠顧客廣告中，即特別強調該公司輪船「為防盜計，特設無線電以報警」。見〈東安西安新船來往省港廣告〉，《香港華字日報》，1925 年 1 月 10 日第 3 張。

[50] 1924 年 9 月被西江海盜劫持的兩艘英國汽艇分別為 SL *Kingyuet* 與 SL *Hangley*，10 月被東江海盜劫持的則為 SL *Mun Chuk*，前者由粵軍李福林部隊救回，而後兩者則由英國海軍攻擊海盜後收回。見"Bertram Giles, Consul General, Canton to the British Minister, Peking, 29 September 1924, CO129/490; "Letter of Proceedings- October 1924, 1924" from Senior Naval Officer, West River to the Commodore, Hong Kong, 6 November 1924, FO371/10916."

[51] "Piracy," N.I.D. 6726/25, from Intelligence Division, Naval Staff, Admiralty to the Colonial Office, 24 March 1925, CO129/490.

[52] Naval Intelligence Division, Naval Staff, Admiralty, *Confidential Admiralty Monthly Intelligence Report*, No.106 (15 March 1928), p.34, CO129/507/3.

　　再者，受到清末民初中國局勢動盪的影響，地方行政秩序漸趨瓦解，廣東政局又持續混沌不安、內戰頻傳，少部份地陷入官匪不分的狀態，甚至地方官員可能本身即兼做海盜事業。再加上民國時期軍閥割據分裂，廣東各地駐軍基本上仰賴地方給養，而為充作軍餉，因此在通商要衝、水路要衝之處普設稅關，經常性地以保護的名義向往來商旅勒贖、收取過路費，這也是當時地方社會生態常見的寫照。

> （廣東）大部份的鄉間水道上，都有強盜與不法的士兵開槍射擊往來的輪船。每一位地方首長，都有權力對於行經其轄區的貨物，以「保護稅」的名義，進行勒贖敲詐。不用說的是，這些稅完全不能提供安全。在南方，爭奪統治權的各派軍閥首領，均緊緊地控制河道，而輪船航運交通也不時因發生零星戰鬥而必須停止。這些所謂的「首領」，利用他們雇用的軍隊橫行鄉里，卻只留下荒廢的痕跡，焚燒農村、毀壞莊稼，以及強徵物品已是常態。[53]

因此，英國海軍駐廣州情報官認為發生在珠江三角洲的海盜事件，並非單純的海盜問題，很大一部份其實就是地方軍事、民政當局對於往來船隻所課徵的非法稅收，以充作財政收入。此類行為也或多或少獲得廣州當局的默認。[54]尤其令英國人慨嘆的是，一般中國人對於此類軍隊為害的現象早已見怪不怪，甚至無論是小型衝突，還是大範圍的軍事戰鬥，中國人都能以異乎尋常的「淡定」("viewed with equanimity")態度來看待。但是在素來依恃條約特權的英國人眼中，諸如此類強收保護費、任意封鎖河道、蹂躪鄉里的行為，已深深影響到香港與廣東之間的正常貿易，不啻就是惡質的海盜行為。

　　例如英國海軍 1924 年的報告中，嚴辭譴責位處珠江流域、廣州西南

---

[53] "The Position in Hong Kong (By A Correspondent)," 9 May 1924, *The Economist*, 99:4219 (5 July 1924), pp.7-8.

[54] "Memorandum on Piracy in South China by Lieutenant Commander C.M. Faure, Intelligence Officer, Canton,1924," cited from "Victor Wellesley, Foreign Office to Sir G. E. A. Grindle, Colonial Office," 18 February 1928, CO129/507/3. 在殖民部備忘錄中，甚至稱珠江三角洲水域的海盜問題，有點類似歐洲中古時代萊茵河沿岸的強盜騎士("mediaeval robber barons on the Rhine")行為。見"Minutes of Colonial Office," April 1928, CO129/507/3.

的順德縣，就是惡名昭彰的海盜區域。縣長本身就是海盜首領，軍隊就是盜匪。[55]關於此種奇特現象，英國駐西江高級海軍軍官就有十分傳神的描述：

> 我堅信順德縣長要為附近所有海盜事件負責，他的軍隊絕大部分之前都是海盜。無論他個人是否籌畫了這些海盜行動，抑或只是放縱這些海盜，他都必須擔負起所有的責任。然而，他卻毫不處理海盜問題，許多海盜事件發生的地點，甚至距離他的衙門，不過僅數浬之遠。

順德縣還配備現代化的武裝汽艇，但卻不思保衛地方安全，反倒劫掠往來船隻，特別是「懸掛葡萄牙旗的船隻」。尤有要者，這些武裝汽艇往往機動地扮演著官船與海盜船的角色。平時他們作為海盜船任意劫掠船隻，但當英國海軍砲艦出面干涉緝拿時，地方官則會出面宣稱已擊敗海盜，並擄獲武裝汽艇，因此海盜船搖身一變，又恢復官方武裝汽艇的身份。

> 4月底時，順德縣長的一艘武裝汽艇劫掠並擊沉了一艘葡萄牙汽艇。幾天後，我又收到情報，那艘武裝汽艇又在攻擊其他拖船，我立刻派遣HMS *Moth*、HMS *Cicala*、HMS *Robin*三艘軍艦進行搜查。不幸地，那艘武裝汽艇成功地遁入小溪逃跑。但由於我們緝捕甚力，不久之後就聽說她被（廣東地方政府）另外一艘防禦快艇所「重新擄獲」。毫無疑問地，縣長為了避免損失一艘武裝汽艇，所以透過其他官員之手（進行漂白）。據報告，縣長另外兩艘汽艇也在騷擾其他拖船，其中一艘據說又被官方「重新擄獲」，而另外一艘則是在搶劫其他汽艇時，遭遇英國軍艦的追捕，但卻駛入小溪中而順利逃逸。[56]

---

[55] 英國海軍報告資料中，並未指明順德縣長之名，但根據吳鈞伯〈周之貞先生概略〉一文，周之貞在1921年11月-1922年6月、1923年9月-1924年7月兩度擔任順德縣長，比對英國海軍報告時間（1924年4-6月，故所指之人可能即為周之貞。不過，依據廣東順德文史相關資料，當地對於周之貞評價甚高，其人自晚清時期即跟隨孫中山投身革命事業，民國時期又參與討袁、護法行動，而擔任順德縣縣長期間也致力於推動地方建設、教育事業，並鼓勵編纂地方方志等。見吳鈞伯，〈周之貞先生概略〉，青雲中學校長室編，《青雲之光》（香港：中國評論學術出版社，2006）；歐陽世昌編，《順德華僑華人》（北京：人民出版社，2005），頁36。

[56] "Letter of Proceedings, May, 1924," by Commander and Senior Naval Officer, West River,

英國駐西江高級海軍軍官還曾拜訪廣東地方上一位「防盜指揮官」(anti-pirate commander)，他同意協助英軍奪回在香港水域被海盜劫去的汽艇，也願意未來與英軍合作處理海盜問題。然而這位「防盜指揮官」之所以十分熟悉海盜內情，竟然是因為他之前就當過海盜！[57]

　　西江水域重要城市江門的情況也與順德差異不大。控制江門附近為前粵軍第一師師長梁鴻楷所部，[58]同樣也是一支惡名昭彰的海盜軍隊。英國駐西江海軍高級軍官的報告中，即稱梁鴻楷本人叛服無常，其部隊則「訓練不佳，而且主要是由海盜組成」，梁鴻楷甚至還曾任命一些知名的海盜擔任江防要塞的官員，因此英國海軍懷疑幾艘英船在西江被海盜劫掠事件，可能均與梁鴻楷的部隊有關。[59]1924 年英國駐廣州總領事翟比南(Bertram Giles)根據江門海關稅務司西樂德(Mr. Hillard, Commissioner of Custom, Kongmoon，音譯)提供的情資，也有類似的報告：指稱江門南方的崖門要塞乃是西江水路重要門戶，且控有崖門常關，之前均是由一位獨立的楊姓將領(Leung Yang)所控制，多年來秩序良好。但近來梁鴻楷卻任命一位惡名昭彰的海盜來取代前述將領，雙方之間不但可能爆發內戰，也會影響該水路與海關的安全。[60]或許即是上述情況的負面影響，崖門治安隨之

June 4, 1924, FO371/10243.

[57] "Letter of Proceedings, May, 1924," by Commander and Senior Naval Officer, West River, June 4, 1924, FO371/10243.

[58] 梁鴻楷原為粵軍第一師師長，1922 年陳炯明叛變，梁鴻楷支持陳炯明，並率領部眾前往惠州投靠；1923 年，孫文返回廣州成立大本營，梁鴻楷卻又背叛陳炯明，重新回到孫文陣營，任中央直轄討賊軍第四軍軍長，並兼高雷欽廉各軍總指揮；1924 年受命為建國粵軍第一軍軍長；1925 年廖仲愷被刺，梁鴻楷被懷疑鼓動粵軍圖謀不軌，遭軍事當局逮捕拘押。見國防部史政編譯局編，《中國戰史大辭典一人物之部》（臺北：國防部史政編譯局，1992），頁 891。

[59] "Piracy and Anti-Piracy Operation," An Extract from the Letter of Proceedings for the Month of October Addressed by the Senior Naval Officer of the West River to the Commodore at Hong Kong, November 6, 1924, FO371/10932.

[60] "Bertram Giles, Consul General, Canton to the British Minister, Peking, 29 September 1924, CO129/490.

急遽惡化。根據香港刑事情報處處長金恩(T.H. King, Director of Criminal Intelligence，音譯)在 1927 年的報告，即指出崖門附近區域在過去四年裡出現「一支爲數 500-800 人、高度武裝與組織化的海盜集團」。[61]

　　英國報告中敘述珠江流域官匪不分現象的例子實在不勝枚舉。例如，1924 年 9 月，英國砲艦知更鳥號在西江流域小欖水道附近曾經追捕並擊沈一艘海盜汽艇，該汽艇劣跡斑斑，曾多次攻擊往來香港廣東之間的船隻，經過英軍事後調查，該汽艇成員均是身著軍裝，且其旗幟明顯屬於當地軍警所有。[62]同年 10 月，曾與英國砲艦交火的一支惡名昭彰的東江水域海盜，經英軍調查，即常化身爲陳炯明麾下的軍隊。[63]1925 年 1 月，一艘懸掛英旗的汽艇遨遊號(SL *Ngar Yeu*，音譯)在廣州西北附近的西江水域，遭到一批「僞裝滇籍傭兵的土匪軍隊」劫持，全船財物被洗劫一空，並有 22 名看似富有的乘客遭到綁架，以便勒索贖金。[64]1925 年 6 月英國海軍與粵軍合作進攻廣東香山縣小欖鎮與古鎮之間的一個海盜聚落時，也從海盜屋舍中搜出大量的軍隊制服。[65]由此不難看出廣東海盜與地方當局之間千絲萬縷的複雜關係。英國外交部內部備忘錄資料中亦認爲廣東「海盜主要的力量似乎在於中國地方官的縱容」。[66]1927 年 11 月時，香港總督亦曾向各國公使報告近來兩起珠江三角洲的海盜事件，真正的元兇都是中國官方人

---

[61] "T.H. King, Director of Criminal Intelligence to Captain Superintendent of Police," 30 April 1927, CO129/507/3.

[62] "Report by L.C.P. Tudway, Lieutenant Commander in Command, HMS *Robin*," 30 September 1924, CO129/490.

[63] "Letter of Proceedings- October 1924, 1924" from Senior Naval Officer, West River to the Commodore, Hong Kong, 6 November 1924, FO371/10916.

[64] "Piracy," N.I.D. 6726/25, from Intelligence Division, Naval Staff, Admiralty to the Colonial Office, 24 March 1925, CO129/490.

[65] "Report from C.M. Faure, Lieutenant in Command, HMS *Robin* to the Commanding Officer, HMS *Cicala*," 10 June 1925, FO371/10933.

[66] "Situation in the Neighborhood of Canton during May," Minutes of Foreign Office, August 13, 1924, FO371/10243.

員，因爲政府砲艦自己就是海盜船。[67]因此，相較於傳統海盜，廣東珠江水域的海盜手法與條件明顯升級，因此處理起來更爲棘手，他們一來有官方的掩護，隨時可從「匪轉爲官」，二來則擁有現代化的船隻器具與武器，可以利用船隻的本身機動性與當地特殊水文情況，來逃避英國海軍的追捕與究責。

其實，英國眼中珠江流域內官府與海盜合流的亂象，除了上述情況外，還有另外一種形式，亦即地方駐軍往往各有地盤、據地爲王，並對往來船隻強徵通行費，稍有不從即開槍攻擊，其行徑幾乎也與海盜如出一轍。曾任香港總督的司徒拔(R.E. Stubbs)即認爲此種軍隊強徵通行費現象與真正的海盜事件有所差別，但他坦承現階段僅靠英國海軍艦艇巡邏保護是無法解決地方駐軍的勒索問題，而英國也不應介入干涉此類事務過多，僅能等待中國人自己決定改變混亂情況：

> （珠江）河川兩岸的情況都是在不同的中國將領控制之下，他們全部都對往來船隻科徵過路費。在現有華南地區的混亂局勢下，這種亂象是無法避免的，但我們不應該將其與真正的海盜事件混爲一談。船主們當然都希望（英國政府）能提供保護，以對抗此種形式的勒索以及海盜攻擊…。尤有要者，此類勒索行爲受害最深的主要是當地船隻，英國最好的政策應該就是不要去干涉。中國人受害越深或許他們就越快採取行動來終止現有亂象。[68]

由此不難看出英國對此類珠江航行安全問題的無力與無奈感，不能介入過多，只能靜待中國局勢的改變。

特別是到了 1927 年左右，受到廣東政治局勢進一步緊張對立的影響，社會失序現象日漸惡化，海盜囂張肆虐的情況也更爲惡化，英國商船

---

[67] "Minutes of A Meeting to Discuss Anti-Piracy Measures," held at the Japanese Legation at 11 a.m. Nov. 16, 1927, 日本外務省外交史料館藏，《支那海賊關係雜件》，第一卷，F-0138/0180-0183。

[68] 此爲曾任香港總督的司徒拔在 1926 年 1 月由英國殖民部召開的海盜問題「跨部會議」上所作的發言。見"Piracy in Waters Adjacent to Hong Kong," Notes of Meeting Held at the Colonial Office on the 13th January 1926, FO371/11670.

航運在珠江水域遭到嚴重威脅。英國海軍甚至警告英船航行在部份水域時，應行駛在中間水道，避免靠近岸邊，以免遭到海盜覬覦。[69]甚至連英國砲艦在航經珠江水域也經常遭到沿岸海盜以及是士兵的挑釁與攻擊。雖然英國砲艦在面臨攻擊時均慣常以火力來反擊與壓制，但事實上英國海軍砲艦依然持續遭受海盜或士兵的開槍射擊。顯而易見，即使英國海軍砲艦也無法有效震懾廣東海盜或士兵。[70]

　　珠江水域海盜肆虐的情況，除了造成英國船隻面臨極大的航行風險外，也間接導致船商必須承擔更大的營運成本。例如為了確保航行安全，英船在設計上必須額外考量到防盜需求，以便能夠隨時抵禦來自海盜的攻擊。[71]又例如航行珠江水域的船隻，其船險費用即可能遠高於其他地區。例如 1920 年代中期，由英國海軍與香港政府共同雇用的防盜武裝汽艇，其一年的船險費用，就高達船隻本身船價的 2%。香港英商商會主席伯納德(D.G.M. Bernard, Chairman, Chamber of Commerce, Hong Kong)在給香港輔

---

[69] 即使英國海軍砲艦及附屬武裝汽艇在珠江水域頻繁密集地執行巡邏任務，但英國輪船遭到海盜攻擊事件仍時有耳聞。以 1927 年 12 月 17 日太古輪船公司嶺南輪遇襲事件為例，該輪在珠江與東江交會水域航行時，英國海軍砲艦知更鳥號砲艦(HMS *Robin*)以及武裝汽艇同安號(Armed Launch *Tung On*)就在附近水域巡邏，但一艘海盜汽艇仍大膽地試圖搶劫嶺南輪。據船長事後回報，海盜汽艇船上竟有近 40 名海盜，一開始先鳴笛要求停船，但在嶺南輪加速逃離後，海盜隨即開槍鎖定該輪艦橋區攻擊，並一度靠近嶺南論，試圖強行登船，情況相當緊急。所幸嶺南輪最後順利脫離海盜追擊，且無人受傷，但事後檢查艦橋區卻有近 30 個彈孔，顯見海盜之兇殘。見"Report by SS *Linan*, China Navigation Company," 18 December 1927, CO129/508/4.

[70] Naval Intelligence Division, Naval Staff, Admiralty, *Confidential Admiralty Monthly Intelligence Report*, No.106 (15 March 1928), p.36, CO129/507/3.

[71] 例如在 1924 年 3 月時美國駐廣州總領事館即觀察到，有一艘往來香港與廣州之間的英國汽艇，為了防盜需求，除了在甲板上部署有大量的印度武裝衛兵外，全船四周都還裝設了「裝甲鋼板」(armor plate)，以保護船員與衛兵不受外來的攻擊；尤有要者，船上竟然還設有小型無線電報機，以便隨著對外聯繫。美國總領事即評論到英船在防盜設計安排上實在「廣泛到異乎尋常」。見"Pirate Suppression and Other Matters in the Canton Consular District," Douglas Jenkins, American Consular General, Canton to American Minister, Peking, 20 March 1924, RIAC 893.8007/.

政司修頓(W.T. Southorn, Colonial Secretary, Hong Kong)的信件中，坦承這種船險費率在倫敦商人眼中可能會以為過高，但是這是因為他們普遍不瞭解「在現今世界中還有這麼危險的水域」。事實上，對於瞭解廣東情況的保險公司來說，2%的船險費率可能還算太低了。[72]

最後，珠江海盜問題之所以造成英國船隻重大威脅，也可能與英船註冊制度過於鬆散浮濫所致。英國海軍「中國艦隊」司令(Commander-in-chief, China Station)即曾向海軍部回報，西江上游地區有許多疑似中國人所有的船隻卻懸掛著英國旗。這種現象一旦普遍化，勢必將大幅影響到英國旗的威信，也會讓海盜誤以為懸掛英旗的船隻其實都是華船，從而肆意攻擊與劫掠。[73]

四、廣東海盜犯罪網絡

根據 1927 年香港總督府公布施行的新訂〈防範海盜章程〉，為了阻止海盜事件發生，香港往來以下各個地區的輪船必須施以嚴格搜查，以防海盜偽裝乘客攜帶武器登船：
（甲）省河
（乙）西江或廣東或廣西省各河道
（丙）此兩省之任何口岸
（丁）臺灣
（戊）上海以南及新加坡以北之亞洲東邊海岸任何一埠。[74]
從上述水域分布，可以約略得知廣東海盜的大致活動範圍：受到華人活動

---

[72] "D.G.M. Bernard, Jardine, Matheson & Co. Ltd. to W.T. Southorn, Colonial Secretary, Hong Kong," 23 November 1926, CO129/506/8.

[73] 為了遏制此亂象，1925 年初英國海軍「中國艦隊」司令還曾與香港政府會商檢討現行船籍註冊辦法。"China Station General Letter No. 3," Extracts from A Letter from the Commander-in-Chief, China Station, HMS *Hawkins*, Singapore to the Secretary of Admiralty, 1 March 1925, FO371/10918.

[74] 〈新訂防盜章程〉，《香港華字日報》，1927 年 9 月 19 日，第 2 張第 3 頁。

地緣因素影響，以兩廣內河、沿海各港口往來香港的水域爲海盜活動的熱區，其次則是其他華人居住的地區，包括臺灣以及東亞水域北起上海、南至新加坡各港口。換言之，他們活動範圍不限於廣東與香港，而是擴及整個東亞地區，特別是華南水域往來上海、廈門、汕頭、廣州、香港等港口間航線的船隻，最常淪爲廣東海盜下手的受害者；[75]而從中國各港口往來日本、東南亞等華人（粵籍、客籍、閩籍）移民較多地區的輪船，同樣也是廣東海盜相當喜歡光顧的對象。例如在 1928 年英商太古輪船公司給英國駐廣州總領事館的陳情書中，即強調由新加坡開往香港及中國華南各港的航線上，每艘輪船的華籍乘客動輒 1000-1800 人，幾乎都是在南洋打工返鄉之人，均隨身攜帶所有財物。對於廣東海盜來說，這些乘客及其龐大的財物自然極其令人覬覦的對象，而數量如此眾多的華籍乘客，也提供海盜可乘之機，便於混雜在一般乘客中從新加坡挾帶武器登船，待輪船駛至公海後就可發動突襲，然後予取予求。因此太古輪船公司甚至認爲如要降低廣東海盜劫掠其輪船的風險，一來要避免承運銀條等貴金屬，二來要降低承載的華籍乘客數量。[76]至於每年廣東海盜犯案的高峰期，多半也與華人過節習慣密切相關，特別是農曆春節前後，因爲商人或其他乘客往往均隨身攜帶大批現金，故海盜經常選擇這段期間洗劫船隻。[77]例如 1929 年底

---

[75] 例如 1929 年 4 月，上海公共租界工部局、水上警察與日本總領事館即曾共同偵破的一起廣東海盜預謀犯案事件。爲數 18 名的廣東海盜遠赴上海策劃犯案，準備劫持由上海出發，航經廈門、汕頭到香港的日本輪船廬山丸。所幸工部局巡捕臨檢時，事先查獲其中數名海盜，再依據其口供逮捕船上另外 8 名已僞裝爲一般乘客的海盜。爲了防止還有其他倖存海盜藏匿船上，工部局乃將船上所有華籍乘客（約 150 人）全數請下船，不准其登船。見日清汽船株式會社上海支店報告，〈廬山丸海賊事件件〉，1929 年 4 月 12 日，日本外務省外交史料館藏，《支那海賊関係雑件》，第二卷，F-0139/0272-0273。

[76] "*Anking* Piracy," N.S. Brown, General Manager, Butterfield & Swire, Hong Kong to J.F. Brenan, British Consul General, Canton, 2 October 1928, CO129/508/4.

[77] "Extract from Letter from the Commander-in-Chief, China Station, HMS *Hawkins*, Hong Kong," 26 January 1925, FO371/10918. 例如每年農曆春節前，從英屬馬來亞回國的華人身上，多半都帶有可觀的金錢與貴重物品，自然引起廣東海盜覬覦。見"Anti-Piracy Measures," by Rear Admiral, Hong Kong, June 1930, CO129/521/3.

的英商德忌利輪船公司(Douglas Steamership Company)所屬的海清輪劫案(SS *Haiching* Piracy)，即是大亞灣海盜利用中國農曆年前現金需求大增的時機，所犯下的輪船劫案。[78]

其次，廣東海盜是相當有組織的犯罪集團，分工細緻，事先均會擬定詳盡的劫持計畫，多次探勘欲劫的航班，並規劃好逃亡路線、隱匿所在與銷贓取贖管道。例如 1924 年香港汽艇萬興號劫案(Launch *Man Hing* Piracy，此處為音譯)中，即可以清楚發現廣東海盜的犯罪手法。根據英國駐香港海軍情報部門的報告，該汽艇是在從九龍前往香港途中遭到海盜突襲，並被劫往廣東香山附近的斗門。船上人員全數淪為人質，被秘密囚禁在斗門一處海盜據點內，汽艇則被重新油漆以掩人耳目。之後人質家屬接到海盜通知，交付贖款的地點卻選在澳門。[79]這種香港劫船、廣東斗門藏身、澳門交贖，串連三地的犯罪網絡，大幅增加查緝的難度，也使得香港當局難以只憑己力來因應處置。1927 年 1 月的雙美輪劫案(SS *Seang Bee* Piracy)中，廣東海盜更是遠赴新加坡物色劫船對象，得手後在大亞灣登陸，綁架的人質則是另外選在汕頭進行交贖。[80]新加坡劫船、大亞灣登陸、汕頭交贖的作法，同樣也是廣東海盜擅長的跨國異地犯罪網路。況且，一般人質即使在付贖獲釋後，因為擔心海盜的報復行動，往往亦不太願意吐露與海盜相關的各項細節。[81]此外，廣東海盜對於情報掌握也非常有效率，往往稍有

---

[78] "Paraphrase Telegram from the Governor of Hong Kong to the Secretary of State for the Colonies," 9 December 1929, CO129/513/8.

[79] "Piracy," A Report by Intelligence Officer on Staff of Commodore, Hong Kong, from Intelligence Division, Naval Staff, Admiralty to Foreign Office, 25 January 1925, FO371/1093.

[80] "Report by A. Reynolds, Acting Chief Detective Inspector, Hong Kong," 28 December 1927, CO129/507/3; H. G. W. Woodhead, ed., *The China Year Book, 1928* (Shanghai : The North-China Daily News & Herald, 1912-1939).

[81] 例如在 1924 年 12 月的匯海輪劫案中(Piracy SS *Hui Hoi*，音譯)中，一名李姓華人在付出 300 元與 3 打衣物作為贖金後獲釋，英國海軍情報官員事後特地向該華人詢問海盜相關細節，卻發現其「似乎對於透露訊息感到緊張」。見"Piracy of the Chinese Steamer *Hui Hoi*," A Report from the Naval Intelligence Officer, Hong Kong, January 1, 1925, FO371/10932.

風吹草動，即撤往他處，故即使英國海軍與廣東軍隊一同展開攻擊行動，也不見得均能順利緝捕海盜。[82]

再者，也有部分輪船劫案是海盜與輪船員工合謀犯案，例如 1928 年12 月的黃石公輪劫案(SS *Wong Shek Kung* Piracy)即是如此。黃石公輪在從香港前往西貢途中，在澳門西南方水域遭到海盜挾持。根據香港警方事後調查，黃石公輪屬貨輪，以運輸稻米、蔬菜等貨物為主，平素並不搭載乘客，偶爾只容許 12 名乘客搭便船乘坐。而依照香港〈防範海盜章程〉規定，專門搭載乘客的客輪在駛離港口時前，均需先經香港警方執行搜船，而貨船則不用，故黃石公輪一般來說無須香港警方執行搜查動作。[83]然而一股廣東海盜即利用上述漏洞，與黃石公輪上的伙夫合謀，先讓 3 名海盜偽裝普通乘客並攜帶武器登上輪船；待黃石公輪駛離香港後，海盜與伙夫即合力控制輪船，並將船劫持至廣東台山外海的皐蘭島。當黃石公輪駛近皐蘭島後，早已有一大群舢舨船在該處等待接應，以便將全船擄獲品運送上岸。[84]從勾結船上伙夫，到海盜偽裝挾帶武器登船，以至於安排接應舢

---

[82] 英國駐廣州總領事給北京公使的報告中，即稱廣東海盜的情報系統是十分有效率的。見 "Anti-Piracy Cooperation: Reports Further Action by Li Fuk-lin," from Bertram Giles, Consul-general, Canton to the British Minister, Peking," December 28, 1924, FO371/10932.

[83] 一般來說，廣東海盜多以客輪為主要劫掠對象，甚少劫持貨輪。一來貨輪上承運的多半是粗重且單位價值較低之物，二來船上雖有少數乘客，但會選擇搭乘貨輪的乘客，基本上均是社會下階層的苦力工人，隨身攜帶物品也不甚值錢，所以對於海盜而言，劫掠的價值不大。也因此，香港〈防範海盜章程〉有關船隻搜查的規定，才會以客輪為主要適用對象，而排除貨輪。然而，就黃石公輪劫案來說，船上並未載有銀條或任何有價值的貨物，也沒有搭載有錢的乘客，故香港警方研判該輪可能有涉及高單價的鴉片走私，所以才會引來海盜的關注。而當時有一條從中國（經香港轉運）輸往印度支那（越南）的鴉片貿易路線，主要是靠輪船運送，香港警方即高度懷疑黃石公輪遭劫一案，可能即是與此鴉片貿易有很大的關連。

[84] 此外，黃石公輪劫案過程中，還曾發生黑吃黑的驚險場面。當黃石公輪被劫往皐蘭島後，雖然負責接應的海盜舢舨船隊立刻出現，並準備將全輪洗劫的贓物運送上岸，然而正當原海盜忙於卸貨之際，又有另外一股海盜船隊也出現，意圖分享贓物。兩股海盜隨即交互開槍駁火，原海盜雖然勉強將來犯的新海盜擊退，但此一突發狀況，已造成原海盜的恐慌，擔心又有其他增援海盜來搶，故倉促攜帶部份贓物登岸。而在黃石公輪也利

舨船與登岸逃離路線等，可以看得出來黃石公輪劫案是一起有組織的海盜劫船計畫。

此外，輪船員工習慣性收受賄賂，讓無票者私自登船的普遍現象，同樣也是造成海盜有機可趁、劫案頻傳的主要原因之一。根據英國軍方的調查，「許多違法亂紀的行為，在中國沿岸水域的航線上，往往都受到縱容」。特別是在一些小型輪船上，幾乎所有可利用的空間，包括儲藏間、起居室，甚至是煤倉，都被輪船員工私下販賣給違法登船的乘客。一個相當誇張的例子就發生在 1929 年，香港一艘小輪船船長因懷疑其員工艙房中出面身份不明的人員，故向香港水警報案求援，經檢查後赫然發現，艙房內竟然有高達員工編制人數「三倍」之多的人員在船上，而他們是在航程中從不同地點，透過賭博或賄賂的方式，偷偷登上輪船。而發生在 1929 年 9 月的日船デリー九劫案，即是由於該船服務生(cabin boys)將其個人艙房轉售給走私者（由海盜偽裝），才導致劫案的發生。[85]

用此一時機，趕緊收錨駛回香港。見"Police Report I on the Piracy of SS *Wong Shek Kung*," from A.J.W. Doring, Sub-Inspector, Office in Charge, Criminal Intelligence Department, Tsimshatsui to the Deputy Superintendent of Police, Kowloon, 20 December 1928, CO129/513/8; "Police Report II on the Piracy of SS *Wong Shek Kung*," from T. Murphy, 2nd Assistant Director of Criminal Intelligence to the Director of Criminal Intelligence, December 1928, CO129/513/8.

[85] "Report of Anti-Piracy Committee," 30 October 1929, CO129/521/2. 此外，根據英國駐香港海軍准將事後的分析，デリー九劫案除了前述由於服務生私自販售船艙空間，以致讓海盜得以偽裝登船外，船上防盜措施的疏漏，也是導致劫案發生的原因。劫案發生時，除了執勤的武裝警衛外，其餘船員幹部以及下哨的警衛均沒有隨身攜帶武器，以至於無法在第一時間支援反制海盜。其次，船上成員各民族混雜，船長是日本人、船員是華人、武裝警衛則是印度人，彼此之間僅能使用「破英文」("broken English")溝通。換言之，輪船成員間語言溝通的障礙，也是造成海盜有機可趁的另外一個原因。再者，劫案發生的地點過於靠近大亞灣附近，遠離香港，所以即使該船及時以無線電向外求援，英國海軍也無法在短時間內趕到救援。以上劫案分析，見"Notes on *Deli Maru* Piracy (12 September 1929)," from R. Hill, Commodore, Hong Kong to the Commander-in-chief, China Station, 1929, CO129/521/2. 根據日本方面的資料，デリー九隸屬於大阪汽船，是在廣東大亞灣水域附近遭到海盜襲擊，船上武裝警衛負傷，並有多名華籍乘客被擄上岸。見日

　　至於最猖獗的大亞灣海盜，其運作模式更是「像企業一樣」。[86] 英國駐香港海軍報告中即指出大亞灣海盜主要策劃者多半為有錢人，他們隱身幕後，出錢推動劫案，但本身卻不參與行動。而實際負責執行劫船行動的，則另有其人，其中包括長年討海為生，熟悉中國沿海輪船運作情況的老海員；也包括從軍中退役或逃脫出來的前軍人，善於操作各式武器。[87]而籌劃一次劫案所需要的資金，恐怕也非一般尋常海盜所能籌措。例如 1928年 4 月的輪船招商局新華輪劫案(SS *Hsin Wah* Piracy)中，部份海盜即能直接在海圖上明確指出要將輪船劫往的水路地點，顯見十分熟悉航海之事；[88]其次，海盜其中一人應即是幕後金主，負責資助整起劫案，該人並事先支付每名海盜成員部份經費，以供後續犯案所需。[89]而同年 5 月的英商太古輪船公司德安輪劫案(SS *Tean* Piracy)中，海盜也曾宣稱要策劃此次劫案，過程中所耗費的資金就高達 5000-6000 元。[90]尤有要者，根據香港警察當局的調查，整個大亞灣地區或多或少都有海盜潛伏其中，海盜家族往往有力量能夠隱藏其行蹤。該地區並同時有好幾股海盜勢力，每一股海盜勢力又有次級堂口，各自負責招募每次劫船行動中所需的人力。籌劃行動時，多半只有堂口首領及其身邊親信才知道詳細計畫，所以不易走漏消息。[91]且為了避

本外務省亞洲局，〈支那二於ケル本邦船舶ノ海賊被害調（一）〉（大正十五年迄）、〈支那二於ケル本邦船舶ノ海賊被害調（二）〉（昭和二年），日本外務省外交史料館藏，《支那海賊関係雑件》，第一卷，F-0138/0126-0131。

[86] "The Pirates' Nest at Bias Bay," *The Hong Kong Daily Press*, 23 December 1925.

[87] 大亞灣海盜多半有來自同鄉，有著地緣因素上的緊密結合，例如他們均使用相同的方言。"Anti-Piracy Measures," by Rear Admiral, Hong Kong, June 1930, CO129/521/3.

[88] "Piracyof SS *Hsin Wah*," C.G. Perdue, Director of Criminal Intelligence to the Captain Superintendent of Police, Hong Kong, 17 April 1928, CO129/508/4.

[89] "T. Murphy, C.D.I.'s Report," 23 March 1928, CO129/508/4.

[90] 德安輪為英商太古公司所屬輪船，1928 年 5 月在海南海口附近遭到偽裝乘客的海盜襲擊，後被劫往廣東大亞灣。"Piracy on SS *Tean* in Hoi How Harbor," T. Murphy, Chief Detective Inspector to Chief Superintendent of Police, Hong Kong, 29 May 1928, CO129/508/4.

[91] L. H. V. Booth, Assistant Director of Criminal Intelligence, Hong Kong, "Precis of Piracies

免劫案計畫曝光，海盜首領在招募幫手時，都會避免過於集中在同一個村落，而是從不同村落，大約每個村落招募二至三人。[92]根據香港警方線民的調查，大亞灣海盜為了避免情資外洩，在長排村、范和港、稔山鎮等地有超過十個以上據點，作為收集情報以及籌劃劫船事宜之用。[93]換言之，亦即藉由不斷轉移陣地，讓外界不易掌握海盜行蹤與計畫。

其次，每次行動前，海盜成員分批從大亞灣出發再至其他港口會合策劃行動，打探所選定輪船的內部配置，以便發動突襲行動時能一舉制服船員幹部，順利取得船隻控制權並防止其向外求援；同時，還有其他成員會事先探勘劫掠地點附近相關水域的水文情況，以便規劃得手後的行船路線。[94]例如從 1929 年 8 月香港刑事偵查處助理處長根據「線民 A」(Informer A)所作的一份大亞灣海盜情資概略表，即可以清楚觀察到大亞灣海盜的專業化與組織化：

一、大部分的大亞灣海盜現在均以蔡騰輝為首。

二、1929年7月19日，一支由林才秀率領的9人海盜集團從大亞灣前往廣州。

三、1929年7月20日，第二支由林標率領的6人海盜集團從大亞灣前往廣州。

四、上述兩支海盜集團約於1929年7月22日抵達廣州，合成一股，據報並於1929年7月24日前往橫濱。

五、1929年7月26日，另外一股為數15人的海盜集團離開大亞灣前往汕尾，據報他們計畫劫持一艘從汕尾出發前往上海的船隻。

Committed by Bias Bay Pirates since 1921," CAB/24/181:0072、FO371/11671.

[92] "SS *Sunning* Piracy," Minutes of Colonial Office, 17 November 1926, CO129/495.

[93] "Report by A. Reynolds, Acting Chief Detective Inspector, Hong Kong," 28 December 1927, CO129/507/3.

[94] Assistant Director of Criminal Intelligence, Hong Kong, "Precis: Information of Bias Bay Pirates Given by Informer A," 9 August 1929, 收錄在〈「バイアス」灣海賊ニ關スル情報送附ノ件〉，在香港總領事代理野村雅ニヨリ在廣州總領事矢野真宛，1929 年 8 月 14 日，日本外務省外交史料館藏，《支那海賊関係雑件》，第二卷，F-0139/0261-0262。

六、在上述兩股海盜集團離開之前，在1929年7月16日，即已有4名
　　海盜前往汕尾東邊的適浪燈塔，探勘當地水深與暗礁情況。當
　　地人警告他們燈塔附近有暗礁，並告知汕尾東南方海灣入口處
　　的白沙湖水域水深最深。[95]

而根據英國海軍 1930 年的調查報告，大亞灣海盜在犯案前的詳細籌備工
作情況如下：

劫案前的準備工作。幾位有經驗的海盜會先攜帶足夠的旅費，離開
大亞灣區域幾週的時間。他們可能會乘坐舢舨船，前往欲劫持輪船
途經的港口，並在那裡租屋而居，等待輪船入港。（待輪船抵達後）
他們會偽裝一般乘客登船，且不會攜帶武器，只是為了瞭解該船的
航行路線、船上的防盜措施、艙房的位置等。他們可能會重複同樣
的航程兩至三次，直到認為已充分熟悉為止。當他們已徹底瞭解此
船後，就會聯繫還在大亞灣的同伴，要求前來會合。之後，他們仍
租屋而居，等待所選定輪船的到來。屆時，全部成員均將偽裝成一
般乘客登船，並會有計畫地盡可能在船上睡在彼此靠近的位置。

上船後，為首的海盜會觀察實際情況，選擇在適當時機發出行動暗號，而
時間點一般是在半夜，因為那時除值班人員外，其餘船員幹部均已入睡。
一旦突襲行動開始，海盜會立即衝至艦橋室，控制值班船員，同時制服正
在執勤的武裝警衛，再將其餘船員幹部以及警衛解除武裝，並集中在一室
囚禁看管。順利控制船隻之後，海盜即開始搜索全船乘客、行李以及貨
物，將所有值錢的物品搜刮一空。[96]

---

[95] 因其中一股海盜前往橫濱，恐其計畫從日本犯案，故香港當局將此情資告知日本駐香港
總領事館，該總領事代理乃緊急通知外務省、北京公使館、上海領事館、汕頭領事館、
臺灣總督府、日本海軍宇治軍艦等事先防範。香港警察所作的海盜情資，見 Assistant
Director of Criminal Intelligence, Hong Kong, "Precis: Information of Bias Bay Pirates Given
by Informer A," 9 August 1929, 收錄在〈「バイアス」灣海賊二關スル情報送附ノ
件〉，在香港總領事代理野村雅二ヨリ在廣州總領事矢野真宛，1929 年 8 月 14 日，日
本外務省外交史料館藏，《支那海賊關係雜件》，第二卷，F-0139/0261-0262。

[96] "Anti-Piracy Measures," by Rear Admiral, Hong Kong, June 1930, CO129/521/3.

此外，大亞灣海盜也發展出一套恩威並施的劫掠模式，當突襲成功、順利控制輪船後，海盜多半會展現出比較文明態度，盡量善待船上外籍船員與乘客，並表明只要其乖乖配合，非但性命無虞，有些特殊情況甚至連其外籍船員個人財產，海盜也不會奪取。例如 1925 年 12 月太古輪船公司通州輪劫案中，英籍輪機長強森(John Johnson, Chief Engineer)後來在海事法庭上的證詞，即稱「海盜對於外國人的行為並不野蠻，除了威脅以外，他們都行為良好」[97]通州輪上知名的外籍乘客、英文京津泰晤士報(*The Peking & Tientsin Times*)編輯，英國人伍德海(H.G.W. Woodhead)，亦在報紙撰文強調「沒有任何一個外籍乘客遭到騷擾，也沒有任何財物上的損失，除了一頂帽子之外」。[98]1928 年 4 月的輪船招商局新華輪劫案中也有類似的情況，該輪蘇格蘭籍輪機長麥克堂納(Alexander Mcdonald, Chief Engineer)事後亦對報紙媒體表示，船上的外籍人員幾乎都未遭到不必要的騷擾，海盜「相當有禮貌，很尊重（外籍）船員幹部與乘客」。[99]

但另外一方面，大亞灣海盜也不吝於以言語與行動展現決心，只要劫持期間有人向外求援，或是有海軍與其他船隻來救，海盜絕對會槍殺所有人質，並縱火燒船，而他們證明決心的方式，就是公然在各艙房放置煤油桶，並當有其他船隻靠近時，即持槍威脅。例如通州輪劫案中，廣東海盜即從船上蒐集所有的煤油，並表明他們必要時會「燒掉輪船」。海盜並恫嚇外籍船員、乘客，表示他們早已抱著必死的決心，所以只要有其他船艦來援救的話，他們一定會先將所有外人全都槍斃。影響所及，通州輪上的外籍乘客在遭海盜劫持的航程中，竟然均「祈禱不希望有任何一艘軍艦或

[97] "At A Naval Court at Shanghai, on 29th December 1925, John Johnson Being Called Sworn and Examined, Deposed as Follows," Annex No.4 of "Report of the Proceedings of A Naval Court Convened by Captain J.C. Hamilton, Commanding *HMS Durban*," FO371/10670.

[98] "The Piracy of *Tungchow*: A Personal Narrative," *The Peking & Tientsin Times*, 4 January 1926.

[99] 新華輪劫案發生於 1928 年 4 年月，該輪在從上海前往香港途中，遭到從上海偽裝乘客登船的海盜襲擊，後被劫持至廣東大亞灣附近。見 "J.F. Brenan, Acting Consul-General, Canton to Miles Lampson, Minister, Peking," 28 April 1928, CO129/508/4.

商船偏離航道，跑來援救我們」。[100]又例如 1928 年的太古輪船公司安慶輪劫案(SS *Anking* Piracy)中，海盜控制輪船後，即威脅船員不得向外求援，否則「一旦有看到任何的軍艦駛近，他們將會射殺所有的歐洲人，同時也會將輪船炸掉」。諷刺的是，安慶輪的英籍船長柯爾(C. Plunkett Cole, Master)即是因為擔心英國或香港方面如果展開援救行動，可能反倒危及他們的安全，故要求船員準備好一些旗幟，上面以英文書寫著「不要靠近，等待進一步的訊息！」、「走開，否則所有歐洲人都將被殺害！」、「船長會盡力維護船商、乘客與船員的利益，由船長肩負所有責任！」換言之，如果遇有其他船隻或是軍艦駛近時，可以盡早警告並提醒其離開，以免害其遭到海盜的報復。船長甚至事先向海盜解釋這些旗幟的內容，也獲得其同意。[101]太古輪船公司在事後也坦承在劫案發生時，船長與船員們「最不想見到的，可能就是軍艦」。因他們深信軍艦一旦出現，海盜將會採取玉石俱焚的手段。[102]

再者，為了避免劫持輪船期間遭到其他船隻發覺或是躲避追捕，大亞灣海盜有時還會在取得輪船控制權後，立即塗改輪船船名，並重新粉刷煙囪，以便能夠不受阻礙地將輪船劫持至大亞灣。例如 1925 年 12 月的通州輪劫案、[103]1927 年 8 月的新華輪劫案中，海盜均有塗去船名的行為。[104]尤

---

[100] "The Piracy of *Tungchow*: A Personal Narrative," *The Peking & Tientsin Times*, 4 January 1926 ; "At A Naval Court at Shanghai, on 29th December 1925, John Johnson Being Called Sworn and Examined, Deposed as Follows," Annex No.4 of "Report of the Proceedings of A Naval Court Convened by Captain J.C. Hamilton, Commanding *HMS Durban*," FO371/10670.

[101] "Piracy of SS *Anking*," C. Plunkett Cole, Master of SS *Anking* to Messer. Butterfield & Swire, Hong Kong, 1 October 1928, CO129/508/4.

[102] "C.N. Co. Ltd.: *Anking* Piracy," Agents, China Navigation Co., Hong Kong to Messer. John Swire and Sons Ltd., London, 5 October 1928, CO129/508/4.

[103] 通州輪在遭到劫持後的第一個晚上，海盜即將通州輪船舷上的英文船名以及船中間的中文船名盡數塗掉。見"The Piracy of *Tungchow*: A Personal Narrative," *The Peking & Tientsin Times*, 4 January 1926.

有要者，大亞灣海盜非常熟悉廣東南方水域情況，往往利用夜色掩護，沿著岸邊迂迴航行，以避免遭到附近巡邏的軍艦察覺。[105]而在抵達大亞灣周邊水域後，海盜即會利用輪船上的附屬小船，或是由當地接應的船隻將所有劫掠品運至岸上，同時也會將少數有錢的華籍乘客一併擄掠上岸，以備將來勒索贖金。不過，為了確保上岸過程中的安全，避免船員幹部趁機反擊，海盜往往還會挾持外籍船長或部份船員同去，等到劫持品完全平安上岸之後，才會將其釋放回船。而海盜在上岸後就會迅速將劫掠品分裝運送至村落，並在該處進行分贓。[106]

　　以 1925 年 1 月的康華輪劫案(SS *Hong Hwa* Piracy)為例，大亞灣海盜即專程由廣東前往新加坡，在那籌劃並物色適合的劫掠目標。他們在新加坡待上近五週，選定康華輪後，海盜循例偽裝乘客登船，再伺機發動突襲，過程中海盜表現出極具專業性與組織性的行動，他們有計畫地分批攻擊艦橋、輪機室與無線電報室，顯然事前已對康華輪內部配置與重點區域有所掌握。[107]最令英國與香港政府感到驚訝的是，海盜在行動之初即知要切斷無線電報室的通訊設備。而且根據康華輪無線電報士侯普伍德(A.E. Hopwood)的回憶，劫案發生之初，海盜即立刻衝進無線電報室，使其無法

---

[104] 1927 年 8 月輪船招商局所屬新濟輪(SS *Hsinchi*)在從上海前往福州途中，遭到偽裝乘客的海盜攻擊，海盜在控制輪船後隨即將船名與煙囪予以塗改與重新上色，使得該輪被劫往大亞灣途中雖曾與英國與法國海軍艦艇不期而遇，但兩國海軍艦艇均未能覺查到該輪被劫情事。見 *Times of Ceylon*, 3 September 1927, cited from "Bias Bay: Ceylon Papers Comment on Raid," *The China Mail*, 21 September 1927.

[105] "C.N. Co. Ltd.: *Anking* Piracy," Agents, China Navigation Co., Hong Kong to Messer. John Swire and Sons Ltd., London, 5 October 1928, CO129/508/4.

[106] 不過，分贓會議上常常會出現暴力場景，由於分贓不均而造成海盜內部衝突，甚至導致死傷的情況時有所聞。見"Anti-Piracy Measures," by Rear Admiral, Hong Kong, June 1930, CO129/521/3.

[107] "General Report on the Piracy of SS *Hong Hwa*," by E.D.C. Wolfe, C.S.P., February 24 1925, from R.E. Stubbs, Governor of Hong Kong to L.C.M.S. Amery, Colonial Office, 3 March 1925, FO371/10933; "The *Hong Hwa* Piracy: Wireless Operator Story," *The Hong Kong Daily Press*, 13 October 1925.

即時向外發出求救訊號。不過，侯普伍德事後卻認爲幸好未能發生求救訊號，因爲海盜顯然有備而來，「毫無疑問地，一旦發生如此情況，他們將會縱火燒船並棄船逃逸。事實上，他們隨身攜帶煤油」。[108]此外，在劫持康華輪的全部航程中，均派駐 1 名海盜把守無線電報室，防止康華輪人員嘗試向外求援。海盜首領除能講流利的英文外，並負責指揮康華輪的航行方向，要求與香港保持 80 哩的距離。海盜首領甚至親口告訴康華輪船長「他們花了 5 週的時間等待康華輪，在之前他們已經劫掠了另外 7 艘輪船」。不難看出，籌劃劫案的海盜首領乃是相當有能力、有經驗的組織者。[109]

　　又例如 1926 年 11 月的新寧輪劫案(SS *Sunning* Piracy)中，新寧輪原預定航程乃是由上海出發經廈門到香港，大亞灣海盜則有計畫兵分兩路，爲首的海盜僞裝乘客、不帶武器先在上海登船偵察情況，其餘大部份海盜則在廈門等待，俟新寧輪到廈門時再挾帶武器待登船，之後待船駛至海上再發動突襲將輪船劫往大亞灣。也因此，雖然香港警察事先即已掌握大亞灣海盜意圖犯案的情資，也通知上海港對新寧輪實施特別搜查，但由於海盜

---

[108] "The *Hong Hwa* Piracy: Wireless Operator Story," *The Hong Kong Daily Press*, 13 October 1925; "Statements of Principal Witnesses: Angus Mackenzie (Captain) & A.E. Hopwood (Wireless Operator), SS *Hong Hwa*," by P.J. Shannon, Lance Sergeant A97, from R.E. Stubbs, Governor of Hong Kong to L.C.M.S. Amery, Colonial Office, 3 March 1925, FO371/10933.

[109] 顯而易見，海盜首領具備相當教育水準並且能使用英文。康華輪船長即表示率先衝進船長室的海盜能夠「講流利的英文」，以英文喊道「手舉起來」(hands up)、「你的來福槍在何處？」(Where are you revolvers?)、「你是船長嗎？」(Are you captain?)。康華輪船長研判，那個「講英文的海盜似乎就是首領」。海盜首領在離去前，還以英文與康華輪船長告別，說「我們香港見」(I'll see you in Hong Kong)。無線電報員事後亦證實，他看到爲首的海盜「在研究海圖」，且「似乎受過部份教育，能夠講一些英文」。"Statements of Principal Witnesses: Angus Mackenzie (Captain) & A.E. Hopwood (Wireless Operator), SS *Hong Hwa*," by P.J. Shannon, Lance Sergeant A97, from R.E. Stubbs, Governor of Hong Kong to L.C.M.S. Amery, Colonial Office, 3 March 1925, FO371/10933.

相當熟悉廈門港一般不會進行搜查的情況，故得以兵分二路、躲過上海的搜查行動，再從容犯案。[110]

　　綜合以上情況可知，廣東海盜的犯罪網絡非常具有嚴密分工的特色：從出資、策劃、執行到接應、善後，均有專人負責。出資者與策劃者為海盜集團的指揮中樞，他們多半居住在香港，負責籌措資金與武器，規劃整個海盜劫掠行動。當行動計畫確定後，還會有專門人員負責「踩線」，實地乘坐輪船，探勘航線與水文條件，並調查輪船內部配置與人員部署情況，之後再由執行者負責假扮乘客登船，依照上述規劃好的計畫，發動突襲並劫持輪船（前述引文中所提及的海盜可能即是探勘與執行者）。最後，當計畫得逞，執行者會將輪船劫持到廣東大亞灣沿岸地區，此時再由岸上的接應者負責處理後續所有事務：包括掠奪品與人質的安置，以及執行人員的撤退路線。接應者多半為大亞灣當地的土豪，他們以暴力統治地方，平常魚肉鄉民，靠收取強索保護費或通行費為生，當有海盜來接洽業務時，則負責動員一般農民來協助處理善後事宜。也由於這些土豪在地方上擁有強大的影響力，農民多半只能順從任務，也不敢對外透露任務內容，否則將會遭到非常嚴厲的報復。[111]由上述分工情況可以得知海盜犯罪網絡極其嚴密，最常表露於外、為人熟知的海盜，例如執行者與接應、善後者充其量不過是海盜網絡中的外圍部分（甚至只是被動員來的農民），而真正的指揮中樞卻隱身在香港或其他地方，他們不會直接參與，而是透過代理人掌握並指揮行動。就算劫掠失敗，執行者被逮捕，出資、籌劃者並不會受到波及，仍可繼續籌劃並組織下一次的行動。

　　香港與廣東各地往來頻繁，故廣東海盜犯罪網絡多半也與香港有著密切的關係。英國海軍情報處即認為大亞灣海盜組織應該是以香港為主要活動中心，而大亞灣不過只是海盜登岸藏匿擄獲品與逃逸路線的所在：

---

[110] "Telegram from the Governor of Hong Kong to the Secretary of State for the Colonies," 23 November1926, FO371/11671.

[111] "Inside Story of Pirate Activities," H. G. W. Woodhead, ed., *The China Year Book, 1929-30* (Shanghai : The North-China Daily News & Herald, 1912-1939), pp. 803-806.

雖然船隻經常被劫持到大亞灣，海盜也毫無疑問地居住在那個區域，但是據信海盜的中心組織是設在香港，他們也不可能以大亞灣為根據地去籌謀劫船計畫。在後來某一個案例中，海軍在大亞灣的行動也只不過去迫使海盜另外選擇其他地點來藏放其擄獲品。[112]

例如根據香港警方的海盜情資調查，1928 年 4 月的輪船招商局新華輪劫案中，來自大亞灣稔山鎮的海盜，疑似即是先化整爲零、分批前往香港，再從香港乘坐輪船前往上海，最後再挾帶武器登船並襲擊從上海返回香港的輪船，並將其駛往大亞灣水域。[113]顯而易見，香港應是大亞灣海盜活動相當重要的轉運據點。尤有要者，部份海盜首領甚至可能出身良好，還曾受過英式教育，與香港有著極其密切的地緣關係。例如 1925 年 12 月通州輪劫案，即是海盜出身香港、受過英式教育的最佳寫照，不但部份海盜能講流利英文，[114]報載中海盜首領的形象，更幾乎與香港上流社會仕紳無異：「賊首係廣東人，身穿線絨西裝，架克羅克斯玳瑁眼鏡，足穿長皮腳筒馬靴，年約四十五六歲，頭戴氈帽，精神奕奕，能操正音英語、法國語言。」此外，海盜首領似乎還頗有國際觀，犯案之初即聲明劫華不劫洋，「且吩咐各兄弟要守文明，不可釀出交涉」，故船上所有西人乘客均安然無恙未被搶劫。[115]顯見其人對英國與香港的情況有所了解，劫英船但不搶

---

[112] Naval Intelligence Division, Naval Staff, Admiralty, *Confidential Admiralty Monthly Intelligence Report*, No.106 (15 March 1928), p.39, CO129/507/3.

[113] 新華輪劫案劫案手法，可以參見事發前香港警方刑事偵緝處所掌握到的海盜犯案情資，見"T. Murphy, C.D.I.'s Report," 23 March 1928, CO129/508/4.

[114] 根據通州輪上外籍乘客伍德海(H.G.W. Woodhead)的證詞，他表示部份海盜會講一些破英文，但有一位海盜卻英文講得非常好。見"At A Naval Court at Shanghai, on 29th December 1925, H.G.W. Woodhead Being Called Sworn and Examined, Deposed as Follows," Annex No.3 of "Report of the Proceedings of A Naval Court Convened by Captain J.C. Hamilton, Commanding *HMS Durban*," FO371/10670. 事實上，海盜首領能講英語之事絕非特例，在其他劫案中也常可以看到類似情況。例如 1928 年 5 月的德安輪劫案中，船員亦指稱犯案海盜首領即「似受良好教育，操英語甚流利」。見〈太古輪又在海南島遇劫〉，《申報》（上海），1928 年 5 月 30 日第 8 版。

[115] 通州輪遭劫期間，曾有海盜搶去船上某西人乘客 90 元，海盜首領獲悉後，不但將該海

船上英人財物，其目的即是擔心事態擴大，引起英人干涉。而為首的海盜之一，甚至還曾在香港女王學院(Queen's College, Hong Kong)就讀，不難判斷海盜組織成員與香港有著十分密切的地緣關係，其中不乏在香港受過英式高等教育之人。[116]所以，部份海盜首腦極可能隱身香港指揮海盜行動，而海盜搶劫船隻得手後，也會選擇前往香港避風頭。[117]換言之，香港可能同時海盜犯罪網路的策劃中心與避難地，而大亞灣則不過是海盜的登陸點，以及掠奪品與人質的主要藏放處所。例如 1926 年 11 月的河內輪劫案 (SS *Hanoi* Piracy)，涉案海盜也選擇藏身於香港九龍地區的旺角。[118]至於西江流域的海盜也有類似傾向，只要遭到粵軍或是英國海軍的追緝而無法在原地立足時，有時也會選擇隱身香港，以求暫避鋒頭。例如 1924 年月 9 月粵英合作清剿廣東馬寧附近地區的海盜後，殘存的海盜組織即選擇避往香港、澳門。粵軍警探與香港、澳門警察必須通力合作方能剿除此批海盜

盜「連踢兩腳」，還立刻從口袋中取出 100 元還給該乘客。類似情況亦出現通州輪英籍大副身上，在海盜搜查其艙房時，房中現金一度遺失，但海盜首領稍後卻主動將此現金歸還。見〈通州輪船中途被劫〉，《香港華字日報》，1925 年 12 月 24 日第 2 張 3 頁；"The Piracy of *Tungchow*: A Personal Narrative," *The Peking & Tientsin Times*, 4 January 1926.

[116] 根據上海方面的調查報告，通州輪劫案中的「海盜二檔頭」(the second-in-command of the pirates)是個香港男孩，曾在女王學院就讀。見"$ 40000 Lost: Captain McIntosh in Hospital; *Tungchow* Piracy Sequel," *The China Mail*, 13 December 1925; "Daring Piracy on the *Tunchow*: Work of A Hakka Pirate Gang; Ship Brought from North of Shanghai to Bias Bay," *The Hong Kong Daily Press*, 23 December 1925; "*Tungchow* Piracy: Pirate Chief as Hong Kong Boy," *The China Mail*, 5 January 1926.

[117] 根據中國海軍通濟艦艦長事後的調查，通州輪劫案海盜可能已藏身在香港或澳門等地。"Decipher of Telegram," from Commander-in-Chief, China Station via Navy W/T Matrara Ceylon to the Admiralty, 11 January 1926, FO371/11670。

[118] 香港警方於 1926 年 12 月一次在旺角的武裝突擊行動中，逮捕了涉嫌河內輪劫案的海盜。見"*Hanoi* Piracy: How A Guard Was Shot Dead; Evidence in Court," *The China Mail*, 15 March 1927。河內輪乃是在從越南海防前往香港途中遭到海盜劫往大亞灣，船上 1 名越南武裝警衛慘遭海盜擊斃棄屍海中。H. G. W. Woodhead, ed., *The China Year Book, 1928*, pp.676-677.

勢力。[119]

　　一般來說，英國政府多是透過香港警察系統（特別是通曉粵語、客語、閩南語的華人警探及其線民）積極掌握廣東海盜活動情況；但有趣的是，部分海盜情資可能來自於廣東與香港的教會系統，他們藉由與中國教民的往來而獲得重要的消息。例如 1926 年 9 月的江門海關稅務司燈塔補給船劫案(Kongmun Customs Lights Tender *Kongmun Chai* Piracy)中，英國海軍乃是透過廣州地區美籍傳教士雷克(John Lake)以及江門地區傳教士瓦爾許(Mr. Walsh)獲得重要的海盜情資。[120]又例如 1928 年 4 月，當香港總督府正與廣州當局商談軍事進剿大亞灣海盜問題時，香港方面關於大亞灣東側海豐地區的海盜情資與地方政情報告來源，即是來自於香港地區的領銜主教法爾托塔(Bishop Valtorta)。[121]隔年(1929)11 月，香港英文《南華早報》(*The South China Morning Post*)又揭露領銜主教法爾托塔(Bishop Valtorta)通知香港殖民當局，有兩股人數約 10-15 人左右的大亞灣海盜，已計畫在中國農曆年時劫持輪船。這份海盜情資，經香港輔政司(Colonial Secretary)通報華民政務司(Secretary for Chinese Affairs)、英軍司令、港務長、英國駐廣州總領事等官員嚴加防範海盜逞兇。[122]但是該報導一出隨即導致領銜主教法爾托塔遭到人身威脅，迫使《南華早報》在隔日刊登更正啟事，表明海盜情資另有來源，而非法爾托塔所言。[123]此一欲蓋彌彰的報導，透露教會教士在

---

[119] "Piracy and Anti-piracy Operations," Extract from Senior Officer of HMS *Tarantula*, 3 October 1924,CO129/490.

[120] 英國海軍乃是藉由外國傳教士居中媒介，間接取得當地中國商民所透露的海盜情資。見 "Report on the Piracy of Customs Launch *KongMun Chai*," by J.R.P. Thompson, Lieutenant Commander, HMS *Robin*, 2, 6 & 10 October 1926, FO371/11671; "J.F. Brenan, Acting Consul General, Canton to the British Minister, Peking," 19 October 1926, FO371/11671.

[121] "C. Clementi, Governor, Hong Kong to the Consul-General, Canton," 24 April 1928, CO129/508/4.

[122] "Bias Bay Pirates: Contemplating Coup before Chinese New Year," *The South China Morning Post*, 19 November, 1929.

[123] "Bias Bay Pirates: Two Gangs Contemplating Another Coup," *The South China Morning Post*, 20 November 1929.

英國與香港當局海盜情蒐上可能扮演的角色。簡言之，透過香港殖民當局的多方蒐集海盜情資，英國政府非常清楚廣東海盜的犯罪網路與相關運作手法。

五、小結

簡單來說，英國人其實非常了解一項事實：廣東海盜問題棘手異常，絕非單憑英國之力即可獲致解決，而必須仰賴廣州當局與地方領袖的合作。1924 年底英國駐西江海軍高級軍官的報告中即點出：

> 要解決（香港附近）中國水域的海盜問題，唯一永久有效的方法，即是一個有效率的地方政府，下定決心要撲滅海盜犯罪，同時也有必要的人力與經費，來維持海軍巡邏體系，以及訓練有素的警察與警探。地方仕紳與鄉村耆老的衷心合作也是必要的，無論他們是基於志願或是擔憂害怕。[124]

1925 年 1 月，英國政府為處理香港附近水域海盜問題而提出的「跨部會議」(Inter-departmental Conference)報告中，同樣也明確指出在目前的環境下，想靠英國之力完全解決海盜問題不啻是痴人說夢。[125]因此，廣東海盜問題能否順利解決，關鍵因素仍然取決廣東局勢的演變以及廣州當局的態度。廣東惠州南邊大亞灣沿海一帶，漁民與海盜的界線基本上是模糊不清的，利益關係也是彼此糾葛。外人不可能清楚辨明哪些是海盜、哪些又是漁民，似乎唯有當地人才知道社會上真正的「壞份子」。[126]換言之，要根除廣東海盜問題別無他法，必須由廣州當局採取強硬措施，派出一支紀律嚴明的部隊，在當地耆老的協助下，徹底掃蕩沿海各村落的海盜據點。然

---

[124] "Notes on Piracy and its Prevention by the Senior Naval Office in Charge of West River Patrols," 1924, FO371/10932.

[125] "Report of an Inter-Departmental Conference on Piracy in Waters Adjacent to the Colony of Hong Kong," January 1925, FO371/10932.

[126] An Editorial of *The Shanghai Times*, 19 November 1926, cited from "Canton's Duty: Should Clear Bias Bay of Pirates; Cooperation not Wanted?" *The China Mail*, 23 November 1926.

而，一方面受到廣東政局混沌不安、內部派系傾軋以及反抗勢力盤據等種
種因素的影響下，廣東沿岸地區社會動盪的大環境不可能在短時間內解
除；二方面在仇外、反外或抗拒外人的氣氛影響下，廣州當局往往消極拖
延處理與列強有關的事務，是以對於極度困擾英人的廣東海盜問題，多半
表現出一副事不關己的態度，敷衍以對，而不願意正面解決。也因此，
1920 年代廣東海盜猖獗的現象勢必長期持續，而對英國與香港來說，則成
為揮之不去的夢魘。

　　職是之故，1927 年 9 月，在英國駐華公使館向北京外交團遞交的中國水
域海盜問題備忘錄中，即坦言「海盜問題，如同土匪問題一樣，是一個國家陷
入無法治、失序狀態的整體表徵。因此要徹底根絕海盜，唯有待現有情況的大
幅改善，以及中國當局恢復統治能力後才有實現的可能」。[127]同年 11 月，日
本公使芳澤謙吉在五國公使「反制海盜措施會議」(A Meeting of Anti-Piracy
Measures)上的發言，亦有類似的感慨。芳澤認為「只要中國現況持續混亂下
去，要找到一個理想的計畫來壓制海盜問題，其實是很困難的」，因此列強現
階段僅能盡量去弄出一個「暫時可行的舒緩之道」罷了。[128]所以，在中國內政
失序的大環境下，不太可能徹底解決海盜問題，充其量只能暫時加以控制，避
免海盜現象繼續惡化。

表 1-3：1920 年代廣東海盜重大劫掠案件表[129]							
時間 (年月日)	被劫船隻 船商 航班	船籍	被劫地點	財物損失 （元）	人員傷亡	海盜人數/ 語言/ 搶劫情況	資料

---

[127] "Memorandum by the British Legation, Peking," September 23, 1927, 日本外務省外交史料
館藏，《支那海賊關係雜件》，第一卷，F-0138/0145-0148。

[128] "Minutes of A Meeting to Discuss Anti-Piracy Measures," held at the Japanese Legation at 11
a.m. Nov. 16, 1927, 日本外務省外交史料館藏，《支那海賊關係雜件》，第一卷，F-
0138/0180-0183。.

[129] 本表為筆者根據相關英文史料所整理的廣東海盜重大劫掠事件，絕大部分屬於香港總督
最重視的廣東大亞灣海盜劫掠事件，少部份為珠江（西江）流域海盜事件。但必須強
調此表所列僅為部份海盜事件，仍有許多小型海盜事件因查考不易未能列入。

1921.1.22	廣香輪 (SS *Kong Hong*) 香港汕尾航班	中	廣東水域 香港附近	22000	1名乘客死亡	12名海盜（客）偽裝乘客在香港登船	A1
1921.12.1	廣利輪 (SS *Kwong Lee*) 輪船招商局 上海香港航班	中	福建水域 廈門附近	120000		35名海盜偽裝乘客在上海登船	A1
1921.12.18	華生輪 (SS *Wah Sun*) 香港汕尾航班	中	廣東水域 香港附近	21000		10名海盜（客）偽裝乘客登船	A1
1922.5.22	華生輪 (SS *Wah Sun*) 香港汕尾航班	中	廣東水域 香港附近	5000		數名海盜乘坐舢舨趁汽艇靠岸時搶劫	A1
1922.10.4	升安輪 (SS *San On*) 三北公司 香港大鵬灣航班	中	廣東水域 大鵬灣附近	不詳		9名海盜（河、他）偽裝乘客在新界大埔登船	A1
1922.11.19	瑞安輪 (SS *Sui An*) 香港輪船公司 香港澳門航班	英	廣東水域 香港澳門附近	34000	2名印度警衛死亡船長、2名警衛、2名乘客受傷	60名海盜（客、河）偽裝乘客在澳門登船	A1
1923.5.12	泰順輪	中	廣東水域	60000-	歐籍大	海盜偽裝乘	E[130]

[130] "The Piracy of the Chinese Steamer *Tai Shun*," , American Consul General, Hong Kong & Macao to the American Minister, Peking, 15 May 1923, RIAC, 893.8007/6.

	(SS *Tai Shun*) 輪船招商局 香港上海航班		汕頭附近	65000	副與1名華籍水手受到	客登船	
1923.11.14	大圖丸 內田汽船	日	廣東黃埔				D
1923.10.23	新寧輪 (SS *Sanning)* Shiu Kee SS Company 香港江門航班	英	廣東水域 香港附近	20000	船長、大副與1名印度警衛受傷	35名海盜（客、普、河、廣）偽裝乘客在香港登船	A1 E[131]
1923.12.27	SS *Hydrangea* 久安公司 香港汕頭航班	英	廣東水域 大亞灣附近	33326		45名海盜（客、河）偽裝乘客在香港登船	A1
1924.1.20	大利輪 (SS *Tai Lee*) 香港和益輪船公司 香港江門航班	英	廣東 西江水域	200000	英籍船長與1名印度警衛遭到殺害許多乘客遭擄	海盜偽裝乘客在香港登船 船上部份水手可能與海盜勾結	B E[132]
1924.2	Launch *Man Hing* Shanshuipo Ferry 九龍香港航班	英	香港附近水域	不詳	全船人員遭到綁架船隻重新塗裝		B
1924.4.3	SS *Siexal*	葡	廣東	不詳	3名印		B

[131] "SS *Sanning*," cited from "The Guilds' Attitude: Piracy- Regulations- Results," 12 March 1924, CO129/487.

[132] "SS *Tailee*," cited from "The Guilds' Attitude: Piracy- Regulations- Results," 12 March 1924, CO129/487.

			西江水域		度武裝警衛遭到殺害		
1924.4.11	大利輪 (SS *Tai Lee*) 香港和益輪船公司 香港江門航班	英	廣東 西江水域	無	無	海盜偽裝乘客登船，所幸被船上武裝警衛擊退	B E[133]
1924.10	大圖丸 內田汽船	日	廣東附近				D
1924.10.3	聯勝輪 (SS *Ning Shin*) 上海福州航班(輪船)	英	江蘇水域 上海附近	97000 兩以上	1名舵手死亡 1名水手受傷	34名海盜偽裝乘客在上海登船	A1
1924.10.25	SS *Hui Hoi*	中	香港水域 被劫往 廣東西江	全船貨物被劫	11名船員遭擄 1名武裝警衛與1名人質被殺	5-6名海盜偽裝乘客在香港登岸	B
1924.11.19	Motor Boat *Kin Lee* 香港江門拖船	英	廣東 西江水域	無	1人遭到綁架	英國海軍武裝汽艇趕往馳援	B
1924.11.20	Launch *Kwong Mo* 香港江門汽艇	英	廣東 西江水域	510		海盜從岸邊開槍攻擊，並請強行登船	B
1924.11.20	SS *Waihoi* 香港梧州航班(輪船)	英	廣東 西江水域	10000	船員1死1傷	2名海盜偽裝乘客在香港登船 其他海盜乘木船接應	B

---

133 "The Minority Report," January 1925, *Sessional Papers Laid before The Legislative Council of Hong Kong 1927*, No. 3, pp.95-100.

1924.12.6	Canton Christian College 所屬汽艇	美	廣東 珠江水域		36 名乘客遭到綁架	海盜偽裝乘客在廣州登船 廣州當局出兵援救	B
1925.1.3	Junk *Shing Fat* 香港籍民船	英	廣東 大鵬灣	全船貨物、武器、裝備遭劫	無		B
1925.1.5.	SL *Ngar Yeu* 懸掛英旗汽艇 廣州西江航班	英	廣東 西江水域	全船遭洗劫	22 名乘客被綁架		B
1925.1.13	康華輪 (SS *Hong Hwa*) 新加坡香港航班(輪船)	中	南洋水域	53360	無人傷亡	30 餘名海盜 (閩、客、河、廣) 偽裝乘客在新加坡登船	A1
1925.3.25	Ferry Boat 澳門石岐航班		廣東 西江水域		全船乘客遭綁架	海盜乘坐三艘汽艇來襲	B
1925.12.	通州輪 (SS *Tungchow*) 太古輪船公司 上海天津航班(輪船)	英	威海衛附近 被劫往廣東 大亞灣	約 40000	英籍船長身受重傷	25 名海盜偽裝乘客在上海登船	E[134]
1926.1.10	玄武丸 日本汽船 基隆廣東航班	日	廣東黃埔	約 8300		美艦由香港馳援	
1926.2.8	SS *Jade* 香港海防	德	廣州灣附近	82900	無	7 名海盜偽裝乘客在	A2 C

---

[134] "Letter from J.W. Jamieson, Consul General, Canton to the Commissioner of Foreign Affairs, Canton," 29 December 1925, FO371/11670.

	航班(輪船)					廣州灣登船	
1926.3.6	SS *Tai Yan* 汕尾汕頭航班		廣東汕尾附近	不詳	無	6名海盜偽裝乘客在汕尾登船	A2 C E[135]
1926.3.25	SS *Hsin Kong* 上海廣州航班		廣東汕頭附近	不詳	無	不詳	A2 C
1926.7.13	廣利輪 (SS *Kwong Lee*) 輪船招商局 上海廣州航班	中	珠江三角洲附近	不詳	無	大批海盜偽裝乘客登船	A2 C
1926.8	泰洋丸 (臺灣籍民船)	日	廣東汕頭	約5千	船員全被擄，後以3千圓贖回		D
1926.8.21	SS *Sandviken* 廣州汕頭航班	挪	香港附近	不詳	無	約40名海盜偽裝乘客登船	A2 C
1926.8.23	SS *Hoinam* 廣州汕尾航班	中	廣東大亞灣附近	不詳	無	30名海盜偽裝乘客登船	A2
1926.8.30	めなど丸 大阪商船	日	廣東沿海	部分船貨遭劫		海盜夜間來襲	D
1926.8	福和丸 (臺灣籍民船)	日	廣東南澳	貨物全失		船隻被劫，由日本海軍驅逐艦馳援救回	D
1926.8	安榮丸 (臺灣籍民船)	日	廣東南澳	貨物全失		船隻被劫，由日本海軍驅逐艦馳援救回	D

---

[135] "Durban's Find: Vessel Which Was Taken to Bias Bay; No Trace of Pirates," *The China Mail*, 10 March 1926.

1926.9.8	太陽丸 (臺灣籍民船)	日	廣東汕頭			船隻被劫，日本海軍搜索無功	D
1926.10.1	SS Hsin Fung 輪船招商局 上海廣州航班	中	上海附近水域 被劫往大亞灣	不詳	無	約 30 名海盜 偽裝乘客在上海登船	A2 C E[136]
1926.11.11	河內輪 SS Hanoi 海防廣州灣航班	法	廣東水域 被劫往大亞灣	約 70000	1 名越南警衛死亡	為數甚多的海盜偽裝乘客在海口登船	A2 C E[137]
1926.11.15	新寧輪 (SS Sunning) 太古輪船公司 上海廈門香港航班	英	香港附近水域	輪船遭縱火	英籍輪機長負傷	約 40 名海盜 偽裝乘客在廈門登船	C
1926.11.19	SS Wan Hoi 江門陽江航班		廣東水域	不詳	1 名中國警衛、3 名船員死亡	10 餘名海盜 偽裝乘客登船	C
1926.12.22	SS Heng An Yuan An Shipping Co. 上海汕頭廣州航班	中	廣東水域 被劫往大亞灣	約 1 萬	2 名船員死亡	約 30 名海盜 偽裝乘客在汕頭登船	C E[138]
1927.1.5	SS Wing						C

---

[136] "Latest Piracy: *Hsinfung* Taken to Bias Bay; HK Seaplane in Pursuit; Shanghai Steamer on the way to Canton," *The China Mail*, 5 October 1926

[137] "Decipher of A Telegram from the Governor of Hong Kong to the Secretary of State for the Colonies," 13 November, 1926, FO371/11671.

[138] "Latest Piracy: Chinese Steamer near Bias Bay," *The China Mail*, 4 January 1927.

	Wo						
1927.1.27	雙美輪 (SS *Seang Bee*) 仰和公司 新加坡香港航班	英	南洋水域被劫往大亞灣	約 10 萬	無	海盜偽裝乘客在新加坡登船	C
1927.2.2	SS *Yuan On*						C
1927.3.21	合生輪 (SS *Hop Sang*) 怡和輪船公司 上海汕頭廣州香港航班	英	廣東水域被劫往大亞灣	約 7000 以上	1 名荷蘭籍乘客受傷	10 餘名海盜偽裝乘客在汕頭登船	C
1927.7.20	SS *Solviken*	挪		現金 3 萬			C D
1927.8.21	タイムス丸三井物產 基隆廣東航班	日	廣東黃埔	約 6 千	無	海盜船攻擊	D
1927.8.25	新濟輪 (SS *Hsin Chi*) 輪船招商局 上海福州	中	浙江海面被劫往大亞灣	不詳	買辦遭擄勒贖	大批海盜偽裝乘客在上海登船	E[139]

---

[139] 新濟輪劫案海盜誤以為該輪船上運有現銀 20 萬元，故動手劫船，但實際上該船僅有少量現銀。因劫掠財物有限，所以海盜將船截至廣東大亞灣後，還將買辦一併擄去，用以勒贖重金。見 "Another Piracy: Gauntlet Run to Bias Bay," *The Singapore Free Press and Mercantile Advertiser*, 1 September 1927; *Times of Ceylon*, 3 September 1927, cited from "Bias Bay: Ceylon Papers Comment on Raid," *The China Mail*, 21 September 1927；〈新濟輪船遇盜情形〉，《申報》（上海），1927 年 9 月 5 日第 4 版。

	航班						
1927.8.30	日陞輪 (SS Yat Shing) 怡和輪船公司 汕頭上海航班	英	汕頭附近被劫往大亞灣	損失貨物以及現金約1萬	1名歐籍乘客受傷、7名華籍乘客被擄	18名海盜偽裝乘客在汕頭登船	C D E[140]
1927.9.1	高州輪 (SS Kochow) 香港梧州航班		廣東西江水域	不詳	英籍輪機長死亡	海盜偽裝乘客登船	C
1927.10	SS Lee Tung 香港廣東航班	英	廣東西江水域	不詳		輪船遭到海盜劫走，後由英國海軍砲艦救回	B
1927.10	新豐輪 輪船招商局	中	被劫往大亞灣	不詳	不詳		B
1927.10.11	SS Shing On 香港籍 三水香港航班	英	廣東西江水域	不詳		海盜偽裝乘客登船	C
1927.10.19	愛仁輪 (SS Irene) 輪船招商局 上海廈門航班	中	浙江福建沿海被劫往大亞灣	不詳	輪船沈沒，60人溺死	7名海盜偽裝乘客登船由英國海軍潛水艦拯救	C D E[141]
1927.11.24-26	神光丸 神戶町商會	日	廣東黃埔附近	無	無	海盜乘坐小蒸汽船攻擊，遭日船擊退	D
1927.12.12	茂利輪 香港廣東	中	珠江流域	貨物1千		海盜乘坐三艘戒克船攻	D

[140] "Yatshing Piracy: Passengers Treated with Consideration," The China Mail, 2 September 1927.

[141] "British Submarines to Rescue in Bias Bay," The Strait Times, 21 October 1927.

	航班			現金6千		擊，中國軍艦馳援
1928.1.17	SS San Nam Hoi 香港江門航班	英	廣東江門		英籍大副與2名印度籍武裝警衛死亡 4名印度警衛負傷	30海盜偽裝乘客在江門登船 中國警察援救	BC
1928.2.23	華安輪 常安公司 上海福州航班	中	浙江溫州水域 被劫往廣東汕尾	貨物4箱 現金1萬餘	5名乘客與1名船員被綁架	14名海盜偽裝乘客在上海登船	D
1928.4.14	新華輪 (SS Hsin Wah) 輪船招商局 上海香港航班	中	香港附近 被劫往大亞灣	貨物2萬	5華籍人員被綁架，財物損失超過12000元	15-25名海盜（客、河洛）偽裝乘客在上海登船 中國、英國軍艦拯救	C D E[142]
1928.5.27	德安輪 (SS Tean) 太古洋行 海防海口航班	英	海口附近 被劫往大亞灣	約4千-4萬2千	船員2名、乘客7名被綁架，後被救出	約27名海盜偽裝乘客在海口登船 英艦、海關船艦馳援	C D E[143]
1928.9.26	安慶輪 (SS An-	英	海口附近 被劫往	現金4500	船長受傷	約25海盜偽裝乘客在	D E[144]

142 "Bias Bay Piracy: C.M.N. Co's Steamer Looted," *The Singapore Free Press and Mercantile Advertiser*, April 18, 1928; "Piracy of the *Hsin Wah*," *The Strait Times*, 28 April 1928; "T. Murphy, C.D.I.'s Report," 23 March 1928, CO129/508/4; "Piracyof SS *Hsin Wah*," C.G. Perdue, Director of Criminal Intelligence to the Captain Superintendent of Police, Hong Kong, 17 April 1928, CO129/508/4.

143 "Piracy in Hoihow Harbor," *The Singapore Free Press and Mercantile Advertiser*, 30 May 1928.

144 "Oral Answers," November 14 1928, His Stationery Majesty's Office (Great Britain), *The Parliamentary Debates: House of Commons* (London: His Stationery Majesty's Office)

	king) 太古洋行 新加坡 香港 航班		紅海灣	貨物8萬	英職員2名與中國舵手1名死亡7名乘客被綁架	新加坡登船	
1928.12.11	黃石公輪 (SS Wong Shek Kung) 黃行興輪船公司 香港西貢航班	中	廣東外海	4485.2	無	船上伙工與海盜勾結，讓3名海盜偽裝乘客挾帶武器登船	E[145]
1929.9.21	デリー丸 (SS Deli Maru) 大阪汽船 汕頭香港航班	日	廣東大亞灣	約6千	乘客4人被擄（華籍3人、臺籍1人）3名巡查負傷	英艦HMS Sandwich 馳援 海盜逃逸	D E[146]
1929.12	海清輪 (SS Haiching)	英	香港附近	不詳	2死（英籍三副、	約30名海盜偽裝乘客登船	C E[147]

(hereafter referred to as HC Deb), vol. 222, pp. 857-9.

[145] "Police Report I on the Piracy of SS *Wong Shek Kung*," from A.J.W. Doring, Sub-Inspector, Office in Charge, Criminal Intelligence Department, Tsimshatsui to the Deputy Superintendent of Police, Kowloon, 20 December 1928, CO129/513/8; "Police Report II on the Piracy of SS *Wong Shek Kung*," from T. Murphy, 2nd Assistant Director of Criminal Intelligence to the Director of Criminal Intelligence, December 1928, CO129/513/8.

[146] 根據英國海軍的報告，デリー丸船上被劫持的人質，後來被海盜囚禁在廣東稔山鎮范和村長達六個月之久。不過，之後有一支共黨軍隊襲擊了該處海盜，救出被劫持的人質，並將其平安護送至沿岸地區。見"Anti-Piracy Measures," by Rear Admiral, Hong Kong, June 1930, CO129/521/3.

[147] "*Haiching* Piracy: Worst in History of China Coast," *The Singapore Free Press and Mercantile Advertiser*, 10 December 1929.

	德忌利輪船公司 香港汕頭航班				印度警衛）、2傷（英籍三副、印度警衛）多名華籍乘客溺斃	英艦 HMS *Sterling* 與 HMS *Sirdar* 號馳援 海盜多數遭擊斃與溺斃，部分則遭英艦逮捕	
1930.7.2	SS *Helikon* Wo Fat Shing Co. 西貢香港航班	英	香港附近被劫往大亞灣	約 8000	華籍買辦與 14 名乘客被綁架	海盜偽裝乘客登船	E[148]
來源： A1：英國香港總督府犯罪情報部門調查廣東大亞灣海盜劫掠概要[149] A2：英國香港總督府其他相關資料[150] B：英國海軍各相關報告[151]							

---

[148] "Hong Kong: Currency Situation – Trade in Textiles – Politics – Piracy (From Our Correspondent)," 7 August 1930, *The Economist*, 111:4543 (20 September 1930), pp.19-20.

[149] L. H. V. Booth, Assistant Director of Criminal Intelligence, Hong Kong, "Precis of Piracies Committed by Bias Bay Pirates since 1921," CAB/24/181:0072、FO371/11671.

[150] T. H. King, Deputy-Superintendent of Police, Hong Kong, "Precis of Piracies Committed by Bias Bay Pirates, 1926," 21 June 1926, CAB/24/181:0072. ; "Governor, Hong Kong, to the Secretary of State for the Colonies, 28 August 1926,"CAB/24/181:0072; "Paraphrase Telegram from the Governor of Hong Kong to the Secretary of State for the Colonies," 6 October 1926, " CAB/24/181:0072; "Tables Turned on Pirates: Further Details of Sunning Fight," *The Strait Times*, 19 November 1926; Naval Intelligence Division, Naval Staff, Admiralty, *Confidential Admiralty Monthly Intelligence Report*, No.106 (15 March 1928), CO129/507/3.

[151] "China Station General Letter No 8," from Commander in Chief, China Station, Hong Kong, to the Secretary of the Admiralty, London, 23 January 1924, FO371/10243; "Piracy," & "Piracy of the Chinese Steamer *Hui Hoi*," A Report from the Naval Intelligence Officer, Hong Kong, 1 January 1925, FO371/10932; "Piracy," A Report by the Intelligence Officer on Staff of Commodore, Hong Kong, from Intelligence Division, Naval Staff, Admiralty to Foreign Office, 25 January 1925, FO371/10932; "Piracy," N.I.D. 6726/25, from Intelligence

C：英文《中國年鑑（1928 年）》(*The China Year Book*)[152]
D：日本外務省亞洲局、海軍軍令部統計資料[153]
E：其他（見各註腳）
備註一：(客)客語；(河)河洛語；(普)普通話；(廣)廣東本地語；(他)其他方言
備註二：表中各船中文名部份乃參考自日本海軍軍令部統計資料、《廣州國民日報》等。

Division, Naval Staff, Admiralty to the Colonial Office, 24 March 1925, CO129/490.; "Piracy," N.I.D. 7157/25, from Intelligence Division, Naval Staff, Admiralty to the Colonial Office, May 1925, CO129/490; "Governor, Hong Kong, to the Secretary of State for the Colonies, " 28 August 1926," CAB/24/181:0072、FO371/11671; Naval Intelligence Division, Naval Staff, Admiralty, *Confidential Admiralty Monthly Intelligence Report*, No.106 (15 March 1928), pp.25-43, CO129/507/3; "List of Coastal Piracies Since 1921," cited from "Anti-Piracy Measures," by Rear Admiral, Hong Kong, May 1930, CO129/521/3.

[152] H. G. W. Woodhead, ed., *The China Year Book* (Shanghai : The North-China Daily News & Herald, 1912-1939).

[153] 日本外務省亞洲局，〈支那ニ於ケル本邦船舶ノ海賊被害調（一）〉（大正十五年迄）、〈支那ニ於ケル本邦船舶ノ海賊被害調（二）〉（昭和二年），日本外務省外交史料館藏，《支那海賊關係雜件》，第一卷，F-0138/0126-0131；日本海軍軍令部編，〈支那ニ於ケル海賊被害狀況一覽〉(大正 10 年以降昭和 4 年 9 月末調)，《軍令部常報第 28 號》，國情第 6 號，1929 年 10 月 25 日，日本外務省外交史料館藏，《支那海賊關係雜件》，第二卷，F-0139/0298-0304。

第一部份、英國的「商船防盜策略」

　　第一部份為英國「商船防盜策略」，共分三章，分別檢討 1920 年前期、中期與晚期，英國如何透過立法手段與強制規定來強化英國商船的防盜能力，以及與航運利益相關的船商、商會、工會等民間團體如何串連力量以抗拒政府規劃的防盜規定。此三個時期官方與民間主要的檢討與討論，事實上均是環繞〈防範海盜章程〉所架構的防盜措施為核心，而爭執焦點則是防盜責任究竟應該是由船商與船員幹部承擔，還是由英國政府負責。官方立場自然為前者，故致力制訂嚴密的商船防盜規定，以強化商船本身的防盜能力；而民間主張則為後者，聲稱應由英國海軍建立巡邏體系，防範海盜犯案，提供商船充分的保護。

第二章 〈防範海盜章程〉的規劃調整與爭議（一）

一、前言：防範海盜立法與強化商船在防範海盜上的責任

> 在絕大部分的（廣東）海盜案件中，海盜都是偽裝乘客控制輪船，
> 然後脅迫船長將船駛至大亞灣，那裡是海盜的巢穴，他們將劫掠品
> 從那登陸上岸。很明顯地，海盜沒有固定的人員組成，而是海盜首
> 領從大亞灣臨時招募而來，事成之後，他們再回去繼續從事農作。
>
> 〈英國無線通訊〉(British Wireless Service)1927年3月[1]

　　自 1860 年代開始，香港政府即已開始進行海盜防制立法的工作。
1866 年，香港通過了〈遏止海盜行爲規例〉(*The Ordinance for the
Suppression of Piracy (Hong Kong) 1866*)，特別成立專屬審判法庭，並針對不
同程度的海盜行爲，訂出明確的量刑標準，以生嚇阻之效。[2]之後，又陸續
進行相關規例的增補，希望透過立法手段，達到遏止海盜行爲的目的。尤
其 1868 年的規例中，爲了防止船隻運輸武器，又授權香港總督可以便宜
行事，隨時制訂相關命令，對違法之人處以一年以下的監禁或是 500 港元
以下的罰金。[3]此外，有鑑於許多海盜劫掠事件之所以得逞，與船主、船長
與船員幹部未能採取有效的防盜措施有關，故 1900 年又公布了〈汽艇防
制海盜規例〉(*Launch (Protection against Piracy) Ordinance*)，授權裁判司

---

[1] "London Opinion: Uselessness of Canton's Efforts," *The China Mail*, March 24, 1927.

[2] "The Ordinance for the Suppression of Piracy (Hong Kong), 1866," No. 9 of 1866, A. J. Leach, ed., *The Ordinances of the Legislative Council of the Colony of Hong Kong* (Hong Kong: Hong Kong Government, 1890), Vol. 2, pp. 917-922.

[3] "An Ordinance to Enable the Governor of Hong Kong, with the Chinese Authorities for the Suppression of Piracy," No. 2 of 1868, A. J. Leach, ed., The Government of Hong Kong, *The Ordinances of the Legislative Council of the Colony of Hong Kong*, Vol. 2, p.989.

(Magistrates)追究船主、船長、船員幹部的失職責任,並可沒收船主保證金充作罰金,必要時香港總督更可依據裁判司報告,撤銷船主的汽艇使用執照。[4]

香港政府進一步立法強制船商必須肩負起防範海盜的責任,與 1914 年 4 月發生的泰安輪劫案(SS *Tai On* Piracy,該船中文船名不詳,此處為音譯)密切相關。泰安輪由香港開往廣東江門途中,遭到偽裝成乘客的海盜攻擊,因船員奮力抵抗,海盜乃燒船報復,造成船上數百名乘客、船員罹難。[5]

事件發生後,由於死傷慘重,輿情激憤,香港政府決定透過立法手段,強化輪船本身遭遇海盜襲擊時的自衛與應變能力,藉此降低海盜的攻擊意願與搶劫成功率。是年 8 月,香港政府正式通過〈防範海盜則例〉(*Piracy Prevention Ordinance, 1914*),嚴格管制進出香港的船隻,凡未獲許可私自載運乘客者,將被處以一年以下的監禁與 500 元的罰款(〈則例〉第 4 部份);船商還必須提供擔保金,以確保船長、船員將確實遵守香港政府相關防範海盜章程(第 6 部份);尤有要者,並授權香港總督依據防制海盜需要,制訂相關章程(第 17 部份)。[6]

9 月,香港總督即依據〈防範海盜則例〉進一步頒佈〈防範海盜章程〉(*Piracy Prevention Regulations, 1914*)。[7]〈防範海盜章程〉詳細定義出

---

[4] "The Launch (Protection against Piracy) Ordinance, 1900," No.7 of 1900, Chaloner Grenville Alabaster, ed., *The Laws of Hong Kong* (Hong Kong: Hong Kong Government, 1912), Vol. 1, pp.1104-1106.

[5] "Letter from Civil Administrator, Kwangtung, to H. M. Consul-General, Canton," May 8, 1914, *Sessional Papers Laid before The Legislative Council of Hong Kong 1927*, (hereafter referred to as *SP 1927*), No.7, p. 150.

[6] 輪船的擔保金為 5000 元、汽艇為 1000 元。見"Ordinance No. 23 of 1914.- An Ordinance to amend the law relating to the observance of precautions against Piracy," *The Hong Kong Government Gazette*, 28 August 1914, No.337, pp.342-346.

[7] 〈防範海盜章程〉主要是由香港總督任命的「防制海盜委員會」草擬,並參酌港務長的建議,其草案可見 "Recommendations of Anti-Piracy Committee," July 30, 1914, *SP 1914*, No. 11, pp.41-43.

香港當局認定海盜出沒的「危險區域」(Danger Zone)：

一、香港往來兩廣河川之間的航線；

二、香港往來澳門航線；

三、香港往來廣州灣航線；

四、香港往來廈門、汕頭、海口、海防以及兩廣沿岸港口航線。

可見從閩南到兩廣、海南島間一整片水域與河川，均是海盜猖獗的地帶。而爲了防制海盜，〈防範海盜章程〉一方面擴大香港警察對於船隻的搜索權，另一方面則嚴格規定各類船隻的反盜措施，諸如每艘船上必須配置專職的武裝警衛、船員幹部值勤時須佩帶槍枝、船隻須裝設防彈的閃躲器以及架置護欄鐵絲網強化保護艦橋與輪機房、一般艙房須設置可上鎖的護欄以與其他船艙隔絕、裝設上鎖行李間以便人貨分離等。與先前防範海盜措施最大的不同是，1914 年的〈防範海盜章程〉嚴格規定各類船隻上必須配置的武裝警衛人數與武器數量，同時也將武裝警衛的訓練、派遣與調派之權統一由香港警察司 (Captain Superintendent of Police)負責掌理，武裝警衛的薪水則規定船商須在前一月支付給香港庫政司(Colonial Treasurer)，再由庫政司支付警衛。換言之，武裝警衛在實質上近乎是警察部門的附屬人員，只不過經費由船商支應。而武裝警衛的任務，一是協助警察搜索船隻、乘客，防止海盜偽裝乘客挾帶武器登船，二是防護艦橋與輪機室的安全。因爲隨船武裝警衛在防制海盜措施上扮演著極其重要的角色，故將武裝警衛納入警察指揮系統下，藉以強化船隻在防範海盜的平時預防與必要時的抵禦能力。[8]

不過，〈防範海盜章程〉在草擬過程中，即遭到香港總商會與船商的質疑，認爲在輪船上裝設護欄、鐵絲網保護艦橋、輪機室，同時隔絕一般乘客艙房，以及設置行李室強制人貨分離的作法，是不切實際的。因爲船

---

[8] "Regulations made by the Governor-in-Council under Section 17 of the Piracy Prevention Ordinance, 1914, (Ordinance No. 23 of 1914), for the purposes of Section 6 of the Said Ordinance, on the 17th day of September, 1914,", *Hong Kong Government Gazette*, 18 September 1914, No.361, pp.377-383

上設置的護欄與鐵絲網將嚴重阻礙人員行動，一旦發生船難，乘客將逃生無門；人貨分離，也將導致竊盜案件增加。此外，改裝船隻與雇用警衛的龐大費用必須由船商自行吸收，也令人船商感到憤怒。[9]因此〈防範海盜章程〉從未獲得嚴格落實，並遭到船商與相關從業人員的反對與抵制。船商與船員普遍認爲香港政府變相將防範海盜的責任，丟到他們的身上，使其必須承擔直接與海盜作戰的高度危險。特別是船上的武裝警衛，有時非但不足以抵禦海盜攻擊，警衛所配備的武器彈藥，反倒可能成爲吸引海盜攻擊的目標。因此，船員幹部無不希望能夠將武裝警衛撤離，改代以海軍護航。[10]

二、瑞安輪劫案(SS *Sui An* Piracy)及其後爭議

1922 年 11 月 19 日，香港輪船公司所屬的瑞安輪在從澳門航行至香港途中，遭到爲數約 35-50 名、僞裝乘客登船的海盜攻擊。瑞安輪遭受攻擊時，船上除船長、大副、輪機長、二輪等 4 人爲歐洲籍外，其餘船員均爲華人。此外，瑞安輪雖也遵照〈防範海盜章程〉規定，在船上部署了 6 名印度武裝警衛，但依然無法仍阻止海盜的突襲，造成 2 名武裝警衛死亡，船長及多人受傷的慘狀，瑞安輪則被劫往廣東大亞灣水域，海盜隨後則由附近的舢舨船接應登岸。瑞安輪劫案後，香港總督任命一個委員會專門調查事件責任，並對〈防範海盜章程〉相關規定進行檢討。

瑞安輪劫案調查委員會(*Suian* Piracy Commission)主要由香港政府各級官員與一名船商代表組成，官員部份有香港庫政司、港務長(Harbour Master)、海事監督(Marine Superintendent)、駐港海軍准將(Commodore, Royal Navy)、法官(Magistrate)等，船商代表則是由德忌利輪船公司(Douglas

---

[9] "Letter from The Hong Kong General Chamber of Commerce to the Colonial Secretary," August 18, 1914, *SP 1914*, No. 16, pp.53-55.

[10] "Memorandum respecting Piracy Suppression received from Sir Miles Lampson," dispatch No. 1030, September 21, 1927, CAB/24/202: 0024.

Steamship Co.)經理擔任，一共六人。[11]

（一）瑞安輪劫案調查委員會報告

1923 年 1 月，調查委員會正式提出的調查報告，認為瑞安輪劫案與未切實遵守〈防範海盜章程〉有密切關係：

> 我們認為假如〈防範海盜章程〉能切實履行，將會發揮一定作用，縱使無法阻止海盜發起攻擊，但卻有足夠的時間來堅守艦橋，讓突襲行動失效，也將有機會反擊海盜，並送出求救信號……。

因為瑞安輪並未依〈防範海盜章程〉（第 53 條）將乘客與行李隔離，以致海盜能在航行中取出藏在行李中的武器，同時又未在艦橋、輪機室出入口處確實上鎖（〈防範海盜章程〉52 條），故海盜發動突襲後，能夠輕而易舉攻佔船隻重要區域。而且除了武裝警衛之外，〈防範海盜章程〉（第 34 條）亦規定其他船員幹部應隨身配備武器，但瑞安輪船長、船員顯然並未嚴格遵守，是以無法在第一時間抵禦海盜的攻擊。因此，調查委員會認為應強化對於輪船重要區域（艦橋、輪機室）的保護，以及灌輸船長、船員須承擔保護輪船安全、抵禦海盜攻擊的重責大任。

不過，更重要的是，調查委員會清楚看出〈防範海盜章程〉的侷限性，亦即不應將防範海盜的責任全丟給商船，而應該在香港與廣東、澳門間海盜肆虐的危險水域，建立一套「巡邏系統」，如果可能的話，巡邏船艦均應使用無線電來聯繫。而且澳門與廣東地方當局也應該比照香港，在港口嚴格搜查乘客的行李。

> 要因應海盜問題，輪船上的安排固然重要，但船隻以外的措施也是同等重要。假如能夠由海軍部或殖民部設計一套巡邏方案，與葡萄牙（澳門）與中國（廣東）巡邏隊合作，將會有非常正面的作用。假如可能的話，這些巡邏行動應以無線電聯繫，巡邏船隻航速應該

---

[11] "SS *Sui An*," cited from "The Guilds' Attitude: Piracy- Regulations- Results," 12 March 1924, CO129/487.

> 高於內河輪船,且預先擬好海盜因應方案。我們也建議澳門與中國
> 地方當局,應在各港口對離、入境乘客,執行與香港同樣嚴格的行
> 李搜查行動。

換言之,要防範海盜襲擊,僅靠強化商船本身武裝力量是不夠的,而必須
藉由香港、澳門、廣東三方之間的密切合作,一方面在港口碼頭嚴格執行
安檢,搜查乘客行李,避免海盜偽裝一般乘客登船,二方面建立武裝艦艇
巡邏網絡,並配備無線電,一旦發生海盜襲擊事件,則可立即馳援。再
者,該委員會並建議撤廢現行〈防範海盜章程〉,因為不同船隻有不同的
設計結構,難以用同一套標準來規範,故最好由港務長針對每一艘船個別
召集會議,成員包括助理警察司、船商、船長等,設計一套適合這艘船隻
的防範海盜計畫。[12]

> 當初所通過的現行〈防範海盜章程〉僅是實驗性質。根據過去的經
> 驗,〈防範海盜章程〉只被部份遵守⋯⋯。與其增修章程,我們認為
> 最方便的作法莫如撤廢現有章程,另訂章程以代之。

簡言之,瑞安輪海盜事件調查委員會,雖然肯定〈防範海盜章程〉有其一
定的作用,但卻不足以處理實際的海盜問題,因此與其對〈防範海盜章
程〉修修補補,倒不如另訂更為有效的新法來因應之。

(二)瑞安輪劫案後香港政府的調整措施及相關爭議

瑞安輪劫案調查報告提出之後,香港、上海等地外文報紙亦紛紛關注
並報導海盜相關問題。而在輿論的壓力之下,香港政府亦開始籌思〈防範
海盜章程〉的改進之道。[13]在草擬的〈防範海盜章程〉調整方向上,香港
政府刻意凸顯船長與船員未來在防範海盜任務上的絕對關鍵性作用。

首先,必須強化船員幹部勇於抵抗海盜的意志,因此擬在〈防範海盜
章程〉中,增添規定船長與船員必須「竭盡全力」("to the utmost")抵禦海盜

---

[12] "Report of the 'Sui An' Piracy Commission," 26 January 1923, *SP 1923*, No. 2, pp.5-16.

[13] "The Guilds' Attitude: Piracy- Regulations- Results," 12 March 1924, CO129/487.

的攻擊，而且此項規定屬於「強制性職責」("imperative obligation")，船長與船員們「並無選擇要抵抗或不抵抗的決斷之權」。

其次，是規定香港總督有權力否決航行在危險水域的英船（或是向英國註冊的外國船隻）船長之任命或雇用令。凡是從香港來往澳門，以及珠江或西江流域各港口的英國船隻，其船長的任命或雇用，「香港總督有絕對的處理權力予以否決」("the Governor in Council who shall in his absolute discretion have the power to refuse...")。換言之，只要香港總督認爲某些英船船長未能恪遵相關防盜規定時，有權力拔除其船長之職。

第三，是強化香港總督對於船員幹部的懲戒之權，如果「香港總督認爲某位特定船員不適任」，船商即不應聘僱其人，即或已經聘僱，也應立即終止其船員之職。

第四，則是著重船長的職權，必須完全掌握船上的一切事務，任何時候均需考慮各種情況，尤其在抵抗海盜攻擊行動之時，不得受其他人員，例如船主、船務代理人、船務委託人、買辦、領航員等人的干涉與介入。

第五，是規定英商船長當就近獲悉其他船隻遭遇海盜劫難事件時，有職責必須盡其一切所能協助抵抗海盜攻擊，例如儘速前往馳援、陪伴遭劫船隻、阻止海盜逃出、防止其他海盜船隻靠近、參與救援工作、協助向外求援等。[14]

由上述〈防範海盜章程〉調整重點，可以清楚理解香港政府企圖透過各種手段，進一步強化要求船長與船員在面臨海盜攻擊時的抵抗與援救行動：航程中船長必須掌握全局，注意可能的海盜徵兆；萬一發生攻擊事件，無論如何船長與船員們不允許棄械投降，而必須竭盡全力抵抗到底；當獲悉附近有船隻劫案發生時，船長也有職責必須要協助遭劫船隻；任何違背相關規定者，無論是船長或船員，香港總督將追究其責任，並免除其職務。

---

[14] "Draft Piracy Regulations," the Colonial Secretary, Hong Kong to the China Coast Officers' Guild & Maritime Engineers' Guild of China, 4 September 1923, cited from "The Guilds' Attitude: Piracy- Regulations- Results," 12 March 1924, CO129/487.

　　如果比較前述的瑞安輪劫案調查委員會報告，可以得知香港政府幾乎全著力在報告的前半部，亦即追究瑞安輪船長、船員未能恪遵〈防範海盜章程〉規定，沒有全力防範可能的海盜攻擊，乃是事件發生的主因。所以，爲了避免類似事件一再發生，必須嚴加強制規定船長與船員抵抗與防範海盜的職責。然而，對於調查報告後半部所建議的，亦即同時應全盤調整或撤廢現有〈防範海盜章程〉，以便重新檢視整體防範海盜架構及其配套措施，香港政府則顯然並未處理。換言之，香港政府似乎只聽取了瑞安輪劫案調查報告的事故檢討原因，卻未接受其建議的未來防制策略。

　　另外一方面，當香港政府輔政司(Colonial Secretary, Hong Kong)將〈防範海盜章程〉調整草案送給中國沿岸英商海員工會(The China Coast Officers' Guild)以及中國英商海事機工工會(The Marine Engineers' Guild of China)等兩大英商海事相關從業人員工會參考後，則引起強大的反彈聲浪。英商海員、海事機工等工會均認爲，無論是原有章程，還是香港政府擬議調整的新章程，其實都「不適當」，而且也沒有觸及外界所關注的重點。工會認爲，雖然輿論壓力導致香港政府採取一些措施來檢討防盜章程，但事實上，香港政府的立場卻是更致力於堅守 1914 年〈防範海盜章程〉的主要核心規定，但這些規定正是外界與瑞安輪調查委員會抨擊最力的部份。因此，兩大英商工會也在 1923 年 9 月 9 日召開聯席會議，商討如何處理因應之策。[15]

　　在 9 月 12 日給輔政司的回信中，兩工會明確表示對於〈防範海盜章程〉調整草案內容「非常不以爲然」("great disapprobation")，並嚴辭譴責此類調整乃是「不公正、不切實際，也因此對於其（防盜）目的來說，是毫無作用的」。工會同時也陳訴香港政府在草擬調整內容時，完全未諮詢海事相關從業人員的意見，故其調整要旨與先前大家所建議的內容完全不相同。工會代表並逐一駁斥調整草案的不合理之處：

　　首先，草案要求船長與船員面對海盜攻擊時，必須「竭盡全力」抵

---

[15] "The Guilds' Attitude: Piracy- Regulations- Results," 12 March 1924, CO129/487.

抗，但工會卻認為制訂此規定的官員並不瞭解英籍船長、船員在珠江、甚至整個中國沿岸水域服勤時所面臨的特別情況。基本上，廣東海盜的犯案模式與歐洲相當不一樣，多半是屬於內部海盜模式。亦即海盜偽裝乘客登船，在發動攻擊之前，與一般普通平靜的乘客無異故，從外觀上不易判別其海盜身份。加上廣東海盜犯罪手法細膩，有時還會與部份華籍船務工作人員勾結，更增加防範的難度。因此當這些海盜真正發動攻擊時，匆促之間英籍船長與船員們不太可能有效抵抗。特別是一艘英國商船上真正的英籍船員人數，大約不過 3-5 人，如何能夠與有內應的海盜幫眾抗衡，遑論要「竭盡全力」。所以，工會代表認為調整草案中，強調要船長與船員「竭盡全力」抵抗，且是「強制性職責，並無選擇要抵抗或不抵抗的決斷之權」的規定，根本就是謬論，實在荒謬之極。況且如果剝奪了英籍船長與船員的「決斷之權」，又如何奢望他們能夠領導對抗海盜？

　　其次，關於香港總督有權將不適任船員免職的規定，工會則反駁道任何一個英籍船員的合格證書，都是由英國政府貿易委員會(Board of Trade)審定發出，所以除了貿易委員會之外，不應以其他方式禁止船員從事船務工作。況且，在一戰期間，英國政府曾授與英籍船員幹部一項特殊的地位，亦即其在海軍中的位階比序，僅次於軍官，而高於士兵。然而香港政府給予英籍船員幹部的尊重，卻遠少於海軍士兵。所以，工會認為香港政府對於英籍船員幹部的態度十分荒謬，所以要求政府對於在中國沿岸水域服勤的英籍船員幹部應有「公正的對待」("fair treatment")。

　　再者，關於香港政府要求船長必須肩起指揮全船的重責大任等規定，工會認為此項規定與香港政府的其他規定是互相矛盾的。因為香港政府一方面剝奪船長在面臨海盜時的「決斷之權」，要求他們除了遵守〈防範海盜章程〉外不得自行決斷，但卻又要求船長必須指揮全船、肩負全責。然而，一位沒有「決斷之權」的船長，又如何能夠領導指揮全船？工會以為船員幹部均樂於協助致力於防範海盜，可是卻不願意去接受那些「對於現行海事商船專業職責並不熟悉之人所制訂的命令或是批評」。

　　最後，工會總結地表示，在海上旅途之中，本來即須面對海盜、火災

與船難等可能的風險，也因此才需要投保以防不測。但是在中國沿岸水域
服勤的英籍船員卻無法理解，爲什麼他們必須去承擔〈防範海盜章程〉規
定的責任，但這些責任卻是由那些從來不需要去面對海盜風險之人所制訂
的。[16]

　　由上述香港政府與海事相關從業工會的往來信件中，可以清楚發現香
港政府企圖將所有防盜責任放在船長與船員身上，同時爲了確保其履行責
任，並擬另外以立法方式，嚴格約束船長與船員在面臨海盜的處置方式：
只能「竭盡全力」的抵抗，不得自行放棄，有違者將受到香港政府的嚴厲
處置。然而，這樣的規定卻引起海事相關從業工會的不滿，強烈抨擊香港
政府主其事的官員並不熟悉實際情況，卻妄加諸多不合理、不公正的規定
來強制要求船長與船員；況且此類規定，在某種程度上，甚至還有越權之
嫌，因爲香港政府已逾越或凌駕了貿易委員會應有的職權。所以不難理解
的，香港政府所擬議的各項規定，因關係到英籍船長、船員的人身安全與
個人利益甚巨，勢必造成海事相關從業工會的強烈反彈情趣，而工會爲了
反制政府舉措，也被迫採取一系列的行動來試圖改變決策，官民之間的對
立也將持續下去。

三、海事相關從業工會請願爭議

　　1923 年 10 月香港附近水域又發生一件重大的海盜劫掠輪船事件：英
船新寧輪劫案(SS *Sanning* Piracy)。依據英國駐港海軍的報告，新寧號於
1923 年 10 月搭載約 300 名的中國乘客從香港出發準備前往廣東江門，但
出發後兩個小時，在香港附近水域，突然遭到爲數約 60 名挾帶武器、僞
裝乘客的海盜劫持，英籍船長與大副身受重傷。海盜將新寧號上財物搶奪
一空後，將輪船駛至至大亞灣附近登岸逃逸。此案發生後，在香港華人商

---

[16] "T.T. Laurenson, Assistant Secretary, China Coast Officers Guild & W.J. Stokes, Branch
Secretary, Hong Kong, Maritime Engineers Guild of China to the Colonial Secretary, Hong
Kong," 12 September 1923,CO129/484.

界引起極大的不滿，呼籲英國海軍當局應該加強保護往來香港廣東地區的
商輪航班。[17]兩個月之後，1923 年 12 月至 1924 年初，香港附近又陸續發
生三起海盜劫掠事件，分別是康國輪劫案(SS *Kango* Piracy，華輪)、繡球花
輪劫案(SS *Hydrange* Piracy，英輪)以及大利輪劫案事件(SS *Tai lee* Piracy，懸
掛英旗的華輪)。其中大利輪劫案最為嚴重，不但英籍船長與 1 名印度警衛
遭到殺害，許多乘客亦遭擄走。[18]不到半年間，密集發生四起重大海盜劫
持事件，引起香港社會極大的震撼，對於現行海盜防制規定的檢討聲浪也
漸趨高漲。特別是英商中國沿岸海員、海事機工等工會即認為「短時間內
密集的英輪劫案，更加印證了香港政府持續的漠視」，因此工會不得不再
度提出海盜問題的嚴重性，並要求香港當局正視此問題。[19]

（一）英商海事相關從業人員工會請願行動

香港附近水域日益猖獗的海盜問題，逐漸引起香港社會內部的不滿與
討論，尤其是船商與海事相關從業人員，他們往往必須直接面對海盜的攻

---

[17] "Extract from A Report by the Commander In Chief, China Station (November 30th 1923)," Admiralty to Foreign Office, February 14, 1924, FO371/10243. 新寧輪隸屬於 Shiu Kee SS Company，在香港註冊船籍，船長、大副、輪機長均為英人。新寧輪劫案經過，詳見 "SS *Sanning*," cited from "The Guilds' Attitude: Piracy- Regulations- Results," 12 March 1924, CO129/487.

[18] "China Station General Letter No 8," from Commander in Chief, China Station, Hong Kong, to the Secretary of the Admiralty, London, January 23, 1924, FO371/10243. 繡球花輪原先為英國海軍「花級掃雷護衛艦」(Flower- class Mine-Sweeping Sloop)，除役後改裝為商用輪船，隸屬於香港久安輪船公司(Chiu On Steamship Company)。繡球花輪是 1923 年 12 月 27 日從香港前往汕頭途中，遭到偽裝乘客的海盜襲擊，雖無人員傷亡，但該輪後來仍被搶掠一空，並被劫往大亞灣水域，海盜在該處與接應的舢舨船與駁船會合，將贓物運上岸。大利輪隸屬於香港和益輪船公司，平常航行於香港與江門之間，大利輪劫案則發生於 1924 年 1 月 21 日，可能是部份船上水手與海盜勾結共同犯案。見 繡球花輪劫案與大利輪劫案詳細經過，可以參見"SS *Hydrange*" & "SS *Hydrange*," cited from "The Guilds' Attitude: Piracy- Regulations- Results," 12 March 1924, CO129/487.

[19] "The Guilds' Attitude: Piracy- Regulations- Results," 12 March 1924, CO129/487.

擊，遭受生命財產損失的嚴重威脅。因此，他們一方面固然尋求自保之道，即透過部署武裝汽艇或是組織船團的方式來防範海盜的攻擊，[20]但另外一方面自 1924 年上半年起，則開始採取一系列行動，試圖影響香港政府的海盜因應對策，希望政府、海軍能在防制海盜問題上，承擔更重的責任、扮演更積極主動的角色。

1924 年 2 月 3 日，中國水域附近海事相關從業人員的兩大英商工會：中國沿岸英商海員工會與中國英商海事機工工會召開聯席會議，全面檢討現行防盜措施的弊病，會後並將 9 項決議送交香港輔政司，要求轉呈總督，並限期答覆：

一、香港水域以外的海輪與江輪安全問題不應由香港警察部門負責，而應將警力集中在碼頭上預防非法人員偽裝乘客登船，以及查緝軍火；

二、撤除依照〈防範海盜章程〉而部署在輪船上的武器與警衛，改依《商船法》（*Merchant Shipping Acts*），將輪船指揮權回歸船長；

三、立刻在危險水域建立巡邏系統；

四、所有適用〈防範海盜章程〉的輪船應裝置無線電設施；

五、給予危險水域的航海從業人員保險給付，所需保費則從原先部署武裝警衛的費用挪用；

六、成立海盜事件調查法庭：每當發生海盜事件後即須進行調查，法庭由港務長擔任主席，成員須包括現任商務、海事以及海軍官員；

七、建立獎勵制度之一：凡提供海盜情資，進而逮捕海盜嫌疑犯者，給予獎勵；

八、建立獎勵制度之二：凡查獲走私軍火者，給予獎勵；

九、上述決議將立即送交香港輔政司，以便香港總督府能夠慎重考慮，並要求限期答覆。[21]

---

[20] "Letter of Proceedings, May, 1924," by Commander and Senior Naval Officer, West River, 4 June 1924, FO371/10243.

[21] "Regulations," from a Combined Meeting of the China Coast Officers' Guild & the Marine Engineers Guild of China to the Colonial Secretary, Hong Kong, 4 February 1924, cited from

在陳情信中，海員、機工兩工會並逐一詳述上述 9 項決議的主要理由：

第一點，就香港警察職權而言，工會認為香港警察當局的管轄範圍應該著重在香港領地之內，警察越權去管理領地外的海上事務，只會讓海軍覺得綁手綁腳，不易介入。而海上事務如果陷入警察與海軍的雙重領導，只會使得防盜事務更無效率。因此，香港警察當局應該將防盜重心放在領地內的港口碼頭上。

第二點，就隨船配屬的武器而言，工會認為海盜為了遂行其劫船目的，其計畫必然是先控制船隻，其次則是搜刮船上所的武器，以強化其武裝力量。所以對輪船而言，船上放置武器，有時非但可能無法禦敵，反倒構成新的危險來源，因為海盜相當覬覦船上的武器。其次，以隨船部署的印度警衛來說，他們既非水手，亦非真正的警察，如果沒有歐籍指揮官的領導統率下，他們幾乎沒有足夠的能力應付突發狀況。而且當真正遭遇海盜襲擊時，這些印度警衛也毫無主動反擊的能力，相反地，他們若不是被海盜開槍擊中，就是乖乖投降交出武器。很明顯的，印度武裝警衛的存在，對於船長而言，恐怕並非助力而是一種阻礙。尤有要者，根據〈防範海盜章程〉所規劃的反盜架構，印度武裝警衛歸香港警察當局統率，間接造成他們眼中只知有警察當局，而不願服從船長的領導。即使船長事後將印度警衛執勤時諸般惡名昭彰的劣蹟，例如偷懶睡覺、酒醉、不服命令等報告給香港警察當局，卻也僅是換來非常輕微的罰款，所以毫無矯正作用。最後，行徑惡劣的印度警衛，依然可以回到同一艘船隻，繼續執行其勤務，長此以往下來，印度警衛也就愈發地肆無忌憚，更加惡行惡狀。例如即曾發生過一次極其駭人聽聞的印度警衛殺人事件：佛山輪(SS *Fatshan*)的大副曾向香港武裝警衛指揮官投訴一位印度警衛的惡行，但卻反遭該印度警衛的報復，趁大副在艦橋上執勤時從背後將其槍殺，然後逃逸無蹤。[22]

Report of an Inter-Departmental Conference on Piracy in Waters Adjacent to the Colony of Hong Kong," January 1925, FO371/10932、CO129/487.

[22] 根據香港警察司的調查報告，佛山輪印度警衛殺害大副事件發生於 1922 年 9 月 13 日，

第三點，就海軍巡邏體系而言，工會認為只有配備無線電設備的武裝艦艇所架構的海軍巡邏體系，方能真正有效地巡弋水域，防範海盜案件的發生。工會也堅信防範海盜的責任理應由海軍承擔，因為只有海軍才有足夠的設備與條件壓制海盜。

第四點，就安裝無線電設備而言，雖然初期所費成本甚高，但工會認為仍應該強制規定船隻安裝，如此方能確保生命財產的安全以及防範海盜得逞。事實上，強制安裝無線電設備所帶來的效益，很明顯地遠遠高過安裝初期的成本開支。

第五點，就船員保險制度來說，工會認為現行船商給付印度武裝警衛的薪水，應該轉移作更為合適的用途，亦即調整用來支付在危險水域執勤的歐籍船員幹部人身保險的費用。依照規定，一般小型商船須雇用 4 名印度武裝警衛，其開支每年約 1200 銀元，這筆經費足以含括這艘輪商上所有船員的人身保險費用。英船上的歐籍船員不但要負責使船隻運作無礙，還必須承擔〈防範海盜章程〉規定的所有防盜責任。所以，理應給予他們適當的撫卹與保險保護。

第六點，就海盜案件調查來說，自 1922 年 11 月的瑞安輪劫案後，香港當局即未再針對海盜案件進行調查，這讓海事相關從業人員感到極度的不安全感。而近來香港主政官員又試圖要強化〈防範海盜章程〉諸項規定，以便讓船員幹部承擔更多的責任。工會認為這是極度不合理的，因為許多主政官員其實並未真正從事過海上事業，但卻制訂如此嚴苛的規定，

大副史波福(Thomas Spoffard)在上艙房(upper deck)執勤時慘遭印度警衛新格(Khair Singh)的殺害。事發當時造成相當大的騷動，船長一度懷疑是船全印度警衛的集體叛亂行動，故不敢調動上艙房其餘警衛制止暴行。所幸當時有一名英國海軍軍官在場，他立刻前往下艙房調動其他警衛控制場面。經過調查，香港警方認定除新格外，其餘印度警衛並未參與謀殺事件，但由於事發時同樣在上艙房的另外兩名印度警衛未能主動及時制止暴行，故已遭撤除隨船警衛職務，並調回岸上。同時，香港警方也應佛山輪船長之請，將其餘印度警衛全數替換。關於此事件，可以參見香港警察司胡樂甫(E. D. C. Wolfe)的報告，見"E.D. Wolfe, Captain Superintendent of Police, Hong Kong to the Secretary, the China Coast Officers' Guild, Hong Kong," 16 May 1923, Co129/484.

要求海事從業人員冒著生命危險來執行防盜任務。

第七點，就提供海盜情資的獎勵制度而言，工會認爲此舉可以事先探知各類型犯罪活動，對於預防海盜事件的發生更是有重要作用。

第八點，就船員緝獲走私軍火獎勵制度而言，過去船員在執行乘客搜查時，多半敷衍了事，以致於海盜往往能夠假扮乘客順利挾帶武器登船。如果建立適當的獎勵制度，將可以構成誘因，使搜查人員更積極執行任務，從而讓搜查制度更爲嚴密。

第九點，關於希望香港政府限期答覆的要求來說，過去工會給香港輔政司的陳情信函並未獲得正面回應，所以工會此次要求香港政府必須給予詳細的答覆。[23]

（二）英商海事相關從業人員工會的後續抗議與請願行動

由於未能獲得香港政府的正面回應，[24]工會代表認爲防盜章程調整一事相當緊急刻不容緩，於是乃要求直接面見輔政司施勳(Claud Severn, Colonial Secretary)，希望政府與工會雙方能當面商談防盜之事。在獲得同意後，1924 年 2 月 13 日，工會代表等人乃拜訪施勳，晤談中，警察司胡樂甫(E.D. Wolfe, Captain Superintendent of Police)稍後也到場參與討論。官民雙方針對撤除印度武裝警衛以及提供護航體系兩事進行初步的討論。施勳首先向工會代表解釋香港政府未能及時處理此問題的原因，繼之則要求工會

---

[23] "T.T. Laurenson, Assistant Secretary, China Coast Officers Guild & W.J. Stokes, Branch Secretary, Hong Kong, Maritime Engineers Guild of China to the Colonial Secretary, Hong Kong," 4 February 1924, CO129/484.

[24] 香港助理輔政司法禮著(A.G.M. Fletcher, Assistant Colonial Secretary)在 1924 年 2 月 11 日回信答覆兩工會的請願事宜，信中僅表示香港政府正在慎重考慮工會於 1923 年 9 月 12 日以及 1924 年 2 月 4 日的請願內容，但香港政府不可能在工會要求的期限（2 月 17 日召開會議）前，給予詳細的回覆。見 "A.G.M. Fletcher, Colonial Secretary, Hong Kong to the China Coast Officers' Guild & the Marine Engineers' Guild of China," 11 February 1924, CO129/487.

代表說明必須撤除印度武裝警衛的理由。工會代表則重申前述請願信的主要訴求，一方面強調印度武裝警衛頻頻失職，但船長卻無約束管理之權，二方面則凸顯印度武裝警衛無力對抗海盜的實際情況。施勳雖然坦承印度武裝警衛有些問題，但卻未針對是否撤除一事作明確答覆。至於設立護航體系一事，警察司胡樂甫則說明此事已獲香港總督同意，且與駐港海軍准將商談初步的合作內容。至於護航體系的細節問題，則待工會代表與胡樂甫另行晤談磋商。[25]由上述晤談內容，可知香港政府方面顯然並未接受英商海員、海事機工兩工會的諸多請願訴求，除未曾允諾撤除印度武裝警衛之外，工會原先要求的海軍巡邏體系，也被代替為海軍護航體系。在商言商，就航運業來說，海軍巡邏體系能有效嚇阻海盜活動，且不會影響到既有的常規輪船航班，所以是最佳首選。護航體系雖然也能夠有效防範海盜案件發生，但卻會對一般航運貿易有非常顯著的負面影響，故並非較好的替代方案。因為一旦實行護航體系，商船航班的自由度必將大受影響，必須配合海軍提供的護航班次時間，所以屆時無論商船航班、航速均將受到限制，對於商務貿易的發展亦然會有嚴重阻礙。再者，在晤談中，香港政府對於兩工會所提的其他重要訴求，亦均未有正面回應。

　　英商海員、機工等工會在 2 月 17 日又召開聯席會議，商議與輔政司、警察司兩司長的會談結果以及香港政府規劃的海軍護航體系等。會中決議兩事：其一是工會認同由海軍當局出面來負責執行護航體系；其二是工會仍堅持依照〈防範海盜章程〉部署的隨船印度武裝警衛乃是毫無必要的，故應該立即撤除。隔日(18 日)，兩工會將兩項決議事項送交給香港輔政司施勳。[26]

---

[25] 香港輔政司施勳並表示因為防盜章程將大幅調整，所以必須考量各方利益再做定奪；加上香港總督司徒拔目前不在香港，施勳本人需代理港督業務，事情繁重，故防盜章程問題目前由助理輔政司負責，並將待港督司徒拔回港後再做考量。見 "A Interview with Hon. Col. Sec.," 13 February 1924, CO129/487.

[26] "Re Piracy," the China Coast Officers' Guild & Maritime Engineers' Guild of China to the Colonial Secretary, Hong Kong," 18 February 1924,CO129/487.

　　3 月初，香港政府正式公布略微調整的新〈防範海盜章程〉，其核心架構基本上仍然依循舊有章程，顯然並未正面回應工會 2 月所提的諸多陳情事項，特別是對於工會反彈最力的幾個部份，香港政府均未做大幅調整。因此，英商海員、機工兩工會感到相當的「不滿」，準備採取反制行動，並擬將這段時間「工會與香港政府之間的往來通信公諸於世」，訴諸公評。[27]

　　職是之故，1924 年 3 月 13 日，英商海員、機工等工會向香港輔政司施勳遞交抗議信。在陳情信中，工會重申反對香港警察當局越權介入海事工作，因海上安全應該是海軍責任，也只有海軍才有能力處理香港殖民地以外水域的海盜問題。其次，爲了尋求解決海事相關從業人員所承受的痛苦，工會現已將展開抗議行動。[28]

　　在 3 月下旬的另外一封信件中，工會代表又聲明船員們本身即會致力於防制海盜任務，不應遭到擾人的〈防範海盜章程〉羈絆，更不該受到印度警衛的阻礙。例如在新寧輪劫案中，雖然船長與大副均身受重傷，但仍竭盡全力抵抗海盜，反觀船上的印度武裝警衛則絲毫未有積極作爲。因此，撤去毫無作用的印度武裝警衛後，船隻並非呈現不設防的狀態，船員們仍會以自己的方式強化自我防衛力量，以搭配海軍提供的巡邏、護航保護。此外，工會也進一步解釋之所以要建立海軍巡邏體系，並非宣稱巡邏體系可以防範偽裝乘客的海盜內部攻擊模式，而是當攻擊事件發生後，海軍巡邏與護衛武力可以在第一時間出現救援，藉此對海盜產生嚇阻作用。再者，工會又一再反覆強調香港警察與英國海軍的權責範圍應嚴格區分，

---

[27] 在英商海員、機工香港分部給上海總部的電報中，雖然表現出對香港政府的不滿，但強調現階段反制措施依然還是和平手段爲主，「除非和平手段用盡，否則將不會採取激烈行動」。見 "Cable from Hong Kong Offices to Shanghai Head Offices of the China Coast Officers' Guild & the Marine Engineers' Guild of China," March 1924, cited from "The Guilds' Attitude: Piracy- Regulations- Results," 12 March 1924, CO129/487.

[28] "T.T. Laurenson, Assistant Secretary, China Coast Officers Guild & Maritime Engineers Guild of China to the Colonial Secretary, Hong Kong," 13 March 1924, CO129/484.

香港警察不應越俎代庖，只需管好殖民地轄下水域內的治安問題，至於領海之外的水域，則應該完全交由海軍負責。至於船員的保險問題，工會認為「船員們冒著死亡、受傷以及被綁架的危險，致力於保護他人的生命財產」，理應針對海盜攻擊事件，給予船員們適當的保險理賠。[29]

在 1924 年 3 月 17 日，英商中國海事機工工會上海總部(head office, Shanghai)，更直接發出一封措辭非常強硬的陳情信給英國殖民部部長湯瑪斯(J. H. Thomas, Secretary of State for Colonics)，信中強調歐洲在華報紙與公眾輿論均強烈譴責「香港政府的懶散」("supineness of the Hong Kong Government")，並痛斥香港政府「採取不切實際的措施來處理（中國）日益嚴重的社會失序問題」，以致於海盜等問題嚴重危及到外人在華的生命財產安全。

> 現在的情況即是如此，香港政府的立法機制已經弄出了某些東西：這些放在公報上的防範海盜規定，雖然表面上有重要且完備的立法旨趣，但卻是朝令夕改，不過僅是在原有的章程基礎上，再憑添許多不重要的字眼。而現實層面上的重要改變，則是這章程比過去更加厭惡那些承擔責任的人（案：即船長、船員等），也蔑視他們所提供的建議。

工會進一步痛陳香港政府在規劃防盜架構上的諸多謬誤之處。海事從業人員冒著海盜洗劫風險，辛苦維持香港殖民地的食物供給與交通運輸，但他們的意見與看法幾乎從來不為香港政府所重視。究其實際，海事從業人員才是真正有專業訓練與經驗之人，最清楚海盜活動的惡劣本質。然而當香港政府在討論與重新強化〈防範海盜章程〉所架構的防盜體系時，僅僅參考「陸地人」("landsmen")的看法，如「股票交易員、商人、陸軍軍官、警官、銀行家等」，卻絲毫不諮詢「海商人員」("Mercantile Marine Officers")的意見，同時也本末倒置地將處理海盜事務的重任，全權託付給警察司負責，而警察司其實對於海上防盜事務根本是門外漢。由非專業的警察當

---

[29] "T.T. Laurenson, Assistant Secretary, China Coast Officers Guild & Maritime Engineers Guild of China to the Colonial Secretary, Hong Kong," 25 March 1924,CO129/484.

局，來管理專業的海事從業人員，不但謬誤至極，也將引起強烈的反彈情緒。更為嚴重的是，這些非專業人士所規劃出來的防盜體系，既不切實際，又毫無作用，早經證明應該要予以廢除。例如關於強制設置隨船武裝警衛的規定，一來侵害到船長的統率威信，二來武裝警衛本身即不適合執行海上防盜任務。受到〈防範海盜章程〉防盜架構的影響，武裝警衛往往只接受警察當局的命令，卻不願意甚至排斥服從船長的領導。況且這些武裝警衛多半是印度裔，英文不佳，語言溝通上有很大的問題，往往無法精準掌握船長與船員幹部所下的指示。加上這些警衛雖然曾經受過部份軍事訓練，但是並未受過正規海事訓練，對於海上活動一竅不通，故一旦發生緊急狀況，他們只會成為船長與船員幹部的負擔，而非助力。基於以上的諸多劣政，可以證明現行由香港政府所規劃的防盜架構問題重重，而正本清源之計，工會認為一則應尊重並諮詢海事從業人員的專業意見，二則必須將海上防盜業務重新交由真正的專家：英國海軍負責。因為「在英國海軍光榮的傳統裡，保護海上的英國貿易與英人安全，正是英國海軍無可讓渡的特權，也是其至高無上職責」，但是這項職責與特權現在卻被香港殖民政府的警察部門所控制，從而使得英國海軍無法適當地發揮其應有能力。[30]

尤有要者，在上述給殖民部部長的陳情信中，還附上一份由英商中國沿岸海員、機工工會上海總部所整理的文件彙編與經過回顧，鉅細靡遺地將自 1922 年 11 月瑞安輪劫案以來，香港政府處理廣東海盜問題的政策形成經過，諸如瑞安輪劫案調查報告、香港政府擬議的新防盜章程草案、近年來重大海盜劫案過程，以及香港政府輔政司、警察司與工會之間多次針對防盜章程規劃的往來通信、電文、晤談過程等，均一一按照時序排列。工

---

[30] 該陳情信署名的時間是 1924 年 3 月 17 日，不過殖民部的收文的日期則是 1924 年 4 月 25 日。此外，英商中國海事機工工會同時也將陳情信件寄給了英國政府外交部，以及位於倫敦的「海事機工協會」、「帝國商船服務工會」等工會組織。見"Head Office of the Marine Engineers' Guild of China, Shanghai to J.H. Thomas, Secretary of State for Colonies, London," 17 March 1924, CO129/486.

會似刻意藉此讓殖民部完全瞭解此問題的來龍去脈，冀望英國政府能夠適時介入干涉香港政府的防盜決策。其實，這就是前述英商海員、機工兩工會計畫採取的反制行動之一，亦即將「工會與香港政府之間的往來通信公諸於世」，形成香港政府的壓力。其次，在此份文件中，工會亦間接向英國政府暗示工會可能的後續抗爭行動，亦即如果政府再不重視海事相關從業工會的訴求，工會將被迫採取行動，可能以癱瘓香港與廣東之間的珠江流域貿易為手段。工會坦承一旦癱瘓貿易，勢將導致航運運輸中斷，也會引起極大的公眾反彈，但對於船員、機工來說，也是損人不利己的行為，除了收入減少外，也可能面臨政府的罰款懲處。然而，「如果他們不採取如此極端的作為，又如何能夠使人正視他們的立場呢？」再者，工會亦認為，海盜猖獗所造成的諸多問題，並非僅是海事相關從業人員自己之事，舉凡乘客大眾、船公司、商人等也與此類問題利害相關。可是香港政府卻只是一味要求海事相關從業人員必須獨自擔負起防盜責任，竭盡全力抵抗海盜，以確保其他人的生命財產安全。防盜問題茲事體大，所有相關利益者與團體均不該默不吭聲，而應出面發言，並承擔應有的責任。最後，工會重申 1924 年 2 月 4 日給香港輔政司陳情信中的各點決議事項，乃是海事專業人員長期經驗累積所提供的建言，相信唯有採納這些建議，才能有效防範海盜，確保相關人員的安全。[31]

　　1924 年 4 月，海員、機工工會又再度向香港輔政司施勳遞交陳情信函，信中一再強調從 1914 年至 1924 年這十年間在〈防範海盜章程〉的架構下，香港警察規劃了整套海上防盜架構，但在第一線的海事人員眼中，

---

[31] 此外，在文件彙編中，工會還是不忘繼續痛批香港政府在防盜事務的諸多劣跡與官僚心態。一來香港政府宣稱要討論新的防盜架構，事實上卻是換湯不換藥，只會抄襲舊有章程，但偽裝成新的；二來香港政府所制訂出的防盜章程，非但無助於防盜任務，反倒讓海事從業人員身處險境，陷於章程規範與海盜威脅的雙重夾殺之中；三來對於冒著生命危險與海盜搏鬥的海事人員所提供的專業建議，香港政府往往嗤之以鼻、棄之不顧，但卻任由「不專業的部門主管（規劃出）不合時宜行動」，並只會尋求商會的建議，以支持其行動。見 "The Guilds' Attitude: Piracy- Regulations- Results," 12 March 1924, CO129/487.

這「完全是錯誤的」（"wholly and entirely wrong"），也嚴重侵害到海軍與商船海事從業人員的職權。根據〈防範海盜章程〉，香港警察涉入到香港殖民地領海以外的海上安全事務，很明顯地已抵觸了《商船法》等相關規定，畢竟船長乃是依據《商船法》，執行其應有的職權，但香港警察的諸項措施卻違法侵害船長的法定職權。特別是印度武裝警衛的薪資雖然全由船商負擔，但並非直接由船長給予，而是船商先將應負擔的薪資統一交給香港警察當局，再由警察當局個別發放給印度警衛。對於亞洲人來說，此舉會造成一個錯誤印象，亦即印度警衛的老闆是香港警察而非船商。這自然會傷害船長對於印度警衛的統率威信：因為印度警衛薪資雖由船商支付，但平素均由香港警察負責組訓、調派、發薪、懲戒等，一旦船隻出海遠離港口之時，船長可能無法完全指揮調動印度警衛。其次，關於海軍巡邏護航體系，工會理解因現有海軍艦艇數量不足，故主張目前可暫時先租用汽艇，成立武裝汽艇編隊，但就長遠來看，仍應進一步強化英國西江分遣艦隊的實力，並從英國調撥合適的艦船來充實艦隊。至於撤廢無用的印度警衛方面，工會已準備整理歷年來印度警衛的失職情況以為佐證，但事實上在 1923 年香港警察司胡樂甫所作的佛山輪印度警衛謀殺大副事件的調查報告中，即已清楚表明「必須記得的是，這些人不過只是警衛而已，並非訓練有素的警察」。換言之，連香港警方也坦承印度武裝警衛未經嚴格訓練。最後，工會再度呼籲香港政府應正視工會所提的諸項建議，並希望能召開相關會議，邀請工會代表與會充分表達意見，並共同會商防盜規定。[32]

簡言之，從上述九項決議以及在 1924 年 2 月至 4 月間的後續抗議與陳情內容中，我們可以確切掌握英商海事相關從業工會的重要訴求以及論點，其中最為關鍵的莫過於區分英國海軍與香港警察的權責範圍、解決

---

[32] "T.T. Laurenson, Assistant Secretary, China Coast Officers Guild & Maritime Engineers Guild of China to the Colonial Secretary, Hong Kong," 22 April 1924,CO129/484.至於信中所稱的香港警方報告，見"E.D. Wolfe, Captain Superintendent of Police, Hong Kong to the Secretary, the China Coast Officers' Guild, Hong Kong," 16 May 1923, CO129/484.

〈防範海盜章程〉抵觸《商船法》問題、建立海軍巡邏護航體系及其他相關措施、撤廢印度武裝警衛、恢復商船船長的統率威信、制訂保險撫卹配套方案等。[33]

（三）其他英商工會、商會的串連行動

在中國沿岸英商海員工會、海事機工工會正式向香港政府提出要求的同時，其他英商工會也採取串連行動持續向政府施壓。例如「帝國商船服務工會」(Imperial Merchant Service Guild)即向英國政府與國會請願，要求正視近年來日益嚴重的中國附近水域海盜事件。在上述工會的運作下，國會議員伍德爵士(Sir Kingsley Wood)於 1924 年 3 月，兩度在下議院質詢殖民部部長(Secretary of State for the Colonies)，究竟殖民部與香港當局有無有效對策來預防海盜事件的一再發生，而「欠缺海盜預防措施，已經引起在華從事貿易活動的英國公民諸多不滿的評論」。伍德除了關切近來繡球花輪劫案與大利輪劫案兩件海盜事件的後續處理外，並建議殖民部，應該思考是否要求所有英商船隻必須裝設無線電設備，因為「無論何時，這都證明能夠有效預防（海盜事件）對英人生命財產的危害」。[34]4 月時，香港來往廣東部分航線的船員幹部復又發動罷工，以實際行動要求修改現行防範海盜的相關規定。[35]

---

[33] 此次英商海事相關從業工會的請願行動，顯係有備而來。在殖民部內部備忘錄中，即坦承工會方面確實準備充分，舉凡近來發生海盜案件的梳理、新舊章程的比較、以及反對的理由等，都完整清楚呈述。見 "Piracy," Minutes of Colonial Office, 3 May 1924, CO129/486.

[34] 伍德在 1924 年 3 月 3 日（口頭）與 10 日（書面）曾兩度質詢殖民部，均是詢問英國政府有何辦法與措施來防止海盜事件的一再發生。見 "Oral Answers," 3 March 1924 & "Written Answers," 10 March 1924, His Stationery Majesty's Office (Great Britain), *The Parliamentary Debates: House of Commons* (London: His Stationery Majesty's Office) (hereafter referred to as HC Deb), vol. 170, cc976-7 & cc1965-6W.

[35] "Memorandum respecting Piracy Suppression received from Sir Miles Lampson," dispatch No.

1924 年 12 月時，對於英國在遠東利益與決策有重要影響力的「英商中華社會」(China Association)也開始介入此事。在太古公司(Butterfield and Swire)的運作下，「英商中華社會」上海分處給倫敦分處的電報中，強調除了香港政府本身之外，所有人均不滿意〈防範海盜章程〉，因為諸項防盜規定都是「無效、令人唾棄，以及所費不貲的」(ineffectual, irksome, expensive)，故建議應透過殖民部，向英國政府表達最強烈的抗議，要求撤廢〈防範海盜章程〉，並建立有效的海軍巡邏體系，「這才是唯一可行的防盜方案」。[36]

除了上海英商團體外，香港總商會(Hong Kong General Chamber of Commerce)同樣也透過「英商中華社會」倫敦分處，向英國政府表達強烈陳情。在電報中，香港總商會指出〈防範海盜章程〉向來著重提高船隻的內部保護，但此舉卻早已證明對貿易有嚴重的阻礙，而香港政府近來又準備進一步強化的防盜措施，則又會對船商造成許多額外的負擔。因此香港總商會建議，既有的〈防範海盜章程〉並不恰當，應該對其進行大幅的調整與修訂。其次，香港總商會認為應提高海軍的外部保護，來代替〈防範海盜章程〉規定的內部保護。而要提高海軍保護，則可以考慮強化海軍巡邏體系，並就近在香港建造可以快速組裝且船型適中、運作得當的小型巡邏艇，即能提供英商在中國（特別是華南水域）適當的保護。最後，香港

1030, September 21, 1927, CAB/24/202: 0024. "Report by the Chiefs of Staff Sub Committee," Committee of Imperial Defense, January 30, 1929, CAB/24/202: 0024.

[36] "China Association, Shanghai, to China Association, London," 19 December 1924, CO129/487. 在此則電報中，還特別提及太古公司已經致電其倫敦公司表達相同訴求，顯見此「英商中華社會」的行動與太古公司步調一致。其次，China Association 以往多譯為「中國協會」，但根據該組織給殖民部的信件，其正式官方中文譯名應為「英商中華社會」。見"China Association, London to the Under Secretary of State for the Colonies," 22 December 1924, CO129/487.在後續的電報中，「英商中華社會」上海分處又再次強調，此次請願內容已獲得英商中國沿岸海員工會、中國海事機工工會等的認可。"China Association, London to the Under Secretary of State for the Colonies," 30 December 1924, CO129/487.

總商會並強調，「此事關係英國在華貿易利益甚巨，故請代表我們，向有關當局提出最強硬的訴求」。也因此，「英商中華社會」倫敦分處主席，再度向殖民部呼籲此事已在香港當地造成強烈反彈，故希望英國政府正視相關的訴求。[37]

四、英國政府的初步反應

（一）英國政府（香港總督府）的初步處置之道

1924 年 3 月在香港輔政司施勳給英商海員、機工兩工會的正式答覆信中，則強調香港政府不可能接受工會的要求，因為其所提的諸項建議均為不可行的措施。首先，隨船配屬的武器與武裝警衛不可能撤離，因為一旦如此，船隻將極易遭到少量海盜的襲擊。其次，海軍巡邏體系只能處理外部海盜模式，但不可能應付偽裝乘客的內部海盜模式。因為廣東海盜每次發動襲擊行動的時機，都是在船隻已遠離海岸、航行至公海之時，那時在近海執行巡邏任務的海軍艦艇根本鞭長莫及。再加上危險水域異常遼闊，海軍並無充分的艦艇數量，足以建立起能夠涵蓋大範圍水域的巡邏體系。況且即使海軍編組護航體系，但是如果商船沒有自己的防衛力量，僅憑外部保護，也是無法確保每一艘商船的安全。究其實際，商船本身的武裝力量，才是對抗海盜攻擊事件最主要的憑藉。不過，香港政府十分同情冒著生命危險英勇對抗海盜的船員處境，故已經開始與商會磋商，準備建議一套合適的保險制度。[38]

4 月 22 日，香港輔政司給海員、機工工會的另外一封回信中，表示在

---

[37] "Telegram from Hong Kong General Chamber of Commerce to China Association, London," cited from "China Association, London to the Under Secretary of State for the Colonies," 30 December 1924, CO129/487.

[38] "Claud Severn, Colonial Secretary to the Assistant Secretary, China Coast Officers Guild & the Branch Secretary, Marine Engineers Guild of China," 13 March 1924, CO129/484.

與海軍當局協商後，海軍方面已明確表態無力建構有效的巡邏護航體系，所以目前仍有必要維持現行部署隨船印度武裝警衛的制度。此外，施勳也駁斥工會所謂印度武裝警衛無用的說法是毫無根據的，因爲從過去經驗來看，大部份印度警衛都盡力執行防盜勤務。雖然少數印度警衛有顯著缺失，但相信只要指派專責指揮官給予其嚴格訓練，他們必能擺脫惡習，與船員們一同勇敢地對抗海盜的攻擊。[39]四日後，施勳又再度給海員、機工工會另外一封回信，再度強調香港政府不會廢棄現行〈防範海盜章程〉所規定的隨船武裝警衛制度。[40]

基本上，香港總督司徒拔(R. E. Stubbs)對於海員、機工等海事相關從業工會的諸多訴求，相當不以爲然。在 1924 年 5 月 29 日給殖民部部長湯瑪斯的報告中，司徒拔認爲工會的主要訴求不過就是必須取消〈防範海盜章程〉中的隨船武裝警衛制度。但是司徒拔擔憂一旦香港政府屈從工會要求，將會使得往來香港的英國船隻陷入無力抵抗海盜的高度風險中，因爲其他的替代方案，諸如海軍巡邏或護航體系，均不可能有效抵禦來自船隻之內的內部海盜攻擊事件。其次，關於備受工會質疑毫無用處的印度武裝警衛制度，司徒拔亦表示難以認同，因爲工會並未提出印度武裝警衛無用論的強力證據，但相反地，根據過往的經驗，印度武裝警衛確實能夠有效的抵禦海盜攻擊。況且不論何時進行的海盜案件調查報告，均顯示印度武裝警衛已盡可能地執行其職務。所以，司徒拔駁斥工會對於武裝警衛的指控，他認爲海盜事件頻傳並非由於印度武裝警衛毫無用處，而是因爲船員們均未嚴格恪遵〈防範海盜章程〉的各項規定。至於工會認爲英國船隻應該強制加裝無線電設備等問題，司徒拔亦持保留態度。司徒拔舉瑞安輪劫案調查報告爲例，該報告亦曾有類似主張，但卻遭到相當多的質疑，特別

---

[39] "Claud Severn, Colonial Secretary, Hong Kong to the Assistant Secretary, China Coast Officers Guild & the Branch Secretary, Marine Engineers Guild of China," 22 April 1924, CO129/484.

[40] "Claud Severn, Colonial Secretary, Hong Kong to the Assistant Secretary, China Coast Officers Guild." 26 April 1924, CO129/484.

是因此衍生出的額外開支該由誰承擔等問題。司徒拔認為如果成本較為低廉的半自動無線電警報器能夠適合在中國水域的英國船隻使用，或許即可解決開支問題。[41]在同日另外一封機密報告中，司徒拔又補充說明前述工會請願內容是否能夠代表所有工會成員的意見，恐不無疑問之處。特別是對於由歐洲人管理、經營良好的輪船來說，其船員即不認同前述工會的請願內容。事實上，此類請願內容，不過乃是由香港華人經營輪船上的船員幹部所倡導的，而他們多半素質低下。[42]

　　然而另外一方面，在海事相關從業工會的壓力之下，香港政府還是約略調整了部份防盜措施：

> 歷經了幾次會議的結果，現行〈防範海盜章程〉中有關隔離艦橋、引擎室人員與乘客，以及武裝警衛部署等相關規定已經進行修改。同時香港政府也將部署四艘汽艇擔任護航任務。[43]

首先，如前所述，由香港警察司司長胡樂甫出面，與駐香港海軍准將協調，籌劃一套海軍護航體系，來強化對於英國商船的保護。在胡樂甫給工會的信函中，即表示「香港總督已同意在危險水域建立一套海軍護航體系("a convoy or escort system")」，護航涵蓋的範圍則以珠江為主，並遠及西江水域的江門；所需的艦艇、人力與武器，則由香港政府與海軍共同負責，香港政府將雇用一定數量的汽艇，由海軍當局支援必須的人員以及武器。[44]

　　其次，為了因應海事相關從業工會對於印度警衛訓練不佳、語言不通的指責，香港政府乃任命前英屬「印度陸軍」(Indian Army)的一位軍官：

---

[41] "R.E. Stubbs, Governor of Hong Kong to J. H. Thomas, Secretary, Colonial Office," 29 May 1924, CO129/484.

[42] "R.E. Stubbs, Governor of Hong Kong to J. H. Thomas, Secretary, Colonial Office (Confidential)," 29 May 1924, CO129/484.

[43] "General Report on Political Situation in China and the Question of Piracy in the Vicinity of Hong Kong," from Commander-in-Chief, China Station to the Admiralty, 29 April 1924, FO371/10243.

[44] "E.D. Wolfe, Captain Superintendent of Police, Hong Kong to the China Coast Officers' Guild & the Marine Engineers' Guild of China," 16 February 1924, CO129/487."

布拉克山姆上尉 (Captain H. Bloxham)，來擔任印度警衛指揮官(Officer Commanding Guards)。布拉克山姆因先前任職「印度陸軍」，相當熟悉印度方言，能夠與印度警衛們流利的溝通，再加上其軍事背景，應能更為有效地統率與訓練印度武裝警衛。[45]再者關於章程部份，香港政府在 1924 年 3 月 7 日公布調整過後的新〈防範海盜章程〉，雖然仍大體上維持原有防盜架構，但去除掉最令人詬病的船員幹部須「竭盡全力」抵抗海盜等規定。[46]此外，香港政府亦規劃在廣州與江門間水域儘速建立巡邏機制，以強化對英船的保護。[47]再者，香港政府並在同年 4 月 25 日的《香港政府憲報》 (Hong Kong Government Gazette)上，正式宣布：凡是香港註冊船隻，其船員如恪遵〈防範海盜章程〉，而在海盜攻擊事件中死亡或殘廢者，政府將給予補助金。至於補助金額，將以死傷者原先的薪水收入為基準，死亡者將由政府給付其兩年的年薪收入，而傷者則以政府醫事官員所認定的因傷不適服勤的期間為準，最長不超過一年。[48]後來英國政府也同意在現

---

[45] 然而，關於香港政府任命前英屬「印度陸軍」上尉來擔任印度警衛指揮官一事，工會方面卻相當不領情，諷刺此任命案無助防盜任務。工會認為布拉克山姆是「陸軍」軍官，卻動輒喜歡指責商船設計上的瑕疵，認為將不利於防盜工作。工會即質疑一位陸軍軍官憑什麼來指責海上航行船隻的結構問題。其次，布拉克山姆雖然精通印度方言，但他的任務不過是坐鎮在岸上的指揮部內，不可能隨船出海。因此，一旦發生海盜攻擊事件時，船員幹部依舊無法與印度警衛精準的溝通。況且，對於船員來說，他們更迫切需要的，並非會講印度方言的警衛指揮官，或許會講中文的武裝警衛，可能還可以提供更多的幫助。見"The Guilds' Attitude: Piracy- Regulations- Results," 12 March 1924, CO129/487.

[46] "Regulations Made by the Governor in Council under Section 17 of the Piracy Prevention Ordinance, 1914, Ordinance No.23 of 1924, on the 6th Day March, 1924," The Hong Kong Government Gazette, 7 March 1924, No. 109, pp.82-87.

[47] "Claud Severn, Colonial Secretary, Hong Kong to the Assistant Secretary, China Coast Officers' Guild & the Branch Secretary, Marine Engineers' Guild of China," 22 April 1924, CO129/484.

[48] "Government Grants in the Event of Death or Disablement of Officers of Ships on Hongkong Register by Reason of Piratical Attacks," The Hong Kong Government Gazette, 25 April 1924, No. 223, p.158; "Claud Severn, Colonial Secretary, Hong Kong to the Assistant Secretary, China Coast Officers Guild." 26 April 1924, CO129/484; "Report of an Inter-Departmental

有武裝警衛訓練完成前,必要時可先動用英軍武力組成護航體系,以確保英船安全。同時,英國政府也批准加強與廣州當局的合作剿盜行動,以便從來源地消弭可能的海盜攻擊。[49]換言之,由前述措施來看,香港當局在某種程度上調整了商船在防禦海盜上的工作,另外一方面則加重政府在巡邏水域、護航、防範海盜以及照顧船員的角色與責任。

尤有要者,爲了強化無線電聯繫以防範海盜犯案,香港政府也擬訂計畫,在各警局、警輪與燈塔處均設置無線電器具,同時爲了培養足夠的無線電操作人員,也另行開辦無線電學校。此外,香港華人青年會添設無線電一科,而太古、怡和兩公司合辦的無線電學堂同樣也致力於培養無線電人才,並經港府考核合格後,可供中國沿岸各輪船僱用。[50]

(二)海軍的相反立場

1923 年 10 月新寧號海盜劫持事件後,香港商界紛紛呼籲海軍應提供更多的保護。但是英國海軍「中國艦隊」總司令卻駁斥商界要求,認爲此類海盜事件應該是香港當局的職責,並非是海軍的任務,因爲「海盜是僞裝一般乘客登上輪船,故要防範類似事件的發生,首要措施是應該透過民事立法途徑,對所有乘客執行適當的搜查」。[51]簡單來說,新寧號海盜劫掠事件並不屬於外部海盜模式(海盜另外乘坐小艇攻擊輪船),而是內部海

Conference on Piracy in Waters adjacent to the Colony of Hong Kong," January 1925, FO371/10932.

[49] 關於武裝警衛訓練問題,殖民部認為亦可透過其他方式予以改善,例如在訓練時著重培養其武鬥技能,以便遭遇海盜攻擊時,能更勇於戰鬥。見"Piracy," Minutes of Colonial Office, 3 May 1924, CO129/486.

[50] 據報載由港府無線電學校、華人青年會無線電科、太古怡和合辦之無線電學堂等三所機構培養的無線電人才已足供當時所需,如再有更多需求時,港府無線電學校也可再開新班訓練學員。見〈無線電生問題〉,《香港華字日報》,1925 年 1 月 7 日第 3 張。

[51] "Extract from A Report by the Commander In Chief, China Station (November 30th 1923)," Admiralty to Foreign Office, February 14, 1924, FO371/10243.

盜模式，亦即海盜乃偽裝乘客，從輪船內部發動突襲。而海軍艦艇強化巡邏保護，實際上僅對於外部海盜模式有威嚇作用，但對於防範內部海盜事件的發生，則效果不大。其次，新寧號被劫事件基本上與香港港務當局、輪船幹部未能對登船乘客執行嚴格的行李搜查有關。因為一艘搭載 300 名乘客的輪船，竟然讓高達 60 人左右的海盜挾帶武器登船，等於 1/5 的乘客是海盜，比例之高實在令人咋舌。顯見當時乘客行李的搜查措施，有非常大的疏漏之處。因此，如要防止海盜事件一再重演，僅是依靠海軍提供保護並不切實際，而必須透過香港政府的立法手段，嚴格規定行李搜查的相關程序。

　　稍後發生的康國輪劫案、繡球花輪劫案與大利輪劫案等三起海盜劫掠輪船事件，同樣也全部屬於內部海盜模式，即海盜偽裝乘客登船後再伺機劫持輪船。因此，上述密集海盜劫持事件之後，英國海軍「中國艦隊」總司令特地與香港總督與香港商會會長商討因應之道。「中國艦隊」總司令雖然不排除動用砲艦對海盜採取報復行動，但還是向他們指出：

> 不可能用砲艦去處理這些發生在內部的海盜劫持事件。海盜都是利用夜晚時伺機逞兇。唯一能夠處理此類海盜事件的方法，是大幅強化輪船出發港的監視與檢查措施、派駐更有效率的警衛、在輪船上實施嚴格的限制措施，以及提高船上的英籍船員人數等。[52]

換言之，要制止海盜不可能依靠海軍砲艦，而需要港務當局與船商自己去強化防護措施。事先的預防海盜措施，遠比海軍砲艦巡邏或是事後的進剿更為有效。

　　尤有要者，根據英國駐香港海軍准將(Commodore, Hong Kong)給香港政府的海軍現狀說明中，更是明顯點出既有海軍艦艇調度嚴重吃緊的窘狀，根本無力組建有效的海軍巡邏護航體系。以 1924 年初的情況來說，英國海軍西江分遣艦隊(West River Flotilla)麾下總共只有 5 艘砲艦，分別為 3 艘新式大型昆蟲級砲艦，狼蛛號(HMS *Tarantula*)、秋蟬號(HMS *Cicala*)、飛蛾

---

[52] "China Station General Letter No 8," from Commander in Chief, China Station, Hong Kong, to the Secretary of the Admiralty, London, January 23, 1924, FO371/10243.

號(HMS *Moth*)，以及 2 艘小型舊式砲艦，鴨級的松雞號(HMS *Moorhen*)與鶲級的知更鳥號(HMS *Robin*)。但其中飛蛾號砲艦原爲預備艦，本身並無專屬海軍官兵，其艦上人員目前都是由另外一艘正在維修的巡洋艦上暫時抽調而來，隨可能歸建。而松雞號砲艦最近也要開始整修，恐怕需爲期 2-3 個月，無法支援相關勤務。至於知更鳥號砲艦，則因過於艦身老舊狹小，特是航速較慢，完全不適合執行巡邏與護航任務。再加上爲了因應廣州局勢演變，以及提供必要的無線電聯絡通訊，必須有 1 艘砲艦常駐廣州，充其量只能偶爾就近抽調巡邏珠江與西江水域。由此觀之，5 艘砲艦中，1 艘需經常性駐防廣州、1 艘即將大修、1 艘馬力不足、1 艘駐艦人員隨時可能撤離歸建。換言之，處於此種窘況之下，英國海軍實在也無力支援海事相關從業工會所希望建立的大規模的海軍巡邏體系。[53]

（三）保護英船的後續爭議：從海軍、陸軍士兵登船駐防方案到武裝快艇方案

究其實際，由上述委員會的調查報告以及工會請願事項，可以清楚發現香港政府在防範海盜問題上一項重大爭議：保護商船免於海盜威脅，究竟是商船本身的責任，還是香港政府或英國海軍的責任？理論上，如果香港往外航線均有海軍派遣艦艇護航，商船自然無須自備武裝警衛，而且海軍艦艇的威嚇與武裝力量，也遠高於商船自備的武裝警衛。然而，實務上卻非易事，因爲香港往來澳門或廣東等地的船隻航班極爲頻繁，英國駐港海軍受限於艦艇數量與人力，當然不可能應付上述護航任務。

由於海事相關人員工會與海軍對於防範海盜問題的重大歧見，英國駐華海軍不願承擔對商船的保護責任，而民間海事相關人員對於必須直接面

---

[53] "Statement of the Position by Commodore, Hong Kong to the Hong Kong Government," cited from "Claud Severn, Colonial Secretary, Hong Kong to the Assistant Secretary, China Coast Officers Guild & the Branch Secretary, Marine Engineers Guild of China," 22 April 1924, CO129/484.

對海盜又頗有怨言的情況下，香港政府乃另闢蹊徑，改請海軍當局評估，是否能夠抽調海軍官員駐防商船，以防範海盜攻擊。但英國海軍「中國艦隊」總司令卻明確表示，「不贊成抽調海軍官兵去執行商船的武裝護衛任務，因為此舉將違背海軍政策」。所以，「中國艦隊」總司令建議香港政府可考慮改從陸軍部隊或警察武力著手。[54]

職是之故，香港總督乃向英國政府提案建議由陸軍正規士兵駐防商船以防範可能的海盜攻擊事件。此提案獲得殖民部的大力支持，但卻同樣遭到陸軍部(War Office)的拒絕。陸軍部以為此案牽涉過廣，除非獲得英國內閣的同意，否則不能動用陸軍兵力來保護商船。陸軍委員會(Army Council)在討論此案時，則認為將陸軍士兵派駐到商船上，恐將引起「政治上的麻煩」。為了改變陸軍部的態度，殖民部試圖與陸軍部溝通，強調此方案不過乃是「因應目前緊急狀況的臨時權宜之計」，只到「等到民間警衛訓練完成後」，即可將陸軍士兵撤回。殖民部甚至還尋求外交部的協助，希望由外交部來評估此方案是否會造成任何政治上的麻煩，以藉此讓陸軍部重新評估可行性。[55]不過，由於陸軍部不願意批准由陸軍士兵駐防商船防盜方案，故殖民部在給香港總督的電報中，也只能要求其先評估其他可行方案。[56]

另外一方面，陸軍士兵駐防商船方案破局後，因為印度武裝警衛防盜能力備受船商詬病，而英國海軍又不願意全面承擔保護英船的重責，香港

---

[54] "Statement of the Position by Commodore, Hong Kong to the Hong Kong Government," cited from "Claud Severn, Colonial Secretary, Hong Kong to the Assistant Secretary, China Coast Officers Guild & the Branch Secretary, Marine Engineers Guild of China," 22 April 1924, CO129/484.

[55] "Telegram from Governor R.E. Stubbs, Hong Kong to Colonial Office," 2 April 1924, CO129/484; "Piracy in Hong Kong Waters," minutes of Colonial Office, 2-4 April 1924, CO129/484; "G. Grindle, Colonial office to the Under-secretary of State, War Office," 8 April 1924 CO129/484; "G. Grindle, Colonial office to the Under-secretary of State, Foreign Office," 8 April 1924 CO129/484.

[56] "Colonial Office to the Governor of Hong Kong," 7 April 1924 CO129/484.

總督最後只能嘗試其他方案，並採取比較務實的折衷之道，即由香港自行編組武裝巡邏艇，與英國海軍一同肩負起廣東珠江三角洲與西江水域的巡邏任務，如此不用增加海軍的負擔，又可強化對商船航行安全的保護，從而降低海事相關從業人員的壓力。1924 年 8 月香港總督府正式設立由 4 艘小型武裝快艇(armed launch)編組成而巡邏隊，協助英國海軍一同負責香港往來廣東江門、三水以及廣西梧州間水路（珠江三角洲、西江水域）安全與防範海盜的重任。至於武裝快艇巡邏隊的成員則暫時先從英國海軍中抽調，之後再改從英國本土另行聘僱。[57]

五、官方立場的「跨部會議」報告

為了因應 1924 年上半年中國沿岸英商海員、機工工會的聯合請願行動，英國政府分別於 6 月與 7 月兩度召開由殖民部、外交部、海軍部、貿易委員會、香港政府官員共同組成「跨部會議」(Inter-departmental Conference)，負責研擬香港附近水域海盜問題的處置之道，並針對海事從業工會的建議事項進行調查。其他相關部會，如財政部、陸軍部、印度事務部、貿易委員會等官員也列席參與討論。「跨部會議」稍後並邀請此次請願的英商海事相關從業工會代表，以及帝國商船服務工會、海事機工協會(Marine Engineers Association)等與會進行討論，以了瞭解民間看法，同時

---

[57] 該巡邏隊在 1925 年五卅事件、省港大罷工之後任務更顯吃重，因為廣東反英情緒沸騰，英國海軍為了確保廣州英人與利益的安全，只能將大部分艦艇從西江水域撤出改駐防廣州，而由巡邏隊代替英國海軍一肩扛起整個西江水域航行安全的責任，包括防範海盜保護英船、壓制反英運動以及臨時收容撤退的英國公民。1926 年反英運動告一段落之後，巡邏隊仍繼續協助英國海軍巡邏西江水域、監視海盜活動，直至 1929 年 2 月正式撤廢為止。關於香港武裝快艇巡邏隊的組成與任務，可以參見日本駐香港總領事村上義溫所做的情報調查，見〈西江巡邏艇ノ廢航ニ關スル件〉，在香港總領事村上義溫ヨリ外務大臣田中義一宛，1929 年 2 月 16 日，日本外務省外交史料館藏，《支那海賊関係雜件》，第二卷，F-0139/0253-0254。

並闡明官方立場。[58]

　　不過，英國政府召開「跨部會議」的內情，其實並不單純，一來是受到英商的強大遊說壓力，二來可能還牽涉到香港總督府、殖民部與外交部之間關於海盜防制問題的複雜互動關係。因為提案召開此次會議的並非香港殖民地的主管部會殖民部，卻是外交部。而外交部之所以大動作介入處理香港周邊水域海盜問題，可能乃是由於對香港政府現行採取的諸多防盜措施有所疑慮所致。在外交部參事瓦特盧(S.P. Waterlow, Counseller, Foreign Office)給殖民部的信件中，即引述英國首相兼外交部部長麥克唐納(Ramsay Macdonald, Prime Minister & Secretary of State for Foreign Affairs)的看法，強調：

> 在收到中國英商海事機工工會的信件之後…，對於有關當局無力處理日益增加的（香港周邊）水域失序問題等此類抱怨，麥克唐納感到焦慮。而當務之急，就是如何採取有效的改正措施，以解決目前的困境。毫無疑問的，此事非常困難。再加上與中國當局合作的訴求，也可能引起重大國際問題。所以希望在英國政府各部會之間（例如殖民部、海軍部、陸軍部、印度部、貿易委員會、財政部等），先針對整體問題，進行意見交換。因此，有必要盡早在可行的時間，召開一次「跨部會議」，來探究所涉及到的複雜問題，並思考如何進行改善。[59]

殖民部雖然表面上贊同外交部的建議，同意召開「跨部會議」來處理廣東

---

[58] "Report of an Inter-Departmental Conference on Piracy in Waters adjacent to the Colony of Hong Kong," January 1925, FO371/10932.之所以有香港政府代表與會乃是因「跨部會議」召開時，恰巧香港助理輔政司法禮著正在英國休假，故殖民部乃決定邀請其一同參加會議共商防盜事宜。見"G. Grindle, Assistant Under-Secretary, Colonial Office to S.P. Waterlow, Counseller, Foreign Office" 15 May 1924, CO129/486.

[59] 中國英商海事機工工會駐上海總辦事處乃是在 1924 年 3 月 17 日致函外交部。見"S.P. Waterlow, Counseller, Foreign Office to G. Grindle, Under-Secretary, Colonial Office," 3 May 1924, CO129/486.

海盜問題，[60]但實際上在殖民部內部備忘錄中，卻不認爲有此必要。特別是根據過去的運作實況，香港政府在處理防盜事務上已充分諮詢海軍與陸軍當局的意見，故此時再召開所謂的「跨部會議」並沒有多大的意義。不過，殖民部官員坦承還是必須同意外交部召開會議的建議，因爲外交部此舉不啻是反映對香港總督府的不滿，而「外交部對於現任香港總督的厭惡，已經造成他們對於香港政府所有行動，都抱持普遍性的懷疑」。[61]

（一）1924年6月「跨部會議」的討論重點：官方立場的確定[62]

根據 1924 年 6 月「跨部會議」的會議紀錄，與會的各部會代表曾對如何落實〈防範海盜章程〉有相當多的討論，基本上均是著重在如何讓船商、船長與船員幹部遵守規定。例如殖民部助理次卿葛蘭敦(G. Grindle, Assistant Under-Secretary, Colonial Office)即認爲應將〈防範海盜章程〉與香港船籍註冊規定兩者掛勾，換言之，凡是不能符合〈防範海盜章程〉相關要求的船隻將不無法取得船籍註冊。陸軍部代表金恩少校(Major D.M. King. War Office)則建議，對於未能遵從〈防範海盜章程〉者，不應該只追究船員的失責，更應該向船主施壓，強調其責任。與會的香港政府助理輔政司法禮著(A.G.M. Flechter, Assistant Colonial Secretary, Hong Kong)則試圖替船商

---

[60] "G. Grindle, Assistant Unser-Secretary, Colonial Office to S.P. Waterlow, Counseller, Foreign Office" 15 May 1924, CO129/486.

[61] "Piracy," Minutes of Colonial Office, 3 May 1924, CO129/486.

[62] 此次「跨部會議」乃是在殖民部進行，與會者共計 12 人，分別是殖民部 3 人、財政部 2 人、外交部 2 人、海軍部 2 人、陸軍部 2 人、印度部 1 人。殖民部 3 人中，除殖民部次卿之外，香港政府代表助理輔政司亦出席。外交部 2 人中，除外交部參事外，英國駐廣州總領事也出席。換言之，此次「跨部會議」除了倫敦相關各部會主其事者外，第一線在廣州、香港的領事、殖民官員也同時出席，以便提供實務建議。見"Notes of A Meeting Held at the Colonial Office on the 17th of June (1924) to Consider the Measures Which Have Been Taken by the Hong Kong Government to Deal with Piracy in the Waters of and Adjacent to the Colony," CO129/487.

緩頰，認爲不宜驟然嚴格執行相關規定，應給予適當時間讓船商逐步落實，但基本上法禮著也同意應逐步強制執法，以落實〈防範海盜章程〉。法禮著同時也認爲船商以及船長、船員幹部的防盜責任應有所區分：船隻本身的防盜結構設計，例如防盜規劃、阻隔窗等自然應由船主負責，但至於航行途中的防盜舉措，則應由船長及船員幹部負責。

其次，關於香港政府對於英國船隻的船籍管理情況，與會英國駐廣州總領事詹彌遜(J. Jamieson, Consul General, Canton)與香港政府助理輔政司法禮著之間，則有相當激烈的言詞辯論。詹彌遜在會中強烈的質疑香港過於寬鬆的船籍註冊規定，造成所謂的英船劫案頻傳，從而也污辱了英國旗幟的尊嚴。詹彌遜痛批許多被海盜襲擊的船隻，雖然懸掛英旗，但實際上船主都是中國人，這些中國船主利用船籍註冊規定的漏洞，藉由雇用英籍船員，來取得註冊與懸掛英旗的權力。然而，這些所謂的英籍船員絕大部份不過只是具有英國國籍的「海濱流浪者類型之人」("beachcomber type")，素質低落，以英籍身份換取工作收入，一旦遭遇海盜襲擊也不會奮力抵抗。所以詹彌遜認爲要處理廣東海盜問題最好的方式，莫過於以嚴格的船籍註冊規定，來排除那些假英船，唯有真正英商所屬的船隻才能註冊爲英船懸掛英旗。所以，雖然不可能阻止海盜劫案的發生，但至少可以大幅減少所謂的英船劫案，並確保英旗的尊嚴。不過，詹彌遜的建議，卻當場立刻遭到香港助理輔政司法禮著的駁斥，法禮著強調「此舉毫不切實際，因爲對於在香港註冊的船隻來說，不可能去區分形式上爲英人所有以及真正爲英人所有的船隻」。[63]

另外一方面，至於船商、海事相關從業工會甚爲企盼的擴大海軍艦艇巡邏方案，對於與會各部會代表來說，不過只是一個「模糊的概括概念」，與實際情況不符，所暫時不列入考量。例如外交部參事瓦特盧即表態，除非與廣東地方當局合作、海軍汽艇巡邏體系、部署武裝警衛等三個

---

[63] "Notes of A Meeting Held at the Colonial Office on the 17th of June (1924) to Consider the Measures Which Have Been Taken by the Hong Kong Government to Deal with Piracy in the Waters of and Adjacent to the Colony," CO129/487.

方案均未達成預期的效果，那麼屆時英國政府才應考慮強化海軍力量。海軍部代表湯金森上校(Captain W. Tomkinson, Admiralty)更解釋藉由大規模海軍巡邏來防止海盜案件根本是不切實際的，因為要達到此目的，勢必得大幅擴充英國海軍在珠江流域的艦艇數量。而為以現階段而言，英國政府不可能進行類似的海軍擴充計畫，所以除非現有手段均無法解決海盜問題，否則暫時無須思考此方案。

此外，關於檢討隨船印度武裝警衛的問題，「跨部會議」大致上認為目前並無更好的替代方案，所以還是維持既有印度武裝警為宜。「跨部會議」與會代表普遍認為，如果貿然將印度武裝警衛撤離，勢必會讓海盜更肆無忌憚，引起更多的海盜攻擊事件。「跨部會議」也曾一度討論是否以歐籍武裝警衛來取代印度武裝警衛，但是費用方面則勢必驟增，船商也無力承擔相關開支，所以並非可行的方案。況且，香港助理輔政司法禮著亦強調，徵募歐籍人員並不會提高武裝警衛的素質，因為在香港當地可能應徵的歐籍人員，不過都是些惡名昭彰的流浪漢，根本毫無用處。法禮著建議最好的替代方案，乃是直接部署海軍士兵來負責警衛工作。法禮著認為，在印度武裝警衛訓練完成前的過渡期，似應暫時由海軍介入處理，如此不但可以有效防範海盜攻擊事件，而且也間接能激勵印度武裝警衛的士氣。但海軍部代表湯金森上校卻反對由海軍來負責指揮武裝警衛，因為由海軍單位來經營管理民間性質的商船武裝警衛工作並不切實際，而且即便如此也不可能滿足海事相關從業工會的要求。

再者，在香港助理輔政司法禮著的建議下，「跨部會議」認同應思考強制要求輪船必須裝設無線電裝置有其必要性。因為無庸置疑地，如果所有輪船均裝設無線電裝置，不但可以大幅提高事後成功緝捕海盜的可能性，同時也能夠事先對海盜產生嚇阻的作用。不過，強制裝設無線電裝置在實務上，依然還有諸多問題必須克服。例如海軍部代表湯金森上校即表示，在船隻上裝設無線電裝置，牽涉到船隻結構空間（是否有足夠空間安裝無線電裝置）以及電報人力支援（是否有充足的無線電操作員）等雙重問題。

最後，關於船員保險補助等問題，目前英國政府對於因抵禦海盜而不幸受傷或遇害的船員有特定的補助金制度("a system of grants")，但船商方面也應該給予船員適當的保險理賠保障。所以，「跨部會議」認爲除了政府的補助外，更應強制規定船商必須爲船員進行投保，以便滿足海事相關從業工會的要求。

（二）1924年7月「跨部會議」的討論重點：官方與民間工會的互動

7 月召開的「跨部會議」，其性質與先前 6 月的相當不同。6 月召開的「跨部會議」是英國政府內部各部會與香港殖民政府的關門會議，以確立官方對於防範廣東海盜問題的預設立場，而 7 月會議的則是邀請海事相關從業工會、協會代表與會，其目的在於聽取民間意見，並將官方立場與民間工會、協會代表作進一步的討論與疏通。[64]

出席此次跨部會議的，除了殖民部（含香港殖民政府代表）、外交部、海軍部、貿易委員會等官方部會代表外，還有四個重要海事相關組織：帝國商船服務工會、海事機工協會、中國英商海事機工工會與中國沿岸英商海員工會（兩工會共推 1 人）的代表。此次會議依然是由殖民部助理次卿葛蘭敦主持，他在會議開始之初即強調希望透過「坦白的討論」，以「共同檢視」現行防盜措施的改進之道。同時爲了便於討論，也決定會議將以中國英商海事機工工會與中國沿岸英商海員工會在 1924 年 2 月的九項決議[65]爲討論的基礎。[66]

---

[64] 根據 6 月跨部會議的會議紀錄，與會各部會代表最後均同意將此次會議結論作爲與帝國商船服務工會討論的基礎，並建議邀請工會代表與殖民部、外交部、海軍部等一同會商討論。所以才會有 7 月會議的召開。"Notes of A Meeting Held at the Colonial Office on the 17th of June (1924) to Consider the Measures Which Have Been Taken by the Hong Kong Government to Deal with Piracy in the Waters of and Adjacent to the Colony," CO129/487.

[65] "Regulations," from a Combined Meeting of the China Coast Officers' Guild & the Marine Engineers Guild of China to the Colonial Secretary, Hong Kong, 4 February 1924, CO129/487.

首先，關於前三項決議的重點（亦即在危險水域設計一套有效的海軍巡邏體系，來取代現行〈防範海盜章程〉所架構，由船商與船員負責執行的海盜防禦體措施），與會的工會代表即與海軍部代表之間發生相當大的歧見。工會代表強調他們原則上同意確保船隻安全本為船長與船員的天職，但是中國水域的特殊情況，使得他們難以完全抵抗海盜所發動的突襲行動，而隨船的印度警衛不但難以抵禦海盜攻擊，其存在本身更是一種附加的危險。換言之，如果現行防盜措施運作得當，根本無須海軍介入處理，但事實上現行的措施，無論是岸上港口的檢查制度，還是隨船的印度武裝警衛等均無法有效克制海盜案件的發生。因此工會代表認為，防盜事宜如果移交給海軍負責，將可以採取強而有力的措施來防範海盜攻擊，確保航行在危險水域的船隻安全。

然而，海軍部代表湯金森上校則駁斥上述工會的看法，因為要建立如此龐大的海軍巡邏體系，誠非易事，勢將所費不貲，海軍並沒有經費來應付相關開支。即使經費問題能夠解決，海軍也沒有充分的艦艇與人力來執行巡邏任務。而要建立有效的巡邏體系，所需艦艇與人力調派，恐怕也要兩年的時間才能夠到位。湯金森上校並強調，針對廣東海盜肆虐問題，海軍方面目前已經做了許多因應措施，例如已經啟封一艘封存的砲艦，並與香港政府合作，由海軍提供人力與武器彈藥，來維持 4 艘武裝汽艇，以執行防盜任務。

工會代表認為現有的 4 艘武裝汽艇航速過低，並不適合執行巡邏任務，他們建議應該調派第一次世界大戰期間英國海軍所使用武裝汽艇，其

66　7 月的「跨部會議」仍是在殖民部進行，與會者共計 11 人，分別是殖民部 3 人（包含香港助理輔政司）、外交部 1 人、海軍部 2 人、貿易委員會 2 人、帝國商船服務工會 1 人、海事機工協會 1 人、中國英商海事機工工會 1 人（同時代表中國沿岸海員工會）。見 "Notes of A Meeting Held on 10th of July 1924, between Representatives of the Colonial Office, Foreign Office, Admiralty, Board of Trade, the Government of Hong Kong and Representatives of the Imperial Merchant Service Guild, The Marine Engineers Association, and the China Coast Navigating and Engineers Guilds, to Discuss Measures for Dealing with Piracy in Waters Adjacent to the Colony of Hong Kong," CO129/487.

航速可達每小時 25-30 海浬，方足以應付香港至廣州之間長達 85 浬的航程。但湯金森上校則解釋此類型武裝汽艇英國海軍目前僅剩 7 艘仍在服役，其中 5 艘派駐在萊茵河，另外 2 艘在派駐在海盜同樣猖獗的長江水域。因此，如果要使用此類武裝汽艇，勢必又牽涉到必須新建艦艇的問題，而且如果要建立工會所希望的海軍巡邏體系，在武裝汽艇數量上也還需大量擴充，因此並不切實際。香港政府代表助理輔政司法禮著亦反駁工會代表的意見，認為由於珠江三角洲水道過於彎曲，沒有船隻能夠航行到 10-12 海浬以上，所以無須使用到馬力強大的汽艇。此外，法禮著也強調，正由於珠江流域水道過於彎曲複雜，根本不可能建立有效的海軍巡邏體系。因此，歷經討論之後，工會代表終於同意不再視海軍巡邏體系為唯一可行的防範海盜方案，而必須另外尋求其他措施。不過，工會代表還是認為組成船團護航體系來防盜海盜在事實上並不可行，因為船團護航將會導致一般商船必須大幅降低航速，從而有礙於貿易活動的進行。

其次，在其他防範海盜措施方面，特別是關於〈防範海盜章程〉諸項規定的有效性，工會代表則與香港政府助理輔政司法禮著有相當激烈的辯論。工會代表強調：1.現行隨船的印度武裝警衛毫無作用，因為他們往往不服船員領導，對於海盜案件的發生，亦無嚇阻作用；2.在船上設置防盜鐵窗，不但會阻礙船員工作，也不太可能防止海盜的突擊行動。換言之，工會代表強烈質疑現行〈防範海盜章程〉存在的必要性。然而另外一方面，香港助理輔政司法禮著則當場一一駁斥工會代表的觀點：

> 香港政府堅信，如果現行〈防範海盜章程〉有被忠實地遵守，那麼船員們也將能夠成功地防範海盜的攻擊。假如每次航行中防盜鐵窗均有適當地架設且上鎖，武裝警衛也有紀律地執行任務防守鐵窗，乘客則被限制在各自的艙房中，那麼海盜應該不可能成功發動突襲。英國海軍「中國艦隊」總司令亦持相同看法。

況且考諸過去的海盜劫案，都是由於〈防範海盜章程〉各規定沒有被忠實的遵守，才造成海盜得逞。例如在繡球花輪劫案以及瑞安輪劫案中，均是由於船長與船員未依照相關規定隨身配戴武器，才讓海盜有機可乘發動突擊。職是之故，法禮著認爲〈防範海盜章程〉諸項規定都證明能夠有效防止海盜攻擊。至於過去對於印度武裝警衛欠缺紀律與訓練的質疑，法禮著則強調現在所有印度武裝警衛都開始進行嚴格訓練，其要求也完全比照香港警察的常規訓練模式，所以未來他們將值得信賴，且會服從船長的紀律要求。最後，法禮著向工會代表保證，香港政府將會竭盡所能致力於維持武裝警衛的紀律問題，相信只要能落實〈防範海盜章程〉規定，並保持武裝警衛的紀律，英國船隻將來一定能夠免除海盜攻擊的威脅。

再來，是關於香港英籍船員的管理問題。法禮著認爲近來英船劫案頻傳，實際上也與英籍船員素質低落有很大的關係，因爲這些不夠格的英籍船員往往不能夠忠實地執行〈防範海盜章程〉相關規定，這也導致廣東海盜常能成功劫持英船的主要原因。法禮著並在會議上揭露部份英籍船員的惡劣行徑：少數英籍人士與中國船主勾結，受雇成爲船員，以便符合《商船法》(Merchant Shipping Laws)的規定，讓船隻能夠註冊爲英國船籍（註冊英船必須有一定比例的英籍船員）。然而事實上，這些所謂的英籍船員不過只是掛名、坐領乾薪（只領取一般英籍船員的半薪）以應付規定而已，當船隻駛離港口之後，他們的工作也就結束，而船隻的營運與管理全由華籍船主、水手長、買辦來負責。這種情況也深爲廣東海盜所知悉，所以他們往往選擇此類船隻下手劫掠，成功的機會極大。所以如果要維護英船與英旗的尊嚴，首要之務即是必須先改善假英船與假英籍船員的現象。因此，法禮著希望工會代表能夠提供改善英籍船員素質的方案。其實就這部份的討論來看，法禮著似乎反將了工會代表一軍，因爲其發言論述，在在都暗示著英籍船員本身素質不佳、工會管理不善，亦是導致海盜案件頻頻發生的主要原因之一。

面對法禮著的指責，工會代表提出兩項建議方案：1.香港政府應該思考通過一條規定，強制所有英籍船員必須加入工會，如此工會將有權採取紀律行動，約束素質低落的船員；2.香港政府應該考慮強制規定英籍船員的薪資水準，如此將可以避免中國船主以低薪雇用到不合格的英籍船員。不過，經過討論，這兩項建議方案似乎均不可行，例如法禮著即質疑前項規定將侵犯到個人自由，而後項規定可能也不易落實，因爲惡劣的中國船主仍可能與英籍船員串謀，以低薪高報的方式來應付政府規定。

此外，關於〈防範海盜章程〉其他部份不合理的規定，工會代表也認爲有調整修改的必要。1. 〈防範海盜章程〉規定，船長與船員有責任「竭盡全力抵抗任何的海盜攻擊」("to resist to the utmost any piratical attack")。雖然工會代表認同船長、船員有責任保護輪船安全，但是當環境惡劣，又沒有適當後援的情況下，如果「竭盡全力抵抗」，其實就等於要船員們去送死，這是完全不合理的。2. 〈防範海盜章程〉規定，所有船員在執行勤務時必須全程攜帶武器，但是對於在高溫狹小輪機室內工作的機工人員來說，要求他們也必須全程攜帶武器，同樣也是不合常理的。所以，工會代表堅持應刪去「竭盡全力」("to the utmost")等字眼，同時也應放寬機工人員攜帶武器的規定。對於工會代表所提的兩點修改要求，與會的政府代表同意有刪去與調整的必要。

再者，關於英國船隻是否應該強制規定裝設無線電設備問題。出席的工會與政府代表均認爲船隻裝設無線電對於防制海盜甚爲重要，因爲如果所有英船均裝有無線電設備，那麼在航行危險水域時，藉由分區固定傳送無線電訊號的機制，即可知船隻的安危情況，不但可以大幅提高船隻反制海盜的能力，也可迅速向外求援，同時對於海盜也有威嚇作用。但對於是否應該強制規定，與會代表就略有歧見：一方面是無線電裝備相當昂貴，強制裝設將會引起成本上的考量；二方面是無線電設備體積不小，大部份輪船船艙過於狹小，是否有足夠空間裝設也是必須考量的問題；三方面是無線電設備需要專業人員操作，還必須 24 小時均有無線電人員輪流值班，因此一般輪船可能至少需要 2 名無線電報操作士，而軍艦因戰備任務分四班值勤，所以至少需要 4 名操作士，如此所額外衍生出的人員開支，也是必須思考的；四方面，英國現行無線電設備多半是在溫帶水域使用，但是廣東水域地近熱帶地區，無線電設備是否能夠適應熱帶潮濕炎熱的環境，恐怕也需要進一步的實驗方能確定。不過經過廣泛的討論之後，與會的工會與政府代表還是認爲，強制裝設無線電設備對於提高防盜能力有很大的作用，故主張應強制裝設，至於額外增加人力與成本開支部份，與會人員認爲可以裝設新型的「半自動無線電收發報機」("semi-automatic transmitting and receiving apparatus")來解決，因爲此類機型不但體積較小、成本低廉，且僅需 1 名操作士即可（無須 24 小時均有操作士在旁控制）。因此，會議決定先由貿易委員會進行此類機型無線電報機的熱帶水域測試，待測試完畢無誤後，再強制規定船隻必須裝設無線電設備。至於海軍方面，也應準備相關配套措施，例如中國水域的英國海軍艦艇，均也應強制裝設無線電設備，以便海盜劫案發生時，能夠及時接收求救訊號，並趕往救援。

還有，是關於船員保險部份。工會代表認爲現行保險含括範圍相當不足，以致於船員身處在風險極高的海盜攻擊環境下，然一旦因此受傷或殞命時，卻無法獲得充分的保險理賠。工會代表認爲提供船員適當的保險保護本是船商的職責，但船商往往卻對此消極以對，所以應該由英國政府出面向船商施壓，以便提供適當的保險保護。關於此點，香港助理輔政司法禮著倒是當場給予正面回應，強調香港政府將會積極介入此事，強制規定船商必須幫船員加保，或是由政府出面建立一套完善的保險理賠機制，但要求船商必需支付相關保費開支。

最後，是關於海員、機工等工會，在政府防盜決策過程中的發言權問題。工會代表建議香港政府在往後討論中國水域防盜問題時，應該任命工會代表參與討論，俾便與政府以及船商代表共同會商相關議題的解決之道。這點同樣也獲得法禮著的肯定回應，表示未來在與工會利益相關的問題上，香港政府保證均會讓海員、機工等工會派任代表與會，以便能夠有充分的機會表達意見。[67]

---

[67] 以上關於 1924 年 7 月「跨部會議」的討論內容，均見於"Notes of A Meeting Held on 10th of July 1924, between Representatives of the Colonial Office, Foreign Office, Admiralty, Board of Trade, the Government of Hong Kong and Representatives of the Imperial Merchant Service Guild, The Marine Engineers Association, and the China Coast Navigating and Engineers Guilds, to Discuss Measures for Dealing with Piracy in Waters Adjacent to the

（三）「跨部會議」總結檢討報告的主要內容[68]

　　歷經 1924 年 6 月、7 月兩次「跨部會議」的討論，最終在 1925 年 1 月提出的總結檢討報告中，將「海盜問題歸因於中國內戰，導致珠江三角洲及鄰近水域的警察體系瓦解」，而解決海盜問題最有效的方法莫過於直接摧毀海盜巢穴，但又不可能派兵登陸進剿，因此應盡可能地「與中國當局合作」剿滅海盜。跨部會議也檢討工會所建議的以海軍巡邏體系(patrol system)完全取代船上的防禦措施（武裝警衛），但海軍部受限於人力船艦，無法負荷龐大的巡邏任務，遑論要派艦護航。

　　海軍部代表表示：要能夠使輪船免於海盜攻擊，必須組織一個龐大的巡邏體系（以海軍巡邏體系完全取代現有防禦措施），這對海軍來說是極端困難的。要維持這樣的巡邏體系，必須將香港水域的英國海軍武力大幅擴充。然而，英國海軍編制在一戰後已經大幅裁撤，不可能再取得能夠在珠江三角洲河流執行勤務的特殊艦艇，況且這也必須花費龐大的開支。如需要建造此類所需的船艦，以及提供相關人力，則又需要相當的時日。

而「跨部會議」並不認為「目前情況已嚴重到必須建議英國政府去大幅擴充在香港附近水域的海軍武力」。至於籌設船團體系(convoy system)，同樣亦非可行的方案。組成船團並由海軍護航有時雖可發揮不錯的功效，但是僅能在戰亂危險時期偶一為之，不可能常態化與擴大化。因為如果每次航行均須組成船團與護航艦隊，將導致行船不自由、航班大亂，勢必對日常商務活動造成極大的限制，更會引起普遍性的不滿與民怨。因此，在現有條件之下，既然無法根本解決海盜，也無力完全以海軍巡邏或護航取代既有防盜措施，故宜從三個方面著手：一是與廣東地方當局合作，二是配合

Colony of Hong Kong," CO129/487.

[68] 「跨部會議」總結報告主要由五人負責撰寫，分別是殖民部助理次卿葛蘭敦（擔任主持人）、外交部參事瓦特盧、海軍部湯金森上校、卡爾森中校(Commander E. R. Carson)，以及香港助理輔政司法禮著。見"Report of an Inter-Departmental Conference on Piracy in Waters Adjacent to the Colony of Hong Kong," January 1925, FO371/10932.

既有海軍武力，進行有效率的巡邏體系，三是依照現有〈防範海盜章程〉的規定，繼續維持船上的防衛措施。

其次，〈防範海盜章程〉各規定中，最爲香港海事相關從業工會所詬病的，即是航行危險水域的船隻均須部署武裝警衛。因爲設置武裝警衛的各項開支頗大，一來排擠到其他經費，二來印度警衛紀律欠佳、訓練不足，實無法勝任防範海盜的任務。不過，「跨部會議」卻極力爲印度警衛辯護，聲稱其尙未熟悉職務，部分警衛難免行爲不如預期，但是因爲其成員大都來自軍隊，在香港警察司以及英屬印度陸軍官員的指揮、組織與訓練下，應可發揮其作用。

再者，當遭遇海盜攻擊時，船員幹部雖毋須抵抗到「竭盡全力」方休，但維護輪船航行安全，本是船員幹部的職責，他們應該嚴格執行〈防範海盜章程〉相關規定，以防止海盜劫持船隻。「跨部會議」引述海軍情報處官員(Naval Intelligence Officers)的報告，認爲〈防範海盜章程〉之所以成效不彰，主因乃是船員幹部本身紀律不佳所致，這又與香港船商的惡劣心態有關。部分華籍船主「視英籍船員爲必要之惡」，爲了讓船隻能夠順利在香港註冊、成爲英船，不得不聘請英籍船員，但爲了減少營運成本，往往又大幅削減英籍船員的待遇與撫卹津貼，導致優秀船員去職，剩下的往往濫竽充數、敷衍了事。換言之，船商不顧輪船安全、只知逐利的心態，造成船員紀律低落，〈防範海盜章程〉諸多防衛措施也就無法落實，使得海盜有了可乘之機。所以「跨部會議」建議海事相關從業工會應該自行與船主進行磋商，設法改善那些經營不善船隻上的船員待遇，如此將可以維持適當的船員紀律，從而降低海盜事件發生的機率。

此外，「跨部會議」認同工會的建議，即航行危險水域的每一艘輪船上均應裝設無線電裝置，以便當遭遇海盜攻擊時，輪船可以儘速透過無線電向附近的海軍艦艇求援。但是這意味著輪船與海軍艦艇均需配置無線電設備與充足的人力，爲了節省相關開支，「跨部會議」建議可以裝設自動或半自動式的無線電設備，以便在有限人力資源下，讓求救方（輪船）與救援方（海軍）能夠加快彼此的聯絡通訊。[69]

　　至於海事從業人員的保險問題，「跨部會議」則援引英國政府的「公報通知」(Gazette Notification)，強調船員的保險問題乃是船公司的責任，政府的介入安排不過是去彌補船公司的不足之處，畢竟「原則上，照顧船員及其家屬的責任在於船商，而非政府」。因此，「跨部會議」建議，香港海事從業相關公會應該盡力督促船公司主動建立一套保險制度，至於香港政府也應考慮是否該強制規定船公司須替船員加保，或是去支付政府保險計畫的開支。[70]

（四）「跨部會議」的意義及英國政府的後續作為

　　在兩次「跨部會議」主席、殖民部助理次卿葛蘭敦 1925 年 1 月給殖民部部長的備忘錄中，即認為此次請願運動的由來，其實就是海事相關從業工會及「英商中華社會」等試圖推翻香港政府既有的防制海盜架構，而將防範海盜的責任全部丟到海軍身上。但就政府財政考量而言，這完全不可行。而依據現行〈防範海盜章程〉，規定由船商公司來肩負防範海盜的責任，其設計乃是透過在船艙安裝防盜隔離鐵窗以及將艦橋區要塞化，讓船長、船員們得以據險而守，防禦海盜的攻擊。葛蘭敦認為，根據過往經驗，對於真正的英國船隻來說，只要能夠恪遵〈防範海盜章程〉規定，在歐籍船長、船員的領導下，均能成功抵禦海盜的可能攻擊。然而，所謂的廣東海盜問題，事實上並非發生於此類真正的英國船隻，而是那些香港華人所擁有的偽英船。特別是為了符合英籍船隻的註冊規定，華人船主習慣雇用一些素質低劣的英籍人士來偽充形式上的船長與船員。這些英籍船員

---

[69] 據「跨部會議」評估，如果要保持無線電通訊 24 小時暢通，每艘輪船可能需配置 2 位無線電操作員，以便輪班值勤；而每艘海軍艦艇則更應配置 4 位操作員，方能應付隨時發生的緊急事故。這樣的人力需求，對船公司與海軍來說，都是很大的負擔。

[70] "Report of an Inter-Departmental Conference on Piracy in Waters Adjacent to the Colony of Hong Kong," January 1925, FO371/10932

幹部的任務，只是掛名領薪而已，在船務運作上並不負實際責任。而此類
船隻多半無視〈防範海盜章程〉相關規定，所以船上沒有充分防備條件，
也因此往往成為廣東海盜的獵物。葛蘭敦坦承中國內政失序與局勢混亂，
是造成海盜問題猖獗的主要原因，但不容否認的，也因為香港政府貪圖上
述華人船隻的註冊費與其他相關收入，對於船籍管理的作為過於寬鬆，同
樣也是導致英船海盜劫案日趨嚴重的重要原因。尤有要者，當這些懸掛英
國旗的中國船隻頻頻淪為海盜受害者的同時，英國旗幟及其代表的英國尊
嚴亦同樣遭受到嚴重傷害。因此，葛蘭敦認為只要嚴格落實〈防範海盜章
程〉的諸項規定，並與隨船的武裝警衛、巡邏的武裝汽艇等搭配運作得
宜，即能有效防範海盜劫掠。所以〈防範海盜章程〉應繼續維持下去，英
國政府只要稍微調整改善對船員的保險與撫卹，以及要求英國船隻必須裝
設無線電設備等措施即可。至於「英商中華社會」，則顯然與中國船商站
在同一陣線上，也屢次為此向英國政府陳情與抗議。葛蘭敦認為應該考慮
將「跨部會議」的總結報告給予「英商中華社會」，讓其明瞭英國政府的
立場。簡單來說，葛蘭敦雖然對於香港船籍管理現況有所不滿，但在其給
部長的內部備忘錄中，還是可以清楚看出殖民部對於整件事情的基本態
度：〈防範海盜章程〉雖有微調需求，但整體而言，香港既有的防範海盜
架構並無多大問題，更無大幅檢討或撤廢的必要。[71]

　　此外，1925 年 1 月「跨部會議」提出報告後，殖民部並未立即將之公
布，而是遲至 3 月底才正式通知香港公告周知，原因乃是殖民部認為還必
須顧及民間與其他部會的觀感，方能拍版定案。這段期間殖民部充分溝通
了代表民間船商利益（包括「英商中華社會」、怡和輪船公司、太古輪船公
司等）的意見，也參酌了香港方面所提出的「少數報告」（詳下節）。但
最後，殖民部仍決定上述意見與看法並不足以改變「跨部會議」報告的結
論。[72]而這也意謂英國政府對於香港附近水域海盜問題的處置方針已有定

---

[71] "Minutes of Colonial Office," 5 January 1925, CO129/487.

[72] "Minutes of Colonial Office," 12 March 1925, CO129/490; "Piracy in Waters Adjacent to
Hong Kong," Memorandum prepared by the Colonial Office, 5 January 1926, FO371/11670.

見，將繼續維持〈防範海盜章程〉的基調，著重船公司（船員）在防範海盜上的責任。於是，英國殖民部在取得外交部的同意後，[73]於 1925 年 3 月底正式將「跨部會議」報告內容通知香港政府以及商界組織「英商中華社會」，明確表達英國政府的立場。在殖民部給「英商中華社會」以及太古、怡和兩輪船公司的信函中，殖民部部長表示已認真考慮〈少數報告〉以及商業界的建言，但是仍然支持「跨部會議」所作成的結論，目前並沒有理由調整政府決策。[74]

　　不過，殖民部後來對於「跨部會議」報告也有些許意見，例如關於無線電裝置規定，殖民部即認爲有調整的必要。因爲 1925 年 1 月在新加坡與香港間南洋水域發生康華輪劫案(SS *Hong Hwa* Piracy)，海盜在攻擊行動之初即先破壞船上的無線電裝置，導致該船無法及時送出求救信號，故殖民部認爲關於「跨部會議」報告中有關無線電裝置的部份可能還需有所調整。在殖民部給貿易委員會的函件中，即強調從康華輪劫案過程可知：應重新檢討現行防盜規定以及「跨部會議」報告中有關無線電操作室以及設備的位置安排，必須將其納入輪船整體防禦計畫之內，否則一旦遭到海盜破壞，將使得無線電裝置形同虛設。[75]

[73] "The Under Secretary of State, Colonial Office to the Under Secretary of State, Foreign Office," 22 January 1925; "S.P. Waterlow, Counsellor, Foreign Office to the Under Secretary of State, Colonial Office," 29 January 1925, FO371/10932.

[74] "G. Grindle, Assistant Under Secretary of State, Colonial Office to Matheson & Company, Ltd., John Swire & Sons, Ltd., and the Chairman, China Association " 26 March 1925, FO371/10933. 上海《申報》則是遲至 1925 年 5 月間才刊載「跨部會議」的消息，並簡要闡述其主要結論。見〈香港海面防盜計畫〉，《申報》（上海），1925 年 5 月 16 日第 4 版。

[75] "Despatch from G Grindle, Colonial Office to the Assistant Secretary, Mercantile Department, Board of Trade," 20 April 1925, FO371/10933.

六、小結

　　二十世紀以來，廣東海盜活動漸趨活躍，新型態的海盜犯罪模式，也造成英國在華航運業極大的挑戰。廣東海盜放棄以往另乘船隻、從外部襲擊商船的傳統作法，而是化整為零，偽裝一般乘客購票登船，但是暗中挾帶武器，待商船行駛至公海時，利用夜色掩護，發動突襲行動，壓制船長與船員，取得商船控制權，再大肆劫掠。為了因應此種新型態海盜犯罪手法，自 1914 年泰安輪劫案以降，香港政府即透過立法程序，先後頒佈〈防範海盜則例〉、〈防範海盜章程〉等防盜規定，除了強化香港警察對的船隻搜索權外，也確定船商與第一線的船員幹部，在商船防盜工作上的強制責任，據此嚴格規定凡是航行海盜高犯罪率的危險水域的商船，必須具備一定程度的防盜能力，以抵禦可能的海盜攻擊行動。其具體的規定與作法，即是嘗試將商船要塞化與武裝化：商船的艦橋、輪機室等關鍵區域外部必須裝設防彈鐵板，往來出入通道則必須設置鐵窗、鐵絲網等隔離設施，藉此與普通艙房分隔開來，在航行途中隔離設施均須上鎖，由專職的印度武裝警衛駐守，嚴密監視出入情況；船員幹部在船上值勤時，亦須隨身攜帶佩帶武器，以備不時之需等；每艘航行危險水域的船隻，均須雇用固定數額的印度武裝警衛，其費用開支由船商負責，但其指揮、訓練與調度，則由香港警察司負責。

　　然而，在實際與海盜遭遇的情況中，前述防盜措施似乎效果相當有限。也因此在 1922 年瑞安輪劫案後，香港政府又重新檢討既有防盜架構的疏漏之處，認為船長、船員並未恪遵防盜規定且在抵禦海盜時態度往往過於消極，因此決定進一步強化香港總督對於船長、船員的懲戒權，凡是未能遵守規定或是「未竭盡全力」抵抗海盜者，可以免除其職務。此舉卻引起英國在華兩大海事人員從業工會－海員工會以及海事機工工會－的極大反彈，除了採取罷工行動外，還結合其他英商工會與商會，向英國與香港政府表達訴求，強烈建議調整既有防盜架構，以海軍巡邏體系提供的外部保護，來取代商船本身的防盜措施，將印度武裝警衛撤離，讓商船指揮權還歸於船長，香港警察僅需專責處理岸上檢查事務即可；此外，為了鼓勵船長、船員在處理因應海盜問題時的積極態度，也應建立完整的獎勵與保險制度。

面對海事從業工會、商會等串連的反彈行動，香港政府固然相當不認同其諸多主張，但是為了緩和對立氣氛，並不反對引進海軍巡邏體系來分攤殖民地的防盜責任。然而英國政府考量到財政壓力，海軍則限於自身能力，均清楚認識工會與船商等背後的圖謀，妄想將防盜責任全部轉嫁至海軍身上，故極力表態反對。關於香港政府、英國政府（海軍）與船商三者在此問題上的矛盾對立情況，作為旁觀者的美國駐香港與澳門總領事館曾有相當深入的觀察見解：

> 能夠理解的是，香港政府想要督促海軍部去強化海軍武力，以建立起一套海軍巡邏體系，適當地保護商船，免於來自海盜的外部攻擊。然而，英國政府堅持商船本身的武力防衛機制才是關鍵，至於細節部份可以再做調整。而另外一方面，船商與海員工會等卻認為，提供外部的防護，則才是重要的考量。[76]

一言以蔽之，船商與工會想將防盜之責全都丟給海軍，香港則是想利用海軍來共同承擔防盜任務，但英國政府與海軍卻認為商船本身防盜能力才是關鍵。三者之間正上演著互踢皮球的把戲！

為了化解民間歧見，並凝聚政府內部對於此爭議的官方立場，英國政府決定召開跨部會議來共商解決方案。然而從「跨部會議」總結報告決議事項卻不難看出，其一面倒地為政府政策辯護，一方面仍強調船公司（與船員）在防範海盜上有著不容推卸的責任，無論是船員待遇、紀律、警衛費用、保險或是防盜設備等，均應由船公司肩負起主要的職責與開支，政府與海軍的角色僅是從旁提供必要協助，不可能代之承擔所有的防盜工作與任務，二方面則堅持〈防範海盜章程〉仍有其存在的必要，因為香港附近水域海盜事件之所以頻傳，並非〈防範海盜章程〉本身不善，而是船公

---

[76] "Piracy and Measures of Prevention," Consulate General, Hong Kong to the Department of State, 20 March 1924, RIAC 893.8007/15(1/2).

司（與船員）因循苟且、未能確實執行相關規定之故。所以，政府往後更應嚴格要求所有輪船與船員必須遵守〈防範海盜章程〉，同時健全相關配套制度，強制規定船公司提高經費開支，以便船員勇於對抗海盜，無後顧之憂。[77]換言之，英國政府雖然嘗試疏通海事從業工會與商會的不滿，但卻不準備接受其建議，而是繼續堅持原有防盜政策，強調船商與船員幹部在防盜工作上的主要責任。

---

[77] "Report of an Inter-Departmental Conference on Piracy in Waters adjacent to the Colony of Hong Kong," January 1925, FO371/10932.

第三章 〈防範海盜章程〉的規劃調整與爭議（二）

一、前言

　　1924 年初的大利輪劫案(SS *Tai lee* Piracy)中，英籍船長與印度警衛均慘遭海盜殺害，一時之間風聲鶴唳。[1]英國海軍情報官事後針對大利輪劫案所作的調查報告，認定由於船商與船員在許多方面違反防盜規定，才最終導致劫案悲劇的發生。首先，艦橋區雖設有鐵窗與其他艙間隔離，但卻未依照規定上鎖，以致於乘客可以穿梭其間，讓偽裝乘客的海盜得以利用發動突襲。同樣重要的輪機室，亦缺乏適當的保護措施。其次，船員幹部在航行途中，均未隨身攜帶武器，故無法及時反制海盜的攻擊行動。船員幹部在執勤期間也往往未能恪遵職守、認真管理全船，反而將船隻控制權全交由引水人、水手長或控制是華籍買辦負責，管理制度鬆散。再者，船商在營運心態上也有著嚴重偏差，常常為了減低成本，盡量減少聘用英籍幹部，或是用遠低於工會標準的薪資去雇用不合格的船員，以致於大利輪全船均欠缺應有的船員紀律，故當遇到海盜攻擊時，也就無法有效應付。船商如此散漫輕忽的心態，勢必造成優秀船員幹部的流失，最後僅剩一些濫竽充數。因此，英國海軍情報官在檢討劫案過程後，建議往後香港政府應嚴格追究船商的偷機取巧與缺失過錯，對於違反防盜規定者，必科以處罰，如此方有可能使其改變態度，從而提高船員待遇與撫卹照顧、聘用優良幹部，以及遵守防盜規定。換言之，商船要抵禦海盜的攻擊，必須從嚴

---

[1] 大利輪隸屬於香港和益輪船公司，平常行駛於香港、江門之間，1924 年 1 月間在廣東西江水域遭到偽裝乘客的海盜攻擊，英籍船長與 1 名印度警衛遭到殺害，部份乘客則被海盜擄走淪為肉票，財產損失遭達 200000 元。經事後調查，海盜應是偽裝乘客在香港登船，部份水手可能與海盜有所勾結。見"SS *Tailee*," cited from "The Guilds' Attitude: Piracy- Regulations- Results," 12 March 1924, CO129/487.

格懲罰不肖船商、提高船員素質與紀律等處著手。香港總督事後檢討此案過程，亦認為英國海軍情報官此類指控符合事實情況，海盜之所能夠屢屢逞兇，與船商一直未能恪遵防盜規定有著密切關係。[2]即是之故，香港當局逐步開始採行一系列措施，嚴格稽查進出港輪船，凡未能遵守相關防盜規定的船商，必定科以罰款，或是沒收其營業保證金。在香港政府的嚴格執法與重懲罰款下，英國與香港在地船商苦不堪言，對於政府施政每每多有怨言。

此外，因為 1924 年間有關海盜準備繼續犯案的情資頻傳，香港當局為防悲劇重演，下令航行危險區域內的輪船必須強化船上的印度武裝警衛，並組成船團(convoy)同行，以增強輪船抵禦海盜犯案的能力。然而組成船團航行，從商業角度而言，對於船商營運極為不利，一來船隻航行時間受限不自由，有害商機，二來會拖累輪船航行速率（航速快的船必須降低航速以配合航速慢的船），增加營運成本。所以，香港船商均反對船團航行規定，痛責其不一定能夠有效防止海盜犯案，反而已害商擾民。

後來，香港又發生著名的佛山輪恐慌事件(SS *Fatshan* Scare)，香港警察當局收到海盜預謀犯案情資，隨即派遣水警將已出港的佛山輪押回，可是經過徹底搜查後，證明不過純係誤傳，但此事件卻已造成船商重大的利益損失與不必要的恐慌。尤有要者，雖歷經此類誤傳事件，但香港當局依然持續過度重視海盜犯案情資，更藉此要求輪船必須持續恪遵相關防盜規定，凡查緝到違規者，若非處以罰緩，即以拖延輪船結關時間，變相懲罰船商。[3]

---

[2] 英國海軍情報官最後還引述「中國艦隊」總司令的看法，認為船員幹部只要能夠恪遵現行防盜章程，有紀律、有決心，彼此間通力合作，一定能夠制止海盜亂象。見"Statement Made by the Naval Intelligence Officer before the Coroner in Connection with *Tailee* Piracy," 5 May 1924, CO129/488; "R.E. Stubbs, Governor of Hong Kong to L.C.M.S. Amery, Secretary, Colonial Office," 12 February 1925, CO129/488

[3] "The Anti-Piracy Measures: Serious Friction Developing, Wireless Controversy Threatened," *The North China Herald*, 27 December 1924; "Piracy Prevention Ordinance and Regulations," from the Commander-in-Chief, China Station to the Secretary of the Admiralty, 17 February

簡言之，1924 年在大利輪劫案調查報告、船團防盜策略與過度重視海盜情資等事件的推波助瀾下，香港官、商之間，針對防盜議題，開始出現嚴重對立。一方面香港政府指責船商須為反盜失敗承擔最大的責任，主張亂世需用重典，故決定嚴厲執法，並以罰款作為威逼船商遵守防盜規定的手段。但是另外一方面，船商卻認為香港政府苛政猛於虎，實已反應過度，影響到船商與船員生計，故指責香港政府片面將所有防盜責任全都施加於船商與船員身上。影響所及，香港政府與船商、海事從業人員之間，關於防盜規定的矛盾衝突，也就愈演愈烈。即是之故，當 1924 年底，香港政府準備修正〈防範海盜章程〉，希望以更為嚴格的規定來約束船商之際，船商與工會勢力則攜手合作醞釀反彈。

二、民間觀點的〈少數報告〉(Minority Report)[4]

（一）香港政府推動的〈防範海盜章程〉修改建議委員會及草擬增修事項

1924 年底香港總督司徒拔召開由助理港務長為主席，印度警衛指揮官、民事檢察專員、英商商會代表、華商商會代表、海員與海事機工聯合工會代表等為成員的一個當地調查委員會，旨在徹底檢討〈防範海盜章程〉中相關防禦海盜規定的疏失之處，以便提高輪船防禦海盜攻擊的能力。該委員會成員共 6 人，3 人為官方代表，3 人為民間代表。[5]

1925, FO371/10933.

[4] 〈少數報告〉為簡稱，其英文全名為："Minority Report of the Committee appointed by His Excellency The Governor to consider certain Proposals with regard to the prevention of Piracy"。見"Neilage S. Brown, Representative of the Hong Kong General Chamber of Commerce to Lieutenant Commander Conway Hake, Assistant Harbour Master, Hong Kong," 10 January 1925, FO371/10933.

[5] "R.E. Stubbs, Governor of Hong Kong to L.C.M.S. Amery, Secretary, Colonial Office," 12 February 1925, CO129/488; "The Minority Report," January 1925, *SP 1927*, No. 3, pp.95-100; "Hong Kong Piracy Muddle," *The North China Herald*, 7 February 1925; "Piracy Prevention

表3-1：香港總督任命的〈防範海盜章程〉修改建議委員會（1924年底）			
官方代表		民間代表	
助理港務長（主席）	海克（英國海軍備役中校）(Lieutenant Commander Conway Hake, Assistant Harbour Master)	英商商會代表（代表英籍船商利益）	布朗(N.S. Brown)
印度警衛指揮官	布拉克山姆上尉(Captain H. Bloxham, the Officer in Charge of Indian Guards)	華商商會代表（代表華籍船商利益）	周埈年(T.N. Chau)
民事檢察專員	(Crown Solicitor)	工會代表（代表海員、機工聯合工會利益）	勞倫森(Lieutenant Commander T. T. Laurenson)

　　依據香港政府事先的規劃，在委員會正式開議前，已草擬完成六項的可能增修事項，希望由委員會討論並提供建言。以下即為六項增修草案：

第一項，強制規定航行危險水域的商船必須裝設無線電設備。

第二項，執行華籍水手的持續離職文件體系（離職通知）。

第三項，商船條款部份，提供24小時的合約終止通知。（合約終止通知）

第四項，立法禁止在江輪上直接售票。

第五項，建議修改既有章程規定部份

第六項、新增章程規定部份

　　第 1 條、新建船隻規定：凡是申請新建輪船、汽艇或是其他船隻，如預備搭載乘客，並適用〈防範海盜條例〉規定者，必須在建造

Ordinance and Regulations," from the Commander-in-Chief, China Station to the Secretary of the Admiralty, 17 February 1925, FO371/10933.

前，將船隻設計圖送請港務長批准。委員會將擬定該船的防禦設計，諸如隔離鐵窗、閃躲板、鋼板裝設等，以符合香港警察司的要求。待港務長批准後，船隻設計圖上將會註記要調整的部份。

第 2 條、武器存放規定：必須在鐵窗戒護區之內安裝一個武器鎖櫃，存放所有武器，以符合香港警察司的要求。適用此規定的輪船將限於 60 噸及其以上的船隻。

第 3 條、華籍乘客管制規定：禁止華籍乘客在戒護區內的頭等艙甲板上走動，除非獲得船長或買辦的書面保證。

第 4 條、戒護區鐵窗鑰匙管制規定：除了合格船員幹部外，船主不得讓其他任何人擁有戒護區鐵窗的鑰匙。

第 5 條、隔離鐵窗上鎖規定：擬定所有鐵窗與隔離設施的上鎖規定。[6]

由上述〈防範海盜章程〉增修草案，可以清楚看到香港政府仍將防盜重責放在輪船業者與海事從業人員身上，並透過法律條文，進一步詳細規範並增加船商與船員所必須承擔的各種任務與責任。同時，也擴大香港港務與警察當局的權限，不但得以在造船之前事先介入船隻設計，即使對於業已營運的船隻，也能逕自要求船商施工改造。這些額外施工以及裝設無

---

[6] 第五項修改既有章程部份為：第 1 條、刪除「竭盡全力」字眼，或者加入「在環境條件下盡可能」字眼；第 3 條、修正機工人員在輪機室時無須佩帶手槍； 第 10 條、刪除「或有刺鐵絲網」字眼； 第 11 條、代替為「艦橋保護區以及甲板處應該設防，使人無法從下進入」；第 15 條、刪除「除了第十七條的出入規定外」字眼；第 19 條、修正並授予港務長可另行修改商船結構工程；第 21 條之 a、刪除「由委員會決定」，改代以「由港務長批准」；第 21 條之 b、刪除最後一句話，改代以「各船長均需熟悉並能執行該船防禦計畫等」；第 23 條、刪除「一支 12 毫米口徑之槍」，改代以「一支 0.44Winchester 來福槍或 Greener 警用槍」；第 33 條、新增「或是在甲板鐵絲網區域之外。所有未執勤的警衛在夜晚時均在鐵絲網區域之內睡覺，並隨身攜帶武器，以便即刻使用」；第 37 條、刪除最後一句話，改代以「船長、代理商、委託人、執照所有人應在每月第一日，將雇用警衛的薪水，支付給庫政司：一等警衛每月 27 英鎊，其他警衛每月 25 英鎊」。見"The Points on Which the Committee were Desired to Advise," Enclosure 1 to "R.E. Stubbs, Governor of Hong Kong to L.C.M.S. Amery, Secretary, Colonial Office," 12 February 1925, CO129/488.

線電設備的成本，均將由船商承擔。此外，制度上的繁瑣化，例如離職、合約終止通知、禁止船上售票、禁止華籍乘客活動等，某種程度上而言，也將影響船商營運，也會造成其他額外花費。其次，就船長與船員來說，增修草案雖然刪除了抵禦海盜時需「竭盡全力」，以及稍微放寬機工人員配戴槍枝等規定，但在本質上並未調整原先規劃的精神，亦即船長與船員必須作爲直接防範與抵抗海盜攻擊的主要承擔角色。另外一方面，至於船商與海事從業人員先前極度渴望的海軍巡邏體系，以及攻訐反彈最力的印度武裝警衛制度，回歸船長單一領導等訴求，香港政府基本上均未做任何的調整與回應。

（二）民間代表退出委員會以及〈少數報告〉的提出

香港總督任命的〈防範海盜章程〉修改建議委員會在開會之初，官、民雙方即有相當激烈的言辭辯論，特別是商會、工會代表與委員會主席助理港務長海克對於委員會的權限，發生嚴重的意見分歧。

1924 年 12 月 5 日，委員會第一次開會時，海克先宣讀倫敦「跨部會議」的重要觀點，闡述英國政府的主要立場。繼之，海克則堅持委員會的權限僅在於檢討香港政府所擬定的增修草案，針對〈防範海盜章程〉本身提出修改方向，不得觸及整體防範海盜問題。但商會與工會代表則極度不滿現有〈防範海盜章程〉，認爲修改無助於有效解決海盜問題，故主張通盤檢討整個防範海盜策略。[7]商會代表布朗即發言陳述英商商會的基本立場與首要訴求：最有效的防盜方式，並非著重船隻內部防禦措施，而應該從外部建立防禦機制，亦即由英國或是香港政府來設置適當的海軍巡邏體制，從外部來防範海盜攻擊。布朗並強調，英商商會並未授權他去討論商船上面的防盜措施。工會代表勞倫森亦申援布朗的主張，並質問香港政府

---

[7] "Managers, China Navigation Company, Ltd. to the Secretary of State for Foreign Affairs, Foreign Office," 9 March 1925, FO371/10932.

調遣護航船隻的處理進度。主席海克則表示海軍巡邏體系牽涉事廣，不可能在一年之內落實，所以香港政府才擬定〈防範海盜章程〉增修草案，以先解燃眉之急。況且委員會的任務，不在於討論整體防盜政策的調整，應該著重的是針對既有章程的缺失之處進行調整與修補。由於與會民間代表布朗、周埈年等均強調他們需要進一步請示各自商會，是否授權他們討論香港政府擬定的增修草案；在場的民事檢察專員也指出民間代表若無充分授權，則必須退出委員會，故最後委員會決定暫停會議，待民間代表請示商會後再做討論。[8]

一週後（12 月 12 日），進行第二次會議，但是對於委員會的職權界定，工會、商會等民間代表還是與主席海克意見相左，導致會議最後仍是陷於彼此爭論之中。[9]會議一開始，工會代表勞瑞森即再次詢問委員會是否限制僅能討論既定的議程草案，同時也宣讀了英商中國沿岸海員工會的聲明。在聲明中，勞瑞森表示英商海員與機工聯合工會完全無法認同香港政府所提的議程草案，因為如果工會代表一旦參與此議程討論，不啻於是承認既有章程的正當性，而這正是工會反對最力之處：既有章程與增修草案之間並無多大差異，但兩者同樣均是「錯誤至極」("faulty to the extreme")，也是工會嚴厲批判的對象。工會堅信，無論是否符合經濟效益，海軍都有職責保護英國人民及懸掛英國國旗下的船隻。只要在內河地區部署吃水淺的巡邏快艇，在沿岸水域部署輕型砲艦，就能發生嚇阻作用，讓海盜不敢犯案。最後，工會則訴之以情，強調英國海事相關從業人員曾在一次大戰期間為國家犧牲奉獻，如今又為了確保香港殖民地的繁榮與海外運輸順暢

---

[8] 有趣的是，會議上英商商會代表布朗還特別詢問香港政府召開此委員會的動機，是否與先前海事相關從業工會向英國政府的請願行動有關，但委員會主席海克則撇清與工會請願行動毫無關係，乃是因香港港務長與警察司主動發現既有防盜章程的缺失，故召開委員會討論增修事項。見 "Piracy Regulations Committee," the First Meeting of the Piracy Regulations Committee, 5 December 1924, CO129/488.

[9] "Piracy Regulations Committee," the Second Meeting of the Piracy Regulations Committee, 12 December 1924, CO129/488.

而冒著生命危險，因此英國政府理應給予其適當的海軍保護。[10]

　　之後，則由商會代表布朗宣讀英商商會的聲明。首先，商會對於香港政府不同意委員會討論整體海盜問題，感到相當遺憾。因為商會以為在第一次會議的討論之後，香港政府會重新考慮並改變態度。商會相信所有與會的「非官方代表」都認為要有效解決海盜問題，必須同時考量各個面向的因素，不能僅侷限在既有章程的增修之上。所以，在參酌英商總商會所屬的「航運委員會」("Shipping Committee")建議後，商會開會決定不再參與關於既有章程增修的討論，除非香港政府同意商會代表能夠就整體防盜問題暢所欲言：

> 假如（香港）政府拒絕針對整體防盜問題進行完整的討論，則（英商）總商會將同意商會代表執行退出防盜章程委員會的行動。此外，如果（香港）政府不願意重新考慮其決定，總商會也將同意讓商會代表與華商代表、工會代表等一同制定〈少數報告〉，以便提交給政府。

總商會相信這份〈少數報告〉，將會提供「相當實用的價值」，以協助香港政府制訂更為有效的反盜計畫。[11]英商商會的聲明，當場也獲得華商商會代表周埈年的同意。

　　另外一方面，委員會主席、助理港務長海克卻對工會與商會的聲明表達不滿，他首先指責工會的聲明已經違背 1924 年 7 月倫敦「跨部會議」上工會代表所作的承諾，亦即「不再視海軍（保護），為唯一解決（海盜）問題的方案」。海克並辯稱此次防盜章程增修草案，乃是依據瑞安輪劫案調查委員會所作成的報告，而該委員會早已採納各方意見，所以香港

---

[10] 在聲明中，工會還援引前美國駐英大使在戰後對於英國海商人員的讚詞：「（戰時）英國海商人員為世人以及其他國家付出了許多，遠遠超過以往其他人所能提供的」。"Mr. Laurenson's Statement (on Behalf of the China Coast Officers' Guild & the Marine Engineers' Guild of China)," 12 December 1924, CO129/488.

[11] "Mr. Brown's Statement (on Behalf of the British Chamber of Commerce, Hong Kong)," 12 December 1924, CO129/488.

政府並未箝制民間發聲。但海克的發言，同樣也遭到民間代表的反對，商
會布朗即直言反駁道自瑞安輪劫案以來，相關情況又有很大的變化，商會
可以提供政府更爲實際的計畫，但如果香港政府試圖限制相關團體針對海
盜問題發表意見，則是錯誤之舉。由於官民雙方代表各持己見，委員會最
後只能將爭議送請香港總督決定。[12]

究其實際，香港總督司徒拔下令籌組委員會的初衷，僅在於針對〈防
範海盜章程〉本身進行檢討，以便於使其能夠發揮效用，而不致於引起過
多的反對聲音。至於要討論整體的防盜策略，諸如海軍巡邏體系等問題，
司徒拔認爲此類議題已超出香港政府職權範圍，如果委員會執意以此爲討
論重心，不過只是浪費時間而已，故拒絕商會與工會代表的建議。

由於雙方相持不下，商會與工會代表最後決定退出委員會，從而導致
委員會無法運作，只能停會擱置。至於退出委員會的商會與工會代表，乃
自行研商並提出一份檢討方案〈少數報告〉。[13]

> 1924年12月香港總督委任了一個由香港政府、英籍與華籍船商以及
> 船員幹部代表共同組成的委員會，針對現有〈防範海盜章程〉的改
> 進方式，提供各種建議。然而，船商與船員幹部代表卻拒絕參與委
> 員會的審議，理由是他們完全反對〈防範海盜章程〉。當總督拒絕擴
> 大委任條件時，這些代表退出委員會並提出了〈少數報告〉。[14]

---

[12] "Piracy Regulations Committee," the Second Meeting of the Piracy Regulations Committee, 12 December 1924, CO129/488.

[13] "R.E. Stubbs, Governor of Hong Kong to L.C.M.S. Amery, Secretary, Colonial Office," 12 February 1925, CO129/488. 殖民部官員即研判，港督司徒拔在當時之所以堅拒民間委員所提擴大檢討防盜體系的要求，其實還是跟前述「跨部會議」後英國政府已作成決策有很大的關係。「跨部會議」的正式報告雖然遲至 1925 年 1 月才出爐，殖民部此時亦尚未將相關報告寄交司徒拔，但由於香港助理輔政司法禮著曾參與 1924 年 6、7 月「跨部會議」的討論，故法禮著回到香港後，想必已將「跨部會議」的重要內容告知司徒拔。見 "Minutes of the Colonial Office," 7 April 1925, CO129/488.

[14] "Piracy in Waters Adjacent to Hong Kong," Memorandum Prepared by the Colonial Office, 5 January 1926, FO371/11670. 此外，根據英文《北華捷報》的分析，委員會民間代表與官方代表之間發生嚴重意見衝突的原因，還包括「無線電爭議」，即對於如何增聘無線電

1925 年 1 月 10 日，原委員會商會代表布朗正式將〈少數報告〉遞交給香港輔政司施勳以及調查委員會主席、助理港務長海克。[15]為了聲援民間版本的〈少數報告〉，香港英商總商會秘書長基爾(M.F. Key, Secretary of the Hong Kong General Chamber of Commerce)還特地致函香港輔政司施勳，強調總商會毫無異議、完全支持〈少數報告〉的內容，強烈要求海軍部提供協助，在珠江流域、三角洲以及沿海危險水域，擴大執行海軍巡邏計畫，同時也參照〈少數報告〉建議事項，調整修改現有〈防範海章程〉。最後，總商會秘書長基爾並要求香港政府應儘速將〈少數報告〉內容公諸於世。[16]在英商總商會的壓力下，是月底，香港政府即將〈少數報告〉主要內容公開揭露：

> （香港）政府發表抵制海盜委員會少數會員之報告，內謂諸員反對將輪船易受攻擊之部份改為武裝之計畫，航務中人主張以武裝小輪擴張海軍巡邏隊，此為保護廣川及中國沿海海盜區域中商船來往可收實效之方法，香港商會亦贊成此議…。[17]

此份〈少數報告〉稍後又透過英國國會下議院議員路克(H.W. Looker)以半

操作員有著嚴重歧見。基本上官、民雙方均贊成在輪船上設置無線電裝置，以便遭遇海盜攻擊時，可以立刻向外求援。但是如果每一艘輪船上均需裝設無線電設備，則必須雇用大量專門的操作員負責。香港當局原先規劃從當地三所無線電學校（香港政府、怡和與太古、YMCA）培養的華籍操作員中雇用，因其工資低廉，可節省費用。然而，英籍海員與海事機工聯合會卻極力反對在英船上雇用華籍人員，主張雇用英籍或歐籍操作人員。不過如此一來，則又需要增加龐大費用。關於「無線電爭議」問題，見"The Anti-Piracy Measures: Serious Friction Developing, Wireless Controversy Threatened," *The North China Herald*, 27 December 1924.

[15] "Neilage S. Brown, Representative of the Hong Kong General Chamber of Commerce to Claud Severn, Colonial Secretary & Lieutenant Commander Conway Hake, Assistant Harbour Master, Hong Kong," 10 January 1925, FO371/10933.

[16] "M.F. Key, Secretary of General Chamber of Commerce to the Colonial Secretary, Hong Kong," 14 January 1925, CO129/488.

[17] 〈香港之輪船防盜議〉，《申報》（上海），1925 年 1 月 31 日第 5 版。

正式的管道遞交到英國殖民部。[18]簡單來說，相較於「跨部會議」報告代表英國政府對於防範海盜責任歸屬問題的官方看法，〈少數報告〉則體現出香港在地英商、華商、船商以及工會等民間態度。

（三）〈少數報告〉主要內容

　　〈少數報告〉開宗明義即抨擊〈防範海盜章程〉所設計的防盜規定有許多的缺失，而且從過去經驗來看，根本是一個錯誤的體系，沒有繼續存在的必要。〈少數報告〉認為「海軍職責在於防止海盜劫掠以確保商務安全，但現行〈防範海盜章程〉卻將防禦海盜之責丟在船商與船員身上」。航行在珠江三角洲與中國沿岸水域的船隻絕大部分是商用輪船，目的在於運送乘客與貨物，如何能夠轉換成「重兵駐守的要塞」？特別是中國水域的海盜事件多屬內部海盜行為（亦即海盜偽裝乘客登船，再趁機從內部發動突擊控制船隻），船長與船員們雖有保護船隻安全的職責，但要他們堅守船隻抵禦內部海盜的攻擊，卻是「不切實際與荒謬的」。〈少數報告〉特別指出：除了一個例外，[19]幾乎所有內部海盜事件中，海盜最終都劫掠成功。這意謂現有防禦機制，如設置印度武裝警衛等，均無力防止內部海盜行為。比較可行的方式，並非堅持〈防範海盜章程〉，而是大幅更動現有規定，建立有效的海軍巡邏體系，一旦遭遇海盜襲擊，僅需由配備武器的船員堅守住艦橋、引擎與鍋爐室，並儘速向附近巡邏的海軍艦艇求援。換言之，船員的職責僅在於撐住一段時間與對外求援，抵禦海盜的主角則在於海軍。

---

[18] "Piracy in Waters Adjacent to Hong Kong," Memorandum Prepared by the Colonial Office, 5 January 1926, FO371/11670.

[19] 唯一的例外是 1924 年 4 月的大利輪劫案，因為當時該船恰巧為護衛船團母船，船上除了原有的 6 名印度武裝警衛外，還額外部署了 2 名歐洲籍的海軍陸戰隊士官以及 8 名印度武裝警衛，總計 16 名武裝人員，所以才能擊退從內部發動突擊的海盜。見"The Minority Report," January 1925, *SP 1927*, No. 3, pp.95-100.

其次，〈防範海盜章程〉規定船商必須在船上裝設隔離鐵窗，將艦橋（含頭等艙房）與二等及其他普通艙房完全隔離上鎖。然而一旦航行途中發生事故，例如火災或船隻碰撞等緊急案件，船員恐不及將隔離鐵窗解鎖（一艘輪船可能有近 30 個大鎖），屆時勢必造成二等以下艙房陷入恐慌狀態，也阻礙其逃生之路。如因此發生重大死傷情況，香港政府該如何善了？[20]況且，依據英國貿易委員會(Board of Trade)的《商船法》(Merchant Shipping Acts)，以及 1920 年所作的海上求生調查報告，均強調航行途中必須保持乘客求生通道的順暢。因此，〈防範海盜章程〉有關隔離鐵窗上鎖的規定，不但直接抵觸航運法令，也嚴重危害到絕大多數乘客的生命安全。

關於武裝警衛問題，依〈防範海盜章程〉規定，在所有商船上設置共約 900 名印度武裝警衛，每年約須增加航運成本 27 萬元，但事實上卻「毫無紀律，亦無效率」，而且他們「只聽從警察當局的命令，無視船長的權力」。〈少數報告〉堅持英國商船航行在海上時，船長對於全船人員擁有完全的控制權力，且僅須受海軍與港務當局的約束與協助，至於警察當局則無權介入。〈少數報告〉並細述僅 1924 年 2 月至 12 月即發生 16 起印度警衛失職事件，包括值勤時睡著、酒醉與不服從命令、不假離船、訓練不夠等情況相當嚴重，顯見其紀律廢弛。

---

[20] 此層憂慮後來證明確為事實，輪船一旦遭遇火災等緊急事故，如艙門閉鎖，甲板下各艙房乘客實在難以逃生。例如 1927 年 5 月時，英商太古輪船公司所屬通州輪在河北大沽口附近遭遇火災，甲板以上艙房的西人乘客均順利逃生，但甲板下各艙的華籍乘客就沒有那麼幸運，雖「競相奪門逃出，時門口已為火焰包圍...，其時風力更大，未幾此官艙門竟為風力關住、不能開啟，有未曾逃出者，遂無法逃出，至斃命十餘，誠慘劇也」。換言之，發生火災之時，只要輪船各艙門未能及時開啟，必定造成重大人員傷亡。見〈通州輪火警慘狀〉，《香港華字日報》，1927 年 5 月 25 日第 3 張第 3 頁。

表 3-2：印度警衛失職表（1924 年 2-12 月）[21]		
時間（月/日）	所在輪船	印度警衛失職情事
2/11	SS *Wing On*	值勤時睡著，並將來福槍掉落鍋爐室
2/13	未註明	吸毒
2/16 & 2/18	未註明	不服從命令、不假離船
2/29	未註明	值勤時喝酒
2/X	MV *Fook Sing*	不服從命令
3/6	未註明	值勤時睡著
3/7	SS *Hydrangea*	擅離職守、未準時回船
3/11	SS *Sui Tai*	值勤時睡著（吸毒或酒醉）
3/16	未註明	值勤時喝酒
3/19	SS *Szechuen*	值勤時睡著
4/12	SS *Chung On*	值勤時睡著
4/20	SS *Borneo*	未準時回船
4/29	SS *Kanchow*	不假離船
11/10	SS *Soo Chow*	射擊訓練時冒名頂替、不熟悉槍枝操作
12/13	SS *Taming*	未及時拘捕欲走私軍火的乘客
12/22	SS *Fatshan*	值勤時喝酒且攻擊輪船幹部

況且，英國海軍「中國艦隊」總司令李維森(Admiral A. Leveson, Commander-in-Chief, China Station)在 1924 年的一次演說中，也強調在輪船上部署武裝警衛其實並不能免除海盜攻擊。因此，所有船商與海員均無異議地認為應該撤除〈防範海盜章程〉中所規定的武裝警衛。

關於港口的警察搜查部分，〈少數報告〉嚴辭指責現行貨物與乘客檢查制度多有不當，造成海盜得以順利挾帶武器登船。一般來說，輪船在離

---

[21] "Appendix Relations to Indian Guards," *SP 1927*, No. 3, pp.103-104.

港前 12 小時即開始頻繁的起卸貨物，但警察往往卻遲至船隻離港前 2-3 小時才抵達碼頭檢查貨物，將絕大部分搜查行李的責任丟給船員。此外，水警與港務當局人力嚴重不足，無法對登船乘客及其行李進行嚴密的搜查，也是導致海盜事件頻傳的原因。要解決上述問題，勢必得大幅增加現有的警察及相關人力，而所需的龐大開支理應由香港政府負責，因為「確保輪船上（百姓）生命財產安全本是政府的責任，如同岸上一樣」，政府必須在港口採取各種措施來預防海盜事件的發生。

關於組成船團護航體系部分，〈少數報告〉強烈反對採行此法來防範海盜，因為組成船團護航非但完全不可能解決海盜問題，反倒會限制船隻行動與航速，對商務活動造成嚴重影響，提高船商的營運成本同時削弱其競爭力。

關於無線電設備部分，〈少數報告〉以為香港政府應規定所有在香港政府註冊、有航行危險區域的客輪，均須裝置無線電設備，並配置操作員，以便當發生海盜攻擊事件時，可以儘速以無線電向附近巡邏的海軍艦艇求援。

關於海軍巡邏部分，〈少數報告〉認為鎮壓香港附近水域的海盜問題，本應是英國海軍的職責。如果能夠建立有效的巡邏體系，不但可以阻止外部海盜行為（海盜另外乘船來襲），同時也可以預防內部海盜事件（海盜偽裝乘客從內部突襲）的發生。因此，英國海軍應該同時建立兩種巡邏體系：在珠江、西江等流域建立內江巡邏體系(river patrol system)，在位於危險區域內的中國沿岸水域則建立沿岸巡邏體系(coastal patrol system)。此外，由於廣州水道柵欄設置的關係，香港輪船無法直駛廣州，而必須先在黃埔附近卸貨，改由當地駁船轉運往廣州。英國海軍也應在黃埔至廣州間水路設置巡邏體系，以保護駁船航行安全。如果英國海軍在經費上無法承擔上述龐大的巡邏體系，則香港殖民地政府理應肩負起責任，從海運收入或貿易盈餘中撥款支付相關開支。

關於海軍當局與香港政府的合作問題，〈少數報告〉認為既然海軍承擔了解決海盜問題的主要責任，無論是船商、船員，還是香港政府的港務與警察部門都應與海軍保持密切的合作關係。然而在實際情況中，香港警察部門往往未能與海軍當局維持緊密合作，一同分享海盜情資。例如 1925 年初香港警察部門掌握到一則海盜行動情資，該批海盜計畫劫持由上海往香港的輪船航班，警察部門雖已通知各船商及船長注意小心，但卻沒有同時通知海軍當局，以致於海軍完全在狀況外。因此，〈少數報告〉建議香港政府往後每當舉行防盜會議時，必須任命一位海軍代表，以便海軍當局能夠充分瞭解海盜活動現況。

　　總結來說，〈少數報告〉希望以岸上港口的警察嚴搜，以及海上與江上的海軍巡邏體系，取代現有〈防範海盜章程〉在輪船上部署武裝警衛、裝設鐵窗等規定，來防止與鎮壓可能的海盜攻擊事件：

> 如果能撤除船上的武裝警衛、拆除隔離鐵窗，改代以強化海軍巡邏艦隊以及港口沿岸地區嚴密的警察監視系統，未來將不用害怕實際的海盜攻擊。[22]

乍看之下，〈少數報告〉內容確實甚為龐雜，企圖將防範海盜事務的所有面向均含括在內，然而其主要訴求卻是十分清楚的，亦即防範海盜的責任不在民間（船商、海員與機工人員等），而是在於政府身上，特別是英國海軍與香港政府。所以除了徹底檢討〈防範海盜章程〉諸多不當規定之外，〈少數報告〉極力督促英國海軍應增加駐港海軍力量，強化對珠江三角洲、中國沿岸等危險區域的巡邏任務，同時也要求香港政府應該肩負起責任，編列經費預算，以支持海軍、警察與港務部門等擴編後所增加的鉅額開支。

　　究其實際，1925 年 1 月提出的〈少數報告〉乃是由香港總商會(Hong Kong General Chamber of Commerce)、華人商會(The Chinese Chamber of Commerce)、英商中國沿岸英商海員與海事機工聯合會(Combined China Coast Officers & Engineers Guilds)等香港三大商會與工會代表一同署名，[23]非

---

[22] "The Minority Report," January 1925, *SP 1927*, No. 3, pp.95-100.

[23] 〈少數報告〉由三人署名，分別為香港總商會代表 Neilage S. Brown、華人商會代表周埈年(T. N. Chau)、中國沿岸海員與海事機工聯合會代表 T. T. Laurenson。

常足以體現當時香港商界、船商、船員機工等對於海盜問題的共同意見。

（四）船商後續的串連行動

　　根據英國海軍「中國艦隊」總司令的報告，香港有兩個委員會十分關注〈防範海盜章程〉的修訂。除了上述由香港政府召開的調查委員會之外，香港英商總商會也有一個航運附屬委員會(Shipping sub-committee)，由主要的輪船公司與碼頭公司代表組成。這些委員會成員動作頻頻，即曾私下聯繫「中國艦隊」總司令，諮詢其對防盜規定的看法。[24]而在香港總商會以及海員與海事機工聯合會代表向香港政府正式提交〈少數報告〉後不久，1925 年 2 月上旬，《北華捷報》(*The North China Herald*)在一篇名為「香港海盜情況的混亂」("Hong Kong Piracy Muddle")社論中，即大力聲援〈少數報告〉，不但整理摘錄〈少數報告〉的重要內容，同時也披露香港政府與船商等在防範海盜問題上的嚴重歧見，進而抨擊香港政府不願意正視既有政策的謬誤之處，呼籲應由英國海軍來介入處理，建立常規的海軍巡邏體系來取代現行由香港警察所規劃的輪船防盜計畫。該篇社論文末還意有所指地表示，如果香港政府再不改變其「不合理的態度」，商業界可能會盡早將此問題直接訴請倫敦當局處理。[25]另外一方面，根據美國駐香港與澳門總領事館從旁的觀察，香港當地的報紙大都強力支持〈少數報告〉，也認為〈少數報告〉確實已在倫敦發揮影響力。[26]顯而易見，香港

[24] 「中國艦隊」總司令原以海軍與香港當局同屬英國政府部門，除非香港總督正式邀請，否則不應介入與評論香港之事為由婉拒。但是委員會的運作下，香港總督乃正式要求「中國艦隊」總司令「對所謂的〈少數報告〉發表看法」。見 "Piracy Prevention Ordinance and Regulations," from the Commander-in-Chief, China Station to the Secretary of the Admiralty, 17 February 1925, FO371/10933.

[25] "Hong Kong Piracy Muddle," *The North China Herald*, 7 February 1925.

[26] 美國駐港澳總領事館在給美國國務院的報告中，還引述路透社 2 月 18 日來自倫敦的電報，稱英國海軍部正在評估是否「有必要強化對中國水域英國貿易的保護」。見 "Piracy and Measures of Prevention," Consulate General, Hong Kong to the Department of State, 20

商界正試圖透過在華英文報紙，鼓吹〈少數報告〉的正當性，從而形塑出
輿論壓力，影響香港政府的海盜決策。英國外交部事後即注意到〈少數報
告〉是在上海公布的。[27]上海為英人在華社群的大本營，香港商界在上海
公布此報告，可能帶有鼓動在華英人輿論的企圖，藉此凸顯香港商界對於
海盜問題的不同看法。其次，由社論末段的口吻，也預示著香港商界與總
督之間對於防範海盜方略的歧見似乎難以化解，戰線勢必從香港、中國延
伸到英國倫敦，香港商界亦將在倫敦展開進一步的遊說行動。

　　果不其然，1925 年 3 月初，在華擁有重大商業利益的太古輪船公司
(China Navigation Company)，為了聲援香港總商會與工會的行動與〈少數報
告〉， 即由倫敦分行經理出面直接致函香港總督的頂頭上司：殖民部部
長，歷數香港〈防範海盜則例〉與〈防範海盜章程〉不當之處，特別是自
1924 年起香港總督為了提高防盜功效，實行一系列措施強迫輪船業者遵
守，包括要求輪船內部設置隔離設施、擬定防衛計畫、部署印度警衛以及
編組船團航行等；然而，此類劣政，非但嚴重影響到輪船航行安全，同時
也阻礙貿易順暢，但卻絲毫無助於解決海盜問題，也不能防止海盜繼續犯
案，因此引起輪船相關從業工會的極度不滿與憤怒。太古輪船公司經理並
宣稱，中國水域的英國海員與海事機工等工會、華商船主、香港總商會、
英國海軍當局、上海的「英商中華社會」，甚至「全部的公眾輿論」均持
相同態度，認為必須「廢除現有討人厭的、毫無作用的、花費甚多的（防
盜）規定」，代之以「適當的海軍保護」以及來自陸上香港警察的保護。
簡單來說，他們主張應該建立一個海上由海軍巡邏、陸上由香港警察檢查
的防護體系，來取代的現行強加在輪船業者身上的諸多不適當防盜規定。
[38]尤其關於提高海軍保護的部份，太古輪船公司經理仕另外給英國外交部

March 1924, RIAC 893.8007/15(1/2).

[27] "B.C. Newton, Foreign Office to the G. Grindle, Under Secretary, Colonial Office," 17 April 1925, FO371/10933.

[28] "Managers, China Navigation Company, Ltd. to the Secretary of State for the Colonies, Colonial Office," 9 March 1925, FO371/10933.

部長的信中進一步強調：

> 作為英國納稅人，我們希望提請（英國政府注意）近年來中國水域
> 日益猖獗的海盜與暴力事件，對英國船運與商務的嚴重威脅⋯⋯。
> 香港政府任命了一個委員會來思考海盜問題，而委員會的少數成員
> 為此提出了一份報告⋯⋯表達所有商業利益（公司）全體一致的意
> 見，迫切要求英國海軍部門增加在危險區域的警戒任務：不僅要處
> 理珠江三角洲與南中國沿岸水域的海盜問題，當然也希望能夠提供
> 長江以及整個中國沿岸水域需要的海軍保護。[29]

換言之，身為納稅人的英國輪船公司，有權要求政府提高對在華商務活動
的保護，故英國海軍理應肩負起防範中國水域內海盜犯案的重責大任。[30]

另外一家大型英國船商怡和輪船公司(Indo-China Steam Navigation
Company)同樣也在 1925 年 3 月初展開類似遊說行動，顯然怡和與太古這
兩家輪船公司事先已有所串連，採取一致步調。在給殖民部部長的信件
中，怡和輪船公司在倫敦的代理人亦強調，船商以及英國各商業利益代表
們普遍認為現行防範海盜規定實在無法有效處理中國水域的海盜問題，應
該重新徹底檢相關防盜規定的效力；例如香港當局迄今均將防盜的重心放

---

[29] "Managers, China Navigation Company, Ltd. to the Secretary of State for Foreign Affairs, Foreign Office," 9 March 1925, FO371/10932.有趣的是，太古輪船公司雖然試圖遊說英國外交部支持〈少數報告〉的觀點，然而其實外交部似乎還不太能夠掌握〈少數報告〉等相關問題。因為 1925 年 4 月中旬時，外交部還致函殖民部，希望能夠取得〈少數報告〉的複本，顯見那時外交部還沒有收到〈少數報告〉的確切內容。見 "B.C. Newton, Foreign Office to the Under Secretary, Colonial Office," 17 April 1925, FO371/10933.

[30] 事實上除了前述防盜規定爭議外，當時英國在華船商也相當不苟同香港政府對航運業科以重稅以及私自挪用航運相關盈餘的作法。先是一家英國船商破產清算，將其營利不佳的原因歸咎於政府的窮徵暴斂，經上海報界報導後，引起廣泛專注，但最後卻又演變成官商之間的相互指責。其次，香港政府對於船商課徵航運管制的費用，但相關的盈餘("shipping control profits")卻沒有用在航運事業之上。雖然香港防盜委員會一度提案擬將航運管制盈餘，用於雇用武裝汽艇以巡邏廣東水域。但事實上該筆盈餘，後來部份竟準備用來支付新加坡海軍基地的建設開支，以及香港住宿與教育經費。對於此類未受公平尊重之事，英國船商均相當不滿。見"Hong Kong-Singapore-Business Conditions (From Our Correspondent)," 6 March 1925, *The Economist*, 100:4259 (11 April 1925), p.26.

在輪船之上，但這卻不足以因應「對英國貿易、尊嚴以及生命構成嚴重危害」的海盜問題，故英國政府必須採取「更為廣泛的行動」方能達到目的。因此，怡和輪船公司建議英國政府應該召集由外交部、殖民部、海軍部及其在中國現場的代表，針對〈少數報告〉規劃的檢討內容，共同會商有效的解決之道。[31]

除了上述兩家輪船公司外，還有其他與英國遠東利益相關的商務組織或政治人物也試圖遊說英國政府。例如對於英國在華商務決策有著重要影響力的民間商業組織「英商中華社會」的主席，即透過私人管道致函殖民部，要求政府正視〈少數報告〉的建言。「英商中華社會」主席在信中強調，香港政府正在強力執行的〈防範海盜章程〉，將會造成船商沈重的經濟負擔，但對於海盜問題的解決，卻毫無作用。因此在中國、香港當地已有強烈的輿論壓力，要求英國政府應訓令香港政府暫緩執行〈防範海盜章程〉，以避免讓船商負擔不必要的開支，同時並仔細審視〈少數報告〉的重要訴求。[32]此外，可能在船商等利益集團的運作下，英國國會下議院議員也開始介入關切此事。1925 年 2 月 18 日，保守黨籍的國會議員桑唐(Viscount Sandon)即質詢海軍部，要求提供英國船商更多的海軍保護。[33]數日後，另外一位保守黨籍國會議員路克(Herbert W. Looker)也為此問題致函殖民部部長，強調「依據其對於中國的知識與經歷，他個人願意大力為〈少數報告〉的觀點背書」，他並抨擊現行防盜措施的弊端，例如在輪船上裝設鐵窗，一旦遭遇船隻碰撞或火災等事故時，將會有相當危險。[34]

---

[31] "David Landle, Matheson & Co., Ltd. to L.C.M.S. Amery, the Secretary of State for the Colonies, Colonial Office," 11 March 1925, FO371/10933.

[32] "Chairman, China Association to the Under Secretary of State for the Colonies," 22 December 1924, CO129/487; "G. Grindle, Under Secretary, Colonial Office to the Assistant Secretary, Mercantile Marine Department, Board of Trade, London," 26 March 1925, FO371/10933.

[33] "Answer of Commons," 18 February 1925, *The Parliamentary Debates*, FO371/10932.上海《申報》亦有報導此次英國國會質詢，見〈英海軍與中國海盜〉，《申報》（上海），1925 年 2 月 20 日第 5 版。

[34] "Herbert W. Looker, MP, South East Essex, National Unionist Association, to L.C.M.S.

三、英國政府對於〈少數報告〉的初步反應與態度

（一）香港總督府的態度

　　香港商界〈少數報告〉與英國政府先前「跨部會議」的正式官方報告對於防禦海盜問題，有著嚴重歧異。香港總督司徒拔對於差異甚大的兩個報告，態度相當模稜兩可，雖然不贊成〈少數報告〉將防禦海盜責任全然歸諸海軍巡邏的看法，但也肯定提高巡邏艦隻的數量有助於降低海盜事件的觀點，故請求海軍部「為了英國的尊嚴利益，應該強化海軍力量，以便擴充巡邏體系」。[35]

　　對於〈少數報告〉的諸多建議，香港總督司徒拔在其給殖民部的幾次報告中曾逐一表達其態度。首先，關於香港警察當局介入管理印度武裝警衛，以致侵害船長統率權力，造成雙重領導等問題，司徒拔認同商船在航行途中，印度武裝警衛應該遵從船長的統率，不過他還是堅持印度武裝警衛的訓練、任免與支薪應仍繼續由香港警察司負責。原因之一，乃是印度武裝警衛性質屬於「半軍事武力」，故應由「半軍事指揮官」來負責其訓練；原因之二則是在許多實際案例中，一般商船船長並未具備維持印度武裝警衛紀律的能力。例如在前述大利輪劫案中，即可清楚看到這種情況。其次，在輪船上裝置隔離鐵窗與英國貿易委員會《商船法》規定抵觸部份，香港督坦承此類作法僅為權宜性措施，香港方面正籌思如何整體檢討改變輪船內部結構，以增加防盜效果，但又不會抵觸貿易委員會的相關法規。再者，關於以強化海軍巡邏體系來取代在輪船上部署武裝警衛的部份，港督則持表保留態度，因為如果輪船如無法增強其內部防禦力量，僅憑外部的海軍巡邏不可能提供輪船充份保護。不過，港督也承認如果能夠增加執行巡邏勤務的海軍艦艇，確實可以有效降低海盜犯案率。至於擴編

Amery, the Secretary of State for the Colonies, Colonial Office," 26 February 1925, CO129/491.

[35] "Colonial Office to Hong Kong Chamber of Commerce," *The China Year Book 1925*, pp.

既有海軍巡邏體系，例如增加武裝汽艇等船隻來執行巡邏任務所需的額外開支，則理應由海軍當局一力承擔，香港政府既無人力與財政資源，也不應該負責此類花費：

> 巡邏任務所需的開支，很明顯的就是海軍自己的責任。香港政府既無資源，也無經費與人力來供應巡邏船隻的花費。在中國領水或公海內部署武裝力量，本不是一個殖民政府有能力負擔的。因此...，為了維護英國的貿易與尊嚴，應該督促海軍部強化海軍力量，以便建立一個能夠有護衛船隻、防範外部攻擊的巡邏體系，然後再搭配輪船本身自我防禦的合理措施，如此將可有效嚇阻海盜的內部攻擊模式。

為此，香港總督司徒拔再次向殖民部強調為了強化巡邏體系而擴編的武裝汽艇，因為是負責保護中國水域內的各國貿易利益，所以不應該是香港殖民政府的責任。很明顯的，司徒拔的態度是：如要防範廣東海盜持續犯案，就必須強化英國輪船內外兩層的防禦機制，其中內部措施（例如部署武裝警衛與變更輪船結構設計等）應由輪船業者承擔，至於外部的巡邏體系則該由海軍負責。最後，司徒拔總結道，近來由於內、外兩層防範措施運作得宜，海盜劫案漸趨匿跡，證明〈防範海盜章程〉已充分發揮其應有的作用：

> 自1924年1月大利輪劫案後，（香港政府）開始整體強化防範海盜措施，同時也引進船團護航體系。1924年3月，發生第二次大利輪劫案，成功抵禦海盜的攻擊，同時也開始在前往江門的窄狹水路上，提供由武裝汽艇組成的護航體系，以防止來自船上以及岸上的海盜攻擊。自此之後，依照香港〈防範海盜章程〉航行的商船，均未再遭遇海盜攻擊事件。[36]

---

[36] "R.E. Stubbs, Governor of Hong Kong to L.C.M.S. Amery, Secretary, Colonial Office," 12 February 1925, CO129/488; "Despatches from the Governor of Hong Kong to the Colonial Office," April & May 1925, cited from "Piracy in Waters Adjacent to Hong Kong," Memorandum Prepared by the Colonial Office, 5 January 1926, FO371/11670.

簡言之，香港總督司徒拔諷刺〈少數報告〉只想將防盜責任全部委託給海軍巡邏體系，但他與香港政府卻堅信必須同時兼顧商船內部的防盜措施與巡邏體系，亦即只要能夠嚴格貫徹〈防範海盜章程〉相關規定，強化商船的內部防盜能力，再搭配外在的海軍武裝汽艇巡邏與護航體系，即能有效防範海盜案件的發生。

（二）英國殖民部的態度

在殖民部內部備忘錄中，認為民間版〈少數報告〉的主要訴求集中四大方面：其一、保護商務活動、對抗海盜攻擊本是海軍的業務，而船商作為納稅人，有權利要求海軍的保護；其二、武裝警衛、隔離鐵窗等防盜體系無助於防止海盜活動，因為海盜總是偽裝乘客上船；其三、在商船上裝置鐵窗會嚴重影響到船隻的正常運作，如又遭遇船難，也可能會造成重大死傷；其四、船團護航的防盜方案（所有船隻必須保持固定航速，由海軍護航），將會影響到貿易活動的進行，對於投入大量金錢以提升商船航速的船商來說，並不不公平。

殖民部官員認為上述〈少數報告〉的四大訴求，基本上絕大部份（第一、二、四項）均已在跨部會議中有所討論，而跨部會議總結報告也已針對此類問題做了適當處理。例如〈少數報告〉曾提及英國海軍「中國艦隊」總司令李維森在 1924 年所作的一談話，指稱在船商上部署武裝警衛無助於防盜，而唯一可以阻止海盜繼續犯案的是提高海軍巡邏頻率。但殖民部指責〈少數報告〉引證有誤，因為李維森上述談話所指的長江水域的情況，並非指香港政府所設定的危險水域（華南、珠江、東南亞等水域）海盜問題。況且，先前出席跨部會議的海軍部代表，也明確指出：即使執行海軍巡邏計畫，也不可能提供商船絕對的安全，而且如要執行〈少數報告〉所希望的海軍巡邏計畫，不但將會大幅提高海軍相關開支，而所需的海軍艦艇也不是立刻可以備便，還需要花費相當多的時間來調度或建造艦艇，更是緩不濟急。事實上，海軍巡邏計畫所牽涉到的擴編在華海軍艦艇等提案，無論就英國政府，還是香港政府來說，目前均不認為廣東海盜問題已嚴重到必須擴編艦艇數量，故目前均無此項規劃。然而另外一面，相較於勞師動眾、所費不貲的海軍巡邏與擴編方案，〈少數報告〉極力反對的武裝警衛與隔離鐵窗防盜架構，卻只要能夠適當的運作，以及維持所需的執勤紀律，就能夠有效防範海盜從內部所發動的突擊行動，應該是最為可行的方案。至於〈少數報告〉極度詬病的船團護航方案，在跨部會議報告中，也承認這對於航運貿易活動影響甚鉅，故未來除非情況特殊，將不會繼續推行船團護航方案。

〈少數報告〉四大訴求中，唯一跨部會議尚未進行處理的，是第三項（一旦遭遇船難時，隔離鐵窗可能導致重大死傷）的訴求。英國海軍西江分遣艦隊高級軍官也曾表示，裝有隔離鐵窗的江輪遇到船難時，如果未能及時靠岸或是立即獲得外來援助，將會造成重大人員死傷。但是殖民部助理次卿葛蘭敦(Gilbert E.A. Grindle, Assistant Under-Secretary, Colonial Office)還是認為這是兩害相權取其輕的問題，畢竟海盜威脅的情況比起船難來說，還是更為普遍。[37]

因此，整體來說，殖民部還是傾向堅持「跨部會議」的結論，不接受〈少數報告〉的建議，也不認為〈防範海盜章程〉有大幅修改的必要。[38]

不過即便如此，對於〈少數報告〉背後所代表的商人勢力，英國殖民部還是無法置身事外，必須承擔來自英商利益遊說團體的強大壓力。「英商中華社會」倫敦分處主席，除了多次致函殖民部表達關切之意，請英國政府正視〈少數報告〉的內容之外，[39]還要求直接與殖民部高層面對面商討防範海盜問題。1925 年 5 月，殖民部助理次卿葛蘭敦應「英商中華社

---

[37] 以上殖民部內部對於〈少數報告〉四大訴求的回應與檢討，見 "Report of Inter-Departmental Conference on Piracy," Minutes of Colonial Office, 12 March 1925, CO129/490.

[38] "Colonial Office to Hong Kong Chamber of Commerce," *The China Year Book 1925*, pp.

[39] "China Association, London to the Assistant Under Secretary of State for the Colonies," 22 December 1924; "China Association, London to the Assistant Under Secretary of State for the Colonies," 30 December 1924, CO129/487.

會」主席之請，正式與其會見晤談。在此次會談中，「英商中華社會」主
席雖然表示能夠理解海軍不可能承擔所有保護英商之責，但還是一再重申
強化海軍巡邏體系，是處理海盜問題的唯一良方。但是葛蘭敦則根據 1924
年 6、7 月兩次跨部會議的結論，反駁海軍巡邏方案的不切實際，因為中
國水域遼闊，無論如何都不能建立有效的海軍巡邏體系。況且海軍巡邏要
能夠發揮最大作用，就必須與船團護航體系相結合，但是此點又遭到「英
商中華社會」的強烈反對。因此，葛蘭敦強調，現有的〈防範海盜章程〉
已經對於如何處理廣東海盜問題已有很好的規範，而且事實上許多恪遵相
關規定的英國船隻，都能夠成功抵禦海盜的攻擊。至於英商所擔心的額外
開支等問題，葛蘭敦認為，船商如果不願支付各項防禦海盜措施的花費，
屆時一旦真正遇上海盜攻擊，所面臨的損失絕對遠高於前述花費。[40]簡單
來說，從殖民部助理次卿葛蘭敦與「英商中華社會」主席的會談內容來
看，基本上英國殖民部的態度仍然相當一貫，亦即繼續維持既有〈防範海
盜章程〉所架構的防盜體系，而對於民間所提諸多觀點，則是持保留與懷
疑的態度。

　　另外一方面，雖然殖民部助理次卿葛蘭敦表面上已逐一婉拒英商代表
的諸多訴求，擁護「跨部會議」定調的官方立場，但事實上殖民部後來還
是被迫只能選擇支持強化英國在中國水域海上武力的建議。在稍後殖民部
給海軍部的信件中，葛蘭敦即代為轉述了香港總督的建議，亦即應強化英
國在香港周邊水域的海軍力量，以便建立一套海軍巡邏體系，再搭配商船
本身的防衛機制，應該就能有效防範海盜事件的發生。葛蘭敦並強調香港
總督關于強化海軍武力的建議，乃是受到英國海軍駐西江巡邏分遣艦隊高
級軍官的影響。[41]不過，葛蘭敦在殖民部內部備忘錄資料中，卻私下坦承
由於香港總督府已明確表態支持，希望殖民部能代為向海軍部說項，所以
就殖民部的立場而言，似乎也只能照辦來支持港督的訴求。但葛蘭敦還是

---

[40] "Minutes of the Colonial Office," 24 May 1925, CO129/487.

[41] "G. Grindle, Colonial Office to the L.C. of the Admiralty," 17April 1925, CO129/488.

不諱言的指出船商的心態相當可議，因爲他們竟想把所有防盜的責任丢到海軍身上。即是之故，殖民部一方面雖然同意港督建議，願意向海軍部提出擴充海上武力的建議，但卻無法接受船商妄想推卸全部責任的作法，特別是「商船必須自我防衛，否則僅靠（海軍）巡邏，是不可能奏效的」。[42]

此外，有鑑於英國船商的反彈情緒，殖民部官員建議可以比照 1924 年 7 月「跨部會議」邀請海員工會代表參與討論、疏通官民歧見的作法，在下一次會議時，邀請船商代表與會，以便讓「所有利益相關的重要團體」均能參與討論。[43]而殖民部助理次卿葛蘭敦亦分析英國船商的抱怨所在，不過就是對於〈防範海盜章程〉諸多規定而衍生出的龐大防盜開支感到不滿，所以先前才坐視工會團體提出訴求，讓英國政府苦於應付，直到政府讓步，願意減少相關防盜開支才肯罷手。所以他也贊同應邀請船商代表參與會議一同討論，以便化解歧見。事實上，葛蘭敦認爲在前次「跨部會議」時，除了海員工會代表外，早也應該邀請船商代表與會。[44]

（三）英國海軍的態度

至於英國海軍對於〈少數報告〉的態度，則可以由「中國艦隊」總司令艾佛瑞特(Vice-Admiral A. F. Everett, China Station)在給香港總督的的電文中略窺一二。艾佛瑞特坦承〈少數報告〉中有兩項主張值得肯定，一是關於隔離鐵窗、二是關於武裝警衛。關於隔離鐵窗部份，艾佛瑞特認爲由於香港附近海域海盜案件多是屬於內部海盜模式，因此輪船裝置隔離鐵窗的目的即在於防止海盜僞裝乘客從輪船內部發動攻擊，然而一旦輪船發生火

---

[42] "Minutes of the Colonial Office," 14 April 1925, CO129/488.

[43] "Minutes of the Colonial Office," 7 April 1925, CO129/488.

[44] "Minutes of the Colonial Office," 14 April 1925, CO129/488. 故在給海軍部的信件中，殖民部助理次卿葛蘭敦亦轉附了太古輪船公司的請願信，建議之後應該召集與航運利益相關的民間各團體代表，與政府有關部門代表共同會商解決之道。見 "G. Grindle, Colonial Office to the L.C. of the Admiralty," 17April 1925, CO129/488.

災、碰撞或觸礁等事故，隔離鐵窗就極易造成人命的重大危害。況且香港〈防範海盜章程〉強制規定輪船須裝設隔離鐵窗的作法也明顯抵觸英國貿易委員會在《商船法》的相關規定。至於武裝警衛部份，艾佛瑞特雖然對於其效率問題不與置評，但也坦承〈少數報告〉部份指責是有道理的。因為根據〈防範海盜章程〉所部署的武裝警衛乃是由香港警察當局統率，並不隸屬於輪船船長的指揮體系下，如此將造成輪船航行期間出現二元統治的情況。他主張船長對於輪船上下應有絕對的指揮權，隨船部署的武裝警衛理應服從船長的領導，不得獨立於外。[45]

不過，由於〈少數報告〉的核心主張在透過海軍建立有效的巡邏體系，以取代現行輪船上的諸多防盜措施，然而一旦按照其規劃，勢必將大幅增加英國駐華海軍的任務與負擔，因此英國海軍當局對於此論點也十分關注。而從〈少數報告〉提出之後英國海軍相關評估報告與往來電文來看，大致說來，英國海軍當局的立場非常明確，極力反對〈少數報告〉，強調防禦海盜乃是香港政府與船商的責任，不應由英國海軍埋單。在「中國艦隊」總司令艾佛瑞特給香港總督的電文中，對於此問題的看法大致上尚稱溫和，僅表示雖然幾個世紀以來英國海軍都在保護英船對抗海盜，但是中國水域的情況特殊，必須另作處理，不能一概而論，特別是英國在華海軍現有保護航運利益與貿易的船艦數量實不足以因應巡邏任務所需。故艾佛瑞特建議香港總督在思考商船防盜措施時，應與英國海軍當局保持密切合作關係，並先諮詢負責指揮整個珠江三角洲海軍行動任務的英國駐香港海軍准將(Commodore, Hong Kong)的意見。[46]然而，在艾佛瑞特給海軍部

---

[45] "Vice Admiral A.F. Everett, Commander-in-Chief, China Station to R. E. Stubbs, Governor of Hong Kong," 28 January 1925, FO371/10933.

[46] 艾佛瑞特認為固然英國海軍有保護英船對抗海盜之責，但對於發生在外國領域內的海盜問題，當該國政府無力處理之時，英國海軍是否該介入提供保護則屬更為複雜的問題，而必須特別處理。其次，由於英國海軍艦艇數量無力承擔巡邏任務，故艾佛瑞特建議香港總督，如其認同〈少數報告〉觀點，主張由海軍來取代原先〈防範海盜章程〉規定（亦即船商自費承擔防盜措施），則應自行向英國政府反應此問題。見"Vice Admiral A.F. Everett, Commander-in-Chief, China Station to R. E. Stubbs, Governor of Hong Kong,"

的報告中，則毫不客氣地直言痛斥香港商會與船商們「想要提高對貿易的保護，但卻又不想自己花錢」，並試圖藉此影響香港政府，透過殖民部，遊說海軍部同意擴編派駐在珠江三角洲的海軍艦隊。他認為船商不應該將防範海盜的責任盡數丟到海軍身上，香港殖民政府遠比英國海軍更應承擔此責任。因為從納稅人的角度來說，英國海軍的開支來主要自於英國母國的納稅人，但香港殖民地的商人卻過份誇大其繳納的母國收入稅(Home Income Tax)，所以不應由英國海軍來完全承擔維護殖民地貿易安全的責任與開支。[47]

此外，「中國艦隊」總司令艾佛瑞特又再度提出一個相當有意義的老問題，那就是英國海軍究竟在保護英國人還是華人的利益？由於英國對於中國水域內英國船籍的註冊規定過於寬鬆，導致許多華商為免於海盜騷擾，乃利用規定漏洞，將其船隻註冊為英船，取得懸掛英國商船旗的權利，從而獲得英國海軍的保護。例如在 1923 年與 1924 年間，每年航行在珠江流域內有註冊的英籍船隻為 53 艘，但真正屬於英國白人的船隻卻僅有 6 艘。換言之，有近 9 成懸掛英旗的船隻，實際船主卻是華人。雖然這些華人船隻同樣也促進了香港的貿易繁榮與英商利益，但還是必須與真正的英國船隻有所區隔。[48]

事實上，「中國艦隊」總司令艾佛瑞特有關船籍註冊的質疑並非無的放矢，因為在前述 1924 年 6 月舉行的倫敦「跨部會議」中，與會的英國駐廣州總領事詹彌遜(J. Jamieson, Consul General, Canton)即曾提出類似問題，認為正是由於香港政府未能嚴格管控華人船隻的註冊情況，才導致經常發生英輪劫案，也因此造成英國尊嚴的損害。然而，同樣出席跨部會議的香港政府助理輔政司法禮，則反駁詹彌遜的質疑，強調去區隔所謂的真

28 January 1925, FO371/10933.

[47] "Piracy Prevention Ordinance and Regulations," from the Commander-in-Chief, China Station to the Secretary of the Admiralty, 17 February 1925, FO371/10933.

[48] "Piracy Prevention Ordinance and Regulations," from the Commander-in-Chief, China Station to the Secretary of the Admiralty, 17 February 1925, FO371/10933.

英船與假英船其實完全不切實際，同時也會有損殖民地政府的商業與貿易
利益。[49]

　　直言之，前述真英船與假英船的爭議，其實體現著英國駐華海軍、領
事系統，以及殖民系統，對於英船保護標準的重大落差。「中國艦隊」總
司令艾佛瑞特以及廣州總領事詹彌遜的看法，基本上代表著英國駐華海軍
與領事官員對於英船保護的部份保守與鴕鳥心態，因為既然無法有效解決
廣東海盜問題，那不如就限縮所謂的「英船」定義，將保護範圍縮到極
小，亦即只保護少數真正為英商所有的船隻。如此，一旦符合「英船」定
義標準的船隻數量減少，所謂的英船劫案自然也會降低，至於剩餘真正的
英船也比較容易保護。然而，此種海軍、領事系統想當然爾的作法，卻會
與殖民地政府致力於維護殖民地利益的大前提，全然背道而馳，所以法禮
著乃從殖民政府的角度，直接點破此舉的不切實際。因為香港為大英帝國
極其重要的海外殖民地，香港華商的船隻也與其他英商一樣，均與香港對
外商業、航運利益密切相關，為同一個整體，也都需要帝國的保護。故以
香港殖民政府來說，不太可能偏狹地以船主是英商或華商為標準，來區分
所謂的真英船與假英船。

四、通州輪劫案(SS *Tungchow* Piracy)的後續檢討

　　1925 年底，廣東大亞灣海盜又下手劫持英商太古輪船公司所屬的通州
輪：是年 12 月，通州輪原訂從上海出發前往天津，但在威海衛附近遭到
偽裝乘客的廣東海盜襲擊，並將輪船劫持到廣東大亞灣。[50]通州輪劫案發
生後，一度又引起在華英商對現行輪船防盜規定的強烈不滿。上海英商社

---

[49] "Notes of a Meeting held at the Colonial Office on the 17th of June (1924) to consider the
measures which have been taken by the Hong Kong Government to deal with Piracy in the
waters of and adjacent to the Colony," CO129/487.

[50] "Paraphrase Telegram from the Governor of Hong Kong to the Secretary of State for the
Colonies," 26 December 1925, FO371/10933.

群即強烈質疑香港現行防盜措施根本無法有效阻止大亞灣海盜事件的一再發生，特別是「香港在輪船離港前實行的乘客搜查制度，已充分證明是失敗的」。僅是香港實施嚴格搜查制度並無法防止海盜事件的發生，因為中國沿岸其他港口多半欠缺類似措施，搜查制度寬鬆。換言之，只要船隻不是從香港出發，仍然很可能遭到海盜鎖定。[51]

因此，部份英人輿論改從其他面向反思防制之道，其中又以主張在英國輪船實施三等艙隔離制度，以防止偽裝乘客的海盜發動突襲，或是建議在輪船上裝設無線電裝置，以便遭到海盜攻擊時能夠及時對外求援等論點最具爭議性。[52]再者，甚至有部份英國輪船業者突發奇想，建議如有類似劫案再發生，英船應先自行拋棄螺旋槳推進器，使船隻失去動力，然後再由英國海軍馳援搜救。[53]

而根據事後英國官方的海事調查報告，亦主張輪船應設置無線電裝置，並思考摧毀海盜根據地應為解決海盜問題的最善良方，但大體上還是依循〈防範海盜章程〉的主要思維，亦即強調要防範類似海盜事件發生，必須強化輪船離港前的行李搜查，以及加派隨船武裝警衛，甚至聲言必要時應不搭載華籍乘客。

> 上海英法庭開堂研究此案（通州輪劫案）...，法庭研究結果，謂該輪被劫，不能歸咎船員，此後華人搭客，宜於動輪前搜查行李，以防夾帶軍械；若船上載運銀幣，則不可兼載華人搭客，或須加派持械衛兵護輪。船上設備無線電，可阻礙賊劫。其最善除去匪患之辦法，莫若毀滅其根據地。[54]

---

[51] "Municipal Gazette News: Piracy," *The North China Herald*, 16 January 1926.

[52] "Municipal Gazette News: Piracy," *The North China Herald*, 16 January 1926.

[53] 英國輪船業者還曾詢問英國海軍當局對於此方案的看法。見"S. Barton, Consul-General, Shanghai to R. Macleay, British Minister, Peking," 13 January 1926, FO371/11670.

[54] 基本上，由於通州輪主要航行於華北水域，並不適用〈防範海盜章程〉相關規定，不過還是可以從英國官方的調查報告略窺其主要防盜思維。英法庭調查報告，見〈英領事宣布通州輪劫案判詞〉，《申報》（上海），1925年12月31日第9版；〈滬法庭研究通州輪被劫案〉，《香港華字日報》，1926年1月6日第2張第3頁；"*Tungchow* Piracy:

防堵華籍乘客、港口行李搜查、隨船部署武裝警衛等〈防範海盜章程〉的標準措施，仍是當時英國官方主要的海盜因應方策。至於裝設無線電設備以及直接進剿海盜巢穴則屬於新的建議。

　　不過，類似的建議方案，早在討論之初，即遭到其他英人輿論的反對。例如英文報紙《京津泰晤士報》即不認同在英輪上裝設無線電裝置就可以達到防盜目的。該報指出裝設無線電裝置方案牽涉許多複雜的問題，諸如無線電裝置的進口問題以及操作員人選問題，因此並不切實際。先前進口的無線電裝置即曾遭到海關扣押，視為是違禁品，故如何合法進口仍必須解決。至於所需要的無線電操作員部份，依照香港政府規定，可以由香港籍華人擔任，但是其人是否值得信賴則又是另外必須謹慎考量的問題。其次，廣東海盜熟悉輪船運作模式，每次發動突擊時，即優先攻擊艦橋、輪機室等重要艙房。如果輪船上裝設無線電室，屆時也一定淪為海盜優先攻擊的目標。海盜只要射殺無線電操作員或是切斷線路，即可以防止輪船傳送出求救信號。況且如果無限電求救信號真的發送出去，或許對輪船上的船員、乘客來說，也不見得是好事，反倒可能是屠殺悲劇的開始。尤有要者，《京津泰晤士報》強烈質疑依照香港政府防範海盜的方式，亦即根據原有〈防範海盜章程〉規定，能否預防海盜劫案發生。香港政府過去的錯誤作法，即是透過〈防範海盜章程〉規定，強迫船商承擔起防盜的責任，從而使得「每一艘英船都變成有駐軍防禦的要塞」("a citadel fortified garrison defended")，於是從艦橋、輪機室、頭等艙房、船員艙房全都必須「要塞」化，並由另外雇傭的武裝警衛防守。但是這些措施都不可能有效防盜：

> 你或許可以在輪船上裝設無線電，你或許可以派遣外國軍艦頻繁地巡邏中國沿岸水域，你或許可以將商用輪船改裝成武裝要塞，然而這些所費不貲又多餘的措施，沒有一個可能證明是有效的。除非從陸地上解決海盜，否則海上響馬依然能夠輕而易舉帶著掠奪品登

Findings of Court of Enquiry," *The Hong Kong Telegraph*, 5 January 1926.

岸。[55]

換言之，〈防範海盜章程〉的防盜規定與海軍巡邏等種種措施事實上均無助於解決海盜，似乎只有從陸路上採取行動，根本阻斷海盜從大亞灣登岸逃亡的路線，才能有效遏止廣東海盜猖獗的歪風。

通州輪劫案後，英國駐華使領也曾向英國外交部提出對於現行防範海盜措施的諸多看法。英國駐華公使麻克類(R. Macleay, British Minister, Peking)同樣也不太認同通州輪海事調查報告關於在輪船上安裝無線電裝置可有效防範海盜的看法。因為要保持無線電通訊順暢，必須先強化無線電室的安全，才能在偽裝乘客的海盜發動突襲時，防止其闖進無線電室破壞通訊。然而要確保無線電室的安全卻是不太可能之事，因為在中國水域航行的英國輪船上的歐洲籍船員人數甚少，他們談何有餘力同時保護無線電室以及其他重要艙室（例如艦橋、輪機室）的安全。況且，通州輪上即使裝有無線電裝置，在此次劫案中，如果真的成功發送出求救信號，反倒會可能使船上的船員與乘客陷入更危險的處境，因為海盜勢必將會採取報復行動。所以，麻克類認為雖然「無線電基於其他理由有其必要，但是無法防範海盜。」其次，麻克類亦同聲譴責上海法租界港口與警察當局在搜查乘客及其行李時的重大疏失。他提出的質問是：通州輪劫匪全都是來自中國南方的客家人，他們既不會講上海方言，也不會講及其他北方話，然而這樣的一群人登上了從上海出發前往天津的輪船上，港口與警察當局卻沒有絲毫的警覺與懷疑，更沒有採取其他預防性措施？[56]上述英國駐華公使麻克類的質疑，簡單來說就是無線電防盜無用論以及現行港口搜查制度的不確實。這些建議其實也清楚表明英國想要有效防範海盜，除了現有的〈防範海盜章程〉規定外，可能還需要再構思其他改進之道。英國駐上海總領事巴爾敦(S. Barton, Consul-General, Shanghai)亦坦承，現行許多防範海盜措施可能只有心裡安慰的作用：

---

[55] "The *Tungchow* Piracy," *The Peking & Tientsin Times*, 4 January 1926.

[56] "R. Macleay, British Minister, Peking to Austen Chamberlain, Foreign Office," 10 February 1926, FO371/11670.

> 此（通州輪）劫案中海盜能夠輕易得手，意謂著有必要採行更進一
> 步的預防措施。我也曾與海關稅務司相商，對載有中國乘客的英國
> 輪船，在其離港前，由中國檢查員對其施行檢查。雖然這套措施已
> 經開始實行，但是除了心理安慰外，其作用可能也不大。[57]

因此，巴爾敦認為有必要對於航行在中國水域的英國輪船，制訂更為嚴密
的乘客管制措施，並納入現行規定之中。[58]

另外一方面，英國駐華使領的某些觀點其實也相當類似官方的「跨部
會議」報告，即強調輪船業者本身對於船隻航行安全負有最大的責任。例
如麻克類點出英國輪船公司在售票系統上的重大缺失：輪船公司為了節省
成本，多半將售票業務委託給華籍買辦，也因此往往無法掌握船票被賣給
了哪些人，海盜也才有可趁之機。因此，麻克類對於英國輪船業者只知追
逐利潤，卻無視輪船安全，表達強烈的不滿：

> 假如英國輪船公司仍繼續其態度，亦即聲稱他們無力改變既有不太
> 令人滿意又危險的制度，因為擔心會失去中國客運的利潤。那麼，
> 我認為如果再發生類似通州輪的劫案，也不值得同情。[59]

所以英船劫案頻傳，部份原因乃是輪船業者咎由自取，無須英國政府為其
承擔責任。其實麻克類對於英國輪船業者售票系統的指責，乃是根據英國
駐上海總領事巴爾敦的電報。在 1926 年 1 月給北京公使館的電報中，巴

---

[57] 巴爾敦早在 1924 年 8 月即曾建議透過立法手段，制訂乘客管制措施，但似乎由於相關
人事（Crown Advocate 皇家律師）更迭的影響，遲遲未能落實。見"S. Barton, Consul-
General, Shanghai to R. Macleay, British Minister, Peking," 13 January 1926, FO371/11670.

[58] 1926 年 1 月，巴爾敦又將通州輪海事調查委員會的報告轉送給英國貿易委員會商業海事
局助理局長供其修訂相關規定的參考。見"S. Barton, Consul-General, Shanghai to the
Assistant Secretary, Mercantile Marine Department, Board of Trade, London," 9 January 1926,
FO371/11670.（按：原電文註明時間為 1925 年 1 月 9 日，但其實應為 1926 年 1 月 9
日，因為通州輪發生在 1925 年 12 月 18 日，而海事調查委員會的報告則在 12 月 30 日
完成）。

[59] "R. Macleay, British Minister, Peking to Austen Chamberlain, Foreign Office," 10 February
1926, FO371/11670.

爾敦引述通州輪海事調查法庭(Naval Court of Inquiry)報告，[60]英國輪船業者將售票業務委託給中國買辦，造成許多華籍乘客「若非上船後才購買船票，就是在上船前在商店或是當地旅館購票，卻沒有留下購票者的紀錄」。這種制度造成無法事先確實掌握華籍乘客的背景，事後也難以追緝其下落，正是導致海盜猖獗的主因之一。然而，英國輪船業者卻無意改變此種售票系統，採取更嚴格的方式來阻止海盜事件的發生，理由只是因為改變現狀將會使得華籍乘客拒絕乘坐英輪。基於同樣的理由，英國輪船業者甚至也不太願意對華籍乘客執行行李搜查。[61]

五、官方立場的第二次「跨部會議」報告

為了表達對於香港民間〈少數報告〉與防盜問題的嚴正立場，1925 年5 月時，海軍部特地致函外交部、殖民部與貿易委員會，建議另外召開由外交部、殖民部、貿易委員會、海軍部等四個部會共同參與的會議，專門研商〈少數報告〉以及珠江流域的防盜對策。[62]英國外交部也支持海軍部

---

[60] 根據英國 1894 年商船法(The Merchant Shipping Act, 1894)第 480-486 條規定，當在公海上發生英船失事或受損等問題時，得由英國海軍艦長（如無海軍艦長時，可由領事官員）召開海事法庭，從事相關調查等工作。海事法庭由 3-5 人組成，其中須包括海軍官員、領事官員與商船船長。故通州輪劫案發生後，英國海軍艦長乃於 1925 年 12 月 29-30 日在上海召開海事調查法庭，並由該法庭傳訊通州輪船員幹部、乘客等當事人，以釐清劫案發生的原因、過程及其他相關問題。商船法條文，見 "The Merchant Shipping Act, 1894," downloaded from http://www.legislation.gov.uk/ukpga/Vict/57-58/60；通州輪海事調查法庭報告，則見"Finding of A Naval Court Held at His Britannic Majesty's Consulate-General, Shanghai on 29th-30th December 1925 to Investigate the Circumstances Attending the Seizure by Pirates of the British Steamship Tungchow of London, Official Number 133,255," FO371/11670.

[61] "S. Barton, Consul-General, Shanghai to R. Macleay, British Minister, Peking," 13 January 1926, FO371/11670.

[62] "Letter from the Lords Commissioners of Admiralty to the Under Secretary of State, Foreign Office," 28 May 1925, FO371/10933.

的建議，認爲應該另外召開跨部會議來進一步討論珠江三角洲的防盜問
題。[63]關於英國海軍部對於防範中國水域海盜的責任歸屬問題，其立場亦
可以從 1925 年 12 月海軍部給殖民部的一封信件中窺其梗要：

> 對海軍部來說，處理中國附近水域海盜問題所需的經費，不應全由
> 海軍承擔。即使是在公海上，海軍能夠提供貿易活動的保護，也有
> 其限制。貿易商也只能合理地要求海軍提供保護。商船應該盡其所
> 能地保護自己，以因應偶發的攻擊事件。同樣地，組成船團所帶來
> 的不便（香港貿易商對此頗有怨言），商船也必須盡可能地忍受。因
> 此，海軍部認為，下列觀點是站不住腳的：貿易商到一個飽受內戰
> 之苦的外國做生意，卻不願面對不便與危險，想要提高必要的保
> 護，卻又不想要自己花錢。[64]

由於海軍部對〈少數報告〉的嚴重不滿，再加上 1925 年在香港附近水域
又發生數起重大海盜案件（尤其是通州輪劫案），爲了檢討得失並籌思反
制與改進之道，殖民部在 1926 年 1 月又召開第二次「跨部會議」，[65]除外
交部、海軍部、陸軍部與貿易委員會等部會均派員與會外，會中還特別邀

---

[63] "S.P. Waterlow, Foreign Office to the Secretary of the Admiralty," 9 June 1925, FO371/10933.

[64] "Letter from the Lords Commissioners of Admiralty to the Under Secretary of State, Colonial Office," 16 December 1925, FO371/10933.

[65] 第二次跨部會議的召開日期，原先預定為 1925 年 7 月底，但因為中國情況的惡化，而導致延期。此乃因殖民部認為，如同先前的第一次跨部會議，照例應有香港政府高階官員出席，方能更為瞭解當時中國水域海盜現象以及香港防盜政策的實際情況。原先殖民部安排的人選，是當時正在英國的香港華民政務司夏理德(Edwin Richard Hallifax, Secretary for Chinese Affairs, Hong Kong)，但是後來殖民部認為最好還是由任期即將在 1925 年 6 月底結束的香港總督司徒拔親自出席。不過，後來因為五卅事件、廣州沙基慘案等影響，造成省港大罷工與反英風潮，司徒拔戰時繼續留任香港總督以至風波平息。故殖民部建議將會議延至同年 9 月，待司徒拔結束香港工作返回英國後，再舉行第二次跨部會議。但後來因司徒拔遲至 1925 年 10 月方始離開香港，故為配合其抵英行程，第二次跨部會議又延遲至 1926 年 1 月才召開。關于殖民部內對於第二次跨部會議日程與香港總督司徒拔出席問題，見 "Minutes of Colonial Office," 13 July 1925, CO129/490; "Colonial office to the Admiralty, Foreign Office and Board of Trade," 23 July 1925, CO129/490.

請前任香港總督司徒拔出席提供諸多重要的建言。[66]不過事實上，因為司徒拔曾任港督，熟悉香港附近水域的海盜問題及相關防制之道，故他以專家身份的發言甚具權威性，也因此幾乎主導了第二次跨部會議的討論重點。

（一）第二次「跨部會議」的討論[67]

　　首先，關於建立有效的海軍巡邏體系部份，因必須另外部署武裝汽艇以彌補海軍艦艇的不足，然而由此衍生的人事訓練、船隻租金與武器等相關開支問題，海軍部代表認為海軍雖然有責任保護在公海上的英國船隻，但卻不應該承擔在外國內陸水域的防盜任務開支。不過，前任香港總督司徒拔則不認同海軍部的意見，他認為在現實環境下「難以區分公海與中國內河水域的差別，如同歐洲的情況一樣」，加上中國內河水域有很大部份均屬「無人地帶」，因此應該由帝國政府而非香港殖民政府來負擔海軍巡邏體系的開支。尤有要者，司徒拔以為香港周邊水域的海盜案件都屬於內部海盜模式（亦即海盜乃是偽裝乘客，從輪船內部趁機發動突擊），所以透過海軍巡邏體系等外部模式來防範海盜其實效果極其有限。此外，司徒拔評估，等到省港大罷工與經濟抵制運動結束後，貿易活動恢復正常，廣州當局勢必也會厭倦社會騷動，並致力於解決海盜問題，屆時將不會再有大規模海盜劫案的發生，因此實在沒有必要再強化或增加武裝汽艇的數量，

---

[66] "G. Grindle, Colonial Office to the Under Secretary of State, Foreign Office," 7 January 1926, FO371/11670.

[67] 第二次「跨部會議」一共有 10 人出席，仍由殖民部助理次卿葛蘭敦擔任會議主席，除邀請前任港督司徒拔外，外交部由 F.T.A. Ashton-Gwatkin 與 G.S. Moss 兩人代表出席，海軍部派遣兩人（仍是曾參與第一次跨部會議的作戰處處長湯金森上校 Captain W. Tomkinson, Director of the Operations Division 以及海軍部官員麥洛克 P.E. Marrack）、陸軍部一人、貿易委員會兩人，還有殖民部一人。見"The Admiralty to the Under Secretary of State, Colonial Office," 8 July 1926, CO129/490; "Piracy in Waters Adjacent to Hong Kong," Notes of Meeting Held at the Colonial Office on the 13th January 1926, FO371/11670.

即便有此需求也不應該由香港承擔開支。

　　其次，關於香港船籍註冊部份，根據英國《商船法》規定，香港殖民地船隻要註冊為英船、懸掛英國旗，必須聘僱一定比例的英籍船員。也因此，許多華船業者為了符合規定，往往聘用不夠資格的英籍人士為船員，但這些船員都只是掛名領薪並不涉及實際航務作業，船隻營運權幾乎全控制在華籍業者之手。此類船隻一旦遭遇海盜襲擊，往往只能束手無策，任憑宰割。而海盜對此情況也都瞭若指掌，故多半能輕易得手。反觀符合相關規定的真正英籍船隻，船員幹部均有抵抗海盜攻擊的決心，海盜也不易劫持成功。所以司徒拔建議貿易委員會如果能夠從嚴調整《商船法》中有關船籍註冊的規定，便能有效剔除不合格的船員幹部；此外，也可以透過英籍船員工會來自行篩選排除這些名實不符的船員雇用情況產生。但貿易委員會代表卻表示目前尚未有修改《商船法》的打算，故建議可改由香港政府製作船員幹部的「黑名單」來防堵不合格的船員，或是建立一個船員幹部資格認證組織，只有獲准加入此組織的船員才得以在〈防範海盜章程〉規定下的船隻上任職。不過，司徒拔卻駁斥貿易委員會的建議均不切實際，因為香港船員幹部社群相當小，彼此均相識，擬定黑名單在實務上不易執行；至於成立資格認證組織同樣也不易執行，因香港船員人數不多，在沒有充足成員的情況下，根本無法實行認證制度。海軍部代表則建議提高船籍註冊費，不但可藉此遏制華船業者登記為英船，同時也可將該筆收入用來維持防範海盜的開支。但司徒拔還是表示反對看法，因為香港政府不可能再調整預算用以支付額外的海軍開支；至於提高註冊費，也不能收到嚇阻之效，因為輪船業者的營運收益極大，提高註冊費用並不足以讓其止步。

　　至於海事從業人員的保險部份，外交部代表認為因先前缺乏適當的保險制度，故船員幹部多不願冒著生命危險來抵抗海盜的攻擊行動，但只要香港政府能夠強制規定輪船業者必須給予船員幹部充分的保險給付，使其無後顧之憂，便能勇於採取行動反制海盜攻擊。但司徒拔則表示香港政府並未採納此項建議，他也不認為有必要強制規定，因為只要輪船業者「給予的薪資夠高，船員只要願意，即可以自行以較低費率投保生命險。」

再者，關於輪船裝設無線電設備部份，殖民部官員建議是否該檢討應否在〈防範海盜章程〉中強制規定輪船必須裝設無線電設備與配置操作員，如此一旦遇劫便能及時送出求救訊後，從降低海盜犯案的意圖。但司徒拔認為此項規定並無多大作用，而且香港商會對此項裝置似乎也興趣缺缺。究其實際，輪船上的無線電裝置必須與海軍巡邏艦艇相搭配才能發揮作用，因為當輪船發出求救訊號時，附近必須要有海軍艦艇且能在最短的時間內及時趕到。但是一般來說，如果輪船附近有英國海軍艦艇巡邏，海盜多半就不會下手，但若是附近沒有海軍艦艇，海盜就會勇於下手，因為就算輪船發出求救電報，等到海軍艦艇從遠處趕來時，海盜早已挾帶劫掠品登岸逃逸無蹤。況且一旦海盜已經成功挾持輪船，屆時海軍艦艇就算趕到，似乎也只能開砲擊沈船隻。此外，海盜其實早已熟悉輪船無線電的求援模式，所以海盜發動攻擊行動時，即會率先處理無線電操作員或是直接破壞無線電設備。

最後，關於強化商船自我防禦部份，司徒拔認為既有〈防範海盜章程〉有已有相當詳盡的規定，所以目前最適當的政策就是去遵循並嚴格執行〈防範海盜章程〉的各項規定，並希望英國政府能夠為香港政府背書，駁斥先前〈少數報告〉的謬論：

> 假如英國政府能夠明確地表達唯一真正有效的防盜之法在於執行〈防範海盜章程〉規定，那麼香港政府將可以放手去做。（英國政府）先前對於香港當地委員會熱烈討論的〈少數報告〉一直沒有給予適當的回應，也因此在香港殖民地造成一種感覺，亦即英國政府並未真正認同殖民政府的看法。

換言之，英國政府應該明確表態，並大力支持香港殖民當局的立場，以便繼續嚴格執行〈防範海盜章程〉等防盜措施。此項建議也獲得殖民部官員的支持，願意行文給香港總督表達力挺的態度。不過，與會的貿易委員會代表卻不願立即表達支持之意，希望殖民部能先行文各部會取得共識後，再正式表態支持香港政府的立場。[68]

（二）第二次「跨部會議」的重要意義

　　在英國外交部官員參與第二次「跨部會議」後所作的備忘錄中，認為會議中絕大部份時間都是前任香港總督司徒拔在闡述其對於華南海盜問題的看法，而其重點在於四個方面：第一，海盜問題要獲得滿意的解決，廣州必須出現一個為英國承認的穩定政府；第二，維持小規模海軍巡邏體系對於防範海盜問題並無作用；第三、香港政府並無財力用以支付擴編的海軍巡邏體系；第四，要處理海盜問題，唯一有效的辦法即在於嚴格執行現有〈防範海盜章程〉、限縮船籍註冊規定，以及駁斥香港民間防盜委員會所提之〈少數報告〉觀點，強調英國商船不能全仰賴英國海軍的保護，而必須由商船船員幹部自行盡力抵禦海盜、防護船隻安全。[69]由此觀之，司徒拔的基本立場相當明確：除非粵英關係改善、廣東政局穩定，否則海盜問題暫難解決，而現有海軍巡邏體系根本不足以應付海盜，但香港政府又無力支援擴編武裝汽艇，故唯今之計唯有徹底駁斥民間船商的卸責觀點，繼續堅持香港政府頒佈的〈防範海盜章程〉與嚴格控管英船數量。簡單來說，司徒拔利用殖民部召開跨部會議之機，大力宣揚香港政府的政策，遊說各部會支持並維持其現有的防盜措施。由於司徒拔是以前任香港總督的身份出席會議，所以其言論大概可以視為是香港政府對於目前海盜問題的主要態度。

　　其次，由司徒拔在會中要求英國政府應表態支持香港既有防盜決策的發言，似乎也可以看出其言外之意，亦即先前香港政府與殖民部之間對於

---

[68] 殖民部針對第二次「跨部會議」所作的會議紀錄，見"Piracy in Waters Adjacent to Hong Kong," Notes of Meeting Held at the Colonial Office on the 13th January 1926, FO371/11670.

[69] "Interdepartmental Piracy Conference Held at Colonial Office, January 13th 1925," Records of Proceedings at the Conference Held on 13th January at Colonial Office by G. S. Moss, Foreign Office, January 1926, FO371/11670.

防盜政策或許也有部份心結。1924 年由香港民間以及航運公司主導推動的〈少數報告〉，其立場與香港政府官方多年來維持運作的〈防範海盜章程〉防盜體系大相逕庭。〈少數報告〉不但主張應加強海軍巡邏來代替輪船的內部防禦機制，甚至也根本否定〈防範海盜章程〉有存在的必要性。換言之，此類訴求不啻是倒打香港政府一巴掌，因為香港歷來推動的防盜策略均是藉由執行〈防範海盜章程〉諸規定，例如強制規定輪船業者必須在船上部署武裝警衛、裝置隔離鐵窗、船員幹部配戴武器等方式來強化輪船內部自我防禦力量以防範海盜攻擊。但從司徒拔的建議看來，自〈少數報告〉提出以來，英國政府殖民部似乎並未公開力挺香港政府，駁斥〈少數報告〉的不當觀點，以致於香港部份人士誤以為英國政府對於現行防盜措施亦有所不滿，而影響香港政府在防盜行政上的威信。[70]

司徒拔在會議上的抱怨，促使殖民部於凝聚各部會共識後，準備以電報向香港總督表達明確立場，重申第一次「跨部會議」報告，同時駁斥〈少數報告〉：

> 經過徹底討論之後，各相關部會代表一致同意1924年秋在殖民部召開的「跨部會議」報告觀點…。特別是海軍部代表清楚表示不可能接受1924年12月由（香港）非官方代表所提出的〈少數報告〉…，（因為）以珠江三角洲水域的情來說，海軍巡邏體系不可能提供保護，除非船隻本身已做好準備自我防衛，以對抗來自內部少部份冥頑之徒的攻擊行動…。雖然（〈少數報告〉）部份建議有參考價值，但是我並不認為其建議的（海軍巡邏體系）能夠實際有效地取代既有〈防範海盜章程〉所含括的整體防盜計畫。[71]

---

[70] 英國外交部即認為這應該是殖民部與香港政府之間的「家務事」，因為司徒拔的發言顯係針對殖民部而來，故外交部沒有理由介入此事。見"Piracy in Waters Adjoining the Colony of Hong Kong," Minutes of Foreign Office, March 1926, FO371/11670.

[71] "Draft Despatch from the Colonial Office to the Governor of Hong Kong," February 1926, FO371/11670. 為了避免爭議，殖民部在正式給香港總督發送電報前，曾事先在 2 月底將電報擬稿內容傳送給與會各部會參考，以便調整。海軍部在答覆意見中，雖然大致上表示同意，但還是在幾處要點處，提出了修改意見。由此也可以略窺海軍部對於海軍在防

不過，殖民部雖然在第二次「跨部會議」後行文香港政府表達支持立場，但為了緩和香港英商的反彈情緒，殖民部部長後來還是要求香港總督金文泰(C. Clementi)必須採取一些措施，來改變英商對於海盜問題的種種誤解。[72]

另外一方面，從第二次「跨部會議」討論記錄來看，基本上各部會對於防盜策略的運用仍有所歧見。貿易委員會即顯然不太贊同殖民部對於商船相關規定的調整作法。究其實際，香港政府頒佈的〈防範海盜章程〉在許多方面與貿易委員會制訂的《商船法》有所抵觸，而如要進一步嚴格執行限縮商船註冊辦法，同樣也需要修改《商船法》的既有規定。但貿易委員會則明確表態目前沒有修改《商船法》的計畫，也不贊同只為了香港單一的特殊情況，就去調整英國整體的商船管理政策。至於司徒拔力主應要求船員在面對海盜時無論如何必須竭力抵抗之事，貿易委員會也並未表態支持，而主張應待各部會擬具共識後再做定奪。其次，海軍部與殖民部對於在香港附近水域部署的武裝汽艇費用該由海軍或是香港政府承擔亦有不同意見。先前海軍部即曾建議應由香港政府與殖民部來負責武裝汽艇等船隻開支。[73]雖然在跨部會議上，海軍部代表並未提出此問題，但殖民部與司徒拔顯然還是希望海軍部能夠正式聲明確定承擔有關武裝汽艇等開支。[74]

再者，受到司徒拔的影響與主導，第二次「跨部會議」部份討論內容也與第一次「跨部會議」決議有所出入，特別是對於在輪船上裝置無線電

盜責任上的態度。海軍部認為，海軍無法承擔過大的保護責任，其一「必須指出的是，即使在公海上，海軍所能提供的保護，以及貿易商能夠合理要求海軍提供的保護，都有一定的限制」；其二，「以珠江三角洲的現有情況來說，主要的危險是來自於船隻內部，由一小撮意志堅決的人（海盜）從內發動攻擊，所以船隻本身必須自行做好抵禦的準備」。見"Marrck, Military Branch, Admiralty to J. J. Paskin, Colonial Office," 5 Marrck 1926, CO129/498.

[72] "L.S. Amery, Secretary of the State for the Colonies to C. Clementi, Governor of Hong Kong," 21 April 1926, FO371/11670.

[73] "Interdepartmental Piracy Conference," Minutes of Foreign Office, January 1926, O371/11670.

[74] "Interdepartmental Piracy Conference Held at Colonial Office, January 13th 1925," Records of Proceedings at the Conference Held on 13th January at Colonial Office by G. S. Moss, Foreign Office, January 1926, FO371/11670.

設備能否有效防盜等議題上。其實早在 1925 年初康華輪劫案後，由於海盜發動突擊時即率先破壞無線電設備，故殖民部當時已認為必須重新思考無線電設備在防盜任務中所扮演的角色，同時也應一併整體檢討輪船上的防盜結構與計畫。[75]此外，香港政府如要強制規定所有輪船必須裝設無線電設備，也勢必得考量到價格問題以及顧慮貿易委員會的態度。在殖民部部長後來給香港總督金文泰的信件中，即表示擔心自動無線電裝置在安裝費用上的問題：因為除非英國貿易委員會正式決定所有英國輪船必須強制裝設無線電裝置，否則以目前自動無線電裝置的生產規模而言，由於市場需求過小，勢必無法大量生產降低成本，故價格甚高，所以現階段還不太可能在〈防範海盜章程〉中硬性規定香港附近水域的英國輪船必須裝設無線電裝置。[76]

總結來說，雖然第二次「跨部會議」內部各部會仍有所歧見，也對第一次「跨部會議」報告作部份的修正，但無庸置疑地其立場還是非常明確，主張應該維持香港既有〈防範海盜章程〉的基本架構，亦即強調商船業者與船員幹部有責任自行維護輪船安全與防範海盜，而不能將防盜責任推諉於海軍或政府。在彙整海軍部、陸軍部、外交部、貿易委員會等各部會意見之後，1926 年 4 月殖民部正式決定，同意微幅調整〈防範海盜章程〉，但強調該規定所擬訂的防禦方案並無修改的必要。[77]殖民部部長給香港總督的電報中，即坦言：「雖然防盜章程有部份修改的必要，但我並不認為這些（〈少數報告〉的）建議是可行的，他們並沒有辦法有效地取代現行規定中的整體防盜計畫」。[78]

---

[75] "Despatch from G Grindle, Colonial Office to the Assistant Secretary, Mercantile Department, Board of Trade," 20 April 1925, FO371/10933.

[76] "L.S. Amery, Secretary of the State for the Colonies to C. Clementi, Governor of Hong Kong," 21 April 1926, FO371/11670.

[77] "Colonial Office to Hong Kong Chamber of Commerce," *The China Year Book 1925*, pp.

[78] "L.S. Amery, Secretary of the State for the Colonies to C. Clementi, Governor of Hong Kong," 21 April 1926, FO371/11670.

六、小結

　　1920 年代以來，廣東海盜劫案頻傳，其中又多以英船爲主要受害者。英國與香港政府在檢討防盜政策時，認爲英船之所以屢遭海盜劫持，最大原因即在於英國船商與船員幹部未能確實遵守〈防範海盜章程〉所架構的防盜規定，以致於廣東海盜得以利用防盜措施的疏漏之處，肆意劫掠英船。因此，香港政府試圖透過嚴格執法與進一步強化防盜規定等手段來約束英國船商與船員。

　　但是香港政府的強制作爲，卻引起英國船商（含香港華人船商）與船員的極大反彈，他們利用參與政府防盜政策檢討會議的機會趁機表態，反制政府立場，強調英船劫案頻傳並非船商或船員之過，而是既有防盜架構本身即有很大的問題。在香港英商商會、華商商會以及海事人員相關從業工會等三大團體的主導下，另行提出了民間版的檢討報告，亦即〈少數報告〉，與政府觀點互別苗頭，指責官方防盜架構的謬誤。隨著此份報告的提出，也預示著英國政府（海軍部）、香港政府與英國船商等官、商之間對於防範海盜對策的嚴重矛盾，幾乎全然浮出檯面。

　　大致上，民間觀點認爲，〈防範海盜章程〉將防盜之責過份強加在船商與船員身上是很大的錯誤。因爲保護英國商船不受海盜侵襲，本應是英國政府與海軍責無旁貸的任務，不該將之推諉於船商與船員。英國政府應該一方面擴編駐華艦隊力量，在廣東大亞灣、珠江水域等海盜高犯罪危險水域，建立有效的海軍巡邏體系，同時並致力在陸地港口碼頭上，設立嚴密的登船檢查制度，以防範海盜僞裝乘客挾帶武器登船。其次，〈防範海盜章程〉所規定的隔離鐵窗以及部署隨船武裝警衛等措施，非但無法發揮防盜功能，迫使船商負擔不必要的財政開支，而且也抵觸英國《商船法》，一旦遭遇船難，更可能影響逃生通道，危及乘客生命安全。再者，英國政府意圖透過船團護航模式來防範海盜攻擊，也是極度不利商的作爲，既嚴重影響到正常航運調度，也削弱英國船商在市場上的競爭力。相較於極度害商的船團護航模式，英國與香港政府倒不如嘗試建立商船無線電體系，以便當商船遭遇海盜攻擊等危急情況時，能夠迅速向外求援。簡單來說，民間版〈少數報告〉的主要訴求，即是防盜乃政府之責，而非民間船商與船員的任務。

另外一方面，英國與香港政府雖然承認〈防範海盜章程〉有少數若干缺漏，例如武裝警衛成效不彰以及隔離鐵窗妨礙逃生通道等問題，還是基本上還是認爲既有的防盜架構本身並無多大問題，僅需作微幅調整即可，沒有必要大規模修改〈防範海盜章程〉。至於英國海軍部門，則對於〈少數報告〉所倡議的海軍巡邏體系感到忿忿不平，反過來痛斥英國船商唯利是圖，只知坐享航運獲利，卻不願投入資本改善防盜措施，此外也強調海軍本身力量有限的情況下，不可能完全代替船商，負擔所有防盜責任。爲了回應〈少數報告〉的訴求，同時凝聚跨部會共識，在海軍部的推動下，英國政府又召開了第二次跨部會議，逐一討論民間各項建言。雖然各部會對於防盜措施的細部檢討（諸如船籍註冊管制、隔離鐵窗、無線電設施）等，以及是否要跨大海軍保護等略有歧見，但整體而言，第二次跨部會議還是肯定既有防盜架構的存在價值，因此拒絕了〈少數報告〉的主要訴求，堅持在〈防範海盜章程〉的規範下繼續執行防盜措施，亦即船商與船員則仍應負起主要防盜之責。

第四章 〈防範海盜章程〉的撤廢及其後續問題

一、前言

　　由於 1920 年代廣東大亞灣海盜活動持續猖獗，英國商船雖依照香港政府規定，設置有防盜隔離措施並部署有武裝警衛力量，仍還是淪爲海盜鎖定對象，屢屢慘遭劫掠。因此，不禁令人質疑既有防盜體制是否發揮其應有的作用與成效。面對此種困境，英國官、商之間最大的歧見所在，即在於對既有的防盜體制的評價與定位。基本上，英國官方立場認爲既有防盜體制本質上並無多大問題，而是船商與船員未能落實防盜規定，以致於讓海盜有可趁之機，劫持輪船，所以改善之道，在於如何強化並落實既有規定。但是英國船商立場，則炯然不同，認定防盜成效不彰，並非船商與船員未能恪遵規定所致，而防盜體制本身就有很大疑問，所以正本清源之計，在於大幅調整甚至變更既有防盜架構。特別是英國政府不應只是一味地要求船商強化防盜措施，讓其自行面對海盜，而應該由英國政府出面提供更大的保護，透過在危險水域建立大規模海軍巡邏計畫，進而強化對英國商船的保護，使海盜不敢輕易犯案。

　　從 1924 年香港海事相關從業工會請願行動，到〈少數報告〉的出爐，英國船商與海員工會等已逐漸凝聚共識，透過各種管道，開始強力挑戰由香港政府所制訂的防盜體制，亦即自 1914 年〈防範海盜章程〉施行以來，對於船商、船員在防盜措施上的嚴格規定。而英國政府則兩度透過召開「跨部會議」以爲因應之道，召集海軍部、陸軍部、貿易委員會、外交部、殖民部（香港總督府）等相關各部會代表，共同會商解決辦法，並試圖爲香港防盜政策作辯護的工作。即是之故，在英國官、商之間，環繞著防盜架構的爭議，經常引起對立與波瀾。

　　到了 1920 年代後半期，此種官、商對立氛圍又更趨強烈。此乃因英國商船劫案仍持續不斷發生，造成人員與財產的重大損失。尤其是 1926年太古輪船公司(Messrs. Butterfield & Swire)新寧輪劫案的發生，更是造成英國船商團體與輿論界的震撼，紛紛譴責既有防盜體制的重大疏漏，主張調整英國既有的防盜政策。在民間輿論的龐大壓力下，香港政府召開檢討會議，徹底省視防盜體制的諸多問題，從而導致既有防盜政策顛覆性的改變。香港政府在 1927 年宣布撤廢自 1914 年起施行的〈防範海盜章程〉，從此不再強制規定英國船商必須設置防盜措施與雇用印度武裝警衛，而是放手讓船商自行決定如何因應可能的海盜攻擊。但是順應民情、撤廢既有防盜體制與規定之後，並不代表著海盜問題的解決，相反地無論是英國（香港）政府，抑或是英國船商，似乎都將面臨更多挑戰與麻煩。

二、新寧輪劫案(SS *Sunning* Piracy)的檢討

1926 年 11 月 15 日，太古輪船公司新寧號輪船由上海經廈門前往香港途中，遭到偽裝乘客的海盜攻擊與劫持。不過隔日，船上的大副、二副等船員則趁海盜不備之時，發動反攻，佔領艦橋地區，重新取得船隻控制權。海盜雖縱火焚船試圖威逼船員讓步，但英籍船員不爲所動繼續堅決抵抗，直至英艦趕來救援。最後，海盜被迫只能緊急乘坐小艇逃逸。[1]新寧輪劫案的曲折過程，似乎對於當時英國的反盜策略，具有相當重要的意義。因爲這是英船遭遇海盜襲擊並被劫持後，第一次重新又奪回輪船的成功例子。所以在某種程度上，一方面對於英國船員起著激勵作用，廣東海盜並非不可擊敗，只要英勇抵抗，就能擊退海盜、奪回輪船控制權；二方面則可能對廣東海盜產生警惕作用，由於英人勇於護衛輪船，勢將大幅增加劫船的困難度，所以與其對英輪下手，倒不如將劫掠對象集中在更易劫掠的

---

[1] "Tables Turned on Pirates: Further Details of Sunning Fight," *The Strait Times*, 19 November 1926.

華籍輪船。[2]

　　然而，當激情過後，從英勇奪回輪船的喜悅中回到現實，英國人開始深思新寧輪劫案過程中所隱含的危機。事實上，當新寧輪尚停泊在上海時，香港警方即已掌握到部份海盜情資，懷疑有一股廣東海盜幫眾可能計畫在上海、新加坡間劫掠輪船，故於 11 月 8 日向上述兩港發布海盜警訊。也因此，上海海關當局乃對於新寧輪進行特別搜查，可惜並無所獲，所以新寧輪仍在 11 月 12 日出航離開上海。而根據香港政府的事後調查，為首的 1-2 名海盜首領確實是在上海登船，但其餘 20-30 名的海盜幫眾則是待新寧輪駛抵廈門後才從該港登船。然而因為廈門港海關並未對新寧輪乘客實施行李搜查，故海盜使用的武器應該即是在廈門時被挾帶上船。顯而易見的，新寧輪劫案的發生與廈門港未實施嚴格的行李檢查制度有很大的關係。其次，海盜在船上發動攻擊時，船上的隔離鐵窗並未上鎖而是呈現開啟狀態，這也使得海盜得以在船艙間自由行動。再者，船員幹部依規定要隨身配帶武器，但海盜發難時，船員幹部的武器卻未隨身攜帶，而是鎖在櫃子內，以致於無法緊急應變。[3]

---

[2] 英國《經濟學人》即戲稱新寧輪劫案過程猶如「驚悚小說」("thrilling fiction")：一開始「沒有武裝的船員們，僅憑船上的鉛塊擊退海盜，後來則只利用兩把來福槍與少量火藥，就成功守住艦橋地區」。見"Hongkong - The Chinese Position - Trade Matters - Boxer Committee Report - Extra-Territoriality," *The Economist*, 104: 4350 (8 January 1927), p.26.

[3] "Telegram from the Governor of Hong Kong to the Secretary of State for the Colonies," 23 November 1926, FO371/11671.根據英國外交部內部備忘錄資料，外交部官員也指責新寧輪船員在兩個地方違反《章程》規定，一是沒有關閉鐵絲網、二是船員幹部沒有隨身攜帶武器。殖民部內部備忘錄中，也有類似的質疑。但是海軍部官員卻認為新寧輪船員英勇擊退海盜、奪回船隻控制權的行動，應該獲得英國政府適當的表揚與鼓勵，並希望由殖民部、香港總督府出面安排一次公開表揚活動。職是之故，殖民部官員對於是否應該公開嘉獎新寧輪船員，其實也有相當矛盾：一方面由於新寧輪船員的疏漏，未能恪遵〈防範海盜章程〉規定，才導致海盜成功劫持輪船，這是必須譴責的；但另外一方面，新寧輪船員在面臨生命的嚴重威脅時，後來仍能勇於挑戰海盜，發動反攻行動，成功奪回船隻控制權，這點卻是值得嘉許的。最後，在殖民部助理次卿的建議下，殖民部決定採取妥協作法，雖然暫時不先公開嘉許新寧輪船員的勇敢行為，等待劫案調查委員會的

　　新寧號事件發生後，外人在華報紙即出現對現有防盜措施的檢討聲浪。例如《上海泰晤士報》(*The Shanghai Times*)引述部分外籍船運人士的看法，質疑在輪船上裝置「鐵絲網與無線電，並無法有效防止海盜劫掠事件的發生」，除非英國海軍能夠大幅強化危險水域的巡邏頻率，以便海軍艦船能及時收到輪船求救訊號，迅速趕往救援。[4]上述觀點其實還是反映出一個存在已久的客觀現實：既有的〈防範海盜章程〉不足以防範海盜事件。〈防範海盜章程〉要求船商必須強化商船的防禦措施，如設置武裝警衛、鐵絲網等以防護艦橋與輪機室的安全，來抵禦海盜可能的攻擊；其次，也要求商船必須盡可能地裝置無線電裝置，以便在遭到海盜攻擊時，能夠向外求援。然而，由於海盜帶多是以偽裝乘客趁機發動突擊等內部方式來劫掠輪船，因此即使船員與武裝警衛勇於抵抗、輪船重要設施亦裝有鐵絲網防護，充其量只不過是拖延時間罷了。因為已佔領輪船絕大部分艙房的海盜會以各種方式來突破船上剩餘的抵抗，例如威脅要殺害已擄獲的乘客、船員，甚至是發動火攻、縱火燒船。輪船裝置無線電裝置雖可以適時向外

報告結果再做定奪，但先通知香港總督考慮在適當時機，私底下代為傳達殖民部部長的感謝之意：「部長樂見新寧輪船員成功奪回船隻，以及他們終於職守時所展現的勇氣」、「部長對於船員們能改正錯誤，感到欣慰」。事實上，新寧輪船員們後來還是受到英國政府以及船商公司的公開褒獎。根據太古輪船公司駐香港經理布朗(N.S. Brown)給英國駐廣州總領事館的報告，每一名與海盜搏鬥的船員，都由公司贈予禮物，包括精密鐘錶、望遠鏡或是金手錶等。船員們私人財物的損失，亦由船公司給予 100 元至 1200 元的補償。英國政府方面也給予部份船員金錢獎勵，其中輪機長獲得 100 英鎊、大副 100 英鎊、二副 100 英鎊、二輪 25 英鎊、三輪 25 英鎊、水手長 100 元。此外，英國政府還特別授與大副、二副「大英帝國船員」("Officers of the British Empire")的榮譽銜，以褒揚兩人英勇對抗海盜的義行。見 "Piracy of SS *Sunning* by Chinese," Minutes of Foreign Office, 26 November 1926, FO371/11671; "SS Sunning Piracy," Minutes of Colonial Office, 24 November 1926, CO129/495; "Paraphrase Telegram from the Secretary of State for the Colonies to the Governor of Hong Kong," 24 November 1926, CO129/495; "N.S. Brown, the Hong Kong Manager of Messrs. Butterfield & Swire to J.F. Brenan, Acting Consul-General, Canton," 26 January 1928,CO129/508/4.

[4] An Editorial of *The Shanghai Times*, 19 November 1926, cited from "Canton's Duty: Should Clear Bias Bay of Pirates; Cooperation not Wanted?" *The China Mail*, 23 November 1926.

發出求援訊號，但是假如鄰近水域並無海軍船艦巡弋，而是必須遠從香港調派船艦前來馳援，則等到海軍船艦到達時，海盜可能早已突破抵抗控制輪船，且已有餘裕挾帶掠奪物與人質登岸逃逸。所以輪船防禦措施（拖延時間）、無線電裝置（向外求援）、海軍巡邏（及時救援）三者如無法協調同時發揮作用，特別是海軍如不能夠及時提供援助的話，則無論前兩者多麼忠於職守，其結果亦是枉然。尤有要者，真正能夠威嚇海盜，並降低海盜犯案率的關鍵因素，絕非輪船的防禦措施或無線電裝置，而是海軍武力的展現。只要能夠大幅提高海軍巡邏頻率，讓危險水域隨時均有海軍艦艇值勤、在場，自然可以發揮嚇阻功效，讓偽裝乘客的海盜投鼠忌器，不敢行動。換言之，海軍在防範海盜的重要角色，並非僅靠強化輪船防禦措施就能取代的。

　　為了釐清真相與反思防盜策略，香港總督任命由安撫華民政務司、警察司以及海軍官員等組成「新寧輪劫案調查委員會」(SS *Sunning* Piracy Commission)，除探究事件的來龍去脈外，更要徹底檢討海盜的犯罪手法，以及可能的防範之道。1927 年 4 月，該委員會提出的調查報告中，雖然確認新寧號被劫事件與船商、船員幹部未確實遵守〈防範海盜章程〉等規定有關，[5]但亦點出現行〈防範海盜章程〉有諸多侷限性。

（一）港口登船檢查措施的檢討

　　首先，〈防範海盜章程〉原先所定義的危險區主要集中在香港往來澳門、廣州灣、廈門、汕頭、海口、海防以及兩廣沿岸港口與河川之間的航線（北起廈門、南至越南海防），然而事實上，近年來海盜組織的活動範

---

[5] 調查報告認為新寧輪未遵守〈防範海盜章程〉之處有：船員未隨身攜帶手槍、甲板上設置的鐵絲網未上鎖、鐵絲網未強化固定極易拆除、警衛區未設置在鐵絲網防護區域內、未擬有「防禦計畫」等。見"Report of the *Sunning* Piracy Commission," 19 April 1927, *SP 1927*, No.3, pp.57-69.

圍，早已超越上述危險區，甚至遠及上海以北航線與南洋的新加坡等地。[6]
為了進一步瞭解海盜如何能夠攜帶武器登船，調查委員會透過香港政府致
函上海（江蘇）、福州、廈門（福建）、汕頭、海口（廣東）、北海（廣
西）、廣州灣、海防、西貢（法屬印度支那）、曼谷（泰國）、英屬新加坡
等港口，探詢各港施行的乘客行李搜查措施，卻發現除了香港本身以及曼
谷、廣州灣外，其餘各港口幾乎均沒有進行嚴格的行李搜查。尤其上海、
福州、廈門、汕頭、北海、海口等港口，主管機關是中國海關，但只關注
收稅問題，對於進行行李搜查以預防海盜事件發生則毫無用心，以致乘客
行李甚少遭到檢查或阻攔。至於越南西貢、海防等港口，法屬印度支那殖
民當局僅「管入不管出」，嚴格管制軍火武器流入印度支那，但對於離境
的船隻則查緝不嚴。英屬新加坡則是除非有特殊情報，否則一般不對船隻
行李進行搜查。在探詢的港口中，唯獨廣州灣（法國租界）以及泰國曼谷
會對出港船隻進行嚴格的行李搜查。[7]

關於東亞水域港口行李搜查問題及其可能引起的爭議與反彈，亦可從
1927 年 3 月 28 日英國下議院的一次質詢紀錄中看出端倪。議員密契爾
(Mr. Foot Mitchell)質疑新加坡為何沒有如香港一樣，對所有登船的中國乘
客執行人身與行李搜查，乃建議殖民部應下令對從新加坡登船前往所有遠
東地區港口的中國乘客施以人身與行李搜查，防止夾帶武器登船。但殖民
部長愛莫利(Mr. L.M.S. Amery, Secretary for Colonies)的書面答覆中，則透露
出港口執行嚴格搜查措施窒礙難行之因：

---

[6] 例如 1921 年 12 月廣利輪劫案(SS *Kwong Lee* Piracy，音譯)（上海、香港間）、1924 月
10 月的寧新輪劫案（SS *Ning Shin* Piracy，音譯）（上海、福州間）、1925 年 1 月康華輪
劫案（SS *Hong Hwa* Piracy）（新加坡、香港間）、1925 年 12 月通州輪劫案（SS
Tungchow Piracy）(天津、上海間）等，上述海盜劫持事件均可能是廣東海盜所為，因船
隻最後多被劫持至大亞灣水域。L. H. V. Booth, Assistant Director of Criminal Intelligence,
Hong Kong, "Precis of Piracies Committed by Bias Bay Pirates since 1921,"
CAB/24/181:0072;"Memorandum Respecting Piracy Suppression Received from Sir Miles
Lampson," dispatch No. 1030, 21 September 1927, CAB/24/202: 0024.

[7] "Report of the *Sunning* Piracy Commission," 19 April 1927, *SP 1927*, No.3, pp.57-69.

現行措施是當有情資時，才會對從新加坡登船的中國乘客執行搜查。如果對每一艘船都執行搜查，將會造成商業往來的重大阻礙，而遭致當地船商的反對。我並不認為情況已惡化到要採取如此激烈的措施。[8]

以新加坡的情況來說，港口搜查措施如果從原先的必要時才執行改為普遍施行，勢必造成登船時間大幅延長，導致商務活動延誤與利益損失，自然不為船商所樂見。殖民部同樣也不認為有調整的必要。

　　由此觀之，海盜活動範圍擴及中國、中南半島、南洋等華人居住的區域，因此要防範海盜事件的發生，必先執行嚴格的行李搜查措施，防止海盜攜帶武器登船，但這卻有賴於整個東亞水域不同國家間各港口的通力合作。而香港政府制訂的〈防範海盜章程〉僅能規範往來香港地區的船隻，遑論去影響或干涉中國或其他國家港口的行政（連同為英屬殖民地的新加坡亦然）。因此，香港政府試圖透過岸上港口執行嚴格行李搜查，以降低海盜事件發生率的方法，幾乎不可能實現。尤有要者，1927 年 11 月香港總督自己也坦承僅靠嚴格搜查乘客行李是不可能防範海盜事件的，因為部份海盜甚至有能力買通船員或輪船買辦，事先將武器走私到船上，如此再嚴格的乘客行李搜查制度也於事無補。[9]

（二）民間商業與海事從業團體的其他意見

　　其次，「新寧輪劫案調查委員」為了重新檢討〈防範海盜章程〉的適當性，1926 年 12 月即致函香港各商會、海事從業人員工會等民間團體，

---

[8] "Chinese Passengers, Singapore (Search): Written Answers," 28 March 1927, HC Deb, Vol. 204, c884W. 關於此次質詢亦可參見"Piracy Menace: Searching at Singapore Suggested, Colonial Office Replay," *The China Mail*, 29 March 1927.

[9] 香港總督發現部份海盜洗劫輪船後會將買辦一併帶走，目的不是為了贖金，而是因為買辦與海盜根本是一丘之貉。見"Minutes of A Meeting to Discuss Anti-Piracy Measures," held at the Japanese Legation at 11 a.m. November 16, 1927, 日本外務省外交史料館藏，《支那海賊關係雜件》，第一卷，F-0138/0180-0183。

探詢其對〈防範海盜章程〉實施十餘年來的看法，以便廣集各方意見，作為改進防制海盜措施的參考。[10]但這又重演了 1924-1925 年間官方「跨部會議」報告與民間〈少數報告〉之爭。透過這些民間團體的回信，可以發現不同於官方立場，香港商界對於海盜問題因應之道的見解。

華商商會部份，香港中國總商會的態度十分強硬，表示「此問題沒有再次討論的必要」，因爲 1925 年的〈少數報告〉已經充分表達總商會的意見。[11]香港中國船商亦開會討論，一致決定重申〈少數報告〉的主張，強烈要求香港政府「盡早籌組巡邏體系」。[12]

英商商會部份，香港總商會則重提一個老問題：〈防範海盜章程〉強制輪船必須在各層甲板上裝置防盜鐵窗與鐵絲網、限制乘客行動的作法，將會抵觸英國貿易委員會(Board of Trade)在 1926 年公布的海上「逃生設備調查」規定，[13]因爲一旦發生船難，甲板上的鐵窗、鐵絲網勢將阻礙乘客

---

[10] "Letter from Secretary, Sunning Piracy Commission to the H.K. General Chamber of Commerce, The Chinese General Chamber of Commerce, The China Coast Officers' Guild, The Marine Engineers' Guild of China, Jardine Matheson & Co., Ltd., Butterfield & Swire, Douglas Lapraik & Co., Ltd., The Hong Kong, Canton & Macao Steamboat Co., Ltd., and the Chinese Shipowners in Hong Kong," 7 December 1926, *SP 1927*, No.3, p.70.

[11] "Letter from Chinese General Chamber of Commerce," 11 January 1927, *SP 1927*, No.3, pp.70-71.

[12] "Letter from Chinese Shipowners in Hong Kong," 11 January 1927, *SP 1927*, No.3, p.71.

[13] 根據貿易委員會公佈的規定，凡載客輪船均必須爲每一位乘船旅客提供逃生設備，否則將無法順利取得客輪執照。所以，爲了符合此項規定，香港大部份輪船除了攜帶 4 艘救生艇外，還在船上堆積大量木伐，以供緊急救難逃生之用。但爲了避免佔用船艙空間，輪船公司多將木伐集中堆積在上層甲板的中央位置。可是上層甲板爲艦橋、歐籍乘客頭等艙房所在，屬於管制區域，一般均設有防盜鐵窗，航行途中依防盜章程規定均須上鎖。因此，萬一不幸發生船難，如未能及時將上鎖的鐵窗解開，則位於普通艙房的華籍乘客勢必無法緊急使用這些木伐逃生。而最慘痛的例子之一，即是發生在 1927 年 5 月的榮廣輪(SS *Leung Kwong*，音譯)沈沒事件。是月，榮廣輪在香港東方水域發生碰撞而沈沒，但船艙間的防盜鐵窗卻阻礙乘客逃生，最終導致高達 150 名華籍乘客逃生不及而溺斃。此案發生後，各輪船公司更是紛紛痛責香港政府強制商船必須裝設鐵窗、絲網的政策。不過，另外一方面必須強調的，事後根據香港「防盜委員會」的調查，懷疑船商

逃生，無法順利前往乘坐救生艇。總商會也建議香港政府應嚴格規定輪船
航行在危險區時應定時發送無線電（沿江、沿岸船隻每小時發送一次、海輪
則每天發送兩次），藉此讓船公司與有關當局掌握船隻情況，一旦船隻未
正常按時發送即意謂可能遭到海盜襲擊。[14]香港總商會附屬的航運委員會
(Shipping Sub-Committee)部份委員則主張「體現航運利益（船商與船員）的
〈少數報告〉，早已對〈防範海盜章程〉提出最有建設性的批判，任何後
續的調查也只是去印證這個結果」、「總商會完全贊同檢討現行〈防範海
盜章程〉的〈少數報告〉……調查委員會將會發現某些〈防範海盜章程〉
根本不可能落實」。[15]總商會另外一份檢討報告更是一語點中〈防範海盜
章程〉的不切實際：

> 所有最近發生的海盜事件都證明是從內部發生的（指海盜偽裝乘客
> 登船後再發起攻擊，而非另外乘船襲擊輪船），因此如要防止海盜事
> 件的發生與海盜逃脫，必須採取更為嚴密的（岸上）搜查與更為有
> 力的海軍巡邏。[16]

因為在船上加裝鐵網只會造成船難時更大的死傷，而無助於嚇阻海盜，派
駐隨船的武裝印度警衛同樣也無力抵抗偽裝乘客的海盜發動突擊，況且武
裝警衛的反擊極可能觸怒海盜引起報復，甚至不惜放火燒船，造成更大人
員與財物上的損失。因此從加強輪船本身防禦力量的角度來防制海盜事件
根本毫無用處。所以，與其想方設法在輪船上防制或壓制海盜，倒不如將

公司故意利用榮廣輪事件來抨擊強制裝設鐵窗政策。因為事實上，各船商也都只是在
「形式上」符合貿易委員會的逃生設備規定，但實則卻從未準備數量足夠的木筏。換言
之，即便沒有防盜鐵窗的阻礙，如果發生船難，依然沒有足夠數量的木筏能夠救起所有
乘客。況且，如果真要落實逃生設備規定，木筏也不該放置在上層甲板等管制區域，而
應存放在華籍乘客所在的艙房附近，以便緊急時能隨時取用。相關分析，見"Report of
Anti-Piracy Committee," 30 October 1929, CO129/521/2.

[14] "Letter from The Hong Kong General Chamber of Commerce," 11 February 1927, *SP 1927*,
No.3, pp.75-76.

[15] "Piracy Prevention Ordinance Regulations: Views of Individual Members of The Shipping
Sub-Committee, The Hong Kong General Chamber of Commerce," *SP 1927*, No.3, pp.76-78.

[16] "Mr. R. Sutherland's Scheme," *SP 1927*, No.3, pp.78-91.

戰場拉到岸上與海上：在港口執行嚴密的乘客人身與行李搜查（防止海盜登船），在海上進行頻繁的海軍巡邏（防止海盜犯案後逃脫）。[17]總結來說，香港英商總商會依然堅持〈少數報告〉的觀點，質疑〈防範海盜章程〉的有效性。

至於香港輪船公司方面，則態度一致，均強烈反對〈防範海盜章程〉的相關規定，重申〈少數報告〉的訴求：撤廢隨船的印度武裝警衛，以及強化海軍、武裝艦挺的巡邏規模。省港澳輪船公司(Hong Kong, Canton and Macau Steamboat Co., Ltd)強調船商已善盡強化輪船內部防護的責任，嚴辭抨擊由香港警方訓練、派駐輪船的印度武裝警衛，「不熟悉武器裝備，是輪船防禦計畫薄弱的一環，不值得信任」，並呼籲香港政府強化警察對港口情況的監視，除了下令水警注意往來輪船、碼頭的船隻外，亦應在「沿江、沿岸航線上，部署更多的政府船艦，執行巡邏任務」。省港澳輪船公司認為在中國當局採取行動確實清剿大亞灣海盜之前，香港政府應持續監視往來輪船的情況，才能降低海盜事件的發生率。[18]德忌利輪船公司也痛批印度武裝警衛的表現與輪船公司所支付的薪水幾乎不成比例，倒不如「將其解散，經費拿來用在英國海軍或殖民部的武裝巡邏艇上，以便在香港、大亞灣與珠江之間巡弋」。[19]太古洋行亦重申〈少數報告〉已充分表達意見，並無另外補充的必要。[20]

香港英商海事從業人員工會方面，如中國沿岸英商海員工會、中國英商海機工會等則表示他們對於海盜問題的處理態度一如往昔「無調整的需要」，亦即必須全面檢討現行防盜措施的弊病，但同時也質疑此次調查委員會組成的正當性，因為真正實際上必須面對海盜的是海事從業人員，但

---

[17] "Mr. R. Sutherland's Scheme," *SP 1927*, No.3, pp.78-91.

[18] "Letter from the Hong Kong, Canton & Macao Steamboat Co., Ltd.," 31 January 1927, *SP 1927*, No.3, pp.71-72.

[19] "Letter from Douglas Steamship Co., Ltd.," 14 February 1927, *SP 1927*, No.3, p.93.

[20] "Letter from Butterfield & Swire," 10 February 1927, *SP 1927*, No.3, pp.74-75.

委員會成員中卻無相關代表。[21]

三、〈防範海盜章程〉的撤廢與新訂

簡言之，由於新寧輪劫案後出現強大的檢討聲浪，最終在 1927 年迫使香港政府依據「新寧輪劫案調查委員會」的報告，擬議撤廢舊有的〈防範海盜章程〉。1927 年 10 月 13 日，香港立法局通過〈關於鎮壓海盜的法律修正則例〉("An Ordinance to amend the law relating the suppression of piracy")，隔日(10 月 14 日)由署理總督修頓(W.T. Southorn, Officer Administering the Government, Hong Kong)正式簽署公布，是爲香港 1927 年第 15 號法案，簡稱〈1927 年鎮壓海盜修正案〉("Suppression of Piracy Amendment, 1927")。此法案將 1914 年頒佈的〈防範海盜則例〉及其相關附屬規定一併撤廢，並重新授與香港總督制訂相關防盜規定的權力，諸如搜查船隻與人員、限制船隻與人員行動、其他有助於防盜事項等，以及對於違反上述防盜規定並經定罪者者，得科處 1000 元港幣以下的罰鍰或是 6 個月以下的監禁。[22]因爲舊有〈防範海盜章程〉乃是香港總督府依據 1914 年〈防範海盜則例〉所制訂的規定，因此也將一併撤廢。[23]

---

[21] "Letter from the China Coast Officers' Guild & The Marine Engineers' Guild of China," 4 February 1927, *SP 1927*, No.3, pp.72-73.

[22] 此法律修正案的核心精神，乃是撤廢 1914 年的〈防範海盜則例〉及其附屬規定，然後回到 1868 年的〈鎮壓海盜則例〉的基礎上，一方面去除部份不合時宜的條文，二方面則再重新授與香港總督制訂相關防盜規定的權力。"An Ordinance to Amend the Law Relating the Suppression of Piracy," Ordinance No. 15of 1927, *The Hong Kong Government Gazette, 1927*, 14 October 1927, No.590, pp.429-431.

[23] 不過，〈1927 年鎮壓海盜修正案〉並未在頒佈之日起即刻生效，而是須待香港總督日後公布之，方始正式生效。換言之，雖然此條修正案業已頒佈，但在香港總督另行明令宣布生效前，1914 年的〈防範海盜則例〉以及舊有〈防範海盜章程〉仍將繼續有效。根據香港律政司金培源(Joseph H. Kemp, Attorney General, Hong Kong)的報告，〈鎮壓海盜修正案〉之所以遲遲生效的原因有二：一是必須擬議新的防盜章程，以便與修正案一同生效，二是舊有章程等相關規定，特別是隨船武裝警衛，亦不宜立刻取消，而必須與未來

　　與此同時，香港總督也會同立法局著手準備制訂新的〈防範海盜章程〉（草案見附件 4-1）。[24]與舊〈防範海盜章程〉最大的差別，在於新〈防範海盜章程〉已不再強調輪船在防範海盜上的責任，即不再強制規定輪船必須配置武裝警衛或是安裝防盜鐵窗、鐵絲網等隔離防護裝置，而去著重香港警察當局對於出入香港水域輪船的嚴格搜查與管制。[25]因此，輪船公司與船員的角色有了明顯的變化，轉成輔助性任務，只須盡力配合警察當局的搜查與管制，以防止海盜事件的發生。即是之故，部份輪船公司開始陸續拆除原先船上所設置的防盜鐵窗匣門等設施，同時也解散了印度武裝警衛。所以輪船公司也成為此次政策調整最大的受益者。[26]

　　然而這樣的轉變卻有兩層意義，其一是表面上的，其二則是深層的。就表面意義來看，新〈防範海盜章程〉大幅改變原有的防盜思維，從本來強調如何在輪船上抵禦海盜攻擊，調整為如何防止海盜登船；具體作法則是藉由擴大香港警察當局對輪船的搜查權與管制權，希望從「來源端」徹底阻絕海盜，亦即從港口管制與輪船搜查著手，防止海盜偽裝乘客挾帶武器登船。不過，如果進一步從文字條文背後反思其深層意涵，就會發現：新〈防範海盜章程〉雖然不再以行政立法手段，嚴格規定輪船公司與船員必須肩負起抵禦海盜的重責大任，但事實上卻沒有同時提供其他配套措施，例如提高海軍護航與巡邏危險水域的頻率，來確保「航行中」的安

　　的政策一起檢討。見"Report on No 15 of 1927," by J. H. Kemp, Attorney General, Hong Kong, 14 October 1927, CO129/506/6.

[24] 〈新訂防盜章程〉，《香港華字日報》，1927 年 9 月 19 日，第 2 張第 3 頁。

[25] 美國駐港澳總領事館在給北京公使館的報告中，即稱新防盜章程最主要的特徵，就是對於從香港往來危險水域（包括兩廣、臺灣以及北起上海、南至新加坡）的船隻，均規定必須採取嚴格的警察搜查措施。見"Recent Piracies and British Reprisals," Harold Shantz, American Consul in Charge, Hong Kong to Ferdinand Mayer, Charge d'Affaires ad interim, American Legation, Peking, 26 September 1927, RIAC, 893.8007/29.

[26] 根據某家大型英國船商的估算，如果撤廢所有駐船的武裝警衛，每年省下的經費將可高達約 17000 元。"Prevention of Piracy," Roger Culver Tredwell, American Consul General, Hong Kong & Macao to the American Minister, Peking & the Secretary of State, Washington, 7 November 1927, RIAC/893.8007/39.

全。換言之，一旦「來源端」的管制與搜查失效，或是英船是從香港境外駛來，以致於無法從「來源端」控管之時，沒有武裝警衛與鐵絲網防護的輪船，似乎則只能自求多福。所以，某種程度上來說，新〈防範海盜章程〉只不過免除了輪船公司與船員在法律層次上的防盜責任，但並沒有使其免於海盜攻擊的威脅。尤有要者，一旦撤去武裝警衛與鐵絲網的保護，輪船勢將赤裸裸攤在海盜窺伺下，情況有可能會更糟糕。屆時，輪船公司與船員還是得自己面對航行途中可能的海盜劫掠問題與重大損失。職是之故，從這個面向來說，新〈防範海盜章程〉其實並沒有比舊〈防範海盜章程〉更能解決海盜問題，只不過將爭議性較高、屬於法律層次的輪船防盜責任等規定刪除，不再強制規定輪船公司與船員應該做什麼，而是讓他們自行決定當在海上面對海盜時該怎麼處置。[27]

也因此，英國船商們急於尋求海軍的協助，希望能夠透過海軍巡邏的方式，來強化對於輪船的外部保護。英國船商代表乃與英國海軍「中國艦隊」總司令提威特(Rear Admiral Sir Reginald Tyrwhitt, Commander-in-Chief, China Station)在上海密會，商討海軍巡邏計畫的可行性。船商提出的建議是，希望英國海軍能夠派遣一艘軍艦長期駐防在廣東大亞灣水域，如此應可有效防止海盜犯案。但是如果要長期維持一艘軍艦駐防大亞灣，則意謂著至少要從「中國艦隊」抽調兩艘軍艦，專門負責大亞灣防盜任務（必須一艘駐防大亞灣、另外一艘在港休息，由兩艘軍艦輪流出港執勤）。所以「中國艦隊」總司令提威特則明確表態回絕，因為受限於艦艇數量，不可能做到船商所要求的。英國船商又退而求其次，建議將兩艘小型商用輪船改裝為武裝艦艇，但由海軍提供官兵來負責操控、管制。然而事實上，抽調軍艦或是抽調人員來支援防盜任務，對於英國海軍來說，都是額外且過於沈重的負擔。即是之故，無論是「中國艦隊」總司令提威特，還是當時支援英國在華防務的第一巡洋分遣艦隊司令波爾(Rear Admiral Boyle, First

---

27　在後來殖民部內部備忘錄中，即稱「〈防範海盜章程〉的撤廢，意謂著將處理海盜的責任放到船商身上」。見"Minutes of Colonial Office," 13 November 1928, CO129/507/4.

Cruiser Squadron)均不願支持英國船商所提的建議方案。在這樣的情況之下，英國船商似乎只能盡其所能透過遊說或是尋求其他管道，向英國政府施加壓力，希望藉此改變海軍當局的態度。換言之，英國船商與海軍之間，屆時對於此議題勢必又要有所角力一番。[28]

四、英國殖民部與第三次跨部會議對於香港撤廢〈防範海盜章程〉的反應

究其實際，英國政府殖民部對於香港撤廢〈防範海盜章程〉頗有不滿之意，因為在整個決策過程，殖民部幾乎完全被排除在狀況之外。自 1927 年 4 月新寧輪劫案調查委員會作成應撤廢〈防範海盜章程〉的建議後，香港總督僅是單純地將該報告呈交殖民部，卻未對此提出任何的建議，以供殖民部參考。所以殖民部在同年 7 月、10 月曾兩度提醒並督促香港總督，應對新寧輪劫案調查報告提出進一步的分析與建議。遲至 11 月，香港總督才回覆殖民部，表示已決議根據新寧輪劫案調查報告，撤廢 1914 年頒佈的〈防範海盜章程〉及其相關規定。香港立法局也已通過此項決議，並依法定程序，準備送交英國政府批准。[29]

從上述情況，不難看出香港總督府在撤廢舊章程的政策討論過程中，

---

[28] 英國船商與「中國艦隊」總司令提威特在上海密會的消息，乃是由某位大型英國船商代表告訴美國駐港澳總領事。見"Prevention of Piracy," Roger Culver Tredwell, American Consul General, Hong Kong & Macao to the American Minister, Peking & the Secretary of State, Washington, 7 November 1927, RIAC/893.8007/39.

[29] "Suppression of Piracy Amendment Ordinance, 1927," Minutes of Colonial Office, November 1927, CO129/506/6. 香港署理總督修頓在 1927 年 10 月 21 日時，將已通過頒佈的〈1927 年鎮壓海盜修正案〉，以及由律政司金培源解釋背書的報告（主要內容在從法律角度，判定此修正案並未違背英國政府的訓令）從香港送往英國政府殖民部，不過可能因為並未使用電報傳送，故修正案與報告遲至 1927 年 11 月 23 日殖民部才收到。見 "W.T. Southorn, Officer Administering the Government, Hong Kong to L.C.M.S. Amery, the Secretary of State for the Colonies, Colonial Office," 21 October 1927 (Received 23 November 1927), CO129/506/6.

並未主動讓殖民部充分獲悉後續的處理方式，而是在調查報告提出近半年之後，由於殖民部的催促，才匆匆將最後決議告知。雖然舊章程正式撤廢的日期，仍有待香港總督在立法局宣布後確定。但殖民部卻質疑香港總督府之所以延後宣布正式撤廢的日期，其原因「並非為了讓殖民部部長有機會可以考慮此案，而僅是需要時間準備新的規定」。尤有要者，撤廢舊章程並非小事，而是牽涉到英國政府的整體政策，除了殖民部外，也需要與外交部、駐華使領等其他部會共同會商方能決定。故部份殖民部官員乃痛批香港總督府在進行重大決策變更的過程中，卻沒有充分諮詢殖民部部長以及其他相關的母國當局，因此甚至建議殖民部應慎重考慮是否要維持舊章程，以及是否要批駁修訂案。不過，殖民部後來並未批駁該案，因為畢竟相關法案最終還是必須經由英國政府的批准與同意，才能完成所有法定程序，是以無須在英國政府各部會充分討論前即予以批駁。所以殖民部決定先電報詢問香港總督相關決策過程，同時也考慮諮詢外交部與駐華使領的看法。[30]

香港總督則在 1928 年月 1 給殖民部部長的電報中，再次敦請英國政府儘速批准新〈防範海盜章程〉外，也清楚表示新〈防範海盜章程〉將可望滿足各方需求：

> 我們希望能夠儘速實施新〈防範海盜章程〉，因為目前的情況類似空窗期，而極度令人不滿意。新〈防範海盜章程〉排除了與貿易委員會規定抵觸的部份，也讓貿易委員會可以不受拘束制訂規定。香港本地的船商對於新〈防範海盜章程〉的改變，表示歡迎之意，船員工會等也都沒有反對意見。（英國海軍「中國艦隊」）總司令也大致贊同新〈防範海盜章程〉，並強調應該督促船商公司盡其所能地保護

---

[30] "Suppression of Piracy Amendment Ordinance, 1927," Minutes of Colonial Office, November 1927, CO129/506/6. 英國政府殖民部於 1927 年 12 月 2 日以電報詢問香港總督相關問題，包括新寧輪劫案調查委員會的報告，以及撤廢舊章程的所有原因，同時也要求在正式接到訓令前，不得公布撤廢舊章程的日期。見"Telegram from Colonial Office to the Governor, Hong Kong," 2 December 1927, CO129/506/6.

自己的船隻，因為這正是新〈防範海盜章程〉的主要目的。[31]

爲了討論香港〈防範海盜章程〉案，1928 年 1 月英國政府召開由外交部、殖民部、海軍部、陸軍部、空軍部、貿易委員會等部會代表以及香港政府輔政司共同參與的第三次跨部會議。會中，各部會代表即已預見到舊章程撤廢後，香港勢將面臨更大的挑戰。[32]雖然跨部會議原則上同意香港殖民當局的作法與調整方向，但是舊章程撤廢後，屆時不再強制規定輪船必須部署武裝警衛與防禦措施，又該如何防制可能的海盜攻擊？首先，有效的港口搜查制度根本不可能實現，特別是中國沿岸的各港口均未徹底執行港口行李檢查。其次，替代的海軍巡邏與保護同樣也是不切實際。與會的香港輔政司即曾提議英國海軍能派遣護衛艦長期駐防大亞灣水域，以強化對輪船的保護，但海軍部代表則直接表明海軍不可能承擔此類責任：一來英國海軍艦艇數量有限，加以中國局勢緊張，海軍必須隨時因應處理，不太可能再抽調艦艇長期駐防大亞灣；二來海軍艦艇長期駐防所衍生的龐大開支同樣也是必須思考的嚴肅課題，除非香港政府願意承擔所有開支；三來海軍艦艇即使長期駐防大亞灣水域也無助於海盜問題的解決，因爲海盜將會轉移陣地並重起爐灶。[33]換言之，撤廢了既有的防盜措施，但卻沒有其他可供替代的配套方案，如果未來廣東海盜依舊肆虐，不難想像在華的英商輪船航運將面臨何種危難。[34]

---

[31] "Telegram from the Governor of Hong Kong to the Secretary of State for the Colonies," 6 January 1928, CO129/507/3.

[32] 此次跨部會議主要在討論香港的防制海盜決策，並針對諸多海盜問題進行意見交流：其一是商討目前授與香港總督的有限動武訓令是否需要調整，其二則是檢討「新寧輪劫案調查委員會」報告，並決定是否要批准香港政府撤廢舊章程與通過新章程的作法。"Notes of A Meeting at the Foreign Office on Wednesday," 18 January 1928, CO129/507/3.

[33] 當海軍部代表提出是否應由香港政府承擔海軍艦艇長期駐防大亞灣開支的質疑時，香港輔政司則當場反駁表示香港不可能負擔此類開支，因為這是「帝國的問題」。見"Notes of A Meeting at the Foreign Office on Wednesday," 18 January 1928, CO129/507/3.

[34] 另外一方面相當有趣的是，關於中國港口的乘客及行李搜查問題，後來倒是由中國船商方面自行弄出了一套替代方案，雖然其成效有待驗證。1929 年 11 月底，中國輪船招商局由於備受海盜侵擾所苦，故提出一套防盜檢查機制。此方案分為四點：一是由船公司

　　雖然第三次跨部會議對於香港撤廢舊有〈防範海盜章程〉的作法，不無質疑。但事實上，殖民部助理次卿葛蘭敦在內部備忘錄中，即坦承既然香港各方面均表態贊同調整〈防範海盜章程〉，就殖民部的立場而言，似乎也只能表示同意。[35]因此在跨部會議後，殖民部在 1928 年 2 月回覆香港總督，正式認可香港新修訂的〈防範海盜章程〉。在給香港總督的覆文中，殖民部正式批准香港總督所提的 1927 年〈防範海盜章程〉修訂案，但是建議香港總督還需考量以下事項：1.必須透過保險公司向船商施加壓力；2.要求輪船必須兩艘成對一起航行，如一艘船遭遇海盜攻擊時，另外一艘可以及時向外求援；3.所有輪船均應配備無線電裝置，同時也應研究能夠自動收發電文的自動無線電裝置的可能性；4.無線電室以及船員艙房均應設置於艦橋防護區之內。[36]

五、舊〈防範海盜章程〉撤廢後英國對於船商反應的調查與建議

　　英國駐華公使館爲了評估現行防盜規定的得失，在 1927 年 11 月曾命駐上海總領事巴爾敦(S. Barton, Consul-General, Shanghai)、駐廣州代理總領事璧約翰(A.F. Brenan, Acting Consul-General, Canton)調查英國船商反應，並

自行組織搜查團隊，對所有登船的華籍乘客執行徹底搜查，以防止挾帶武器登船；二是搜查團隊在執行搜查勤務時，應會同有關當局即中國警察一同辦理；三是賦予買辦肩負掌握可疑乘客之責，在船上航程期間，買辦應負責全船的搜查之責；四是輪船招商局將要求中國海軍部與地方省級政府支援砲艦在沿海地區執行巡邏任務。輪船招商局並發出一份正式聲明，強調海盜利用中國內政混亂之際肆意劫掠船隻，爲了防範於未然，輪船招商局將嚴格執行前述搜查機制，因爲只要能防止海盜挾帶武器登船，也就能阻止海盜事件的發生。見 "The Pirate Menace: Chinese Merchants Company to Take Action-Passenger Searches," *The South China Morning Post*, 27 November 1929; "Piracy Precautions: Steamship Company to Search Chinese," *The Strait Times*, 17 December 1929, p.4 .

[35] 葛蘭敦認爲由於中國水域海盜攻擊案件的大量增加，促成舊防盜章程的撤廢。見 "Minutes of Colonial Office," 26 January 1928, CO129/507/3.

[36] "Colonial Office to the Governor, Hong Kong," 7 February 1928, CO129/507/3.

提供看法與建議。[37]

　　爲此，上海總領事巴爾敦乃特地與英國商會附屬航運委員會以及主要英國船商代表進行全面性的討論。在給英國公使的報告中，巴爾敦的立場明顯傾向船商，認爲現有防盜規定早已不合時宜，非但無法有效嚇阻海盜問題，反倒可能嚴重影響商務的發展。例如在港口執行嚴格的搜查制度，充其量只會過份地阻礙航運，而不可能防範海盜。而要真正有效解決海盜問題，只能直接對大亞灣的海盜巢穴採取行動。至於政府強制規定輪船的內部防盜計畫，同樣也是不切實際的作法，因爲船隻類型不同，貼岸航行的輪船即與跨洋航行的輪船有著重大差異，其內部防盜機制自然不能一概而論。所以，比較適宜的作法乃是政府不強制規定，而應放手讓船商自行決定處置。[38]

　　至於廣州總領事璧約翰，雖先聯繫英國各航運公司在廣州代理人以諮詢意見，但卻未得要領，故後來乃親自前往香港，與英商太古公司董事羅勃森(H.W. Robertson)以及駐香港辦事處經理布朗(H.S Brown)等船商代表直接面談相關防盜規定。在給北京公使館的總結報告中，璧約翰提出與駐滬總領事巴爾敦看似不同的見解，他認爲要真正解決海盜問題，應該致力於強化商船艦橋區的自衛能力，如此才能夠有效抵禦可能的海盜襲擊。廣東大亞灣海盜之所以長期橫行在中國水域，最主要的原因即是在於有利可圖以及劫船成功機率甚大。也就是說，商船本身防盜能力的低落，正是導致海盜持續鎖定劫船的關鍵因素。所以只要能夠強化商船的防盜能力，從而

---

[37] 英國駐華公使館乃是要求滬、粵兩總領事針對新寧輪劫案調查報告，以及英國海軍「中國艦隊」總司令關於船商劣行的諸多批評，提出觀察與檢討報告。見"British Minister, Peking to the Consul-General, Canton," 16 November 1927, cited from "J.F. Brenan, Consul-General, Canton to Miles Lampson, British Minister, Peking," 16 January 1928, CO129/507/3.

[38] 此外，關於英國海軍「中國艦隊」總司令質疑英國船商並未積極鼓勵船員勇於抵抗海盜攻擊一事，巴爾敦也站在船商的立場，認爲根據過往案例，船商卻已善盡責任，對於因抵抗海盜而受傷或死亡的船員，均給予豐厚的照顧與撫卹。所以，「沒有理由」去質疑船商不鼓勵船員抵抗海盜攻擊。"S. Barton, Consul General, Shanghai to H.M. Minister, Peking," 31 November 1927 & 1 March 1928, CO129/507/3.

大幅增加海盜犯案的失敗機率，自然也就能夠減少海盜劫船的動機。即是之故，必須強化商船的防盜能力：艦橋區外部應加裝防彈鋼板，出入口只保留一處，隨時上鎖，由武裝警衛監控，至於艦橋區值班的船員幹部、舵手也應隨身配戴武器；同時並將對外聯繫的無線電報室也應遷入艦橋區，艦橋區內也應囤儲適當的食物飲水，以供必要之需。璧約翰認為由值班幹部、舵手、警衛三人構成的防禦武力，加上要塞化、有充分食物飲水的艦橋區，即能夠有效支撐與抵抗海盜攻擊。究其實際，強化商船防盜能力，本是舊〈防範海盜章程〉關注的主要重點之一，亦即船商應更動現有輪船的內部結構，將艦橋區要塞化。然而，關於這個部份，英國船商們卻一直消極地應付，不願遵守相關規定進行輪船改造。璧約翰認為英國船商並非不清楚艦橋區要塞化在抵禦海盜攻擊上的作用，但是之所以一直拒絕去調整輪船內部結構，主要的原因應該還是經濟成本上的考量。依據太古公司粗略估算，要將艦橋區要塞化，每艘船所需費用即可能高達 11000 元，以該公司在華擁有的 25 艘輪船的船隊來說，共計需要約 275000 元的改造費用。中國周邊水域航運市場競爭十分激烈，此類開支絕非英商航運公司願意負擔的成本。如果英國政府果真強制規定船商必須投入如此龐大的資金進行輪船結構改造，則部份英商航運公司很可能寧願放棄華人客運市場（即拒載華客），也不願意增加額外開支。換言之，英國船商對於舊〈防範海盜章程〉的抗拒，以及要求撤廢的主張，說穿了不過仍是成本上的考量，不願花錢投入反盜準備，而降低航運競爭力。這也解釋為何英國船商總是希望以海軍巡邏計畫，來取代提升商船本身的防盜能力；因為前者由帝國政府海軍預算支應，而後者則需由船商公司自己買單。然而船商的主張，卻會導致英國海軍勤務負擔與預算壓力的增加，必然引起海軍的不滿情緒，認為過份承擔了原應由船商自行負責的防盜責任，故反過來指控英國船商推卸責任，本身即缺乏抵禦海盜攻擊的意志與決心。在如此僵局之下，璧約翰認為較為可行的解決之道，應是執兩用中，一方面要求船商必須投入資本，進行輪船內部改造計畫，以提升商船本身的防盜能力，二方面英國海軍也應分攤責任，在海盜高犯罪率的廣東大亞灣水域，執行固定巡邏計畫;如此,應能同時提高內部與外部的防盜能力,從而降低海盜成功劫船的機率。[39]

　　嚴格來說,巴爾敦與璧約翰雖然在報告中強調的重點不同,但實則同途殊歸,目的均在替英國船商利益喉舌。駐滬總領事巴爾敦乃是明確表態,立場幾乎全面倒向船商,支持廢除舊有章程,不再強制規定船商應負起提高商船防盜能力的責任。而駐粵總領事璧約翰則是迂迴表態,雖然表面上較持中立態度,試圖協調船商與英國海軍間的對立態度,既主張應遵循舊有章程有關強化商船防盜能力的規定,但同時也呼應船商需求,建議另外建立有系統的海軍巡邏計畫,提高對於英國商船的外部保護力量。然而如究其報告實際內容,關鍵之處還是著重在後面的海軍巡邏計畫。亦即英國政府如果要求船商強化商船能力,則必須以海軍巡邏計畫作為補償。然而,前者(艦橋要塞化)開支雖大,但僅為一次性支出,而後者卻是長期性計畫,必須每年挪用海軍預算來支持。換言之,在商言商,就英國船商來說,以改造輪船內部結構的開支作為代價,換取英國海軍長期的保護,無論如何都是一筆划算的交易。這或許也是璧約翰在報告中,為何一直強調改造輪船內部結構的相關開支,將對船商構成沈重負擔的主要目的,因為如此,方能放大船商的付出,以換取英國政府提供的長期性海軍保護。滬、粵兩位總領事的態度,背後可能均與兩地英國船商勢力有很大的關係。上海為英國在華最重要的貿易據點,商人勢力極其龐大,對於政策的影響力自然不能小視。廣州同樣也是英國在華重要貿易據點,雖然在重要性無法與上海等齊,但卻與香港近在咫尺,命脈緊緊相連,乃是英國對華南貿易的重要通衢,香港英商勢力仍可能直接對政策構成影響。[40]

---

[39] "J.F. Brenan, Consul-General, Canton to Miles Lampson, British Minister, Peking," 16 January 1928, CO129/507/3.

[40] 璧約翰起初原只先向廣州英國船商代表諮詢意見,但此類代表卻以層級過低,不願對於公司以及航運相關問題發表過多意見,間接迫使璧約翰必須轉赴香港,親自與更高層的英國船商代表直接交流意見,顯見香港英商在航運事務上的發言權與影響力。而香港總督金文泰在稍後給璧約翰的信件中,甚至直言不諱地表示,璧約翰在報告中所提的諸多

六、舊〈防範海盜章程〉撤廢後英國對於華南港口檢查措施的調查檢討

在香港撤廢舊〈防範海盜章程〉後，意謂英國未來在防盜策略也必須跟著有所調整。特別是不再強制規定商船的內部防盜能力後，如何從外部來預防海盜案件的發生，也就成為英國必須正視的問題。除了由海軍巡邏危險水域外，落實港口檢查制度，亦是能夠事先預防海盜挾帶武器登船的可行辦法之一。即是之故，英國外交部在 1927 年 10 月底，緊急要求英國駐華公使館針對中國東南沿海各口岸港口現行檢查措施，著手進行調查，並思考如何能夠進一步強化檢查措施，以便有效防制海盜挾帶武器登船。[41]但是根據英國駐華使領館後來的回報資料，顯然前景不甚樂觀，大部分華南港口非但既有措施無法有效防範海盜挾帶武器登船，對於未來的改進之道，同樣也不知該如何下手，頗有進退維谷的窘況。

（一）上海港的情況

在英國駐上海總領事巴爾敦的報告中，表示上海港現行並無任何有關搜查乘客行李與貨物的官方規定。由於上海港出入的船隻數量龐大，各碼頭位置分散以及管轄權的異常複雜，導致不太可能去制訂統一的搜查規定。以最大的兩家英商輪船公司，怡和(Jardine & Matheson Co.)與太古為例，搜查情況就相當不一樣。怡和輪船公司的碼頭位於上海公共租界內，故該公司華南航線輪船在離港前，會由租界工部局巡捕協助在岸上碼頭對於登船乘客執行搜查工作。至於太古輪船公司的碼頭則位於上海法租界，

見解，事實上均是受到太古公司駐香港經理布朗的影響，立場偏向船商。"J.F. Brenan, Consul-General, Canton to Miles Lampson, British Minister, Peking," 16 January 1928, CO129/507/3; "C. Clementi, Governor, Hong Kong to J.F. Brenan, Consul-General, Canton," 10 February 1928, CO129/507/3.

[41] "Telegram from Austen Chamberlain, Foreign Office to Sir Mile Lampson, Peking," 31 October 1927, CO129/507/3.

因此華南航線的搜查工作由該公司自行聘請的華籍警探負責,而華北航線輪船因爲遭劫機會不大,故僅由海關進行例行檢查。

不過就現實條件來說,要對一艘近海輪船執行徹底的搜查,非但要動用大量的人力,而且還至少需要耗時 24 小時。即使能夠解決搜查人力的問題,以平均一艘船滯港搜查 24 小時來講,如果全面實行嚴格的檢查制度,勢必將會造成上海港航運出入的嚴重堵塞。海關稅務司雖然有權搜查各國輪船,但其編制人力及其轄下的河道警察,除了例行性的航運管制與監視外,也無額外人力可以執行上述搜查任務。至於租界工部局巡捕,理論上無權管理海上(船上)事務。因此,如果執行登船檢查制度,目前唯一較爲可行的辦法,仍是有賴於英國船商自行承擔相關責任:輪船離港前由船員幹部負責執行徹底搜查,防止偷渡客或是可疑人等上船;對於華籍乘客,也應落實擔保制度,方准其登船;當承運貴重物品時,則應在船上加裝鐵窗等隔離設施,並部署武裝警衛隨船戒護。

簡言之,英國駐上海總領事巴爾敦不贊同進一步擴大或強化現行的登船檢查措施,因爲此類措施無助於防範海盜,反而會造成航運的重大阻礙。巴爾敦認爲要解決海盜問題,與其絞盡腦汁、思考如何徹底檢查登船人員,倒不如鎖定海盜巢穴,從根本上直接予以打擊較爲有效。[42]

(二)寧波港的情況

根據英國駐寧波領事館的報告,寧波港並未對於登船乘客執行任何的檢查措施。以英國商船爲例,往來寧波與上海間的大型輪船,每艘船上動輒有數百名乘客,本來即不易執行登船檢查措施。但英國商船上也有適當的防盜措施,以預防可能的攻擊情況。事實上,英國駐寧波代理領事裨德本(H.I. Prideux-Brune, British Acting Consul, Ningpo)認爲,從寧波出發的船

---

[42] "S. Barton, British Consul-General, Shanghai to Miles Lampson, British Minister, Peking," 30 November 1927, CO129/507/3.

隻，很少遇到海盜攻擊案件，這是因為船上所承運的貨物，對於海盜來說，多半沒有太大的吸引力，再加上寧波與上海間航程多為直航，並未停泊其他港口，因此遭劫的機會不大。也因此，英國商船只有在承運有貴重物品時，才會另外採取特別防禦措施，來預防海盜案件的發生。[43]

　　整體而言，寧波港所面臨的海盜威脅不大，一來距離上海較近，航程單純，劫船難度高，二來承運貨物品項價值普遍不高，海盜劫掠意願較低，所以港口的登船檢查措施僅為必要時的權宜預防手段，並沒有規劃為常態性執行。

（三）福州（馬尾）港的情況

　　早在收到新寧輪劫案調查報告後，受到香港政府之請，為了籌思改善福州（馬尾）港的登船檢查措施，[44]英國駐福州領事默思(George Sinclair Moss, British Consul, Foochow)[45]即曾嘗試與當地海軍與警察當局交涉後續合作事宜。在給國民政府外交部福建（福州）交涉員林實的照會中，[46]默思強調如果能夠在港口採取嚴格有系統的檢查措施，將可以有效預防海盜案件的發生，因此他希望馬尾海軍與閩江警察當局能夠與香港政府以及英國船

---

[43] "H.I. Prideux-Brune, British Acting Consul, Ningpo to Miles Lampson, British Minister, Peking," 12 November 1927, CO129/507/3.

[44] "The Colonial Secretary, Hong Kong to H.B.M. Consulate, Foochow ," 21 May 1927, CO129/507/3.

[45] 默思出生於日本橫濱，歷任英國駐華公使館翻譯學生、威海衛行政公署長官、漢口副領事、上海代理領事等職，1926-1928 年時擔任福州領事，之後又曾任代理廣州總領事、代理南京總領事、漢口總領事等職。見中國社會科學院近代史研究所翻譯室編，《近代來華外國人名辭典》（北京：中國社會科學出版社，1984），默思條，頁 343。

[46] 英國檔案中並未註明福建交涉員之名，但根據國民政府公報，林實在 1927 年 5 月 10 日被任命為國民政府外交部福州交涉員，直至同年 12 月 29 日由許建廷取代為特派福建（福州）交涉員。故此時英國駐福州領事默思交涉的對象應為林實。見國民政府秘書處編，《國民政府公報》，第 3 期（南京，1927.5），命令頁 7、第 17 期（南京，1927.12），命令頁 3。

商共同合作，籌思建立一套有效的港口檢查制度。具體作法乃是由馬尾海軍與警察當局擬定防盜計畫，英國駐福州領事默思則擔任居中媒介角色，將該計畫送交香港政府與英國船商，以商討溝通雙方認為可行的方案。[47]馬尾海軍當局中，有部份官員與英國海軍關係密切，不但具備英語溝通能力，且相當瞭解英國對於海盜問題的態度。因此，默思希望藉由建立與馬尾海軍官員間的合作關係，或許有助於推動福州港的檢查措施。[48]

為了加速閩英合作防盜交涉事宜，默思在英國海軍藍鈴號軍艦(IIMS *Bluebell*)艦長的陪同下，在英國福州領事館內與馬尾海軍高級官員直接會商此事，並獲得正面的回應。馬尾海軍官員承諾將與英國海軍與商船合作，協助處理英國商船上的麻煩乘客，包括士兵與可疑人員等。默思稍後甚至利用國民政府海軍總司令兼福建省主席楊樹莊[49]到訪的機會，又當面獲得其口頭承諾。[50]而在福建交涉員林實後來給英國領事默思的正式外交照覆中，由駐馬尾的「閩廈海軍司令」（照覆中，英文署名為 "Naval Commandant of the Foochow-Amoy area"）出面強調商船的登船檢查措施應由海關以及船長共同負責，但是如船長懷疑有海盜攻擊跡象或是偽裝登船，可在第一時間通知馬尾海軍當局，他們會立即提供必要的援助。事實上，先前曾有武裝中國士兵在英商德忌利輪船公司(Douglas Steamship Co.)所屬商船上鬧事，馬尾海軍當局即派員與英國海軍藍鈴號軍艦上的水兵合作，

---

[47] 英國駐福州領事建議福州交涉員能代為聯繫，派遣一名海軍高級官員來英國領事館，以便直接會商後續合作細節。見 "H.M. Consul to Commissioner for Foreign Affairs, Foochow," 9 June 1927, CO129/507/3.

[48] "H.B.M. Consulate, Foochow to the Colonial Secretary, Hong Kong," 10 June 1927, CO129/507/3.

[49] 楊樹莊，福建閩侯人，畢業於黃埔海軍學堂，曾任湖鷹魚雷艇、永翔艦、通濟艦、應瑞艦等艦艦長，後又任代理閩廈海軍警備司令、練習艦隊司令、海軍總司令等職務。南京國民政府成立後，則任國民革命軍海軍總司令，後又兼任福建省主席。見徐友春主編，《民國人物大辭典》（石家莊：河北人民出版社，1991），楊樹莊條，頁1245。

[50] "Anti-Piracy Precautions at Foochow," H.B.M. Consulate, Foochow to Miles Lampson, British Minister, Peking, 5 November 1927, CO129/507/3.

將鬧事的中國士兵驅逐。也因此，英國駐福州領事相當滿意馬尾海軍當局的親英態度。[51]之後，又發生英商油品遭福州沿海海盜劫掠事件，英國領事默思曾向福州當局提議，由當時停泊在福州（馬尾）港的英國海軍軍艦木蘭花號 (HMS *Magnolia*)[52]與馬尾海軍共同合作，一起出兵討伐海盜。福州當局雖然以恐將「影響中國主權」為由，婉拒英國建議的海軍行動，但後來還是自行派遣一支海軍武力前往進剿海盜村落。[53]簡言之，無論是馬尾海軍當局還是更高層的國民政府海軍總司令，對於英國領事默思的諸多訴求，大致上還算有善意的回應，不但重申承諾願意與英國船商合作處理登船問題，也願意協助處理海盜案件的善後問題。

其次，默思的建議方案，除了海軍外，也包括與當地警察當局的合作。在閩江警察當局（照覆中，英文署名為"Foochow River Police"）給默思的答覆中，認為閩江下游航運繁忙，很難保證不會有海盜惡徒混身其中，策劃劫案。故為了確保航運安全，閩江警察當局已採取必要的防盜措施，在下游地區福州段以及馬尾段分別由兩個警察部門執行嚴格的登船乘客行李檢查制度。為了確保英國商船航行安全，默思也希望閩江警察當局能夠強化相關作為，對於英國商船的中國乘客執行檢查措施，以防止海盜偽裝

---

[51] 英國駐福州領事館還建議香港政府另外提供一份新寧輪劫案調查報告，以供馬尾海軍當局參考。見"H.B.M. Consulate, Foochow to the Colonial Secretary, Hong Kong," 8 July 1927, CO129/507/3.

[52] 木蘭花號為花級掃雷護衛艦(Flower-Class Minesweeping Sloop)，隸屬於英國海軍「中國艦隊」，武器裝備有兩門 12 磅砲、兩門 3 磅防空砲，排水量則為 1200 噸、最大航速 16.5 節，編制人員為 90 人。見英國海軍史網站 http://www.naval-history.net/OWShips-WW1-18-HMS_Magnolia.htm

[53] 英國駐福州領事默思原先將已掌握到的海盜情資告知福州當局，希望其採取軍事進剿行動，但因見福州方面遲遲未有動作，故默思乃又提出建議，可由英國海軍木蘭花號與馬尾海軍共同進剿。此議雖遭福州當局婉拒，但也形成外交壓力，迫使其儘速自行派遣海軍武力解決此事。見"Anti-Piracy Precautions at Foochow," H.B.M. Consulate, Foochow to Miles Lampson, British Minister, Peking, 5 November 1927, CO129/507/3.

乘客登上輪船。[54]

　　最後，至於海關方面，依現行作法，雖然福州海關稅務司有權可以對英國船隻執行登船檢查，並查扣違禁品與走私武器等，但事實上如遇到持槍的中國士兵或官員抗拒時，還是無法有效執行搜查程序。因此，一旦面對此類情況時，只能就近仰賴港口內的英國海軍艦艇（第一線）或是請求馬尾海軍當局（第二線）派遣兵力，來協助英國商船處理麻煩事；除非國民政府能夠同意授權海關，另外編組一支「特別武力」，歸海關控制，專門處理防範海盜、士兵與不法乘客等登船問題。不過，海關本身對此意願也不高，因其「自認是稅收單位，而非防衛武力」。即是之故，英國駐福州領事默思認為要藉由強化或擴大海關的職權，來提升防盜成效，似乎並非可行之道。[55]

　　簡言之，從英國駐福州領事默思的報告及其與福州有關當局（包括交涉使署、海軍、警察等部門）的互動過程，可以得知英國領事試圖藉由建立海軍與警察雙重管道來因應海盜問題。前者（海軍）著重當海盜案件發生時，可以及時提供救援，或是當有確切海盜情資時，可以立刻支援兵力，提早協助排除船上的武裝海盜，而後者（警察）則是透過建立登船檢查措施來防範海盜案件的發生。馬尾海軍當局在交涉過程中表現出來的親英態度，應該可以讓英國省去前者可能的相關麻煩。然而，在後者的實際運作

---

[54] 〈國民政府外交部福建特派交涉員致英領事照會〉，1927 年 7 月 4 日，"Office of the Commissioner for Foreign Affairs, Foochow to H.B.M. Consul, Foochow," 4 July 1927, CO129/507/3; "H.B.M. Consulate, Foochow to the Colonial Secretary, Hong Kong," 8 July 1927, CO129/507/3.

[55] 一般來說，英國商船如查獲乘客登船時挾帶武器，均會要求其先將武器交出（由商船先行保管，另外上鎖，待抵達目的港口登岸時，再行交還），否則將不予承運。然而如果此類武裝乘客既拒絕交出武器，又堅持要登船時，則海關與商船本身即無法處理，而必須另外請求武力支援，不然無法有效壓制此類武裝乘客。因此發生此類情況時，只能就近請福州港內的英國軍艦派兵馳援，但如果當時港內無英國軍艦停泊時，則必須緊急向馬尾海軍當局請求支援。見"Anti-Piracy Precautions at Foochow," H.B.M. Consulate, Foochow to Miles Lampson, British Minister, Peking, 5 November 1927, CO129/507/3.

模式上，英國還是必須去處理一個非常棘手的老問題：姑且先不論閩江警察當局的登船檢查制度有效與否，但英國政府有可能容許中國地方警察當局對於英船執行檢查嗎？受到領事裁判權等條約特權的保護，一般來說，英船無需理會中國警察的管制。但是，如果中國警察執行檢查的對象還是僅限華籍船隻，而無法適用英船，那麼中國警察的登船檢查制度無論良莠與否，則似乎與英船均毫無關係。英國方面又如何能夠期望去藉由強化中國警察的登船檢查制度，來增加對英船的保護呢？所以最後問題的結論，勢必也會跟廣州的情況一樣，陷入死結，亦即不太可能透過中國口岸登船檢查制度的改善，來防止偽裝乘客的海盜挾帶武器登上英船。

（四）汕頭港的情況

至於汕頭的情況，根據英國駐汕頭領事翟蘭思(Lancelot Giles, British Consul, Swatow)[56]的報告，從汕頭往來香港及其他中國港口間的英國船隻，當有承載華籍乘客時，均會由船上部署的印度武裝警衛，對登船乘客執行例行搜查工作。但翟蘭思卻認為此類搜查措施相當敷衍了事，不太可能嚴格執行。此乃因當英船停泊於汕頭港碼頭時，在乘客登船前，即會有許多負責搬運貨物的中國苦力以及各類閒雜人等在船上來來去去，此時很容易地就可偷偷挾帶武器登船。因此，即使對登船乘客實行嚴格的行李搜查制度，也無法完全保證沒有武器被私運上船。雖然有部份的英國船商，選擇以在地商人擔保的方式，來過濾乘客（亦即華籍乘客在購票登船前，須由當地商店或旅社擔保其來歷證明，如此一旦發生海盜劫案，即可透過商店、旅社迅速追查其人），但顯然此種措施同樣亦未能夠有效落實，因為負責賣票業務的華籍買辦即常常違背規定。

其次，英國船商也多方試圖尋求外部協助，來執行防盜檢查措施。例

---

[56] 翟蘭思出生於中國廈門，1899 年起任職於英國駐華使館，歷任駐騰越、長沙、福州、汕頭等領事，1928 年起任天津總領事，1934 年逝世於任內。見中國社會科學院近代史研究所翻譯室編，《近代來華外國人名辭典》，翟蘭思條，頁 167。

如英商太古輪船公司即曾探詢英國駐汕頭領事館的態度，希望由領事館派員代爲承擔該公司輪船在汕頭的檢查工作，包括對乘客搜身、檢查行李，以及搜查全船艙房等。但依據翟蘭思的初步估算，平均每一個工作日就有兩艘英國輪船進出汕頭，而一艘船要完全檢查完畢，可能就需要耗時好幾個小時。也因此，編制有限的英國領事館，無論如何不太可能抽調出那麼多的人力，來承擔上述如此繁重的檢查工作。海關稅務司雖然有權搜查船隻，但卻沒有意願來負責輪船上的搜查與檢查工作，畢竟海關終究僅是「稅收」單位，「並非港務當局，也不是水警」，沒有理由承擔防盜任務。至於尋求當地中國警察的協助，同樣也是緣木求魚、徒勞之舉罷了。翟蘭思認爲汕頭當地警察本身即「沒有多大的用處，而且也完全無心於鎮壓或防止海盜犯案」。即是之故，在領事館、海關稅務司、當地警察當局等均無法提供協助的情況下，英國船商還是應該自行承擔起防盜的重責大任。對於有承載華籍乘客的輪船，英國船商應該聘任一名歐籍幹部專責防盜業務，並配屬足夠的人力，在輪船出港前徹底執行全船的搜查工作。

然而即使如此，英國駐汕頭領事翟蘭思對於在港口內碼頭上執行防盜搜查制度的成效，依舊極度缺乏信心。他認爲無論耗費多少人力、執行多麼徹底的搜查措施，只有輪船上有內賊（有船員私下與海盜勾結），武器即可以輕易地藏在船上的任何角落，例如只要將武器埋藏於煤倉之中，即難以在搜查時發現。[57]

（五）廣州港的情況

依據英國駐廣州總領事館的調查，如要在中國口岸執行嚴格的港口檢查制度，也可能衍生出更爲麻煩的問題。例行性行李檢查是由海關負責，但如果將防範海盜登船的重責大任全然託付給海關，也是相當不適當的。

---

[57] "Lancelot Giles, British Consul, Swatow to Miles Lampson, British Minister, Peking," 11 November 1927, CO129/507/3.

況且海關行政多由洋人主導，故海關常被中國人視爲是外國機構，假如海關執行過於嚴格的行李搜查，恐怕將造成海關人員與中國百姓之間的衝突，稍有不慎即可能引起騷動，甚至引起反英宣傳活動。加以廣州局勢複雜，海關僅是要應付地方勢力的掣肘，即已分身乏術，談何有餘力來執行其他任務。更令英人擔心的是，如需由海關肩負起防範海盜攜帶武器登船的任務，勢必要借助廣州警察的力量，但廣州警察一旦介入海關行政，對外人來說可能是更大的麻煩。姑且不論警察介入後可能引發的藉機索賄等問題，僅是由廣州警察來搜查英國輪船來說，就極可能牽涉到複雜的條約權利爭議。特別是 1920 年代廣州當局一直持續關注海關主權的問題，自然極樂意藉由支援警力的手段，將統治權力延伸到海關行政上。但對於英國來說，如果僅是爲了防範海盜之故，而讓廣州當局將觸手深入海關行政，甚至容許粵警搜查英船而影響到英國在華的條約特權，無論如何絕卻非划算的作法。尤有要者，在廣大的廣東內陸水域中，僅部份條約口岸設置有新式海關，其實絕大部份內陸港口並未有新式海關，而這些港口的中國當局「既無組織，也多無足夠能力提供（航運）適當保護，談何容易要去執行行李搜查任務」。也因此，英國駐廣州代理總領事璧約翰擔憂：一來海關是否有充足人力以執行乘客行李檢查，恐不無疑問，二來如此則無論在政治或是實際運作上，都勢必得仰仗當地警力的支援，恐帶來更爲麻煩的問題；所以，要利用海關在中國口岸執行嚴格的行李搜查制度，並非切實可行的防範海盜方案。[58]

　　究其實際，當時擔任廣州海關稅務司的賀智蘭(R.F.C. Hedgeland, Commissioner of Customs, Canton)認爲發生在中國附近的公海海盜案件有逐

---

[58] 例如廣州海關一位女性搜查員僅是因為曾對一名工會成員的妻子執行嚴格搜查而慘遭報復：工會組織成員稍後在大街上公然將該位女搜查員擄走，並予以囚禁在工會總部。海關卻無力營救該名女性搜查員。見"Acting Consul-General Brenan to Sir M. Lampson," 17 & 22 November 1927, CO129/507/3.英國殖民部也坦承「如果沒有中國當局的全面合作，是不可能在廣東執行有效的搜查制度」。見"Minutes of Colonial Office," January 1928, CO129/507/3.

漸成長的趨勢，其成因確實與港口並未落實乘客行李檢查制度密切相關。然而，如果必須由海關人員來負責執行嚴格的乘客行李檢查制度，則不但要考量到擴充人力需求的因素，同時海關人員也將直接面對民眾更多的反抗行動，也不可避免將陷入難以掌控的狀況。因此，要對所有登船乘客執行徹底的行李搜查，對於海關來說，乃是一個不易履行的理想。賀智蘭坦承如果能利用廣州當地警察力量的協助，應該能夠強化海關在搜查登船乘客行李的工作，也更能藉此有效防止海盜案件的發生。可是要容許廣州警察「進入海關控制的碼頭與堤岸」執法，卻牽涉到條約列強在華享有的治外法權等問題。各國領事也不太可能同意讓「中國地方警察人員在外國產業內執法，因為勢將侵犯外國公民的條約權利」。況且即使中英之間達成共識，也不可能對其他條約列強產生約束力，除非所有條約列強均贊同此作法。[59]

七、舊〈防範海盜章程〉撤廢後的各種困境與新挑戰

（一）〈防範海盜章程〉撤廢後的實際情況

舊有〈防範海盜章程〉撤廢後，雖不再強制規定輪船必須部署武裝警衛，但在南中國水域航行的英國商船為免海盜威脅，不少仍沿用舊法，繼續仰賴在船上部署印度籍武裝警衛來反制海盜可能的突擊。香港警察當局則仍然持續提供（非強制性）印度武裝警衛給有需求的輪船公司，並由該公司支付薪水與指揮調派。基本上，印度武裝警衛在編制上隸屬於香港警察部門，當未受雇護衛輪船時，則在岸上支援一般警衛勤務。根據「中國艦隊」總司令給海軍部的報告，舊有〈防範海盜章程〉撤廢後，英國船商對於印度警衛的態度也不一致。例如德忌利輪船公司仍持續雇用印度武裝

---

[59] "Memorandum on the Searching of Chinese Passengers for Arms," by R.F.C. Hedgeland, Commissioner of Customs, Canton, 17 November 1927, CO129/507/3.

警衛，也相當滿意其表現，但是太古、怡和等公司則不願雇用印度武裝警衛。[60]

　　不過整體而言，由香港警察訓練組織訓練的武裝警衛在防範海盜的成效上似乎相當有限，因爲即使有武裝警衛駐防的英國商船依然不時遭到海盜劫持。例如 1927 年 9 月的高州輪劫案(SS *Kochow* Piracy)，雖然船上部署有 6 名印度武裝警衛，但航行至珠江(西江)水域時，仍遭到僞裝乘客海盜的攻擊。經調查，印度警衛並未確實履行保護輪船的責任：他們對於通過輪船防護區的中國乘客，沒有實行嚴格的搜查，以至於僞裝乘客的海盜能夠輕易進入防護區，造成鐵絲網等防護隔離裝置形同虛設；尤有要者，當海盜發動突擊行動時，竟然僅有 1 名武裝警衛值勤，其他 5 名全跑去用餐，且並未隨身攜帶武器，因此在沒有明顯抵抗的情況下即遭到海盜的制服，所有武器也被海盜搶去。反倒是高州輪的英籍輪機長，則疑似因爲企圖持槍抵禦，而慘遭海盜擊斃棄屍江中。部分香港報紙即痛批印度警衛實在「毫無用處」。[61]顯而易見，英船上部署的印度武裝警衛，多半訓練不足、紀律欠佳，實在不足以防範與抵禦海盜攻擊事件。

　　印度武裝警衛既不足恃，經營中國水域航運事業的英商往往也就陷於貿易獲利與海盜風險的矛盾之中。廣東海盜犯案模式多半屬於「內部海盜」(internal piracy)類型，亦即海盜乃僞裝乘客登船，待商船航行途中後再伺機發動突襲劫持船隻。因此，英國船隻想要免除海盜威脅，根本之計乃是不搭載華籍乘客，亦即放棄中國水域的華籍乘客運輸業務。然而，華籍乘客運輸卻是英國航運公司在中國水域最有利可圖的營運範疇之一，在商言商，英國航運公司除非要放棄中國市場，否則不可能不搭載華客。[62]職是之故，只要英國航運公司想要繼續經營華籍乘客運輸業務，不可避免地就必須面臨海盜犯案的威脅。換言之，如何繼續經營華籍乘客運輸業務以

---

[60] "Commander-in-chief, China Station to the Admiralty," 25 December 1928, CO129/507/4.

[61] "*Kochow* Piracy," *The China Mail*, 3 September 1927.

[62] "H.W. Robinson, John Swire & Sons Ltd., London to G. A. Mounsey, Foreign Office," 3 October 1928, CO129/507/3.

維持獲利，但同時卻能大幅降低海盜犯案風險，乃是對於英國航運公司必須反思的嚴肅課題。

　　1928 年 9 月又發生重大的海盜案件－安慶輪劫案(SS *Anking* Piracy)，英籍船員 2 死 2 傷，因此引起外人在華公眾輿論極大的震撼，英籍船商與海事相關從業工會等紛紛指責英國政府，要求進一步強化對英國商船的保護。[63]特別是安慶輪所屬的太古輪船公司駐香港經理布朗(N.S. Brown, Hong Kong Manager of Messrs. Butterfield & Swire)，即直言此次劫案死傷慘重的主要原因之一，可能與英籍船員隨身配備武器有關。事實上，船員攜帶武器非但不能因此確保航程安全，反倒會成為廣東海盜犯案時優先狙殺的對象：

> （英國）輪船配備有武器，但是現在船員們卻很少使用武器，認為攜帶武器將會引起海盜的立刻開槍攻擊。在安慶輪劫案中，我們與安慶輪船長的看法一致，均認為如果歐籍船員們都配戴武器，恐怕海盜會將所有船員都殺掉。

正由於如此，英籍船員往往不願意隨身攜帶武器，而習慣將其置放艙房中。[64]不過令人諷刺的是，布朗此時坦承英籍船員因為擔心被海盜殺害而避免隨身攜帶武器，但是在十個月之前，在其給英國駐英國廣州代理總領事璧約翰的報告中，卻要求代為向英國海軍「中國艦隊」總司令強調，該公司船長、船員以及輪機人員都是無須交代即會忠誠恪遵其職務，善盡商事海商人員應有的責任，勇敢對抗海盜，確保船隻安全。[65]無怪乎，璧約翰後來即曾嘲諷此一現象：「在所有這些劫案當中，船員的武器都是放在艙房中，作為第一批劫掠此船海盜的禮物」。但如果印度武裝警衛不可靠，而英籍船員配戴武器又極易遭致攻擊，那麼英國商船究竟又該如何自

---

[63] "The *An King* Piracy," *The China Year Book, 1929-30* , pp. 801-802.

[64] "N.S. Brown, Manager, Butterfield & Swire, Hong Kong to J.F. Brenan, Consul-General, Canton," 11 October 1928, CO129/508/4.

[65] "N.S. Brown, the Hong Kong Manager of Messrs. Butterfield & Swire to J.F. Brenan, Acting Consul-General, Canton," 26 January 1928,CO129/508/4.

保呢？璧約翰認為廣東局勢持續惡化，大亞灣海盜到處肆虐，唯今之計要避免英國輪船遭到海盜威脅，只能仰賴船商自己，或是由英國海軍或是陸軍提供適當的防盜保護。就船商來說，最好的替代性防盜方法是將輪船艦橋區域予以改造要塞化，但因此舉所費不貲而無實現的可能。所以故璧約翰建議只能暫時調派武裝士兵駐防英國商輪來確保安全。[66]在輿論的壓力之下，英國政府被迫同意暫時派遣海、陸軍士兵攜帶武器充當隨船警衛，保護商船航行安全。為了有效統籌管理協防的武裝士兵以及因應處理相關防盜勤務，在英國海軍「中國艦隊」總司令的建議之下，英國政府還以任務編組的方式，成立軍方屬性的香港「防盜委員會」，由英國駐香港海軍准將主持，並納編海、陸軍幕僚。[67]（關於 1928 年後英國士兵駐防商船防盜方案的實際執行情況，詳本身第七章）

（二）舊〈防範海盜章程〉撤廢後的新挑戰

然而，在香港「防盜委員會」實際介入處理商船防盜業務之後，卻揭露當時既有的防範海盜計畫的嚴重疏失，痛陳協防商船的英國海、陸軍士兵在用他們的生命來彌補防盜措施的不足。因此，「防盜委員會」在 1929 年提出檢討報告，要求船商與相關部門改善。根據此份軍方觀點的報告，認為既有防盜措施有四大項嚴重缺失。首先是商船上的防禦設施部份，軍方指控船商公司很少改善船上的防盜設施，例如沒有設置適當的隔離設備，以至於英軍士兵只能以纏繞的鐵絲網來因應海盜可能的突擊行動。此外，船上的其他防盜設施，例如警報鈴、防盜鎖等雖有裝設，但功能不佳，並不符合實際需求。其次，是商船上的防盜組織人力部份，軍方痛斥船員幹部將所有防盜責任都丟給武裝警衛，因為他們自己很少隨身攜帶武

---

[66] "Mr. Brenan to Sir Miles Lampson," 4 October 1928, CO129/508/4.

[67] "Commander-in-chief, China Station to the Admiralty," 20 December 1928, CO129/507/4; "Secret and Immediate," Admiralty, SWI to the Under-Secretary of State, Colonial Office, 29 December 1928, CO129/507/4.

器，船商公司也幾乎不要求船員幹部以武力抵抗海盜的攻擊，似乎防盜事務與船員幹部毫無關係，只有武裝警衛才應該用他們生命來與海盜搏鬥。軍方認為要建立真正有效的防盜組織力量，必須船員幹部與武裝警衛通力合作方能達成，所以應該強制規定船員幹部武裝起來，以抵抗可能的海盜攻擊。再者，關於商船乘客管制部份，軍方揭露部份商船買辦權力過大，幾乎所有客運與貨運等商業行為均由買辦控制；相反的，船員幹部卻無權介入此範疇。而買辦又是極度唯利是圖，換言之，任何可能影響到客貨運收入的措施，買辦均會以含混敷衍手段來處理。例如商船上實行的登船乘客行李檢查，即因為可能影響乘客登船意願，所以買辦往往只是形式上應付而已。此外，部份船員幹部為了賺取額外收入，也往往將個人住宿空間私下販售給非法的偷渡者，也是造成乘客管制上的另外一大缺失。最後，關於航行管制部份，船商業者極度反對執行商船編隊航行措施，因為如此將嚴重影響航班調度與獲利，但是軍方卻認為商船編隊航行是節省駐防士兵人力最為有效的方式。一般來說，只要商船進行編隊航行，即使沒有士兵駐防，海盜也不太敢動手劫掠，因為只要稍有動靜，其他商船即可立即向外求援。軍方主張既然目前由海、陸軍士兵負責登船保護商船安全，軍方應該有權視情況需要或是基於人力調度安排，要求商船進行編隊航行。簡言之，如果船商業者不願意配合以及改進上述缺失，軍方認為應有權拒絕派遣士兵保護這些商船。[68]雖然英國政府最後並未完全同意香港「防盜委員會」的建議，也不願讓軍方過度介入一般商船的防盜管理措施，[69]但是由此份軍方報告，還是可以看出當時英國政府在處理廣東海盜問題時，面臨許多不易解決的困境與難題。一方面當香港政府撤廢舊有防盜章程，不再強制嚴格規定，而是讓船商業者自行處理防盜計畫與措施時，顯然船商方面並未做好充分準備，而僅是一昧地將責任推到英國軍方身上；然

---

[68] "Measures Which It Is Considered that (Shipping) Firms Should be Compelled to Take When Protected by Government Armed Forces," cited from "Report of Anti-Piracy Committee," 30 October 1929, CO129/521/2.

[69] "Anti-Piracy Committee, Hong Kong- Composition and Terms of Reference," CO129/521/2.

而，另外一方面，英國軍方卻對於既有防盜架構充滿了反彈情緒，甚至指控他們犧牲士兵生命來確保船商業者的獲利。[70]

相反地，英國船商則極力反駁軍方的指控。船商一致認為英國政府顯然對於中國水域的航運實情有所「誤解」，因為所謂的疏漏缺失，事實上並非英船的情況，而是屬於華籍商船。因為就英國船商來說，所雇用的船員均為歐洲籍，福利佳、待遇優，不太可能有違法貪利等情事出現。其次，關於在艦橋與重要區域設置保護設施部份，雖然英國船商認為有部份違反貿易委員會求生設備規定，但每艘商船還是均擬定有防禦計畫，以防範可能的海盜攻擊。再者，英國船商也不認為擴編現有船員人力就能夠有效反制海盜。[71]至於由於船員幹部執行對搭船乘客及其行李的檢查措施，英國船商也不認為是可行的方案，反倒會造成客源流失的問題。[72]更何況要在短時間對大量登船乘客進行徹底的行李搜查，在實際執行上會有相當大的困難度。[73]

此外，在太古輪船公司單獨給香港「防盜委員會」的信中，也宣稱其

---

[70] 英國殖民部即質疑在撤廢舊有〈防範海盜章程〉之後，已不再強制規定船商必須雇用武裝警衛，而是放手讓其自行決定如何設計防盜措施，但另外一方面英國政府往往卻又必須出面向船商施壓，使其盡快調整防盜措施與雇用武裝警衛，以便讓軍方能夠盡快撤離部署在商船上的士兵。如此反倒會形成政策上的自我矛盾，因為既然政府已不再強制規定，又何須再出面施壓？見"Minutes of Colonial Office," 17 October 1928. CO129/507/3.

[71] 署名的英國船商有加拿大太平洋鐵路、太古、怡和以及德忌利等四家輪船公司。見 "Prevention of Piracy- China Coast," from Canadian Pacific Steamship, Ltd., Douglas Steamship Co. Ltd., Butterfield & Swire (China Navigation Co. Ltd.) and Jardine Matheson (Indo-China Steam Navigation Co. Ltd.), 30 May 1929, CO129/521/2.

[72] 此為英商鐵行輪船公司(Mackinnon Mackenzie & Co.)的看法，見"Prevention of Piracy-China Coast: Government Recommendations," British India Steam Navigation Ltd. to the Commodore, H.M. Dockyard, Hong Kong, 31 May 1929, CO129/521/2.

[73] 例如根據新加坡港過去的經驗，搜查乘客行李措施在某種程度上，有可能預防海盜案件的發生，但是如果要「有效搜查大量乘客的每一件行李」，則「絕對是不切實際的」。見"Anti-Piracy, China Coast," Various Agents of Shipping Companies to the Colonial Secretary Straits Settlements, Singapore, 23 October 1929, CO129/521/2.

所屬船長、船員幹部均已盡心處理反盜工作，絕無卸責情況。至於輪船上防盜措施過於簡陋的疏失，太古公司亦表示雖然舊有防盜章程已撤廢，不再強制規定裝設防盜鐵窗、鐵絲網，但該公司輪船依然繼續使用此類反盜設施，但如此恐有違背英國貿易委員會對於逃生設施規定之虞，所以太古公司既使願意配合軍方需求調整部份反盜設施，事實上也不太可能大規模重新設置，以避免抵觸前述規定。關於買辦問題，太古公司也為其辯護，認為「在防範海盜問題上，商船買辦有著最直接的利害關係，因為一旦劫案發生，他們所損失的不僅是可觀的金錢，還可能是生命」；況且根據過往經驗，買辦只要懷疑船上有海盜嫌疑者，絕不會故意隱藏，他們還一再呼籲要強化輪船內部的防禦機制，特別是執行反盜任務的武裝警衛，因為「任何時候，假如輪船搭載乘客出航，但卻未部署武裝警衛，買辦經常是第一個跳出來反對的」[74]直言之，在廣東海盜問題的威脅陰影下，各商船買辦可能是最自我矛盾的角色。一方面或許誠如「防盜委員會」報告所言，買辦唯利是圖，不願意嚴格執行乘客與行李搜查措施，以至於造成廣東海盜問題惡化。然而，另外一方面，無庸諱言地，買辦同時也是海盜犯案最直接的受害者。劫案發生時，如未遭遇抵抗，海盜多半不會主動破壞輪船，也不會刻意傷害船員幹部或是一般乘客，但買辦似乎卻是例外，因為廣東海盜普遍視買辦為肥羊，故離船時均會將買辦綁架而去，以便後續勒贖金錢，一旦勒贖未能得逞，即會以撕票作為報復。所以，反映在實際作為上，買辦或許為了追求商業利潤，不太願意嚴格執行搜查措施，但卻又矛盾地不斷呼籲應增強輪船內部防禦機制。

　　至於被英國政府以及船商、工會等寄予厚望的無線電設施防盜方案，經過實際測試，也被認為成效恐怕不佳。根據規劃，擬強制在商船與軍艦上均加裝無線電設施，以便商船遭遇海盜劫案時，能及時向外求援，而在危險水域附近巡邏的軍艦也可以在收到訊號後，於最短時間內直接駛往營

---

[74] "Comments by Messrs. Butterfield & Swire (China Navigation Company) on the Recommendations Made by the Committee of Imperial Defense and also Those of the Anti-Piracy Committee, Hong Kong, 1929," CO129/521/2.

救。然而，經由香港方面的測試結果，無線電發送範圍過小，加以極易受到氣壓干擾，導致發送電報的情況並不理想。例如即曾出現過商船發出「一切安好」("all well")的電報，但附近巡邏的軍艦卻因收訊不佳，誤以為該輪遭到劫持，而趕往援救的烏龍例子。特別是一些小型輪船，其無線電設施發送範圍很少能超過 150 浬，這意謂著此類輪船在駛離香港後，可能還不到汕頭，就無法與香港的電台保持聯繫。其次，擬議中的「反向發報系統」("system of negative report")，原先被認為是防範海盜的利器，但經過測試，同樣也是「無法令人信賴」。所謂的「反向發報系統」，即是嚴格規定商船在航行危險水域時，必須定時對外發送電報；換言之，一旦某艘船如果未能按時向外發送電報時，即意謂著該輪可能遭遇海盜劫案等麻煩情事，必要時即可派出軍艦前往營救。為了落實此方案，曾規定商船凡是航行在香港無線電訊號涵蓋範圍內時，必須按時直接發送電報給英國駐香港海軍基地；如果駛離香港無線電範圍時，則各輪船間應彼此互發電報，確保情況正常。英國海軍每月並應彙整未能依照規定按時發出電報的船隻，送交其所屬輪船公司，供其無線電監督人員參考。然而，理論上應該相當有效的「反向發報系統」，則證實作用有限，因為海上情況瞬息萬變，船隻航行途中隨時得因應颱風或其他氣候變化而必須調整航程，從而導致此系統無法發揮其作用。[75]

事實上，早在 1928 年 10 月安慶輪劫案發生後，英商太古輪船公司的報告中即明確指出無線電方案幾乎毫無防盜價值。以安慶輪劫案為例，該船發出的電報在一天後才被收到，那時劫案早已發生，也無法及時採取行

---

[75] "Notes on W.T Communication Schemes," cited from "Report of Anti-Piracy Committee," 30 October 1929, CO129/521/2. 依照規劃，香港往來北方各港以及新加坡的所有英國船隻，必須定時（一般來說，每六個小時）向香港海軍當局或是附近水域的其他船隻回報所在位置與情況安全的訊息。對於未能準時回報者，英國海軍將視情況需要採取調查行動，或是派遣驅逐艦前往馳援。見 "Anti-Piracy Measures in Force at Present," cited from "Anti-Piracy Measures," *Admiralty Chart*, NO.1962, Hong Kong to the Brothers, 1930, CO129/521/3.

動。令人諷刺的，電報延遲收到並非屬於特殊情況，而是經常發生，特別是受到南中國海的氣候或是颱風影響，輪船所發出電報一般情況下不太可能準時收到。再者，廣東海盜也十分熟悉「反向發報系統」的運作模式，因此在控制輪船之後，即可能脅迫船上的無線電操作員仍依照往例繼續發出電報，以隱藏劫案的發生。而英國海軍等有關單位自然也無從查覺異象。所以，太古公司得出「無線電報不可能防範海盜」的結論！[76]即是之故，英國駐香港海軍少將希爾(R. Hill, Rear Admiral, Hong Kong)在 1930 年的報告中，亦坦承無線電防盜方案充其量只能作為一種「輔助措施」，況且海盜也極可能利用無線電方案的漏洞來策劃劫案：

> 必須承認的是，無線電方案只能視為是一種輔助措施，僅能用來「預防」，而不可能作為海盜問題的「解決」方案。海盜對於目前運行的（無線電）方案也相當清楚，所以影響所及，他們可能利用此方案（的盲點），在危險水域即劫持商船，以避免其向海軍當局傳送未抵達定點的訊息。[77]

「道高一尺、魔高一丈」，無線電方案雖是專為防盜目的而設，但消息靈通的廣東海盜也可能反將一軍，利用此方案的時間空隙來策動劫案，讓英國海軍無法及時掌握船隻被劫消息。

其次，英國駐華使領與海軍在執行防盜任務上，同樣也面臨捉襟見肘的窘況。英國在華沿岸各領事雖然與香港警方保持密切聯繫，以便蒐集情資與反制海盜活動，但實際上能有多少作用相當令人懷疑，而且部份海盜活動猖獗的地區，例如海口即沒有英國領事館，根本無從提供協助。至於英國海軍艦艇，雖然是嚇阻海盜活動的有效利器，然而一旦海盜劫案發生並得逞後，海軍艦艇如趕往援救，其結果對於船商來說，是福是禍恐怕也難以預料。例如英商太古輪船公司在其給英國政府的報告中，即曾出現過

---

[76] "C.N. Co. Ltd.: *Anking* Piracy," Agents, China Navigation Co., Hong Kong to Messer. John Swire and Sons Ltd., London, 5 October 1928, CO129/508/4.

[77] "Anti-Piracy Measures in Force at Present," cited from "Anti-Piracy Measures," *Admiralty Chart*, NO.1962, Hong Kong to the Brothers, 1930, CO129/521/3.

一句相當諷刺的評語：「當劫案發生之後，海軍艦艇的出現，對於遭海盜劫持輪船上的英國人來說，可能即意謂著大屠殺」。[78]

　　此外，新防盜章程最強調的重點之一，港口與商船的搜查制度似乎同樣也未能有效落實。如前述討論所質疑的，在華人往來頻繁的東南亞水域內，即使是英國所屬的新加坡，也沒有正式立法規定登船搜查制度。至於泰國曼谷也僅是在形式上執行搜查，不過敷衍了事。而在中國沿海各大城市港口中，只有香港以及上海、威海衛等外人控制地區較能徹底執行乘客與行李搜查制度，其餘中國各港均未能比照辦理。除了中國港口本身即缺乏相關搜查設施外，事實上各條約國也相當抗拒中國警察登上外國輪船執行搜查，例如英國政府即明令不准許此類情況發生。如果由新式海關當局來執行搜查，雖然能夠迴避掉侵害條約特權等問題，然而海關本身並無警察權，其搜查工作充其量只是防止走私逃漏稅，以確保稅收，但如要海關承擔起防盜的重責大任，對於其來說卻又太過沈重。況且各船商公司對於過於嚴格的搜查制度也有消極抗拒的傾向，因為如此只會讓廣大的華籍客源，轉向不那麼嚴格執行搜查的其他商船，從而造成商務上的重大損失。尤有要者，中國人口眾多，每日在各港搭船的往來乘客數量驚人，如要執行徹底的登船人員與行李搜查，勢將曠日廢時，也會嚴重影響到航班的正常調度。[79]

---

[78] "Comments by Messrs. Butterfield & Swire (China Navigation Company) on the Recommendations Made by the Committee of Imperial Defense and also Those of the Anti-Piracy Committee, Hong Kong," CO129/521/2.

[79] "Comments by Messrs. Butterfield & Swire (China Navigation Company) on the Recommendations Made by the Committee of Imperial Defense and also Those of the Anti-Piracy Committee, Hong Kong," CO129/521/2. 事實上在東亞水域各港中，新加坡港的乘客與行李檢查措施還算是相當不錯的，輪船在離港前均需依例執行搜查，新加坡警方也會派出便衣警探混雜在乘客中探聽情報。但是即使是新加坡，要在短時間內對於大量的乘客與行李進行徹底的搜查，在技術條件上也不太可能達成。1928 年 9 月安慶輪劫案的發生，因為海盜應是從新加坡偽裝乘客挾帶武器登船，即預示新加坡港檢查措施仍有其侷限性。見"C.N. Co. Ltd.: *Anking* Piracy," Agents, China Navigation Co., Hong Kong to Messrs. John Swire and Sons Ltd., London, 5 October 1928, CO129/508/4. 換言之，如果有

八、小結

　　隨著舊〈防範海盜章程〉的撤廢，意謂香港政府原先試圖透過防盜立法，強制規定船商必須提高輪船自身防盜能力的策略，已經逐漸走到盡頭。此時能夠作為替代性預防措施，主要就是如何能夠防止海盜登船，以及防止海盜利用大亞灣水域作為犯案基地與必要時能儘速提供英國商船援助。前者最重要的措施即是建立港口碼頭的登船檢查制度，而後者則有賴於無線電報方案與英國海軍的擴大巡邏計畫。

　　就登船檢查制度來說，是避免海盜挾帶武器登船的主要防線，但在〈防範海盜章程〉撤廢後，英國駐華公使館給倫敦外交部的報告中，卻清楚表明替代性措施似乎無法有效防止海盜案件的繼續發生。事實上，根據英國駐華公使館與領事館的調查，各口岸現有登船檢查制度均無法有效防止海盜挾帶武器登船，至於未來可能的改善空間也是相當悲觀的。首先，有辦法的海盜，往往也不會自行攜帶武器登船，而是在登船前即已疏通商船船員或買辦，將私人行李先行運送上船。因此，即使在商船離港前實行嚴格登船檢查制度，可能也無法有效防堵武器遭到私運上船。而要防止此檢查漏洞，較為有效的方式，即是在乘客登船後、商船離港前，再進行一次全船大搜查，但要真正落實卻是非常困難之事。一般來說，商船離港前，正是全船船員最為忙碌的時刻，不易抽調人力來執行大搜查；加上開船前船上甚為擁擠、人員混雜，除了乘客外，還有苦力、碼頭工人、代理商、郵遞員等；甲板上也堆滿了各式貨物，商船兩側也擠滿著準備裝卸貨物的貨船、舢舨船等，根本不太可能進行大搜查。上海總領事館的報告中，即直接指出一艘普通噸位的近海輪船要執行有效搜查，需要充足的時間，可能至少需要 24 個小時；但如果每艘船都因為執行搜查，而必須延遲開船一日，則碼頭調度勢必大亂，造成港口嚴重堵塞的情況。其次，要在在船上或是在碼頭上執行登船檢查，都需要大量的人力。海關雖有權搜

著檢查措施的新加坡都是如此情況，更不用說其他港口了。

查輪船，但其職司在收稅，而非反盜，況且也無額外人力執行搜查；地方
警力雖然可以提供額外支援，但是恐將抵觸英國既有的條約特權，同時也
無法保證警察素質，是否有與海盜勾結的可能性，故利大於弊，並非可行
之法。因此，要有效執行搜查制度，似乎也只能仰賴船商公司擴編現有人
力，任命專職搜查的幹部。但是如此則又將大幅增加人事開支，恐怕也沒
有船商公司願意負擔此費用。[80]即是之故，根據英國公使館的調查報告，
不難看出要期望藉由強化登船檢查制度來防範海盜案件的發生，不啻痴人
說夢。香港總督金文泰(Sir Cecil Clementi)也有相同的感觸，雖然香港已在
港口實施嚴格的行李搜查制度，但此類措施依舊無法阻止海盜事件的發
生，因爲海盜多半避開香港，而選擇在上海、廈門、汕頭等港口登船；尤
其輪船上的華籍買辦有時與海盜相互勾結，縱放海盜挾帶武器登船，從
而使得行李搜查制度無法有效發揮作用。[81]因此，總結來說，根據英國外
交部要求駐華使領館所作有關華南沿海各口登船檢查制度的調查顯示，
要寄望中國方面去落實港口檢查制度基本上不太可行，而英國官方本身
也不太可能去承擔類似責任。無論如何，最終似乎還是只能仰賴英國船
商自行去嚴格執行登船檢查措施，以防止海盜挾帶武器登船。不過，英
國殖民部即坦承英國船商本身是否能夠認真執行檢查措施，恐怕也是有
很大的疑問。[82]

而就無線電報方案與英國海軍巡邏計畫來說，同樣也是不切實際。無
線電報方案，經過英國船商的試驗，證明效果極其有限，且又容易受到天
候情況影響，無法發揮其應有的作用。而海盜發動突襲時，也多會在第一
時間即以武力控制或破壞無線電報室，因此商船不易及時對外發出求救訊

---

[80] "Sir Mile Lampson to Sir Austen Chamberlain," 20 December 1927, CO129/507/3.

[81] "Minutes of A Meeting to Discuss Anti-Piracy Measures," held at the Japanese Legation at 11 a.m. 16 November 1927, 日本外務省外交史料館藏，《支那海賊関係雑件》，第一卷，F-0138/0180-0183。

[82] "Minutes of Colonial Office," 1 March 1928, CO129/507/3.

號。[83]至於海軍巡邏計畫,非但會提高海軍開支,同時也會影響到其原有的戰備任務。因爲英國駐華海軍在船艦與兵員數量有限的情況,如要去全面承擔防盜任務,勢必將備多力分,無法兼顧。事實上,在舊有防盜章程撤廢之後,1920 年代末期由於海盜劫案頻傳,英國船商哀鴻遍野,要求英國政府強化保護英船的呼聲也日趨強大。所以,海盜所造成的巨大壓力,最終還是又從船商身上轉回到英國政府。在強大的輿論壓力之下,自 1927年底,英國政府只能開始規劃局部試行派遣正規的海、陸軍武裝士兵登船執行防盜任務。到了 1928 年,英國軍方更被迫進一步擴大保護方案,將士兵駐防商船方案擴及長江與華南水域的所有英船。然而另外一方面,在兵員有限的情況下,英國軍方對於因爲防盜任務所造成的長期人力吃緊問題抱怨連連,同時也嚴重影響到正常軍事訓練。於是乎在軍方的反彈壓力之下,又使得英國政府決定在 1930 年終止士兵駐防商船方案。[84]換言之,海盜問題似乎又繞回到原點,接下來又該由誰來負責承擔防盜的重責大任?

最後,英國在防盜問題上進退維谷的窘境,亦可以從 1927 年 9 月英國駐華公使館在評估香港〈防範海盜章程〉成效時,所提出的一份備忘錄中略窺梗概:

> 經驗顯示,這些保護措施,雖然有其無庸置疑的價值,但在個別或整體情況中,並不能完全發揮效用。而海軍也不可能提供毫無限制的巡邏,況且組成船團的護航行動,也不受船商的歡迎,主要是因爲會造成貿易的拖延與阻礙。香港的海盜章程,無庸置疑地遭到船長們的厭惡,所以並不經常被適當地遵守著。香港警察的檢查制度(乘客登船、行李檢查等)雖然運作有效,但海盜自然會去選擇檢查

---

[83] "Anti-Piracy Measures in Force at Present," cited from "Anti-Piracy Measures," *Admiralty Chart*, NO.1962, Hong Kong to the Brothers, 1930, CO129/521/3.

[84] "Telegram from Commander-in-Chief, China, to Admiralty," 29 November 1928, CAB/24/202: 002; CO129/507/3; "Report by the Chiefs of Staff Sub-Committee," 30 January, 1929, CAB/24/202: 0024; *Annual Report of the Hong Kong General Chamber of Commerce*, Cited from "Anti-Piracy Military Guards," *The China Year Book, 1931*, pp. 101-102.

較為鬆散的港口登船。在每一個海盜劫案中，似乎很明顯的，只是
靠防禦性措施並不足以因應海盜問題。唯有對岸上的海盜據點採取
強有力的措施才能奏效，因為除惡必須先除其根。[85]

簡言之，當舊有防盜體系已經撤廢，但新的各種替代方案卻又無法發揮作
用之際，面對依舊持續猖獗的華南水域海盜問題，英國政府幾乎陷入進退
失據的困境之中。此時，既然無法有效防盜，英國政府似乎也只能寄望於
軍事武力剿盜行動了！

附件 4-1：1927 年〈新訂防盜章程〉
（《香港華字日報》，1927 年 9 月 19 日，第 2 張第 3 頁）

（一）本章程內（甲）「輪船」字之意義，包括不用帆槳，用機器航行之
　　　各種輪船，（乙）「船」字之意義，包括任何船艇或其他用來航行
　　　之小舟。

（二）警察司有權搜查任何船艇，已搜之後，可再搜查及可扣留任何船艇
　　　以便搜查，亦可按照此章程派人搜查。

（三）凡在本港界內行駛之船艇，若警察令其停行須即停駛。

（四）船東、代理人、租船者及領牌照人，如知船將載運貴重金銀物品由
　　　港開航或駛經本港海界內需預先秘密報告警察司。

（五）凡輪船在維多利亞港海內之碼頭停泊，非其泊碼頭之一，便不許任
　　　何人登船，或攜物登船，或放物件於船上，惟貨物則不在例內。

（六）凡在本港海界內之任何輪船船主，如有理由，信得任何一船是被賊
　　　劫，須要幫助，則其責任要盡量駛近該船，在旁監視，阻止海盜前
　　　進，援助該船之救護工作，代請別船到援，共設其他需要辦法，以
　　　協助該船拒盜，及於事後協助一切。

（七）凡一船艇之東主、租賃人，或領牌照人，可隨時請警察司派員搜查
　　　其船艇，警司有權不允所請，或規訂規則方准所請，凡依照此章程
　　　查船，即作為按照此章程而行之合法搜查。

（八）凡照此章程需由警察搜查之輪船，須依照其先向警司報告及得其批

---

[85] "Memorandum by the British Legation, Peking," 23 September 1927，日本外務省外交史料館藏，《支那海賊関係雑件》，第一卷，F-0138/0145-0148.

准之地點及時間開行，否則不能開行。

（九）除照此章程得准豁免外，凡輪船必須經警察司派員詳細搜查，認為
妥當，或其船主或其他之該管人，經得警司或警司授權之警員，親
筆簽押之執照，證明經已搜查完妥者，始可開行，否則不能載客由
港開行，或經過本港海界前往下列各處口岸，（甲）省河（乙）西
江或廣東或廣西省各河道（丙）此兩省之任何口岸（丁）臺灣
（戊）上海以南及新加坡以北之亞洲東邊海岸任何一埠。

（十）除照此章程得准豁免外，凡輪船非經照第九款章程，由警員搜查
後，或其船主貨船上之該管人，經領得第九款所言之執照，不能載
客出域多利亞海界外，及一八九九年商輪條例內所指定知本港商務
海界，或本港海界之內之任何停泊所，小輪或電船之駛出港外遊樂
者，不在例內。

（十一）凡輪船之照第十款由港開航者，除先向警司報告途中所到之埠，
開行時間及得其批准外，中途不能駛往任何一埠，該船必須依照警
司批准之時間，由該埠開行。

（十二）除得警司批准及在海上救人外，否則任何輪船，不能中途許人登
船，或中途送物件下船。

（十三）（甲）按照此章程下船搜查之警員，有權搜查全船及該船之船貨
及機件、船主、船員、水手等，及彼等之一切物件、搭客、行李、
貨物，及船上所有人物，或行將登船之人，或行將登船之貨物，及
有權設其他之辦之法，使搜查妥當。（乙）管理搜查隊之警員，或
較高警員，有權將船扣留以候搜查完結。（丙）當搜查升級進行
中，管理搜查隊之警員，有權阻止搭客或貨物留船，如此命令，無
論如何，不能違抗，此種命令，一經通告船主或其船之該管人，即
執行有效。（丁）凡人不能違抗搜查，或違抗阻留。

（十四）帆船東、代理人、租船人、領船照人，船主、船員、水手及船上
之其他人員，需盡力設法，以助警察搜船，又需隨時盡力，防止私
運軍械落船。

（十五）警察司有權准許任何輪船免依此章程之任何條款，或規定免其依
照該章程之條件，其所定條件，該船必須遵行。

（十六）此章程將不行諸戰艦。

第二部份、英國的「軍事防盜策略」

　　第二部份爲英國的「軍事防盜策略」，分爲三章，分別從英國海軍本身的防盜策略（第五章）、國際軍事合作防盜計畫（第六章）以及士兵駐防商船方案（第七章），來探討英國如何充分運用軍事力量，以嚇阻與防禦來自廣東海盜的威脅。其中，前者將探討 1920 年代英國在華的例行性軍事防盜部署，分析英國如何藉由海軍艦艇的巡邏、護航、援救等措施，從旁協助提供英國商船所需的防禦力量。而後兩者，則將進一步剖析英國的策略性軍事防盜措施，其一是 1927 年英國利用北京外交團公使防盜會議爲舞台，嘗試以外交手段來促成國際合作，推動五國海軍聯合防盜行動，擴大海軍防禦體系；其二則是在 1928-1930 年間，英國調整自身防盜策略，權宜性地以正規海、陸軍士兵取代傳統武裝警衛的角色，攜帶武器裝備駐防英船，以提高商船的防盜能力。

第五章 英國海軍處理廣東海盜問題的防盜策略

一、前言

　　自英國在香港建立殖民地，由於廣東沿海、內河地區海盜問題嚴重，爲了確保英國商船航行安全，英國海軍很早即肩負起防範海盜的責任。[1]1858 年《中英天津條約》再授與英國海軍在中國水域追緝海盜之權，且可與中國政府一同會商進剿海盜之法。[2]因此，自 19 世紀起英國海軍在中國內河與周邊水域上所扮演的角色，並不侷限於作爲大英帝國對華戰爭與和外交策略的武力執行者，防盜與剿盜同樣亦是其重要的任務。[3]尤其毗鄰香港的廣東沿海與內陸水域，正是英國海軍執行防盜與剿盜任務的最主要場域之一，所以廣東政治、社會情況的穩定與否，海盜犯案的頻率、手法及其防制之道，也就成爲英國海軍十分關注的議題。

---

[1] 王家儉，〈十九世紀英國遠東海軍的戰略布局及其「中國艦隊」在甲午戰爭期間的態度〉，《臺灣師大歷史學報》，第 40 期（2008 年 12 月），頁 57-84。關於 19 世紀英國海軍在華扮演的角色與任務，亦可參見下列英文專著：Grace Fox, *British Admirals and Chinese Pirates, 1832-1869* (London: Kegan Paul, 1940)；Gerald S. Graham, *The China Station: War and Diplomacy, 1830-1860* (Oxford: Oxford University Press, 1978) .

[2] 〈中英天津條約〉第 52 款授權英國海軍可因「捕盜」需要，駛入中國水域，且中國當局還應予以協助；第 53 款則是當中國水域海盜影響中外商務時，可由中英雙方共同會商剿盜之法。〈中英天津條約〉（1858 年），收錄在黃月波等編，《中外條約彙編》（上海：商務印書館，1935），頁 6。

[3] 關於 18、19 世紀中國南方沿岸的海盜問題研究，可以參見 Dian H. Murray, "Pirate in the Pearl River Delta," *Journal of the Hong Kong Branch of the Royal Asiatic Society*, Vol.28 (1988), pp.69-85; *Pirates of the South China Coast 1790-1810* (Stanford: Stanford University Press, 1987); *Pirates in the South China Seas in the 19th Century* (Connell University PhD dissertation, 1979)。19 世紀後半期英國政府鎮壓香港附近水域海盜的研究，則見 Lung, Hong-kay(龍康琪), *Britain and the Suppression of Piracy on the Coast of China with Special Reference to the Vicinity of Hong Kong 1842-1870* (Hong Kong University Master thesis, 2001).

　　由於 1920 年代廣東局勢持續動盪不安，內政失序現象加劇，廣州當局既無心也無力處理因社會不安而衍生出來的廣東海盜問題，故英國政府只能自求多福，尋思防範海盜劫持英船之法。雖然香港政府曾試圖以立法手段來提高輪船本身的防盜能力，例如強制規定香港往來廣東各地的英國輪船上必須部署印度武裝警衛，[4]但實際上對海盜的嚇阻作用極其有限。[5]鄰近香港的廣東珠江三角洲與大亞灣水域的英船航行安全問題，幾乎仍須仰賴英國海軍的保護。甚至其他外國船隻在廣東周邊水域遭遇海盜攻擊時，也幾乎立即會透過無線電向英國海軍當局求助。[6]因此，英國海軍在防範廣東水域的海盜問題上，扮演舉足輕重的角色。[7]而 1920 年代英國海軍的防範海盜方略，一般而言就是部署海軍艦艇常態性巡邏於廣東內河與沿海水域，特別是西江、東江與大亞灣。如有輪船遭劫或有海盜警訊之時，則緊急從廣州、香港派遣艦艇（或就近從附近水域調派）與飛機前往該水域馳援與偵察情況。[8]然而，此套方略非但不足以防範日益猖獗的廣東海盜，

---

[4] "Regulations made by the Governor-in-Council under Section 17 of the *Piracy Prevention Ordinance*, 1914, (Ordinance No. 23 of 1914), for the purposes of Section 6 of the Said Ordinance, on the 17th day of September, 1914," No.361 of 1914, *Hong Kong Government Gazette*, 18 September 1914, pp.377-383.

[5] "The Minority Report," January 1925, *Sessional Papers Laid before The Legislative Council of Hong Kong 1927*, (hereafter referred to as *SP 1927*), No. 3, pp.95-100.

[6] "J.F. Brenan, Acting Consul General, Canton to the Minister, Peking, " 16 September 1926, FO371/11671.

[7] 美國國務院遠東司一份內部報告即坦承，美商在華航運與貿易交通往來，在某種程度上確實托庇於英國海軍所提供的保護傘。見"International Cooperation to Suppress Pirates in China," A Resume by Douglas Jenkins, Division of Far Eastern Affairs, Department of State, 21 November 1927, RIAC, 893.8007/28. 美商尚且如此，其他各國在華航運與商業情況恐怕亦是相去不遠。

[8] 例如 1926 年 5 月時，英商德忌利輪船公司(Douglas & Co.)的海鴻輪(SS *Hai Hong*)在從汕頭返回香港途中，於大亞灣水域曾發現一艘輪船形跡可疑（僅是未回應英船所打的燈號），故回到香港後立刻將此情資上報。英國海軍司令獲悉，隨即下令一艘潛艦與一架水上飛機前往追緝。但後來證明該艘可疑的輪船其實是一艘法國海軍砲艦。由此例可知英國海軍的海盜因應模式：一旦有海盜警訊，即使並無確切證據，也會派遣艦艇與飛機

也造成位處第一線的英國海軍艦艇與人力極大的負擔，所以英國政府與海軍當局只能不斷從困境中獲取經驗，並找尋其他的可能的輔助措施來彌補缺陷之處。

最後，必須要強調的，本章主旨在於深入探究 1920 年代英國政府與海軍面對廣東海盜問題時所遭遇的困境與籌思的因應策略，而研究重心則放在香港往來廣東水路之間的海盜問題，尤其是以廣東沿海與珠江流域爲主要範疇，香港本身島嶼與領海內的海盜問題並不在本章討論之列，也因此本章的主角爲英國海軍，而非香港水警。[9]

二、英國海軍處理廣東水域海盜問題的行為準則

大致上來說，英國海軍處理廣東水域海盜的行爲模式是相當高壓強硬的，透過以暴制暴的方式來反制海盜活動。至於軍事行動過程中，是否會造成中國海盜的重大死傷，則並非英國海軍考慮的重點。英國海軍砲艦一旦在中國水域（包括領海以及內陸水域）遭遇海盜劫掠案件，無論受害船隻國籍是否爲英國，一般而言即會立即前往馳援，面對海盜時也從不會吝於動用武力，且多半會使用威力較爲強大的火砲轟擊。海盜無論避往岸上或另外乘船逃亡，英國海軍砲艦均會持續追擊，亦即只要還能夠從艦上目視海盜在陸上或海上的逃亡軌跡，英艦的砲轟行動就不會停止。

例如 1927 年 11 月時，一艘拖船在廣東西江流域三水、西南鎮附近，遭到盤據在水道上沙洲島（新沙島）的海盜以機槍、步槍攻擊。當時正在西南鎮調查海盜情況的英國海軍砲艦知更鳥號(HMS *Robin*)立即趕往現場，

前往查看。"Piracy Suspect: Bias Bay Fruitless Search; Naval Assistance" & "No Piracy: Bias Bay Incident Explanation," *The China Mail*, 17 & 18 May 1926.

[9] 關於香港水警在防盜上扮演的任務，可以參看 Iain Ward, *Sui Geng: the Hong Kong Marine Police 1841-1950*(Hong Kong: Hong Kong University Press, 1991)。此外，私人雇傭警衛也在香港防盜史有著重要的作用，參見 Sheliah Hamilton, *Watching Over Hong Kong: Private Policing 1841-1941* (Hong Kong: Hong Kong University Press, 2008)。

在鎖定海盜的位置後，知更鳥號隨即以六磅砲展開轟擊行動。當部份海盜
因此負傷、四處逃散之際，知更鳥號又繼續以六磅砲轟擊海盜所在位置，
迫使殘餘海盜逃往岸邊，乘坐一艘舢舨船逃離沙洲島。知更鳥號接著又繼
續攻擊此艘舢舨船，導致該船船尾中彈沈沒，海盜只能再棄船逃生。一直
要到殘餘海盜躲入岸上樹叢隱密之處，由於無法從海上詳細觀察海盜藏身
所在，知更鳥號最後才停止砲火攻擊。根據知更鳥號艦長的事後報告，海
盜攻擊事件發生於 1927 年 11 月 11 日中午 12 點 5 分，知更鳥號於 12 點
10 分趕至現場，立即開砲攻擊，直至 12 點 55 分行動結束；過程中，知更
鳥號一共執行了 14 次砲轟。從上述經過，大致可以理解英國海軍遭遇海
盜以及防止其脫逃的因應模式，加上六磅砲使用的彈頭乃屬於高爆彈(High
Explosive, H.E.)，對於人員的殺傷力極強，更可以顯見英國海軍砲艦對於海
盜的處理心態，並非僅止於威嚇。[10]

又例如同年 12 月 22 日，英國海軍所雇用的武裝汽艇裕通號(Armed
Launch *Yuet Tung*，音譯)[11]在東江水域巡邏時，恰巧目擊一艘海盜汽艇[12]正試

---

[10] 事後，獲救的拖船船主曾親往知更鳥號砲艦上致謝，據該船主表示，英艦的砲擊行動已
造成部份海盜送命。而根據知更鳥號艦長的報告，海盜傷亡情況應為 2 死 6 傷。見
"Report from A.L. Poland, Lieutenant Commander, Commanding Officer, HMS *Robin* to the
Commodore, Hong Kong & the Senior Naval Officer, West River," 11 November 1927,
CO129/507/3.

[11] 裕通號為英商亞細亞石油公司(Asiatic Petroleum Company)的汽艇，乃是英國海軍租用專
門負責執行珠江水域的防盜任務，船長、船員仍由亞細亞石油公司負責，但從英艦抽調
武裝人員（1 名海軍軍士官統率 8 名士兵攜帶武器）駐防。裕通號汽艇帶隊軍官為英國
狼蛛號砲艦上的亞歷山大上尉(Sub Lieutenant R. Alexander of HMS *Tarantula*)，士兵部份
則分別由狼蛛號與飛蛾號砲艦(HMS *Moth*)各抽調 4 名士兵負責。見"Commander M.S.
Clarke, Senior Naval Officer, West River to the Commodore, Hong Kong," 23 December 1928,
CO129/508/4.

[12] 此海盜汽艇編號 No.2711，船名為曉銀號（*Shiu Hing*，音譯）經英國駐西江分遣艦隊指
揮官的調查乃是海盜累犯，除 12 月 22 日試圖搶劫中國輪船招商局輪船外，12 月 17 日
亦曾嘗試搶劫英國太古輪船公司的嶺南輪(SS *Linan*，音譯)、12 月 9 日則是攻擊了華興
輪(SS *Wai Shing*，音譯)。而據嶺南輪船長的報告，海盜汽艇為大型廣東拖船，船上有近
40 名海盜，且行徑兇殘，密集地朝嶺南輪艦橋區射擊，意圖置人於死。不過，嶺南輪船

圖強劫一艘中國輪船招商局的輪船以及一艘木殼民船,裕通號隨即開火攻擊。海盜汽艇則往東江上游支流地區行駛,部份海盜則開始離艇登岸逃亡,裕通號因吃水較重關係無法上駛只能暫時停泊,但仍朝海盜汽艇與逃亡海盜方向持續開槍攻擊。裕通號稍後並聯繫正在附近巡邏的英國海軍砲艦彼得瑞爾號(HMS *Peterel*)前來支援。彼得瑞爾號抵達後,即派出艦上吃水甚淺的摩托舢舨(motor sampan),由艦長率領武裝人員上溯小溪繼續追緝海盜汽艇。摩托舢舨在溯溪而上 3 浬處發現已當時擱淺溪床上的海盜汽艇,此時艇上只剩一名海盜看守,見狀立即棄艇逃亡。摩托舢舨上的英國海軍士兵則立刻鳴槍示警,稍後則直接開槍擊中該名海盜,並將其逮捕。因此時正在退潮,彼得瑞爾號艦長擔心摩托汽艇也會擱淺,故決定撤退回艦,但在離開前卻下令縱火燒毀擱淺在溪床上的海盜汽艇。綜觀上述過程,第一線的英國海軍艦艇在面對廣東海盜時可謂毫不留情,一旦目擊劫案發生,立刻開槍攻擊,海盜汽艇如逃逸則死命追緝,直至拘捕(擊傷)海盜、焚燬海盜汽艇後方始收手。尤有要者,在追緝海盜過程中,英國海軍官兵完全不吝於動用強大火力,持續開槍攻擊,且不論死傷情況。根據武裝汽艇裕通號帶隊軍官事後的報告,該艇在追緝過程的用掉的火藥數量相當驚人,一共擊發了李維斯機關槍(Lewis Gun)子彈 13 盤、步槍子彈 30 發。不難想見,除了最後留守的海盜中彈被俘外,在先前離艇登岸逃亡過程中恐怕也有海盜中槍死傷,只是未留在現場罷了。[13]

長回報的海盜汽艇船名為 *Shin Ping*,與西江分遣艦隊指揮官報告差異(可能是拼音上的差異),見"Commander M.S. Clarke, Senior Naval Officer, West River to the Commodore, Hong Kong," 23 December 1928, CO129/508/4.

[13] 裕通號帶隊軍官亞歷山大上尉坦承他們持續向逃亡海盜開槍,但無法其評估死傷情況。至於中彈負傷遭捕的海盜,則由彼得瑞爾號砲艦押回廣州沙面英租界交由租界巡捕房,後來則依據英國駐廣州總領事的建議,引渡給廣州警察局處理。見"Sub Lieutenant R. Alexander, Officer on Steam Launch *Yuet Tung* to the Senior Naval Officer, West River," 23 December 1927, CO129/508/4; "Lieutenant Commander H.E. Heaten, Commanding Officer, HMS *Peterel* to the Senior Naval Officer, West River," 22 December 1927, CO129/508/4; "Commander M.S. Clarke, Senior Naval Officer, West River to the Commodore, Hong Kong,"

　　雖然英艦追捕海盜的行為，在某種程度上似乎符合中外條約與國際慣例所規定。〈中英天津條約〉規定中英應共同會商「消除」「中華洋面」上的海盜、〈中美天津條約〉則准美船在洋面上「追捕盜賊」，而在國際慣例上也有視海盜為「萬國之仇敵」，各國兵船「在海上皆可捕拿」。[14]究其實際，裕通號汽艇不過是在行使對於海盜船逃逸的緊追權。然而在動武分寸上，第一線的英艦則明顯展露出積極攻擊與較不節制的態度。英國駐西江高級海軍軍官（Senior Naval Officer, SNO, also Commanding Officer, West River Flotilla，即西江分遣艦隊指揮官）事後雖然替英艦行為緩頰，認為裕通號汽艇的攻擊行動目的只是要攔截海盜汽艇，故當確定該艇擱淺後即停止射擊，但是亦坦承過程中使用消耗的彈藥數量確實「稍微大了點」("somewhat large")。[15]英國駐香港海軍准將(Commodore in Charge, H.M. Naval Establishment, Hong Kong)以及「中國艦隊」總司令(Commander-in-Chief, China Station)則不太贊同彼得瑞爾號艦長下令焚燬汽艇的行動。香港海軍准將認為英艦應該「努力捕獲而非摧毀海盜汽艇」("endeavour to capture, not destroy, these piratical launches")，因為「這些汽艇可能是遭竊的財產」。[16]「中國艦隊」總司令亦認為焚燬汽艇乃是「稍微不必要的行動」("somewhat unnecessary action")。[17]

　　不過，另外一方面必須強調的，英國海軍的強勢作為基本上僅限於海上行動，英國政府嚴格禁止海軍官兵登陸持續追剿海盜。根據英國海軍情

---

23 December 1928, CO129/508/4.

[14] 〈中英天津條約〉（1858 年）、〈中美天津條約〉（1858 年），收錄在黃月波等編，《中外條約彙編》（上海：商務印書館，1935），頁 6-10、頁 126-129；Henry Wheaton 原著，丁韙良譯，《萬國公法(*Element of International Law*)》（北京，崇實館，1864），卷 2，頁 43。

[15] "Commander M.S. Clarke, Senior Naval Officer, West River to the Commodore, Hong Kong," 23 December 1928, CO129/508/4.

[16] "Commodore, Hong Kong to the Commander-in-chief, China Station," 28 December 1927, CO129/508/4.

[17] "Commander-in-chief, China Station to the Admiralty," 1 January 1928, CO129/508/4.

報處(Naval Intelligence Division)的資料，英國海軍艦艇在珠江流域執行勤務時必須遵守各種限制：

> 英國海軍砲艦的活動限制在河川與珠江三角洲。只有與中國當局合作並獲得其同意，或是遭到攻擊時的反擊，或是海盜犯案逃逸時執行緊追權等情況時，英國砲艦方得才得以對岸上人員或地區開砲攻擊。武裝人員也只有在受領事之請，為了保護英國人民性命財產安全時，才能登岸。[18]

英國海軍《中國艦隊命令書》(China Station Order Book)第 52 條也嚴格規定英國武裝官兵在執行剿盜行動時，任何情況均不得登陸外國領土。[19]究其實際，關於海盜問題，英國海軍部(Admiralty)曾頒佈一套因應規定，詳細規範了英國海軍處理中國水域海盜的模式與動武的限度。〈「中國艦隊」總司令、高級軍官的常規指導訓令〉」("Standing Instructions issued for the guidance of Commander-in-Chief, and Senor Officers on the China Station")即是適用於處理於發生在中國內河水路、沿岸地區以及公海的所有海盜事件的行為準則。第一、英國海軍船艦不得前往中國管轄權內的沿岸地區去援救被擄人質或向海盜討回贖金，而必須透過英國領事，要求中國地方當局來處理所有問題。當中國方面的處置方案不足以解決問題時，可由高級海軍官員(Senior Naval Officer, SNO)決定是否要中英合作進剿海盜。第二、嚴格禁止在中國管轄權內登陸追捕海盜。第三、不應派遣武裝人員登陸去收集情報，調查工作應盡可能由指揮官員負責。第四、英國海軍船艦無論如何不得派遣人員在中國管轄權內進行搜索或摧毀房舍、村莊，即使該地居民涉入海盜行為。即使中英合作進行剿盜時，中國官員亦無權要求英國海軍採取上述行動。第五、英國海軍指揮官員有責任報告海盜村落與據點等情

---

[18] Naval Intelligence Division, Naval Staff, Admiralty, *Confidential Admiralty Monthly Intelligence Report*, No.106 (15 March 1928), p.29, CO129/507/3.

[19] "Operations against Piracies," from the Commodore, Hong Kong to Lieutenant C.M. Faure, HMS *Robin* (Copies to Commander-in-chief, China Station & Senior Naval Office, West River), 19 June 1925, FO371/10933.

報，並由領事官員要求中國當局採取行動、進行清剿，必要時可透過領
事，尋求英國海軍的合作。第六、海軍官員只有在下列情況時，才可以動
用武力：(1)當被攻擊時、(2)當現場目擊海盜搶劫，爲了清剿或拘捕海盜、
(3)阻止海盜逃脫時。[20]

　　簡言之，由上述訓令可以簡單歸納出幾項重要原則：一、透過領事居
中交涉媒介，中英可合作進剿海盜，但須以中國軍隊爲主，英國海軍協
助、二、無論是爲了蒐集情報、援救人質取回贖金、搜查拘捕海盜，或是
摧毀海盜村落，英國海軍行動範圍以海上爲限，均不得派遣武裝人員登陸
執行任務。這套規定與基本上符合 1920 年代英國對華政策的基本態度，
即盡量協調交涉，避免動用軍事武力介入中國內政事務：

　　　英國政府的政策，應避免大規模介入中國內政，盡量追求忍耐與調
　　　解的政策。軍事行動應侷限在保護英人生命、財產與利益安全，此
　　　類行動易於執行，且不會牽涉到大規模或難以評估的軍事行動。[21]

英國政府對華政策定位在避免介入中國內政，海軍規定又嚴格禁止派員登
陸進剿海盜，在上述雙重限制下，要處理棘手的廣東海盜問題，實在是相
當大的挑戰。

三、英國規劃的防範海盜體系

　　根據 1920 年代英國駐華海軍的相關防盜報告，爲了保護航運安全，
英國現行的防範海盜體系一共有海軍巡邏體系、船團（護航）方案、武裝
警衛駐防方案、隔離鐵窗設置、警察監視與搜查等項。[22]雖然在實務運作

---

[20] "Rear Admiral A. J. B. Stirling, Commodore, Hong Kong to Governor, Hong Kong," 24 June 1926, CAB/24/181:0072、Fo371/11671.

[21] C.I.D. Paper No. 727-B, October 15, 1926, CAB/24/181:0072.

[22] 本節內容主要參考 1920 年代英國駐華海軍兩份重要的防範海盜報告；其一是由英國海軍西江分遣艦隊指揮官（高級海軍軍官馬克斯威爾史考特中校，Commander M.R.J. Maxwell-Scott, S.N.O. West River Patrol）在 1924 年底提出的「防範海盜：現有體系」報告("Prevention of Piracy: Present System")；其二則是由英國駐香港海軍少將希爾(R. Hill,

上，此體系可以發揮一定程度的防範效果，但也有著一些問題：

（一）海軍巡邏體系

首先，以珠江水域的情況來說，英國海軍艦艇可視情況需要，機動前往珠江三角洲及流域各河川執行巡邏任務。然而，除了防範海盜之外，英國海軍還有其他重要的任務，必要時他們得照看廣州及其他通商口岸的安全，因爲中國軍隊經常阻礙英國船隻通行，英國海軍艦艇就必須出面處理。一般來說，「懸掛英國國旗的海軍艦艇，必須保護所有港口的英國利益」。[23]換言之，在內河砲艦數量有限的情況下，一旦通商口岸或其他港口的英國利益受到威脅時，英國海軍可能即無法兼顧海盜問題。

其次，在具體作爲上，爲了防止廣東海盜利用粵南沿海地區（特別是大亞灣、紅海灣、碣石灣等處）作爲犯案後撤據點，英國海軍還必須常態性部署一艘軍艦（驅逐艦或護衛艦）在此類海灣水域執行例行性巡邏任務，並與香港海軍基地保持密切聯繫，一旦接獲海盜情資或是有商船逾期未抵港時，該艘軍艦即可就近前往處理。在執行巡邏任務時，該軍艦會沿岸航行，監視注意任何形跡可疑的船隻，並在大亞灣口對所有往來通過船隻打燈號，以確認是否遭海盜劫持。此外，爲了因應其他緊急情況，英國海軍同時也在香港預備另外一艘軍艦，並隨時保持執勤備便的狀態，必要時即

Rear-Admiral, Hong Kong)在 1930 年中所提出的「現有實行防盜措施」報告("Anti-Piracy Measures in Force at Present")。前項報告較爲偏重處理珠江水域海盜問題，而後項報告，則著重在防範廣東沿海海盜，特別是大亞灣海盜。如將兩份報告綜合起來，基本上就可以見大致建構出英國海軍在因應廣東海盜問題的整體規劃。見"Prevention of Piracy: Present System," cited from "Notes on Piracy and Its Prevention by the Senior Naval Office in Charge of West River Patrols," 1924, FO371/10932; "Anti-Piracy Measures in Force at Present," cited from "Anti-Piracy Measures," *Admiralty Chart*, NO.1962, Hong Kong to the Brothers, 1930, CO129/521/3.

[23] "Prevention of Piracy: Present System," cited from "Notes on Piracy and Its Prevention by the Senior Naval Office in Charge of West River Patrols," 1924, FO371/10932.

可出航馳援。[24]

(二) 船團（護航）方案

為了確保香港與廣東江門之間水路的安全，香港政府提供武裝汽艇 (AL, Armed Launches)，由英國海軍支援人力與武器裝備，以執行船隻的護航任務。其運作方式乃是排出常規班表，每天固定時間船隻組成船團集體出發，並由武裝汽艇負責擔任護航任務。基本上，只要有武裝汽艇護航的船團，就不會有海盜劫掠事件的發生。但是組成船團一來勢將造成各船隻行動上的不便，無法自由航行，同時也將導致整體航行速度的大幅減慢，因為航速的船隻往往必須配合航速慢的船隻。此外，因為武裝汽艇多是按表出勤，其班表極易為海盜所探知，因此只要避開武裝汽艇護航的時間，仍然可以利用護航的空窗期來劫掠船隻。所以，比較有效的方式，並非繼續既有固定航班的護航模式，而是改由武裝汽艇機動地進行有效率的巡邏任務，如此將可以防止海盜獲知武裝汽艇的出動時間，從而大幅降低海盜犯案的機會。[25]

其次，香港與廣東汕頭間航班密集，也是廣東海盜犯案率最高的水域之一。為了確保航行安全，英國海軍建議所有往來兩地的船班，應調整船速，以便組成船團集體航行。如此，一旦有單一船隻脫隊或時航行不正常時，其他船隻即可儘速向香港的英國海軍求援。[26]

---

[24] "Anti-Piracy Measures in Force at Present," cited from "Anti-Piracy Measures," *Admiralty Chart*, NO.1962, Hong Kong to the Brothers, 1930, CO129/521/3.

[25] "Prevention of Piracy: Present System," cited from "Notes on Piracy and Its Prevention by the Senior Naval Office in Charge of West River Patrols," 1924, FO371/10932.

[26] "Anti-Piracy Measures in Force at Present," cited from "Anti-Piracy Measures," *Admiralty Chart*, NO.1962, Hong Kong to the Brothers, 1930, CO129/521/3.

（三）武裝人員駐防船隻

以當時的情況來說，海盜另乘船隻從外部發動攻擊，要成功劫持商船並非易事，因此廣東海盜的犯罪手法多半屬於「內部海盜」(internal piracy)模式，亦即假扮乘客挾帶武器登船並於航程中伺機發動突襲。如要防範內部海盜，則必須部署內部的防衛機制，亦即隨船的武裝警衛。在有效的幹部率領下，船上的武裝警衛將可以阻止內部海盜事件的發生。但如果每一艘往來香港與廣東的船隻均須配置武裝警衛，其數量將非常龐大。更為有效的解決方案乃是採取船團護航與武裝警衛駐防的折衷方式：船隻組成船團，但不另派護航的武裝汽艇，各船亦不駐防武裝警衛，而將武裝汽艇上的海軍士兵全集中到其中一艘輪船上，並配備火力強大的機關槍，由其護衛整個船團，一旦發生海盜事件，即由該船上部署的海軍武力負責鎮壓海盜。如此將可以大幅縮減隨船武裝警衛的數量，也能夠減少武裝汽艇上所需的海軍人力。[27]

（四）輪船上隔離鐵窗

在輪船上各艙房設置隔離鐵窗同樣也是為了防範「內部海盜」，可以有效防止偽裝乘客的海盜闖進艦橋、輪機、鍋爐室等重要艙房，避免其藉此劫持船隻。原則上，「一艘有著層層防護鐵窗的船隻，再搭配足夠的警衛，應該就不可能被海盜劫持」。不過，如擴大在輪船上所有艙房均裝上加鎖的隔離鐵窗，一旦發生船難，如船隻碰撞或起火，將無法及時解開隔離鐵窗，勢將造成極大的人員傷亡。隔離鐵窗的設置，也會讓普通艙房的一般乘客感受不佳，像是「被監禁的老鼠」。此外，隔離鐵窗還有許多缺點，例如造價高昂，重量又沈又重，且會佔去船艙相當多的空間，同時也

---

[27] "Prevention of Piracy: Present System," cited from "Notes on Piracy and Its Prevention by the Senior Naval Office in Charge of West River Patrols," 1924, FO371/10932.

不方便船員在船上往來工作處理貨物等。[28]

（五）警察的監視與搜查

香港附近水域的海盜事件中，海盜多半偽裝乘客挾帶武器從碼頭登上輪船，因此只要香港與廣東各港口間的警察監視與搜查制度能夠運作無礙，應可預防海盜事件的發生。[29]

（六）飛機巡航方案

英國海軍「中國艦隊」本身雖然並無正式編制航空母艦，但因爲香港戰略地位極其重要，經常性有航空母艦輪流駐防香港，故艦上飛機則可以在必要時支援巡航任務，以監視海盜高風險的危險水域。特別是當時英國海軍新型航空母艦，可以搭載高達約 15 架飛機。[30]事實上，英國海軍艦載機在 1926、1927 年間曾多次支援各類型剿盜、防盜任務，負責巡航大亞灣水域。[31]除了海軍艦載機外，英國在九龍機場也派駐有一個飛機機隊，

---

[28] "Prevention of Piracy: Present System," cited from "Notes on Piracy and Its Prevention by the Senior Naval Office in Charge of West River Patrols," 1924, FO371/10932; "Anti-Piracy Measures in Force at Present," cited from "Anti-Piracy Measures," *Admiralty Chart*, NO.1962, Hong Kong to the Brothers, 1930, CO129/521/3.

[29] "Prevention of Piracy: Present System," cited from "Notes on Piracy and Its Prevention by the Senior Naval Office in Charge of West River Patrols," 1924, FO371/10932.

[30] 例如 HMS *Hermes* 即是一戰後英國建造的新型航空母艦，曾多次駐防香港。至於英國新型航空母艦，可以參見海軍史網站：http://www.naval-history.net/xGM-Chrono-04CV-Hermes.htm（資料擷取時間，2010 年 8 月 31 日）；

[31] 不過，英國派遣飛機巡航中國水域，也曾引起中國方面的不滿，斥責侵害到中國主權。關於英國海軍派遣艦載機至中國水域參與剿盜、防盜任務，以及中國當局的抗議等，可以參見："Decode of Telegram," from Commander-in-Chief, China Station to Admiralty, 16 November 1926, FO 371/11671；〈代理外交部長陳友仁致英國駐廣州總領事照會〉，

約 20 架飛機，也可隨時支援巡航任務。例如 1927-1928 年間，英國軍方即曾在大亞灣水域上空規劃例行性巡航任務，每日清晨均派遣一至數架飛機前往大亞灣水域，以預防海盜劫案的發生。[32]事實上，飛機巡航方案在英國軍方防盜任務上一直扮演著相當重要的角色，能夠發揮先期預警、及時制止劫案的作用。[33]

四、質疑與困境：船艦與人力調派吃緊問題

但這套防範海盜方案，顯然無法有效嚇阻海盜事件的一再發生，而備受爭議。早在 1923 年 8 月英國下議院議員司徒華(Gershom Stewart)即曾針對廣東水域海盜問題在國會質詢外交部有何因應對策，以及海軍有無組成艦隊來巡邏珠江（西江）。當外交部次官答覆海軍已調派 4 艘軍艦巡邏該

1926 年 12 月 6 日，見"Letter from Acting Minister for Foreign Affairs, Canton, to H.M. Consul-General, Canton," 6 December 1926, *SP 1927*, No. 7, pp.163-164; "Bias Bay Evil: British Navy Takes Drastic Action," *The China Mail*, 24 March 1927；〈英水兵痛剿大亞灣海盜〉，香港《工商日報》，1927 年 3 月 25 日第 3 版。

[32] 1928 年 1 月時，美國海軍軍艦沙嘉緬度號(USS *Sacramento*)曾在大亞灣水域執行為期一週的砲擊訓練，根據該艦艦長的報告，在這一週期間，他每日均看到有一架英國飛機在大亞灣上空盤旋執行巡航任務。關於 1927-1928 年間英國飛機的巡航任務，可以參見 "Recent Piracies and British Reprisals," Harold Shantz, American Consul in Charge, Hong Kong to Ferdinand Mayer, Charge d'Affaires ad interim, American Legation, Peking, 26 September 1927, RIAC, 893.8007/29; "Piracy in South China Waters," Roger Culver Tredwell, American Consul General, Hong Kong & Macao to the American Minister, Peking & the Secretary of State, Washington, 27 & 30 January 1928 , RIAC/893.8007/44.

[33] 飛機巡航任務的重要性亦可從下列情況得到印證。1927 月 8 月 20 日，一個強烈颱風襲擊香港，使得九龍飛機場遭到重大毀損，6 架飛機亦受損無法飛行，英國軍方被迫只能暫時中止在大亞灣水域的巡航任務。而英船日陞輪劫案即是在此空窗期發生。英國軍方即認為，如果當時有飛機在大亞灣水域巡航的話，應可及時制止劫案。見"Recent Piracies and British Reprisals," Harold Shantz, American Consul in Charge, Hong Kong to Ferdinand Mayer, Charge d'Affaires ad interim, American Legation, Peking, 26 September 1927, RIAC, 893.8007/29.

水域時，司徒華則質疑艦隻數量不夠，希望外交部在政府內部發揮影響力
以爭取更多的海軍巡邏援助，確保英國在中國條約口岸的利益。不過，這
樣的要求並非易事。[34]英國在遠東地區主要海軍武力乃是由「中國艦隊」
(China Station)組成。依據 1921 年 5 月的統計，「中國艦隊」轄下共有 39
艘各式艦艇，包括 5 艘輕巡洋艦、1 艘特別任務艦、4 艘護衛艦、3 艘潛水
母艦、12 艘潛艦與 14 艘內河砲艦（另加一艘預備艦）。

表5-1：1921年英國海軍「中國艦隊」組成[35]			
艦隻種類	艦名	數量	人員定額
輕型巡洋艦 (Light cruisers)	*Hawkins*	5	759
	Cairo		379
	Carlisle		379
	Colombo		379
	Curlew		379
特別任務艦 (Special service vessel)	*Alarcity*	1	125
護衛艦(Sloops)	*Bluebell*	4	104
	Magnolia		104
	Foxglove		104
	Hollyhock		104
第4潛艦支隊 (4th Submarine Flotilla)	*Ambrose*	15	229
	Titania		236
	Marzian		65
	L1, L2, L3, L4, L5, L7, L8, L9, L15, 19, L20, L23		Each 39 (468)

[34] "Oral Answers," 1 August 1923, His Stationery Majesty's Office (Great Britain), *The Parliamentary Debates: House of Commons* (London: His Stationery Majesty's Office) (hereafter referred to as HC Deb) ,vol. 167, p.1444.

[35] "Comparative Statement Showing the Strength of the China Squadron, 1914 and 1921," 4 May 1921, FO371/6646.

內河砲艦	Bee	14*	64
(River gunboats)	Cockchafer		64
	Cricket		64
	Gnat		64
	Mantis		64
	Scarab		64
	Woodcock		26
	Woodlark		26
	Cicala		64
	Moorhen		31
	Robin		25
	Tarantula		64
	Teal		31
	Widgeon		35
	Moth （預備艦）		
總計		39*	4500
＊另加一艘預備艦			

「中國艦隊」麾下又轄有長江分遣艦隊(Yangtze Flotilla)[36]與西江分遣艦隊(West River Flotilla)，分別負責長江與珠江水系的巡邏勤務，並由吃水淺、能夠航行水位較低的江河水路的十餘艘內河砲艦組成。這些內河砲艦中，大約 2/3 比例配屬在長江分遣艦隊，以保護英國在長江流域的重要商業利益，剩下的 1/3 的內河砲艦則配屬於西江分遣艦隊，用以確保香港往來兩廣地區水路的安全，並視中國現況演變與勤務狀況彼此調動支援。換

---

[36] 長江分遣艦隊由 6 艘昆蟲級砲艦（蜜蜂號 HMS Bee、蚊子號 HMS Gnat、聖甲蟲號 HMS Scarab、金龜子號 HMS Cockchafer、蟋蟀號 HMS Cricket、螳螂號 HMS Mantis）、2 艘鴨級（赤頸鴨號 HMS Widgeon、短頸鴨號 HMS Teal）與 2 艘鷸級砲艦（山鷸號 HMS Woodcock、雲雀號 HMS Woodlark）組成。見"Lancelot Giles, Consul, Changsha to Ronald Macleay, British Minister, Peking," 22 September 1923, FO371/9193; "Naval Military: Gunboats on the Yangtze," The Times, 16 November 1922. 關於 1920 年代英國海軍長江分遣艦隊的情況，亦可參見應俊豪，《外交與砲艦的迷思：1920 年代前期長江上游航行安全問題與列強的因應之道》（臺北：臺灣學生書局，2010），第五章「英國的因應之道」，頁 181-234。

言之，1920 年代初期英國海軍部署在珠江流域西江水域的內河砲艦數量大
約僅有 4-5 艘。[37]其中，較常態性駐防西江水域的有 2 艘新型的昆蟲級砲艦
(Insect-class gunboats)狼蛛號(HMS *Tarantula*)與秋蟬號(HMS *Cicala*)，以及 2
艘老舊的鴨級與鷸級砲艦松雞號(HMS *Moorhen*)與知更鳥號(HMS *Robin*)。
另外還有 1 艘昆蟲級砲艦(HMS *Moth*)則作爲預備艦飛蛾號，平時並不出
勤，唯有當其他昆蟲級砲艦進廠維修時，才由艦隊另外調派人員重新啟
用。除了砲艦數量有限之外，西江分遣支隊還面臨另外的挑戰。新型的昆
蟲級砲艦馬力強、航速快，但因其噸位數大、吃水較深，往往無法深入水
位較淺的珠江流域分支水路去執行勤務。舊式的鷸級砲艦船身小、吃水淺
雖然較爲適合航駛在廣東各狹小水道中，但是因其艦齡老舊，實際最大航
速只剩約 7 節，故也不足以應付頻行的護航防盜之需。[38]況且部份西江支
流水道，一旦進入低水位期間，有時即使鷸級砲艦也無法駛入。[39]爲了彌
補砲艦數量的不足，自 1924 年開始，香港政府也資助經費另外編組了 4
艘武裝汽艇，[40]由英國海軍統籌指揮，以協助海軍砲艦執行香港與珠江流
域之間水路的防盜與護航任務：

---

[37] 例如 1927 年 11 月時，英國駐廣州總領事館即稱英國海軍西江分遣艦隊有 5 艘砲艦以及
3 艘武裝汽艇。"Acting Consul-General Brenan to Sir Lampson," 22 November 1927,
CO129/507/3.

[38] Naval Intelligence Division, Naval Staff, Admiralty, *Confidential Admiralty Monthly
Intelligence Report*, No.106 (15 March 1928), p.28, CO129/507/3.

[39] "Report from A.L. Poland, Lieutenant Commander, Commanding Officer, HMS *Robin* to the
Commodore, Hong Kong & the Senior Naval Officer, West River," 11 November 1927,
CO129/507/3.

[40] "O Murray, Admiralty to the Under Secretary of State, Colonial Office," 16 December 1925,
FO371/10670.

表 5-2：1920 年代初期英國海軍西江分遣艦隊編組[41]						
艦型	艦名	完工年份	排水量(噸)	馬力(匹)	航速(節)	武器裝備
昆蟲級砲艦	HMS *Tarantula*	1915-1916	645	2000	14	6 吋砲、3 吋空防砲、12 磅砲、機槍
	HMS *Cicala*					
	HMS *Moth*（預備艦）					
鴨級砲艦	HMS *Moorhen*	1901	165	670	13	6 磅砲、機槍
鷸級砲艦	HMS *Robin*	1897	150	550	13(7)	6 磅砲、機槍
武裝汽艇 Armed Launches	*Hing Wah* *Kwong Lee* *Wing Lee* *Dom Joao*				9	3 磅砲（僅 *Dom Joao* 配備）、機槍

[41] 其中最主要的昆蟲級砲艦，乃英國於 1915-1916 年間建造的大型砲艦，共 12 艘，因為主要派駐在中國水域（含長江）亦常被稱為「大型中國砲艦」（Large China Gunboats）。至於鷸級砲艦，雖然 *Jane's Fighting Ships* 稱最大航速有 13 節，但根據英國海軍情報處 1928 年的報告，實際上只剩 7 節。砲艦相關資料可見 Parkes O. and Maurice Prendergast ed., *Jane's Fighting Ships* (London, Sampson, Low, Marston, 1919), pp.93-94. (http://freepages.genealogy.rootsweb.ancestry.com/~pbtyc/Janes_1919/Index.html) Online Data; "Naval Military: Gunboats on the Yangtze," *The Times*, 16 November 1922; Naval Intelligence Division, Naval Staff, Admiralty, *Confidential Admiralty Monthly Intelligence Report*, No.106 (15 March 1928), p.28 & 31, CO129/507/3.

　　此外，在英國駐華海軍指揮體系上，乃是以「中國艦隊」總司令爲最高指揮官，駐香港的海軍准將負責指揮整個珠江三角洲的海軍行動，至於西江分遣艦隊則由高級海軍軍官(Senior Naval Officer, SNO, West River Flotilla)直接統率。[42]

　　依據 1924 年 5 月英國海軍的規劃，僅是爲了執行廣東西江流域的巡邏任務，至少須部署 3 艘昆蟲級砲艦與 1 艘小型砲艦，並搭配 4 艘武裝汽艇。3 艘昆蟲級砲艦，1 艘部署在廣州、1 艘部署在江門、1 艘部署在三水梧州。小型砲艦則負責昆蟲級砲艦無法駛入的河道（因吃水較重）。一般商船則組成船團航行，並由武裝汽艇進行護航。武裝汽艇必要時還必須機動支援巡邏任務。[43]雖然英國外交部認爲「這樣的巡邏體系似乎運作的不錯」，[44]但是對駐華海軍來說，僅是負擔西江流域的巡邏任務就必須動用 4 艘砲艦與 4 艘武裝汽艇，這還不包括東江流域的重要勤務。[45]

　　顯而易見的，英國海軍要在廣東附近所有危險水域均執行巡邏任務，基本上是不太可能的任務。下表是英國海軍西江分遣艦隊旗艦狼蛛號(HMS *Tarantula*)在 1924 年 5 月份的調動情況。不難看出該艦爲了執行巡邏任務，頻繁往來於廣州、香港、江門等地之間，調動情況可謂相當密集。

---

[42] "Vice Admiral A.F. Everett, Commander-in-Chief, China Station to R. E. Stubbs, Governor of Hong Kong," 28 January 1925, FO371/10933.

[43] "Letter of Proceedings, May 1924," by Commander and Senior Naval Officer, West River, 4 June 1924, FO371/10243.

[44] "Situation in the Neighborhood of Canton during May," Minutes of Foreign Office, 13 August 1924, FO371/10243.

[45] 例如 1924 年 10 月時，英國海軍為了救回一艘遭到東江水域海盜劫持的英國汽艇，而必須派遣松雞號砲艦深入東江上游，並與海盜交火；12 月，英國海軍又派遣知更鳥號與松雞號砲艦前往東江三角洲，準備與粵軍一同進剿該區海盜。可見英國海軍砲艦在東江水域的勤務亦不輕。見 "Letter of Proceedings- October 1924, & December 1924" from Senior Naval Officer, West River to the Commodore, Hong Kong, 6 November 1924 & 1 January 1925, FO371/10916.

表 5-3：狼蛛號調動情形（1924 年 5 月）[46]		
地區	到達日期	離開日期
Canton(廣州)		1st
Hong Kong(香港)	1st	3rd
Canton(廣州)	3rd	7th
Junction Channel	7th	8th
Kongmun(江門)	8th	9th
Ngaomoon (崖門)	9th	10th
Kongmun(江門)	10th	12th
Yungki(容奇)	12th	13th
Hill Passage	13th	14th
Canton(廣州)	14th	26th
Kongmun(江門)	26th	29th
Canton(廣州)	29th	

英國海軍艦艇之所以頻繁地在珠江水域間巡邏移動，其目的在於提高軍艦在各水域的出現頻率。雖然英國軍艦執行巡邏任務時實際遭逢海盜的機會不多，但巡邏率越高，海盜的犯案率也就越低，因為可以藉此讓廣東海盜確實感到英國軍艦的存在，而投鼠忌器不敢輕易犯案。[47]

然而除了防範海盜之外，英國海軍還必須隨時提防廣東各地割據獨立的軍閥阻礙英國航運事業。由於軍閥們往往無視船隻國籍，任意強制徵調往來船隻用以運送軍隊或走私品，所以英國海軍艦艇經常得出動保護英船

---

[46] "Letter of Proceedings, May 1924," by Commander and Senior Naval Officer, West River, 4 June 1924, FO371/10243.

[47] 依據英國海軍規劃，除必須有一艘大型昆蟲級砲艦常態駐防廣州，以因應廣州局勢的變化，並隨時聽候英國駐廣州總領事館調遣外，其他艦艇則平均分布在珠江各水域中，頻繁地執行巡邏任務，偶爾則往香港，讓艦上官兵休憩並維修保養船艦。Naval Intelligence Division, Naval Staff, Admiralty, *Confidential Admiralty Monthly Intelligence Report*, No.106 (15 March 1928), p.34, CO129/507/3.

不受軍閥的騷擾。再者，原先擔任巡邏任務的英國軍艦，有時也需要額外肩負深入珠江流域上游地區宣揚國威的政治任務。其實，根據英國海軍情報處的報告，英國艦艇在華的任務繁重，防範海盜不過只是其任務之一：

> （英國海軍）砲艦的責任當然不僅限於緝捕海盜，她們必須在河川上展示國旗，拜訪條約口岸，以及保護英國公民在該地區的整體利益。廣東的政情變動或是敵對軍閥間的突發衝突，也持續牽制了砲艦的行動自由。[48]

例如 1924 年 5 月間英國軍艦松雞號即受命沿珠江上駛至廣西梧州，並準備利用時機繼續深入至南寧、百色、龍州等地。英國駐廣州總領事還希望松雞號「應該在這些區域展示英國國旗」。英國駐西江高級海軍軍官即坦承松雞號的上駛任務，會排擠到珠江下游水域的巡邏任務，而那些水域正是海盜最為猖獗的區域。由於船隻調派上的吃緊，使得高級海軍軍官建議挪派原先擔任船團護航任務的武裝汽艇，改從事搜捕海盜船隻的任務。很明顯的，當正規海軍船艦不敷使用時，只能另外尋求解決之道。[49]

　　英國海軍艦艇調度吃緊以及仰賴非正規武裝汽艇協助的窘況，亦可以由 1924 年 1 月 21 日大利輪劫案(SS *Tai lee* Piracy)[50]發生後所引起的海軍保護爭議中窺其梗概。由於在大利輪劫案發生前二日，才剛有兩艘英商亞細亞石油公司(Asiatic Petroleum Company)的汽艇在珠江水域遭到海盜劫持，故幾件海盜事件接連密集發生，在香港引起輿論的關注與憤怒，紛紛痛斥廣

---

[48] Naval Intelligence Division, Naval Staff, Admiralty, *Confidential Admiralty Monthly Intelligence Report*, No.106 (15 March 1928), p.29, CO129/507/3.

[49] "Letter of Proceedings, May 1924," by Commander and Senior Naval Officer, West River, 4 June 1924, FO371/10243.

[50] 大利輪雖為華人所有，但是向香港政府註冊，故取得懸掛英旗的權利。該輪在從香港前往廣東江門途中，遭到海盜搶劫。據調查，海盜乃偽裝一般乘客在香港登船，並可能與部份船員有所勾結，待輪船行駛出海後，趁機發動攻擊洗劫船上財物。搶劫過程中，大利輪的英籍船長以及 1 名駐船戒護的印度武裝警衛遭到海盜殺害，多名乘客亦被海盜擄走充作人質。"China Station General Letter No 8," from Commander in Chief, China Station, Hong Kong, to the Secretary of the Admiralty, London, 23 January 1924, FO371/10243

東海盜問題日益嚴重，直陳香港政府應該在港口乘客登船時施以有效的檢查制度，更呼籲英國海軍當局應提供更多的保護。即是為了因應大利輪劫案所引發的輿論呼籲與防盜需求，英國海軍乃特地將上述的預備艦－昆蟲級砲艦飛蛾號(HMS *Moth*)重新啟用，並從「中國艦隊」抽調人力派往飛蛾號上值勤。此外，香港政府並建議試辦船團護航方案，在香港往來廣州以及香港往來江門這兩條最重要的航線上將商船編組船團，由英國海軍艦艇統一提供船團護航，以進一步確保商船航行安全與防範海盜攻擊。然而，香港政府所提的試辦方案卻遭到英國海軍當局的反對，理由即是不太可能「將砲艦從珠江三角洲的例行巡邏任務中抽調出來，而目的只是為了去保護這兩條航線」；況且商船組成船團也勢將嚴重阻礙正常航運交通的進行。所以，英國海軍當局認為要防範廣東海盜問題，「最好的辦法還是去強化並改善輪船上的武裝警衛人員」。換言之，在艦艇數量有限的情況下，雖然已緊急啟用 1 艘昆蟲級預備艦應急，英國海軍終究還是無法兼顧珠江流域的例行巡邏任務以及香港往來廣州、江門間的特殊護航防盜需求。但是在民間海事相關從業人員的強烈抗爭與罷工下，英國海軍後來讓步，同意在艦艇行有餘力的情況下支援船團護航任務。不過，英國海軍只願意部分負擔香港往來江門的船團護航任務，因為香港往來廣州間水路寬廣，一般輪船可以快速通過，應不需要額外的海軍保護。最後妥協的結果乃是比較危險的香港往來江門航線，集中 3 至 4 艘商船一起組成船團，由英國海軍派遣武裝汽艇執行護航任務。汽艇由香港政府提供，所需人員與武器裝備則由海軍負責。[51]

---

[51] 繼 1924 年 1 月亞細亞石油公司汽艇劫案、大利輪劫案後，4 月初在江門航線上又先後發生西克索輪劫案(SS *Siexal* Piracy，音譯，懸掛葡旗)以及第二次大利輪劫案，其中西克索輪劫案有 3 名印度武裝警衛遭到海盜槍殺，至於第二次大利輪劫案則是幸運擊退海盜。一連串劫案後，江門航線上的輪船幹部發起罷工運動，呼籲檢討香港現行防範海盜規定，撤離印度武裝警衛，改由海軍護航保護。船員罷工運動於兩天後結束，並由英國海軍派遣武裝汽艇進行保護。見 Naval Intelligence Division, Naval Staff, Admiralty, *Confidential Admiralty Monthly Intelligence Report*, No.106 (15 March 1928), pp.29-30, CO129/507/3.

1925 年初，桑唐子爵(Viscount Sandon)曾在英國下議院質詢海軍，是否準備提供更多的保護，以對抗中國水域的海盜問題。第一海軍大臣布里居門(Bridgeman, First Lord of the Admiralty)則表示已經啟用一艘預備艦（即前述的昆蟲級砲艦飛蛾號），並編組另外 4 艘武裝汽艇投入中國水域的巡邏任務：

> 由於（中國水域的）海盜攻擊事件日益頻繁，一艘在香港的預備艦（砲艦）已被重新啟用，目前正在執行巡邏勤務。至於由香港政府所提供的4艘快艇，也已經改由海軍官兵操作，執行常規的護航任務。目前正在考慮是否還要提供更多的海軍保護。[52]

根據英國海軍部湯金森上校(Captain W. Tomkinson, Admiralty)於 1924 年 6 月在英國倫敦「跨部會議」(Inter-Departmental Conference)上的發言，為了處理廣東海盜問題，英國海軍除了現有四艘砲艦、四艘武裝快艇外，還準備啟封一艘預備艦，但是人力支援問題卻造成相當困擾。因為四艘武裝快艇上雖有香港支援的部份民間船員，但實際上還是必須抽調海軍官兵負責指揮汽艇，並操作汽艇上的武器。基本上，無論是武裝汽艇，還是準備啟封的預備艦，其所需的海軍官兵，事實上均是從既有船艦上抽調兵力支援。因此，為了補充人力，也必須從英國派遣更多的海軍人員來負責操作預備艦以及武裝汽艇。[53]況且為了增加武裝汽艇的應變能力，英國海軍也被迫調整其人員組成。因為依照原先規劃，武裝汽艇乃是由香港政府提供

---

[52] "Answer of Commons," 18 February 1925, *The Parliamentary Debates*, FO371/10932.

[53] "Notes of a Meeting held at the Colonial Office on the 17th of June (1924) to Consider the Measures Which Have Been Taken by the Hong Kong Government to Deal with Piracy in the Waters of and Adjacent to the Colony," CO129/487.此外，事實上，根據英國駐香港海軍准將 1924 年初的海軍現況說明書中，即強調作為預備艦的飛蛾號，其艦上官員全是由另外一艘正在維修的軍艦上抽調而來，待該軍艦維修完畢，飛蛾號上的海軍官員即需撤離歸建到原軍艦。見"Statement of the Position by Commodore, Hong Kong to the Hong Kong Government," cited from "Claud Severn, Colonial Secretary, Hong Kong to the Assistant Secretary, China Coast Officers Guild & the Branch Secretary, Marine Engineers Guild of China," 22 April 1924, CO129/484.

船隻與人力,海軍不過負責武器訓練與指揮調派,但是後來考量武裝汽艇勤務的專業性與危險性甚高,在民間人員有能力與資格應付勤務需求前,所需人員均改由海軍官兵負責支援。[54]如此一來,4 艘武裝汽艇幾近等同於英國海軍的附屬艦艇,在人力上的負擔勢必又更行加重。基本上每一艘汽艇均須配置 1 名指揮軍官、1 名士官、4-5 名水兵、1 名鍋爐兵、1 電報兵。換言之,英國海軍至少必須從其他正規艦艇上抽調 30 餘名官兵以支援武裝汽艇的人力需求。[55]

五、1920年代前期海軍官員的檢討建議:擴編武裝汽艇方案

此外,英國駐西江高級海軍軍官馬克斯威爾史考特中校也曾檢討現行的防範海盜方略的諸多利弊,他認為英國主要透過下列幾種方法來防範海盜事件:

方法一:粵英合作,共同進剿海盜巢穴;

方法二:派遣海軍砲艦,巡邏危險區域,搜索並攻擊海盜;

方法三:派遣武裝汽艇,巡邏危險區域,防止海盜犯案;

方法四:在碼頭上由警察當局加強檢查並搜索乘客行李,避免偽裝乘客的海盜登船;

方法五:在商船上裝置鐵絲網等防護隔離措施,避免偽裝乘客的海盜控制船隻;

方法六:在商船上部署武裝警衛,提高商船抵禦海盜能力。[56]

馬克斯威爾史考特中校檢討以往防範海盜方略,向來最著重在方法一的粵英合作模式,但實際上卻經常受到廣東局勢與中英關係演變的掣肘,而呈

---

[54] "Report of an Inter-Departmental Conference on Piracy in Waters Adjacent to the Colony of Hong Kong," January 1925, FO371/10932.

[55] Naval Intelligence Division, Naval Staff, Admiralty, *Confidential Admiralty Monthly Intelligence Report*, No.106 (15 March 1928), p.31, CO129/507/3.

[56] "Memorandum respecting Piracy Suppression Received from Sir Miles Lampson," dispatch No. 1030, 21 September 1927, CAB/24/202: 0024.

現出不太穩定的狀態。因此，英國在處理海盜問題的主要對策上，除了應
繼續努力推動粵英合作，以便能盡早剿滅海盜外，同時也而應該思考如何
預防海盜犯案。方法四、方法五、方法六均是在強化預防海盜犯案的措
施，由香港警察、港務當局與船商共同肩負起重責大任：盡量防止海盜登
上輪船，同時增加輪船防禦力量，一旦海盜登船，必要時可以自衛抵禦。
但是方法五與方法六，均造成船商極大的負擔與不便，故向來並不受歡
迎。方法五的設置鐵絲網等防護隔離措施，在實務上不見得可以阻止海盜
攻擊行動，反倒可能影響到船隻航行安全，尤其當遭遇船難或緊急事故
時，將嚴重影響逃生通道、阻礙乘客求生之路。方法六的部署武裝警衛，
則因一切訓練、薪資、撫卹等幾乎全由船商負擔，大幅增加其營運成本，
況且少數武裝警衛是否有能力抵禦海盜的突襲行動也不無疑問，故船商基
本上均反對此法。至於方法四，在港口實行嚴密的乘客及行李搜查制度固
然可以降低海盜登船的機會，但此套制度僅能在香港貫徹，而無法要求中
國沿岸各港口照辦。特別是在香港往來中國各地的船隻中，海盜多半會避
開香港，選擇在檢查制度鬆散的中國港口登船，如此無論香港實行多麼嚴
格的檢查制度，同樣成效甚微。所以，如要預防海盜事件發生，最直接有
效的方式，莫過於方法二的派遣海軍砲艦在危險水域執行巡邏與護航任
務，可以大幅降低海盜犯案的機會。然而，這樣的任務卻會給英國駐華海
軍造成相當大的負擔，同樣亦沒有實現的可能性。職是之故，目前最應加
強，且較易達成的，應是方法三，即增設更多的武裝汽艇，且最好由英國
海軍提供軍官與人員，在危險區域頻繁巡邏，將有助於降低海盜犯案的機
會。[57]

　　其實早在 1924 年 10 月時，馬克斯威爾史考特即曾分析廣東海盜的運
作模式，以珠江（西江）流域的海盜案件爲例，他認爲大致上屬於內部海
盜類型，亦即海盜會僞裝乘客登船待航程途中再伺機發動突襲，同時還會

---

[57] "Memorandum Respecting Piracy Suppression Received from Sir Miles Lampson," dispatch No. 1030, 21 September 1927, CAB/24/202: 0024.

搭配一艘海盜汽艇作為接應。此種海盜手法，勢必大幅增加英國試圖防範海盜事件發生的難度。內部海盜模式，船員本不易察覺，縱使船上部署有武裝警衛，但匆促之間遭到攻擊往往也無法應付。而海盜得手後多半由另外一艘汽艇接應逃離，這又增加英國海軍在事後緝捕上的難度。因為海盜汽艇航速快、吃水淺，縱橫於珠江狹小水道中，吃水較重的英國海軍砲艦根本難以溯溪而上。縱使英國海軍先前曾與粵軍攜手展開聯合掃蕩行動進剿海盜，但海盜汽艇卻隱身於狹小水路間無法搜查，以致功敗垂成。所以，馬克斯威爾史考特建議「如要根除西江水域內的海盜勢力，必須有系統地徹底搜查各分支溪流，但要達成此任務，則須仰賴吃水淺的汽艇與英國海軍砲艦一同合作方能奏效。」[58]

簡言之，馬克斯威爾史考特中校認為只要能夠盡可能地增加武裝汽艇數量，即能大幅強化現有防盜體系。因此，馬克斯威爾史考特建議汰除現有不太適用的 4 艘汽艇，然後另外編組 9 艘速度快、吃水淺的武裝汽艇（亦即武裝汽艇總數量由原先的 4 艘再增加 5 艘，總計 9 艘），並由海軍人員負責操控的話，就可以有效防範海盜，屆時不但可以撤除原先部署在輪船上的大批武裝警衛，輪船也不再需要組成船團護航，同時也可以大幅調整輪船上現有的鐵絲網隔離裝置，一舉數得。[59]至於武裝汽艇所需的額外開支花費，經香港總督、殖民部與海軍部的協調，傾向由海軍部來承擔。[60]

況且就實際情況來說，武裝汽艇也的確在鎮懾海盜氣焰上扮演相當重要的輔助性角色，成效相當卓著。因為武裝汽艇具有攻守兼具的特色，除了平時可以執行巡邏任務與護航商船，以防範海盜犯案外，必要時還可以支援正規砲艦一同進剿海盜據點。例如在 1924 年粵英合作進剿西江海盜

---

[58] "Piracy and Anti-piracy Operations," Extract from Senior Officer of HMS Tarantula, 3 October 1924, CO129/490.

[59] "Letter from the Senior Officer, West River," cited from "Piracy in Waters Adjacent to Hong Kong," Memorandum Prepared by the Colonial Office, 5 January 1926, FO371/11670.

[60] Naval Intelligence Division, Naval Staff, Admiralty, *Confidential Admiralty Monthly Intelligence Report*, No.106 (15 March 1928), p.35, CO129/507/3.

的多次軍事行動中,武裝汽艇均順利執行任務,上溯水深較淺的溪流水域緝捕逃逸海盜。[61](關於粵英合作剿盜行動,詳見本書第八章。)1925 年 6 月,一艘武裝汽艇(AL *Wing Lee*)又成功突襲西江一處海盜聚落,「用機關槍痛懲海盜」;稍後,另外一艘配備強大火力的武裝汽艇(AL *Dom Joao*),則動用其 3 磅砲轟擊藏匿在樹林地區的海盜。武裝汽艇的強力打擊海盜行動,一度讓也西江部份水域的海盜活動為之銷聲匿跡。[62]

不過,馬克斯威爾史考特中校的見解顯然不為其上司－英國海軍「中國艦隊」總司令艾佛瑞特(Vice-Admiral A. F. Everett, China Station)所認可。在給香港總督的電報與給海軍部的報告中,艾佛瑞特雖然相當肯定馬克斯威爾史考特中校在掃蕩廣東海盜上的成效,但還是不諱言地質疑他在評估武裝汽艇的防盜作用時過於樂觀。[63]

> 「中國艦隊」總司令大致同意英國海軍駐西江高級軍官的觀點,但是總司令指出,僅是部署額外的武裝汽艇是不可能有效確保香港沿岸南北航行交通的安全。他認為,如要廢除香港往來廣州與西江之間的船團護航體系,所需要的武裝汽艇數量,遠高於駐西江高級軍官的樂觀評估。[64]

其次,將現行的 4 艘汽艇換裝為 9 艘吃水淺馬力大的船隻,固然可以大幅提高巡邏能力,但是花費也勢將提高,所以武裝汽艇的相關開支問題

---

[61] "Report from C.M. Faure, Lieutenant in Command, HMS *Robin* to the Commanding Officer, HMS *Cicala*," 10 June 1925, FO371/10933; "Report from V.P. Alleyne, Lieutenant Commander in Command, HMS *Cicala* to the Senior Naval Officer, West River, HMS *Tarantula*," 14 June 1925, FO371/10933.

[62] Naval Intelligence Division, Naval Staff, Admiralty, *Confidential Admiralty Monthly Intelligence Report*, No.106 (15 March 1928), p.35, CO129/507/3.

[63] "Piracy Prevention Ordinance and Regulations," from the Commander-in-Chief, China Station to the Secretary of the Admiralty, 17 February 1925, FO371/10933; "Vice Admiral A.F. Everett, Commander-in-Chief, China Station to R. E. Stubbs, Governor of Hong Kong," 28 January 1925, FO371/10933.

[64] "Piracy in Waters Adjacent to Hong Kong," Memorandum Prepared by the Colonial Office, 5 January 1926, FO371/11670.

則是另外一個必須考慮的部份。[65]特別是現有武裝汽艇是由香港政府負擔開支，而由英國海軍提供人力支援。但是如果進一步擴編武裝汽艇，屆時更爲龐大的開支負擔問題則必須慎重思考。香港政府主張爲確保中國水域（珠江及其附屬水域）航運安全而部署武裝汽艇，乃是爲了維護英國在中國的整體商業利益，理論上不應由香港殖民地預算來自行承擔。所以武裝汽艇一旦擴編後衍生的開支分攤問題，恐怕又得在英國海軍與香港政府之間引起一番爭論。[66]換言之，馬克斯威爾史考特中校雖然剴切分析了各種解決方案的弊病之處，並提出看似可行的建言，然而究其實際，依然無助於解決海盜問題。增設武裝汽艇方案，最終還是遭到「中國艦隊」總司令艾佛瑞特的質疑，認爲在現實層面難以達到，況且海軍也沒有充分的人力來供應武裝汽艇之需。[67]

尤有要者，1926 年 1 月由英國政府殖民部召集，海軍部、陸軍部、外交部與貿易委員會共同派代表參與的跨部會議(interdepartmental conference)中，也針對英國駐西江高級海軍軍官所提的增設武裝汽艇方案進行討論，會中即認爲「目前沒有必要增加或強化巡邏汽艇」，況且在經濟抵制與省港大罷工影響下，香港與廣東貿易中斷，此時還在討論是否應該要增加武裝汽艇實在是不切實際。[68]

---

[65] "Vice Admiral A.F. Everett, Commander-in-Chief, China Station to R. E. Stubbs, Governor of Hong Kong," 28 January 1925, FO371/10933.

[66] "Minutes of Colonial Office," 13 July 1925, CO129/490.

[67] "Memorandum Respecting Piracy Suppression Received from Sir Miles Lampson," dispatch No. 1030, 21 September 1927, CAB/24/202: 0024.

[68] 出席「跨部會議」的前任香港總督司徒拔(R.E. Stubbs)即認為武裝汽艇絲毫無助於防範海盜問題，現階段討論增設武裝汽艇方案實在沒有必要。見"Piracy in Waters Adjacent to Hong Kong," Notes of Meeting Held at the Colonial Office on the 13th January 1926, FO371/11670; "Draft Despatch from the Colonial Office to the Governor of Hong Kong," February 1926, FO371/11670.

六、1920年代後期海軍官員的檢討建議：船團護航方案

　　省港大罷工行將結束之際，新任的英國駐西江高級海軍軍官費茲傑羅中校(Commander, J.U.P. Fitzgerald)給香港海軍准將的報告中，針對當時形勢提出新的評估。費茲傑羅認為五卅以前英國海軍與廣州當局的軍事合作，曾經有效打擊珠江三角洲與西江水域的海盜。但是五卅之後，粵英合作嘎然而止，廣州當局再也無心於剿盜，而英國海軍活動也漸趨消停，主要因為粵英之間商務停止，故也沒有太多的英國商務活動需要海軍保護。[69]不過，到了 1926 年又有了很大的變化，珠江水域航行情況日趨惡化，廣東反英運動帶給各處條約口岸內的英商極大威脅，英國海軍艦艇只能頻繁透過武力示威的形式來確保英國利益：

> 從1925年6月23日沙面租界攻擊事件後，反英抵制運動隨之而起。自此時到1926年秋天，英國在珠江三角洲的航運交通幾近斷絕，英國砲艦全都集中在廣州，而武裝汽艇部署在梧州、江門等條約口岸，以保護該地的英國社群。珠江上的情況也日趨惡化，隨著珠江三角洲多處區域明顯出現違法失序狀態，華人與英人的貿易均陷入停滯。英國砲艦只能致力於武力展示……（以確保英商利益）。[70]

根據費茲傑羅的觀察，自 1926 年起珠江三角洲與西江水域的海盜案件開始急劇上升，航行在上述水域的船隻幾乎很難倖免於難，據稱「一艘中國輪船航行在梧州與廣州間時，即被海盜光顧 2-3 次」。他認為此時海盜問題惡化的主要原因有四點。其一是粵英軍事合作剿盜停止之後，導致海盜日益猖獗。其二則是廣州當局開始策劃北伐，軍隊北調，導致部份郊區缺乏軍隊駐守陷於真空狀態，海盜乃趁虛而入。其三是罷工期間，所謂的「罷工糾察隊」往往自行其事，社會動亂，造成原有地方秩序與社會控制

---

[69] "J.U.P. Fitzgerald, Commander, Senior Naval Officer, West River to the Commodore, Hong Kong," 21 July 1926, FO371/11670.

[70] Naval Intelligence Division, Naval Staff, Admiralty, *Confidential Admiralty Monthly Intelligence Report*, No.106 (15 March 1928), p.35, CO129/507/3.

力量為之瓦解,海盜叢生。其四由於香港與廣東之間貿易斷絕,許多郊區百姓生活無以為繼,只能以海盜強劫為生。[71]

費茲傑羅有關珠江流域海盜問題惡化的判斷並沒有錯,在 1926 年 4 月廣東「中華海面貨船工會」給國民黨中央工人部的報告中,強調「向來運輸省港各埠…,前因海盜猖獗,運輸梗塞,迫得自置槍械以備自衛,亦均領有政府自衛槍械牌照」。換言之,省港大罷工期間海盜問題依然嚴重,即使工會所屬貨船在往來廣東各埠時,亦被迫只能自備武器自衛,並由廣州當局給予槍枝使用牌照。[72]

在這樣的環境背景下,一旦粵英關係趨於和緩,罷工停止,香港與廣東間貿易與商業活動也重新恢復正常之時,英國勢必得面對嚴峻的海盜問題。費茲傑羅尤其擔心「罷工糾察隊」可能導致的問題。因為「罷工糾察隊」與抵制行動組織的成員多半是苦力出身,罷工期間他們不啻是「有組織的盜匪」,為所欲為,然而一旦罷工停止,他們不太可能無法重回舊業,屆時仍可能對英商活動與貿易造成重大危害。所以費茲傑羅建議英國政府必須正視此問題,並預先規劃可能的因應方案:

> 因此,我幾乎確定的是,當英國貿易恢復之際,(廣東)海盜問題將會遠比我們以前所面對的更為嚴峻。我不太清楚香港貿易商人如何看待這個情況,但是我覺得應該盡早讓其面對海盜問題。而目前看來,唯一可行、安全的方法,就是貿易商人先前最強烈反對的:船團護航體系。[73]

由前述英國駐西江高級海軍軍官費茲傑羅中校的報告中,不難看出英國駐華海軍官員已開始未雨綢繆,就省港大罷工結束後英商必須面對的海盜問

---

[71] "J.U.P. Fitzgerald, Commander, Senior Naval Officer, West River to the Commodore, Hong Kong," 21 July 1926, FO371/11670.

[72] 〈中華海面貨船工會上中央工人部呈〉,1926 年 4 月 22 日,中國國民黨黨史館藏,《中央前五部檔案》,檔號 14934。

[73] "J.U.P. Fitzgerald, Commander, Senior Naval Officer, West River to the Commodore, Hong Kong," 21 July 1926, FO371/11670.

題，預先籌劃防治策略。[74]

英國海軍「中國艦隊」總司令辛克來同樣也對未來珠江水域的航行安全與海盜問題感到擔憂，在其給海軍部的報告中，他表示：

> 現在珠江三角洲與西江水域貿易開始恢復之際，海盜事件已將大幅增加，以致於必須組織常規的巡邏任務，而（英國海軍西江）分遣艦隊所有的船隻都已經完全部署出去了。雖然在中國商人的緊急敦促之下，地方當局偶爾會採取行動進剿海盜，但廣州政府似乎不太可能在不遠的將來有辦法恢復秩序。安全的時間尚未到來，因為航行這些水域的英國船隻，如果沒有英國海軍在場的保護下，將不能確保安全。[75]

果不其然，在粵英關係和緩、抵制運動結束後，正當英國漸次恢復香港往來廣東各港貿易交通之際，立即就面臨到嚴重的航運安全問題。除了香港、廣州航線還算順暢外，其餘各航線都遭到廣東社會失序狀態下的直接威脅，猖獗的海盜與違法亂紀的士兵頻頻攻擊或劫持英國船隻，也導致英國船運公司視此類航線為畏途。但廣州當局的態度依然如同五卅事件之前，完全無意與英國合作一同解決嚴重的海盜問題。為了確保航線順暢，英國海軍最終還是只能自立圖強，亦即採取費茲傑羅建議的船團護航方式。不過，英國海軍籌劃的船團護航方案背後，還隱藏有另外目的，亦即試圖藉由只保護英船但不保護水路的作法，間接迫使廣州當局出面處理海盜問題。因為一旦英國海軍艦艇以船團方式護航英船，勢必使得海盜完全無從下手，只好轉而集中劫掠華籍船隻，等於變相將海盜之害全數驅趕至

---

[74] 例如 1926 年 5 月底在西江上游地區即發生一件相當嚴重的海盜事件。英國亞細亞石油公司(Asiatic Petroleum Company)駐廣西南寧的代表飛利浦斯(J.M. Phillips)在西江上游乘船時遭到海盜綁架。英國海軍立即派遣兩艘砲艦前往該處，計畫藉此施壓地方當局採取積極行動。但由於反英運動的抵制與影響，英國海軍無法在梧州雇得當地引水員，導致英國砲艦無人領航坐困當地未能順利上駛。"Telegram from Consul-General, Canton to British Minister, Peking," 19 June 1926, FO371/11681.

[75] "Armed Launches for West River," from the Commander-in-Chief, China Station, HMS *Hawkins* at Hong Kong to the Secretary of the Admiralty, 21 December 1926, CO129/506/8.

華船身上，如此華商必然感受到極大的威脅與壓力，只能轉而遊說廣州當局出來處理海盜。

　　依照英國海軍原先的規劃，船團護航路線將含括從香港遠及廣東梧州以下的大部份航線。但如此大範圍的護航計畫實則遠遠超過英國海軍艦艇所能承擔的極限，因此試行後不久即告中止，並將保護範圍限縮至僅香港往來江門以及香港往來三水這兩條航線。到了 1926 年 11 月，受限於海軍艦艇數量，這套已限縮的護航方案同樣也難以為繼。最後，英國海軍只得向現實環境屈服，放棄船團護航方案，不再直接保護英船，而改代以分區巡邏方案。將橫門至江門之間區分成幾個巡邏區域，由武裝汽艇分別執行巡邏任務，至於三水附近水域則由英國砲艦負責。但廣東各條約口岸層出不窮的工人運動，以及軍隊的持續攻擊事件，使得英國海軍艦艇力有不逮，到處疲於奔命。特別是廣州往來西南區域的沙灣水道、大良水道等水路危險異常，而英商亞細亞石油公司卻又在該區有著重大商業利益，運送的物資多為價格高昂的油品。為避免亞細亞時公司船隻遭到海盜劫掠而蒙受重大損失，英國海軍最終又只能勉強挪派艦艇提供該公司「特別護航」(special convoy)服務。[76]

　　簡而言之，英國海軍力圖處理廣東海盜問題，以確保香港往來廣東航路安全，船團護航方案即是一種看似有效的解決策略，不但可以直接保護英船安全無虞，還能將海盜之害全數轉嫁給華船，間接對廣州當局造成壓力。不過，要能夠確切落實船團護航方案，並非易事。因為除了必須克服英商對於船團阻礙航運的強烈反彈情緒外，也必須具備數量充足的艦艇以便負責香港往來廣東各地諸多航線的護航工作。尤有要者，在粵英關係和緩後，英商在廣東貿易量開始逐漸恢復與擴大，但英國海軍在極度有限的艦艇人力下，似乎只能縮小保護範圍甚至放棄船團護航，而改代以分區巡邏方案，唯有在特殊情況才另外派遣船艦護航船團。

---

[76] Naval Intelligence Division, Naval Staff, Admiralty, *Confidential Admiralty Monthly Intelligence Report*, No.106 (15 March 1928), pp.35-36, CO129/507/3.

七、小結

　　1920 年代香港附近中國水域的海盜問題日益嚴重，尤其受到廣東局勢動盪不安的影響，軍隊內戰頻繁，社會失序的情況也隨之加劇，導致廣東沿江、沿海各處海盜勢力異常猖獗。香港往來中國內地各港口間的水路運輸，即經常遭到海盜的襲擊與劫掠。為了處理海盜問題，英國政府擬有一整套防範海盜的方略，包括海軍巡邏、武裝汽艇護航、派駐武裝士兵駐防商船等，而且針對情況發展，又提出檢討與改善之道。然而，受到人力、艦艇數量與經費的限制，英國海軍實際上難以做到全面防範海盜犯案的效果。香港周邊水域、珠江流域（含西江與東江）、大鵬灣、大亞灣等均是海盜高犯案率的危險水域，但過於遼闊的水域航道與無孔不入的海盜，僅憑英國海軍一己之力，根本不可能有效防堵與解決海盜問題。此外，英國海軍在執行防盜任務時也必須謹慎小心、嚴守份際，不得肆意登陸剿盜，以免引起中國的反彈與敵視，從而抵觸英國政府對華政策的基本規範。

　　而且為了維持防盜體系的運作，無論是巡邏的海軍艦艇與武裝汽艇、部署駐防船隻的武裝警衛、防盜鐵窗的架設與維持費等樣樣都是所費不貲的，但成效在相對之下卻是相當有限的。尤有要者，即使成功抵禦海盜的攻擊，確保船隻的控制權，但所付出的額外成本卻可能更令人心寒：船隻往往遭到海盜縱火而受損嚴重，相關人員在抵禦海盜攻擊時，多半也死傷慘重。[77]

　　如果換個角度來說，中國水域海盜問題，或許本來就不應該只是英國海軍的任務，中國當局理應負有最大的責任。因此，英國與香港政府開始從其他面向，來反思海盜問題的解決方略：一方面，是否應該以更極端的手段，來迫使廣州當局出面與英國共商解決方案，二方面，則重新檢討原先尊重中國領土主權、消極

---

[77]　例如 1926 年的新寧輪劫案(SS *Sunning* Piracy)、1929 年的海清輪劫案(SS *Haiching* Piracy)均屬於成功抵禦海盜攻擊，但卻損失、犧牲慘重的案例。見"Anti-Piracy Measures in Force at Present," cited from "Anti-Piracy Measures," *Admiralty Chart*, NO.1962, Hong Kong to the Brothers, 1930, CO129/521/3.

被動防範海盜的保守策略，改爲採取更積極主動的報復、懲罰行動，以殺雞儆猴的方法，直接懲戒海盜與掩護海盜之人。

最後，英國海軍西江分遣艦隊雖然受限艦艇與人力等限制，而無法充分發揮防盜的作用；然而必須強調的，英國海軍自己對於英國砲艦在珠江水域扮演的角色與價值，還是非常肯定的。因爲究其實際，廣東海盜問題畢竟乃是幾個世紀累積下來的歷史詛咒，不可能奢望英國海軍僅憑一己之力即獲致解決。相反地，應該從反向思考，亦即在如此惡劣的情況下，面對海盜環伺，英國海軍在沒有其他外來援助下，卻能大致維持珠江水域正常航運貿易的順暢。而且令人諷刺的是，英國海軍甚至自信地認爲他們「真正造福了珠江三角洲艱苦營生、卻無法發聲的廣大農民百姓」，使其得以維持生計，特別是作爲「英國帝國主義武裝工具」的海軍砲艦，弔詭地確保了貿易活動的進行！[78]

---

[78] 此段文字乃是英國海軍情報處對於派駐在西江水域的英國砲艦所作的評價。見 Naval Intelligence Division, Naval Staff, Admiralty, *Confidential Admiralty Monthly Intelligence Report*, No.106 (15 March 1928), p.38, CO129/507/3.

第六章 英國推動國際軍事合作共同防制廣東海盜方案

一、前言

由於持續受到華南水域，特別是（廣東）大亞灣海盜的嚴重騷擾，列強已經密切關注此問題，並認為有必要以此照會中國當局：海盜乃是人類的公敵，而鎮壓海盜則是所有文明國家當局義不容辭的國際責任；其次，因為海盜籌劃的根據地均在中國境內……，故中國當局對於目前（海盜）問題，著有特別的責任；所以，很明顯的，鎮壓中國水域的海盜，主要是中國有關當局的責任……。

五國公使防盜委員會草擬給廣州當局的聯合照會1927年11月[1]

1927 年 9 月英國駐華公使向北京外交團所提出的備忘錄中，詳細分析中國水域海盜問題的情況。華北水域雖不乏海盜洗劫船隻的例子，但華南水域才是海盜活動最為猖獗的地區。華南水域的海盜問題，又可以大致區分為公海海盜事件(high sea piracy)以及珠江三角洲海盜事件(Piracy in the Canton delta)，其中又以公海海盜情況最為嚴重。

公海海盜事件中……，海盜偽裝乘客，並利用檢查的疏漏，或是與船員勾結，成功挾帶武器登船。一般來說，海盜多半是以三等艙乘客身份登船，但也並非盡然如此。而到了預定時間後，他們會脫去偽裝，拿出武器，以強力手段取得船隻控制權，然後迫使輪船幹部將船隻航往一些海盜基地，多半是大亞灣(Bias Bay)，再洗劫船隻並棄船逃逸。而珠江三角洲的海盜事件，海盜有時雖也採用相同手

---

[1] "The Draft Joint Note on the Subject of Piracy as Approved by the Committee," Annex of the Minutes of Meeting to Discuss Anti-Piracy Measures Held at the Japanese Legation, 16 November 1927, RIAC, 893.8009/41.

段,但更常的情況中,是另外乘坐武裝海盜汽艇從外攻擊輪船。[2]
英國公使館的海盜問題備忘錄中,十分強調公海海盜事件屬於國際犯罪,
因為海盜登船的港口並不限於中國境內,甚至可能遠從東南亞華人聚集的
城市,如新加坡、馬尼拉等由外國控制的港口登船,當船航行至公海時海
盜趁機以武力控制船隻,再強迫船長改航駛至廣東附近的大亞灣水域,在
黨羽的接應下,帶著洗劫的財物棄船登岸。由此觀之,海盜組織總部可能
設中國東南沿海各大港口甚至是外國地區,並掌握靈通的船隻與乘客情報
資訊,而犯案地點則選在三不管地帶的公海,讓船隻無法及時向外求援,
至於最後逃亡及銷贓路線則在廣東境內,因為海盜在大亞灣沿岸應該擁有
絕佳的地緣優勢。香港總督即認為絕大部分的公海海盜應該都是來自於廣
東大亞灣。因此只要能夠肅清廣東大亞灣的海盜據點,基本上應該就能夠
解決猖獗的公海海盜問題。[3]

二、海盜問題的國際化:列強共同介入處理的可能性

1927 年 7 月,挪威籍斯洛維肯號輪劫案(SS *Solviken* Piracy,音譯)發生
後,挪威駐上海總領事在上海領事團會議中,提議有航運利益的列強採取
聯合行動來處理廣東海盜問題,並獲得領事團一致同意的決議。8 月,挪
威駐華公使亦在北京外交團(Diplomatic Body)會議上提出相同的建議,同樣
也原則上獲得通過,可見列強間對於廣東海盜問題的處理上,似乎已有共
識,傾向採取聯合行動來解決海盜,但對於如何進行實際的軍事行動則未
有結論。[4]9 月 20 日,北京外交團領銜公使荷蘭駐華公使歐登科(W. J.

---

[2] "Memorandum by the British Legation, Peking," 23 September 1927, 日本外務省外交史料館
藏,《支那海賊關係雜件》,第一卷,F-0138/0145-0148.

[3] "Minutes of A Meeting to Discuss Anti-Piracy Measures," held at the Japanese Legation at 11
a.m. 16 November 1927, 日本外務省外交史料館藏,《支那海賊關係雜件》,第一卷,F-
0138/0180-0183。

[4] 列強公使團雖原則上同意應該取聯合行動來處理廣東海盜問題,但尚無實際的軍事合作
計畫;換言之,只是有初步的共識,並未有實際的軍事行動。"Memorandum Respecting

Oudendijk, Senior Minister)邀集美、英、日、法等國公使聚會，商討華南水域海盜問題。[5]隔日，歐登科在外交團內正式發布第 142 號通報〈中國水域海盜問題〉("Piracy in Chinese Waters")，揭露海盜猖獗的嚴重情況：

> 外國在華社群已經認知到一個公開的警訊：越來越多的船隻遭到中國海盜的洗劫。事實上，在每一次海盜事件中，暴徒總是能成功得手，並滿載掠奪品與人質，然後毫髮無傷地順利逃脫。很明顯的，海盜不受懲罰地繼續搶劫，將吸引更多的亡命之徒加入海盜的行列……。[6]

關於因應對策，歐登科認為，列強動用武力直接進剿海盜並非可行之事，各國政府也不可能同意如此極端的措施；因此，與其自行進剿海盜，倒不如列強聯合起來共同向中國（廣州）當局施壓，追究政府與官員個人放縱海盜肆虐之責，並索償海盜劫掠所造成的損失。所以，歐登科要求所有公使請示各自政府，列強應該以何種方式聯合向廣州當局施壓，以及一旦廣州當局未能履行清剿海盜的責任，列強又該採行哪些措施來處理海盜問題。

　　英國駐華公使藍浦生(Sir M. Lampson)非常歡迎荷使歐登科在外交團內推動此項防制海盜計畫。在回應上述〈中國水域海盜問題〉通報時，藍浦生表示「海盜問題似乎越來越嚴重，其危險遲早會影響到所有的外人」，因此樂見外交團能集思廣益弄出「有效的辦法來根除這些害蟲」。[7]同時，英國使館也在 9 月 23 日，正式向北京外交團提出國際合作防制並強調海

Piracy Suppression Received from Sir Miles Lampson," dispatch No. 1030, 21 September 1927, CAB/24/202: 0024.

[5] 〈海賊討滅方二關スル件〉，在支特命全權公使ヨリ芳澤謙吉外務大臣田中義一宛，1927 年 9 月 28 日，日本外務省外交史料館藏，《支那海賊關係雜件》，第一卷，F-0138/0141-0142。

[6] "Piracy in Chinese Waters," Circular 142, 21 September 1927, 日本外務省外交史料館藏，《支那海賊關係雜件》，第一卷，F-0138/0149-0150。

[7] "Observations on Circular No.142," Signed by Miles W. Lampson, 24 September 1927, 日本外務省外交史料館藏，《支那海賊關係雜件》，第一卷，F-0138/0149。

盜的說帖，希望列強能採取一致行動：

> （中國海盜問題）是一個國際問題，如果可能的話，理應以國際的方
> 式來處理。我們歡迎其他海洋國家的合作，除了採取聯合軍事行動
> 進剿海盜據點外，也可以有其他辦法來達到反制海盜的目的。只要
> 相關列強展現出聯合陣線的姿態，那麼或許也就可以減少或不再需
> 要軍事行動。合作的方式有很多種，其中建議採取的，是列強聯合
> 向廣東當局施壓，以及聯合派遣軍艦巡邏警戒海盜肆虐的水域。[8]

英國提案明顯在透過列強合作，以外交與軍事的雙重壓力來解決廣東海盜
問題。外交施壓的目的，在於迫使廣東當局出面清剿海盜在陸上的據點，
軍事施壓則是集合列強海軍之力，採取聯合行動，高調巡邏廣東水域，藉
此展現海軍實力來防制海盜犯案。廣東當局的陸上清剿、列強海軍的海上
警戒巡邏應能有效根除海盜的犯案機會以及逃亡、銷贓路線。英國提案
後，外交團決定委由英、美、日、法、義五國公使籌組「防制海盜措施委
員會」(Committee Appointed by the Diplomatic Body to Discuss Anti-Piracy
Measures，以下簡稱防盜委員會)，負責討論列強因應海盜問題的處理方式。[9]

　　事實上，除了透過外交團在北京針對國際合作防盜計畫進行政策討論
外，英國在香港方面也有相對應的行動。香港總督金文泰(Sir Cecil Clementi)
在總督府下設置新的「顧問委員會」("Advisory Board")，負責整體規劃防盜
事宜：其一思考如何徹底根絕海盜問題，使其無利可圖；其二，研究如何
營救遭到海盜劫持的輪船，以及如何緝捕海盜，並給予其應得的教訓。為
了收集思廣益之效，除了要求香港所有船商代表提供具體建議外，香港領
事團領銜領事也召集航運利益相關的各國領事，共同討論船商提供的防盜

---

[8] "Memorandum by the British Legation, Peking," 23 September 1927, 日本外務省外交史料館
藏，《支那海賊關係雜件》，第一卷，F-0138/0145-0148.

[9] "The Charg'e in China (Mayer) to the Secretary of State," 17 November 1927, Department of
State (United States), *Papers Relating to the Foreign Relations of the United States,
1927* (Washington: Government Printing Office, 1941)（hereafter referred to as *FRUS,
1927*), Vol. II, pp.331-333.

建議，以便進一步提供北京各國公使館參考。[10]即是之故，香港領事團乃召開非正式會議，共同檢討廣東海盜固有的活動模式，以及可能的有效防盜措施。包括葡萄牙、義大利、荷蘭、日本、德國、法國、丹麥、美國、挪威等在東亞水域有航運利益的九國領事，均出席此非正式會議，並由挪威領事擔任會議主席。1927 年 11 月 14 日，第一次防盜非正式會議召開，決定往後主要的工作內容如下，第一由與會諸國領事調查過去各國遭遇海盜劫案的實際情況，以及可能的預防之道、第二由會議主席負責聯繫香港港務長，掌握既有的防盜措施，並諮詢港務當局的建議，檢討改進之道、第三由領事聯繫各國船商，詢問其對於既有防盜措施的看法與建議、第四將各項調查報告送交各國駐北京公使館作後續決策參考。[11]香港領事團後來即陸續召開一系列防盜非正式會議，共同草擬各項可能的防盜措施與建議。[12]

　　究其實際，香港領事團的相關行動，背後跟香港總督金文泰的積極推動有著密切關係。金文泰早已對各國駐香港領事表示，有鑑於近年來海盜問題的日趨惡化及其對於外國航運與人民的嚴重危害，宣揚列強海軍聯合

---

[10] "Prevention of Piracy," Roger Culver Tredwell, American Consul General, Hong Kong & Macao to the American Minister, Peking & the Secretary of State, Washington, 7 November 1927, RIAC/893.8007/39.

[11] 此類會議之所以不被視為是香港領事團正式會議，乃因出席會議的代表，並非包括所有外國駐港領事，而僅限於在東亞水域有航運利益國家的領事。見"The Minutes of the Informal Meeting of the Consular Body, Hong Kong," 14 November 1927, RIAC, 893.8007/44.

[12] 例如香港領事團防盜非正式會議稍後即草擬了預備給各國船商的防盜問卷表，其中包括七大類問題：1.如何預防海盜登上輪船、2.海盜如已登上輪船後，該如何防止其發動攻擊、3.在航程中，是否所有船員均應隨時配戴武器（每位船員均攜帶一把手槍與 25 發子彈）、4. 除了手槍以外，輪船是否還應該配備其他武器，例如火砲及步槍，以及是否應該設置他防盜措施，諸如無線電、水管等、5.輪船上裝設防盜鐵窗，是否有助於抵禦海盜攻擊、6.輪船上是否應該部署非華籍的武裝警衛、7.輪船承運貴金屬貨幣，是否有可能構成海盜鎖定攻擊的動機。見 "Proposed Questionnaire," November 1927, RIAC, 893.8007/44.

巡邏危險水域的必要性，因爲如果能夠維持有效的海軍巡邏，或許即可以不用再對海盜根據採取登陸攻擊行動。其次，金文泰也極力推銷外交聯合照會方案，由北京公使團起草、廣州領事團負責執行，以聯合照會的方式，督促廣州當局盡快解決海盜問題。金文泰即曾對美國駐香港總領事強調，目前正是照會廣州當局的最佳時機，因爲負責廣州政務的李濟深對於外國極其友善，一定會尊重列強聯合照會，儘速採取行動謀求海盜問題的解決。況且，聯合照會方案，「對於參加的國家而言，不會有任何的壞處」，同時又能讓中國人清楚知道「列強已不能再容忍（海盜）此類事情」。所以，香港總督向美國總領事清楚表示，「希望列強最終能夠達成共識：唯一解決大亞灣鄰近水域海盜問題的辦法，就是透過國際聯合海軍巡邏計畫以及由列強聯合照會廣州當局」。[13]

三、國際合作（一）：北京外交團「防制海盜措施委員會」

1927 年 11 月 16 日，英、美、日、法、義五國公使在日本使館召開第一次「反制海盜措施會議」（以下簡稱五國公使防盜委員會），香港總督金文泰亦列席報告海盜現狀。會議上金文泰痛責廣東海盜的猖獗與廣州當局的態度消極有密切關係，加上廣州當局近來的排外傾向，不願意處理海盜問題。金文泰並強調發生在中國水域附近的海輪(ocean going vessels)劫持事件，幾乎都與廣東大亞灣海盜脫離不了關係，因此只要能夠肅清該地海盜基地，就可以解決大部分的海輪被劫事件。[14]英國公使藍浦生則當場提出說帖，主張列強應合作對廣州當局進行聯合外交施壓，施壓手段可以分爲

---

[13] "Piracy in South China Waters," Roger Culver Tredwell, American Consul General, Hong Kong & Macao to the American Minister, Peking & the Secretary of State, Washington, 27 & 30 January 1928 , RIAC/893.8007/44.

[14] "Minutes of A Meeting to Discuss Anti-Piracy Measures," held at the Japanese Legation at 11 a.m. 16 November 1927, 日本外務省外交史料館藏，《支那海賊關係雜件》，第一卷，F-0138/0180-0183。

三個層次：

> 第一層次，列強僅提醒中國當局應注意剿盜的責任（評估效果不
> 大，除非同時搭配輿論宣傳）。第二層次，列強督促中國當局應採取
> 剿盜行動，並由列強提供合作。第三層次，列強向中國當局攤牌，
> 表明如果中國當局既不採取行動，也不與列強合作剿盜，則列強方
> 面將自行採取必要行動。

列強的聯合外交施壓手段如果能夠奏效，亦即廣州當局願意自行採取行動
或是與列強合作處理海盜問題，則自然皆大歡喜，但是如果外交施壓未能
獲得善意回應，藍浦生則建議列強應預先規劃採取獨立行動。其一是防範
性行動(preventive action)，即列強海軍共同警戒海盜猖獗水域，防範海盜劫
持輪船，其二是懲罰性行動(punitive action)，列強海軍派遣軍隊登陸廣東，
直接進剿海盜基地。藍浦生甚至還建議除了思考如何對海盜採取「直接行
動」之外，列強還應該考慮對廣州當局進行「間接行動」，亦即動用武力
威嚇，迫使其正視海盜問題。[15] 由上述說帖內容來看，可知英國力主動用
海軍武力來解決華南海盜問題，包括警戒水域、威嚇廣州當局，以及進攻
海盜據點等。

　　會議中，美國代辦梅爾(Ferdinand Mayer)與法國公使瑪德(Damien de
Martel)之間略有意見交鋒。為了進一步向廣州當局施壓，瑪德建議可以透
過經濟制裁的方式，英使藍浦生隨即附和表示可以藉由封鎖港口（廣州）
來達到目的。然而，梅爾卻發言認為應該將海盜與廣州當局分開處理，亦
即威嚇的對象應該是海盜而並非是廣州當局。瑪德則駁斥梅爾的作法將會
使得廣州當局更加無作為。由上述法、英、美三使的發言，可以知道英法
同一陣線，主張對廣州強力施壓，但美國則持保留態度。歷經詳細的討論
之後，美國代辦梅爾不再堅持原先意見，不過還是希望列強海軍如要在大
亞灣採取行動，形式上還是與中國海軍當局合作為宜。委員會最後做成的
決議為：列強向廣州當局遞交聯合照會，照會中包含「合作與威脅」兩大

---

[15] "Annex A by the British Legation," 16 November 1927, 日本外務省外交史料館藏，《支那
海賊關係雜件》，第一卷，F-0138/0179。

要素，「合作」乃向廣州當局提出中外合作進剿海盜的要求，「威脅」則是如果廣州當局繼續無作為，列強將向廣州當局追究因海盜事件所造成的損失，同時也將自行採取行動來處理海盜問題。不過，軍事行動將不會派遣軍隊登陸作戰，而僅限於海軍巡邏大亞灣水域。[16]

　　同日下午，五國公使再次聚會召開第二次會議，會議中應美國代辦梅爾要求，「緩和修正」聯合外交照會中的部分文字。[17]至於聯合外交照會送交的對象，鎖定為現今廣州當局的領導人物李濟深，由廣州領事團代表親自將此聯合照會當面送給李濟深。其次，委員會內部也再次確認一旦廣州當局無力處理海盜問題，列強準備採取的「適當措施」（"appropriate measures"），並不包括派軍登陸等軍事行動，而是「列強海軍籌組聯合巡邏隊，持續地派遣軍艦巡邏大亞灣水域」（"a continuous International Naval Patrol of Bias Bay"）。[18]

　　從上述兩次「反制海盜措施會議」紀錄的內容來看，雖然英國基本上主導了會議的走向，但不容否認的，美國的態度在一定程度上還是緩和了列強對於廣東海盜問題的反制力道。該日，日本駐華公使芳澤謙吉給東京外務省的報告中，即提及由美國代辦梅爾的發言研判，美國對於五國共同反制措施的內容，應該僅限於列強海軍巡邏水域，不可能有更

---

[16] "Minutes of A Meeting to Discuss Anti-Piracy Measures," held at the Japanese Legation at 11 a.m. 16 November 1927, 日本外務省外交史料館藏，《支那海賊關係雜件》，第一卷，F-0138/0180-0183; "Ferdinand Mayer, American Minister, Peking to the Secretary of State, Washington," 23 November 1927, RIAC, 893.8007/41。

[17] 〈芳澤公使ヨリ田中外務大臣宛〉，1927 年 11 月 16 日，日本外務省外交史料館藏，《支那海賊關係雜件》，第一卷，F-0138/0172。

[18] 第二次會議上，日本公使還特別詢問「除了海軍巡邏之外，是否還有其他『適當措施』？」與會的香港總督金文泰則答以「其他措施只剩在大亞灣採取陸上行動，但此類行動只能由中國當局自行處理。」見"Minutes of Second Meeting of Committee Appointed by the Diplomatic Body to Discuss Anti-Piracy Measures," 16 November 1927, 日本外務省外交史料館藏，《支那海賊關係雜件》，第一卷，F-0138/01783; "Ferdinand Mayer, American Minister, Peking to the Secretary of State, Washington," 23 November 1927, RIAC, 893.8007/41.

大的行動。[19]

　　該委員會最後擬定的外交照會中，強調華南水域（特別是大亞灣）的海
盜問題已造成外人極大的困擾，由於海盜基地均位於中國境內，海盜搶劫
得手後，也是將船隻、人質與擄獲品逃往中國境內，因此中國當局對於華
南水域海盜猖獗問題應負有特殊與最主要的責任。但為了中外百姓著想，
盡快消弭海盜活動所造成的不安全感，列強願意與廣州地方當局一同合
作，採取有效措施來消滅海盜：

> 列強由衷地相信相關的中國當局會盡快回應列強所提供的合作，但
> 列強認為有必要強調：無論中國當局是否接受列強的合作，只要中
> 國當局未能盡快採取有效的行動來鎮壓海盜，列強將不得不追究中
> 國當局的責任，要求賠償中國海盜劫掠所造成的損失；此外，列強
> 也將採取適當的措施來保護自己的利益。[20]

就內容上來看，此則照會明顯帶有「威嚇」之意，亦即廣州當局如無力處
理海盜，又不接受列強所提供的合作，則列強將自行其事，除追究責任、
求償外，也不排除動用武力來處理海盜問題。至於照會內容中「適當的措
施」，根據英國駐華公使藍浦生給英國外交部的報告，強調乃是以「防範
性措施」為主，並非「懲罰性措施」，因此所謂「適當的措施」亦即列強
將籌組海軍聯合巡邏武力持續駐防大亞灣水域。[21]

　　因為此一聯合外交照會內容牽涉到後續的軍事行動，茲事體大，因此
英、美、日、法、義五國駐華公使均須先向各國政府請示以取得授權。[22]

---

[19] 〈芳澤公使ヨリ田中外務大臣宛〉，1927 年 11 月 16 日，日本外務省外交史料館藏，
《支那海賊關係雜件》，第一卷，F-0138/0172。

[20] "The Draft Joint Note on the Subject of Piracy as Approved by the Committee," 日本外務省
外交史料館藏，《支那海賊關係雜件》，第一卷，F-0138/0177；"The Charg'e in China
(Mayer) to the Secretary of State," 17 November 1927, *FRUS, 1927*, Vol. II, pp.331-333.

[21] "Despatch from Miles Lampson, British Legation, Peking to Austen Chamberlain, Foreign
Office, London," 18 November 1927, CO129/507/3.

[22] "The Charg'e in China (Mayer) to the Secretary of State," 29 November 1927, *FRUS, 1927*,
Vol. II, pp.335-338.

英國爲提案國，自然極力贊成此照會，尤以駐華公使藍浦生最爲力挺。但其實英國政府內部對此也有些許雜音，例如英國海軍「中國艦隊」總司令提威特(Rear Admiral Sir Reginald Tyrwhitt, Commander-in-Chief, China Station)即對列強合作案持保留態度。提威特雖然不反對外交團討論此案，但卻質疑國際合作行動的可行性，特別是以列強海軍聯合巡邏形式來防制海盜，其功效可能並不樂觀。其實，駐華公使藍浦生本人也承認，擬議中的列強海軍巡邏方案的作用是「不確定的」，但至少可以藉此方案「讓英國以外的其他列強，在防盜問題上展現出更爲主動的參與興趣」；況且，一旦引導列強形成防盜「聯合陣線」，「其結果不可能是無益的」。職是之故，藍浦生堅信目前唯有國際合作行動才有可能處理海盜問題。[23]

至於其他列強方面，對於聯合行動一事，態度也有所歧見。義大利政府稍後批准參與共同行動，但稍有顧慮，因爲該國在華海軍艦隻數量極其有限，擔心無力擔負巡邏大亞灣的任務。日本政府雖原則同意英國提案，但卻希望將防制海盜的範圍進一步擴大，不侷限於廣東大亞灣，而包括整個中國沿岸地區，特別是江蘇海州附近的水域，因爲該處爲上海以北最猖獗的海盜基地。[24]之後，法國政府亦同意參加。[25]五國之中，唯獨美國政府傾向不願參加。

在第四次防盜委員會會議上，與會五國公使紛紛公布各國政府關於國

---

[23] "Despatch from Miles Lampson, British Legation, Peking to Austen Chamberlain, Foreign Office, London," 18 November 1927, CO129/507/3.

[24] 江蘇海州當時仍屬北京政府控制的範圍，因此如果將海州海盜問題一併納入，將使得列強必須同時跟中國南北兩政府提出照會與準備後續的軍事行動，牽涉過大。故日本的修正方案遭到美國公使的質疑，認爲將會使得問題複雜化，尤其會有列強共同干涉中國事務的印象，勢必不爲美國政府所樂見，因此希望日本能撤銷提案。最後五國達成的共識是暫不處理海州海盜問題，但是在原計畫中多加一項，即非正式地通知北京政府列強處理海盜問題的決心，北京政府如不採取措施解決海州海盜問題，列強將依照大亞灣海盜的處理模式來自行對付海州海盜。"The Charg'e in China (Mayer) to the Secretary of State," 29 November 1927, *FRUS, 1927*, Vol. II, pp.335-338.

[25] "The Minister in China (MacMurray) to the Secretary of State," 6 December 1927, *FRUS, 1927*, Vol. II, p. 338.

際合作防盜計畫的正式訓令。日本公使芳澤諭吉表示日本政府已批准參與
合作計畫，同意先在大亞灣水域試行海軍巡邏方案，待有所成效後，再延
伸至海州水域。至於外交聯合照會一事，日本政府建議除了照會廣州當局
以外，同時也應非正式地照會張作霖，暗示列強必要時將會採取聯合行動
以為確保在華利益。英國公使藍浦生表示英國政府已原則同意委員會所提
的聯合計畫方案，只要中國方面未能有效解決海盜問題，將採取「適當的
行動」。法國公使瑪德亦表示法國政府已授權加入委員會建議的聯合行
動，但是有兩條但書，其一是聯合計畫方案必須在委員會中無異議通過
（亦即前提是必須五國均同意加入，法國才願意加入），其二是任何軍事防盜
行動，均應事先通知法國，且任何搜查商船的防盜行動，不應適用法國籍
船隻。義大利公使法爾(Daniele Vare)則表示義國政府已同意加入外交聯合照
會，但對於海軍聯合行動則持保留意見，不願有所承諾，此乃因任何軍事
防盜行動可能都無法短期見效，所以必須事先進行精確的評估，再做取
止。換言之，日、英、法、義四國均原則上同意外交聯合照會方案，至於
海軍聯合行動則部份是有條件同意，亦即須待進一步的磋商再做決定。

　　然而，最後到了美國公使馬慕瑞(J.V.A. MacMurray)發言，卻明白表態
美國反對參加。馬慕瑞坦言美國可能必須作為反對的「唯一少數」，因為
美國政府不同意參與聯合照會，也不贊成海軍聯合行動。馬慕瑞解釋，一
方面因為美國駐廣州總領事館認為目前並非提交聯合照會的時機，二方面
則由於美國海軍亞洲艦隊司令反對聯合海軍巡邏方案，認為應還有其他辦
法可以防範海盜問題，故美國政府最後還是決定：無論是外交聯合照會抑
或海軍巡邏方案，美國均不參加。美國表態後，會議風向立刻為之急轉直
下。法國公使瑪德繼之表示將不參與聯合計畫，因為依照法國政府訓令，
必須五國公使防盜委員會內全無異議的前提下，法國才可能加入聯合計
畫，既然美國不願意加入，則法國也將不會參與。雖然英國公使曾一度試
圖挽回，表示即使防盜委員會本身無法達成共識，其餘列強還是可以繼續
採取聯合行動。但是繼美國、法國後，義大利公使法爾也跟著聲明，義國
將跟隨法國腳步，不參與聯合計畫。也因此，英國公使藍浦生不得不承認

「美國的不參加，確信似乎已動搖了整個計畫的基礎」，而且由於美、法、義三國的拒絕加入，所以聯合行動最後可能將只限於英國與日本。然而，這種局面卻也迫使日本公使芳澤謹吉當場改變態度，並語帶保留地表示：日本政府並未預期到情況有如此大的變化，故暫時無法確定英日海軍合作的細節。也因此，五國合作防盜計畫等於近乎失敗，外交上的聯合照會方案自然無疾而終，至於軍事上的海軍巡邏方案則尚須由英、日兩國海軍官員再另外進行會議磋商合作細節。[26]

第四次五國公使防盜委員會後，英國駐華公使藍浦生在給英國外相張伯倫(Austen Chamberlain)的報告中，坦承國際合作案已然宣告失敗，「本來有希望的國際合作防盜計畫，但由於美國政府的拒絕加入，我擔心已經胎死腹中。唯一的可能性，僅剩下某種程度的英國與日本合作」。[27]無庸置疑，美國的態度最終還是主導了國際合作防盜的走向。

事實上，英國所提的國際合作處理海盜方略能否順利推動，美國的態度至為重要。第一次世界大戰後，歷經巴黎和會、華盛頓會議等國際會議，美國在東亞與中國事務上的發言權與影響力已逐漸超越英國。再加上 20 世紀以來，美商在華商務投資與貿易活動愈形擴大，美國政府對於中國事務的關注程度，也絕非 19 世紀情況可以比擬。因此，在 1920 年代列強對華重大事務的處置問題上，英國要取得突破與建立共識，必須爭取美國

---

[26] 英國原先還希望另行召開英、日兩國海軍「司令層級」會議（"discussion between admirals"），共商後續海軍合作防盜措施，至於法、義兩國海軍司令則可以觀察員身份與會，以保留未來參與行動的空間。不過，日本公使芳澤謹吉則似乎不太願意將英日海軍合作定位為「司令層級」，僅表示日本海軍有一艘軍艦常駐廣州，可由該艦艦長與英國海軍官商後續事宜。這等於是限縮了兩國海軍的合作範圍與層級。顯而易見，當美、法、義三國均不參加後，日本方面似乎也急於抽手，但可能又不願因此得罪英國，故將海軍合作層級降低，或許也是一種可行的辦法。見"Minutes of Fourth Meeting of Committee Appointed by the Diplomatic Body to Discuss Anti-Piracy Measures," 16 November 1927, RIAC, 893.8007/43.

[27] "Miles W. Lampson, British Minister, Peking to Austen Chamberlain, Foreign Office, London," 15 December 1927, CO129/507/3.

的支持。[28]如果美國拒絕加入，勢必造成國際合作計畫的破局。雖然有部份美國船商也認為海軍巡邏方案，特別是如果由英國或美國海軍派遣一艘軍艦長期駐防大亞灣水域，即可有效預防海盜案件的發生，[29]美國駐華公使館也極力倡言加入外交與海軍聯合計畫的重要性，但美國政府最終還是沒有批准同意。事實上，美國最後之所以拒絕，與國務院的態度密切相關。基本上國務院認為，一旦美國參與英國提案即可能讓美國涉入到負面的行動當中，亦即美國準備與英國等其他列強一同聯合干涉中國的海盜事務。其次，英國提案的列強聯合行動，無論是外交或是軍事的，國務院認為均都不可能實際有效解決廣東海盜問題。[30]美國海軍當局同樣亦持反對態度，亞洲艦隊司令即認為加入英國的提案，不但可能因此受制於英國海軍，美國海軍恐怕也將喪失處理海盜問題的自主權。[31]因此，美國國務院最終不顧駐華公使館的建議，認定英國所提的外交照會行動基本上「並無任何正面的作用」，拒絕加入英國提案的列強聯合防盜計畫。[32]

---

[28] 關於一戰後美國在東亞事務的影響力以及 20 世紀美商在華活動的情況，可以參見：Akira Iriye, *After Imperialism: The Search for a New Order in the Far East, 1921-1931* (Cambridge, Mass.: Harvard University Press, 1965)；吳翎君，《美國大企業與近代中國的國際化》（臺北：聯經，2012）。

[29] "Prevention of Piracy," Roger Culver Tredwell, American Consul General, Hong Kong & Macao to the American Minister, Peking & the Secretary of State, Washington, 7 November 1927, RIAC/893.8007/39.

[30] "The Secretary of State to the Charg'e in China (Mayer)," 23 November 1927, *FRUS, 1927*, Vol. II, pp.334-335 & RIAC, 893.8007/31.

[31] "Commander-in-chief, US Asiatic Fleet to American Legation, Peking" cited from "The Charg'e in China (Mayer) to the Secretary of State," 29 November 1927, *FRUS, 1927*, Vol. II, pp.335-338.

[32] "The Secretary of State to the Minister in China (MacMurray)," 6 December 1927, *FRUS, 1927*, Vol. II, p.339.關於美國政府內部決策經過，包括國務院遠東司、海軍、駐華公使館、領事館等，針對國際合作防盜計畫案所作的細部評估分析與務實考量，以及不同部門間彼此角力所引發的諸多爭議，可以參見筆者另外一篇論文，見應俊豪，〈1920 年代美國對於國際合作防制中國海盜問題的態度與反應〉，《國史館館刊》（已通過審查，預計 2015 年出版）。

不過，必須強調的，美國政府雖然拒絕加入英國所提的國際合作防盜計畫，但國務院內部卻坦承英國對於遏制中國海盜猖獗現象有著極大貢獻，是當時最主要的防盜力量。英國在中國沿海航運商業利益居各國之冠，故必須以更積極的作為，來確保其在華利益。因此，即使處在海盜環伺的壓力下，英國輪船仍然行駛在香港與中國各港口之間，英國海軍也持續有計畫地在廣州三角洲與大亞灣水域執行巡邏任務，確保輪船航運安全。無庸諱言，美國商民往來香港與中國各口岸時，也經常乘坐英國輪船，如果沒有英國海軍的強力護航與反制海盜措施，輪船勢必無法平安順利地航行，美國在華利益同樣也會受到影響。換言之，美國在華商業利益，同樣也受惠於英國海軍的保護。[33]

四、國際合作（二）：列強海軍合作防盜的實際情況

英國所提之列強海軍合作處理華南海盜問題的模式，其實早已有前例可循。1926 年 2 月，一艘法國輪船遭到廣東大亞灣海盜劫掠，香港總督府即趁機與法國駐華海軍司令以及英國海軍「中國艦隊」總司令商妥一項聯合巡邏方案：英、法兩國海軍艦隻每當航行往來於上海與香港時，即順道繞進大亞灣，並在該水域進行火砲與魚雷射擊訓練。香港總督並計畫透過美國駐香港總領事以及美國駐華公使館參議，邀請美國海軍「亞洲艦隊」總司令一同加入此巡邏方案。[34]3 月，英、法兩國駐華海軍司令正式發佈訓令，規定軍艦定期巡邏大亞灣水域，除夜間停泊該處外，並將不定期進行探照燈與照明彈等演習。[35]此方案的目的，在於提高外國軍艦在大亞灣的

---

[33] "International Cooperation to Suppress Pirates in China," A Resume by Douglas Jenkins, Division of Far Eastern Affairs, Department of State, 21 November 1927, RIAC, 893.8007/28.

[34] "Governor, Hong Kong, to the Secretary of State for the Colonies," 30 June 1926, CAB/24/181:0072.

[35] 此外，早在 1925 年 8 月，英國海軍「中國艦隊」總司令即曾考慮組建一支國際海軍軍事武力，來共同處理南中國海的海盜問題。可見由列強海軍合作處理海盜的模式也是英國規劃的因應方案之一。"Memorandum Respecting Piracy Suppression Received from Sir

巡邏與出現率，藉以迫使廣東海盜以為該水域不適合從事海盜活動。但是外國軍艦巡邏危險水域，僅能治標不能治本，要根本解決海盜問題，仍必須直搗海盜巢穴，因此籌組國際軍事武力來防堵海盜，或是列強共同施壓迫使廣州當局出面處理乃是更為有效的方案。所以 1927 年時英國才在北京外交團內積極推動五國海軍更進一步的合作。

然而，1927 年英國所提五國海軍合作處理華南海盜問題的建議，最終因為美國的反對而告胎死腹中。而日本又是唯一對英國提案有正面回應的國家。因此，英國極度希望能夠取得日本海軍的協助。特別是在美國、法國、義大利均拒絕參與的情況下，日本與英國的海軍合作，對於英國來說，就更格外顯得具有重要意義。在英國海軍情報報告中，甚至樂觀地認為這次「英日合作的具體例證，將會有絕佳的政治效應」。[36]即是之故，在 1928 年 1 月，英國駐日大使提利(John Tilley)正式照會日本外務省，希望英、日兩國海軍共同合作處理廣東大亞灣的海盜問題。照會中並轉述英國海軍「中國艦隊」總司令提威特的提案：擬派遣軍艦布魯斯號(HMS *Bruce*)率領另外兩艘驅逐艦拜訪日本海軍馬公要港部（澎湖馬公），由英、日海軍官員直接洽談合作事宜由。[37]

究其實際，英國海軍對於英、日海軍合作剿盜一事相當用心，因為布魯斯號驅逐艦的艦長馬克斯威爾史考特上校(Captain Maxwell-Scott)曾任英國海軍西江分遣艦隊高級軍官(Senior Naval Officer, SNO, West River Flotilla)，十分熟悉廣東海盜的運作模式。1920 年代中期時馬克斯威爾史考特不但參與規劃與制訂英國海軍的防盜策略，更曾與粵軍將領李福林多次軍事合作一

Miles Lampson," dispatch No. 1030, 21 September 1927, CAB/24/202: 0024.

[36] Naval Intelligence Division, Naval Staff, Admiralty, *Confidential Admiralty Monthly Intelligence Report*, No.106 (15 March 1928), pp.43, CO129/507/3.

[37] "British Ambassador, John Tilley to Japanese Minister for Foreign Affairs, Baron Giichi Tanaka(田中義一)," 6 January 1928, 日本外務省外交史料館藏，《支那海賊關係雜件》，第一卷，F-0138/0227。

同進剿廣東海盜。[38]（粵英軍事合作剿盜行動，詳見本書第八章。）換言之，馬克斯威爾史考特上校可謂是當時英國海軍內部最為熟悉廣東海盜的高級海軍軍官之一。英國海軍「中國艦隊」總司令之所以派遣馬克斯威爾史考特率領三艘驅逐艦前往澎湖與日本海軍官員晤談，其目的應是要借重其處理廣東海盜問題的實際豐富經驗。其次，由上述照會內容，也可以看出英國海軍規劃由「中國艦隊」與日本海軍馬公要港部建立直接聯繫，提高雙方合作層級，以強化兩國海軍共同處理華南水域海盜問題。

不過，日本海軍省卻婉拒英國海軍艦艇的拜訪，建議改由派駐廣東的宇治號軍艦艦長直接與英國「中國艦隊」總司令會商即可。[39]顯見日本海軍對於英日合作防制廣東大亞灣海盜的態度，並不十分積極。在日本海軍次官給馬公要港部司令與宇治艦艦長的電報中，即清楚指示英日海軍合作範圍僅止於「協同警戒」，不得有「討伐等積極的行動」。[40]日本駐華公使則在 1928 年 1 月正式通知英國公使藍浦生，表示日本政府已訓令馬公要港部司令「派遣宇治號軍艦與英國海軍艦艇合作巡邏大亞灣」，不過也保留未來擴大合作的彈性，僅表示將來「如有必要，將另外派遣一或二艘

---

[38] 馬克斯威爾史考特擔任英國海軍西江分遣艦隊高級軍官期間關於粵英軍事合作剿盜的相關報告，見"Commander M. Maxwell-Scott, SNO, West River to the Commodore, Hong Kong," 23 September 1924, CO129/490; "Report from M. Maxwell-Scott, Commander & Senior Naval Officer, West River to the Commodore, Hong Kong," 15 June 1925, FO371/10933; "Anti-Piracy Operation," from M. Maxwell-Scott, Commander & Senior Naval Officer, West River to the Commodore, Hong Kong, 16 June 1925, FO371/10933. 馬克斯威爾史考特規劃的防盜體系，可以參見"Prevention of Piracy: Present System," cited from "Notes on Piracy and its Prevention by the Senior Naval Office in Charge of West River Patrols," 1924, FO371/10932. 或見本書第五章。

[39] 〈海賊討滅方二關スル件〉，海軍省軍務局杉山中佐電話，1928 年 1 月 7 日；〈海賊討滅方二關スル件〉，外務省田中大臣ヨリ在本邦英國大使，1928 年 1 月 7 日，日本外務省外交史料館藏，《支那海賊関係雜件》，第一卷，F-0138/0228-0229、0231。

[40] 〈海軍次官ヨリ馬要司令官、宇治艦長宛〉，官房機密第一番電報，1928 年 1 月 7 日，日本外務省外交史料館藏，《支那海賊関係雜件》，第一卷，F-0138/0230。

驅逐艦協助宇治號」。[41]

　　關於英、日海軍合作防盜之事，後來也曾一度在香港報紙輿論引起不小的爭議，當時盛傳日本海軍已同意派出軍艦與列強海軍共同出兵，進剿大亞灣海盜。特別是在 1928 年 1 月時，因日本海軍常駐廣州的宇治號軍艦預定前往香港訪問，當地報紙報導宇治軍艦來港乃是為了英、日海軍合作剿盜之事。例如香港《工商日報》一篇報導稱香港總督金文泰在北京外交團提出列強協剿大亞灣海盜方案，當時已獲得日本駐華公使芳澤謙吉的支持，故請示日本東京政府，準備與英國合作一同剿盜，而宇治軍艦來港正是為了試行海軍剿盜之事。[42]不過，後來日本駐香港領事卻出面闢謠，強調宇治軍艦來港，僅是為了進行公海演習，與大亞灣剿盜毫無關係。日本領事並澄清報載有關香港總督已向北京公使團提案籌組一支國際海軍聯合艦隊以進剿大亞灣海盜之事，但因日本政府尚未授權，故不予評論。[43]從上述香港報紙報導與日本駐港領事刻意闢謠之事，也可以看出香港總督府方面可能有意放出消息，以宣傳英日海軍共同防盜之事，但日本領事則顯然不願意張揚此事，故以公海演習為由，掩飾日艦準備前往大亞灣執行防盜巡邏任務。事實上，根據美國駐香港總領事館的報告，香港當地一名重要的報紙特派員曾親自告訴美國總領事，他最近獲香港總督通知，英、日之間就防盜問題達成協議，「日本政府已同意提議，並派遣一艘軍艦協助執行大亞灣巡邏任務」。[44]所以，香港報紙有關日本派軍艦與英國合作防盜報導的消息來源，確實應來自香港總督府，但日本領事方面後續的否

---

[41] "Miles Lampson, British Minister, Peking to Commander-in-Chief, China Station," 4 January 1928, CO129/507/3.

[42] 〈日艦定期出巡大鵬灣〉，《工商日報》（香港），1928 年 1 月 9 日第 2 版。

[43] 〈日本領事否認〉，《香港華字日報》，1928 年 1 月 12 日，譯自報紙英文譯件，見 "The Denial of the Japanese Consul," *Houa Tze Je Pao*, 12 January 1928, cited from "Piracy in Bias Bay," Roger Culver Tredwell, American Consul General, Hong Kong to the Secretary of State, Washington, 3 February 1928, RIAC, 893.8007/45.

[44] "Piracy in Bias Bay," Roger Culver Tredwell, American Consul General, Hong Kong to J.V.A. MacMurray, American Minister, Peking, 3 February 1928, RIAC, 893.8007/45.

認動作,則可能想保持低調,同時也隱含著日本方面對於英日海軍合作防盜的態度,其實不甚積極。

究其實際,日本政府高層對於英日合作處理廣東海盜一事並不太熱衷。英國駐日大使提利給外交部長張伯倫(Austen Chamberlain)的報告中,即提及他與日本首相兼外相田中義一曾在 1927 年 12 月 5 日、12 月 10 日兩度當面討論英日海軍合作防盜問題,但第一次討論時田中反應「相當含混,看來對此事並不熟悉」,第二次討論時雖然田中表示並不反對日本駐華公使的海盜合作提案,但反應則「更顯含混」。提利認為「很明顯的,田中個人對於海盜問題一事毫無興趣」。[45]1928 年 1 月 10 日,提利第三度與田中義一討論英日合作防盜,但田中依然「表現出對此事毫無興趣」。[46]

至於美國海軍方面,根據 1926 年底美國海軍華南巡邏隊(South China Patrol)指揮官的報告,基本上將華南地區的美船航行安全區分為海盜騷擾與官方非法騷擾兩種,但無論是何者,必要時美國海軍均動用軍艦護航或派駐武裝水兵登美商船戒護。不過,海軍武力介入必須視外交處理情況而定,主導權由美國駐廣州總領事決定。換言之,海盜或官方騷擾或劫掠美船情況發生時,由廣州總領事經由外交途徑進行交涉,如無法獲致滿意結果,再由總領事評估是否需要海軍武力的協助與介入。此套海盜處理作業程序,亦獲得美國亞洲艦隊總司令、駐華公使以及國務院的授權與同意。[47]由此觀之,在處理華南與廣東海盜問題上,美國的態度乃是視情況被動

---

[45] "John Tilley, British Embassy, Tokyo to Austen Chamberlain, Foreign Office, London," 15 December 1927, CO129/507/3.

[46] "John Tilley, British Embassy, Tokyo to Austen Chamberlain, Foreign Office, London," 12 January 1928, CO129/507/3.

[47] 美國駐華公使馬慕瑞與海軍的報告,見"The Minister in China (MacMurray) to the Secretary of State," 6 December 1926, Department of State (United States), *Papers Relating to the Foreign Relations of the United States, 1926* (Washington: Government Printing Office, 1941)（hereafter referred to as *FRUS, 1926*), Vol. I, pp.907-908;美國國務院的授權,見"The Secretary of State to the Minister in China (MacMurray)," 8 December 1926, *FRUS, 1926*, p.908.

因應，而非主動介入，並且海軍動武權需受外交領事系統的節制。因此，美國駐華外交使領與海軍不太可能接受英國的請求，一同積極介入處理廣東海盜問題。[48]

　　除了大亞灣水域海盜問題外，廣東珠江水域的海盜反制措施同樣也陷入類似的困境中。因為僅有英國海軍為維護英國與香港商業利益而積極投入艦艇，執行巡邏與防範海盜任務，至於其他列強海軍則多半不願動用艦艇去確保內陸水路的航行安全。英國海軍情報處(Naval Intelligence Division)在 1928 年的報告中即明確指出美、法、日等國海軍派駐在珠江水域的艦艇數量一共有 5 艘，其中美國海軍 2 艘、法國海軍 2 艘、日本海軍 1 艘，但是「多數時間卻停泊在廣州與香港，對於維護內陸水域的貿易（航行安全問題），顯得毫無興趣」。[49]英國駐廣州總領事館也有類似的評估報告，坦承目前「英國海軍西江分遣艦隊(British West River Flotilla)獨自在珠江內陸水域執行巡邏任務」，所以列強海軍如能跟英國海軍合作，共同在珠江三角洲建立常規巡邏體系，自然有助於強化海盜防制成效；但是，事實上他們「甚少或是從不支援防盜工作」，因為上述列強諸國在廣東內陸水域貿

---

[48] 關於 1920 年代美國政府對於輪船劫案的態度，可以參見：應俊豪，〈1920 年代美國對中國海盜問題的理解與檢討〉，國立臺灣海洋大學海洋文化研究所主辦，「2014 海洋文化國際學術研討會暨海峽兩岸東亞沿海地區與島嶼文化學術研討會」，基隆，2014.10.23-24；應俊豪，〈字水輪劫案、華洋衝突與美國的態度〉，政大人文中心，《近代中國的中外衝突與肆應》（臺北：政大出版社，2014.12），頁 117-144；應俊豪，〈1920 年代美國對於國際合作防制中國海盜問題的態度與反應〉，《國史館館刊》（已通過審查，待刊）。至於 1920 年代美國駐華海軍動武的標準與時機，可以參見筆者另外兩篇論文，見應俊豪，〈美國海軍在長江流域的武力介入與外交折衝：中美宜昌大來喜案研究（1923）〉，《東吳歷史學報》，第 27 期（臺北，2012.6），頁 99-148；應俊豪，〈生計之爭、債務糾紛與兵匪為禍：1920 年代前期美國海軍在長江流域武力介入的標準與時機〉，國立臺灣海洋大學海洋文化研究所、上海海洋大學海洋文化研究中心主辦，「2012 海峽兩岸海洋文化專題學術研討會」，基隆，2012 年 12 月 12 日。

[49] Naval Intelligence Division, Naval Staff, Admiralty, *Confidential Admiralty Monthly Intelligence Report*, No.106 (15 March 1928), p.36, CO129/507/3.

易並無直接利益,故「也不太願意承擔相關防盜開支」。[50]

　　1929 年底,英、美、日、法等四國駐北京海軍武官又曾進行一次非正式會議,會中論及「四國海艦聯防辦法」,彼此「確定暗號、密劃海界、預警得報、分擔剿辦」,同時也議及應由列強出面敦請中國政府派遣海軍前往華南沿海護船防盜,如有不足,則由各國海軍協助。然而,前述各國海軍武官會議所論重要問題,在提交至各國公使館討論後,均遭到擱置,認為仍應循外交管道,照會中國政府請其注意,非到最後關頭列強海軍不宜直接介入此事,此外也必須向各國政府請訓後再議。[51]

　　顯而易見,自從美國政府明確表態堅持不願為海盜問題介入中國內政事務,已間接使得各國駐華使館對於海軍聯合行動一事態度轉趨保守,而英國原先企圖將廣東海盜問題「國際化」的如意算盤也就無法成功。英國只能靠自己的力量來處理海盜問題。

五、英國對於後續推動國際合作防盜計畫的內部評估

　　1929 年底,廣東大亞灣海盜又在英商輪船上犯案,造成嚴重死傷,故香港總督又再度向英國政府提出國際聯合施壓行動。是年 12 月,英商德忌利輪船公司(Douglas Steamership Company)所屬的海清輪(SS *Haiching*),在從廣東汕頭前往香港途中,遭到偽裝乘客的大亞灣海盜襲擊。船長與船員們奮力抵抗,海盜則縱火燒船反制,彼此陷入僵持狀態。所幸在附近巡邏的英國海軍艦艇於收到求救訊號後趕到,除拘捕殘存海盜,也挽救海清輪免遭火焚。雖然海清輪劫案並未得逞,但海盜襲擊過程中,英籍三副與一名印度警衛慘遭槍殺,英籍船長與其餘船員、印度警衛等也多人負傷。[52]由

---

[50] "Acting Consul-General Brenan to Sir Lampson," 22 November 1927, CO129/507/3.

[51] 〈列國武官討論消弭海盜辦法〉,《申報》(上海),1929 年 12 月 26 日 4 版。

[52] 關於海清輪劫案過程,參見"*Haiching* Piracy: Worst in History of China Coast," *The Singapore Free Press and Mercantile Advertiser*, 10 December 1929; "Telegram from Commander-in-Chief, China Station to the Admiralty," 9 December 1929, CO129/513/8.

於海清輪劫案死傷慘重，在香港總督金文泰給殖民部的報告中，強調由於時值中國內戰期間，廣州當局無暇顧及大亞灣水域沿岸各村海盜匪情，才會導致海清輪劫案的發生，因此英國政府應該再次督促並提醒中國政府關於海盜問題的責任。金文泰認為最為有效的督促之法，莫過於重提 1927年的國際施壓之法，亦即「由列強聯合照會南京中央政府與廣州地方政府」，故金文泰建議英國政府「應說服美國政府同意參與」聯合照會。[53]

　　事實上，海清輪劫案之前，大亞灣沿岸村落的耆老即已對外發出警訊，表示村莊上有兩幫海盜意圖利用年關將屆、資金需求較大的時機策動輪船劫案。所以香港總督府立刻將警訊通知各輪船公司，同時也通知英國駐廣州總領事館，以便及時轉告廣州當局相關匪情。[54]英國駐廣州總領事館收到警訊後，隨即通知廣州海軍當局，他們允諾將立刻以電報通知大亞灣附近的海軍艦艇注意相關情況。此外英國總領事也照會廣東特派交涉員，要求立刻出動大亞灣附近駐軍，展開掃蕩行動。[55]但顯然廣州當局依然並未正視此情況，以致於未能及時阻止海清輪劫案的發生。香港總督金文泰認為，唯一有效解決大亞灣海盜的辦法就是從岸上發動掃蕩行動，但廣州當局目前卻處於內戰期間而無暇顧及，所以只有透過強大的外部施壓，方能促使廣州當局採取行動；而要有效施壓，就必須聯合所有在華列強一起向南京政府與廣州當局遞交聯合照會。[56]

---

[53] "Paraphrase Telegram from the Governor of Hong Kong to the Secretary of State for the Colonies," 9 December 1929, CO129/513/8.

[54] 受到 1927 年英國海陸軍三次獨立軍事報復、焚村行動的影響，大亞灣沿岸村落耆老避免再遭英國報復，故態度上已漸趨反對海盜（詳見本書第十一章）。見 "Paraphrase Telegram from the Governor of Hong Kong to the Secretary of State for the Colonies," 9 December 1929, CO129/513/8.

[55] "Report from British Consul-General at Canton to British Minister, Peking," December 1929, cited from Sir M. Lampson, Peking to the Foreign Office, London, 21 December 1929, CO129.513/8.

[56] "Paraphrase Telegram from the Governor of Hong Kong to the Secretary of State for the Colonies," 9 December 1929, CO129/513/8.

　　然而，此時英國駐華公使藍普生卻不認爲聯合照會提案有成功的可能性。在藍浦生給英國外交部的報告中，即表示：「要嘗試去推動列強聯合行動，不過是枉然之舉。此方案在 1927 即已嘗試過，但主要由於美國的拒絕加入，而導致破局」。因此，藍浦生並未推動列強聯合行動，反而是自行照會南京政府外交部：

> 如果中國當局不能夠採取有效的行動，來掃除大亞灣的海盜，以及
> 如果繼續容許海盜爲所欲爲而不受懲處，那麼中國也就不能被視爲
> 是一個能履行國際責任的主權國家，同時對於造成無辜人員受害的
> 海清輪劫案等事件，中國也因此不能夠逃避相關責任。[57]

所以，藍浦生並未訴諸於列強聯合介入，而是試圖提醒已逐漸成爲中國主人的南京政府，必須有效處理海盜問題，方能展現作爲一個主權國家應盡的國際責任。

　　簡言之，從前述香港總督金文泰與英國駐華公使藍浦生對於海清輪劫案的反映來看，屬於殖民系統的香港總督，仍然不放棄尋求列強支持，試圖推動聯合行動向中國政府施壓，藉此謀求廣東海盜問題的解決；但外交系統的駐華公使藍浦生，則已預見國際聯合行動的不可行，故轉而從國際法的角度，提醒南京政府作爲一個主權國家所應盡的國際責任之一，即是有效處理境內的盜匪問題，確實保護在華外人的生命與財產安全。其次，由於 1927 年的失敗經驗，雖然金文泰與藍浦生兩人同樣意識到美國政府的立場，將是國際聯合行動成功與否的最主要關鍵，但金文泰似乎還懷抱希望，主張英國應盡力說服美國改變態度，但藍浦生則明顯認爲現階段已不太可能再去改變美國對華政策，倒不如放棄國際聯合干涉的迷夢，以較爲務實的態度，直接向南京政府交涉，以解決廣東海盜問題。

---

[57] "Note from M. Lampson British Minister, Peking to Waichiapu, Nanking," 18 December 1929, cited from Sir M. Lampson, Peking to the Foreign Office, London, 21 December 1929, CO129.513/8.

六、小結

　　1920 年代英國在華輪船航運飽受廣東海盜肆虐之苦，特別是香港往來中國內地的輪船經常遭到廣東海大亞灣盜的劫掠。英國與香港政府為了遏止廣東海盜問題，曾積極尋求廣州當局的合作，冀圖粵英雙方一同處理廣東海盜問題（詳見本書第八章、第九章）。但是 1925 年五卅事件後，粵英關係陷入緊張與敵對狀態，廣州當局既不願積極處理廣東海盜問題，也拒絕與英國合作。在此窘況之下，英國似乎只能依靠自己來處理廣東大亞灣海盜。不過以現實環境考量，對英國來說，更好的因應方案絕非英國自行動武處理廣東海盜，而是與其他在華有海軍武力的列強採取合作政策一同防制海盜。海盜劫掠船隻時，並不會區分國籍，所以中國水域的海盜問題，不只英國受害，其他國家的船隻同樣處於海盜的威脅恐懼中。英國如能說服其他列強駐華海軍，共同籌組成一支國際軍事武力，來介入處理海盜問題，不但足以構成驚人的威嚇作用，有助改變廣州當局的態度，強大的列強海軍武力，更能在實質上進行大規模的海軍巡邏計畫，盡可能地防堵廣東水域的海盜活動。因此，英國駐華使領及香港總督多次試圖將海盜問題「國際化」，利用列強對於海盜的同仇敵愾之心，籌組國際軍事武力來處理海盜問題。

　　1927 年 12 月，英國外交部次長在倫敦下議院接受質詢時，即清楚表示希望能與列強合作處理廣東大亞灣海盜，以解決華南水域的海盜問題。[58]採用的方式，就是透過英國駐華公使在北京外交團內提案，希望國際共同施壓，促使廣州當局採取有效措施處理海盜，或是推動各國海軍聯合巡邏計畫，擴大防制海盜活動。然而，第一次世界大戰後世界局勢已有很大的改變，美國在遠東事務上已有舉足輕重的發言權，即便是小小的廣東海

---

[58] 此為英國外交部次長 G. Locker-Lampson，於 1927 年 12 月 14 日在下議院接受質詢時所述。見"Oral Answers," 14 December 1927, His Stationery Majesty's Office (Great Britain), *The Parliamentary Debates: House of Commons* (London: His Stationery Majesty's Office) (hereafter referred to as HC Deb) ,vol. 211, p.2383.

盜問題處置方略,除非能夠獲得美國的諒解與支持,否則即難以落實。而在國際政治上,自 1922 年在美國主導下通過的華盛頓會議中國決議案,即確立了尊重中國主權獨立與領土完整的基本原則,列強聯合武力干涉中國內政的行為,均被美國視為是侵害中國主權。即是之故,北京外交團歷經一連串會議後,最終仍然無法達成共識。美國國務院即質疑英國的企圖,也不願意與其共同行動。美國政府後來明確表達反對立場,不論外交上的聯合照會,或是實際的海軍巡邏行動,美國均不願加入。

美國的態度影響了法、義兩國,選擇與美國同一陣線,先後退出國際合作防盜方案。日本雖然仍同意在外交與軍事上與英國合作一同處理海盜問題,[59]但是日本想要處理的海盜,並非英國關心的廣東海盜,而是華中、華北水域的海盜,兩者之間相距千浬之遙,英日合作實際上意義不大。況且日本政府高層,無論是首相還是海軍官員,後來均對英日海軍合作防盜一事表現出興趣缺缺,無意提高雙方合作層級與強度。因此,英國原先寄予厚望的國際合作防盜方案,最終又回到原點,英國似乎還是只能靠自己的力量來處理廣東海盜問題。到了 1929 年底海清輪劫案發生後,雖然香港總督還想繼續推動列強聯合干涉行動,但英國駐華公使藍浦生此時的態度則明顯意興闌珊,似已認定在美國的反對下,任何國際聯合行動均無成功的可能性,所以最後只好由英國自行與中國政府交涉善後。

---

[59] "Report by the Chiefs of Staff Sub-Committee," 30 January 1929, CAB/24/202: 0024.

第七章 英軍士兵駐防商船防盜方案

一、前言：防盜決策調整及原有印度武裝警衛方案的撤廢

　　自 1914 年起，為了防範來自廣東海盜的襲擊與劫船行動，英國與香港政府頒布〈防範海盜章程〉，強制規定航行危險水域的英國船隻，均須部署隨船印度武裝警衛，其相關開支由英國船商負擔，至於組訓與指揮調度則由香港警方負責。[1]同時，英國船商也必須在船上規劃管制區域，予以「要塞化」。一般來說，管制區域包括艦橋、船員艙房、頭等艙房、輪機與鍋爐室等，其出入處均須裝設隔離鐵窗，航行途中全程上鎖，並由印度武裝警衛輪班負責把守，一般華籍乘客如未經授權均不得穿越管制區域。理論上，只要商船上的武裝警衛能夠有效守備防盜鐵窗，保護好管制區域，廣東海盜即無法取得商船的控制權。[2]

　　此類商船內部防禦措施乃是為了因應廣東海盜特殊的劫掠模式而來。不同於一般外部模式的海盜案件，廣東海盜多半不會另外乘坐海盜船從外打劫商船，而是化整為零，假扮普通乘客挾帶武器登船，待商船航行至公海時，再發起突襲行動，取得商船控制權後再洗劫全船。[3]對於廣東海盜的

---

[1] "Ordinance No. 23 of 1914.- An Ordinance to Amend the Law Relating to the Observance of Precautions against Piracy," *The Hong Kong Government Gazette*, 28 August 1914, No.337, pp.342-346; "Regulations Made by the Governor-in-Council under Section 17 of the Piracy Prevention Ordinance, 1914, (Ordinance No. 23 of 1914), for the Purposes of Section 6 of the Said Ordinance, on the 17th day of September, 1914," *The Hong Kong Government Gazette*, 18 September 1914, No.361, pp.377-383.

[2] "Anti-Piracy Measures in Force at Present," cited from "Anti-Piracy Measures," by Rear Admiral, Hong Kong, June 1930, CO129/521/3.

[3] "T.H. King, Director of Criminal Intelligence to Captain Superintendent of Police," 30 April 1927, CO129/507/3.

特殊劫掠模式，在商船內部規劃出可供抵禦突襲行動的管制區域至關重要，同時也必須搭配負責防守區域出入處的武裝警衛。

然而，印度武裝警衛在防盜任務上扮演的作用，一直備受英國船商所質疑。特別是廣東海盜氣焰極度高漲的 1920 年代，雖然英國船商花費大筆經費雇用印度武裝警衛駐防，但卻依然無法有效防禦海盜的襲擊，以致英船每每遭到海盜的毒手。因此，英國船商與海事相關從業工會紛紛發聲抨擊印度武裝警衛的疏失：紀律差、不服管教，面對海盜攻擊時又怯懦不敢迎戰，實為成事不足，敗事有餘。印度武裝警衛的存廢問題，也就成為1920 年代英國與香港政府跟英國船商、工會間最大的爭執焦點之一。[4]

在英國船商與海事相關從業公會多年的持續請願與遊說下，香港政府終於在 1927 年正式宣布撤廢〈防範海盜章程〉。[5] 原先依法強制性部署的隨船武裝警衛，其定位與角色，也開始有了重大變化：一是由強制性調整為非強制性、二是由雙重領導改為單一領導、三是由公務屬性轉為私人屬性。根據舊有章程，航行危險水域的商船必須強制性配置武裝警衛。武裝警衛的來源，由香港警察當局提供，並全權負責人員的招募、訓練、管理、指揮與調派。當武裝警衛登船執行護船勤務時，雖然接受船長的命令行動，但實際上指揮體系仍是由香港警方主導，武裝警衛並隸屬於警隊編制，具有公務性質，故出現雙重領導的情況。但隨著舊章程的撤廢，香港政府不再強制性規定商船必須配置武裝警衛，船商可以自由選擇是否要雇

---

[4] "Regulations," from a Combined Meeting of the China Coast Officers' Guild & the Marine Engineers Guild of China to the Colonial Secretary, Hong Kong, 4 February 1924, cited from Report of an Inter-Departmental Conference on Piracy in Waters Adjacent to the Colony of Hong Kong," January 1925, FO371/10932、CO129/487; "The Minority Report," January 1925, *SP 1927*, No. 3, pp.95-100.

[5] 1927 年 10 月香港政府頒佈〈關於鎮壓海盜的法律修正則例〉，正式宣佈撤廢 1914 年的〈防範海盜則例〉及其附屬規定，因此舊有〈防範海盜章程〉也隨之撤廢。強制要求航行危險水域的商船必須配屬武裝警衛商船的規定，即是出自於〈防範海盜章程〉。"An Ordinance to Amend the Law Relating the Suppression of Piracy," Ordinance No. 15of 1927, *The Hong Kong Government Gazette, 1927*, 14 October 1927, No.590, pp.429-431.

用武裝警衛。香港警察當局雖然仍將繼續訓練武裝警衛，並提供相關人員以供船商雇用，但不再介入指揮、調派，除了訓練外，僅是管理武裝警衛的註冊登記資料。新的武裝警衛雖仍隸屬警隊編制，然而一旦受雇在商船上執行護船任務時，只需服從船長的單一領導，香港警方不會介入指揮，故其較不具公務性質，屬性則類似受雇於商船的「私人看守員」(private watchmen)。[6]

1927 年防盜政策的調整，雖然給予船商最大的彈性，可以自行選擇是否要雇用武裝警衛，且擁有絕對指揮權，但是卻沒有辦法應付日趨嚴重的廣東海盜問題。尤有要者，上述新的防盜政策，嚴格來說，不過是放任政策，不再強制要求船商必須配置武裝警衛，影響所及，有的船商選擇繼續雇用武裝警衛，有的則否，商船整體抵禦海盜攻擊的能力非但沒有強化，反倒是更為低落。至於擺脫警察指揮系統的武裝警衛，雖然不再淪於雙重指揮可能導致的矛盾與不聽號令，但是武裝警衛卻也不見得就能在船長的單一領導下，成功反制海盜可能的襲擊行動。在海盜肆虐的惡劣環境與武裝警衛亂象的背景之下，英國船商開始將目光轉向軍方，希望由訓練、紀律與反制海盜能力均遠高於警察的正規士兵，來取代傳統的武裝警衛。

派遣正規士兵駐防商船保護的例子，以荷蘭最為有名，早在數年前荷蘭政府即已派遣火力強大的武裝正規士兵駐防商船，故得以免於海盜的威脅。[7]職是之故，英國船商即曾多次呼籲仿效荷蘭前例，希望改由軍事當局提供正規士兵駐防輪船，以抵禦海盜攻擊。現役正規士兵的訓練程度與戰鬥力遠高於印度警衛，由其駐防輪船確實可以發揮極高的嚇阻作用。不過在現實條件下，英國海軍「中國艦隊」人力極其有限，根本不可能在所有英船上都派駐武裝水兵護衛，否則勢將影響海軍船艦的調度。所以，擁有

---

[6] "Commander-in-chief, China Station to the Admiralty," 25 December 1928, CO129/507/4; "Report on No 15 of 1927," by J. H. Kemp, Attorney General, Hong Kong, 14 October 1927, CO129/506/6.

[7] "The Position in Hongkong," 22 December 1927, *The Economist*, 107:4452 (22 December 1927), pp.14-15.

較多兵員的陸軍部隊也就成為英商訴求的新對象。英國船商乃鼓動報紙輿論並持續遊說施壓，希望陸軍部隊能支援護航需求，在新加坡前往中國、香港的輪船航班上派駐武裝士兵，以保護艦橋、無線電報室、引擎室的安全，防止海盜攻擊，強化對英船的保護。[8]

二、軍方介入的可能性：士兵駐防商船方案出爐與船商的遊說行動

在輿論壓力下，1927 年 12 月 31 日，英國陸軍部正式授權駐馬來亞陸軍總指揮官(GOC, General Officer Commanding, Malaya)，可視情況需要在航行於新加坡、香港間航線上的輪船上派駐武裝士兵。[9]受惠於此項政策，太古輪船公司 (Butterfield and Swire, or China Navigation Co. Ltd)及英印鴨家輪船公司(British-India Steam Navigation Co.)部份輪船即率先由陸軍士兵駐防保護，怡和輪船公司(Indo-China Steam Navigation Co.)則隨後跟進。例如 1928 年 1 月怡和輪船公司昆生輪(SS *Kusang*)，預計從新加坡前往香港、廈門，船上即派駐有 10 英國皇家砲兵，在 1 名士官帶領下，攜帶「步槍、火藥、瓦斯面具與鋼盔」登船防護。新加坡報紙即稱「如果大亞灣海盜想要洗劫輪船，他們可能必須先進行真的戰鬥」。[10]

1928 年 3、4 月間，英國船商加拿大太平洋鐵路輪船公司(Canadian Pacific Railway Steamship Company)與香港警方又陸續接獲海盜情資，指出廣東海盜已準備動手劫掠該公司從上海開往香港的輪船。英國海軍「中國艦隊」總司令在獲知上述海盜情資後，研判情況危急，認為加拿大太平洋鐵路輪船公司所屬商船，應無力抵禦有組織的海盜攻擊行動。因為該公司

---

[8] "Pirate Menace: Troops on Steamer, *Kutsang* Leaves with Military Guards," *The Strait Times*, 10 January 1928.

[9] "Secret Paraphrase," the War Office to GOC, North Command, Shanghai, GOC, South Command, Hong Kong, GOC, Malaya, 12 October 1928, CO129/507/3.

[10] "Pirate Menace: Troops on Steamer, *Kutsang* Leaves with Military Guards," *The Strait Times*, 10 January 1928.

航行上海、香港航線上的商船多屬大型輪船,每艘船可搭載約 500-700 名華籍乘客,但船上英籍幹部與其他船員人數則大約僅 30 人,故一旦遭遇海盜有組織的突襲行動,不太可能有效抵禦。因此,「中國艦隊」總司令乃不得不權宜性地派遣海軍士兵登船保護加拿大太平洋鐵路輪船公司往來上海、香港航線上的輪船。但是此例一開,勢必後患無窮。在給海軍部的報告中,「中國艦隊」總司令即坦承派海軍遣士兵駐防加拿大太平洋鐵路輪船公司所屬商船的決定,恐將形成先例,往後上海、香港航線上的其他英國輪船公司應也會提出類似要求。但因海軍士兵人力有限,屆時兵力調度必然吃緊。故「中國艦隊」總司令又向海軍部提出要求,希望能夠評估是否可以從駐防香港的陸軍部隊中抽調人力,以支援商船防盜任務。[11]

　　換言之,自〈防範海盜章程〉撤廢之後,很明顯的,就是改以軍方提供的保護,來取代商船原先的內部防盜機制:

> 就船商來說,隨著〈防範海盜章程〉的撤廢,海軍在大亞灣水域執行著例行性巡邏任務,也在特定商船上提供士兵護衛。這項政策的改變,似乎是自然而然演變的結果。但就目前來說,船商們都很滿意。[12]

不過,士兵駐防商船保護方案雖然深受英國船商歡迎,但此時仍屬於局部權宜性措施,僅適用於新加坡來往香港航線輪船,以及部份上海、香港航線輪船,尚未全面普及於海盜勢力最為囂張的華南水域。然而,1928 年 9 月發生的安慶輪劫案(SS *Anking* Piracy),則是壓死駱駝的最後一根稻草。[13]

---

[11] 先是加拿大太平洋鐵路輪船公司駐上海主管接獲威脅信,要求該公司輪船不得載運華籍乘客,因為已有一股海盜乘坐該公司輪船從香港前往上海,探勘劫船事宜。而香港警方後來也掌握情資,證實確有一股海盜已從香港乘船前往上海,準備劫持從上海開往香港的輪船。故英國海軍「中國艦隊」總司令乃認為情況緊急,必須立刻派遣海軍士兵登船保護。見"Commander-in-chief, China Station to the Admiralty," 3 April 1928, CO129/507/3.

[12] "Minutes of Colonial Office," 10 May 1928, CO129/507/3.

[13] 1928 年 9 月,英商太古輪船公司所屬安慶輪從新加坡出發預計前往香港,但卻在行經海南海口港時,被偽裝乘客登船的廣東海盜襲擊。安慶輪上的英籍船員英勇抵抗,然最終仍不幸失敗且死傷慘重,大副、輪機長當場被槍擊殞命,船長與三副亦身負重傷。海盜

因爲英籍大副與輪機長在事件中雙雙遇難，故引起在華英人船商、商會與海事相關團體的極度憤慨，紛紛要求由陸軍調派武裝士兵駐防輪船。因此，與航運利益有密切關係的英商與工會組織，開始有計畫地繼續遊說英國政府各部會，試圖將武裝士兵駐防商船的政策長期化、常規化。[14]

（一）太古輪船公司的遊說行動

1928 年 10 月初，太古公司在給英國駐廣州總領事館的信件中，強調由安慶輪劫案中殘忍的謀殺行徑，即可知廣東海盜問題日益嚴重，英國方面應該「刻不容緩地採取激烈手段」來反制廣東海盜；而有效的手段之一，即是在中國沿岸航線上的所有英國輪船，均部署武裝士兵保護。至於兵力來源問題，太古公司在與香港當局以及華南指揮部指揮官盧押少將(Major General Charles Luard, Commander British Troops in South China)多次磋商後，建議可以依照航線區分成兩部份。首先，新加坡－廈門－汕頭航線，可以劃歸華南指揮部(North China Command)以海峽殖民地(Straits Settlements)共同承擔負責提供駐防英輪所需兵力。至於上海－廈門－汕頭－香港－廣州航線，則可以由華北指揮部(North China Command)。太古公司認爲英國駐華陸軍的任務，雖然以因應陸地上的突發情況爲主，海上安全事務等應由英國海軍負責，但是考量到海軍人力有限，廣東海盜問題又是十分急迫必須處理的，而英國駐軍目前也有多餘的兵力可供使用，因此應該盡快抽調陸軍士兵來支援海上維安任務，以確保英國輪船的航運安全。至於陸軍士兵駐防輪船的開支問題，太古公司也提出一個看似可行的

在控制輪船後，將其劫往廣東紅海灣。"Piracy of SS *Anking*," C.G. Perdue, Director of Criminal Intelligence to E.D.C. Wolfe, Captain Superintendent of Police, Hong Kong, 4 October 1928, CO129/508/4; "E.D.C. Wolfe, Captain Superintendent of Police to the Colonial Secretary, Hong Kong," 4 October 1928, CO129/508/4.

[14] 安慶輪劫案發生後，英國軍方即開始試行在新加坡往來中國、香港航線的輪船上派駐士兵保護。見"C.N. Co. Ltd.: *Anking* Piracy," Agents, China Navigation Co., Hong Kong to Messrs. John Swire and Sons Ltd., London, 5 October 1928, CO129/508/4.

建議方案：因目前英國駐華陸軍指揮部有向太古公司租用輪船，每五個月一次運送部份士兵從上海前往威海衛基地調防或休假，太古公司認爲或許可以利用租船費用來折抵士兵駐防輪船的費用。[15]

爲了讓前述陸軍士兵駐防英輪方案盡快落實，太古公司並利用其影響力，直接向倫敦的英國政府各部門施壓。太古公司駐倫敦辦公室即受命積極遊說陸軍當局贊成此案。而香港總督府也已受太古公司之請，同意向英國殖民部建議此案。除了陸軍、殖民體系外，太古公司也對駐華使領體系，甚至英國外交部進行遊說。[16]10 月，在太古公司給英國倫敦外交部的請願信中，要求應立即挪派陸軍兵力，以提供英船適當的武裝警衛，否則應強化現有海軍兵力：

> 有鑑於情況嚴重，現正督促（英國）軍事當局制訂計畫，派遣適當警衛，以保護太古客輪的安全。建議海峽殖民地以及華南指揮部應負責保護南方航線的船隻，華北指揮部則應負責保護上海、香港與廣州間船隻的安全…。假如陸軍無法提供保護，我們認爲應督促英國政府強化「中國艦隊」的海軍人力，以便保護海盜水域內所有英國客輪的安全。[17]

10 月底，在給外交部的第二封信中，太古公司以措辭更爲強硬的口吻，要求英國政府承擔起防範海盜與保護英船安全的責任。因爲輪船公司每年繳給政府鉅額的稅金，而政府則應該提供海軍與陸軍的保護，所謂應由船商自行承擔防盜責任，其實不過是政府推卸責任，並將其強推給船商的藉口

---

[15] 盧押少將同意太古公司的建議方案，也同意將正式向陸軍當局提交此案。"Anking Piracy," N.S. Brown, General Manager, Butterfield & Swire, Hong Kong to J.F. Brenan, British Consul General, Canton, 2 October 1928, CO129/508/4.

[16] 太古公司亦希望英國廣州總領事館能夠向駐北京公使館推薦此方案。"Anking Piracy," N.S. Brown, General Manager, Butterfield & Swire, Hong Kong to J.F. Brenan, British Consul General, Canton, 2 October 1928, CO129/508/4.

[17] 引文內容乃是太古香港公司所撰，後由倫敦總公司轉送英國外交部。見"H.W. Robinson, John Swire & Sons Ltd., London to G. A. Mounsey, Foreign Office," 3 October 1928, CO129/507/3.

罷了！其次，太古公司也強調英國船商對於防範海盜責任歸屬問題的態度，始終維持一致：亦即英國政府有責任提供商船適當的海軍與陸軍保護，以防制海盜。

> 我們支付鉅額稅金目的在能獲得帝國政府的各種保護，包括陸軍與海軍。然而，政府卻只想要逃避他們的責任……。自海盜問題日益嚴重開始，船商即堅持政府有責任提供適當的海軍或陸軍保護……，我們一直堅持一樣的態度。

太古公司重申英國船商先前之所以力主撤廢〈防範海盜章程〉，一方面乃因該章程危害到正常航運的運作，二方面則是由於該章程一昧地將保護商船安全的責任全丟到船商身上。[18]

11 月初，由於收到英國政府正式通知，目前駐防部份商船的正規士兵可能將在不久之後撤離，故太古公司又引述其香港分公司的電報，聲稱日益提高的海盜風險已對英商生命財產造成重大威脅，如果因為士兵的撤離而導致不設防的商船遭到海盜攻擊，則英國政府將要承擔最主要的責任。尤有要者，英國船商也可能因此被迫放棄在遠東水域的客運貿易。此外，中國與香港等地的英商船員工會也將向倫敦方面表達陳情，希望能夠確保其安全，繼續維持武裝士兵駐防商船的既有方案。[19]換言之，在海盜高風險下，武裝士兵駐防與航運利益之間乃密不可分。所以，如果英國政府執意撤離駐防士兵，勢將會導致航運利益的重大損失，英商生命財產也將受到危害。

11 月中旬，在太古公司在給外交部的第四封請願書中，依然主張英國政府有必要長期派遣武裝士兵駐防英國商船防範海盜，且不得任意將其撤離：

> 有理由相信，派遣正規軍隊執行防護任務或許不過是臨時的權宜之

---

[18] "G.W. Swire, John Swire & Sons Ltd., London to Ashton Gwaton, Foreign Office," 25 October 1928, CO129/507/4.

[19] "Anti-Piracy Protection in China," John Swire & Sons Ltd., London to the Under Secretary of State for Foreign Affairs," 5 November 1928, CO129/507/4.

計。然而，如果真如此，一旦將武裝士兵撤出，航運貿易勢將不可避免地遭受嚴重打擊。近來的海盜案件讓我們清楚知道：除非英國海軍武力獲得強化，或是中國政府自身採取有力措施剿滅海盜，否則不應將武裝士兵撤出。

同時，太古公司也再次駁斥英國政府要船商自行承擔防盜責任的說法，因爲從「過往的經驗以及航運貿易的實際情況，均已證明僅靠船商與船員是無法抵抗海盜的威脅」。所以，太古公司呼籲英國政府正視船商的要求，在尙無其他有效的替代方案可供採用之前，不應將正規士兵撤離英國商船。[20]

（二）其他英商與工會組織的遊說行動

除了太古公司採取積極動作試圖影響英國政府決策外，另外一家與航運利益相關的「海員與一般保險公司」(Navigators and General Insurance Company)也再次向英國外交部請願。在信中，該公司引述香港英商「中國沿岸英商海員工會」(The China Coast Officers' Guild)的電報，「強烈反對將駐防商船的武裝士兵撤離，因爲如此將會讓英國船員的生命陷於險境」。該公司並替約九千名的英國商船船員請命，懇請英國政府「對於所有在東方水域面臨海盜威脅的英國船隻提供武裝士兵的保護，一直到中國重新建立有秩序的政府，並有能力防範海盜攻擊事件爲止」。最後，該公司聲稱所有了解中國水域航運情況的專家都清楚，只有武裝士兵駐防商船才能有效防止海盜；一旦撤出此項保護，英國船商、保險業者均將蒙受重大利益損失，不但船員面臨生命威脅，而英國的國家尊嚴也會因此受到損害。[21]

---

[20] 除了向外交部施壓外，太古公司同時也向陸軍部、海軍部請願。見 "Anti-Piracy Protection in Eastern Waters," John Swire & Sons Ltd., London to Locker-Lampson, Foreign Office," 12 November 1928, CO129/507/4.

[21] 該公司在 1928 年 10 月初時即已向英國外交部提出過請願信，11 月則再次提出懇求。見 "Re Piracy in China Seas," William H. Coombs, Joint Managing Director, Navigators and General Insurance Company, Limited to the Unser-Secretary of State, Foreign Office, 14

在船商、保險商先後提出請願後，對英國遠東政策有強大影響力的「英商中華社會」(China Association)也向英國外交部展開遊說行動。「英商中華社會」引述其香港分會以及香港英國商會(British Chamber of Commerce, Hong Kong)的共同電文，再次要求英國政府應採取更為強烈的手段來保護英國商民與貿易免於海盜攻擊的威脅。因為現今中國海盜猖獗情況甚為嚴重，所以除非中國與英國政府有能力徹底消滅海盜勢力，否則英國陸軍當局應該要擴大保護所有危險水域內的英國船隻。最好能由英國陸軍派駐在海峽殖民地、華南指揮部、華北指揮部等地的部隊共同負責提供兵力駐防英國船隻。如果陸軍兵力無法負荷的話，則應擴充英國海軍「中國艦隊」的人員編制，以便由海、陸共同協調支援所需人力。在請願書中，「英商中華社會」不諱言地表示，由於在香港的英國船商代表已接獲正式通知，「部署正規武裝士兵的作法不可能無限期執行，之後仍必須將其撤離」，所以該協會才出面尋求英國外交部的支持。而「考量目前的中國現況，對於有搭載華籍乘客的英國輪船來說，只有陸軍或是海軍士兵才能有效防範頻繁的海盜攻擊」，因此無論如何不應撤離部署在商船上的士兵。「英商中華社會」最後並強調，此項主張是英國船商、海員與輪機人員工會、商會以及該協會共同的意見。[22]

最後，英國本土的「帝國商船服務工會」(Imperial Merchant Service Guild)亦介入遊說行動。在給外交部長的請願信中，工會強調在英國商船上服務的英籍船長、船員正遭遇「卑劣的中國海盜威脅」，而且由於缺乏適當的保護，經常得面臨死亡的風險。工會並引述部份航海經驗豐富的船員建議，認為隨船駐防的武裝警衛才能確保英國船隻航行的安全，因為「攜帶步槍與刺刀的武裝警衛或是英國士兵，對於中國人來說，具有極其重要的鎮懾力量」。況且自從新加坡陸軍部隊開始派遣兵力支援輪船安全勤務之後，基本上「只要有武裝陸軍士兵駐防的輪船，例如英印鴨家公司

November 1928, CO129/507/4.

[22] "E. Manico Gill, Joint Secretary, China Association, London to the Secretary of State for Foreign Affairs," 15 November 1928, Co129/507/4.

與怡和公司所屬輪船，均未曾在特定航線上遭到海盜劫持」。因此，工會
希望英國外交部與有關當局能夠正視此問題，盡其一切所能防止海盜暴行
的發生。[23]

三、士兵駐防商船方案的擴大化及其執行困境

安慶輪劫案發生後，民間呼籲軍方擴大保護的聲浪漸強，但海軍顯然
無力自行提供所有的護航任務，故英國海軍「中國艦隊」總司令乃特威特
(Vice-Admiral, Reginald Tyrwhitt, Commander-in-Chief, China Station)建議由陸
軍派遣兵力支援香港、廈門、汕頭、新加坡等航線護衛商船方案。[24]海軍
部乃轉而與陸軍部協商，以評估從香港與新加坡現有駐軍中抽調兵力支援
的可能性。[25]陸軍部雖表同意，但是強調該措施不能無限期執行，否則將
影響到正規的軍事組織與訓練。職是之故，英國政府雖然最後同意提供商
船必要的武裝士兵以防範海盜、保護船隻安全，但仍強調士兵駐防商船方
案乃是「暫時性措施」，「不可能無限期執行」，故航運公司以及船員幹
部還是必須自行採取適當措施，例如雇用印度武裝警衛，以強化內部防禦
機制。[26]1928 年 10 月下旬英國外交部在給太古公司回信中，亦嚴辭反駁太
古公司的要求，表示派遣士兵駐防商船不過是「緊急的權宜之計」，而且
以軍事觀點來說，抽調兵力去駐防商船將會嚴重影響到現有的軍事組織與

---

[23] 除了強調武裝警衛的重要性，「帝國商船服務工會」在請願信中亦引據老經驗的船員報
告，認為嚴密的港口檢查制度同樣是防止海盜事件發生的關鍵。此外，工會也希望英國
政府能給予船員適當的危險津貼與必要的撫卹協助。見"T.W. Moore, Secretary of the
Imperial Merchant Service Guild, Liverpool to the Secretary of the State for Foreign Affairs,"
21 November 1928, CO129/507/4.

[24] "Commander-in-chief, China Station to Admiralty," 3 October 1928, CO129/508/4.

[25] "Admiralty to the Under Secretary of State, War Office," October 1928, CO129/508/4.

[26] "A.E. Widdows, Army Council to the Secretary, Admiralty, London," 13 October 1928,
CO129/507/3; "War Office, London to the Under-Secretary of State, Colonial Office," 13
October 1928, CO129/507/3.

訓練，不可能無限期持續下去；況且當初英國政府即是應船商之請，正式撤廢〈防範海盜章程〉中商船必須自費部署武裝警衛駐防的強制規定，目的在放手讓船商自行決定如何強化防盜措施，但如今船商卻反過頭來要求政府替其承擔責任派遣士兵駐防商船，實在難以自圓其說。[27]

（一）士兵駐防商船方案的擴大化與人力短缺問題

然而，船商與工會組織的持續遊說與施壓，卻對英國政府決策造成重大影響。也因此，自 1928 年 11 月 10 日後，英國軍方保護的範圍又擬進一步擴大，除東亞水域外，長江中游與下游地區航行的英國輪船上亦派駐武裝士兵。[28]究其實際，如果依照英國船商要求，武裝士兵駐防商船方案應進一步擴大普及與長期化的話，則勢必需要抽調相當數量的兵力。尤其無論對於海軍或陸軍來說，要去支援中國水域所有英商船隻的武裝士兵駐防需求，都是非常大的負擔。英國駐長江海軍少將(Rear Admiral, Yangtze)在給海軍部的報告中，即坦承雖然已開始著手在長江中下游地區的英船部署武裝水兵，但事實上「由於相關船隻數量，以及有限的人力，可能在長江部份區段的船隻，仍然不時無法派駐水兵」。[29]

根據 1928 年 11 月英國海軍「中國艦隊」總司令韋司特爾(Vice-Admiral, Arthur Waistell, Commander-in-Chief, China Station)的保守評估，如果要在中國附近水域的英國商船部署水兵，總共約需要 300 名士兵。長江流域約的英國商船有 21 艘，約需 100 名士兵；中國沿岸地區，北起天津、南至新加坡的水域，有 40 艘英國商船，約需 200 名士兵。換算起

---

[27] "Ashton Gwaton, Foreign Office to H.W. Robinson, John Swire & Sons Ltd., London," 24 October 1928, CO129/507/3.

[28] "Piracy," 14 November 1928, His Stationery Majesty's Office (Great Britain), *The Parliamentary Debates: House of Commons* (London: His Stationery Majesty's Office) (hereafter referred to as HC Deb), vol. 222, pp. 857-9.

[29] "Govt. Code," Rear Admiral, Yangtze to the Admiralty, 11 November 1928, CO129/507/4.

來，平均一艘商船約須派駐 5 名武裝海軍士兵。上述兵力如均須從駐華海軍艦隻中抽調，將導致各艦兵員人力嚴重不足。韋司特爾在給海軍部的報告中，即抱怨海盜問題以及抽調兵員駐防輪船之事已讓其倍感困擾：

> 關於中國的防範海盜問題，我感到嚴重的不安……。我實在無法再忍受經常性人力短缺的情況了，漢口的卡司特軍艦(HMS *Castor*)、上海的康瓦爾軍艦(HMS *Cornwall*)，以及各個基地的砲艦與驅逐艦均面臨人力不足問題。

韋司特爾坦承由於海軍人力嚴重短缺，他才不得不建議由陸軍暫時支援駐防輪船的任務。但是香港、上海等地的英商輿論沸騰，強烈要求英國軍方必須長期提供保護兵力。如果英國政府最後允其所請，要滿足防護商船的士兵人力需求，則不應從既有軍艦中抽調，也不應由陸軍部隊支援，而應從英國本土增派。韋司特爾即建議應從英國另外調派 300 名的海軍陸戰隊來中國，作為常駐軍隊的一部份。至於所需要的龐大費用，則應由船商負責。[30]

　　其次，主要受到安慶輪劫案的影響，英國政府終於回應英國船商與商會的訴求，同意在危險水域內航行的英船上部署正規武裝士兵：

> 英船安慶輪劫案之後，帝國政府已經授權在危險水域內的商船上部署正規部隊。新加坡、香港、上海等地的陸軍指揮官已被授權各自調派60名士兵，以供船商充作警衛之用。此後，在中國海域的英國商船，被海盜劫持的危險將微乎其微。[31]

事實上，英國政府在 1928 年 10 月時正式授權駐防馬來亞、新加坡、香港以及華北地區等地的陸軍總指揮官，可視情況需要權宜派遣士兵駐防有搭載華籍乘客的英國商船。依據陸軍部的規劃，準備從華北指揮部（上海）

---

[30] 「中國艦隊」總司令認為，在船商有能力自行保護之前，理應強迫其承擔駐防武裝警衛的所需開支。"Telegram from Commander-in-Chief, China, to Admiralty," 29 November 1928, CAB/24/202: 002; CO129/507/3.

[31] "The Position in Hongkong," 22 December 1927, *The Economist*, 107:4452 (22 December 1927), pp.14-15.

以及華南指揮部（香港）各自抽調 3 名軍官以及 60 名士兵，一共 6 名軍官、120 名士兵，專門負責駐防從上海以及香港出發的英國商船。至於航行於新加坡與香港之間的英船安全，則繼續授權馬來亞陸軍總指揮官自行抽調兵力支援以駐防商船，大約也是以 60 名士兵爲原則。陸軍駐防商船方案的重點，將以新加坡、香港、汕頭、廈門等地航線爲主。[32]然而，上述調派的兵力數量可能不足以滿足實際護航需求。因爲一般來說，如要強化對英船的保護，新加坡往來香港之間的「長程航線」上，一艘輪船上即需駐防 1 名軍官外加 14 名士兵，共 15 人，而上海往來香港等「短程航線」上也需要派遣 1 名士官外加 8 名士兵，共 9 人。[33]其實根據香港殖民政府與華南指揮部總指揮官的初部估計，僅是要保護由香港當地往來新加坡、上海或是其他中繼港的英商船隻，大約還需要 200 名武裝士兵。[34]尤有要者，僅是上述權宜措施即已造成陸軍兵力吃緊問題。新加坡與香港等地的陸軍總指揮官均多次重申，從陸軍部隊抽調士兵駐防商船，「已造成非常困難的情況，嚴重阻礙了訓練」。[35]英國陸軍馬來亞指揮部(Malayan Command)，也表示恐怕無法提供確切的兵力，來支援協防輪船安全。[36]又

---

[32] "W.T. Southorn, Officer Administering the Government to L.C.M.S. Amery, Secretary for the Colonies," 23 November 1928, CO129/508/4. 陸軍部給華北指揮部、華南指揮部以及馬來亞陸軍總指揮官的命令，見"Secret Paraphrase," the War Office to GOC, North Command, Shanghai, GOC, South Command, Hong Kong, GOC, Malaya, 12 October 1928, CO129/507/3.。陸軍部將士兵駐防商船方案通知海軍部、殖民部的公文（公文副本給外交部與殖民委員會），見"A.E. Widdows, Army Council to the Secretary, Admiralty, London," 13 October 1928, CO129/507/3; "War Office, London to the Under-Secretary of State, Colonial Office," 13 October 1928, CO129/507/3.

[33] "Report of Anti-Piracy Committee," 30 October 1929, CO129/521/2.

[34] 此項估算乃是根據進出香港的英國船隻數量，再考量現有武裝警衛數目，評估最多還欠缺約 200 名警衛。見"Secret Paraphrase," GOC, South China Command, Hong Kong to the War Office, 12 October 1928, CO129/507/3.

[35] "Report of Anti-Piracy Committee," 30 October 1929, CO129/521/2.

[36] 爲了解決馬來亞指揮部兵力調度吃緊問題，太古公司還建議應從新加坡、香港、上海等地抽調兵力來支援，以確保有足夠數量武裝士兵以駐防英國輪船。見"Comments by

例如自陸軍士兵駐防商船方案開始施行後，新加坡的英國船商代理人即一再要求新加坡殖民當局必須持續提供武裝士兵駐防商船，雖然「陸軍總指揮官已盡其所能地支援武裝士兵，但是他不可能滿足駐防所需的全部兵力，也不可能保證此駐防方案能否持續進行」。爲此，海峽殖民地署理總督(Officer Administering the Government of the Straits Settlements)還特地向英國政府尋求政策指示。[37]

英國陸軍在支援防盜的兵力調派上確實面臨捉襟見肘的嚴重窘況。英國政府當時正擬議進一步的陸軍裁減兵員計畫，所以遠東地區各英國陸軍部隊均將面臨兵員短缺問題，屆時恐將無力支援輪船保護的任務。況且，保護跨行航行的輪船本不應該是陸軍的責任，陸軍士兵也不太能適應海上的情況，尤其是中國水域在冬天的情況相當惡劣，駐防輪船的陸軍士兵屆時恐還將面臨暈船等問題。[38]其實，早在陸軍部同意武裝士兵駐防商船方案之初，即曾向殖民部、外交部等表明此方案不可能常態化，故希望能夠提醒香港總督與「中國艦隊」總司令應向相關船商施壓，督促其儘速建立自我防禦措施，以便減輕陸軍部隊的駐防任務。也因此，英國外交部、殖民部乃通知駐華公使與香港總督，強調陸軍駐防商船方案不過乃是緊急權宜措施，且會影響到既有軍事組織與訓練，並不贊成延長或進一步擴大化，故希望其能「盡力引導相關航運公司採取適當措施強化商船內部防禦

Messrs. Butterfield & Swire (China Navigation Company) on the Recommendations Made by the Committee of Imperial Defense and also Those of the Anti-Piracy Committee, Hong Kong, 1929" CO129/521/2. 但事實上，這些地方陸軍當局也都面臨兵力短缺的類似情況。

[37] "Telegram from the O.A.G. of the Straits Settlements to the Secretary of State for the Colonies," 14 December 1928, CO129/507/4.關於此問題，在殖民部內部備忘錄中，還是認爲目前仍應繼續推行，無需暫緩，除非未來有關部門在政策上又有所調整。"Minutes of Colonial Office," 18 December 1928, CO129/507/4.

[38] 受到裁減兵力的影響，英國海軍「中國艦隊」總司令認爲「在短期內，陸軍總指揮官也會訴求無力提供輪船武裝士兵了」。"Telegram from Commander-in-Chief, China, to Admiralty," 29 November 1928, CAB/24/202: 002; CO129/507/3.

能力，以降低士兵駐防的需求。」[39]

除了兵力短缺問題之外，殖民部則是對派遣武裝士兵駐防商船方案的後續影響感到憂心。根據殖民部內部備忘錄的資料，此方案的推動背後應是受到英國駐華公使藍浦生(Miles Lampson, British Minister, Peking)的支持。雖然英國外交部已向航運利益相關團體聲明此方案乃權宜措施，但是殖民部還是擔心此方案一旦執行後，將會有其他附帶麻煩，特別是方案執行的越久，也就越難停止。屆時英國船商將習於士兵駐防的保護，而不願放手。殖民部官員認為派遣士兵駐防商船方案雖乃軍方權責，與殖民部並無直接關係，但以為茲事體大，長久下來恐將等同於英國政府明確宣示往後將承擔防盜責任，故認為英國政府必須針對防盜整體政策再作重新評估。[40]

（二）英國軍方籌組「防盜委員會」以統籌處理人力調派問題

從上述情況可以得知，英國政府在武裝士兵駐防商船防盜的爭議上，幾乎已陷入兩難之境：其一是來自船商及海事相關工會、公司等組織遊說的強大壓力，要求士兵駐防商船的部署必須長期化與甚至擴大化；其二則是來自第一線海、陸軍當局的抱怨，反映兵力吃緊的窘狀。特別是英國外交部受到船商集團的持續施壓，態度也從原先的強硬立場轉趨妥協，並試圖尋求海軍部的協助。在給海軍部的文件中，外交部除了轉述太古公司的

---

[39] 在 1928 年 10 月中，英國陸軍部即行文殖民部，表示「不得不同意派遣士兵充當商船警衛」，但希望此舉不過只是必要的權宜作法，而非長期性措施。陸軍部並拜託殖民部，希望能透過香港政府向船商施壓，促使其自行強化商船的防盜能力，而非全都仰賴軍方保護。"War Office to the Colonial Office," 15 October 1928, CO129/507/3; "Minutes of Colonial Office," 17 October 1928, CO129/507/3; "Foreign Office to M. Lampson, Peking(repeat to Hong Kong)," 23 October 1928, CO129/507/3; "Colonial Office, London to OAG, Hong Kong," October 1928, CO129/503/3.

[40] "Minutes of Colonial Office," 6 & 12 December 1928, CO129/507/4.此外，在殖民部早先另外一份有關長江海盜問題的內部備忘錄中，也認為英國在華軍事部門不可能無限期派遣士兵駐防商船。見"Minutes of Colonial Office," 13 November 1928, CO129/507/4.

訴求外，也表達了對於此問題的擔憂：

> 相當明顯的，無論何時要去撤離現有駐防商船的武裝士兵，都將面臨來自船商的的強大反彈聲浪。為了事先防止船商的抗議，假如可能的話，是否能夠採取一些有力的行動？張伯倫爵士希望尋求海軍部委員的意見，是否能夠由「中國艦隊」總司令來規劃一套機制，提供個別商船特別的建議，以採取措施來確保其免於海盜攻擊的威脅。[41]

職是之故，為了有效管理中國水域內武裝士兵駐防商船問題，「中國艦隊」總司令韋司特爾在 1928 年底逐規劃在香港海軍准將轄下設立一個「防盜執行委員會」(executive anti-piracy committee)來協調並統籌辦理武裝士兵駐防商船等業務。該委員會職權能有四；一是協調處理英國船隻上武裝士兵的調派及其優先順序、二是規劃航程中所有英國船隻的聯繫與路線、三是與民政、警察當局以及船公司維持密切聯繫、四是提供防盜措施改進建議。所有相關的英國船商均需與此委員會保持密切合作與聽取建議，否則委員會有權拒絕派遣武裝士兵駐防商船。[42]

關於「中國艦隊」總司令擬設立「防盜執行委員會」的建議，英國政府內部有相當程度的意見討論。海軍部初始對此略帶保留，曾詢問「中國艦隊」總司令韋司特爾：當初依據香港舊有防盜章程等規定所設置的隨船印度武裝警衛，目前是否仍然由香港警察當局指揮，編制是否繼續維持、又是否仍在執行類似勤務？[43]此外，海軍部也不太贊成委員會有權拒絕派遣士兵駐防在不配合的商船。[44]為了釐清實際情況，海軍部先前還特地致

---

[41] 外交部並將太古公司的請願信副本給海軍部、陸軍部、殖民部以及貿易委員會。見 "George Mounsey, Foreign Office to the Secretary of the Admiralty," 27 November 1928, CO129/507/4.

[42] "Commander-in-chief, China Station to the Admiralty," 20 December 1928, CO129/507/4.

[43] "Admiralty to the Commander-in-chief, China Station," 22 December 1928, CO129-507/4.

[44] 海軍部並向「中國艦隊」總司令表示，此案尚須諮詢其他部會的看法。"Decipher of Telegram," from Admiralty to the Commander-in-chief, China Station, 22 December 1928, CO129/507/4.

電殖民部，要求香港總督府提供詳細的資訊，以便掌握從舊有防盜章程到新章程之間的改變細節。[45]顯然，海軍部對於保護英船的責任歸屬，以及警察與海軍的任務區分似乎仍有所疑問。另外一方面，殖民部卻贊成籌組此委員會，評估「應該會有好的結果」。基本上，殖民部內部認為此事屬於「中國艦隊」總司令的「純海軍考量」("a purely naval concern")，故殖民系統應避免不必要的介入，不過因委員會職權中的第三、第四點均與香港密切相關，故僅建議香港政府應派遣代表參與該委員會運作。殖民部同時並將香港在新、舊防盜章程的調整情況告知海軍部。[46]「中國艦隊」總司令韋司特爾也向海軍部解釋傳統武裝警衛對航行於內陸水域的江輪或許能發揮防護作用，但卻不適用於跨洋航行的海輪。[47]因此，海軍部最後以殖民部對此案無反對意見為由，[48]在 1929 年 1 月正式批准「中國艦隊」總司令韋司特爾的規劃，亦即在駐香港海軍轄下設置「防盜委員會」(Anti-Piracy Committee)來統籌管理武裝士兵駐防商船等問題。

---

[45] "Military Branch, Admiralty, SWI, to H. Becket, Colonial Office," 19 December 1928, CO129/507/4.

[46] "Minutes of Colonial Office," 31 December 1928, CO129/507/4.

[47] "Commander-in-chief, China Station to the Admiralty," 25 December 1928, CO129/507/4.

[48] "Secret and Immediate," Admiralty, SWI to the Under-Secretary of State, Colonial Office, 29 December 1928, CO129/507/4.

職位	擔任者	備註
主席	英國駐香港海軍准將 (Commodore, Hong Kong)	
海軍參謀官	駐香港海軍准將參謀官 (Staff Officer to Commodore, Hong Kong)	
海軍參謀官	駐香港海軍參謀官 (Staff Officer, Hong Kong)	
陸軍參謀官	英國陸軍中國指揮部總參謀官漢納少校 (Major Hanna, General Staff Officer, China Command)	
防盜官	包威爾少校 (Lieut-Commander Powell)	負責聯繫與例行 任務
無線電顧問	海軍陸戰隊無線電官 (Major, Royal Marine, W/T)	駐昂船洲 （海軍基地）
秘書	海軍准將秘書 (Secretary to Commodore, Hong Kong)	
所有相關船商公司，均須指派一名代表與防盜官保持密切聯繫		

表7-1：香港「防盜委員會」組成

其次，「防盜委員會」的職權規定，除了前述四項外，又新增三項，主要目的乃是爲了限制委員會職權範圍，例如不得介入處理純軍事問題，也不得干涉上海或新加坡等地的武裝士兵調度問題，更不得凌駕陸軍總指揮官的管轄權；同時對於未能充分配合的船商，委員會亦無權拒絕派遣武裝士兵以提供保護。[49]

---

[49] 新增三項規定原文如下：「第五項、委員會不介入處理軍事問題以及上海與新加坡的武裝士兵問題，但是可以提供該地陸軍指揮官建議；並應與駐上海與新加坡的參謀官保持合作，以便獲得陸軍官員的協助，處理武裝士兵問題。第六項、委員會與船商公司應

　　此外，雖然現有海陸軍兵力有限，不過在民間航運利益相關的組織團體持續運作下，例如船商公司、香港商會、「英商中華社會」香港分會與上海分會、中國沿岸海員工會等即一再透過「英商中華社會」倫敦分會向英國外交部進行聯合請願，英國政府最終只能再度讓步，正式決定在南中國海航行（包括香港、廈門、汕頭及新加坡之間）的所有英國輪船，均將派駐武裝士兵，爲期一年(1929 年 4 月 1 日至 1930 年 3 月 31 日)。[50]

　　但是兵力吃緊與經費短絀等現實問題依然困擾著英國政府。特別是1929 年中國內部局勢日顯緊張，受到國民黨派系對立的影響，蔣中正與馮玉祥、閻錫山、李宗仁等處於決裂邊緣，軍隊調動頻頻、戰雲密佈，從而導致長江流域陷入極度動盪不安的情況。[51]英國在華商業利益又以長江流域爲重，只能大舉調動駐華海、陸軍武力部署長江沿線，以因應可能發生的國民黨內戰波及各通商口岸。職是之故，英國在兵力調度上勢將更顯捉襟見肘，實難以同時兼顧通商口岸與輪船航行的安全，也不太可能抽調更多的兵力駐防輪船。爲此，太古輪船公司在給「香港防盜委員會」的反映信中，即請求委員會應儘速採取應變措施，以解決駐防輪船武裝士兵人力吃緊的問題。[52]

　　該培養忠誠的合作關係，但是對於未能配合建議的船商公司，委員會無權拒絕派遣武裝士兵。第七項、在提供士兵方面，委員會無權凌駕陸軍總指揮官的管轄權。」見"Anti-Piracy Committee, Hong Kong- Composition and Terms of Reference," CO129/521/2.

[50] *Annual Report of the Hong Kong General Chamber of Commerce*, Cited from "Anti-Piracy Military Guards," *The China Year Book, 1931*, pp. 101-103.

[51] 北伐完成後，1929 年 1 月國民政府召開編遣會議，討論裁軍事宜，但蔣中正與馮玉祥、閻錫山卻對於裁軍內容有很大的歧見，雙方不歡而散。3 月「蔣桂戰爭」爆發，雖然迅速結束，但 9 月以後，山西（閻錫山）、陝西（馮玉祥、宋哲元）、廣東（張發奎）、廣西（李宗仁、白崇禧、黃紹竑）等省聯合打出「反蔣」旗幟，更大規模的內戰有一觸即發之勢。見郭廷以，《近代中國史綱》（香港：香港中文大學出版社，1989），頁574-579。

[52] "Comments by Messrs. Butterfield & Swire (China Navigation Company) on the Recommendations Made by the Committee of Imperial Defense and also Those of the Anti-Piracy Committee, Hong Kong, 1929" CO129/521/2.

四、士兵駐防商船方案的終結

英國軍方參謀首長委員會 1929 年初的檢討報告中，坦承由武裝士兵來防禦商船的成效，確實遠比香港警察組訓的印度籍警衛來得大，因為「正規海軍或陸軍士兵派駐的商船，沒有一艘遭到海盜劫持」。[53]香港「防盜委員會」在 1929 年 10 月的報告中，也表示「毫無疑問的，英國海、陸軍士兵駐防商船已證明有效，他們贏得各船商公司的感謝，慶幸有士兵的支援，不僅因為他們提供了保護的價值，同時對於乘客來說，也有正面意義」。[54]因此，香港、上海的英商自然強烈認為在商船「派駐士兵的措施必須繼續維持」。[55]

然而另外一方面，參謀首長委員會雖然十分肯定在商船上派駐武裝士兵對於防制海盜劫持有很大的作用，卻相當反對由英國軍方來完全承擔英國商船安危的責任。

只要海軍或陸軍繼續派駐士兵，船商就會以此為滿足，而逃避他們應該肩負的責任。因此我們建議應該採取措施來向船商施壓，因為確保乘客生命財產的安全，是他們的責任。

參謀首長委員會建議，船商應自行雇用武裝警衛來保護商船安全，而非只是希望仰賴英國海軍的保護。因此在商船上派駐海軍士兵不應該常態化，除非「有確切的海盜劫持情報，或是海軍司令認為有必要時」。參謀首長委員會認為現行由海軍承擔商船安全責任的作法，應有期限限制，仍應以一年為限（亦即前述從 1929 年 4 月至 1930 年 3 月底），屆時海、陸軍等士兵將撤離商船，改由「商船自行雇用私人武裝警衛，或是使用香港政府訓練的印度警衛」。而且，除了外派的武裝人員外，參謀首長委員會也建議英船上的相關船員幹部也應配備武器，以便緊急時能一同防禦

---

[53] "Report by the Chiefs of Staff Sub-Committee," 30 January 1929, CAB/24/202: 0024.

[54] "Report of Anti-Piracy Committee," 30 October 1929, CO129/521/2.

[55] "Telegram from Commander-in-Chief, China, to Admiralty," 29 November 1928, CAB/24/202: 0024.

商船安全。[56]

（一）英國船商持續進行遊說行動

　　不過，參謀首長委員會的建議，勢必會面臨船商的反對。英國海軍
「中國艦隊」總司令韋司特爾雖曾嘗試疏通各船商，希望其改善既有防盜
措施，同時預先規劃自行雇用武裝警衛方案，但似乎成效有限。[57]例如鐵
行輪船公司(Mackinnon Mackenzie & Co.)即認爲「由船商自行部署武裝警
衛，是不可能有滿意的結果」。[58]太古輪船公司則辯稱海、陸軍士兵駐防
英國商船之事，並未額外增加英國政府與納稅人的財政負擔，因爲士兵一
旦登上英國商船後，相關的伙食配給即由船商負責，各種額外開支同樣也
是船商承擔，故抽調士兵駐防商船方案反倒可以節省原本軍隊的配額開
支，況且武裝士兵駐防商船防範海盜方案，也遠比由海軍艦艇執行巡邏任
務，在開支上更爲節省。其次，太古亦宣稱「縱然現今海盜劫案多屬於內
部海盜模式，但海盜案件就是海盜案件，太古輪船公司作爲納稅人，理應
獲得英國政府必要的保護」。[59]

　　1929 年 8 月，在太古、怡和、英印鴨家、德忌利(Douglas Steamship
Co.)、鐵行輪船公司等五大英國船商共同署名給香港「防盜委員會」與英
國駐香港海軍准將辦公室的信件中，則再次重申英國士兵駐防商船方案的

---

[56] "Report by the Chiefs of Staff Sub-Committee," 30 January, 1929, CAB/24/202: 0024.

[57] 英國海軍「中國艦隊」總司令在 1929 年 5 月，曾邀請英國各船商代表一同開會討論相
關事宜。見"Prevention of Piracy- China Coast," from Canadian Pacific Steamship, Ltd.,
Douglas Steamship Co. Ltd., Butterfield & Swire (China Navigation Co. Ltd.) and Jardine
Matheson (Indo-China Steam Navigation Co. Ltd.), 30 May 1929, CO129/521/2.

[58] "Prevention of Piracy- China Coast: Government Recommendations," British India Steam
Navigation Ltd. to the Commodore, H.M. Dockyard, Hong Kong, 31 May 1929, CO129/521/2.

[59] "Comments by Messrs. Butterfield & Swire (China Navigation Company) on the
Recommendations Made by the Committee of Imperial Defense and also Those of the Anti-
Piracy Committee, Hong Kong, 1929" CO129/521/2.

不可取代性：

> 所有的情況都說明，要建立與維持有效的（商船）防禦武力，必須
> 具備有紀律的警衛，而以目前的強況來看，只有英國海軍與陸軍武
> 力方能達致上述目標。這套保護方案已經證明是完全成功的，因為
> 從該方案實施以來，英船即得以免除海盜攻擊的威脅。所以對船商
> 來說，除了現有方案之外，不知道還有什麼可供替代的作法。[60]

因此船商們極度希望英國政府能收回成命，不要停止既有由英軍士兵駐防
商船的方案，因為「一旦停止既有有效的防盜方案，但卻沒有適當的替代
方案，終將會造成中國沿岸水域內可悲情況的重新出現」。船商認為他們
已經窮盡心力讓英國有關當局瞭解實際情況的困難之處，並希望能夠與英
國駐香港海軍准將直接面對面會晤討論此問題。

同年 9 月，日商大阪汽船會社所屬的大利丸(SS *Deli Maru*)在從臺灣高
雄經汕頭前往香港途中，遭到偽裝一般乘客的海盜襲擊。在完全沒有警告
的情況下，海盜即開槍擊倒正在執勤中的印度武裝警衛，並以武器控制船
員，最後成功將大利丸劫持至大亞灣旁邊的紅海灣。大利丸劫案發生後，
根據一份海盜情資，廣東海盜也即將策劃對英輪的劫案。對英國船商來
說，這意謂著中國水域的海盜問題從未稍歇，故現行武裝士兵駐防輪船方
案不應輕易停止，也希望英國政府能夠改變態度。[61]

10 月，怡和、太古、英印鴨家等駐新加坡船商代理商，開會討論英軍
士兵可能撤離商船後的因應方案。會後，各船商代理聯合署名致函英國海
峽殖民地輔政司(Colonial Secretary, Strait Settlements, Singapore)，強調現有的
陸軍、海軍士兵駐防商船的作法，是迄今「唯一令人滿意」的防盜方案，
因為「只有陸軍或海軍士兵才能提供完整的保護」。特別是自從武裝士兵
駐防商船方案實施以來，雖然海盜劫案仍時有所聞，但凡是由英軍士兵駐

---

[60] "Joint Letter from Five Shipping Companies to the Secretary, Anti-Piracy Committee, Commodore's Office, Naval Yard, Hong Kong " 30 August 1929, CO129/521/2.

[61] "Company Meetings.: Peninsular And Oriental Steam Navigation Company," *The Economist* 109:4503 (14 December 1929), pp.33-36.

防的商船,均未有海盜膽敢嘗試動手襲擊,故希望英國政府能持續此方案直至中國水域海盜問題有所改善爲止。至於由船商自行雇用武裝警衛,或是所有歐籍船員幹部均攜帶武器等替代性作法,船商代理商則明確認爲均無法有效防範海盜,而且也不切實際。一來如果每家輪船公司均需自行部署武裝警衛,後續相關籌組、訓練、武裝化等複雜問題,恐怕並非船商所能承擔,也沒有相關設施來執行。二來如何確保武裝警衛的人力來源無虞,也是嚴酷的考驗,因爲無論是華籍或是歐籍警衛,都有其窒礙難行之處。三來武裝警衛成軍後,如何維持其紀律與效率等問題,同樣也不是船商有能力處理的。[62]

1930 年初,即上述爲期一年的海軍保護期即將屆滿之際,各英商輪船公司,如太古、怡和、英印鴨家、德忌利等輪船司公又再向英國陸軍部與海軍部請願,希望能繼續派遣武裝士兵駐防英國商船。船商公司聲稱:

> 海軍或陸軍提供的武裝士兵,訓練得宜、紀律嚴明,是唯一確認有效對抗海盜攻擊的辦法。所有由士兵駐防的船隻都能免於海盜的攻擊,證明此套保護系統已獲得完全的成功。爲了確保生命財產安全與英國貿易利益,船商由衷期盼英國政府能重新檢視是否要撤回所提供無可比擬的重要保護。船商在深思熟慮後認爲,假如終止目前有效的防禦海盜措施,但卻沒有其他適當的替代方案,將會導致中國沿岸再度陷入可悲狀態,如同保護系統(士兵駐防)實施之前一樣。[63]

尤其船商認爲他們每年繳給政府鉅額的稅金,所希求的就是政府軍隊的保護。[64]

---

[62] "Anti-Piracy, China Coast," Various Agents of Shipping Companies to the Colonial Secretary Straits Settlements, Singapore, 23 October 1929, CO129/521/2.

[63] *Annual Report of the Hong Kong General Chamber of Commerce*, Cited from "Anti-Piracy Military Guards," *The China Year Book, 1931*, pp. 101-103.

[64] "A Letter from John Swire & Sons to the Foreign Office," 25 October 1928, cited from "Report by the Chiefs of Staff Sub-Committee," 30 January 1929, CAB/24/202: 0024.

（二）英國海軍「中國艦隊」總司令的機密評估報告

關於武裝士兵駐防商船爭議，英國海軍「中國艦隊」總司令韋司特爾在 1929 年 11 月向海軍部部長提交一份機密的評估報告。在報告中，韋司特爾認爲如果依從船商的看法，由英國軍方繼續派遣士兵保護商船，未來將可能造成極大的麻煩。

首先，中國水域的海盜案件多是屬於內部海盜劫掠模式，此類海盜案件屬性必須藉由強化商船內部防禦力量來加以防制。但是構建商船內部的防禦機制，無論如何不應該由英國政府來承擔。韋司特爾即強烈質疑英國船商訴求的正當性，因爲以英國國內各行業的情況爲例，像是鐵路公司、足球聯盟、徑賽聯盟等，爲了確保其鐵道或是賽場安全，均支付大筆金錢以雇用保全人員，但爲何獨獨輪船業無須自行負擔保安開支，而要求英國政府買單？況且中國水域的輪船航運業，屬於極高獲利的行業，面對同樣的高風險，保安業務本應由船商們自行承擔，豈有由英國納稅人來負責，以維持其高獲利風險之理？

其次，如順從船商訴求，同意持續執行士兵駐防商船方案，英國政府勢將面對更爲嚴酷的考驗。因爲此類保護方案一旦常態化，英國政府就必須因應來自輪船業更多保護的要求。例如原本僅有部份航線受軍方保護的船商，會要求適用到所有航線。至於本來自行雇用武裝警衛的船商，當然也會要求比照辦理，以節省開支。更爲棘手的是，除了沿海航線之外，其實海盜風險更高的，屬於航行在內河水域的小型江輪。在這些內河航線上，有著大量懸掛英國旗的小型輪船，每日頻繁地航行在中國內陸廣布的大小江、河水域。但受到中國政局紛亂、戰爭不斷等內政秩序惡化的影響，這些輪船隨時都需要面對沿岸各地海盜的威脅。所以，如果既有保護方案持續執行下去，英國江輪業者一定也會提出士兵駐防的要求，屆時英國軍方又將如何因應與處理？

再者，如果商船內部防禦問題真的納爲英國軍方常規任務的範圍之內，則其任務屬性也應該從既有由軍方配合商務活動的層次，提升到軍事行動層次，亦即類似一戰時軍方所採取的護航行動，屆時所有受保護的商船航班理應由軍方統一調度，以確保護航任務的順遂與成功。然而，如此作為則勢必嚴重影響到一般商船航班的順暢，也絕非船商所樂見的。

　　究其實際，英國船商無非只是以取巧手段，試圖以最便宜的方式（現行英國船商僅僅負擔駐防商船士兵的伙食開支），來獲取保護。所以要趕改善既有困局，英國政府應該讓船商確實明白政府的嚴正立場：商船內部防禦機制乃是船商自己的責任，相關開支應該自行承擔。雖然一般公眾均認同在緊急情況危急時，政府應該在人力調動許可的範圍內，伸出援手提供保護。但是必須向船商澄清的是，英國政府之所提供士兵駐防商船，並非船商的「權利」，而應該支付必要開支。所以，如果軍方果真必須繼續派遣士兵執行保護商船的任務，起碼也應要求船商支付費用，至少必須將原先雇用一般武裝警衛的費用，改為給付英國政府。

　　尤有要者，自從施行士兵駐防商船方案以來，英國船商普遍並未致力於改善其商船內部防禦措施，也沒有試圖去自行雇用合適的武裝警衛，而這種消極漠然的態度的形成，很明顯就是因為英國政府立場不夠明確之故。船商們似乎認為 1930 年 4 月保護方案期限截止時，英國政府一定又會延長時間，所以才會如此有恃無恐。因此，韋司特爾建議英國政府應該表明立場，不應在政策上一再搖擺不定：

> 如果已經公布的政策（指英國政府公布的士兵駐防商船保護期限）未能落實，船商必定會什麼都不做，而原先僅是作為權宜之計，卻將會演變成由英國政府無限期地來承擔（在商船上駐防士兵的）相關責任。屆時，非但無法裁減在華駐軍，（可能還必須擴軍）因為即便既有的武力規模，勢必也將無法承擔未來的任務要求。

反之，如果不理會船商請求，依然如原先所宣示的期限，下令武裝士兵撤離商船，雖然海盜劫案恐將會捲土重來，但卻能夠從而迫使船商竭盡所能去思考如何自行組建適當的商船防盜機制，而這本是船商早就應該承擔負責之事。如此一來，待商船防盜機制逐漸步上軌道之後，海盜劫案肆虐的情況應該就能穩定下來。至於船商憂慮的武裝警衛人力來源問題，韋司特爾則認為香港警察當局已做好準備，隨時可以招募並組訓所需的印度警衛。他相信只要船員幹部能夠充分發揮監督之責，確切落實印度武裝警衛的管理，應該能夠有效防範海盜劫案的發生。[65]

（三）英國海軍部與外交部對於武裝士兵駐防商船方案持續與否的爭議

在船商的屢次陳情下，英國外交部也介入斡旋，於 1929 年底正式向首相表達希望重新檢討士兵撤離商船期限等問題，強調貿然撤離士兵將會導致英國商船業陷入沒有保護的困境，也質疑作為替代措施的印度武裝警衛方案，並不能有效應付海盜攻擊。[66]

然而，海軍部的立場卻異常堅定，在給外交部的答覆信中，海軍部表示自士兵駐防商船保護方案實施以來，英國海軍「中國艦隊」總司令即已兩度明確告知船商保護期限只有一年（1929 年 4 月 8 日口頭告知、12 日再以書面告知），之後駐防士兵將撤離商船，而英國船商們則應該自行負責商船的內部防盜機制。「中國艦隊」總司令同時也轉達英國參謀首長委員會的相關建議事項，以便協助船商建構適當的防盜機制。至於船商的訴求，「中國艦隊」總司令也責成香港「防盜委員會」審慎處理，並以書面形式逐一回應船商的各類意見。故在此一議題上，英國海軍其實已充分善盡告知與溝通的責任。所以，士兵撤離期限之後，從 1930 年 4 月開始如果英國商船仍然還沒有適當的內部防盜機制，則理應是船商本身的過錯，因為他們不願意採納軍方的建議，及時調整既有現況。

至於印度武裝警衛欠缺防盜能力的質疑，海軍部強調只要能夠有適當

---

[65] 韋司特爾並舉德忌利輪船公司為例，認為該公司雖然雇用印度武裝警衛，但因其船員幹部善盡相關監督管理之責，故能夠有效指揮印度武裝警衛，自此未再有海盜劫案發生。見"Confidential. Anti-Piracy Measures- China Coast," the Commander-in-Chief, China Station to the Secretary of the Admiralty, 29 November 1929, CO129/521/2.

[66] "Foreign Office to the Admiralty," 20 December 1929, cited from "Alex. Flint, Admiralty to the Under-Secretary of State, Foreign Office," 9 January 1930, CO129/521/2.

的管理與部署，同時搭配商船上防盜措施，例如構築堅實的防盜鐵窗，印度武裝警衛應該即能發揮其應有的作用。海軍部甚至還特別引述英國駐華使領的海盜劫案報告，來反駁外交部對於印度武裝警衛的質疑。例如根據英國駐福州領事的報告，最近發生的海清輪劫案(SS *Hai Ching* Piracy)[67]裡印度武裝警衛的表現，即可證明其具有防盜能力。此外，關於武裝警衛的相關開支問題，海軍部也引述英國駐北京公使館的報告，主張應該由船商來負擔。特別是目前英國海、陸軍士兵駐防商船的所有費用，如果全改由英國船商負擔（目前船商僅負擔士兵駐防期間的伙食費，但卻不包含其原有薪資與各類津貼），海軍部相信船商一定會改變心意，轉而雇用一般武裝警衛，因為士兵駐防商船的開支遠遠高於一般武裝警衛。

　　最後，海軍部引述英國海軍「中國艦隊」總司令與香港「防盜委員會」的報告，認為只有將駐防商船的士兵撤離之後，英國船商才會有意願認真地自行處理相關防盜事宜。況且在處理中國水域的海盜問題上，應該要有適當的權責劃分，外部海盜問題（例如巡邏危險水域等，防止海盜犯案等）由英國海軍負責，但內部海盜問題（建構商船內部防盜機制）則自然應該由船商自行負責。職是之故，海軍部堅持原先公布的士兵駐防商船期限，不應再有所改變。[68]

　　從海軍部給外交部的回覆信中，可以發現到海軍部為堅持立場所提的諸多論點，其實均與前述英國海軍「中國艦隊」總司令韋司特爾的評估報告有密切關係。換言之，該報告詳細分析了士兵駐防商船方案背後可能隱藏的各種風險與利害得失，某種程度上也影響了英國政府各部門的觀感與後續決策。

---

[67] 海清輪隸屬於英商德忌利輪船公司，在 1929 年 12 月時在香港附近水域遭到偽裝乘客的海盜襲擊，船員幹部與印度武裝警衛英勇對抗海盜，雖然死傷慘重（兩死兩傷），但也成功支撐到英國海軍艦艇趕到救援。"*Haiching* Piracy: Worst in History of China Coast," *The Singapore Free Press and Mercantile Advertiser*, 10 December 1929.

[68] "Alex. Flint, Admiralty to the Under-Secretary of State, Foreign Office," 9 January 1930,CO129/521/2.

最後，1930 年 1 月英國政府正式決定維持原議，軍方所提供的保護將於是年 3 月底前終止，不再延期，4 月之後英國船商必須自行承擔保護輪船安全的責任，或是雇用由香港警察當局提供的印度籍武裝警衛來抵禦海盜的攻擊行動。[69]

五、緩衝期的折衷方案與後續爭議

英國政府終止士兵駐防商船方案的決議，則持續遭到英國船商的強烈反彈。他們堅持防範海盜事務必須由原先的香港警察層級，提升到英國軍方，由其負責商船的武裝警衛業務。因為根據以往的經驗，船商普遍對香港警察當局與印度籍武裝警衛缺乏信心，認為其訓練差、紀律不佳，只有由軍事當局負責組訓的武裝警衛才有能力應付海盜的挑戰，故主張武裝警衛應從香港警察系統中獨立出來，由軍方統一指揮調派與訓練。在船商的多次請願下，英國政府雖然仍傾向不該由海軍繼續負責保護英船的責任，但後來還是勉強同意有條件地延長保護期限，亦即在新武裝警衛力量建立完成之前，暫時仍由軍方提供士兵駐防商船。不過，英國海軍部參酌前述「中國艦隊」總司令韋司特爾所提的建議條件，要求船商必須完全承擔1930 年 4 月後所有武裝士兵的相關開支，同時也必須將現有的船隻保護方案進一步改善與嚴密，而衍生的相關費用也必須由船商承擔。[70]

（一）再妥協：緩衝期的折衷方案

之後太古洋行（太古輪船）、怡和洋行（怡和輪船）以及英印鴨家等三家輪船公司率先同意接受海軍部開出的條件，承擔武裝士兵駐防的所有開

---

[69] "Copy of Telegram from Commander-in-Chief, China Station to the Admiralty," 30 March 1930, CO129/521/2.

[70] *Annual Report of the Hong Kong General Chamber of Commerce*, Cited from "Anti-Piracy Military Guards," *The China Year Book, 1931*, pp. 101-102.

支費用。「中國艦隊」總司令韋司特爾也正式簽署命令，針對前述三家輪船公司所屬船隻，繼續派遣武裝士兵駐防，為期六個月。[71]稍後，加拿大太平洋鐵路輪船公司也向海軍部表示同意接受。[72]所以，同意負擔相關費用，並由英國海軍與陸軍部自 1930 年 4 月起繼續派遣士兵駐防商船的輪船公司一共四家。[73]

　　至於延長期間內英國船商必須承擔的駐防開支，根據香港「防盜委員會」主席、英國駐香港海軍准將給各船商的報價單如下：

表7-2：延長期（緩衝期）間內英國海陸軍士兵駐防商船收費開支表[74]		
項目	細項	說明
薪俸與津貼		依駐防軍士兵其原有軍階薪俸與津貼照付
口糧與軍需品		依駐防軍士兵其原有軍階口糧與軍需品照付
通勤交通費		從軍營往來碼頭區
軍事設備折舊費	每名軍、士官	每日6便士（手槍）
	每名士兵	每日9便士（步槍）
不再服務費用	每名軍、士官	每日5先令6便士
	每名士兵	每日8便士至2先令之間（依照士兵服務年限）

---

[71] "Copy of Telegram from Commander-in-Chief, China Station to the Admiralty," 30 March 1930, CO129/521/2.

[72] "The Admiralty to the Commander-in-Chief, China Station (repeated to Commodore, Hong Kong)," 27 March 1930, CO129/521/2.

[73] "Report on the Organization of Police Anti-Piracy Guards to Replace the Military Guards board Merchant Ships on the China Coast," by E.D.C. Wolfe, Inspector General of Police, 5 November 1930, CO120/521/3.

[74] "Commodore, Anti-Piracy Committee, Hong Kong to the Butterfield & Swire, Mackinnon Mackenzie & Company, and Jardine & Matheson Company," 28 March 1930, CO129/521/3.

失能撫卹費用	受傷醫療費用	
	失能慰勞金	
	死亡撫卹金	給予死亡人員之孀婦及眷屬
其他相關備註	一、　海陸軍士兵駐防期間，如果船商因商船遭到海盜攻擊而蒙受損失，英國政府不負連帶賠償之責。 二、　各艘商船上應部署的軍士兵數量，由英國軍方視航線、船隻情況，自行進行調派。 三、　軍士兵如果從某船商某港口調派前往另一船商其他港口時，相關費用由船商分攤。	

　　從上述開支表來看，海、陸軍士兵駐防商船的費用著實高的令人咋舌。因為英國船商除了必須支付官士兵原有薪俸與津貼外，甚至連其使用軍事武器的折舊費用也要按日支付。更令人感到驚訝的，乃是海、陸軍士兵因為支援商船防務，以致無法執行正規軍事勤務，所以船商必須為此代為支付「不再服務費用」("non-effective charges")給英國軍方，且同樣是按日計價。況且一旦遭遇海盜攻擊，海、陸軍士兵如因此受傷或死亡，船商更須承擔往後龐大的醫療、慰勞與撫卹費用。由於英軍相關開支乃是以英國薪資標準，而非以當地中國或香港的薪資標準來給付，所以對於英國船商來說，海、陸軍士兵駐防商船的開支，無庸置疑地，絕對是遠高於雇用一般武裝警衛（包括印度與華籍警衛）所需的費用，甚至可能價差高達數十倍。顯而易見，當海陸軍士兵駐防商船方案期限過了之後，船商如果還想繼續享受高規格的軍方保護，勢必得付出相當慘痛的代價。而英國軍方則似乎企圖以「價格」因素，迫使船商儘速另覓替代方案，而非繼續仰賴軍方的保護。[75]

---

[75] 根據英國海軍的初步估算，香港往來新加坡航線的商船，每艘船需部署 1 名軍官、13 名士兵，所以每艘船在航行期間每日的開支下限大約為 4 英磅 10 便士、上限為 6 英鎊 11 先令（1 英鎊=20 先令、1 先令=12 便士）。而香港往來上海的商船，則每艘船需部署 1 名士官、7-9 名士兵，故航行期間每日的開支下限大約為 1 英鎊 18 先令 8 便士、上限為

（二）再抗爭：船商與政府的持續角力

　　另外一方面，船商方面仍試圖力挽狂瀾。1930 年 3 月 24 日，太古、怡和、英印鴨家以及加拿大太平洋鐵路公司等四家輪船公司代表以及英商「海員聯合會」(The Officers' (Merchant Navy) Federation)代表一同拜訪海軍部官員，希望能夠直接遊說並影響英國政府相關決策。次日，在船商與工會代表共同署名給海軍部的信函中，他們又表明立場，強調預防海盜犯案，遠比提供英船保護力量更爲重要，而根據過去經驗，舊有印度武裝警衛方案毫無可取之處，而預防海盜犯案最爲有效的方式，就是在商船上部署陸軍或海軍武裝士兵。不過，由於英國政府堅持不可能繼續提供武裝士兵駐防商船的方案，船商們只能被迫接受，然而他們提出三項要求，希望英國政府接受。首先，關於未來新武裝警衛方案的人力組成問題：船商認爲這「一支專責防盜的單位」("a definite anti-piracy unit")，縱然暫時仍隸屬於香港警察當局，但應編制專責的指揮官，並提供足夠的幕僚人員，以建立指揮部，同時亦應由陸軍或海軍方面輪流派遣適當軍官以支援防盜勤務。其次，關於緩衝期間內的武裝士兵駐防人數問題：在緩衝期間內（亦即在新武裝警衛組訓完成之前，軍方同意暫時仍派遣武裝士兵駐防商船戒護），相關開支費用既然全由船商負擔，則他們對於駐防的士兵人數等事項，理應有部份發言權，不應再由軍方全權指揮調派。換言之，船商認爲因他們已花錢負擔了相關費用，自然有權決定駐防商船士兵的人數。再者，關於未來新武裝警衛方案的開支問題：船商們重申作爲英國臣民，他們理應受到英國國旗的保護，不能由其單獨承擔所有保護方案的開銷，而比較合理的方式應該是政府（包括英國政府、香港與新加坡殖民政府）與船

---

4 英鎊 15 先令 3 便士。至於商船在抵達目的港口後、返回母港前的岸上等待期間，每人每日的額外岸上津貼大約爲 1 先令 6 便士。"Commodore, Anti-Piracy Committee, Hong Kong to the Butterfield & Swire, Mackinnon Mackenzie & Company, and Jardine & Matheson Company," 28 March 1930, CO129/521/3.

商依比例分攤，建議由船商負責 1/3，其餘 2/3 則應由英國政府負責。[76]

對於上述要求，英國海軍部在給各船商的回信中，只表示中國水域內的英船保護與防盜等問題要由香港當局、陸軍部、陸軍委員會、駐港陸軍指揮官，以及英國海軍「中國艦隊」總司令等再商議，目前尚無法決定確切方向。至於新武裝警衛方案可能衍生的高昂花費問題，則亦需待陸軍委員會與海軍部再做詳細評估才能決定。此外，海軍部還特別向船商強調，所有駐防商船的武裝士兵派遣問題均應屬「中國艦隊」總司令與駐港陸軍指揮官的統轄範圍，英國政府不能隨意介入。[77]

尤有要者，為了釐清因防盜問題衍生的經費負擔歸屬問題，太古輪船公司於 1930 年中採取更為激烈的手段，在英國倫敦高等法院正式提出法律訴訟案，引據英國駐香港海軍准將以及海軍部的信件內容，指控英國政府（以財政部為被告）要求船商負擔因防盜任務所需的花費，是「非法且無法執行的」("illegal and unenforceable")。太古公司宣稱在現有海盜猖獗惡劣情況之下，英國政府理應提供英國航運業抵禦海盜的保護措施，以確保「英人生命財產的安全，免於遭受中國周邊水域海盜的威脅」，而船商則「無義務支付此類開支」("under no obligation to make any of the payments")。[78]顯而易見，英國政府（海軍、陸軍）與船商之間關於防範海盜的經費承擔

---

[76] 「海員聯合會」還同時代表了英商在華兩大海事人員相關從業工會：「中國沿岸海員工會」(The China Coast Officers' Guild)以及「海事機工工會」(The Marine Engineers' Guild of China)。見"John Swire and Sons Ltd. (China Navigation Co. Ltd.), Canadian Pacific Railway Co., Matheson & Co. (Indo-China Steam Navigation Co. Ltd.), British India Steam Navigation Co., and The Officers' (Merchant Navy) Federation, etc., to the Admiralty," 25 March 1930, CO129/521/2; "A letter from China Navigation Co., etc. to Admiralty," 25 March 1930, cited from *The China Year Book, 1931*, pp. 102-103.

[77] "A Letter from Admiralty to China Navigation Co., etc.," 28 March, 1930, cited from *The China Year Book, 1931*, p. 103; "Alex Flint, the Admiralty to Messer. John Swire & Sons, Ltd., etc.," 28 March 1930, CO129/521/2.

[78] 太古公司指控海軍部、英國駐香港海軍准將的相關來文，以及海軍部官員的幾次晤談內容，要求該公司支付士兵駐防商船等防盜開支等，乃是「非法」的。為了審理此案，高等法院除要求被告英國財政部首席檢察官(Attorney General of the Treasury)出庭外，也要

與主導權問題，實不易取得共識。

六、小結

　　英國殖民部在檢討香港〈防範海盜章程〉撤廢後的影響時，認為當不再強制規定船商必須僱用並部署隨船印度武裝警衛，而是放手讓其自行決定如何安排防盜措施，很可能會造成一種後果，那就是船商自然而然地就會傾向推卸責任，而將防盜的工作，逐漸轉嫁到他人，特別是英國軍方身上。但是英國軍方抽調士兵充當商船警衛、代為承擔保護商船之責，本質上不過乃是臨時性權宜措施，不可能常態化。故當此政策執行一段期間後，英國軍方勢必會出現反彈聲浪，拒絕繼續負擔護衛商船的任務。屆時，英國與香港政府可能又必須出面施壓，要求船商自行承擔防盜機制與雇用武裝警衛的責任，而不應仰賴軍方保護。[79]

　　究其實際，英國政府（特別是軍方）之所以堅決反對士兵駐防商船保護方案常態化，除了人力吃緊與龐大開支之外，可能還有相當複雜的考量。根據香港「防盜委員會」1929 年的內部報告，即可以略窺英國軍方的顧慮所在。自廣東海盜肆虐以來，英國政府的基本態度就是船商公司應該自行出資強化商船的內部防禦力量，例如調整輪船結構、雇用武裝警衛等；至於英國海軍扮演的的角色，則從來不在於直接登船保護，而是放在私人力量無法達到的範疇，亦即巡邏危險水域，追緝海盜船隻，以及必要時打擊海盜巢穴。但英國各大船商公司卻抨擊政府立場消極，聲稱「保護貿易是政府的基本職責」，並強調大輪船公司多「在英國註冊、繳納完整的所得收入」，[80]自然應該獲得英國政府的保護。這些船商公司並透過各

求大法官山奇(John Baron Sankey, Lord High Chancellor)作為證人出席提供意見。見"In the High Court of Justice, King's Bench Division, Between China Navigation Company Ltd. (Plaintiffs) and His Majesty's Attorney General (Defendant)," 1930 C. No.2497, CO129/521/3.

[79] "Minutes of Colonial Office," 17 October 1928. CO129/507/3.

[80] 根據香港「防盜委員會」的報告，這些船商公司往往宣稱「政府在他們的營業活動中，

種政治管道，試圖影響並改變政府決策。然而就英國軍方的角度來看，中國水域的貿易情況與歐洲以及其他地方大不相同，擁有高額獲利以及低勞力成本的特色，理所當然地船商應自行負擔雇用武裝警衛保護的費用（以歐洲標準而言，在中國水域雇用警衛的費用甚低）。況且海、陸軍士兵，特別是海軍陸戰隊，均是國家花費大量預算訓練出來，如用於防盜業務，換算起來成本過高，也不符合經濟效益。至於派遣士兵登船保護的措施，不過只是政府協助船商的權宜之舉，英國軍方強烈反對因為船商遊說而破例，如此恐將造成更大的爭端與禍害。例如在中國有航運利益的公司，部份在英國註冊，所以繳納完整的所得稅，但也有部分在他地註冊，故僅繳交部分的地方稅。一旦英國軍方提供普遍性的登船保護措施，恐怕在船商公司陣營內部即會引起重大糾紛，因為繳納完整稅收的公司勢必反對僅繳交部份稅收的公司，認為他們不配享有完整的軍方保護。其次，此舉也會對於那些遵守政府規定，早就自行雇用武裝警衛的航運公司，形成不公平的待遇。再者，更令英國軍方擔心的是，假如士兵駐防商船保護常態化，各種其他類型的航運團體恐將要求比照辦理，像是大量由英人或香港華人設立的小型航運公司也可能提出類似要求，屆時英國軍方又該如何因應？至於經營兩廣西江航線的英商公司，因經常遭到駐防騷擾，同樣也可能會要求相同待遇由軍方提供保護。如此推波助瀾下，屆時所有英國在遠東地區的商務貿易，可能全都要求比照船商公司待遇，由英國軍方提供保護。[81]換言之，英國軍方擔心一旦政府因為大型輪船公司的遊說行動而破例，勢必將產生骨牌效應，屆時各種保護要求紛至沓來，英國軍方根本無法也無力應付。

　　簡言之，在複雜的國際政治環境與中國局勢發展中，英國跌跌撞撞好不容易摸索出一個能夠有效防制海盜劫持英船的方案，即在商船上派駐正

享有 20%的利潤」，故要求英國政府應提供完整的保護。此乃因為根據當時稅法規定，在英國註冊的輪船公司，必須繳納其營收的 20%給英國政府，亦即「帝國收入稅」(Imperial Income Tax)。

[81] "Report of Anti-Piracy Committee," 30 October 1929, CO129/521/2.

規武裝士兵。但是此方案卻又引起了英國內部另一個存在已久的爭論：防禦海盜究竟是政府的責任，還是船商的責任？相關費用又該由誰負責？海軍與船商意見相持不下，勢必將導致海盜因應對策的起伏不定，從而影響防制海盜的成敗。

第三部份、英國推動的「中（粵）英軍事合作剿盜行動」

第八章 粵英軍事合作剿盜方案
第九章 非正規粵英軍事合作剿盜模式及其爭議

　　第三部份為「中（粵）英軍事合作剿盜行動」，分為兩章，分別探究 1920 年代前半期英國與廣州當局進行軍事合作，共同進剿海盜巢穴的兩種運作模式。其一是正規模式，亦即與孫文為首的廣州當局進行軍事合作剿盜行動（第八章）。此種模式因為有廣東當局的認可與背書，故英軍師出有名，也較不易引起爭議。其二為非正規模式，則是利用檯面下的軍援與金援手段來換取廣州當局的支持，或是與陳炯明殘部等所謂的廣東「叛軍」發展合作關係，來達到軍事合作剿盜的目的（第九章）。但此類非正規模式，因為牽涉到軍援與金援行動，可能引起其他列強的猜忌，質疑英國有違反中立、介入中國內政之嫌。而與叛軍陳炯明殘部的軍事合作行動，一旦消息外洩，則極可能引起廣州當局的不滿，使得粵英關係陷入緊張、對立的情況。

第八章 中（粵）英軍事合作剿盜方案

一、前言

　　1920 年代廣東海盜問題，已成為英國政府眼中日益棘手的課題。受到民國以來廣東政治局勢動盪不安的影響，廣東南部沿海各村落的海盜活動也隨之活躍。毗鄰廣東的香港，自然首當其衝。加以廣東自古以來即海外華人重要僑鄉之一，廣東海盜充分發揮其地緣與同鄉優勢，利用海外華人網絡，擴大其活動區域。[1]也因此，廣東海盜的劫掠範圍其實並不僅限在廣東沿海，而是幾乎廣及整個東亞水域，從而使得香港往來廣東、北至上海、南至新加坡的輪船航線，均淪為廣東海盜可能下手劫掠的目標。職是之故，英國政府無不竭盡心力，試圖謀求廣東海盜問題的有效解決之法。而尋求廣州當局的協助，亦即透過中（粵）英雙方軍事合作模式，直接進剿海盜巢穴，以謀徹底解決廣東海盜問題，則是英國政府的首要策略運用。

　　回顧歷史，英國嘗試尋求中英合作模式以因應廣東海盜問題，並非

---

[1] 由於廣東是中國主要僑鄉，在中國往來東南亞各地輪船上，粵籍人士甚多，所以廣東海盜極易混身於此類往返廣東與僑居地的同鄉之中，假扮乘客登船。也因此，對於中國海關或是東南亞各地當局來說，要從粵籍乘客中過濾出廣東海盜，並非易事。關於 1920 年代廣東海盜的運作模式，可以參見〈通州輪船中途被劫〉，《香港華字日報》，1925 年12 月 24 日第 2 張 3 頁；An Editorial of *The Shanghai Times*, 19 November 1926, cited from "Canton's Duty: Should Clear Bias Bay of Pirates; Cooperation not Wanted?" *The China Mail*（香港《德臣西報》），23 November 1926；〈英水兵痛剿大亞灣海盜〉，香港《工商日報》，1927 年 3 月 25 日第 3 張；〈慘無人道之海賊〉，《香港華字日報》，1927 年 9月 9 日第 2 張第 2 頁；*Times of Ceylon*, 3 September 1927, cited from "Bias Bay: Ceylon Papers Comment on Raid," *The China Mail*（香港《德臣西報》），21 September 1927；"Bias Bay Pirates: Contemplating Coup before Chinese New Year," *The South China Morning Post*（香港《南華早報》），19 November, 1929。

1920 年代的創舉。早在晚清 1854 年，英國即提出「共同肅清海匪」的要求。[2]顯見英國在香港建立殖民地後不久，即開始面臨廣東海盜肆虐的麻煩。[3]民國以後，1914 年發生泰安輪劫案(SS *Tai On* Piracy，中文船名為音譯)時，[4]英國駐廣州總領事亦曾向時任廣東都督的龍濟光建議「中英合作」進剿海盜，具體作法乃是先由香港警方提供海盜情資，然後中英海軍一同搜索、追捕海盜。英國總領事認為「藉由採行此類措施，才能夠根除長期危害和平貿易的海盜船隊」。[5]但當時廣東方面並未對合作提議作正面回應。[6] 1922 年發生瑞安輪劫案(SS *Sui An* Piracy)後，[7]香港總督又向來港

---

[2] 1854 年 10 月，英、美、法三國向清廷正式提交修約要求，而英國所提的 18 項要求中，第 9 條即為「共同肅清海匪」，見賈楨等修，《籌辦夷務始末‧咸豐朝》（北京：中華書局重印，1979），第 1 冊，頁 343-347。

[3] 廣東海盜問題自 19 世紀中葉英國在香港建立殖民地以來，就深深困擾著英國。關於 19 世紀後半期英國政府鎮壓香港附近水域海盜的研究，可以參見龍康琪(Hong-kay Lung), *Britain and the Suppression of Piracy on the Coast of China with Special Reference to the Vicinity of Hong Kong 1842-1870* (Hong Kong University Master thesis, 2001)。

[4] 泰安輪劫案發生於 1914 年 4 月 27 日，泰安輪在從香港前往廣東江門途中，遭到偽裝乘客的海盜襲擊，進而縱火燒船，造成船上數百名乘客、船員罹難，海盜據信也同時葬身火窟，至於倖存的一百多人則由附近輪船施援，就近送到香港醫院救治。"Letter from Civil Administrator, Kwangtung, to H. M. Consul-General, Canton," 8 May 1914, *Sessional Papers Laid before The Legislative Council of Hong Kong 1927* (hereafter referred to as *SP 1927*), No.7, p. 150.

[5] "Note from H. M. Consul-General, Canton to The Tu Tu of Kwangtung," 1 May 1914, *SP 1927*, No.7, p. 149.

[6] 廣東方面由民政長回信答覆，僅強調涉案海盜均已死於船上大火之中，同時對於香港方面救援倖存乘客表達感謝之意，但並未針對雙方合作一事作絲毫回應。 "Letter from Civil Administrator, Kwangtung, to H. M. Consul-General, Canton," 8 May 1914, *SP 1927*, No.7, p. 150.

[7] 1922 年 11 月 19 日，瑞安輪在澳門前往香港途中，遭到為數約 60 名的海盜（偽裝乘客）的劫掠， 2 名印度警衛慘遭擊斃，船長與另外 2 名警衛以及 2 名乘客則受傷。海盜將瑞安輪劫持到大亞灣水域後，由舢舨船接應登陸逃逸。見 L. H. V. Booth, Assistant Director of Criminal Intelligence, Hong Kong, "Precis of Piracies Committed by Bias Bay Pirates since 1921," *The Cabinet Paper,* (hereafter referred to as CAB)CAB/24/181:0072.

訪問的廣東外交部特派交涉員表達願意提供協助進剿海盜之意。稍後英國
駐廣州總領事正式致函粵軍總司令陳炯明，除要求立即採取行動進剿海盜
外，又再度提出中（粵）英合作的建議：

> （香港）殖民當局準備提供各種可能的方式，協助圍捕中國境內的海
> 盜……。為了防止海盜從水路竄逃，英國海軍當局願意協助巡邏大
> 亞灣水域出口，也樂意替廣州當局運送軍隊。[8]

不過，中（粵）英合作的提議卻遭到陳炯明的拒絕，[9]他在回信時則援引外
交特派交涉員的意見，表示「英國海軍協助巡邏一事，因確實有損主權，
故礙難同意」。[10]

　　然而廣州與香港附近水域海盜劫持輪船事件仍此起彼落，造成英國
（香港）政府極大的困擾。例如 1923 年 12 月至 1924 年 1 月短短兩個月之
間，香港附近水域即連續發生了三起海盜劫持輪船事件，受害的輪船分別
為康國輪(SS *Kango*，華輪，1923 年 12 月 5 日被劫）、繡球花輪(SS
Hydrange，英輪，1923 年 12 月 27 日被劫)與大利輪(SS *Tai lee*，船主為華
人，但向英國註冊，1924 年 1 月 21 日被劫)。[11]尤有要者，為了防範海盜襲
擊，英國政府只能自行保護，動用海軍砲艦在珠江流域進行護航任務，但
此舉卻遭到廣州當局的抗議，理由是侵害了中國的主權：

> 海盜在珠江到處肆虐，英國派駐西江水域的艦艇乃進行護航任務，
> 以確保香港與廣州之間英商貨物運輸的安全。廣東省長乃照會英國

---

[8] "Letter from H. M. Consul-General, Canton, to His Excellency Ch'en Chiun Ming, Commander-in-Chief , Canton," 5 December 1922, *SP 1927*, No.7, p. 152.

[9] 1922 年初因為北伐問題，孫文與陳炯明近乎決裂，6 月陳炯明發動兵變，孫文出走，直
至 1923 年 1 月孫文才聯合滇、桂軍驅走陳炯明收復廣州。瑞安輪劫案發生於 1922 年 11
月，當時陳炯明為廣州當局實際掌權者。郭廷以，《近代中國史綱》，（香港：香港中
文大學出版社，1986），頁 547-551。

[10] "Letter from Commander-in-Chief , Kwangtung, to H. M. Consul-General, Canton," 9 January
1923, *SP 1927*, No.7, pp. 152-153.

[11] 除大利輪外，其餘中文船名均為音譯或意譯。"China Station General Letter No 8," from
Commander in Chief, China Station, Hong Kong, to the Secretary of the Admiralty, London,
23 January 1924, FO371/10243.

（駐廣州）總領事表達抗議之意，因為這樣的行動有害於中國的主權。此事仍由雙方官員持續交涉協商中。[12]

換言之，不但中（粵）英合作模式推動無門，連英國自行派遣軍艦保護也遭到廣州當局的非議與指責。

所幸自 1924 年初開始，中（粵）英關係逐漸有了突破性的進展，也為合作進剿海盜模式開啟了方便之門。是年 2 月，英國西江分遣艦隊高級海軍軍官馬克斯威爾史考特中校(Commander Maxwell-Scott, Senior Naval Officer, SNO, West River)在英國駐廣州總領事的陪同下，會晤了廣州當局外交部長伍朝樞。伍朝樞原則同意中（粵）英合作之事，但認為相關細節還需由外交部與警察當局進一步討論方能決定。伍朝樞並樂觀地表示，希望未來能夠藉此以初步解決廣東海盜問題。[13]稍後，英國駐廣州總領事館並直接與孫文大元帥府的陳友仁、李福林等人建立了連繫關係。[14]

根據英國駐華公使館的資料，對於海盜問題，廣州當局雖然從不吝於與香港警察部份交換海盜情報，但是一談到要共同合作進剿海盜行動時，就「明顯展露出猶疑的態度」。在英國一再威脅要採取獨立行動，逕自派遣海軍進剿海盜之後，廣州當局終於有所讓步，願意英國合作。據統計，1924-1925 年間英國與廣州當局多次共同合作進剿珠江流域的海盜。[15]而這

---

[12] "Summary of Consular Intelligence Reports for Quarter ended 31 March 1923," from Sir R. Macleay to the Marquess Curzon of Kedleston, 2 May 1923, FO371/9203; "The Minutes of Foreign Office," 22 June 1923, FO371/9203.

[13] "Proceedings of HMS *Tarantula* during the Month of February 1924," from Senior Naval Officer, HMS *Tarantula*, Hong Kong to the Secretary of the Admiralty, London, 5 March 1924, FO371/10243.

[14] 陳友仁為廣東人，受英國教育，曾任律師、北京政府交通部法律顧問，1923 年廣州大本營成立後，任秘書，1924 年又擔任孫文英文秘書。李福林為廣東人，老同盟會成員，曾任廣東警務處處長、民團統率處督辦、廣州市政廳廳長等，1924 年中（粵）英合作剿盜時，擔任籌餉總局會辦、粵軍軍長、廣州市長等職。見徐友春主編，《民國人物大辭典》（石家莊：河北人民出版社，1991），李福林條，頁 311、陳友仁條，頁 1010。

[15] "Memorandum by the British Legation, Peking," 23 September 1927, 日本外務省外交史料館藏，《支那海賊關係雜件》，第一卷，F-0138/0145-0148。

些軍事合作行動，其出現與終止，基本上均與當時的中（粵）英關係與中國政局密切相關，以下將針對雙方合作剿盜政策的出爐、軍事行動產生的背景、成效與檢討等作進一步分析。

　　為了深入探究此段少為人知的中（粵）英合作剿盜史，本章大量利用英國方面第一手的原始檔案資料，包括內閣檔案(*Cabinet Paper*, CAB)、外交部檔案(*Foreign Office 371*, FO371)、殖民部檔案(*Colonial Office 129*, CO129)、香港政府資料(*Sessional Papers Laid before The Legislative Council of Hong Kong*, SP)等，來重新探討 1920 年代中（粵）英合作剿盜的重要歷史經過。可惜中國方面關於 1920 年代雙方合作剿盜的檔案資料甚少，筆者曾查閱國史館所藏之《國民政府檔案》、《蔣中正總統文物》等檔案資料，但有關英國與廣東海盜問題的資料不多，且均與中（粵）英合作剿盜無直接關係。至於，國民黨在廣州時期的重要檔案《五部檔》，同樣亦未有中（粵）英合作剿盜的相關記錄。[16]中文檔案未有相關記載之因，除了最可能的檔案典藏遺失外，筆者研判這段時期廣州當局正推行聯俄容共方策，在俄國顧問團以及中共的推動下，對外上亦較為側重反英宣傳，因此合作剿盜之事對廣州當局來說事涉敏感。再者，根據英國資料，廣州方面主要參與此事者，也僅孫文、伍朝樞、陳友仁、李福林等少數黨政軍高層，故雙方軍事合作之事可能並未經過一般政府正規決策討論過程，而是由黨政高層直接交辦，所以未有確切的檔案記載。英國海軍、香港總督給英國政府的報告中，亦強調中（粵）英合作之事屬於機密，應避免公開類似消息，可見雙方均將合作之事定位為必須保密事項。[17]所以 1924-1925 年

---

[16] 筆者曾詳查國民黨《五部檔》，但卻無 1924-1925 年中（粵）英雙方合作剿盜的相關記錄。因此，筆者曾多次請教政大歷史系劉維開教授，他認為國民黨關於此類中（粵）英合作的資料應該可能也不會太多。

[17] "Notes on Piracy and Its Prevention by the Senior Naval Office in Charge of West River Patrols," 1924, FO371/10932. 事實上，早在 1924 年 3 月時，英國駐廣州代理總領事翟比南(Bertram Giles, British Acting Consul General, Canton)即曾面告美國駐廣州總領事精琦士(Douglas Jenkins, American Consul General, Canton)，表示英國外交部相當擔心中（粵）英軍事合作計畫可能會引起反英情緒，故認為應保持低調，不宜張揚，尤其不該

這段中（粵）英軍事合作剿盜的歷史，僅在英國政府內部殖民、外交與軍事檔案中有十分詳盡的記載，但在中文檔案卻付之闕如。或許即由於中（粵）英軍事合作的敏感性與機密性，連當時中、英文報紙也都僅約略提及，並無詳細報導此事。[18]

二、英國政府內部對中（粵）英軍事合作模式的評估

　　1924 年起香港總督開始與英國殖民部、外交部，以及廣州總領事館、北京公使館、駐華海軍當局等密切磋商英國與廣州當局合作剿盜的可能性，並評估雙方合作的可行模式。

　　英國殖民部相當贊同中（粵）英合作剿盜方案，雖然對合作形式未多做指示，但已原則上批准合作計畫。香港總督也因此開始積極推動與廣州當局交涉之事。

　　讓公眾知曉。而在 1920 年代後期的合作中，英國海軍官員也曾直接要求廣州當局必須透過輿論管制手段，限制報紙刊載粵合作的消息，此事隨即獲得廣州方面的同意。見 "Pirate Suppression and Other Matters in the Canton Consular District," Douglas Jenkins, American Consular General, Canton to Jacob Gould Schurman, American Minister, Peking, 20 March 1924, RIAC 893.8007/12; "Interview with General Lee," by C.M. Faure, Lieutenant Commander, Naval Intelligence Officer, Canton, 7 November 1927, CO129/507/3.

[18]　筆者曾詳查香港的《德臣西報》(The China Mail)、《香港華字日報》、《香港捐剌西報》(The Hong Kong Daily Press)、《南華早報》(South China Morning Post)以及新加坡《海峽時報》(The Strait Times)等報，雖然上述報紙常常提及廣東海盜劫案與討論反制之道，但對於 1924-1925 年的中（粵）英軍事合作細節卻都僅是簡略提及，並未詳述過程。至於中國報紙雖也經常報導廣東海盜劫案、海盜運作模式與英國的不滿，但對於 1924-1925 年中（粵）英軍事合作的報導，更是少之又少，僅在 1927 年英國海軍採取獨立行動進剿廣東大亞灣海盜時，《廣州民國日報》才有相當大篇幅的報導。見〈香港英帝國主義水兵籍飛機在惠陽屬稔山地方大施屠殺〉、〈十八師政治部之電報〉、〈總政治部之緊急會議〉、〈總政部今日招待新聞記者：討論英人又在惠陽慘殺案〉、〈政治工作人員與新聞記者聯席會議：發起反英屠殺稔山民眾示威大會〉、〈總政治部通令宣傳英兵屠殺稔山民眾案〉、〈社論：我們要認識英帝國主義的屠殺政策〉，《廣州民國日報》，1927 年 3 月 26 日 5 版與 9 版、3 月 28 日第 4 版、3 月 31 日 2 版與 6 版。

英國海軍「中國艦隊」總司令仍認為應仔細評估現有局勢，目前尚未有決定。英國西江分遣艦隊高級海軍軍官，則建議英國海軍行動還是以侷限海上行動為佳，不要派遣士兵登陸剿盜。

外交部的態度比較持保守，雖然不反對中（粵）英合作剿盜，但是認為英國在未獲北京中央政府的同意下，直接與廣東地方當局軍事合作剿盜，對於中國人或是其他列強來說，或許可能產生誤會，且有違英國對華政策：不干涉中國內政，與不承認廣東地方當局的基本立場。[19]

英國駐華公使麻克類雖然主張在與廣州當局合作時，應須注意避免造成英國有承認廣州為分離或獨立政府的印象，但基本上還是傾向支持中（粵）英合作剿盜一事。麻克類認為英國跟「事實上的」(de facto)地方政府合作剿盜，不會抵觸上述英國對華政策，只要廣州當局方面願意同意英國合作；如果廣州當局拒絕合作，則英國的軍事行動亦應該侷限在海面上，而不要派遣軍隊登陸剿盜。[20]英國駐廣州總領事的態度與麻克類相似，傾向支持軍事合作剿盜計畫，況且廣東方面也曾多次提出合作的要求；特別是剿盜行動中，如果打著中英合作的名義，廣東派出軍艦或軍隊在場，將可以合理化英國海軍的行動。[21]

簡單來說，英國外交部（持保留態度）、[22]殖民部、香港總督以及駐

---

[19] 以上英國各部會態度，見"Memorandum Respecting Piracy Suppression Received from Sir Miles Lampson," dispatch No. 1030, 21 September 1927, CAB/24/202: 0024.

[20] "R. Macleay, British Minister, Peking to Foreign Office, London," 28 January 1924, CO129/486; "Memorandum Respecting Piracy Suppression Received from Sir Miles Lampson," dispatch No. 1030, 21 September 1927, CAB/24/202: 0024.

[21] 英國駐廣州總領事認為，雖然「中國人的合作不太可能是有效的」，但是「中國砲艦與軍隊的在場卻是有用的」。"British Consul-General, Canton to the British Minister, Peking," January 1924, CO129/486.

[22] 英國外交部因擔心中（粵）英合作可能會造成英國承認廣州當局為獨立政府的錯誤印象，故特地致函殖民部部長，文中附帶麻克類的報告，請殖民部「特別注意」此類情況，並最好能事先警告香港總督，以防其推動中（粵）英合作過頭。為此，殖民部乃通知香港總督「應注意避免造成有承認廣州當局為分離或獨立政府的印象」。見 "Foreign Office to Colonial Office," 2 February 1924, CO129/486; "Colonial Office to the Governor of

北京公使館、廣州總領事館等第一線外交領事官員基本上均不反對中（粵）英合作剿盜的大原則，但對於雙方合作的形式與尺度則未有定論。

表 8-1：1924 年初英國對中（粵）英合作進剿海盜的態度			
		中（粵）英合作剿盜	中（粵）英合作模式	備註
外交系統	外交部	不反對		有顧慮
	北京公使館	贊成	合作以海上行動為主，避免登陸	應避免造成承認廣州政府的印象
	廣州總領事館	贊成	合作以海上行動為主，避免登陸	
殖民系統	殖民部	贊成		
	香港總督府	贊成	海陸並進	
海軍系統	「中國艦隊」總司令	未表態		評估中
	西江分遣艦隊高級海軍軍官	贊成	海上合作，避免登陸	

　　1924 年 3 月，英國駐廣州總領事在與香港總督、海軍司令討論後，確定中（粵）英合作將侷限在海上行動，不派遣軍隊或警察登陸剿盜，以避免引起不必要的反英情緒。在與廣東省長協商後，粵、英雙方也確立合作的範圍為：東江口附近、珠江三角洲、澳門西邊等地區。不過，廣州當局為避免合作剿盜成為一種慣例，將此次合作定位為非正式形式，且盡量保

持低調。[23]

　　另外一方面，自 1858 年《天津條約》以來，即確立中英政府雙方應會商共謀解決海盜之法；[24]因此，晚清時期英國與廣東方面曾多次合作處理廣東海盜問題。[25]英國政府回顧過去經驗，認為中英合作防盜體制對於壓制中國沿海與內河海盜問題，確實起了相當正面的作用：

> 自《天津條約》簽訂之後，中英之間即經常性維持著合作剿盜行動。毫無疑問的，歸功於這些合作，中國海盜活動相形之下已較為收斂。在這段期間，在中國沿岸與內陸水域地區，只有零星的海盜活動。雖然仍有一定數量的帆船遭到海盜劫掠，但是從未聽聞有輪船劫案發生。[26]

　　然而到了民國時期，由於廣東內部動盪不安，加以民族主義與國家主權的觀念日益強烈，廣州當局對於與英國一同合作剿盜之事顯得興趣缺缺，無論是龍濟光、孫文，還是陳炯明均曾婉拒英國的合作要求，所以晚清以來樹立的中（粤）英合作剿盜模式遂束之高閣。到了 1920 年代，特別是陳炯明叛變之後，孫文重返廣州，處於內外交迫的窘境下，開始積極尋求外援，雖然逐漸確定聯合俄國的基本方針，但事實上並未放棄與英國之間的合作關係。而英國與香港政府正為廣東海盜肆虐問題所困擾，急於尋求廣州方面的合作，所以中（粤）英雙方乃在共同剿盜的大旗之下，秘密開展了軍事合作關係。[27]關於 1924 年中（粤）英軍事合作，外交交涉事宜

---

[23] "Memorandum Respecting Piracy Suppression Received from Sir Miles Lampson," dispatch No. 1030, 21 September 1927, CAB/24/202: 0024.

[24] 《天津條約》第 53 款：「中華海面每有賊盜搶劫，大清、大英視為向於內外商民大有損礙，意合會議設法消除。」見〈中英天津條約〉（1858 年），收錄在黃月波等編，《中外條約彙編》（上海：商務印書館，1935），頁 6。

[25] 晚清時期（特別是 1850 年代末期至 1860 年代初期）英國海軍與清朝東南沿海地方政府的合作剿盜機制可以參見村上衛，《海の近代中國－福建人の活動とイギリス・清朝》（名古屋：名古屋大學出版會，2013），第三章，頁 136-181。

[26] "A Draft Note from the British Foreign Office to the Ministers for Foreign Affairs, National Government of China," June 1929,CO129/515/1.

[27] "An Extract from A Report Received from the Commander in Chief, China Station," 5 July

多由陳友仁負責與英國駐廣州總領事協商,軍事方面則由粵軍第三軍軍長李福林與英國海軍西江分遣艦隊共同協調處理。當時李福林深獲孫文信任,擔任廣州市市長等職。[28]自 1924 年下半年開始,孫文將廣東剿盜的重責大任委以李福林,7 月廣州大元帥府正式發布任命李福林負責廣州、順德、南海三地剿盜事宜,也因此李福林及其「福軍」積極在廣東省境內僅行一系列的剿盜行動。[29]1924 年英國海軍與李福林的合作,也就在此類剿盜行動中正式開展。簡言之,在孫文主導下,廣州當局於 1924 年下半年著手進行剿盜行動,由李福林負責執行,英軍的協助與合作則隱藏在剿盜行動之中。[30]

三、1924年中(粵)英軍事合作

1924 年 3 月下旬,第一次聯合進剿海盜軍事行動即開始進行,李福林為實際軍事行動的主要執行者。除陸軍部隊以外,廣東海軍艦艇亦多次參與剿盜作戰。

(一)初期的軍事合作行動

1924 年 1 月,先是英商亞細亞石油公司(Asiatic Petroleum Company)的

1923, FO371/9182; "Memorandum Respecting Piracy Suppression Received from Sir Miles Lampson," dispatch No. 1030, 21 September 1927, CAB/24/202: 0024.

[28] 徐友春主編,《民國人物大辭典》,李福林條,頁 331;"Memorandum Respecting Piracy Suppression Received from Sir Miles Lampson," dispatch No. 1030, 21 September 1927, CAB/24/202: 0024.

[29] 〈軍事聲中之李福林態度〉、〈李福林赴順收編周部情形〉,《香港華字日報》,1924 年 7 月 9 日第 1 張、7 月 21 日第 3 張;〈李福林任廣州市長〉,《香港華字日報》,1924 年 9 月 18 日第 1 張。

[30] 李福林在回憶錄中強調孫文對於中(粵)英軍事合作剿盜之事自始即知情,且經常以電話關注剿盜進度。見莫紀彭筆錄,李業宏整理補充,〈李福林自述〉,《廣州文史》,第 49 輯(1995)。

兩艘汽艇遭到廣東海盜劫持，之後懸掛英旗的大利輪在從香港前往廣東江門途中，遭到偽裝乘客登船的海盜攻擊，英籍船長與 1 名印度武裝警衛被槍殺身亡。因此，英國駐廣州總領事館與廣州當局多次進行交涉，希望中（粵）英雙方一同展開聯合軍事行動。[31]3 月 20 日，雙方合作進剿海盜行動正式展開。粵軍將領李福林與英軍合作，率軍進剿東江口幾個惡名昭彰的海盜村落，逮捕並槍決海盜首領。[32]關於此次行動，根據英國駐華公使館的報告，廣東方面派遣三艘砲艦與軍隊進攻東江口附近的海盜巢穴，順利擊沈數艘海盜船，擒獲 40 餘名海盜，並解救 20 餘名人質。戰鬥過程中，英國海軍則派出狼蛛號(HMS *Tarantula*)助陣，但並未實際參與戰鬥。[33]其次，根據英國海軍情報處的報告，認為廣州方面當時對於英國共同進剿的動機仍有所質疑，故英國艦艇「並未在進剿行動中扮演積極的角色，而只是參與行動，同時提供必要的精神支柱」。換言之，此次中（粵）英合作進剿行動中，粵軍是主角，英國海軍艦艇不過助陣而已。[34]3 月 23 日中（粵）英又展開第二波進剿行動，此次軍事行動主要集中在三山附近（廣州南方），李福林本人並曾親自前往巡視布防，英國海軍則派出飛蛾號(HMS *Moth*)隨行。[35]

---

[31] Naval Intelligence Division, Naval Staff, Admiralty, *Confidential Admiralty Monthly Intelligence Report*, No.106 (15 March 1928), p.30, CO129/507/3.

[32] 進剿行動中，英國海軍艦艇軍均在場戒備。不過英國海軍「中國艦隊」總司令懷疑遭槍決的海盜並非真正的海盜首領，可能只是代罪羔羊。見 "General Report on Political Situation in China and the Question of Piracy in the Vicinity of Hong Kong," from Commander-in-Chief, China Station to the Admiralty, 29 April 1924, FO371/10243.

[33] "Memorandum Respecting Piracy Suppression Received from Sir Miles Lampson," dispatch No. 1030, 21 September 1927, CAB/24/202: 0024.

[34] Naval Intelligence Division, Naval Staff, Admiralty, *Confidential Admiralty Monthly Intelligence Report*, No.106 (15 March 1928), p.30, CO129/507/3.

[35] 《香港華字日報》稱 1924 年 3 月時李福林將所部軍隊集中三山一帶，積極進行剿盜事宜，但並未提及與英軍的合作。〈李福林所部陸續抵江門〉，《香港華字日報》，1924 年 3 月 27 日第 3 張。不過，根據英國外交檔案，英國海軍此次行動中曾派遣飛蛾號砲艦協助。

　　4 月，廣東方面以欠缺步槍清剿海盜爲由，向英國提出借用步槍的要求。但英國外交部認爲如此將會違背列強對華軍火禁運的規定，故拒絕廣東方面的要求。香港總督府決定改以資助煤料的方式，供廣東派遣軍艦進剿海盜之用。[36]4 月 23 日，英國海軍派出「數艘艦艇」與李福林所部以及廣東海軍一同合作追捕馬寧地區的海盜。5 月時，廣東方面一度希望英國海軍能夠採取更爲積極性的作爲，除了軍艦參戰外，亦可派遣軍隊登陸進行剿盜。但英國駐廣州總領事與高級海軍官員婉拒派兵登陸的要求，僅表示英國海軍可以護送中國軍隊前往目的、提供砲火掩護，或是必要時提供少量人員與機槍支援。英國高級海軍官員並建議中國派員登上英國軍艦以協助指定砲火攻擊地點。6 月 23 日，中（粵）英再度合作進剿海盜行動，英國海軍派出秋蟬號(HMS *Cicala*)與知更鳥號(HMS *Robin*)協助兩艘廣東軍艦一同進攻江門東北方的 6 個海盜村莊。雖然廣州方面宣稱此次行動順利擊斃 4 名海盜，並擄獲其他 20 餘名海盜，但英國海軍顯然對於海軍行動的成效感到失望，認爲是「一次失敗」。因爲負責指揮的廣東海軍官員不但懷疑其士兵的忠誠，同時也不准英國海軍砲艦介入過深。所以英國海軍認爲此次行動的「唯一好處只是讓中國習慣於（與英國）共同行動」。英國駐西江高級海軍軍官亦認爲，在缺乏陸上軍隊作戰的情況下，只是派出海軍艦艇剿盜，其實成效相當有限。[37]

　　簡單來說，雖然英國海軍對於 1924 年上半年的中（粵）英初期軍事剿盜成效不無質疑，但整體而言還是力主持續推動下去，畢竟歷經數月的進剿行動之後，對於廣東海盜還是產生一定程度的嚇阻作用，珠江三角洲部分區域的海盜問題亦爲之肅清。不過，從英國方面的資料來說，不難看出廣州當局當時對於中（粵）英軍事合作的性質與限度仍有相當歧見，也未

---

[36] 關於香港政府以金援方式支持廣東剿盜軍事行動開支等問題，見本書第九章。

[37] "Memorandum Respecting Piracy Suppression Received from Sir Miles Lampson," dispatch No. 1030, 21 September 1927, CAB/24/202: 0024；Naval Intelligence Division, Naval Staff, Admiralty, *Confidential Admiralty Monthly Intelligence Report*, No.106 (15 March 1928), p.31, CO129/507/3.

形成明確共識，而實際負責剿盜決策的個別官員之間表現出來的態度也有些反覆的傾向，固然有主張英軍應介入更深者，但亦有偏向提防英國者。

（二）商團事件前後的軍事合作行動

1924 年 8 月底到 10 月間，中（粵）英雙方曾因廣州商團事件而關係一度緊張，廣州當局痛恨英國意圖策動顛覆陰謀，英國則擬動用海軍武力展開干涉行動：

> （英國）反對孫文，惹起國民黨反感……利用廣州商團，組織其所謂中國之「棒喝團」，以匯豐銀行買辦陳廉伯為領袖，由英國派人助以金錢槍械，而此人竟敢不顧粵政府之抗議，公然串同海關上英人，將軍械強運入廣州，及粵政府抄設此種私運槍械時，英國總領事，竟公然宣言恫嚇，謂粵政府如敢對於私運人有所行動，英國當武裝干涉……。[38]

英國軍艦雲集廣州白鵝潭實施武裝示威，駐廣州代理總領事亦向廣州當局遞交外交通牒，恫嚇必要時英國海軍將展開行動；廣州當局則由孫文發表宣言與抗議書，厲聲痛斥英國干涉中國內政，中（粵）英關係因此陷入低潮。[39]廣州當局擊敗商團後，又傳聞可能趁勢以武力收回海關與沙面

---

[38] 此為曾任香港大學教授的英人斯密約翰所言，其人久居中國，在離職返英後，為文抨擊英國對華政策諸多謬誤之處，並嚴辭譴責英國駐華與香港官員行事不當。見〈英政府對華陰謀竟被英教授揭破：香港大學教授斯密約翰歸國後之著作、謂華人排英咎由自取、英人損失竟已在七千萬磅以上〉，《世界日報》，1926 年 9 月 25 日第 3 版。

[39] 商團事件乃是廣州商人（匯豐銀行買辦陳廉伯主導）從歐洲進口軍火以便武裝私人武力，但軍火遭到廣州當局的扣押，陳廉伯於是策動罷市，商團武力並進佔廣州西關，企圖迫使廣州當局讓步交還所扣軍火。孫文決定鎮壓商人與商團的叛亂行為，雙方爆發軍事衝突，英國為擔心戰火波及廣州英租界，故派遣海軍前往白鵝潭警戒。不過，英國駐廣州代理總領事卻在未經授權的情況下，向廣州當局遞交措辭強硬的恫嚇照會，故引起孫文的強烈不滿，乃發表宣言與抗議書痛斥英國干涉內政。關於商團事件與中（粵）英關係可以參見張俊義，〈英國政府與 1924 年廣州商團叛亂〉，《廣東社會科學》，2000 年第 3 期。

租界，一時之間情勢非常危急，眼看中（粵）英衝突在即。由於局勢緊張，英國海軍松雞號(HMS *Moorhen*)與飛蛾號砲艦先後將艦上機關槍拆卸安裝在陸地上，以抵禦廣州當局可能的軍事進攻。[40]英國廣州總領事館也緊急要求香港總督調派陸軍部隊馳援廣州。[41]

所幸不久之後北方直奉戰爭有了結果，由於馮玉祥倒戈發動北京兵變造成直系潰敗，段祺瑞出面處理後續善後事宜並邀請孫文北上共商國是，而隨著孫文準備北上，中（粵）英之間原先一觸即發的緊張局勢方始獲得緩解。英國駐西江高級海軍軍官即注意到 1924 年 10 月 23-24 日間廣州局勢還異常緊張，雙方衝突似乎一觸即發，英國海軍也準備必要時將海關職員及其眷屬撤到沙面租界，再運送至香港。然而北方戰事變化與孫文獲邀北上的消息傳出後，「廣州一片平靜，所有騷動的謠言隨之停止」，到了 25 日「所有紅色麻煩的危險以及使用武力強佔海關的企圖，都為之終止」。[42]

---

[40] "Letter of Proceedings- October 1924, 1924" from Senior Naval Officer, West River to the Commodore, Hong Kong, 6 November 1924, FO371/10916.

[41] 根據英國駐香港海軍准將給「中國艦隊」總司令的報告，自 1924 年 10 月 10 日起廣州局勢即日趨緊張，英國除從駐防香港的「孟買擲彈兵團」(Bombay Grenadiers)中抽調 3 排兵力前往廣州沙面外，同時也下令「東薩里步兵團」(East Surrey Regiment)其中 1 連隨時備便，如廣州情況危急時，將立即調往廣州。此外，法國海軍軍艦警戒號(*Vigilante*)也抽掉一半人員前往廣州以支援英國海軍航空母艦阿加斯號(HMS *Argus*)。"Canton and West River," from Commodore, Hong Kong to the Commander-in-Chief, China Station, 12 November 1924, FO371/10916.

[42] 其實廣州當局內部，亦不乏主張溫和立場、反對布爾什維克激進路線的有力人士。早在 10 月 28 日，滇軍總司令楊希閔即在廣州沙面租界日本總領事館內與日、英、法三國總領事進行晤談，楊希閔明白表示他堅決反共，也不會容許共黨在廣州建立組織，事實上「在廣州的紅色份子人數很少，除了少數極端主義者外，沒有人喜歡共產主義，而紅色工農軍人數也不過僅數百人」。楊希閔並聲稱他不主張以武力來解決關餘問題，而認為應該透過交涉協商來處理，他並澄清商團事件中，其麾下的滇軍並未大肆燒殺，相反的他們還曾阻止湘軍的縱火行動。此外，楊希閔甚至還希望尋求法國的協助，同意其經由法屬安南從雲南運送新兵至廣東。"Letter of Proceedings- October 1924, 1924" from Senior Naval Officer, West River to the Commodore, Hong Kong, 6 November 1924, FO371/10916.

　　無庸諱言，商團事件確實造成中（粵）英關係緊張，英國海軍官員的
報告中，即坦承雙方合作進剿海盜雖然頗有成效，但受到商團事件的影響
遭受到很大的阻力：

> 最初提出（中英）合作時，中國官員明顯懷疑我們的企圖，至今仍
> 有很多人反對。儘管如此，（合作）仍有很大的成就。（不過，廣州
> 的）政治情況限制英國海軍武力採取進一步的行動。「從沙面炸彈攻
> 擊事件、沙面罷工、商團軍火問題，到廣州部份區域焚燬與商團的
> 作戰準備，幾乎沒有喘息的空間」。[43]

不過英國海軍並未因此暫偃旗鼓，仍積極地巡邏廣東附近水域，搜索並攻
擊海盜船隻。例如 1924 年 9 月時，英國海軍知更鳥號即在西江小欖水道
附近主動追捕兩艘形跡可疑的海盜汽艇，除當場擄獲其中一艘外，並動用
6 磅砲擊沈另外一艘汽艇。[44]10 月，英國海軍更曾自行派遣松雞號砲艦前
往東江上游援救一艘遭到廣東海盜挾持的英國汽艇，松雞號並以密集的機
關槍砲火攻擊海盜，使之棄船逃逸。[45]

　　另外一方面，商團事件期間雖然一度造成中（粵）英關係頓挫，但並
未立刻影響到李福林與英國的關係以及雙方合作進剿海盜之事，[46]因為 9-

---

[43] "Report by the Senior Naval Officer, Canton" from The Commander-in-chief to the Governor of Hong Kong, 26 December 1924, cited from "Memorandum Respecting Piracy Suppression Received from Sir Miles Lampson," dispatch No. 1030, 21 September 1927, CAB/24/202: 0024.

[44] 被英艦知更鳥擊沈的汽艇為 SL *Tin Fook*，被擄獲的則是 SL *Hangly*。根據事後調查，SL *Tin Fook* 隸屬於小欖附近軍警所有。知更鳥號艦長的報告，見"Report by L.C.P. Tudway, Lieutenant Commander in Command, HMS *Robin*," 30 September 1924, CO129/490.

[45] 英商汽艇(SL *Mun Chuk*)遭東江海盜劫持後，即被改裝為海盜船用以攻擊東江往來的船隻。因此英國海軍獲得該汽艇情資後，隨即派遣松雞號前往搜查。見"Letter of Proceedings- October 1924, 1924" from Senior Naval Officer, West River to the Commodore, Hong Kong, 6 November 1924, FO371/10916.

[46] 馬克斯威爾史考特在 1924 年 10 月初的報告中，僅說「自 9 月下旬開始，由於政治情況的不確定，李福林無法離開廣州，加上他攬事過多，恐怕目前沒有充足兵力來全心全力處理海盜問題」。至於英國海軍情報處的報告則表示「除了 8 月份受到罷工的影響而阻

10 月間李福林仍與英國互動密切,並接受英國提供的援助。[47]9 月時香港總督府即正式將 250 噸的煤料移交給廣東方面負責進行剿盜的李福林,並準備未來再提供另外 250 噸。[48]

> 9月份時,香港政府為贊助剿盜行動,提供了250噸的燃煤。這批燃媒乃是在容奇鎮直接移交給李福林的代表。更多的補給,將會視李福林代表的指派,看是要在容奇或是廣州進行移交,但是不會移交給孫文的部門。[49]

英國海軍西江分遣艦隊並自 9 月起與李福林所部軍隊展開軍事進剿行動,分別在 9 月第 1 週、第 3 週以及 10 月底,三度清剿廣東馬寧等三處海盜聚落。[50]此波中(粵)英聯合軍事進剿行動相當成功,迫使馬寧及其周邊地區的海盜組織無法在該區立足,只能暫時逃往香港與澳門避難。

為了進一步追捕該批海盜,經由英國西江分遣艦隊高級海軍軍官馬克斯威爾史考特中校的安排,李福林派遣代表與香港警察司當面進行晤談,決定李福林所屬的偵探將前往香港與香港警察共同合作緝捕逃逸的馬寧地

礙到剿盜行動外」,自 9 月起李福林在另外一位粵軍將領的協助下,積極處理西江水域的海盜問題,9 月底即宣稱已肅清馬寧、小欖、橫門等地區海盜。見"Piracy and Anti-piracy Operations," Extract from Senior Officer of HMS *Tarantula*, 3 October 1924,CO129/490; Naval Intelligence Division, Naval Staff, Admiralty, *Confidential Admiralty Monthly Intelligence Report*, No.106 (15 March 1928), p.31, CO129/507/3.

[47] "Memorandum Respecting Piracy Suppression Received from Sir Miles Lampson," dispatch No. 1030, 21 September 1927, CAB/24/202: 0024.

[48] 根據英國駐廣州海軍官員的報告,英國除提供李福林煤料以供進剿海盜之用外,香港警察也與李福林互動密切,共同商討合力緝拿海盜的辦法,並將逮捕的海盜引渡給李福林處置。"Memorandum Respecting Piracy Suppression Received from Sir Miles Lampson," dispatch No. 1030, 21 September 1927, CAB/24/202: 0024.

[49] "Piracy and Anti-piracy Operations," Extract from Senior Officer of HMS *Tarantula*, 3 October 1924, CO129/490.

[50] 根據英國駐香港海軍情報官給「中國艦隊」總司令的報告,1924 年 9 月第 1 週時進攻馬寧(Mah Ning)地區的海盜聚落、9 月第 3 週則進攻 Ku Pa 地區、10 月底則是 Tau Chau 地區。見"Notes on Piracy in the Delta 1924," from Staff Officer (Intelligence) Hong Kong to the Commander-in-Chief, China Station, 14 May 1925, FO371/10933.

區海盜。至於逃往澳門的海盜，亦是透過馬克斯威爾史考特的聯繫，由香港總督出面會商澳門總督，以便李福林所屬偵探也能與澳門警方建立合作關係。[51]因此，在馬克斯威爾史考特與香港總督的居中協調下，李福林、香港警察、澳門警察三方可望建立查緝海盜組織的共同聯繫網絡。

> 廣東剿盜總辦李福林將軍的代表已與香港警察武力之間確立了緊密的合作關係，我們建議李將軍與澳門警察當局之間也能建立類似的關係，合作致力於清剿盜匪…，以便增進澳門、香港與中國的共同利益。[52]

李福林的代表在從香港回廣州後，還特地前往拜訪英國駐廣州代理總領事翟比南(Bertram Giles)，通報中（粵）英合作防盜近況，表示「對於躲藏在香港殖民地的海盜問題，已經有了妥善的處置與安排」。[53]顯而易見，李福林相當積極經營與英國之間的合作關係。1924 年 9 月下旬，馬克斯威爾史考特在給香港海軍准將的報告中，強調廣東局勢瞬息萬變，英國必須珍惜目前與李福林的合作關係，特別是李福林現在已擔任廣東全省剿盜總辦，其人又展現出對於進剿海盜事務的極大熱誠。[54]

商團事件甫結束，11 月 2 日，李福林即前往拜會馬克斯威爾史考特，除清楚告知目前廣州內情外，也似乎急於向英國表明立場：他屬於溫和派，而非激進的布爾什維克份子。[55]李福林並與馬克斯威爾史考特會商未

---

[51] 馬克斯威爾史考特認為李福林與葡萄牙之間的關係不若與英國般緊密，而澳門總督先前曾與香港聯繫，希望雙方共同合作打擊海盜，因此如果由香港總督出面牽線，一定能夠促成李福林與澳門之間的共同剿盜合作關係。見"Commander M. Maxwell-Scott, SNO, West River to the Commodore, Hong Kong," 23 September 1924, CO129/490.

[52] "R.E. Stubbs, Governor of Hong Kong to the Governor of Macao," 4 October 1924, CO129/490.

[53] "Bertram Giles, Consul-General, Canton to His Majesty's Minister, Peking," 29 September 1924, CO129.

[54] "Commander M. Maxwell-Scott, SNO, West River to the Commodore, Hong Kong," 23 September 1924, CO129/490.

[55] 李福林告訴馬克斯威爾史考特：孫文將在一週內北上，他與其他「溫和派人士」均樂見孫的北上；而現任廣東省長、布爾什維克分子胡漢民將會陪伴孫文北上，其職位可能由

來的軍事合作剿盜事宜,希望英國海軍派遣軍艦協助李福林大規模掃蕩廣東的海盜。以下則是 1924 年 11 月 2 日,李福林與馬克斯威爾史考特當面晤談進剿海盜事宜的部分對話內容:

> 李福林:小欖鎮(Sailum,江門東北方)是一個非常麻煩的地方,是時候該給他們一點教訓,並開個幾砲轟擊那裡。
>
> 馬克斯威爾史考特:假如你或你的代表能夠到當地,並指出確切的地點,那我可以代勞砲轟那個地方。不過,除非那裡完全是海盜據點,否則我不能將那個城鎮或村落亂炸一通。
>
> 李福林:斗門(Taumong,崖門附近)地區也是非常麻煩,我希望之後再到那裡去,但是屆時必須有兩艘英國砲艦幫忙。
>
> 馬克斯威爾史考特:只要廣州方面沒有意見的話,我們這邊沒有問題。[56]

之後,李福林與馬克斯威爾史考特商妥聯合掃蕩 (a combined sweep) 計畫,決定中(粵)英共同行動,於 1924 年 11 月下旬突擊位於西江流域小欖水道(Sailum Channel)與雞鴉水道(Kerr Channel)之間的幾處海盜巢穴(海盜人數估計約 300 人)。[57]英國海軍一共出動 6 艘艦艇參與此次行動,包括昆蟲級砲艦狼蛛號、鷸級砲艦知更鳥號、鴨級砲艦松雞號等 3 艘砲艦,以及另外 3 艘武裝汽艇(Armed Launches, *Kwong Lee, Dom Joao, Hing Wah*),擔任封鎖水路、防止海盜逃逸等輔助性的任務,而李福林派遣的 2000 名士兵則負責主要的登陸攻擊行動。不過在進剿過程中,因海盜奮力抵抗,英艦知更鳥號乃改採主動攻勢,使用六磅砲轟擊村莊(約砲轟 3-4 次),松雞

財政部長代理。李福林並強調,他雖然人微言輕,但卻不是個布爾什維克。

[56] "Letter of Proceedings- October 1924," from Senior Naval Officer, West River to the Commodore, Hong Kong, 6 November 1924, FO371/10916.

[57] 根據英國海軍情報處的資料,此股海盜勢力相當強大,除有 300 人之眾外,還擁有武裝汽艇、4 門小型野砲以及 30 挺湯普森機關槍(Thompson machine guns)。見 Naval Intelligence Division, Naval Staff, Admiralty, *Confidential Admiralty Monthly Intelligence Report*, No.106 (15 March 1928), p.30, CO129/507/3.

號亦隨之開火攻擊意圖突圍的海盜。此外，李福林所部部分士兵因事前行動不慎走漏消息，故大部分海盜還是在攻擊行動展開前，即另外乘坐汽艇逃逸，所以爲了追捕逃匪，英國海軍艦艇在攻擊行動結束後又繼續在附近的小欖、雞鴉以及橫門水道上進行大規模搜索，成功攔截部分逃逸的海盜汽艇。馬克斯威爾史考特中校評估此次軍事合作行動相當成功，一共造成海盜死傷約 20 餘人，並逮捕 40 餘人，雖因李福林軍隊事先走漏消息而無法將海盜一網打盡，但畢竟還是造成極大的嚇阻作用，迫使此處海盜撤往東江地方，西江下游各水道也因此爲之肅清，暫無海盜蹤跡。[58]

　　英國海軍「中國艦隊」總司令在給海軍部的例行報告中，亦對此次軍事行動表示肯定，認爲馬克斯威爾史考特中校派遣砲艦與李福林部隊一同合作，已使得「海盜問題較爲平息」，不過較爲可惜的是假如李福林所部士兵沒有在事前走漏消息的話，軍事行動將會更爲成功。[59]英國海軍情報處的報告中，雖然認爲粵軍行動不利，但強調英國艦艇在周遭水域的後續追捕掃蕩行動獲致相當成功，不但迫使海盜放棄 1 艘汽艇登岸逃亡，更直接擊沈另外兩艘汽艇。雖然部份海盜逃至東江水域，因該處水位較淺不利英國艦艇行動，但英國海軍仍棄而不捨持續追捕，並於此次軍事行動後一週，順利在東江水域捕獲了 4 艘海盜武裝汽艇。[60]至於英國駐廣州代理總領事翟比南，則認爲此次中（粵）英軍事合作行動有別於以往，因爲「英國海軍砲艦已確實參與攻擊海盜的行動」，而非僅是單純從事封鎖水路等輔助性任務。[61]

---

[58] "Anti Pirate Operation on 24 November, 1924," by Commander M. Maxwell-Scott, S.N.O., West River, FO371/10932; "Piracy," A Report from the Naval Intelligence Officer, Hong Kong, 1 January 1925, FO371/10932.

[59] "China Station General Letter No 1," from Commander in Chief, China Station, Hong Kong, to the Secretary of the Admiralty, 17 December 1924, CO129/490.

[60] Naval Intelligence Division, Naval Staff, Admiralty, *Confidential Admiralty Monthly Intelligence Report*, No.106 (15 March 1928), p.32, CO129/507/3.

[61] "Anti-Piracy Cooperation: Reports Further Action by Li Fuk-lin," from Bertram Giles, Consul-general, Canton to the British Minister, Peking," 28 December 1924, FO371/10932.

図8-1：中（粤）英軍事合作進剿小欖鎮東方海盜聚落示意圖
(1924年11月24日)

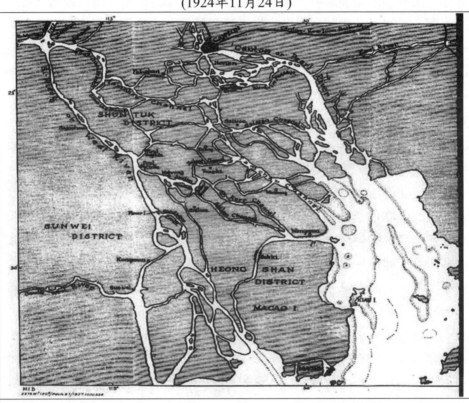

說明：圓圈處所指的區域為剿盜地點，即位於小欖、雞鴉兩水道之間）

圖片來源： Naval Intelligence Division, Naval Staff, Admiralty, *Confidential Admiralty Monthly Intelligence Report*, No.106 (15 March 1928), CO129/507/3.

（三）後續的軍事合作

　　1924 年 12 月，李福林又與英國海軍商妥新一波的軍事合作行動，準備進攻東江三角洲東莞地區的海盜巢穴。東江水域水位低下，英國乃派遣吃水較淺的松雞號、知更鳥號兩艘砲艦前往支援。不過，剿盜事宜卻遲遲無法開展，主要乃因該區已先由駐粵滇軍將領范石生派軍入駐，而李福林與范石生向來不和，顧慮派兵進入東莞地區會引起滇軍的猜忌。正當東江剿盜行動受到李、范之爭僵持不下之際，又發生一件嚴重的海盜劫案。12月6日，廣州基督教嶺南學校(Canton Christian College)所屬的一艘汽艇，在接運學生從廣州返回河南校區途中，遭到偽裝乘客的海盜劫持，迫使汽艇改在黃圃地區靠岸，並將船上大部分學生綁架而去。[62]

　　嶺南學校汽艇劫案發生後，李福林與英國海軍乃暫緩東江地區的剿盜行動，全力援救遭擄的學生。12 月 11 日，李福林所部獲得情資部分學生已被海盜擄至番禺東邊的石碁，故派兵進剿該處。石碁位處沙灣水道北側，英國海軍也派遣數艘艦艇前往助陣，不過因海盜抵抗微弱，英國海軍艦艇只在旁助陣觀戰，並未實際參與行動。最後，在李福林部隊的持續行動下，最終嶺南學校遭擄學生全數獲救。至於遭到逮捕的海盜，其中為首的 3 人遭李福林槍決處死，28 人遭囚禁以便繼續追查海盜行蹤，其餘之人因多屬遭海盜脅迫的普通村民，故被釋放。[63]

---

[62] "Letter of Proceedings- December, 1924" from the Senior Naval Officer, West River to the Commodore, Hong Kong, 1 January 1925, FO371/10916; "Piracy," A Report from the Naval Intelligence Officer, Hong Kong, 1 January 1925, FO371/10932.

[63] 遭擄的基督教嶺南學校學生人數約 30 餘人，海盜顯然挾持人質四處逃逸隱匿。李福林先派兵在深圳龍崗的南灣地區逮捕 76 名海盜黨羽，援救出 22 名學生，另外有 6 名學生則趁亂自行逃逸。之後，李福林麾下偵探又探知還有 8 名學生被囚禁在石碁，故與英軍合作一同進剿該處海盜巢穴。李福林兩度用兵石碁，方才順利救出剩下 8 名學生。"Letter of Proceedings- December, 1924" from the Senior Naval Officer, West River to the Commodore, Hong Kong, 1 January 1925, FO371/10916.

圖8-2：中（粵）英軍事合作進剿石碁沙灣水道海盜聚落示意圖
(1924年12月11日)

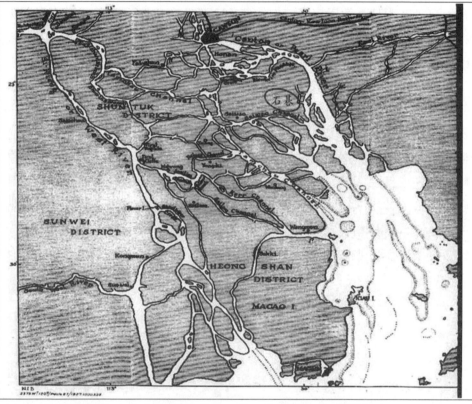

說明：圓圈處所指的區域為剿盜地點石碁，其南方即為沙灣水道。
圖片來源： Naval Intelligence Division, Naval Staff, Admiralty, *Confidential Admiralty Monthly Intelligence Report*, No.106 (15 March 1928), CO129/507/3.

（四）行動分析

1924 年中（粵）英雙方進行多次軍事合作進剿行動，除第一次是進攻東江口的海盜外，其餘均是圍剿西江水道上幾處惡名昭彰的海盜據點：

時間	剿盜地點	英軍行動
	表 8-2：1924 年中（粵）英軍事合作表	
1924.3.20	東江口	狼蛛號砲艦助陣
1924.3.23	西江（三山附近）	飛蛾號砲艦助陣
1924.4.23	西江（馬寧等處）	數艘英艦助陣
1924.6.23	西江（江門東北）	秋蟬號、知更鳥號砲艦助陣
1924.9-10	西江（馬寧等處）	不詳
1924.11.24	西江（小欖附近）	狼蛛號、知更鳥號、松雞號 3 艘砲艦，以及 3 艘武裝汽艇參戰，協助封鎖河道，並後續追捕與擊沈海盜汽艇
1924.12.11	西江（石碁附近）	數艘英艦助陣

由上表可以清楚看出，中（粵）英軍事合作頻率相當密集，即使商團事件前後雙方關係緊張期間，李福林仍與英國海軍合作無間。尤其 1924 年 9 月之後，雙方合作愈趨緊密，成效也日益顯著。關於這段時期雙方軍事合作行動，英國海軍駐香港情報官(Staff Officer(Intelligence),Hong Kong)有詳細報告：

> 英國海軍西江分遣艦隊與李福林部隊之間的聯合剿盜行動在九月展開，並由李福林將軍負責指揮剿盜行動。（到目前為止）…剿盜行動仍持續進行中，現已進剿幾處最惡名昭彰的區域，像是馬寧、江門等地，逮捕並處死了許多海盜首領。從 9 月開始到今年（1924 年）底，一共有 52 名海盜被判處死刑，還有許多海盜遭到懲罰或是有待進一步的審判。在十二月，還進剿了當中數量最龐大的海盜聚落。（從統計數據來看）…剿盜有了顯著成效，該月海盜案件總共僅有 3 起，而且全部未能得逞。[64]

其次，英國海軍也相當重視與配合李福林的需求，視其需要盡力派遣的所

---

[64] "Notes on Piracy in the Delta 1924," from Staff Officer (Intelligence) Hong Kong to the Commander-in-Chief, China Station, 14 May 1925, FO371/10933.

需的艦艇前往協助。[65]在任務分配上，英軍艦艇以輔助性質（例如封鎖河道，防止海盜逃竄）的助陣爲主，多半未實際參與作戰，但只要遇到較爲強大的海盜據點時，則立即改扮演積極角色，除開砲轟擊海盜參與戰鬥外，還主動搜索附近河道的逃亡海盜。由此觀之，1924 年中（粤）英軍事合作期間雖然曾歷經商團事件等負面影響，但李福林與英國海軍之間還是建立了相當程度的軍事互信，故英國海軍較不顧忌地更積極地協助粤軍處理海盜問題。

究其實際，李福林與英國海軍西江分遣艦隊、廣州總領事館之的關係非比尋常。李福林只要接獲海盜情資，即會構思進剿海盜的軍事計畫，然後與英國駐西江高級海軍軍官交換意見、安排合作細節。[66]每當剿盜行動結束後，李福林還會專門致函英國駐廣州總領事翟比南，詳細報告剿盜經過、傷亡情況、逮捕的海盜名錄與後續的處理方式，可見英國與李福林的合作關係其實甚爲密切。[67]1924 年 12 底，李福林還送交一份業績表給英國駐西江高級海軍軍官，陳述從是年 9 月 10 日至 12 月 28 日之間所緝獲的海盜名冊，內容含括了李福林部隊在不同區域展開的各式剿盜行動。[68]尤有要者，雙方還進一步強化了軍事與警察的合作面向。在軍事方面，除了上述軍事行動外，李福林還購置了 6 台無線電設備，預備裝設在幾處重要地點，以便能夠加強「剿盜總部、現場指揮官與英國海軍砲艦之間迅速的

---

[65] 英國駐西江高級海軍軍官馬克斯威爾史考特在給香港海軍准將的報告中，即強調當李福林進剿海盜時，英國海軍只要接獲通知，就會在短期間內派遣艦艇到各個相關水域提供協助。見"Letter of Proceedings- December, 1924" from the Senior Naval Officer, West River to the Commodore, Hong Kong, 1 January 1925, FO371/10916.

[66] "Despatch from James Jamieson, Consul General, Canton to Ronald Macleay, British Minister, Peking," 2 February 1925, FO371/10933.

[67] 1924 年 10 月，李福林給英國駐廣州總領事館的報告，見"General Li Fook Lum, 3rd Army Commander to Consul General, Canton," 3 & 5 October 1924, CO129/490；11 月的報告，則見"General Li Fu-lin, 3rd Army Commander to Consul General," 11 & 25 November 1924, FO371/10932.

[68] "Letter of Proceedings- December, 1924" from the Senior Naval Officer, West River to the Commodore, Hong Kong, 1 January 1925, FO371/10916.

溝通聯繫」，英國海軍也將協助李福林完成無線電設備的架設工作，讓雙方「互蒙其利」。在警務方面，香港警察也與李福林屬下的警探進行密切合作，順利清查並逮捕了部分隱匿在香港的海盜成員。[69]李福林在剿盜事務的用心及其對外的友善態度，由此可見一斑，無怪乎英國海軍樂於與其保持密切合作的關係。[70]

四、1925年中（粵）英軍事合作

1925 年 6 月初，英國海軍與廣東方面又展開新一波的軍事合作行動。粵軍方面實際執行者改由駐防小欖鎮的梁金鰲(General Leung Kam Ngo)負責，[71]並與英國海軍駐西江分遣艦隊一同規劃進剿海盜方略。此波中

---

[69] "Piracy and Anti-Piracy Operation," An Extract from the Letter of Proceedings for the Month of October Addressed by the Senior Naval Officer of the West River to the Commodore at Hong Kong, 6 November 1924, FO371/10932.

[70] 英國海軍「中國艦隊」總司令在 1925 年 2 月給海軍部的報告中，以及同年 5 月海軍部給殖民部的信件中，均稱在李福林的持續剿盜行動下，已有顯著效果，海盜犯罪情況已有趨緩的跡象。見"Piracy Prevention Ordinance and Regulation," Commander-in-Chief, China Station to the Admiralty, 17 February 1925; "Letter from the Lords Commissioners of Admiralty to the Under Secretary of State, Foreign Office," 28 May 1925, FO371/10933.CO129/490.

[71] 英國外交部備忘錄中，曾稱 General Leung Kam Ngo 為「駐紮在江門附近的雲南籍將領」。英國海軍報告則表示 1925 年 6 月時該將領的防區是在小欖鎮一帶。但根據報紙報導，1925 年間與英國海軍有合作行動的粵軍部隊，為新編建國粵軍警衛軍梁金鰲部。比對粵語發音，Leung Kam Ngo 應即為梁金鰲。梁金鰲為老同盟會成員，辛亥革命期間曾參與潮汕起義行動，統率「冠字軍」（梁金鰲又名冠三），其部隊組成主要來自香港、省城與惠州方面，當時隸屬於「粵東革命軍第四軍」。梁金鰲之妹為梁定慧，後來嫁與國民黨元老鄒魯。見 "Minutes of Foreign Office," September 1925, FO371/10933;"Report from C.M. Faure, Lieutenant in Command, HMS *Robin* to the Commanding Officer, HMS *Cicala*," 10 June 1925, FO371/10933；〈英艦助匪砲擊中山橫擋鄉〉，《廣州民國日報》，1924 年 7 月 18 日第 3 張；〈珠海讀本、珠海人文：梁定慧〉，《南方都市報》，2009 年 9 月 3 日。

（粵）英軍事合作打擊的對象，主要仍是是西江水域的海盜據點。

（一）進剿古鎮小欖間海盜聚落

　　廣東香山古鎮東北方曹步村與海洲村之間有幾處惡名昭彰的海盜聚落（現今為廣東中山市古鎮鎮曹步北方、小欖鎮西南），不但平素危害鄰近鄉里，私設關卡對往來船隻收取保護費，還曾多次攻擊英國船隻。在行動前幾週，梁金鰲即已派出密探假扮修理工人在該區域探勘情況，獲知此區海盜一共分成 15 股，總人數約 357 人。可惜一位粵軍官兵在打探消息時遭到海盜識破，以致消息走漏，故雙方決定在 1925 年 6 月 8-9 日之間出發，並於 10 日清晨抵達曹步、海洲村後展開攻擊行動。

　　此次行動英國海軍派出 1 艘昆蟲級砲艦（秋蟬號）、1 艘鶲級砲艦（知更鳥號）搭配兩艘武裝快艇（AL *Hing Wah* & AL *Kwong Lee*）一同參與軍事行動。英國艦艇上並駐有粵軍聯絡官，以方便雙方聯繫，梁金鰲本人亦乘坐英艦知更鳥號一同前往海盜聚落。梁金鰲所擬定的作戰計畫為一口袋包夾戰術：東邊由粵軍主力部隊擔綱，從小欖鎮開拔，往西行軍越過龍岡溪，進攻曹步村北方海盜聚落，全程並由英艦知更鳥號隨行提供火力掩護；北邊由另外一支約 300 人左右的粵軍支隊負責，他們乘坐木船在海盜聚落北方的海洲村登陸，由北往南進攻曹步村。西邊與南邊則由英艦蟬號以及兩艘武裝快艇負責，他們停泊在另外一側的古鎮水道及西江上封鎖水路，防止海盜遭到攻擊後往西邊與南邊逃竄。由上述計畫可以看出英軍艦艇主要還是擔任輔助性的任務：火力掩護與水路封鎖。（軍事行動示意圖，見圖 8-3）

　　不過，在行動前卻發生了一件意外，當知更鳥號砲艦準備從小欖鎮附近的九洲村出發前，梁金鰲所雇用的華籍引水人忽然消失不知所蹤，導致英艦延遲 2 個小時出發，並只能在沒有引水人領航的情況下冒險航駛至曹步村。在正式準備展開攻擊行動前，英艦知更鳥號並應梁金鰲之請，率先開砲攻擊海盜聚落，以為粵軍部隊的攻擊行動張勢。最終粵軍成功包圍了海盜聚落,並逮捕了約 50 名海盜。[72]

此次中(粵)英軍事合作行動嚴格來說不能算是一次成功的任務,因為總數約 357 名的海盜,只逮捕了 50 名左右,近 6/7 的海盜還是脫逃成功。粵軍官兵在刺探消息時遭到識破,早已讓海盜有所警覺,稍後逃跑的引水人則是任務失敗的主因,事後證明該引水人為海盜眼線,並逃往古鎮通風報信,使海盜獲知有關軍事行動的主要內容,以致大部分海盜在攻擊行動前即撤往北邊的海洲村,從最弱的北方封鎖線展開突圍,非但阻止了原先準備在該處登陸的粵軍支隊,也使得北方露出缺口,功敗垂成。

英國海軍知更鳥號艦長在事後檢討報告中,即坦言粵軍方面的三項疏失導致軍事行動無法克致全功:一是無法保密、二是不守時、三是怯弱。首先就保密而言,粵軍消息極易走漏,因此往後最好在事前均不公布行動內容,待開拔前最後一刻才下達行動命令。尤其是粵軍還應該嚴密監控引水人的行動,例如此次行動能防止引水人洩密,定可擄獲更多的海盜。其次,就不守時而言,中國人時間觀念極差,粵軍往往無法採取同步行動,常出現行動不一致的情況,故往後行動前均應先對錶,以齊一步調。第三就怯弱而言,粵軍士氣普遍低落,往往「比海盜還差」。故攻擊行動前英艦的開砲射擊就扮演相當重要的作用,除了威懾海盜外,更足以鼓舞粵軍士氣。然而,當砲擊結束時,粵軍卻不會立刻主動開始進攻,因為他們竟然害怕行動時會遭到英艦誤擊。因此,往後砲擊行動結束後,英艦還必須立即派人通知粵軍部隊,如此他們才會展開攻擊行動,不致貽誤軍機。[73]英國駐西江高級海軍軍官同樣也注意到粵軍士氣不佳的現實情況,「如無英國軍艦在場助陣,往往不敢發動攻擊。」換言之,英艦在場是唯一能激

---

[72] "Report from C.M. Faure, Lieutenant in Command, HMS *Robin* to the Commanding Officer, HMS *Cicala*," 10 June 1925, FO371/10933; "Report from V.P. Alleyne, Lieutenant Commander in Command, HMS *Cicala* to the Senior Naval Officer, West River, HMS *Tarantula*," 14 June 1925, FO371/10933.

[73] "Report from C.M. Faure, Lieutenant in Command, HMS *Robin* to the Commanding Officer, HMS *Cicala*," 10 June 1925, FO371/10933.

勵粵軍勇敢進攻的關鍵因素。[74]英國海軍駐香港指揮官史特林准將給「中國艦隊」總司令的報告中，也感覺到要廣州方面執行軍事合作計畫並非易事，因爲中國人對於進剿海盜一事，多半表現出「漫不經心」的態度。[75]

圖8-3：中（粵）英軍事合作進剿古鎮小欖間（曹步）海盜聚落示意圖
(1925年6月9-10日)

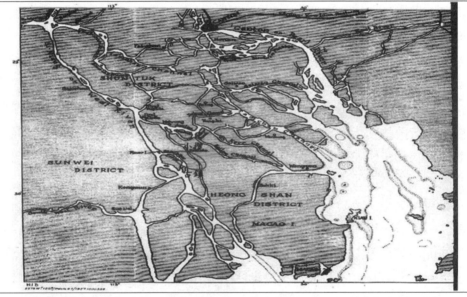

說明（上圖）圓圈處所指區域為剿盜地點曹步村，位於小欖鎮與古鎮之間

[74] "Report from M. Maxwell-Scott, Commander & Senior Naval Officer, West River to the Commodore, Hong Kong," 15 June 1925, FO371/10933

[75] "Operations against Pirates," from A.J.B. Stirling, the Commodore, Hong Kong to the Commander in Chief, China Station, 17 June, 1925, FO371/10933.

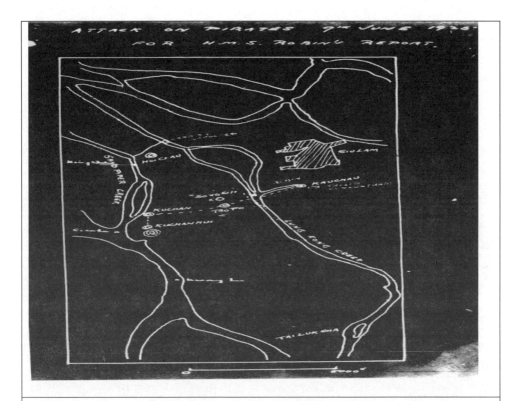

英國海軍知更鳥號艦長所繪製的攻擊海盜行動原圖：右邊大城鎮為小欖鎮、左
　上方為海洲村、中間為曹步村、左下方則為古鎮；虛線則為粵軍進攻路線；
　英艦知更鳥號部署在小欖鎮下方水道、快艇AL *Hing Wah*在海洲西邊水道、
　秋蟬號在古鎮西邊水道、快艇AL *Kwong Lee*在古鎮南方水道（此圖乃直接
　從英國外交檔案微捲中複製，原件即為黑白印刷，應為鉛印掃瞄）

圖片來源：

（上圖）Naval Intelligence Division, Naval Staff, Admiralty, *Confidential Admiralty
　　　Monthly Intelligence Report*, No.106 (15 March 1928), CO129/507/3.

（下圖）"Report from C.M. Faure, Lieutenant in Command, HMS *Robin* to the
　　　Commanding Officer, HMS *Cicala*," 10 June 1925, FO371/10933.

（二）進剿橫當海盜聚落

　　古鎮軍事行動結束後，英國海軍知更鳥號軍艦護送梁金鰲前往大黃圃（位於小欖鎮東南方），同時雙方並會商未來的攻擊目標為大黃圃東南方一處海盜據點：橫當村。該村位於丘陵之上，由東西向三座山丘組成，四周河川環繞，形勢極為險要，外圍地區又為平坦的稻田，不利外來進攻者隱蔽，其東方入口處還設有要塞塔(fortified tower)，易守難攻。一般粵軍部隊以步兵為主，多半缺乏火砲等如重武器，不易攻進橫當村的海盜據點。故該批海盜肆虐當地長達三年，地方當局卻束手無策。因此，如能夠獲得英國海軍砲艦的強大火力奧援，先摧毀要塞塔，再砲擊村落，粵軍將得以趁勢攻入丘陵地區，掃平這批海盜。

　　中（粵）英共商擬定的軍事合作計畫乃是粵軍派出 400-500 名士兵，搭配英國海軍知更鳥號砲艦，水路並進攻擊橫當村的海盜要塞。6 月 11 日早晨，粵軍部隊從大黃圃出發，到達橫當村外圍地區後即兵分三路，預備分別從東、西、北三面向橫當發動進攻。英國海軍知更鳥號軍艦，則從潭洲水道轉駛入橫當村南方的小溪，一方面提供粵軍火力支援，砲轟橫當村要塞塔與建物，二方面同時封鎖南方水路，防止海盜從此方向遁逃。為了避免英軍火砲誤擊，粵軍部隊均攜帶鮮明的特殊旗幟，以供英艦辨識。英艦知更鳥號駛抵橫當村東南方水路後，應梁金鰲之請，率先使用 6 磅砲(6 pound gun)砲轟橫當山丘東、西兩側的要塞塔。粵軍部隊隨即發動進攻，但橫當村擁有山丘、岩石等天然屏障，海盜又據險堅守，連續三次擊退粵軍攻勢，戰況呈現膠著。為了順利摧毀要塞，知更鳥號軍艦艦長一度透過無線電向英國海軍駐西江高級海軍軍官請求援助，準備增派一艘大型的昆蟲級砲艦（即秋蟬號）助戰，[76]所幸後來粵軍發現英艦火砲之所以無法摧毀橫

---

[76] 根據英國海軍情報處的報告，當戰況陷入膠著之際，粵軍指揮官一度曾向英軍威脅道如果無法獲得更強大的火砲支援，他們不可能再發動攻擊，故知更鳥號艦長只能緊急尋求英國西江分遣艦隊高級海軍軍官的協助。「雖然當時廣州局勢已經相當緊張，但為了滿足粵軍的要求，以及藉此機會讓粵軍見識 6 吋砲(6 inch gun)的威力」，高級海軍軍官決

當西側的海盜要塞，是因為天然屏障不只遮掩了英艦視線，也阻礙了火砲彈著點。因此，知更鳥號軍艦乃從原先的橫當東南方水路改行駛至西南方，最後順利擊毀該處要塞，迫使海盜撤離；同時，艦上水兵也使用火力強大的李維斯機關槍（Lewis machine guns）密集掃射海盜，為粤軍助陣。粤軍則順勢發動突擊，攻破橫當村的海盜要塞。

　　歷經三個小時的苦戰，粤軍最後終於成功掃蕩橫當村海盜。為了視察英軍火砲攻擊成效，知更鳥號艦長法瑞上尉(Lieutenant in Command, C.M. Faure)特地陪同粤軍指揮官一起登上橫當村山丘。法瑞並依照中國官場習俗，率領一支由 10 名英國水兵組成的武裝護衛隊（攜帶 6 支步槍與 4 支手槍）一同登岸。然而在視察過程中，躲藏在山丘上的部份海盜殘餘勢力還負隅抵抗，並試圖攻擊英軍。法瑞除下令英軍護衛隊立刻開槍還擊外，並透過無線電聯繫停泊在橫當西南方水路的知更鳥號軍艦再度動用火砲，轟擊殘餘海盜勢力的隱匿之地。此次中（粤）英軍事行動總計約擄獲海盜約 60 名，擊斃人數甚多難以統計，趁亂逃逸的海盜則約在 40 人左右。[77]（中（粤）英軍事合作行動，請見圖 8-4。）

　　英國駐西江高級海軍軍官對於橫當軍事合作給予高度肯定，認為「行動完全成功」，不但激勵了粤軍指揮官，使其勇於對抗海盜，同時對於海盜而言，也有殺雞儆猴的效果。唯一的遺憾在於英國海軍未能及時增派一艘大型砲艦前往，因為如能讓昆蟲級砲艦以 6 磅砲大肆轟擊橫當村所屬的三角洲區域，將會有非常好的影響，足以使得附近海盜勢力感到膽寒與畏

定排除萬難，再度抽調秋蟬號砲艦前來增援。見 Naval Intelligence Division, Naval Staff, Admiralty, *Confidential Admiralty Monthly Intelligence Report*, No.106 (15 March 1928), p.33, CO129/507/3.

[77] 關於英國海軍進剿橫當行動細節與時程，可參見知更鳥號艦長以及海軍情報處的報告，見"Report from C.M. Faure, Lieutenant in Command, HMS *Robin* to the Senior Naval Officer, West River, HMS *Tarantula*," 12 June 1925, FO371/10933; Naval Intelligence Division, Naval Staff, Admiralty, *Confidential Admiralty Monthly Intelligence Report*, No.106 (15 March 1928), pp.33-34, CO129/507/3.

懼。[78]由此可知,英國駐西江高級海軍軍官認為英國艦艇的砲轟行動,對於中(粵)英軍事合作以及海盜問題的解決,扮演著非常重要作用。

其次,依照原先規劃,在此次軍事合作行動中,英艦知更鳥號仍然只是負責火力掩護與封鎖水路的輔助性任務。但由上述戰鬥過程中,可以看出雙方角色一度互換,英艦後來卻幾乎承擔了類似主攻者的任務。由於橫當海盜聚落擁有天險屏障與要塞保護,缺乏重武器裝備的粵軍步兵難以突破,因此只能完全仰賴英艦知更鳥號的火力。為了摧毀海盜要塞,知更鳥號總計射擊了高達 144 發的 6 磅砲,之後又動用機關槍密集掃射,迫使海盜後撤。換言之,知更鳥號不但摧毀要塞,還驅散了海盜,粵軍似乎不過是收拾戰場以及追擊四散逃亡的海盜。連最後隱匿的海盜殘餘勢力,亦是由知更鳥號再度動用火砲方能解決。[79]

尤有要者,此次中(粵)英合作行動還有一個重大改變:先前幾次進剿海盜作戰中,英國海軍均嚴守水上作戰的限制,避免登陸參與陸上作戰,但此次知更鳥號艦長法瑞上尉不但親率武裝護衛隊登陸視察,稍後還在山丘上與殘餘海盜交互駁火。換言之,這意謂英國海軍已實際參與了陸上戰鬥。[80]英國海軍情報處事後認為知更鳥號艦長派遣部隊登陸一事,「提供粵軍重要的精神支柱,使其與勇於再次發動攻擊」,故英軍登岸實有著激勵粵軍士氣的重要作用。不過,此事後來卻在英國政府內部引起不小的議論與質疑,因為派遣武裝人員登陸不但違背當時英國在華海軍的行動準則,更可能牽動到日益敏感的中英與中(粵)英關係。英國駐香港海軍指揮官史特林准將(A.J.B. Stirling, the Commodore, Hong Kong)即指出:依

---

[78] "Anti-Piracy Operation," from M. Maxwell-Scott, Commander & Senior Naval Officer, West River to the Commodore, Hong Kong, 16 June 1925, FO371/10933.

[79] "Report from C.M. Faure, Lieutenant in Command, HMS *Robin* to the Senior Naval Officer, West River, HMS *Tarantula*," 12 June 1925, FO371/10933.

[80] "Report from C.M. Faure, Lieutenant in Command, HMS *Robin* to the Senior Naval Officer, West River, HMS *Tarantula*," 12 June 1925, FO371/10933. 見 Naval Intelligence Division, Naval Staff, Admiralty, *Confidential Admiralty Monthly Intelligence Report*, No.106 (15 March 1928), p.34, CO129/507/3.

據英國海軍《中國艦隊命令書》(*China Station Order Book*)第 52 條規定，英國海軍官兵在執行剿盜行動時，任何情況均不得登陸外國領土。因此，史特林雖然肯定知更鳥號軍艦在剿盜行動上展現的技巧與決心，但還是提醒該艦艦長法瑞必須注意《中國艦隊命令書》的相關規定，畢竟英國海軍「在進剿海盜時所提供的援助，僅限於從海軍艦艇進行火砲與槍枝攻擊，但不得派遣人員登陸」執行任務。[81]英國海軍「中國艦隊」總司令亦與史特林持相同看法，不贊成派遣武裝人員登陸之事。[82]英國外交部在收到海軍部轉來的軍事行動報告後，同樣也覺得知更鳥號艦長的行動不甚妥當。早在之前英國外交部即曾警告過海軍部，不應派遣軍隊登陸作戰，因為此類行動即使在平常時期也都「可能引起譴責『侵害中國主權』的重大騷動」。[83]

---

[81] "Operations against Piracies," from the Commodore, Hong Kong to Lieutenant C.M. Faure, HMS Robin (Copies to Commander-in-chief, China Station & Senior Naval Office, West River), 19 June 1925, FO371/10933.

[82] "Anti Piracy Operations, West River," from E. S. Alexander-Sinclair, Vice Admiral, Commander in Chief, China Station to the Secretary of the Admiralty, July 2 1925, FO371/10933.

[83] "Minutes of Foreign Office," 3 September 1925, FO371/10933.

圖8-4：中（粵）英軍事合作進剿橫當海盜聚落示意圖
（1925年6月11-12日）

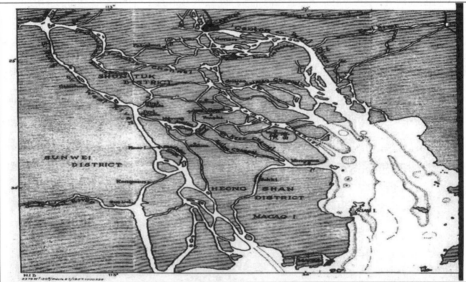

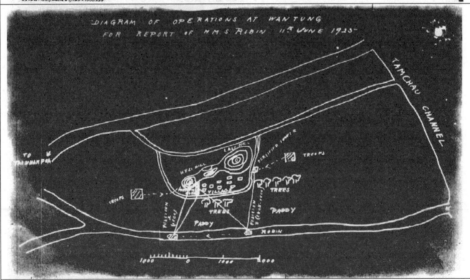

說明：

（上圖）圓圈處所指區域為剿盜地點橫當村，其右方為潭洲水道。

（下圖）英國海軍知更鳥號艦長所繪製的攻擊海盜原圖：右方為潭州水道，中間方形村落為橫當村海盜要塞，下方虛線箭頭為英艦知更鳥砲艦行進路線，實線箭頭則為知更鳥號砲擊彈道，左方與右方橫紋方塊及虛線箭頭則為粵軍部隊進軍路線。（此圖乃直接從英國外交檔案微捲中複製，原件即為黑白印刷，應為鉛印掃瞄）

圖片來源：

（上圖）Naval Intelligence Division, Naval Staff, Admiralty, *Confidential Admiralty Monthly Intelligence Report*, No.106 (15 March 1928), CO129/507/3.

（下圖）"Report from C.M. Faure, Lieutenant in Command, HMS *Robin* to the Senior Naval Officer, West River, HMS Tarantula," 12 June 1925, FO371/10933.

（三）行動分析

　　古鎮與橫當軍事剿盜行動的時間點在 6 月 8 日-12 日，距離上海五卅事件發生已有數日，廣州局勢已開始出現緊張情況，反英氣氛隨之日漸濃厚。古鎮軍事合作行動時，英國海軍勉強尚且能夠挪派 2 艘砲艦、2 艘武器小艇前往協助，但到了橫當軍事合作行動時，廣州反英的情況已經相當嚴重，英國海軍無法派遣更多的軍艦前往進剿海盜，只能由知更鳥號一艘軍艦單獨負責執行，因為絕大部份的軍艦均已調往廣州，以預防局勢進一步的惡化。[84]其實，根據英國駐西江高級海軍軍官的事後檢討，如果不是受到廣州反英局勢牽制，英國海軍應可以派遣更多的軍艦前往協助，圍剿海盜的成效也將更大。[85]例如古鎮軍事合作時，英國海軍只要能夠多派一

---

[84] 英國海軍情報處報告中，即坦承由於廣州反英局勢日趨緊張，被迫將秋蟬號砲艦召回，僅由知更鳥號砲艦獨自與粵軍梁金鰲部一同進剿橫當海盜。見 Naval Intelligence Division, Naval Staff, Admiralty, *Confidential Admiralty Monthly Intelligence Report*, No.106 (15 March 1928), p.33, CO129/507/3.

[85] "Report from M. Maxwell-Scott, Commander & Senior Naval Officer, West River to the Commodore, Hong Kong," 15 June 1925, FO371/10933; "Anti-Piracy Operation," from M. Maxwell-Scott, Commander & Senior Naval Officer, West River to the Commodore, Hong

艘軍艦駐守在海州村附近,即或圍剿海盜消息走漏,海盜亦無法從北面突圍。橫當軍事合作時,同樣如果能多派一艘大型的昆蟲級砲艦,應可輕易摧毀橫當村西側的海盜要塞,戰況也不會如此膠著與拖延費時。

表 8-3:1925 年中(粵)英軍事合作表

時間	剿盜地點	英軍行動
1925.6.9-10	西江(古鎮小欖間)	秋蟬號、知更鳥號 2 艘砲艦以及 2 艘武裝汽艇參戰,提供火力掩護與封鎖河道
1925.6.11-12	西江(橫當附近)	知更鳥號砲艦參戰,提供火力掩護、摧毀要塞掩體

另外一方面,五卅事件後雖然廣州反英情勢日趨緊張,英國海軍也受其牽制而必須將大部份軍艦駐守廣州;不過,顯然 6 月上旬時中(粵)英軍事合作剿盜之事尚未受到實質影響,否則也不會有古鎮與橫當軍事合作行動的出現。處於第一線的英國海軍軍艦艦長,也能憑藉著往昔與現場粵軍指揮官的私人情誼,繼續攜手推動剿盜行動。[86]英國駐西江高級海軍軍官的報告中,雖然強調「現今政治局勢是如此的混亂,(雙方)進一步的合作行動可能受到影響,而要拖延到較和緩的時期」,但他對於未來英國與梁金鰲的合作剿盜行動依然保持相當樂觀的看法,認為是這一個好的開始:中(粵)英軍事合作行動的成功經驗,已讓梁金鰲及其部屬對進剿海盜之事充滿信心,中山地區的海盜問題也可望在雙方繼續合作的狀態下獲得解決。[87]況且:

> 梁金鰲現在非常急於徹底解決中山地區的海盜問題,而且如果政治情況准許的話,我提議與他繼續合作,直到此問題解決為止。[88]

Kong, 16 June 1925, FO371/10933.

[86] 例如英國海軍知更鳥號艦長即「曾在廣州學習廣東話兩年,而與軍事指揮官關係密切。」見"Minutes of Foreign Office," 3 September 1925, FO371/10933.

[87] "Report from M. Maxwell-Scott, Commander & Senior Naval Officer, West River to the Commodore, Hong Kong," 15 June 1925, FO371/10933

[88] "Anti-Piracy Operation," from M. Maxwell-Scott, Commander & Senior Naval Officer, West

然而，隨著中英、中（粵）英關係急遽惡化，廣州當局積極動員反英運動
之後，這種合作關係似乎愈加顯得搖搖欲墜。此時英國海軍駐香港指揮官
即察覺到廣州「政治情況的演變，已經很不幸地造成先前中（粵）英合作
剿盜行動的終止」，英國有必要另謀其他解決之道。[89]果不其然，6 月下
旬，廣州亦步上海後塵，爆發極其嚴重的中外衝突，英法採取強硬手段，
血腥鎮壓抗議遊行的百姓與學生、工人隊伍，同時也為此番中（粵）英合
作關係正式劃上句點。1925 年 6 月 23 日，廣州工人、學生與商民等為了
聲援上海罷工、譴責五卅事件，舉行大規模示威遊行抗議，但在行經沙基
附近時，與沙面租界守軍發生衝突，英法軍隊開槍掃射遊行隊伍，停泊在
沙面島南方白鵝潭的英國軍艦也開砲射擊城區，造成上百人死傷，是為沙
基慘案。[90]

> 李福林及其屬下的剿盜行動持續到1925年6月中旬，由於沙面開槍事
> 件以及華南地區後續的反英運動，阻礙了（英國）與中國當局進一
> 步的合作。最後幾次成功的聯合行動乃是在6月9日與11日，分別進
> 攻了小欖與橫當附近的海盜據點。[91]

「大屠殺」發生後，廣州當局立即對英採行絕交態度，英國外交部 7 月初
的內部評估中，亦認為「以當時的緊張關係來看，可能將導致與李福林之
間共同剿盜行動的中止」。換言之，原先的中（粵）英軍事合作與互信勢
將無以為繼。[92]

River to the Commodore, Hong Kong, 16 June 1925, FO371/10933.

[89] "Operations against Pirates," from A.J.B. Stirling, the Commodore, Hong Kong to the
Commander in Chief, China Station, 17 June 1925, FO371/10933.

[90] 石源華主編，《中華民國外交史辭典》（上海：上海古籍出版社，1996），沙基慘案
條，頁 345。

[91] Naval Intelligence Division, Naval Staff, Admiralty, *Confidential Admiralty Monthly
Intelligence Report*, No.106 (15 March 1928), p.32, CO129/507/3.

[92] "Minutes of Foreign Office," 9 July 1925, FO371/10933.此外，英國外交部在 9 月初的內部
備忘錄中，還強調「這些（軍事合作剿盜）行動是在『廣州大屠殺』("massacre at
Canton")之前進行的」，言外之意，在沙基慘案後，中（粵）英合作暫時已成絕響，不
可能再現。"Minutes of Foreign Office," 3 September 1925, FO371/10933.

五、英國對中（粵）英軍事合作的檢討

（一）海軍官員的檢討

在 1924 年 6 月的檢討報告中，英國駐西江高級海軍軍官即指出在英方壓力下，中（粵）英合作雖然付諸實現，但主要負責進剿任務的廣東軍隊卻顯然無法有效徹底解決海盜問題。首先，1924 年廣東政情詭譎多變，有孫文與陳炯明之戰以及粵人治粵、粵軍驅逐客軍問題等，內爭激烈，遑論要處理海盜問題。其次，廣東軍閥分據各地，地方實力派亦各有地盤，極度抗拒外來干涉，對於入境進剿海盜的軍隊亦懷有戒心，態度十分消極，使得剿盜成效大打折扣。雖然與英國合作的李福林進剿海盜甚力，但基本上不可能改變廣東各地割據勢力的現狀，所以在政府統治力無法深入地方的情況下，再多的進剿海盜行動可能亦只是陷入治標不治本的窘境，無法徹底根除海盜。即使廣東當局調派砲艦參與進剿行動，但成效依然有限：

> 據報告，有四艘中國砲艦被派往處理海盜問題，但我並不認為他們有能力逮捕與處死海盜。他們所能做的，不過只是將海盜嚇跑而已（當他們離去時，海盜又會回來）。唯一長久之計，乃是李福林或其他可信任的人物確實佔領控制這塊地方，並拘捕所有的海盜首腦。然而，只要當地政治情況依舊，我認為李福林不可能確實佔領這塊地方（海盜問題亦不可能解決）。[93]

英國駐西江高級海軍軍官的報告點出了一項事實：廣東現況才是造成海盜猖獗、不易處置的最主要原因。中（粵）英合作即使運作無礙，粵方亦致力於進剿海盜，但受到廣東政府本身問題的牽制，如對地方控制力薄弱，以及地方勢力抗拒外來干涉等因素影響，都會使得進剿海盜成效不彰。

尤有要者，廣東政府對於合作模式並非全然支持，內部反彈聲浪一直

---

[93] "Letter of Proceedings, May 1924," by Commander and Senior Naval Officer, West River, 4 June 1924, FO371/10243.

不小，更加深進剿海盜的難度。1924 年底英國駐西江高級海軍軍官的檢討報告中，即持續反思中（粵）英合作對於治理海盜問題的成效，以及關注廣東內部對合作剿盜的質疑。該報告首先回顧九個多月來合作過程的艱辛：

> 過去九個月來，廣東全省陷入混亂狀態，毫無法治與秩序可言。3月左右，中國官員開始討論是否要與英國海軍合作一同進剿海盜。歷經冗長的交涉，孫文政府終於同意合作。但很明顯的，中國官員從一開始即懷疑英國的動機，其內部也有一股強大的勢力堅決反對與外國合作。歷經諸多延宕，在4月底之前，中（粵）英終於開始合作並肅清了珠江三角洲的海盜問題。雖然英國有意繼續處理其他海盜區域，但各種麻煩開始浮現，廣州的情勢發展主導了整個情況。事實上，英國海軍武力只能固守廣州，並護衛那裡的英國利益。先是沙面炸彈事件，接著沙面罷工，然後是商團武器問題，最後導致廣州部分城區陷入戰火，以及商團的解散。在那期間，情況緊張到不容稍事端息，以致於不可能對海盜採取大舉攻勢。似乎每次危機解除，注意力才剛集中到反制海盜事務上不久，立刻又有新的危機在廣州出現。

一直要到商團事件結束後，中（粵）英合作才終於又露曙光：李福林對幾處海盜巢穴展開軍事行動，「雖然稱不上有效率，但是就現有情況來說，已充分展現力道與熱誠」，因此只要廣州局勢保持平穩，中（粵）英合作能夠繼續推動下去，將非常有助於海盜問題的解決。特別是英國海軍的在場與參與，對於李福林的軍事行動有非常大的作用。自中（粵）英合作以來，英國海軍艦艇即十分活躍，忙於執行巡邏以及搜索並攻擊海盜及其船隻，成績斐然。雖然英國海軍艦艇不便進行登陸攻擊行動，海盜也往往在逞兇後迅速登岸藏匿於山林野溪之間；然而，英國海軍的主要任務在於預防性措施，以及支援李福林的部隊從岸邊展開攻擊行動。一方面英國海軍艦艇不定期的搜查與追蹤行動，不但造成海盜極大的心理壓力，也事先預防了許多可能發生的海盜事件；二方面英國海軍的在場與後援，則激勵了李福林部隊的作戰士氣,使其奮勇殺敵。

　　不過,英國駐西江高級海軍軍官坦承中(粵)英合作還是有幾個大的隱憂。其一是廣州政局的高度不穩定性與內部反英情緒,稍有風吹草動即可能再度影響到雙方合作政策的持續進行。其二是廣州當局內部軍事派系傾軋的問題,不同省籍、不同派系軍閥各佔地盤,對於李福林率軍進入其領地進剿海盜一事,往往心存忌憚,不但事事掣肘,甚至與之為敵。其三是軍閥與海盜的共生關係,軍閥多半忙於搶奪地盤,無暇顧及海盜問題,因此一般來說只要海盜不直接損及軍閥利益,軍閥樂於收受海盜賄賂,然後放任其危害鄉里。上述問題,均可能造成李福林的負擔,以致於無法有效展開進剿行動。[94]

　　另外一方面,除了廣州當局的不確定因素外,英國海軍在執行合作進剿行動時也要面臨許多現實環境的挑戰。根據英國海軍情報處(Naval Intelligence Division, Naval Staff, Admiralty)針對華南水域海盜事件所作的整理報告,廣東水路的自然環境即相當不利於海軍的進剿行動。因為珠江三角洲地勢較為平坦,英國海軍艦艇的行蹤極易為海盜偵知,因為「海盜老遠即可看到正在駛近的海軍艦艇桅桿」,再加上水路附近眾多的小山丘也便利於海盜設置監視塔,所以難以發動突擊行動。況且就算英國海軍順利隱藏行蹤、成功發動突擊,事實上也難以盡殲海盜。海盜只要乘船逃逸於珠江水路的諸多小溪中,吃水較重的海軍砲艦即難以溯溪追補;或是海盜立刻登岸並隱身於一般農民之中,英國海軍同樣也不太可能進行辨識與緝拿。此外,海盜往往在其控制區域內施行恐怖統治,驅使當地百姓為之所用,一方面使得外界不易探知海盜內部情況,二方面則藉此建立極佳的情報網絡,可以查探水路交通與貨物運輸情況。尤有要者,部份海盜勢力甚至還有堅固的防禦要塞,不但人眾數以百計、部署有機關槍,甚至有些還擁有野戰砲,也因此中國軍隊往往不願意處理海盜問題。職是之故,英國

---

[94] "Notes on Piracy and Its Prevention by the Senior Naval Office in Charge of West River Patrols," 1924, FO371/10932.

海軍砲艦雖然在某種程度上有能力遏制海盜問題，但實際上除非徹底摧毀海盜據點，否則海盜問題將難以根除。[95]

（二）英國外交部的檢討

相較於海軍部門從實務上檢討中（粵）英合作的成效，英國外交部則較從政治風險上去評估合作的適切性。例如為了凸顯剿盜的成效，李福林不但常常未經審判即將所抓獲的海盜判處死刑，[96]甚至還實行類似連坐法的懲罰機制，隨意指控海盜猖獗地區的地方耆老與仕紳領袖放縱海盜坐大，並要求其負起交出海盜的責任。[97]此種濫抓濫殺、無線上綱的作法，固然可有效遏制該區海盜，卻可能引起極大非議，特別是英國海軍也一同參與了緝捕海盜的行動，如此將會使得英國政府陷於過度干涉中國內政的指控之中。因此，部份外交部官員即認為英國海軍不應在中（粵）英軍事合作行動中涉入過深，最好能將行動範圍侷限在水面上，不得派遣人員登岸，尤其英國海軍艦艇在水面上追捕海盜時，如無中國軍隊在場，也應避免到岸邊搜捕。其實，由於合作模式爭議過大，根據英國外交部內部備忘錄資料，負責中國事務的官員的意見也相當分歧。雖然有官員建議外交部應要求海軍部嚴格限制軍事合作的行動範圍，禁止海軍登陸執行任務，但

---

[95] Naval Intelligence Division, Naval Staff, Admiralty, *Confidential Admiralty Monthly Intelligence Report*, No.106 (15 March 1928), p.29, CO129/507/3.

[96] 英國外交部官員即嘲諷英國駐西江高級海軍軍官「極度熱衷與李福林合作」、「對於李福林有絕對的信心」，然而問題是：英國海軍砲艦與李福林軍隊共同採取軍事行動所捕獲的海盜，其中絕大部份卻未經地方官的審判，而是在李福林的命令下就被處死。見 "Situation in China," Minutes of Foreign Office, April 1925, FO371/10918.

[97] 關於李福林處置海盜嫌犯與要求地方仕紳領袖交人犯的方式，可以參見英國駐西江高級海軍軍官馬克斯威爾史考特的報告，見 "Letter of Proceedings- December, 1924" from the Senior Naval Officer, West River to the Commodore, Hong Kong, 1 January 1925, FO371/10916. 不過，馬克斯威爾史考特本人倒是對李福林此作法頗表肯定，認為這個方法成效卓著，因為「過去幾個月來，許多海盜猖獗區域都已有很好的效果」。

也有官員持謹慎態度，認爲在要求海軍部下達禁令前，應先整體諮詢英國駐華公使館的意見，再做最後處置。當然也有官員表示外交部應避免對於此類問題干涉過多，宜由在華的海軍與外交使領官員自行裁決。[98]

不過，在 1925 年 4 月的電報中，英國外交部還是決定明確向駐華使館表達其顧慮，亦即既有中（粵）英合作剿盜模式可能讓英國陷入多重風險。第一是將造成英國干涉中國內政的印象，非但可能引起反英風潮，也可能遭到其他列強的質疑。第二是中（粵）英合作抓獲的海盜，可能未經司法審判即被廣東軍隊槍決處死，違背英國司法原則。[99] 1925 年 5 月，英國外交部給駐廣州總領事館的信函中，更直言對於與李福林合作可能造成的高度風險性：

> 從海軍報告中，我們看到李福林強迫地方仕紳領袖負責交出海盜之事，此爲中國式的處理方式，但是我們擔心這或許意謂著可能有人將因此淪爲替罪羔羊。而從捕獲的海盜嫌犯名錄看來，絕大部份都將遭到處死。當然，不經冗長的調查與辨明有罪與否，而直接徹底清除整個海盜區域，可以說是根除海盜的唯一辦法。如果是一位中國將軍自行決定採取此種作法，則與我們並無特別關係。但是假如這位將軍是我們合作的對象，我們就無法逃避其人所作所爲的共同責任。因此，我們應盡量控制我們必須承擔的責任，例如將提供協助的範圍侷限在水面上，不派遣人員登陸執行任務。

英國外交部最後雖然承認此時似應由在現場的人員決定合作進剿海盜行動的方向與措施，外交部不應干涉過多，但還是不得不強調既有的剿盜措施有可能使得英國受到「公開的批判」，因此必須先未雨綢繆反思此行動的正當性。[100]

---

[98] "Situation in China," Minutes of Foreign Office, April 1925, FO371/10918.

[99] "Memorandum Respecting Piracy Suppression Received from Sir Miles Lampson," dispatch No. 1030, September 21, 1927, CAB/24/202: 0024.

[100] "Private Letter from S.P. Waterlow, Foreign Office to J. Jamieson, Canton," 5 May 1925, FO371/10918.

　　究其實際，早在 1924 年上半期香港總督府推動中（粵）英合作剿盜開始，英國外交部即對此方案抱持懷疑的態度。一來擔心合作可能造成英國承認廣州政府的錯誤印象，[101]二來也是憂慮此舉可能引起更為複雜的「重大國際問題」。[102]而在後續執行中（粵）英合作的過程中，又引起前述許多備受爭議干涉中國內政、違反司法人道等問題。換言之，在英國外交部眼中，合作剿盜行動自始至終都是具有高度爭議性，也極可能為英國帶來外交、國際、司法、人道等各種麻煩與指責，這些均非英國外交部所樂見。[103]

六、小結

　　英國《經濟學人》(*The Economist*)雜誌駐華特派員在 1924 年時即已明確指出，要處理日益嚴重的華南水域的海盜問題，如果沒有廣州當局的協助，僅憑香港單方面方面的努力，實在難以在防盜工作上奏效。[104]由中（粵）英合作共同處理廣東海盜問題，似乎對英國來說，是有效的解決方

---

[101] "Foreign Office to Colonial Office," 2 February 1924, CO129/486.

[102] "S.P. Waterlow, Under-Secretary, Foreign Office to G. Grindle, Unser-Secretary, Colonial Office," 3 May 1924, CO129/486.為了協調處理香港附近水域的海盜問題及其可能造成的「重大國際問題」，英國外交部一度還曾建議殖民部應召開由殖民部、海軍部、陸軍部、印度部、貿易委員會、財政部以及外交部等部會代表共同出席的「跨部會議」，以便一起商討對策。然而，諷刺的是，最後「跨部會議」的檢討報告，卻做出大力支持並繼續推動中（粵）英合作的決定。見 "Report of an Inter-Departmental Conference on Piracy in Waters adjacent to the Colony of Hong Kong," January 1925, FO371/10932.

[103] 不過，另外一方面，在殖民部內部備忘錄中，卻認為外交部的態度其實涉及到人事糾紛等問題。因為外交部之所以質疑香港政府的剿盜措施以及中（粵）英合作計畫，乃是因為對於香港總督司徒拔(R.E. Stubbs)有所厭惡之故。換言之，由於外交部官員厭惡司徒拔，所以對於香港政府推動的各項措施都抱持懷疑態度。"Piracy," Minutes of Colonial Office, 3 May 1924, CO129/486.

[104] "The Position in Hong Kong (By A Correspondent)," 9 May 1924, *The Economist*, 99:4219 (5 July 1924), pp.7-8.

案,同時也是較爲簡便可行的作法。不過,因爲廣州當局對於合作之事一直興趣缺缺,英國遲遲苦無交涉之門。這樣的困局到了 1924 年終於有了突破點,英國利用雙方關係和緩的契機,於 1924 年初至 1925 年中大約一年多的期間,與廣州當局高層軍政要員建立溝通合作管道,進而派出海軍、警察與粤軍部隊展開一系列的軍事剿盜行動,以剷除廣東各地惡名昭彰的海盜集團。

然而,中(粤)英軍事合作剿盜的成效如何?是否如原先所預估的,是一個能有效解決海盜麻煩的萬靈丹?事實上,箇中情形原比英國所想的複雜,成效也備受質疑。首先,廣東境內各種勢力林立,如粤軍、滇軍、桂軍等均各佔地盤,即使同屬粤軍也各分派系,例如李福林所部福軍主要駐軍在廣州、珠江以南的河南地、番禺一帶,再往南邊各區域則屬其他軍閥領有,像順德原屬周之貞,而江門等地則屬於梁鴻楷的勢力範圍。雖然孫文任命李福林負責處理全粤盜匪之責,但實際上要到其他區域剿盜,就必須面對該地軍事實力派的抵抗,例如李福林進入順德時即曾遭到周之貞的抵制,而要深入江門等地展開軍事行動,勢將也會引起梁鴻楷的猜忌與掣肘。[105]但另外一方面,李福林之所以積極推動軍事剿盜行動,並持續英國與合作,其動機也不見得單純,可能隱含有藉機擴大實力的意圖。換言之,剿盜軍事行動,其實反映著赤裸裸的地盤之爭。

其次,從英國駐西江高級海軍軍官的檢討報告中,可以知道基本上中(粤)英合作剿盜雖然證明運作有其一定的效果,但是不確定因素仍多,必須隨時面對廣州當局內部質疑聲浪、軍事派系傾軋與包庇,尤其是廣東政局波動以及中英關係演變等負面作用的掣肘與拖累。[106]在英國駐華公使

---

[105] 例如周之貞轄下軍隊即曾在江門附近遭到梁鴻楷所部襲擊,船隻、槍械與輜重等均遭奪去。見〈周之貞部隊在江門被擊之通電〉,《香港華字日報》,1924 年 7 月 4 日第 3 張。梁鴻楷對李福林的敵意,則見"Notes on Piracy and Its Prevention by the Senior Naval Office in Charge of West River Patrols," 1924, FO371/10932.

[106] "Notes on Piracy and Its Prevention by the Senior Naval Office in Charge of West River Patrols," 1924, FO371/10932.

館的評估中，也坦承粵方合作將領明顯對於英國懷有戒心，不願讓英國海軍在軍事行動中介入過深，因此「英國軍艦絕大部分的時候只是擔任護航的工作」。其實所謂的合作，說穿了，實際上只是由香港總督府提供中國當局進剿行動所需的燃煤與快艇，而英國軍艦不過扮演「護航、封鎖水路與防止海盜逃脫」等點綴性的任務罷了。[107]

不過另外一方面，雖然英軍在中（粵）英軍事合作行動中僅是提供輔助性協助，但軍事合作畢竟還是相當敏感之事。根據《天津條約》，中英會商共同解海盜問題為條約所明白確定，因此英國與廣州當局合作剿盜之舉，其實乃是符合中英條約規定。然而，1920 年代國際局勢與中國國內現況已有很大的變化。從國際局勢而言，1920 年代在美國主導下的華盛頓會議中國問題決議案，也確立列強不應介入中國內政事務的基本原則，尤其不應利用中國現狀擴大在華利益。近代以來英國對華政策自有其獨立性，但一戰之後，較為傾向與美國協調處理，所以如果中（粵）英軍事合作剿盜有違背華盛頓會議決議案之嫌，甚至可能將引起美國不快，這絕非英國外交部所樂見的情況。也因此，英國外交部十分擔心軍事合作可能帶來的外交風險。[108]

---

[107] "Memorandum by the British Legation, Peking," 23 September 1927, 日本外務省外交史料館藏，《支那海賊關係雜件》，第一卷，F-0138/0145-0148.

[108] 此處觀點主要為英國外交部分析中（粵）英軍事合作可能引起的各種問題所作的政策風險評估，特別是顧慮美國的態度。事實上，在中（粵）英軍事合作剿盜前，英國駐廣州總領事即曾向美國總領事溝通此事，除約略告知中（粵）英軍事合作詳情，同時也暗示希望美國能夠一同加入合作剿盜案。在美國駐廣州總領事給駐華公使館的報告中，評估此次中（粵）英軍事合作中，英國方面顯然將有更為積極的作為，除了可能提供粵軍武器與彈藥外，英軍恐怕也會有派兵登陸、軍艦砲轟村鎮等較為激烈的軍事行動。因此美國駐廣州總領事向公使館請求指示，該如何回應英國方面的請求。美國駐華公使舒爾曼則認為英軍剿盜行動過於激烈，恐將傷及無辜百姓，故對於英美合作一事持保留態度，加上軍事開支的考量，舒爾曼不太贊成美國涉入此事。而美國海軍華南巡邏隊指揮官也持類似態度，認為英軍規劃的剿盜行動過於激進，恐有違美國對華政策，故不贊成與英國合作。關於美國對於中（粵）英合作剿盜的態度，見"Pirate Suppression and Other Matters in the Canton Consular District," Douglas Jenkins, American

而就國內局勢而言，情況就更爲複雜。民國以來，廣東境內盤據著各種軍事勢力，粵軍、滇軍、桂軍、湘軍等不同軍系分佔在不同範圍。部份城鎮又有商人、仕紳控制的商團或保安團兵力。這些大小勢力彼此之間交叉縱橫、關係曖昧詭譎，與廣州當局之間往往也處於聽封不聽調的情況，主、客軍之間的對立與敵視也有日趨嚴重之勢；再加上陳炯明叛變後，廣東局勢又更行複雜化。因此，外人實難以全面明瞭廣東內部局勢發展情況。英國此時介入並與粵軍共同行動，雖然名義上乃依照條約共同剿盜，但實際上因剿盜行動均由廣州方面主導，所剿對象是否確實爲海盜，抑或只是反對廣州當局的地方割據勢力，英國方面並無法確實掌握。[109]事實上，廣州當局宣稱的剿盜行動，往往是將鎮壓海盜與打擊地方反對勢力混爲一談。[110]

如果進一步比對華文報紙上報導的李福林剿盜行動，以及英國海軍記載的軍事行動日期，就會發現李福林所進剿的對象，並非全然是海盜，部份甚至可能只是反抗廣州當局的地方保安團或商團勢力。例如前述李福林

Consular General, Canton to Jacob Gould Schurman, American Minister, Peking, 20 March 1924, *Records of the Department of State Relating to the Internal Affairs of China, 1910-1929* (hereafter referred to as RIAC) 893.8007/12; "Jacob Gould Schurman, American Minister, Peking to Douglas Jenkins, American Consular General, Canton ," 5 April 1924, RIAC 893.8007/12; "Pirate Suppression in the Canton River Delta," Douglas Jenkins, American Consular General, Canton to Jacob Gould Schurman, American Minister, Peking, 17 April 1924, RIAC 893.8007/12.

[109] 英國駐廣州總領事、香港總督在後來的報告中，均強調廣州當局很有可能假借打海盜之名，目的在消除政治上的反對勢力。見"Telegram from Acting British Consul General (Canton via Hongkong) to Foreign Office," 19 December 1926, FO371/11671; "Telegram from the Governor of Hong Kong to the Secretary of State for the Colonies," 21 December 1926, FO371/11671.

[110] 例如 1926 年底，廣州當局一度宣稱已成功消滅大鵬灣的海盜，但事實上，根據報紙報導。該批所謂的海盜，可能不過是反對廣州當局、盤據在該區的陳炯明殘部勢力。見"Bias Bay Fight: Canton Takes Rebels by Surprise; 18 Pirates Executed," *The China Mail*, 24 December 1926.

與馬克斯威爾史考特曾談論到砲轟小欖鎮問題，[111]但事實上該鎮可能與海盜並無多大關係。因為李、史兩人會談前兩日（1924 年 10 月 31 日），根據報載李福林轄下部份福軍才進攻小欖鎮，並與該鎮商團發生激戰，福軍一度挫敗並撤退，但商團因擔心福軍恐將大舉來襲，故後來主動撤出該鎮。換言之，李福林很有可能意圖以剿盜為名，藉英軍之手來處理小欖鎮商團問題。也因此，馬克斯威爾史考特才強調除非證明小欖鎮確為海盜據點，否則英國海軍不能任意砲轟該區。[112]又例如 1925 年 6 月間英國海軍與粵軍梁金鰲所部合作進攻中山橫當的海盜聚落，但根據報載，該聚落可能亦與海盜無關，而竟是當地農民自衛組織：「中山縣橫擋（當）鄉農會」。英國海軍攻擊行動後，在橫當鄉農民協會給國民黨中央黨部農民部的呈報中，稱該鄉「平日自衛頗稱得力，近今組設協會，尤為團結，賊匪屢次圖劫不遂，仇視日深」。文中所稱的賊匪，其實指得就是當地土匪及與其勾結的粵軍部隊，亦即隸屬於「新編建國粵軍警衛軍」的梁金鰲部（文中亦稱「新編匪軍」）。而在英國海軍軍艦砲擊與梁金鰲所部進攻下，該鄉總計遭焚燬民居「七百餘家」，老幼百姓「被殺斃三百餘人」，死傷極為慘重。因此，這次攻擊事件被解釋為「英國帝國主義者時欲擾亂我國以逞其侵略野心，近竟敢勾結土匪，派艦助匪擊中山縣橫擋（當）鄉、焚燬農會」。故廣東省中山縣農民協會執行委員會痛斥：

> 英國淺水砲艦，常灣泊在中山縣小欖涉步海面，平日接濟匪械，以致匪氛日熾，已屬不法；且外國戰艦游弋內河，侵犯我國主權，此次復敢協助匪黨，用砲猛攻，釀此慘劇，殊堪髮指。為此，函達政府查辦，希速迅向英國領事提出嚴重抗議，以為國體，一面另行軍事部，刻日解散匪軍…。[113]

---

[111] "Letter of Proceedings- October 1924," from Senior Naval Officer, West River to the Commodore, Hong Kong, 6 November 1924, FO371/10916.

[112] 〈福軍攻入小欖鎮又一說〉，《香港華字日報》，1924 年 11 月 1 日第 3 張。

[113] 又據報載，攻擊事件發生後，農民協會即派員查報屬實，故已分呈軍事部請其解散匪軍、緝匪懲辦，同時也呈外交部，請其向英國提出嚴重抗議，但軍事、外交兩部均未

由此看來，類似李福林模式，梁金鰲也有可能利用中（粵）英軍事剿盜爲名，來剷除橫當當地的農民自衛組織。職是之故，以前述小欖、橫當攻擊事件來說，英國海軍自以爲是在執行聯合掃蕩海盜作戰，但實際上卻可能是在協助部份粵軍爭奪地盤，消滅地方割據或自衛武裝勢力。如此稍有不慎，英國即可能在不知情的情況下捲入廣東內戰，非但有介入中國內政、殘害無辜百姓之嫌，更可能引起中國內部的不滿勢力，藉之搧風點火促成反英運動。

　　簡言之，中（粵）英合作模式受到種種主客觀環境的影響，其實成效極其有限。廣東方面除了內部質疑反彈外，還必須面對地方實力派的牽制，因此剿盜行動的成效往往不大。而英國方面則受到海盜據點的特殊地理位置以及登陸作戰的限制，無法採取主動攻勢，加上中英關係的緊張，也掣肘了海軍行動的尺度，顯得綁手綁腳、無法施展。另外一方面，中（粵）英合作模式本身即具有高政治風險性，稍有不慎即可能將英國捲入廣東內政的糾葛中，不但可能違背英國的中立地位與司法原則，更可能因此背上干涉中國內政的惡名，引起其他列強的猜忌。

有答覆。見〈中山縣農民協會執行委員會呈國民黨中央黨部農民部部長廖仲愷〉，引自〈英艦助匪砲擊中山橫擋鄉〉，《廣州民國日報》，1925 年 7 月 18 日第 3 張。不過，另外一方面，必須強調的是，《廣州民國日報》刊載中山縣橫當攻擊事件的動機，可能也不太單純。因為中（粵）軍事合作進攻橫當是在 6 月 11 日，但《廣州民國日報》刊載此事，卻是在一個多月後的 7 月 18 日。受到沙基慘案的影響，此時中（粵）英關係已形同決裂，大罷工行動也如火如荼進行。或許即因此，橫當攻擊事件才被擴大宣傳，並被定位為英帝國主義侵華事件。這也解釋為何事件發生之初，軍事、外交兩部均對此事不做處理，作為國民黨機關報的《廣州民國日報》當時同樣也並未立即報導此事。但事隔一個多月後，《廣州民國日報》卻忽然報導此案，並強調是英艦協助賊匪砲擊中山橫當鄉。換言之，此則報導也可能是廣州當局在對英決裂後輿論宣傳戰的一環。

第九章 非正規中（粵）英軍事合作剿盜模式及其爭議

一、前言

> 大亞灣(Bias Bay)又名海牛灣，向為海盜淵藪，廣州政府曾與香港政
> 府協力剿辦，數月無效。
>
> 香港《工商日報》1927年5月25日[1]

　　1920 年代上半期廣東海盜問題漸趨惡化，英國從香港往來中國各港，
甚至東亞水域的航運交通均蒙受廣東海盜的襲擊。在第一線服務的英國航
運從業人員，例如船長、船員、機工等，由於得直接面對海盜攻擊，生命
每每遭到嚴重威脅，故在 1924 年集合工會力量，與船商等商會團體一同
合作，向英國政府請願，要求採取更為有效的方式來處理廣東海盜問題。[2]
在海事從業人員工會以及商會等共同壓力之下，英國政府於是年 6、7 月
間兩度召開「跨部會議」(Inter-Departmental Conference)，由殖民部、外交
部、海軍部、陸軍部、印度部、財政部、貿易委員會以及香港總督府等各
部會代表，共商防盜大計。在「跨部會議」與會各部會代表的討論後，同
意要有效解決海盜問題，可以採行的方式之一，即是主動與中國當局進行
軍事合作，並「給予友善的支援」("lend friendly support")。此外，由於當
時廣州政局呈現分裂割據的形勢，以孫文為主的廣州政府僅控制廣東西半

---

[1] 〈華兵捕獲大亞灣海盜〉，香港《工商日報》，1927 年 5 月 25 日 2 版。

[2] 策動請願活動的主要是在中國水域附近從事航運相關事業的兩大英商工會：「中國沿岸
英商海員工會」(The China Coast Officers' Guild)以及「中國英商海事機工會」(The
Marine Engineers Guild of China) 。關於此問題，見 "Regulations," from a Combined
Meeting of the China Coast Officers' Guild & the Marine Engineers' Guild of China to the
Colonial Secretary, Hong Kong, 4 February 1924, CO129/484.關於英商海事從業工會的請願
行動，參見本書第二章的討論。

部，至於東江流域惠州一帶則仍由陳炯明及其軍隊所佔據，而惠州南方大亞灣一帶又是廣東海盜最爲猖獗的區域。所以，要有效處理廣東海盜問題，英國政府必須思考所謂的合作模式，因爲如欲處理珠江流域海盜問題，固然必須與廣州當局密切聯繫，但是如要處理大亞灣海盜問題，則必須與陳炯明所部進行合作。職是之故，「跨部會議」最終同意：「無論何時，當能夠與中國當局合作處理海盜問題的機會來臨時，英國即應極盡所能地利用這些機會」。[3]

　　究其實際，1920 年代英國與香港政府爲了儘速解決日益嚴重的廣東海盜問題，曾經嘗試進行各種可能的合作方案。但是除了正規的合作模式之外，其中亦不乏爭議性極強的非正規合作。一般來說，英國處理廣東海盜問題的正規模式，乃是與廣州當局（**事實上的地方政府**）建立緊密的軍事合作關係，一同謀求海盜問題的解決。然而，在英國推動的正規合作背後以及之外，其實牽涉到另外兩種非正規類型的合作途徑：其一是隱藏在粵英軍事合作背後，不足爲外人道的秘密金援關係，其二則是與廣州當局之外的「叛軍」，亦即盤據在東江區域的陳炯明部建立軍事合作。這兩種非正規合作模式的推動與聯繫，其實均與香港總督府有著密不可分的關係。

　　前者的爭議在於，英國出錢支助粵軍的軍事行動開支，就某種程度來說，等於是英國以「買通」的方式來換取粵軍的進剿海盜。因爲處理廣東境內的海盜問題本來就是廣州當局責無旁貸的職責，但如果英國必須要以金錢才能來換取粵軍的軍事行動，無異於是英國默認粵軍的勒索行爲。此例一開，恐怕英國在中國面臨的所有難題，勢必都要以金錢才能換取解決。況且，秘密金援關係一旦曝光，英國還可能面臨干涉中國內政、支持特定軍事派系、助長中國內戰的嚴重指控。因爲法理上且英國政府所承認的中國中央政府爲北京政府，而廣州當局則爲地方割據勢力，無論英國原始目的多麼正當，但以金錢資助地方割據勢力終究爭議過大，也會造成北

---

[3]　"Notes of a Meeting Held at the Colonial Office on the 17th of June (1924) to Consider the Measures Which Have Been Taken by the Hong Kong Government to Deal with Piracy in the Waters of and Adjacent to the Colony," CO129/487.

京政府以及其他列強的非議。

而後者的爭議在於，自 1922 年「六一六事件」陳炯明與孫文正式決裂後，[4]以孫文爲主的廣州當局即視陳炯明所部爲叛軍，彼此間多年相互征戰、水火不容。而英國如果與陳炯明建立軍事合作關係，必須承受廣州當局的猜忌與敵視，這對已日趨緊張的粵英關係來說，並非好事。尤有要者，此類行動也會引起廣州當局內部反英勢力的反彈，質疑英國另有所圖，陰謀與陳炯明合作，推翻孫文一派的廣州當局。如此，不但既有的粵英合作關係無以爲繼，更可能會招致廣東的反英風潮，同時也會引起其他列強的關切。

換言之，對英國來說，粵英合作背後的金援關係以及之外的與叛軍合作，其實都是具有高度政治風險的冒險行爲，如此遊走偏鋒之舉，自然也在英國政府內部引起不小的震撼。本文擬根據英國第一手的原始檔案，深入探究這兩種檯面下的非正規合作模式，並分析英國政府內部不同部會之間的意見評估與爭執所在。

二、英國與粵軍李福林間的秘密金援合作

1924 年 3 月，爲了推動粵英合作進剿海盜，英國駐廣州總領事曾持續與代表孫文的陳友仁保持密切聯繫，並針對合作內容多次進行交涉。期間，陳友仁嘗以粵英合作剿盜爲名，向英國提出了三項貸款要求：貸款以購買一定數量的步槍以供剿盜之用、聘請英國教官訓練剿盜武力、購置能起降飛機的船隻。[5]由陳友仁提出的貸款內容來看，牽涉到相當敏感的軍事貸款，如購買步槍、軍艦（飛機）以及軍事訓練等，可知廣州當局初始似

---

[4] 此即發生在 1922 年 6 月 16 日的陳炯明叛變事件，肇因於對北伐軍事行動與聯省自治的優先順序等歧見，陳炯明與孫文正式決裂，其所部並砲轟總統府，孫文倉促出走。見郭廷以，《近代中國史綱》（香港：香港中文大學出版社，1988），頁 482。

[5] "Memorandum Respecting Piracy Suppression Received from Sir Miles Lampson," dispatch No. 1030, 21 September 1927, CAB/24/202: 0024.

圖藉由廣東海盜問題為談判手段，希望英國政府提供實質上的軍事與經濟
上援助，亦即假剿滅海盜之名，尋求英國軍事經濟支援之實。其實早在英
國海軍「中國艦隊」總司令(Commander in Chief, China Station)1923 年 8 月
的報告中，即根據情報，揭露「孫文迫切需要兵員、資金與武器彈藥」的
窘況。[6]由此亦可得知，1923-24 年間孫文向外尋求援助的對象，不僅限於
蘇俄，英國也同樣在列。雖然貸款案最終因為英國有所顧忌而未能成立，
但粵英合作剿盜顯然未受到影響，英國海軍與粵軍李福林部展開了一系列
的軍事進剿廣東海盜行動。但是為了繼續維持並強化此類粵英軍事合作，
雙面在檯面下有了某種程度的金錢援助關係。

（一）金援合作方案

　　為了進一步強化粵英合作剿盜，英國駐西江高級海軍軍官馬克斯威爾
史考特中校(Commander Maxwell-Scott, Senior Naval Officer, SNO, West River)
曾建議英國政府與李福林維持更為密切的關係，即由香港編列經費支持李
福林的剿盜工作。根據 1924 年 11 月初馬克斯威爾史考特中校給英國駐香
港海軍准將的報告，李福林此時曾向英國尋求經濟上援助，以便繼續執行
進剿海盜的任務。李福林告訴馬克斯威爾史考特中校，他欠缺經費來支應
軍隊與船隻的費用，因為剿匪所需的必要經費大約每月 50000 元，將用於
維持兩艘小型砲艦與 12-14 艘武裝汽艇、士兵相關費用、秘密情報工作
（秘密警探與線民費）以及燃煤開支；然而李福林本身所能掌控的收入每
月不超過 15000 元，以致他必須自掏腰包來支付士兵費用。因此，馬克斯
威爾史考特中校強烈建議香港總督府應在經濟上繼續支持李福林，因為：

> 我相信要處理目前的海盜問題，最好也是唯一有效的方式，就是極
> 盡所能的支持李福林。毫無疑問地，派遣海軍巡邏雖然可以預防許

---

[6] 英國海軍研判 1923 年下半年桂軍沈鴻英在直系策動下開始攻擊孫文的廣州政府，同時盤
據在廣東東部的陳炯明也蠢蠢欲動，因此孫文需款（軍隊彈藥）孔急。"An Extract from
A Report Received from the Commander in Chief, China Station," 5 July 1923, FO371/9182.

多海盜事件發生，但卻不可能根除海盜在岸上的巢穴。要解決海盜
問題，必須依賴（當地）警察的力量，必要時並以軍事武力為後
盾，以及提供良好的情報工作。李福林已經致力於消滅海盜，並且
有所成效，但假如他無法獲得足夠的經費，勢必無法完成掃蕩海盜
的工作。[7]

馬克斯威爾史考特中校評估比較可行的作法，乃是由香港總督府編列固定
經費，大約每月 15000-20000 元，交由英國駐廣州總領事館或是海軍官員
來運用，以便協助李福林來支付購買燃煤、雇用汽艇以及秘密情報工作等
費用。馬克斯威爾史考特中校雖然坦承英國金援李福林方案可能會有很多
的缺點，但是他認為在商團事件後反英、反外的騷動紛擾中，李福林始終
堅定與英國合作的立場，證明李福林「目前是完全值得信賴的」，英國此
時如果不冒著風險與李福林合作，海盜問題將會永遠無法解決。他堅信有
了英國的援助，李福林在掃除海盜的工作上，將可以獲得更大的成功。因
此，馬克斯威爾史考特中校以為英國值得去嘗試合作看看，況且英國可以
每月檢討成效，只有發現情況有異，可立刻終止合作關係。

　　英國駐廣州代理總領事翟比南(Bertram Giles, Acting Consul-General,
Canton)亦完全支持馬克斯威爾史考特中校的建議。[8]其實香港總督司徒拔
(R. R. Stubbs, Governor of Hong Kong)與翟比南在 1924 年初已針對金援剿盜
一事有了默契：是年 2 月，司徒拔即寫信通知翟比南，將提供 10000 元額
度的經費供翟比南調度使用，如有更大的經費需求，也可以再與之相商後
調高額度。因此，翟比南在與馬克斯威爾史考特中校密集磋商就金援李福
林一案達成共識後，又特地致函司徒拔，要求香港政府每月提供 15000-

---

[7] "Piracy and Anti-Piracy Operation," An Extract from the Letter of Proceedings for the Month of
October Addressed by the Senior Naval Officer of the West River to the Commodore at Hong
Kong, 6 November 1924, FO371/10932.

[8] "Bertram Giles, Consul-General, Canton to the British Minister, Peking," 10 November 1924,
FO371/10932.

20000 元的經費供廣州總領事館運用，以支持李福林的剿盜工作。[9]1924 年 11 月 20 日香港總督司徒拔正式回覆翟比南的建議，同意先立即撥款 15000 元供其使用，但是希望這些經費必須證明確實有助於剿盜行動的執行。[10]1924 年 12 月，英國廣州總領事館即將 5000 元的經費移交給李福林，以支付軍事行動中所需的燃煤以及其他相關補給品費用。[11]

除了英國海軍西江分遣艦隊、駐華使領與香港總督外，英國海軍在華最高當局「中國艦隊」總司令同樣也認同金援李福林計畫，並曾與香港政府商談此事：

> 在過去5個月裡，李福林將軍及其部隊已與英國駐西江高級海軍軍官成功地合作（進剿海盜），但是李將軍現在卻擔心他的行動會受到資金短缺的影響。香港政府在過去已曾透過燃煤交易的方式金援李福林。我最近也與香港方面聯繫討論此事⋯。

顯而易見的，英國海軍「中國艦隊」總司令對於英國海軍與李福林的軍事合作進剿海盜的成效表示肯定，支持金援方案。[12]

（二）英國外交部與跨部會議之間的歧見

不過，由英國駐西江高級海軍軍官與廣州代理總領事共同推動的金援李福林方案，卻遭到倫敦外交部官員的質疑。他們認為馬克斯威爾史考特

---

[9] "Bertram Giles, Consul-General, Canton to the Governor of Hong Kong" 10 November 1924, FO371/10932.

[10] "E. R. Stubbs, Governor of Hong Kong to Bertram Giles, Consul-General, Canton," 24 November 1924, FO371/10932.

[11] "Despatch from James Jamieson, Consul General, Canton to Ronald Macleay, British Minister, Peking," 2 February 1925, FO371/10933.

[12] 英國海軍「中國艦隊」總司令認為：一般而言，每年中國農曆春節前後都是廣東海盜犯案的高峰期，但是 1925 年初春節期間珠江水域的海盜案件卻反常的減少。這應該就是英國海軍與李福林合作剿盜的顯著成效。"China Station General Letter No. 3," Extracts from A Letter from the Commander-in-Chief, China Station, HMS *Hawkins*, Singapore to the Secretary of Admiralty, 1 March 1925, FO371/10918.

中校在推動金援方案時，並未事先取得殖民部正式授權（香港總督司徒拔同樣可能也未事先諮詢殖民部對此案的態度），至於廣州代理總領事翟比南亦僅是向北京公使麻克類「報告」此事，同樣也未取得北京公使館與英國外交部的授權。[13]況且在給英國駐北京公使的報告中，翟比南表示香港政府目前已兩度金援李福林，每次金援物品為 250 噸的燃煤，移交地點則分別在珠江三角洲與香港，同時香港政府也在計畫第三度的金援行動，準備在香港移交 500 噸的燃煤給李福林。換言之，馬、翟兩人在未獲得正式授權前，即已開始執行金援方案，且已主導將燃煤物資移交給李福林，似有擅權之嫌。[14]其次，英國外交部官員也質疑金援李福林一事爭議性過大，可能會有許多負面效應。例如一旦李福林如挪用物資於內戰中，用以對付廣州當局與孫文的敵人陳炯明或其他敵對派系，則英國勢將陷入在中國內戰中支持特定派系的危險。因此，英國外交部決定電令駐華公使麻克類通知廣州代理總領事翟比南，在外交部對此進行通盤考量之前，暫停所有金援方案。此外，英國外交部也將上述質疑通知殖民部，希望香港總督在推動金援等相關事宜前，應事先諮詢外交部的意見。[15]

與此同時，為了商議如何處置香港附近水域的海盜問題，由殖民部主持，外交部、海軍部以及香港輔政司等官員共同參加的「跨部會議」(Inter-departmental Conference)，也於 1925 年初正式提出書面報告。報告中，對於透過粵英合作來處理廣東海盜問題，給予高度的肯定，並建議英國政府往後應竭盡所能以各種可能方式，來進一步促成粵英合作的深化。「跨部會議」認為香港附近水域的海盜問題，基本上與廣東地區的內戰與社會失序有很大的關係，從而導致廣州當局無力處理珠江三角洲及其鄰近水域日益嚴重的海盜現象。如要徹底解決海盜問題，就必須對岸上的海盜巢穴採取有力的行動，但英國海軍與陸軍又不太可能登上中國領土去執行掃蕩作

---

[13] "Minutes of Foreign Office," January 1925, FO371/10932.

[14] "Bertram Giles, Consul-General, Canton to the British Minister, Peking," 10 November 1924, FO371/10932.

[15] "Minutes of Foreign Office," January 1925, FO371/10932.

戰。因此，比較可行的方案，就是給予中國地方當局「友善的協助」，讓
其展開進剿海盜的行動。過去藉由特殊安排的合作模式（即與李福林的合
作案），已證明可以有效打擊海盜。所以，「跨部會議」總結：「與中國
地方當局合作所做的安排，是很有價值的，我們認為應該盡最大的努力、
利用每一個可能的機會，來促成這樣的合作」。[16]換言之，就某種程度來
說，「跨部會議」督促以各種可能方式來推動粵英合作的決定，等於變相
為金援合作方案做背書的動作，並推翻英國外交部先前的反對意見。畢竟
不容否認的，金援李福林確實是當時是解決廣東海盜問題最為經濟實惠的
有效方案之一。

　　不過，英國外交部還是不太贊成金援方案，在給駐華公使麻克類的電
報中，依然表達質疑的態度：

> 最近的「跨部會議」主張應盡一切的可能，來推動與中國地方當局
> 的合作，以摧毀廣州三角洲的海盜巢穴。你認為金援中國將領購買
> 燃煤的方案，能夠稱得上是前述政策的合法地運用嗎？香港總督顯
> 然在沒有先諮詢倫敦的情況下，即已應廣州代理總領事之請，每月
> 撥款15000元供其使用。[17]

不難看出英國外交部對於金援合作一事依然較持保留態度，除了質疑其合
法性外，同時也對香港總督與駐廣州代理總領事先斬後奏的作法有所不
滿。

（三）英國外交部與駐華使領之間的歧見

　　關於金援方案的適當性，英國駐華使領也與倫敦外交部官員有著相當
不同的見解。駐華公使麻克類在給外交部的答覆報告中，即明確表態支持

---

[16] "Report of an Inter-Departmental Conference on Piracy in Waters Adjacent to the Colony of Hong Kong," January 1925, FO371/10932.

[17] "Piracy," dispatch from the Foreign Office, London to Sir R. Macleay, Peking, 26 January 1925, FO371/10932.

繼續推動金援方案，認為這「完全是合理的」。[18]英國駐廣州總領事傑彌遜(James Jamieson, Consul-General, Canton)更是對代理總領事翟比南等人推動的金援方案表達贊成之意，亦主張持續進行。基本上，傑彌遜對李福林的評價相當高，雖然李福林本人能力不算傑出，但是他身邊有著很好的軍官，士兵也對其忠心耿耿。傑彌遜認為李福林「目前是值得信任的」，也願意「對珠江三角洲的海盜土匪問題展開積極行動」。此外，以成效論，1924 年底統計的海盜數量有 166 個，到了 1925 年初降為 40 個。特別是自李福林在附近水域展開軍事行動以來，重大的海盜事件也較少發生，顯然已產生一定程度的嚇阻作用。尤有要者，要解決或遏止廣東海盜問題，陸上作戰尤為關鍵，但由於英國海軍不可能登陸執行任務，故維持與中國軍事當局的合作就有其重要性。可是中國軍隊欠缺資金，無法購買燃煤與相關補給品，也就無法前往海盜聚落展開行動，此時如能給予金錢上的援助，就能解決阻礙。因此，傑彌遜並不認為金援方案是粵英「相互合作政策的非法運用」。[19]

　　另外一方面，在收到麻克類與傑彌遜的報告後，英國外交部官員開始對於金援方案的利弊進行更為審慎的評估，並追究此政策的始作俑者。首先，就金援方案政策本身來說，就十分不恰當，可能造成極大的副作用。任何一個「自我尊重的行政當局」，理所當然應該處理其境內的海盜問題。但英國卻需要使用金錢援助，才能來換取中國當局的合作，如此勢必造成一個負面後果：以後中國當局將不會主動進剿海盜或是提供任何的合作，除非英國出錢「支付他們的服務」。所以，金援方案等於變相鼓勵中國當局拒絕履行其職責，「除非英國花錢支付其開支」。其次，由於金援方案的資金來自於香港，可能使得英國政府陷入另一個窘境之中：即英國試圖利用香港為據點，藉由金援為手段，將政治觸角伸入中國，干涉其內

---

[18] "Telegram from Ronald Macleay, British Minister, Peking to Austin Chamberlain, Foreign Office, London," 20 February 1925, FO371/10933.

[19] "Despatch from James Jamieson, Consul General, Canton to Ronald Macleay, British Minister, Peking," 2 February 1925, FO371/10933.

政事務。如此將使得英國腹背受敵，一方面特別可能引起美國的猜忌，二方面也可能在中國構成反英運動的藉口。基於上述兩個原因，英國外交部官員認爲應該立刻暫緩執行金援方案，同時也應該追究此政策爲何在沒有取得英國政府有關當局的正式授權之前，就已開始執行？無庸諱言，金援方案乃是英國在華領事、殖民、海軍等三大系統合力推動的結果，然而負責規劃金援方案的英國駐廣州代理總領事翟比南，在事前顯然並未向英國公使與外交部請示意見；至於負責出錢的香港總督是否已取得殖民部的授權，同樣也不無疑問。換言之，金援方案乃是「那些在現場」(those on the spot)的官員自行決定推動的。因此，英國外交部官員決定雙管齊下，一是行文殖民部，陳述金援方案的不當之處與反對理由，並探詢殖民部的意向，二是通知駐華公使館，明確表達外交部強烈反對之意，同時下令在未取得英國政府相關單位的正式授權之前，不得再度啟動金援方案。[20]

在給北京公使館的訓令中，英國外交部強調金援方案可能變相鼓勵「一種勒索行爲」，以後「中國當局將不會主動採取行動，除非獲得金援」。[21]1925年4月在收到海軍部轉來英國海軍「中國艦隊」總司令支持金援李福林的報告後，英國外交部官員更加確信李福林已成功影響英國駐華海軍的意向，也造就了一種效果，亦即「沒有金援，就沒有剿盜措施」。而這正是英國外交部最擔心的金援計畫負作用。[22]況且英國外交部還質疑粵英合作政策有一定程度的「政治危險」("political danger")，執行時必須非常謹慎：

（粵英合作政策的）普遍危險在於：造成英國利用香港來干涉中國事務的觀感，可能導致中國人反英宣傳的增加，甚至也可能在其他外

---

[20] "Minutes on F1256/94/10 of Foreign Office," 15-18 April 1925, FO371/10933.

[21] "Despatch from B.C. Newton, Foreign Office, London to Michael Palairet, Counselor, Peking," 23 April 1925, FO371/10933

[22] 海軍部給外交部的報告，見"The Secretary of the Admiralty to the Under Secretary of State, Foreign Office," 25 April 1925, FO371/10918；外交部內部備忘錄與相關官員的評論，見 "Situation in China," Minutes of Foreign Office," 28-30 April 1925, FO371/10918.

國政府心中產生疑慮……。粵英之間任何的共同行動，均可能使得
英國政府承擔某種風險。問題是，金援體系(the system of money
payments)是否會增加風險……。雖然金援體系運作的結果是正面且
有效的，但我們對於是否要繼續推動並將之常態化，則不無疑
問……。從涉及到的政治風險角度來說，金援體系在沒有獲得英國
政府的特別授權前，不應推動。[23]

很明顯地，由於粵英合作剿盜政策可能涉及到諸多政治風險，因此英國外
交部堅持金援方案的推動與否及其運作方式，不應由「在現場」的官員決
定，而該由英國政府做更審慎的評估再做決定。

　　英國外交部的顧忌其實不無道理，特別是實際負責剿盜任務的粵軍將
領李福林及其統率的福軍在當時聲名頗為不佳。廣州當局麾下諸軍中，福
軍素質最為低落，不堪作戰，故僅能從事剿盜抓匪等較為簡單的任務：

李福林部，該軍向有三武鵝五之稱，不能作戰，只用以起擄等事，
比較別軍為能手，因該軍多屬綠林出身，熟其門路之故。因此，多
分駐順德、南海、番禺、東莞、香山等大縣各鄉鎮，以為鎮壓土匪
之用。[24]

李福林行事風格也頗有爭議，甚至有「土匪化的河南皇帝」之惡稱。[25]福
軍組成多為綠林、李福林本人又有土匪皇帝罵名，英國如其與合作甚至暗
中金援，所冒政治風險之大恐不言可喻。一旦金援李福林的消息走漏，英
國勢將陷入資助土匪軍打海盜的尷尬處境。其次，廣州當局之所以願意與
英國合作一同剿盜，背後可能還帶有部份政治目的，亦即牽涉到地盤的爭
奪。從廣州大元帥府任命李福林負責「剿辦香（山）、順（德）、南

---

[23] "Despatch from B.C. Newton, Foreign Office, London to Michael Palairet, Counselor, Peking,"
23 April 1925, FO371/10933.

[24] 文中所稱「三武鵝五」乃是天九牌組合，似指無力打人、只有挨打之意。見〈黨軍駐防
情形之調查〉，《香港華字日報》，1925 年 12 月 28 日第 2 張第 2 頁。

[25] 1924 年 9 月，孫文任命李福林擔任廣州市市長時，《香港華字日報》即在報導中嘲弄李福
林實為「土匪化的河南皇帝」。河南位居廣州南方，為李福林的主要地盤與根據地。
〈李福林任廣州市長〉，《香港華字日報》，1924 年 9 月 18 日第 1 張。

（海）三屬土匪，聲明無論防軍、鄉團不得抗阻，違者以通匪論」來看，實有以剿盜為名，藉此將勢力深入廣州南方各縣的企圖。[26]1924 年李福林幾次用兵剿盜的地點，例如江門東北、小欖等，均靠近順德縣南方一帶。《香港華字日報》即稱「政府藉口順德多盜，劫及洋船，故以李福林任順德縣清鄉督辦」。順德縣乃屬粵系地方實力派周之貞的地盤，該縣素稱富饒，但「每月應解送省署稅餉，屢催不繳」，故廣州當局先發表「順德調防決案」，命李福林所部調防順德，繼之又召開「江海警聯防會議」要求周之貞撤出順德，必要時將以武力處理等。[27]

> 李福林既奉孫文命令剿辦順屬股匪…，近已決意拔隊向順德剿匪，取周之貞地盤而有之…。但周之貞添兵運械、決不交代，死守大良、陳村兩處…。順屬地方，因是頓成風聲鶴唳。[28]

江門也有類似的情況，當英國駐廣州總領事寫信向李福林反映江門與零丁洋間海盜肆虐問題時，李福林的答覆相當具有意義，他表示「該區不屬於其管轄範圍，但是他已要求粵軍總司令許崇智將該區轉移到他的管轄下，如此他將能夠進一步延伸剿盜範圍至三角洲較南方的區域」。[29]由此觀

---

[26] 〈李福林部隊暫緩赴順德〉，《香港華字日報》，1924 年 7 月 11 日第 3 張。

[27] 1924 年 6 月 5 日在廣州召開的「江海警聯防會議」，由李福林擔任主席，除吳鐵城、邵元沖、陳樹人外，陳友仁、傅秉常等負責外交事宜官員亦出席會議。另外一方面，周之貞則表明除非與李福林互換防區，否則將不惜一戰的立場。見〈李福林相順德發展之大計劃〉、《香港華字日報》，1924 年 6 月 9 日第 1 張。按：周之貞為廣東順德人，早年赴南洋經商並加入同盟會，民國以後曾任廣州大元帥府參軍、西江討賊軍司令、中央直轄第二師師長、順德縣長等職。

[28] 據報載，孫文曾聲明「如能平定該（順德）縣股匪，即以縣長一席為酬」，故李福林勇於任事，但粵軍總司令許崇智亦有意領有順德，故「許、李二人同床異夢，而各有圖謀順德之野心」。所以，此事表面上雖是廣州當局支持李福林出兵順德剿匪，且順勢取代周之貞，但檯面下還有許、李兩人的角力。直至 1924 年 7 月下旬，李福林始順利收編周之貞所部，領有順德縣。見〈軍事聲中之李福林態度〉、〈李福林赴順收編周部情形〉，《香港華字日報》，1924 年 7 月 9 日第 1 張、7 月 21 日第 3 張。

[29] "Bertram Giles, Consul General, Canton to the British Minister, Peking, 8 October 1924, CO129/490.

之，廣州當局或是李福林本人極有可能藉由「西江剿匪」來處理廣東省境
內的異己，擴大勢力範圍。

簡言之，由金援方案爭議，可以清楚看到英國政府內部的政策路線矛
盾。「不在現場」的倫敦外交決策官員，與「在現場」的第一線官員之
間，對於解決海盜問題的因應方策，顯然有著重大歧見。「不在現場」的
外交部決策官員比較關心的是整體中英關係以及中英美三角互動，因此反
對任何可能引起不穩定後果的政策。金援方案雖然可能有效處理海盜問
題，但如果為了解決小小的廣東海盜問題，而必須牽動到整體中英關係，
甚至犧牲掉英美互信，則無論如何都並非可行的方案。此外，他們也堅持
必須維護外交決策制度，第一線官員在對華施為上任何的重要決定，如果
涉及到政治危險，均必須層層請示，由外交部作最後的拍板定案，因為決
策權是在英國外交部手上。至於「在現場」的官員，例如香港總督司徒
拔、廣州代理總領事翟比南以及西江高級海軍軍官馬克斯威爾史考特等
人，他們所著重的則是比較務實的課題，亦即如何才能夠真正地解決海盜
問題，其思維邏輯相當明確：要解決廣東海盜問題，非先取得中國軍事當
局的合作不可；但要獲得其合作，則必須先替其解決經費上的問題，唯有
經費問題處理好了，合作問題亦將隨之解決，最重要的海盜問題也才能迎
刃而解！所以，金援李福林方案可以強化粵英軍事合作、切實解決海盜問
題，並且成效卓著，那麼英國只需付出一小筆經費，就能解決困擾香港已
久的海盜問題，又何樂而不為呢？至於金援方案所牽涉到的官員擅權問
題，其實也有討論的空間。[30]因為既然英國政府「跨部會議」已做成盡力
加強粵英合作來處理廣東海盜問題的決策，那麼粵英合作的實行細節與運
用，則應可由第一線官員來負責處理，似無須外交部官員遠從倫敦遙制。

---

[30] 在英國外交部給北京公使館的電文中，即坦承粵英合作政策已獲得英國政府「跨部會
議」的同意，具體的實行措施理應由「在現場的」英國官員自行裁量決定。不過，因為
合作政策牽涉到政治危險，所以英國外交部還是認為「在現場的」官員在決定具體措施
前，必須十分謹慎小心。見"Despatch from B.C. Newton, Foreign Office, London to
Michael Palairet, Counselor, Peking," 23 April 1925, FO371/10933.

三、英國與「叛軍」陳炯明麾下部隊的軍事合作

除了跟廣州當局的合作外，香港總督也透過私人關係網路直接與其他粵系軍隊將領合作，包括與孫文敵對，仍控制粵東地區的「叛軍」陳炯明所部軍事首長，來處理大亞灣水域的海盜問題。[31]1925 年 1 月，香港總督府即繞過廣州總領事，直接與佔領粵東地區的軍事將領合作進剿大亞灣海盜。

（一）豐華輪(SS *Hong Hwa*)劫案

1925 年 1 月，豐華輪載運 357 名乘客與貨物在從新加坡啟航前往香港，但在航行途中，遭到為數約 30 餘名偽裝乘客的武裝海盜襲擊。海盜在取得輪船控制權後，隨即將輪船劫往廣東大亞灣水域，乘坐小艇攜帶劫掠品登岸逃逸。[32]而根據豐華輪華籍買辦事後口供，海盜講話口音包括有福建話、河洛話、客家話以及廣東話等各種方言。[33]

從海盜的行動看來，很明顯是由有組織的犯罪集團所為。他們從廣東大亞灣出發專程前往新加坡，然後在該港物色船隻對象與籌謀劫掠事宜。

---

[31] "Despatch from James Jamieson, Consul General, Canton to Ronald Macleay, British Minister, Peking," 2 February 1925, FO371/10933.

[32] 懸掛英國旗的豐華輪為客貨兩用船，屬於一家在新加坡註冊的華人輪船公司(Ho Hong Steamship Co.)所有，經常航行南洋水域，往來於仰光、檳城、新加坡、香港、汕頭、廈門等港口間。"General Report on the Piracy of SS *Hong Hwa*," by E.D.C. Wolfe, C.S.P., 24 February 1925, from R.E. Stubbs, Governor of Hong Kong to L.C.M.S. Amery, Colonial Office, 3 March 1925, FO371/10933.

[33] 此外，根據華籍大台服務生(saloon boy)的口供，海盜應該是汕頭人，能夠講廣東話等好幾種方言。另外一名華籍乘客的口供，亦有相同的看法，表示海盜能夠講「廣東、客家、潮州與福建方言」。見"Statements of Principal Witnesses: Li Hung Lo (compradore), Soon Lai (saloon boy) & Cheung Sing Sam (passenger), SS *Hong Hwa*," by P.J. Shannon, Lance Sergeant A97, from R.E. Stubbs, Governor of Hong Kong to L.C.M.S. Amery, Colonial Office, 3 March 1925, FO371/10933.

選定豐華輪後，海盜偽裝一般乘客挾帶武器登船，並於航行途中伺機發動襲擊，有計畫地分批攻擊輪船的艦橋、輪機室及無線電室，目的除了奪取輪船的操控與動力外，同時也切斷對外聯繫。由於豐華輪船上並未部署有武裝警衛，海盜的襲擊行動相當成功，並輕易藉由開槍、縱火燒船等威嚇手段，順利壓制船員與乘客。尤其值得注意的，是海盜劫持船隻後立即表明只為劫財不殺人，因而降低船員與乘客的抵抗意志。在航行前往大亞灣途中，海盜更是相當有組織地輪流派遣人員監視船上的一舉一動，海盜甚至還攜有自己的領航員，以便到達大亞灣沿岸時，能夠順利登陸。[34]海盜首領並曾對豐華輪船長表示，在豐華輪劫案前「他的海盜組織已經劫掠了其他 7 艘船隻」。[35]

（二）聯合軍事行動

豐華輪遭到海盜劫持到廣東大亞灣時，恰好大亞灣駐軍指揮官黃福芝上校(Colonel Wong Fuk Chi)[36]在香港，因此香港警察司乃聯繫該指揮官，

---

[34]　因豐華輪屬於長程跨洋航行的海輪，並不適用於香港〈防範海盜則例〉(Piracy Prevention Ordinance, 1914)的規定，故並未部署武裝警衛。"General Report on the Piracy of SS *Hong Hwa*," by E.D.C. Wolfe, C.S.P., 24 February 1925, from R.E. Stubbs, Governor of Hong Kong to L.C.M.S. Amery, Colonial Office, 3 March 1925, FO371/10933.

[35]　"Piracy of the SS *Hong Wha*," N.I.D. 6726/25, from Intelligence Division, Naval Staff, Admiralty to the Colonial Office, 24 March 1925, CO129/490.

[36]　英國資料中僅稱與香港合作的指揮官為 Colonel Wong Fuk Chi（僅有英文譯音，未註明中文姓名），並稱該軍官不隸屬於廣州當局，而是效忠於陳炯明。如比對 1925 年 1 月廣東東江地區陳炯明麾下各路指揮官姓名，Colonel Wong Fuk Chi 應為當時擔任其中一路指揮的黃福芝。1928 年 10 月黃福芝病逝香港時，香港《工商日報》上刊登的悼文，亦稱黃福芝曾任粵軍 12 師師長，率部駐防東江惠陽、博羅一帶，且在稔山擊敗來犯的「農匪」。惠陽（稔山亦屬惠陽）即位處大亞灣東北一帶。因此，英國報告中所稱的 Colonel Wong Fuk Chi 確實應為黃福芝無誤。相關資料如下：陳炯明麾下高級軍官名錄，乃引自粵軍總部東江前線軍事密探報告，見〈聯軍探報東江陳軍出兵之情形〉，《香港華字日報》，1925 年 1 月 29 日第 5 張；黃福芝病逝消息，則見〈港聞二：黃福芝逝世〉，香港《工商日報》，1928 年 3 月 24 日第 4 版。

並由總督府派出海軍、陸軍與警察人員乘坐海軍拖船，與該指揮官一同前往大亞灣，和當地駐軍協同行動，攻擊數個海盜村落，並燒毀 7 座屋舍。（軍事行動過程參見表 9-1）[37]英文《德臣西報》曾報導此次軍事行動，並指稱部份報紙曾謠傳行動過程中，英軍曾動武砲轟岸上地區，但實際上英軍僅從旁觀察協助，並未參與作戰：

> 據稱與陳炯明同盟的一支中國軍隊（在大亞灣）展開圍捕行動，捉拿了17名海盜，並擊斃1名海盜……。上週，一群海盜劫持豐華輪，並將其駛至大亞灣後逃逸。之後，也陸續有其他海盜在劫持輪船至大亞灣後逃逸。據說英國海軍與警察武裝艦船於週六離開香港前往大亞灣，但當中國軍隊展開行動時，英軍並未在現場，而是在數浬之遠。雙方的共識是：當中國軍隊執行懲戒行動時，如有需要，英軍將會提供協助。因此，謠傳英軍曾參與行動砲轟岸邊的說法並不可信。[38]

《香港華字日報》同樣也報導此事，但只稱在香港華人警探「偕同粵軍司令黃福芝等，率隊乘兵艦到惠州，破獲海盜賊巢」。文中雖曾提及「兵艦」，但並未言明係屬哪國，似乎刻意略去英國海軍在剿盜行動中的角色。

> 來往香港、星架坡之豐華輪被劫……，本港偵探部昨接消息，由華幫辦朱香、五十四號偵探幫辦平葛及包探六人……，偕同粵軍司令黃福芝等，率隊乘兵艦到惠州，破獲海盜賊巢。賊黨放槍與兵戰，傷排長一名，當堂轟斃賊匪一名、捕獲賊徒十七名，搜回豐華輪所失贓物甚多，故此幫賊匪確係糾黨行劫豐華輪之黨羽，港政府為省手續起見，現此幫賊匪亦交由惠州軍官扣留、候審。[39]

英國倫敦《泰晤士報》(The Times)駐香港特派員亦以「進剿海盜巢穴：成

---

[37] "Memorandum Respecting Piracy Suppression Received from Sir Miles Lampson," dispatch No. 1030, September 21, 1927, CAB/24/202: 0024.

[38] "Pirate Killed: Seventeen Rounded up at Bias Bay," *The China Mail*, 21 January 1925.

[39] 不過，在報導中《香港華字日報》誤稱此次行動時間為「去年尾月 26 日」。見〈破獲海盜巢穴、捕獲海盜十七名〉，《香港華字日報》，1925 年 1 月 29 日第 2 張。

功的中英合作」為標題，報導此次粵英一同進剿海盜的行動，但內文也僅
強調「香港警察特遣隊與中國軍隊合作襲擊大亞灣的海盜巢穴」，同樣也
似乎有意略去英國軍方曾參與協助行動。[40]從上述報紙報導，無論是《德
臣西報》的澄清英國海軍未有砲擊之舉，還是《香港華字日報》、《泰晤
士報》未提及英國海軍參與行動，均凸顯香港政府有意封鎖消息，將雙方
合作層次盡量著重在香港警察部份，而不願強調英國海軍亦有介入與黃福
芝的合作剿盜事宜。這可能與黃福芝身份敏感有很大的關係。因為黃福芝
乃陳炯明舊部，為當時廣州政府亟欲討滅的對象，故英國海軍與陳炯明舊
部合作之事如果過份曝光，勢必影響到粵英關係。

　　究其實際，此次軍事行動顯然獲得英國駐華海軍的大力支持，香港海
軍准將(the Commodore, Hong Kong)除派出聖蒙那斯號(HMT St. *Monance*)協
助運送中國軍隊外，還任命海軍情報官員英格翰少校(Lieutenant Commander
C. Ingham, Staff Officer(Intelligence), Hong Kong)作為指揮官的代表，充當此
次進剿行動的海軍顧問。聖蒙那斯號出航時，英國海軍「中國艦隊」總司
令(Commander-in-Chief, China Station)甚至還親自祝福黃福芝此行順利，並
目送聖蒙那斯號駛離香港。在「中國艦隊」總司令給英國海軍部的報告
中，亦稱此次軍事行動雖然造成當地百姓極大的震撼，但成果不錯：

> 聖蒙那斯號在大亞灣運送兩百名中國士兵前往行動目的地附近，攻
> 擊3個海盜村落。結果擊斃海盜1名，並捕獲海盜17名，被捕者應該
> 會在適當時候被處死。歐洲人與中國士兵一同出現，在村民間造成
> 極大的震撼，很明顯的這些區域已經有很長一段時間沒有白人出現
> 過。聖蒙那斯號在1月20日返回香港，由黃福芝執行後續的剿盜行
> 動。目前已尋獲部份豐華輪的劫掠品，並燒毀了幾間海盜屋舍。[41]

---

[40] "Raid on Pirates' Lair: Successful Cooperation of British and Chinese," *The Times*, 22 January
1925.

[41] "Extract from Letter from the Commander-in-Chief, China Station, HMS *Hawkins*, Hong
Kong," 26 January 1925, FO371/10918.

表9-1：大亞灣聯合軍事行動行程表		
日期、時間（時分）		行動內容
1925.1.17		聖蒙那斯號軍艦搭載英國（香港）軍警與黃福芝從香港出發，傍晚停泊於大鵬灣。
1925.1.18	0539	聖蒙那斯號拔錨啟程前往大亞灣
	0730	聖蒙那斯號停泊於海州村外海1.5哩處（龜洲附近）
	1025	黃福芝與香港助理警察司乘坐小艇登上海州
	1340	小艇回艦
	午夜	黃福芝及其士兵陸續乘坐6艘木船與英艦會合，部份士兵並登上英艦休息。
1925.1.19	0310	中國士兵分乘6艘木船登岸，並展開陸上軍事行動
	0655	聖蒙那斯號啟程前往范和港；黃福芝隨行
	0720	聖蒙那斯號停泊於范和港外海
	1025	黃福芝、助理警察司、華籍警探在稔山鎮與范和港之間登陸
	1800	助理警察司回艦，建議英方人員暫時勿登岸 第1艘中國木船返回與英艦會合
	1840	第2艘中國木船返回與英艦回合
1925.1.20		英國海軍情報官、陸軍官員、助理警察司、歐籍警官等乘坐中國木船登岸，前往黃福芝位於稔山鎮的總部，稍後在現場目睹部份攻擊行動，並參與龜洲的報復行動。

資料來源："Operation against Hong Hwa Pirates- Report of Proceedings" by C. ST. C. Ingham, Lieutenant Commander, Staff Officer (Intelligence), Hong Kong, 21 January 1925, CO129/490.

根據香港警察司的報告，黃福芝為陳炯明的部屬，統率約 200 多名軍隊駐紮在大亞灣、大鵬灣一帶。但黃福芝顯然並未有事先取得陳炯明的同意，而是在香港軍警人員的陪同下，由香港乘坐英國海軍艦艇直接前往大亞灣駐地，並調動部隊與英國海軍一同進剿海盜。[42]由於海盜據點多分佈在內陸地區，因此軍事行動由黃福芝主導執行，英國海軍聖蒙那斯號則負責協助運送人員與提供後勤支援。聖蒙那斯號駛抵大亞灣附近後，黃福芝隨即登岸下令其軍隊分乘 6 艘木船與英艦會合，並擬定具體攻擊計畫：120 名的中國士兵擔任主力部隊，分乘 6 艘木船依序攻擊龜洲村、海洲村與稔山鎮等地的海盜聚落；50 名左右的中國士兵擔任陸上封鎖任務，防止海盜從陸路脫逃；英國海軍聖蒙那斯號則停泊在范和港外，負責封鎖水路；待龜洲、海洲、稔山三地海盜聚落肅清後，主力部隊再前往范和港村進剿該處的海盜聚落。[43] 基本上，此次聯合軍事行動中，陸上所有攻擊行動均由黃福芝的粵軍部隊負責，英國船艦與軍警人員僅是扮演輔助性的角色。（粵英雙方具體行動情況，見表9-2）。

表9-2：大亞灣聯合軍事行動粵英雙方具體情況表（1925年1月17-20日）

地點	龜洲村	海洲村	范和港村	稔山鎮
粵軍具體行動情況	粵軍緝獲4名海盜。 事後縱火焚燒海盜屋舍。	粵軍緝獲1名海盜。	粵軍擊斃1名海盜、緝獲12海盜，另外2-3名海盜逃逸。 1名粵軍軍官負傷。	粵軍行動指揮中心。 龜洲、海洲所緝獲海盜在此處刑求逼供。
英國軍警具體行動情況	未參與攻擊行動。 英國軍警人員登陸見證事後縱火過程，並拍照存證。	未參與攻擊行動。 英國軍警人員僅登陸途經該村。	海軍聖蒙那斯號在沿海執行封鎖任務。 英國軍警人員登陸參與（見證）攻擊行動，目睹1名海	英國軍警人員在此處等待攻擊行動結果，並見證刑求過程，同時拍照存證。

---

[42] "Minute from Captain Superintendent of Police to Colonial Secretary," 15 January 1925, *SP 1927*, No.7, p.154.

[43] "Report from Captain Bloxham, Assistant Superintendent of Police to Captain Superintendent of Police," 10 February 1925, FO371/10933.

			盜在負傷後遭到黃福芝現場槍決，並拍照存證。	

資料來源："Report from Captain Bloxham, Assistant Superintendent of Police to Captain Superintendent of Police," 10 February 1925, FO371/10933.

　　其次，根據英國海軍情報官英格翰少校的報告，被捕的 17 名海盜中有 4 名（龜洲村）極可能涉及豐華輪劫案，因為香港警察人員從其住所中發現許多相關證物，例如新加坡貨幣、衣物等。為了報復起見，英格翰等人乃特地前往龜洲，準備將 4 名海盜的房舍盡數焚燬。當地百姓一見到英方人員到來，似乎即感到相當不安，大部份男性村民都隱匿無蹤，不過「在縱火過程中，還是有婦女大聲哀嚎。」至於在范和港村被當場擊斃之人，據信更是一名惡名昭彰的海盜，曾經參與過三件重大海盜劫案，包括繡球花輪劫案(SS *Hydrangea* Piracy)、新寧輪劫案(SS *Sunning* Piracy)以及瑞安輪劫案(SS *Sui An* Piracy)。此次軍事行動中逮捕的海盜，在香港警察與英國陸軍官員拍照存證後，均由黃福芝派員押解至惠州進行審判，之後再準備移回大亞灣地區執行槍決。[44]

　　再者，由前述行動情況表中還是可以發現，英國軍警人員（包括香港助理警察司、刑事偵察處助理處長、警探，以及英國海陸軍官員等，見表 9-3）均曾實際登岸視察，除目睹刑求逼供過程與將逮捕的海盜拍照存證外，並曾親自參與見證范和港村攻擊行動以及龜洲村燒毀海盜房宅的過程。

---

[44] 香港警察搜得有關的證物，包括 60 元新加坡幣、5 批索的西貢紙幣、2 件新加坡黑衣、1 塊新加坡卡其布、5 張新加坡毯子、1 個新加坡皮箱、2 組新加坡銀鈕釦等等。"Operation against *Hong Hwa* Pirates- Report of Proceedings" by C. ST. C. Ingham, Lieutenant Commander, Staff Officer (Intelligence), Hong Kong, 21 January 1925, CO129/490.

	人數	人員	備註
英國海軍官員	1	Lieutenant Commander Ingham	英國海軍駐香港情報官
英國陸軍官員	1	Lieutenant Drake Brookman	英國陸軍駐香港東薩里步兵團(East Surrey Regiment)
香港英籍警察	4	Mr. Booth	刑事偵察處助理處長
		H. Bloxham	助理警察司
		Inspector Pincott	督察
		Police Sergeant Chester Woods	警探
香港華籍警察	7	Chu Heung	督察
		其他6名	警探

表9-3：大亞灣聯合軍事行動中登岸的英國（香港）軍警人員表

資料來源："Report from Captain Bloxham, Assistant Superintendent of Police to Captain Superintendent of Police," 10 February 1925, FO371/10933.

　　此次進剿行動，基本上乃是香港當局與陳炯明麾下軍官黃福芝等人的合作成果。黃福芝本人具有粵軍偵探背景，且「以善於處理海盜問題聞名」，[45]其駐地又位於大亞灣附近，自然成爲香港當局極力拉攏的對象。根據《香港華字日報》報導，早在 1924 年 10 月底時，黃福芝即曾陪同陳炯明麾下重要將領洪兆麟一同前往香港，並「謁見香港警察司」，秘密商談某些事情。[46]其次，根據香港英文《士蔑報》(The Hong Kong Telegraph)報導，實際負責指揮行動雖然爲黃福芝，但在展開登陸進剿行動前，還是

---

[45] 黃福芝的偵探與處理海盜背景，見〈徐東海與黃福芝〉，《香港華字日報》，1924 年 7 月 2 日第 1 張；"Pirate Lair Raided: *Hong Hwa* Robbers Caught; Hong Kong Police Joint Expedition," *The Hong Kong Telegraph*, 21 January 1925.

[46] 黃福芝、洪兆麟往晤香港警察司，見〈洪兆麟、黃福芝抵港〉，《香港華字日報》，1924 年 10 月 27 日第 3 張。

特地先向該區最高指揮官洪兆麟報告。[47]顯見洪兆麟、黃福芝與香港警察當局之間保持相當密切的聯繫，且在剿盜事務應該已有所共識。簡言之，無論此次行動前是否取得陳炯明的同意，但已充分表明香港政府當時已試圖跟廣州當局以外的其他割據勢力合作來處理海盜問題。尤其陳炯明所部控制的惠州東江地區正位處大亞灣北側地區，此區並不屬於廣州當局轄下，因此要切實處理大亞灣海盜問題，最有效的方式即是與陳炯明麾下軍事將領合作。當然這種形式的合作也會造成負面影響，例如英國即可能背上干涉廣東內政、與廣州當局敵對勢力合作的指控，從導致廣州當局的不滿與仇恨。

另外一方面，由於廣東局勢的劇烈變化，上述合作形式也僅維持相當短暫的時間。因為此次軍事進剿海盜行動結束後不久，廣州當局即展開東征，與盤據粵東惠州地區的陳炯明部隊爆發激烈的軍事衝突，所以陳炯明麾下將領不太可能還有餘力與英國商談合作之事。不過，也由於廣州當局的東征行動，導致大亞灣附近淪為戰場，激烈的戰鬥同時也造成該區海盜只能暫且走避戰禍，故劫掠活動無以為繼。換言之，1925 年大亞灣水域的海盜活動雖然暫時銷聲匿跡，但不一定是前述軍事報復行動所致，更可能是因為戰爭情勢緊張，海盜亦難以繼續立足當地。一直要到 1925 年底東征行動結束，海盜勢力才又重返大亞灣水域。[48]

（三）與陳炯明勢力合作的爭議：英國外交、海軍官員的質疑

香港政府與英國駐華海軍當局推動與黃福芝的軍事合作行動，在事前並未知會英國外交部。直到 1925 年 4 月，英國外交部收到由海軍部轉來

---

[47] "Pirate Lair Raided: *Hong Hwa* Robbers Caught; Hong Kong Police Joint Expedition," *The Hong Kong Telegraph*, 21 January 1925.

[48] "Explanatory Note," *SP 1927*, No.7, p.158.

「中國艦隊」總司令的例行報告後，才獲悉此次軍事合作行動。[49]從英國外交部內部備忘錄看來，主管遠東事務的官員認為在與黃福芝合作時，必須先弄清其背景與來歷。[50]在給廣州總領事館的信件中，英國外交部表達了對此次合作的疑慮與不安：

> 從海軍部報告中…，我知道我們已經在大亞灣區域與一位黃將軍合作…，但他是誰？是否同樣值得信賴？假如他是一般傳統的中國將領，那我們不應該與其合作…。[51]

英國駐廣州總領事翟比南的報告中，亦表示對香港政府與陳炯明所部合作剿盜之事，事先並不知情。翟比南並暗示此次軍事合作背後，其實還有牽涉到「財政援助」。翟比南對此似乎頗不以為然，因為英國與廣東地方軍事當局合作剿盜，如涉及到財政上的援助，依照規定，最好能獲得總領事館的同意，以降低政治上的風險。但顯然此次行動前，香港政府並事先未知會總領事館，而是逕自與黃福芝聯繫。因此，香港政府似乎刻意繞過廣州總領事館，並以財政支援的手段，來換取黃福芝的合作。更重要的是，香港政府在行動前，並未取得殖民部的同意。在殖民部內部備忘錄中，即坦承「關於藉由財政援助的方式，支持中國地方軍事武力以執行進剿海盜之事，我們尚未直接從香港方面獲知任何消息」。簡言之，豐華輪劫案後的軍事進剿行動，乃香港政府自行策劃之舉，事前並未取得相關部會的正式授權，同時軍事合作背後還可能涉及到財政援助等買通行為。[52]

　　事實上，1920 年代香港政府傾向與廣州當局以外其他廣東地方勢力合作，有其歷史上的背景與成因。尤其自 1922 年香港海員大罷工以來，香港政府認為罷工運動背後有著孫文與廣州當局的支持與運作，故大幅檢討

[49] "The Secretary of the Admiralty to the Under Secretary of State, Foreign Office," 21 April 1925, FO371/10918.

[50] "Situation in China," Minutes of Foreign Office, April 1925, FO371/10918.

[51] "Private Letter from S.P. Waterlow, Foreign Office to J. Jamieson, Canton," 5 May 1925, FO371/10918.

[52] 翟比南的報告，亦見於殖民部內部備忘錄。"Suppression of Piracy in Canton Delta," Minutes of Colonial Office, 6 May 1925, CO129/490.

並調整對廣州的政策。[53]香港商界與政府官員，也「建議總督司徒拔應該支持由陳炯明所代表的『溫和派』("moderate section")，而非孫文所代表的『激進派』("radical section")」。[54]

然而，根據英國海軍駐廣州情報官法瑞中校(Lieutenant Commander C.M. Faure, Intelligence Officer, Canton)[55]關於華南地區海盜的報告，明確指出陳炯明與大亞灣海盜事件可能有某種程度的聯繫。況且廣州當局也有類似的看法，故也曾向英國政府反映策動海盜事件的主謀者藏匿在香港。特別是陳炯明及其部份忠實的追隨者，例如黃福芝等人，即可能與大亞灣海盜以及其他海盜勢力有所勾結。因此，法瑞中校相當質疑香港政府與陳炯明殘餘勢力合作「政策」的正當性。[56]

法瑞中校質疑的「香港政策」("Policy of Hong Kong")，有其特殊的發展脈絡。歷經廣州當局的兩次東征後，1925 年陳炯明作戰失敗逃往香港，並由香港政府給予其庇護。香港總督府華民政務司夏理德(Edwin Richard Hallifax, Secretary for Chinese Affairs, Hong Kong)即承認「過去幾年發生的事情，使得我們不得不同情他」。但陳炯明移居香港後，卻疑似利用洪門三合會分支的「致公堂」，試圖顛覆廣州當局的統治，也因此外界、尤其是廣州當局均強烈懷疑香港政府窩藏陳炯明，藉以利用其殘餘勢力來制衡廣

---

[53] 關於香港海員罷工及其與當時粵英互動的關係，亦可參見莫世祥，《中山革命在香港 (1895-1925)》(香港：三聯書店，2011)，頁 341-348；張俊義：〈20 世紀初粵港政局之互動〉，《嶺南近代史論：廣東與粵港關係 (1900-1938)》(香港：商務印書館，2010)。

[54] "T.H. King, Director of Criminal Intelligence to Captain Superintendent of Police," 30 April 1927, CO129/507/3.

[55] 根據香港方面的資料，法瑞中校曾經在香港學習中文一段時間，1924 年時被派往廣州繼續學習中文，同時也擔任海軍情報任務。1925 年時法瑞被調回英國，直至 1927 年再度回到中國，擔任駐廣州海軍情報官。見"T.H. King, Director of Criminal Intelligence to Captain Superintendent of Police," 30 April 1927, CO129/507/3.

[56] "Memorandum on Piracy in South China by Lieutenant Commander C.M. Faure, Intelligence Officer, Canton,1924," cited from "Victor Wellesley, Foreign Office to Sir G. E. A. Grindle, Colonial Office," 18 February 1928, CO129/507/3.

州當局。[57]事實上，在 1927 年 5 月初廣州當局給英國的聲明中，即曾指控大部份大亞灣海盜勢力均隸屬於「致公堂」，並強調該組織隱身香港，透過秘密結社與集會，策劃海盜活動。[58]

另外一方面，法瑞中校的質疑卻遭到香港政府各級官員的強烈反駁。香港刑事情報處處長金恩(T.H. King, Director of Criminal Intelligence)，直接抨擊法瑞中校並不熟悉 1920 年以前的廣東海盜問題，也不太理解海盜實際運作的情況。尤有要者，無論香港政府採取何種政策，其目的都是為了解決海盜問題，不可能因為敵視廣州政府，就去阻礙其鎮壓海盜。[59]華民政務司夏理德雖坦承法瑞中校所言確為事實，但是他卻誤解了香港與陳炯明之間的關係，因為香港雖然同情陳炯明對抗孫文的立場，然而並沒有以實際行動支持他。夏理德指責法瑞中校雖然熟悉廣州事務，精於中文、居住在廣州且並與許多廣東人保持聯繫，可是其報告卻明顯受到廣東線民的影響。所以法瑞中校對廣東海盜問題的建議，夏理德以為不太需要理會：

> 根本毋須去嚴肅看待法瑞中校對於海盜問題的看法。他似乎只是囫圇吞棗地將其廣東線民的政治觀感給全部吸收進去，並以這種觀點來引導出其推論：香港明顯應該為大亞灣海盜擔負起直接且唯一的責任。而很奇怪地，法瑞中校並沒有去解釋珠江三角洲為何會有許多武裝化的海盜？[60]

夏理德甚至認為法瑞中校深受廣東方面的影響，立場偏頗，勢將危及英國

---

[57] 根據香港總督府的資料與研判，致公堂為三合會分支機構，晚清時孫文即利用此組織聚集反清力量、推動革命事業。而陳炯明則意圖效法孫文的前例，利用致公堂來顛覆廣州當局的統治。"E.R. Hallifax, Secretary for Chinese Affairs, Hong Kong to the Colonial Secretary, Colonial Office, London," 23 April 1927, CO129/507/3.

[58] "A Statement from Canton," June 1927, cited from Naval Intelligence Division, Naval Staff, Admiralty, *Confidential Admiralty Monthly Intelligence Report*, No.106 (15 March 1928), pp.41, CO129/507/3.

[59] "T.H. King, Director of Criminal Intelligence to Captain Superintendent of Police," 30 April 1927, CO129/507/3.

[60] "E.R. Hallifax, Secretary for Chinese Affairs, Hong Kong to the Colonial Secretary, Colonial Office, London," 23 April 1927, CO129/507/3.

的利益，故已不適合繼續擔任情報官一職。至於香港總督金文泰(Cecil Clementi, Governor, Hong Kong)，也表態支持金恩與夏理德的建議，在給殖民部部長愛默利(L.C.M.S. Amery, Secretary of State for the Colonies)的報告中，金文泰大力撇清與陳炯明的關係，表示已徹底調查陳炯明與致公堂的活動情況，並警告其不得利用香港為根據地組織政治派系力量干涉中國內政，否則將遭到香港政府的驅逐。對於法瑞中校，金文泰坦言「雖然他個人並不熟識法瑞中校，但是在詳讀其報告後，他認為法瑞並不適合擔任英國政府派駐在廣東的情報官職務」。[61]

不過，英國外交部的態度卻與香港政府大相逕庭，而明顯認同法瑞中校的看法，並對香港政府與商界曾大力支持的廣州「商團計畫」(Merchant Volunteer Scheme)[62]有所批評。一方面因為廣州商團與陳炯明關係密切，所以香港政商界共同推動的「商團計畫」自然有利於陳炯明。二方面則是香港商界為了協駐廣州商團召募新兵，甚至利用懸掛英國旗幟的汽艇來運兵，但這些所謂的新兵卻多半來自於土匪與海盜，換言之，香港此舉不啻是在協助海盜加入商團軍隊。更令英國外交部不滿的，是後來證明這些懸掛英旗的汽艇，非但曾經協助運送盜匪兵，竟然還參與了走私活動。[63]

---

[61] 金文泰表示在警告後，致公堂已順從香港政府的命令，不再從事「顯露於外的活動」，而將活動重心放在經營政黨報刊。然而，這同樣抵觸香港政府容許的範圍，因此香港立法局(Legislative Council)正準備通過一項管制出版業者與媒體的法令(*A Bill for the Control of Printers and Publishers and of Printing Presses*)，以便讓香港政府能夠有效地管理殖民地的政治活動。"Cecil Clementi, Governor, Hong Kong to L.C.M.S. Amery, Colonial Office," 22 December 1927, CO129/507/3.

[62] 關於 1924 年商團事件與粵英關係，可以參見張俊義，〈英國政府與 1924 年廣州商團叛亂〉，《廣東社會科學》，2000 年第 3 期。

[63] 英國外交部指出與香港政府關係密切的香港匯豐銀行總經理史蒂芬(A. G. Stephen)即公然支持廣州商團。究其實際，香港政府不但「非正式」表露出同情陳炯明的立場，甚至還「正式」地支持陳炯明。例如 1922-1923 年間，香港總督司徒拔即曾想推動金援陳炯明的計畫。而陳炯明在失去粵東根據地後，隱身於香港，但事實上卻公然利用香港為根據地策動反廣州的陰謀。而且毫無疑問的，與陳炯明為敵的廣州當局同樣也視香港政府為陳炯明的盟友，這個傾向也間接導致 1925 年之後的廣東反英運動。"Victor Wellesley,

　　至於英國殖民部的態度，在爭議之初，殖民部官員認為法瑞中校的諸多指控，例如形容香港政府只是會惹麻煩的惡棍等，不過只是在挖歷史舊帳；而就殖民部立場而言，無須繼續在此陳年的歷史爭論上糾纏下去，而應該充分展現決心，盡早結束此議題。因此，殖民部反過來指責法瑞中校所言無據，也表明不可能接受其看法。[64]後來殖民部態度稍有改變，勉強同意香港政府有部份疏失，但仍不認為有必要追究其責任。在內部檢討的備忘錄中，殖民部官員承認 1924 年陳炯明盤據惠州時，可能與大亞灣海盜案件有所牽連，特別是當時陳炯明並未阻止海盜利用大亞灣作為根據地策劃海盜案件，似有縱容海盜之嫌。但殖民部官員認為此事已事過境遷，陳炯明也早已作戰失敗，被迫離開廣東，而後續發生的大亞灣海盜案件則顯然與陳炯明無關。[65]其次，至於香港政府暗中支持陳炯明的指控，殖民部官員承認香港方面無論政府當局抑或民間態度，「不容否認地」在立場上均傾向支持陳炯明，而部份民間人士甚至可能試圖將同情態度付諸實現，亦即將同情轉變為實際政治上的援助。商團事件就是重要明證，其目的無外乎在於支持陳炯明、反對孫文，而形成所謂「英國人的陰謀」（"a conspiracy of the British"）印象。[66]不過，殖民部官員還是相信商團事件背後，只有英籍民間人士的支持，但是並沒有證據證明香港政府確實有批准或支持此類行動。如果承運商團軍火的海夫號輪船有航經香港，相信香港政府也應會採取立即行動，扣留輪船與軍火，以阻止後續衝突事件的發生。是故，殖民部官員認為商團事件是一件不幸之事，但也已成為歷史，

Foreign Office to Sir G. E. A. Grindle, Colonial Office," 18 February 1928, CO129/507/3.

[64] "Minutes of Colonial Office," 17 February 1928, CO129/507/3.

[65] 事實上，英國殖民部官員認為外交部之所以提出上述質疑，其目的不過在於暗示「香港（政府）竟然愚蠢至極地去支持陳炯明這樣一個惡棍」（"Hong Kong was very foolish ever to consider supporting such a rascal as Chen Chiung-ming"）。

[66] 殖民部官員承認，在商團軍火走私行動中，由於有英國民間人士涉入，包括匯豐銀行（Hong Kong and Shanghai Banking Corporation）高層以及海關稅務司官員等均可能參與其事，故英國駐廣州總領事在處理後續商團事件交涉時，不敢向廣州當局提出強烈抗議，而僅能委婉地表達不滿。

而香港政府在處理事件上也沒有明顯過失，故此時再去追究香港政府的責任，並無任何益處。再者，至於香港政府的對粵政策與反英運動的關係，殖民部官員則承認商團事件及其後續事件確實導致 1925 年的反英運動，而香港政府在這方面的處置可能不甚妥當。但是殖民部認為反英運動與大亞灣海盜問題日益嚴重並無直接關係，因為廣州當局之所不願意接受粵英合作剿盜方案，也並非受到反英運動的影響，而是廣州當局並沒有足夠的部隊，可以完全控制惠州南部大亞灣沿岸地區。因此，綜合來說，殖民部官員認定法瑞中校在備忘錄中所言之事，很多部份並不精準，措辭也不適當，從而造成外交部與殖民部間的歧見，故不得不質疑其是否適任駐廣州海軍情報官一職。[67]

　　雖然英國殖民部在內部檢討資料中，某種程度上，或多或少坦承法瑞中校與外交部的部份質疑是有道理的，但在對外上仍是選擇力挺香港政府的政策。在殖民部助理次卿葛蘭敦(G. Grindle, Assistant Uuder-Secretary, Colonial Office)給外交部的回信中，首先即強調對於外交部的說法感到「驚訝」，也指出外交部似乎「並未瞭解」法瑞中校備忘錄的真實意涵。殖民部並試圖撇清香港政府與陳炯明之間的關係，因為所謂對於陳炯明持同情態度，並非指涉香港政府本身，而是「非官方社群」("unofficial community")。此類非官方人士不但同情陳炯明，甚至還可能付諸行動，以至於造成商團事件。但這僅是民間、非官方態度，並非香港政府官方的立場。其次，殖民部也認為陳炯明與 1924 年的海盜案件並無直接關係，因為法瑞中校有關陳炯明與海盜勾結的指控，並沒有提出相關證據。尤有要者，殖民部還以相當強硬的口吻，諷刺此時去翻舊帳，追究陳炯明與海盜的關係，對於解決目前廣東大亞灣海盜問題根本毫無幫助。因為廣東海盜問題的核心，在於廣州一直沒有適當的領導中樞可以穩定局面。而香港方面先前之所對於陳炯明有所期待，也只是因為希望陳炯明能夠建立一個穩定有力的政府，從而解決海盜問題。而後來的事實證明，香港方面對於陳

---

[67] 以上殖民部內部檢討內容，見"Minutes of Colonial Office," April 1928, CO129/507/3.

炯明顯然有過多的期待，但原則本身（亦即期望廣州出現一個有力當局）並沒有過錯。因此，殖民部希望能夠終止此話題，也不希望外交部再作回應。[68]簡言之，殖民部在信件中表現出來的態度，明顯就是試圖壓下此爭議，也不願意進一步檢討箇中曲直，故強調諸多事件都已成爲歷史，此時再去翻舊帳與追究責任，於事無補。

　　無論如何，究其實際，香港與廣東方面的合作剿盜本來就是高度政治化的行動，牽涉到英國、香港與廣東之間複雜的政治互動關係。誠如香港刑事情報處處長金恩在 1927 年報告中所揭露的：

> 事實就是，自1920年開始，為了保護外國特別是英國的航運，香港與廣州（孫文）或是惠州政權（陳炯明）之間的合作防盜行動，其索求的代價就是「完全的承認」("full recognition)。[69]

無庸諱言，自 1922 年孫文、陳炯明正式決裂、撕破臉之後，香港要與廣東方面合作剿盜、防盜，就必須面臨敏感的政治選擇問題，亦即勢必得在孫文與陳炯明之間有所取捨。而海員罷工後，香港政府極度猜忌孫文的對英態度，自然也就不願放棄援陳制孫的機會。加上陳炯明所部盤據的粵東、東江一帶，正是惡名昭彰的大亞灣海盜的所在，故香港選擇與陳炯明的合作，其實隱含有既可鎮壓海盜又可牽制孫文的打算。

四、小結

　　1924-1925 年的粵英合作進剿海盜行動，從一開始即遭到廣州當局部份人士的質疑，雖然並未因商團事件而停止，但不斷的衝突事件與日趨緊

---

[68] 在殖民部內部草擬給外交部的回信中，原先還有許多更為激烈的字眼，不過後來被助理次卿葛蘭敦給刪除了。例如指控法瑞中校提出這樣的備忘錄是非常「不謹慎」的作法，所謂「香港的政策」等措辭乃是「不夠嚴謹」、過於「荒唐」，有「引起誤會的危險」，從而造成許多困擾，不禁讓人懷疑法瑞中校是否適任海軍情報官。見"Draft from G. Grindle, Colonial Office to Victor Wellesley, Foreign Office," 17 April 1928, CO129/507/3.

[69] "T.H. King, Director of Criminal Intelligence to Captain Superintendent of Police," 30 April 1927, CO129/507/3.

張的粵英關係，還是爲未來粵英合作剿盜投下了變數。特別是受到五卅事
件的影響，李福林本人後來對於粵英秘密金援合作這段歷史也諱之莫深。
根據〈李福林自述〉，提到 1924 年商團事件之前，香港總督司徒拔曾派
遣仕紳來粵與李商談，表示「省港唇齒相依，我（李福林）負了全省治安
重任，香港政府存有步槍萬枝，機關槍數十挺，駁殼槍五百，各種子彈百
萬發可以隨時奉贈云云」。李福林赴港時，司徒拔還「派人來招待上英國
兵艦，而前日所言各色各樣禮品，璨然陳列，俱是最新式的東西」。之
後，司徒拔遣香港警察司「押載大批軍械以淺水兵艦駛進廣州」，邀請李
福林登英艦檢閱武器與軍火。李福林登艦時，英軍執禮甚恭，「水兵站班
行禮，恭敬非常」。但商團事件爆發後，該英艦隨即離開廣州，不過李福
林已從英軍手中領取「駁殼槍 500 枝，子彈 50 萬發。」上述過程中，孫
文對於香港贈與武器與軍火之事自始即甚爲關注，「不時在電話中問我
（李福林）辦理的情形如何」，孫文並認爲香港乃因擔心廣州赤化，故意
圖扶植拉攏李福林以爲緩衝。[70]然而，如果比較英國方面的檔案資料，可
以推測李福林所言香港贈以軍械，其實指得應是前述孫文透過陳友仁，藉
粵英合作進剿海盜爲由，向英國尋求軍事支援之事。然而李福林坦承曾自
英軍手中領取「駁殼槍 500 枝、子彈 50 萬發」，則未見於英國駐華公使
的報告中，其原因可能是香港總督隱匿未報，或是李福林誇大其詞。不
過，可以確定的是，粵英雙方對於合作剿盜事宜均相當低調，往往透過檯
面下秘密交涉的方式來討論合作細節，極力避免事情曝光，可能即是擔心
會引起不必要的麻煩與反彈聲浪。當時中外報紙亦鮮少報導粵英合作之
事。

　　1925 年初英國外交部收到的駐西江高級海軍軍官報告中，關於粵英合
作部分，還特別以手寫文字註記「應香港政府要求，下列以紅筆框出的部
分（即關於英國海軍對粵英合作的評估報告），將不會刊出」，[71]應該亦是

---

[70] 莫紀彭筆錄，李業宏整理補充，〈李福林自述〉，《廣州文史》，第 49 輯（1995）。

[71] "Notes on Piracy and its Prevention by the Senior Naval Office in Charge of West River
　　Patrols," 1924, FO371/10932.

爲了避免粵英合作之事外漏。由上述過程不難看出粵英軍事合作剿盜政策背後，明顯牽涉到爭議性極大、某種程度的「買通」，即香港政府藉由秘密經費援助來換取粵方的合作。而經費援助的管道，除了透過廣州總領事、海軍官員資助廣州當局外，香港總督亦透過資金運用，間接以金援物資的方式來支助與英國友善的粵系將領，以便持續推動合作進剿海盜。然而，香港政府選擇以秘密金援的方式，來換取廣東特定軍事首長的協助與合作，有著許多不可預測的風險存在。以李福林爲例，自商團事件後，粵英關係已呈現緊張狀態，一旦雙方合作消息走漏曝光，李福林可能遭到來自廣州當局內部政敵與反英勢力的攻訐而失去權位；英國同樣也會因此背上干涉中國內政、與軍閥勾結的罵名，恐將進一步助長廣東反英情緒的滋長，也可能遭到其他列強質疑英國有違反中立之嫌。因此，受到上述糾葛與猜忌的牽扯，粵英雙方要誠心合作，推動剿盜行動，實在並非易事。

關於香港透過經費援助來推動粵英合作進剿海盜的政策，英國駐廣州總領事雖然基本上給予相當正面的評價，因爲不但海盜數量減少，海盜攻擊事件也隨之降低。[72]不過英國外交部卻非常擔心此政策的負面影響，認爲應重新評估粵英合作與經費援助政策的可行性。在英國外交部在 1925年 4 月的電報中，即決定明確向駐華使館表達其顧慮，因爲金援廣東剿盜的模式最終可能導致廣州當局對英國的一種勒索行爲，亦即形成英國不出錢，廣東即不剿海盜的後果。因此外交部質疑英國金援廣東合作剿盜的合法性，也不贊成將此模式常態化。[73]

另外一方面，香港總督府與英國海軍之所以繞開廣州當局，直接與「叛軍」亦即其他粵系軍事實力派合作，主要原因乃在於廣東呈現分裂狀態，以孫文爲首的廣州當局雖控制珠江三角洲流域，但陳炯明等敵對勢力

---

[72] "Memorandum Respecting Piracy Suppression Received from Sir Miles Lampson," dispatch No. 1030, 21 September 1927, CAB/24/202: 0024.

[73] "Memorandum Respecting Piracy Suppression Received from Sir Miles Lampson," dispatch No. 1030, September 21, 1927, CAB/24/202: 0024.

則盤據粵東地區，包括惡名昭彰的海盜巢穴大亞灣地區；[74]因此，香港政府跟廣州當局合作，僅能處理珠江三角洲附近的海盜，但大亞灣地區的海盜問題，則在廣州當局的勢力範圍之外，必須與陳炯明所部或其他地方軍事實力派接洽合作。

　　然而香港總督府與其他粵系勢力的合作，例如是與陳炯明所部黃福芝的聯合行動，其實爭議性甚大，稍有不慎，英國可能同時面臨廣州當局與陳炯明的責難，造成粵英關係陷入新的風暴當中。特別是香港私自與廣州當局眼中的陳炯明殘餘勢力等「叛軍」合作，極有可能在廣州內部引起更爲嚴重的仇英與疑英情緒。五卅事件後，廣東反英、抵制運動大起，一位香港大學英籍教授即曾爲文抨擊英人歷來支助廣州當局反對黨的競爭政策，實是導致當時困境的主因之一：

> 英人則寧採用競爭政策，英倫政府亦居然贊成之，香港英商屢次且欲以賄賂方法，由廣州政府獲取粵省利權，及此策不行時，則勾結反對黨，助以餉械，冀以武力恢復舊式政府，俾英人得以隨時賄買，取得權利。[75]

換言之，廣州內部對於與英國合作剿盜之事本來即已有所戒心，不太願意與英國與香港牽涉過深，而英國與「反廣州」或地方割據勢力的合作，無論其性質爲何，均將加深廣州當局的反英的傾向。

---

[74] 自 1922 年 6 月陳炯明叛變後，即與孫文勢如水火，1923 年初孫文策動滇、桂軍與部分粵軍進攻陳炯明，之後雙方多次激戰，呈現僵持之勢。孫文的大元帥府控有廣州及廣東西部，陳炯明則佔有廣東東部地區。歷經兩次東征，一直要到 1926 年初，廣州當局才完全擊潰陳炯明所部及其他叛軍，控制廣東全省。見郭廷以，《近代中國史綱》（香港：香港中文大學出版社，1988），頁 482、542。

[75] 〈英政府對華陰謀竟被英教授揭破：香港大學教授斯密約翰歸國後之著作、謂華人排英咎由自取、英人損失竟已在七千萬磅以上〉，《世界日報》，1926 年 9 月 25 日第 3 版。

第四部份、英國推動的「獨立軍事剿盜行動」

第十章 盂思反制：英國處理廣東海盜政策之轉向
第十一章 以暴制暴：英國海軍的懲罰性武力剿盜行動

　　第四部份為英國「獨立軍事剿盜行動」，共分兩章，主要探究 1920
年代後期英國與香港政府在處理廣東海盜政策上的重大轉變。受到五卅事
件後粵英關係低潮與廣東海盜持續肆虐的影響，英國與香港政府的海盜因
應政策，由原先的溫和防盜與合作剿盜（亦即與廣州當局協調合作），逐漸
轉向較具侵略性的獨立軍事剿盜行動（第十章）。在香港總督的持續且積
極運作下，英國政府同意以軍事武力手段來報復與懲罰廣東海盜。因此，
在 1927 年，駐香港的英國海、陸軍針對廣東大亞灣與西江沿岸的海盜據
點，先後三次片面發動軍事剿盜報復行動，派遣陸軍部隊登岸執行焚燬行
動或是由海軍砲艦開砲轟擊，以徹底摧毀涉嫌參與英船劫案的粵民村落。
（第十一章） 然而，根據英國政府內部的評估報告，英國的獨立軍事剿盜
行動，初始雖對海盜勢力有一定程度的震懾作用，但整體而言效果依然相
當有限。

第十章 亟思反制：英國處理廣東海盜政策之轉向

一、前言

> 離港約百浬海線之大亞灣(Bias Bay)，歷來皆為海盜出沒之區，近來所有輪船發生劫案，多屬該處之海盜所為。曾經廣州政府屢次派兵前往剿辦，卒未能將盜匪肅清。前三年本港警司褒輔，亦經督隊到該處之龜洲，破獲賊巢一所，並將之焚燬。不料近來該處海賊日益猖獗，輪船來往，極為驚心，如最近新寧輪船、雙美輪船及合生輪船連遭被劫。港政府曾於去年與廣州政府磋商，會同剿辦，惟尚未實行。現本港政府今為保護航行、剿除盜匪起見，故派艦前往，實行剿辦。
>
> 香港《工商日報》（1927年3月25日）[1]

　　近代以來，從鴉片戰爭以至英法聯軍之役等，英國政府屢次透過武力的展現，試圖在中國建立新秩序。清朝因戰敗，最終不得不接受西方國家的行為模式，納入條約體系的國際秩序內。然而，對英國來說，中國周邊水域的海上秩序，卻一直無法有效建立。自 19 世紀中葉以降，英國海軍即曾試圖與清朝地方政府合作，致力於處理閩粵海盜問題，以恢復東南沿海的海上秩序。[2]但到了民國時期，中國情況卻更趨惡化，各地軍閥混戰與南北對立，導致政府對地方的控制力急遽減弱，社會秩序也漸趨瓦解，最為顯著的影響之一，就是沿海地區海盜現象的猖獗。在華享有重大商務利益的英國，自然深受中國現狀惡化的波及，通商條件與英人生命財產均遭到嚴重威脅。英國在華最重要的據點，莫過於香港，而香港與中國沿海口

---

[1]　〈英水兵痛剿大亞灣海盜〉，香港《工商日報》，1927 年 3 月 25 日第 3 張。

[2]　村上衛，《海の近代中國－福建人の活動とイギリス・清朝》（名古屋：名古屋大學出版會，2013），第三章，頁 136-181。

岸的聯繫順暢與否，則關係英國在華利益甚巨。然而，香港通往廣東或是
上海的水路運輸，卻經常遭到廣東水域海盜的阻擾與劫掠。根據英文《中
國年鑑》(*The China Year Book*)的統計，僅 1926 年一年發生的廣東海盜事件
即高達約 40 起，其中 10 起屬於大亞灣海盜事件，30 起屬於珠江三角洲海
盜事件。[3] 換算起來平均每 9 日即發生一起海盜事件，頻率之高，令人咋
舌。這些海盜事件絕大部分均影響到香港與中國沿海水運往來的安全。英
國政府該如何因應日益嚴重的廣東海盜問題，又如何謀求解決之道？

　　1920 年代初期，英國與香港政府大致上採取「粵英合作」模式來處理
廣東海盜問題，亦即透過英國駐廣州的領事、海軍官員與廣州當局政要建
立合作關係，並以粵主、英輔的方式，由廣州當局派兵進剿海盜，而英國
與香港方面則扮演輔助性的角色，從旁提供剿盜行動過程中所需要的情
資、油料、後勤以及武力協助。此「粵英合作」模式，在 1924-1925 年發
揮相當作用，粵英之間彼此協調共同處理廣東海盜問題，雙方軍事官員也
因此建立某種程度的軍事互信。不過，可惜的是，受到五卅事件、沙基慘
案等一系列衝突事件的影響，中（粵）英關係陷入極度敵視狀態，反英風
潮席捲中國。廣州當局亦推動省港大罷工以為反制英國的手段，原先頻繁
往來的廣州、香港貿易為之停滯中頓。行之有年的「粵英合作」剿盜模
式，受到雙方關係緊張的影響，自然也就無以為繼了。然而，另外一方
面，在如此嚴峻的粵英對立情勢之下，廣東海盜問題卻絲毫沒有減緩之
勢，反倒愈見猖獗。因此，英國與香港政府必須重新檢討其海盜政策，以
取代原先的「中（粵）英合作」方案。

　　簡言之，在五卅事件與反英風潮之後，如何有效處理廣東海盜問題，
恢復中國東南沿海海上秩序，進而確保英國在華商業與航運利益，已成為
1920 年代英國國家安全問題的一環，也是其對華政策的重要部份。為了反
思有效的解決之道，英國政府內部歷經複雜的決策過程，也涉及到許多不

---

[3] H. G. W. Woodhead, ed., *The China Year Book, 1928* (Shanghai : The North-China Daily News
& Herald, 1912-1939), p.675.

同部會的意見交流。首先，是英國政府內部的政策辯論，這牽涉到香港總督的建言，以及英國內閣殖民、外交、海軍等不同部門的意見溝通，以擬定可行的處置之道。其次，海盜的巢穴多半都在廣東境內，治盜的正本清源之法，在於英國是否能取得廣州地方當局的支持與合作。特別是在歷經白鵝湖事件、廣州商團事件、五卅事件與反英風潮之後，[4]廣州當局與英國關係極為惡劣，英國能否化解廣州方面的敵意，俾便雙方取得共識，關係到治盜的成敗。再者，如果協調合作方案無法落實，英國或將需要出動海軍武裝艦艇，以執行剿滅海盜與護航決策，但海軍動武分寸亦須小心拿捏，否則海盜問題尚未解決，卻刺激到中國民族主義情緒，恐將適得其反，再度掀起反英運動。尤其是自 1926 年下半年開始，中國局勢似乎開始出現劇大變化的前兆。1926 年 7 月誓師北伐以來，國民革命軍勢如破竹，擊破吳佩孚、孫傳芳等直系軍閥，將湖南、湖北、江西、福建等省納入統治區域之內。此時的廣州當局（1925 年 7 月成立國民政府）已非之前侷限在廣東一省的地方政府，而是勢力範圍含括兩廣、兩湖、川、貴、贛、閩等省的新政權，幾乎控制整個長江流域，隱然成為南中國的霸主。[5]英國在華利益又以長江流域範圍為主，因此英國政府必須正視國民政府的存在，駐華公使藍浦生(Miles Lampson)、參贊歐瑪利(Owen O'Malley)也陸續開始接觸國民政府。此時如何改善與國民政府之間的關係以及調整對華政策，成為英國外交部最主要的考量之一。[6]換言之，也就是英國政府勢必得

---

[4] 白鵝湖事件發生於 1923 年 12 月，孫文擬強制收回廣州稅關，列強海軍則出動軍艦前往廣州白鵝湖示威；商團事件發生於 1924 年 10 月，廣州商團背後受英國的支持，並向外商訂購的大批槍械，以為抵制廣州當局的憑藉，但槍械卻遭到廣州當局扣押，引起英國介入，派遣軍艦到廣州進行武嚇；五卅事件發生於 1925 年 5 月，上海學生、工人為聲援遭到日商工廠槍殺的中國工人而舉行遊行示威，與租界巡捕衝突，多人慘死槍下，引起全中國各地的反帝運動。廣州學生工人起而響應，亦遭到英法軍隊攻擊，造成沙基慘案。見石源華主編，《中華民國外交史辭典》（上海：上海古籍出版社，1996），五卅運動條，頁 58-59、白鵝湖事件條，頁 223、商團事件條，頁 540。

[5] 郭廷以，《近代中國史綱》，頁 547-551。

[6] 關於國民政府北伐後英國對華整體政策的調整，可以參見 Edmund S. K Fung, *The*

在兼顧新的中英關係前提下，試圖尋求廣東海盜問題的適當解決。

整體而言，本章重點將放在從英國政府內部的觀點，來看廣東海盜問題的因應對策，尤其 1920 年代後期隨著五卅事件以後國際環境的變動，以及中國局勢的發展，英國如何調整其海盜因應對策，其中轉折點的關鍵因素又爲何。在資料來源部分，主要依據英國內閣檔案(*The Cabinet Papers, CAB*)、外交部檔案(*Foreign Office 371, FO371*)與殖民部檔案(*Colonial Office 129, CO129*)，其中包括英國內閣帝國國防委員會(Committee of Imperial Defense)的會議資料、殖民部與香港總督府之間的往來電文、海軍部、陸軍部、外交部與駐華公使館、駐廣州總領事館的相關報告等；其中最重要的資料，莫過於 1927 年 9 月英國駐華公使藍浦生針對廣東海盜問題所做完整報告。本章計畫透過上述第一手資料的耙梳，以及查閱當時的中外報紙報導，嘗試探究五卅事件以後英國政府對廣東海盜問題的因應模式與決策過程，並分析背後所隱含的歷史意義。

二、五卅事件後的中（粵）英關係：通州輪劫案及其影響

自 1925 年 5 月發生五卅事件以來，反英風潮席捲中國，廣州政府亦策動省港大罷工抵制英國，學生、工人則起而響應遊行示威，不料途中與英、法軍發生衝突，遭到機槍攻擊與軍艦砲轟，釀成沙基慘案，死傷百餘人。[7]歷經五卅事件、沙基慘案以及省港大罷工，廣州當局極度仇視英國，雙方關係十分緊張，原先粵英合作進剿海盜的模式自然難以爲繼。

其次，由於粵英決裂，省港貿易中斷，此時對於英國與香港政府來

Diplomacy of Imperial Retreat: Britain's South China Policy, 1924-1931 (Hong Kong; New York: Oxford University Press, 1991); Richard S. Grayson, *Austen Chamberlain and the Commitment to Europe: British Foreign Policy, 1924-29* (London: Frank Cass Publishers, 1997), pp. 170-211; Chi-hua Tang, *Britain and the Peking Government, 1926-1928* (London School of Economics and Political Science PhD Dissertation, 1991).

[7] 關於此時的反英風潮，可以參見，李健民，《五卅事件後的反英運動》（臺北：中央研究院近代史研究所，1986）。

說，最重要之事，莫過於確保廣州租界安全以及維持香港與廣州租界之間交通順暢。英國海軍的任務重點也因此隨之調整，由剿盜、巡邏與護航，改爲常駐廣州以及機動支援抵制運動的衝突地點。至於原先主要擔任協助海軍執行剿盜護航任務的武裝汽艇則遭到裁撤與解編，而另外組成由海軍人員駐防的武裝輪船，專門負責維持廣州租界與香港之間的航運通暢。受到大規模抵制運動的影響，一般英商船隻在廣東各地上下乘客、起卸貨物時必定遭到民眾的攻擊與阻礙，從而導致常規航運的中斷。此時有海軍武裝人員駐防的輪船，才有能力威嚇民眾、處理抵制運動，以維持廣州租界與香港之間的正常航運。[8] 換言之，受到五卅、沙基、罷工等一連串事件的影響，在抵制運動高峰期間，英國與香港政府暫時無力也無暇顧及海盜問題。

　　然而，香港、廣東附近水域的海盜問題，卻沒有因此稍偃氣焰，反倒日益猖獗，海盜劫案依然此起彼落，造成英國與香港政府極大的困擾。

> 英國政府開始嚴肅考慮香港水域附近的海盜問題，因為儘管多次抗議，廣州當局依然未能採取有效的行動。自抵制運動以來，廣東的海盜問題已對（香港）百姓與財產構成嚴重威脅，很明顯的必須採取一些行動。[9]

從 1925 年底到 1926 年間，英商船隻在香港及其附近的中國水域多次遭到廣東海盜無情的攻擊，船上人員死傷、貨物被劫。特別是 1925 年 12 月發生的通州輪劫案(SS *Tungchow* Piracy)，無疑是廣東海盜問題進一步惡化及其活動範圍擴大的警訊，故待粵英關係稍見緩和、廣東罷工抵制運動高峰期過了之後，英國與香港政府又開始回過頭來積極籌思海盜問題的解決之

---

[8] 裁撤武裝汽艇後，英國海軍與香港政府合作，將兩艘輪船改裝爲武裝輪船，由英國海軍「中國艦隊」抽調第 4 潛艦支隊人員進駐操縱與護衛，見"Commissioning of HMS *Tung On* and HMS *Tung Kwong* for Service on West and Canton Rivers," from the Commodore, Hong Kong to the Commander-in-Chief, China Station (Copy to Senior Naval Officer, West River), 2 August 1925, FO371/10933; "Letter from the Lords Commissioners of Admiralty to the Secretary, H.M. Treasury," 16 December 1925, FO371/10933."

[9] "Serious Menace," *The China Mail*, 24 March 1927.

道。

　　1925 年 12 月的通州輪劫案，與先前華南水域發生的輪船劫案迥異，相當具有指標意義。英商太古輪船公司的通州輪在從上海前往天津途中，遭到廣東海盜的攻擊與劫持，英籍船長身受重傷，通州輪則被劫往南方的大亞灣水域。[10]一般來說，受到地緣因素的影響，廣東大亞灣海盜肆虐範圍多半集中在華南水域或是閩粵移民較多的東南亞地區，其中又以香港爲中心的各航路最易遭到大亞灣海盜襲擊；至於長江口（上海）以北的華北水域，嚴格來說則並非廣東海盜的活動場域。然而，通州輪劫案的發生，卻意謂這些來自中國南方大亞灣地區的廣東海盜已經擴大其活動範圍，從原先的華南水域向北延伸到華北水域。其次，通州輪遭劫時，船上的外國乘客除了有英國駐華公使館職員（攜帶機密外交郵包）外，還包括大名鼎鼎的英文《京津泰晤士報》(*The Peking & Tientsin Times*)記者、英文《中國年鑑》主編－英國人伍德海 (H.G.W. Woodhead)，因此引起在華英人極大的震撼。[11]英國政府駐華使領館也頻繁地與中國各有關當局展開交涉，計畫推動中英海軍合作進剿行動，並對涉案海盜予以嚴懲。[12]

　　通州輪劫案發生後，英國在上海召開海事調查法庭(Naval Court of Inquiry)檢討此案得失與未來可能的防制海盜之策，而最終的結論即是：「要處理海盜威脅問題，唯一可能獲致良好結果的方案，就是摧毀海盜在岸上的基地，因爲假設沒有根據地的話，海盜不太可能去策劃通州輪劫

---

[10] "Telegram from Hong Kong," 22 December 1925, cited from "Piracy in China," from Manager, China Navigation Company Ltd., London to the Secretary of State for Foreign Affairs, London, 23 December 1925, FO371/10933.

[11] "Paraphrase Telegram from the Governor of Hong Kong to the Secretary of State for the Colonies," 26 December 1925, FO371/10933.

[12] 關於通州輪劫案後，英國政府曾與中國三個政府當局（包括北京政府、上海五省聯軍司令部以及廣州國民政府）協調善後處置的過程，可以參見筆者另外一篇論文。見應俊豪，〈通州輪劫案與中英關係：從海軍合作、外交交涉到法權爭議〉，政大人文中心，《全球視野與中國外交史新論》（已通過審查，出版中）。本章此節將僅討論英國擬議的自行動武行動。

案」。[13]英國駐上海總領事巴爾敦(S. Barton)即相當支持海事調查法庭的建議，主張以武力方式來解決困擾英國已久的廣東海盜問題：

> 通州輪劫案提供了一項令人感到極度不快的證據，那就是在過去三年裡，中國當局未能有效處理大亞灣以及其他海盜在廣東水域攻擊英輪的情況，而這正是造成目前悲慘情況的原因。而海盜將劫掠的範圍進一步延伸到北方水域，意謂著他們相信可以四處劫掠，卻不會遭受到有力的追捕。因此，除非英國當局決定依據《天津條約》第52款單獨採取行動，或是依據第53款與中國共同行動，否則將永遠無法阻止輪船劫案的一再發生。[14]

換言之，英國應該依據條約權利，與中國合作，或是自行動武解決海盜問題。數日後，當獲悉廣東大亞灣海盜又計畫再一次劫掠英船，[15]巴爾敦乃再次籲請英國駐華公使與香港總督，必須對大亞灣海盜採取行動：「假如

---

[13] 通州輪海事調查法庭由英國海軍德本號艦長漢米爾頓上校(Captain J.C. Hamilton, HMS *Durban*)在上海召開，並任命領事、海軍、商船三方代表籌組而成，其中由上海代理領事暨約翰(J.F. Brenan, Acting Consul, Shanghai)擔任主席、海軍少校史戴克(Lieutenant Commander C.M. Stack)與梅森船長(Captain J.S. Masson, Master of SS *Yat Shing*)為委員共三人組成，調查法庭即設在上海總領事館，並於 1925 年 12 月 30 日完成調查報告。見 "Report of the Proceedings of A Naval Court Convened by Captain J.C. Hamilton, Commanding *HMS Durban*," FO371/11670。 部份報紙曾誤以為此海事法庭是設在英國駐上海高等法院(Supreme Court, Shanghai)。見 "*Tungchow* Piracy: Findings of Court of Enquiry," *The Hong Kong Telegraph*, 5 January 1926.

[14] "S. Barton, Consul-General, Shanghai to R. Macleay, British Minister, Peking," 13 January 1926, FO371/11670. 《天津條約》第 52 款內容為：「英國師船，別無他意，或因捕盜駛入中國，無論何口，一切買取食物、甜水，修理船隻，地方官妥為照料。船上水師各官與中國官員平行相待。」；第 53 款內容為：「中華海面每有賊盜搶劫，大清、大英視為向於內外商民大有損礙，意合會議設法消除。」見〈中英天津條約〉（1858 年），收錄在黃月波等編，《中外條約彙編》（上海：商務印書館，1935），頁 6。

[15] 根據香港方面的情資，部份涉及通州輪劫案的海盜將從廣東大亞灣重返上海，並策劃另外一次劫案，故法租界巡捕乃於 1926 年 1 月 14 日在從香港前往上海的蘇州輪(SS *Soochow*)上逮捕了 15 名海盜嫌疑犯。見 "*Tungchow* Piracy: Four Pirates Recognized by Chief Officer; Death Penalty Demanded." & "Pirates to Die: Sequel to the Tungchow Outrage: Four Death Sentences," *The China Mail*, 9 & 10 February 1926.

不對大亞灣海盜巢穴採取立即且有效的懲罰行動，則勢將無法阻止這些海盜繼續劫掠英船，並構成永久性的威脅。」[16]

之後，英國駐華使館與香港總督府均曾仔細評估是否由英國海軍採取獨立行動，直接派遣軍艦與士兵直接前往大亞灣進剿通州輪劫案的海盜。不過，英國駐華公使麻克類(Ronald Macleay)與香港總督金文泰(Cecil Clementi)顯然對此議有相當不同的看法。基本上，麻克類對於中國方面的援救行動不抱持希望，故他建議英國外交部，與其等待「有名無實的北京政府」或是海軍當局的合作，倒不如由英國海軍「中國艦隊」總司令自行採取適當行動。[17]香港總督金文泰原先也曾一度力主應該摧毀大亞灣的海盜聚落，[18]但後來卻卻改變態度。他認為雖然追捕海盜是英國享有的條約權利，但英國一旦採取類行動，廣州當局必定視英軍登陸行動為戰爭行為，並痛斥是「帝國主義列強，利用不平等條約，所採取的野蠻侵略行為」。況且就實務層面來說，英國海軍即使此時採取獨立行動，也不見得能獲得好的效果。因為依據過去經驗，海盜得手後會立刻從大亞灣上岸，隨即會隱身成為一般老百姓，並將劫掠品打散分別隱藏於普通村莊之中。英國海軍艦艇趕抵大亞灣時，可能也無法找到任何海盜船隻或據點，屆時如要查探海盜與劫掠品的下落，則勢必得徹底搜查大亞灣沿岸地區，這又需要非常大量的步兵才能完成任務。[19]換言之，港督金文泰認為如果英國

---

[16] "S. Barton, Consul-General, Shanghai to R. Macleay, British Minister, Peking (copy to Hong Kong)," 21 January 1926, FO371/11670.英國駐華使館稍後將巴爾敦的報告轉送英國外交部，但此時英國外交部對此動武建議並無討論與定見，而只是又將該報告轉送殖民部、海軍部與貿易委員會等供其參考。見 "Piracy of SS *Tungchow*," Minutes of Foreign Office, 7 May 1926, FO371/11670.

[17] "Telegram from Sir R. Macleay, Peking to the Foreign Office, London," 24 December 1925, FO371/10933.

[18] "Piracy in Chinese Waters- Case of S.S. *Tungchow*," Minutes of Foreign Office, 15 January 1926, FO371/11670.

[19] "Despatch from Governor of Hong Kong to Lieutenant Colonel L.C.M.S. Amery, London," 20 January 1926, FO371/11670.

海軍採取獨立行動，一來會引起廣州當局的敵視與仇恨，並造成粵英之間關係的緊張，二來也不太可能順利逮捕到海盜或追回被劫物品。其實金文泰的顧忌並沒有錯，因爲英國海軍「中國艦隊」總司令亞歷山大辛克來(Vice-Admiral Edwyn Alexander-Sinclair, Commander in Chief, China Station)即坦承如果由英軍自行單獨進行搜救行動，最大的困難在於沒有中國人協助的情況下，英軍登陸後實不易確切辨認出海盜的所在。[20]此外，英國外交部亦不太贊同以武力進剿方式來處理大亞灣海盜問題，因爲海盜得手後極有可能化整爲零，甚至隱匿在香港或澳門等地，所以英國海軍如果對大亞灣沿岸聚落發動攻擊，反倒只會使得「無辜之人替犯罪者受過」。[21]

三、香港總督建議的海陸聯合軍事行動

然而到了 1926 年，由於海盜劫掠的情況更爲嚴重，香港總督金文泰的態度也漸趨強硬。僅是 1926 年上半年即發生 3 起重大的廣東海盜搶劫船隻案。[22]英國雖多次與廣州當局交涉，希望採取行動進剿海盜，但廣州政局堅稱會自行處理，無須英國幫助，但實際上卻毫無行動。原有的粵英合作模式既然無法執行，飽受海盜肆虐之苦的香港總督金文泰只能另尋解決方案。[23]

---

[20] "Decipher of Telegram," from the Commander-in-Chief, China Station via Matara W/T to the Admiralty, 5 January 1926, FO371/11670.

[21] "Piracy in Chinese Waters- Case of S.S. *Tungchow*," Minutes of Foreign Office, 15 January 1926, FO371/11670.

[22] T. H. King, Deputy-superintendent of Police, Hong Kong, "Precis of Piracies Committed by Bias Bay Pirates, 1926," 21 June 1926, CAB/24/181:0072; "Governor, Hong Kong, to the Secretary of State for the Colonies," 28 August 1926, CAB/24/181:0072; "Paraphrase Telegram from the Governor of Hong Kong to the Secretary of State for the Colonies," 6 October 1926, " CAB/24/181:0072; "Tables Turned on Pirates: Further Details of *Sunning* Fight," *The Strait Times*, 19 November 1926.

[23] "Memorandum Respecting Piracy Suppression Received from Sir Miles Lampson," dispatch No. 1030, 21 September 1927, CAB/24/202: 0024.

1926 年 6 月，為了壓制海盜氣焰，香港總督計畫採取海陸聯合的懲罰性軍事行動，準備在下次海盜襲擊事件發生後，即由香港派遣海軍軍艦與陸軍部隊前往攻擊廣東海盜的巢穴：大亞灣。在港督給殖民部的報告中，為了合理化軍事行動，港督引述香港警方的調查報告，刻意強調「大亞灣是無主之地，並不在廣州政府管轄範圍內，從范和港村到大亞灣東北角都是海盜與土匪控制」。一旦英國在大亞灣展開軍事行動，雖然表面上還是可能會遭到廣州政府的強烈抗議，指控「英國武裝部隊在廣東領土上從事戰爭行為」，但實際上廣州政府應會對英軍掃蕩海盜巢穴之事「暗自竊喜」，並可能趁此良機派遣軍隊進入大亞灣地區，取得當地的控制權。所以港督「確信」軍事行動的結果將會是正面的，「無論廣東還是香港的中國人都不會因此產生誤解」。是故，英國在大亞灣展開軍事行動，「不但會受到以海為生的廣東人歡迎，也能夠維護英國的尊嚴」。

至於軍事行動的內容，依照港督規劃，假如再次發生英國輪船遭劫案件，英國將自香港調動陸軍部隊，由海軍軍艦護送前往大亞灣，登陸伏擊海盜，除了搜索海盜村落外，必要時並可摧毀村落。港督坦承「這樣的懲罰軍事行動，當然將涉及到在中國水域與領土上進行准戰爭行為」，所以如能獲得中國海軍艦艇的合作，則可免除上述質疑，有很大的好處，例如即可以利用中國軍艦到香港訪問之際，推動中英合作進剿海盜。不過，這樣的機會難得，所以比較可行的作法，乃是將英國的軍事行動定位為「對大亞灣海盜的報復行動」，亦即必須在下一次英船遭劫後發動。

再者，為了遊說以及為未來的軍事行動做準備，港督還利用北京公使館參議歐瑪利到港訪問之機，在 1926 年 6 月 16 日安排一次大亞灣實際視察行動，除了歐瑪利、港督金文泰之外，駐港海軍准將史特林(A. J. B. Stirling, Commodore in Charge, H.M. Naval Establishment, Hong Kong)、陸軍指揮官蒙塔格貝茲(Lieutenant Colonel F. S. Montague-Bates, General Officer Commanding, GOC, Hong Kong)、助理警察司布拉克斯翰(Captain H. F. Bloxham)與相關重要的海陸軍警官員亦隨行，乘坐英國海軍派遣號軍艦(HMS *Despatch*)前往大亞灣，藉此獲得英國駐華外交使領與海陸軍官員的支持。[24]

　　究其實際，港督在向殖民部提出海陸聯合懲罰計畫前，早已事先取得英國駐港海軍准將與陸軍指揮官的認同與諒解。海軍准將史特林認為根據目前海軍部頒發的訓令，不准許海軍進行登陸作戰，[25]但「中國混亂的情況使得現行海軍規定在某種程度上不切時宜」，只要海軍部調整訓令、授權同意行動，他即可派遣軍艦協助運送登陸軍隊、提供砲火支援。他甚至還建議最有效的火力攻擊，即是海空聯合轟炸：「海軍艦艇從海上開火，同時出動飛機在海盜據點投擲燃燒彈」。[26]陸軍指揮官蒙塔格貝茲則表示派駐在香港的英軍「東薩里步兵團」(East Surrey Regiment)訓練有素，任何

---

[24] "Governor, Hong Kong, to the Secretary of State for the Colonies," 30 June 1926, CAB/24/181:0072. 英國陸軍華南指揮部指揮官盧押（C.C. Luard, GOC, South China Command）雖不在名單上，但盧押本人也贊成對廣東海盜採取進剿行動。因為後來盧押一直主張英軍應持續以武力行動打擊大亞灣海盜，見"C. Clementi, Government House, Hong Kong to Major General C.C. Luard, General Officer Commanding Troops, South China Command," 7 May 1928, CO129/507/3.

[25] 根據英國海軍部頒佈的〈中國艦隊司令、高級軍官的常規指導訓令〉("Standing Instructions Issued for the Guidance of Commander-in-Chief, and Senior Officers on the China Station")以及《中國艦隊命令書》(China Station Order Book)等均規定，英國海軍在追緝海盜時，應僅限於水面行動，不得任意登岸進行作戰。見"Operations against Piracies," from the Commodore, Hong Kong to Lieutenant C.M. Faure, HMS *Robin* (Copies to Commander-in-chief, China Station & Senior Naval Office, West River), 19 June 1925, FO371/10933; "Rear Admiral A. J. B. Stirling, Commodore, Hong Kong to Governor, Hong Kong," 24 June 1926, CAB/24/181:0072、FO371/11671.

[26] "Rear Admiral A. J. B. Stirling, Commodore, Hong Kong to Governor, Hong Kong," 24 June 1926, CAB/24/181:0072. 不過，數月之後，在 1926 年 10 月駐港海軍准將給港督的信件中，卻認為對特定地點施行軍事懲罰行動其實並無法遏止海盜劫掠輪船，真正有效的方法是：1.在登船時嚴格監視乘客、2.在輪船內部實行防禦措施。而這些都是警察與港務當局的責任。海軍充其量只能短暫佔領海盜據點或是護航商船。「中國艦隊」總司令亦認同上述看法。見"The Commodore, Hong Kong to the Governor of Hong Kong," 14 October 1926 & "The Commander-in-chief to British Minister," 27 October 1926, both cited from "Memorandum Respecting Piracy Suppression Received from Sir Miles Lampson," dispatch No. 1030, 21 September 1927, CAB/24/202: 0024.

時候、無分日夜，只要發生海盜警示，英軍可在兩個小時內完成著裝與出動的準備。至於軍事行動計畫亦相當簡單，蒙塔格貝茲建議僅需出動約兩個連共 220 名士兵，由船隻護送至海盜據點，必要時由海軍提供砲火掩護，大約兩天的時間即可完成任務，但行動前，必須先取得陸軍部的授權。[27]

　　回顧歷史，港督所提的懲罰行動計畫並非創舉，早在 1923 年 11 月，香港總督司徒拔(Reginald Edward Stubbs)、駐港海軍准將與英國駐華使領官員即曾對是否要派兵登陸報復有過討論與爭議。該月，一艘往來澳門與香港之間的華人汽船遭到劫掠，香港總督要求廣州總領事與廣州當局交涉，中國方面應解救船上人質，並嚴懲海盜。香港總督並向殖民部請示，如果廣州當局未能達成上述要求，英國應該採取適當軍事行動報復海盜。駐港海軍准將亦與香港總督持同一看法，準備與廣州當局一同進行救援行動，如廣州當局拒絕，則計畫動用海軍武力自行直搗匪窟，救出人質，再將緝獲的海盜移交廣東。但英國駐廣州總領事與北京公使均認為，在海上動用武力報復海盜並無問題，但是如果要派遣人員登陸執行救援任務，則無論與廣東合作或是單獨行動則較有爭議。由此觀之，在海盜問題的懲治上，英國駐華外交使領人員，比殖民系統的香港總督，更為謹慎小心。因為英國海軍一旦在廣東登陸，則明顯侵犯到中國的領土與主權。[28]

　　為處理香港周邊水域海盜問題，英國政府曾在 1924 年 6 月在倫敦召開「跨部會議」(Inter-Departmental Conference)商討因應之道，與會的香港助理輔政司法禮著(A.G.M. Fletcher, Assistant Colonial Secretary, Hong Kong)又在會議中表示香港政府極度關注廣東海盜問題，更對於英國無法解決海盜一事感到不滿。同樣與會的陸軍部代表金恩少校(Major D.M. King, War Office)，則認為「要處理海盜問題最好的方式，莫過於前往海盜巢穴搜捕

---

[27] "Officer Commanding Troops, Hong Kong, to Colonial Secretary, Hong Kong," 25 June 1926, CAB/24/181:0072.

[28] "Memorandum Respecting Piracy Suppression Received from Sir Miles Lampson," dispatch No. 1030, 21 September 1927, CAB/24/202: 0024.

海盜」。金恩的意見獲得「跨部會議」與會代表一致的認同；然而，由於直接派軍登陸剿盜牽涉到相當複雜的政治問題，「跨部會議」最終還是否決了以動武方式解決廣東海盜問題。[29]

然而，以武力報復行動來處理海盜問題的呼聲，似乎一直在英國駐華官員有著重要的影響力。特別是歷任英國海軍「中國艦隊」總司令即相當支持此法，主張對海盜據點直接採取攻擊行動。例如海軍上將李文森(Admiral Sir Arthur Leveson，1922.9-1924.11 擔任艦隊司令)即曾向海軍部建議可以對海盜採取報復行動：

> 除了採取防範海盜措施之外，也可以採取報復行動，那就是去海盜巢穴獵捕海盜。假如香港總督願意協助，即先派出警探等，又或者英國駐華公使能取得倫敦外交部的同意，進攻孫文政權的中國領土，我們就可以立刻執行報復行動。[30]

1925 年 2 月，下一任「中國艦隊」總司令海軍少將艾佛瑞(Rear Admiral Allan Everett，1924.11-1925.4 擔任司令)前往廣州視察時，又與英國駐西江高級海軍軍官(Senior Naval Officer, S.N.O., West River)等人共同商議廣東海盜問題的因應之道，結論亦是「唯一能夠有效長久解決海盜問題的辦法，就是直接攻擊海盜巢穴」。[31]換言之，當時英國駐華海軍似已早有動武處理海盜的計畫，但關鍵還是在於香港的協助與外交部的態度。

再者，1924 年 2 月上海英國商會也曾提出由英國海軍自行出兵懲罰海盜的建議。該年上海英商年會做成有關廣東海盜問題的一項決議，籲請英國政府採取立即行動，從登陸懲罰海盜、增加海軍巡邏兩方面來因應海盜

---

[29] "Notes of a Meeting Held at the Colonial Office on the 17th of June (1924) to Consider the Measures Which Have Been Taken by the Hong Kong Government to Deal with Piracy in the Waters of and Adjacent to the Colony," CO129/487.

[30] "China Station General Letter No 8," from Commander in Chief, China Station, Hong Kong, to the Secretary of the Admiralty, London, 23 January1924, FO371/10243.

[31] "China Station General Letter No. 3," Extracts from A Letter from the Commander-in-Chief, China Station, HMS *Hawkins*, Singapore to the Secretary of Admiraly, 1 March 1925, FO371/10918.

問題：

> 本會議之意見，以為遠東海面海盜之案，曾經發現而又無一國政府
> 能以對待如此局勢者，故外國政府勢須立即有所舉動。本會懇請吾
> 英國政府遇有海盜發現之時，即行與中國當道議商辦法，由英國海
> 軍於海盜登岸之處，施行懲罰海盜之方法。本會極力主張海軍船艦
> 應行增加以備巡防之用，如廣州之角洲及其鄰近水面時常發現海盜
> 之案，皆任其搶擄以去，足徵現有之巡防之不充足，是故尤宜特別
> 加防焉。[32]

顯見在華英商早已鼓吹英國海軍應展開積極軍事行動以懲罰海盜暴行。

　　1925 年 1 月，倫敦一份專門評論英國在東亞利益的週刊《中國電訊
報》(*The China Express and Telegraph*)，[33]也呼籲英國不但應該採用老方法向
中國當局要求海盜損害賠償，而且也應該進行報復措施來制裁海盜，因爲
「具有報復性質的強大威嚇力量，遠比協助商船防禦海盜，更能有效解決
海盜問題」。[34]

四、1926年下半年層出不窮的海盜劫案

　　港督的海陸聯合進剿海盜計畫，因涉及派軍登陸中國領土作戰，明顯
超出英國海軍部的處理海盜規則，故必須由英國政府正式授權方能實施。
可是，由於派軍登陸作戰的軍事行動相當敏感，且會有侵犯中國領土主權
的准戰爭行爲之虞，故英國政府遲遲未予港督正式答覆。

---

[32] 外交部條約司譯件，〈中國南部之海盜〉，譯 1924 年 4 月 15 日《京津泰晤士報》，中
央研究院近代史研究所藏，《北京政府外交檔案》，03/46/029-29-002。

[33] 《中國電訊報》由英國東方報業公司(Eastern Papers Ltd.)在 1922 年創立，其出版宗旨
為："A weekly review for all interested in China, Japan, Malaya, Philippines, Siam, Borneo,
Java, etc." 關於該報資訊，可見 Notes on *The China Express and Telegraph*, National
Library of Australia's Catalog, see also http://catalogue.nla.gov.au/Record/74484。

[34] "Pirates," *The China Express and Telegraph*, cited from *The Singapore Free Press and
Mercantile Advertiser*, 17 February 1925.

然而，1926 年下半年起廣東海盜肆虐問題又進一步惡化，根據香港總督給英國殖民部的報告，廣東海盜接連劫掠了 5 艘輪船，如果連同上半年的 3 起，1926 年就發生了高達 8 次的重大海盜事件。[35]由於香港附近水域一再發生輪船劫案，也促使港督持續向英國政府推銷武力進剿政策。

表10-1：1926年下半年香港附近水域重大海盜案件（香港總督回報）				
受害輪船	船籍	時間	犯案海盜	備註
廣利輪(SS *Kwong Lee*)	中國	7.13	廣東珠江海盜	
杉帝維肯輪(SS *Sandiviken*)	挪威	8.21	廣東大亞灣海盜	
河南輪(SS *Hoinam*)	中國	8.23	廣東大亞灣海盜	
新豐輪(SS *Hsin–fung*)	中國	10.1	廣東大亞灣海盜	發生在華北水域
河內輪(SS *Hanoi*)	法國	11.1 1	廣東大亞灣海盜	1名越南警衛死亡

首先是在 1926 年 7 月 13 日的廣利輪劫案(SS *Kwong Lee* Piracy)：廣利輪為中國輪船招商局所屬輪船，在從上海前往廣州途中，於香港南方水域遭到偽裝乘客的海盜攻擊，最後被劫往廣東澳門一帶。[36]此案發生後，香港總督請求殖民部「在處理中國海盜問題上，應充分授權海軍准將、陸軍指揮官自行決定是否使用武力」。[37]

8 月間，惡名昭彰的廣東大亞灣海盜又兩度在香港附近水域劫掠輪船：杉帝維肯輪劫案(SS *Sandiviken* Piracy，此處為音譯)與河南輪劫案(SS

---

[35] "Governor, Hong Kong, to the Secretary of State for the Colonies," 28 August 1926, CAB/24/181:0072; "Paraphrase Telegram from the Governor of Hong Kong to the Secretary of State for the Colonies," 6 October 1926, " CAB/24/181:0072; "Tables Turned on Pirates: Further Details of Sunning Fight," *The Strait Times*, 19 November 1926.

[36] "Governor, Hong Kong, to the Secretary of State for the Colonies," 28 August 1926," CAB/24/181:0072、FO371/11671.

[37] "Governor, Hong Kong, to the Secretary of State for the Colonies," 23 July 1926, cited from "Memorandum Respecting Piracy Suppression Received from Sir Miles Lampson," dispatch No. 1030, 21 September 1927, CAB/24/202: 0024.

Hoinam Piracy，此處為音譯)。杉帝維肯輪隸屬於蘇維埃貿易公司，又稱「布爾什公司」(Soviet Trading Company, or locally known as "Bolshy Company")，並向挪威政府註冊，懸掛挪威旗。該船從廣州前往汕頭途中，在 8 月 21 日於香港南方水域遭到偽裝乘客的 40 名武裝海盜攻擊，將輪船劫往廣東大亞灣水域。

　　河南輪則是由華商擁有的小輪船，從汕尾前往廣州途中，在 8 月 23 日於大亞灣水域附近遭到偽裝乘客的 30 名武裝海盜襲擊，並被劫往大亞灣沿岸地區。上述 3 件輪船劫案雖然均與英商利益關係不大，但是還是凸顯出香港附近水域廣東海盜猖獗的嚴重性，因此港督極力呼籲英國政府殖民部，應儘速同意授權香港採取海陸聯合的懲罰性行動，以便進剿廣東水域的海盜巢穴。

　　　　眾所周知的，廣州當局從未採取任何措施來搜尋或是對付海盜巢穴。殖民地附近水域的海盜事件持續增加並日益嚴重，假如想要阻止海盜事件的一再發生，那我們必須自己採取行動，迫使海盜無法再利用大亞灣或珠江三角洲當作海盜的基地。[38]

　　1926 年 10 月，又發生一件嚴重的海盜事件：新豐輪劫案(SS *Hsin–fung* Piracy)。中國輪船招商局所屬的新豐輪，預計從上海經煙台前往天津，但卻在駛離上海不久，即遭船上偽裝成乘客的海盜攻擊，並劫持該船轉而南駛，前往香港與大亞灣。新豐輪係懸掛中國旗、屬於華籍輪船，與英商利益無關，但因該輪雇有數名歐洲籍船員，故也引起香港政府的關切。新豐輪劫案很明顯又是廣東大亞灣海盜的傑作。然而更為嚴重的是，此案的發生，如同先前的通州輪劫案一樣，意謂大亞灣海盜作案範圍已從華南水域進一步延伸到華北水域，廣東海盜問題似已更行棘手！所以，香港總督再度向殖民部提出請求，希望英國政府儘速針對懲罰性軍事行動計畫做出答覆。英國駐港海軍並第一次派出飛機前往大亞灣水域進行偵察，可惜未能

---

[38] "Governor, Hong Kong, to the Secretary of State for the Colonies," 28 August 1926," CAB/24/181:0072、FO371/11671.

查出海盜所在。[39]

　　11 月上旬，又有一艘法國輪船河內輪(SS *Hanoi*)在從越南海防出發、經海南海口、香港前往廣東廣州灣途中，遭到偽裝乘客的海盜攻擊。船上 1 名越南武裝警衛慘遭海盜擊斃並棄屍海中。海盜顯然是從海口登船，並在控制河內輪後，將其劫往廣東大亞灣。河內輪劫案發生後，港督除向殖民部報告劫案詳情外，又再一次提醒殖民部尚未答覆先前所提的海陸進剿方案。[40]

五、新寧輪劫案與動武爭議

　　1926 年 7 月至 11 月間發生的 5 起輪船劫案，雖然受害者均非英商輪船公司，但海盜事件頻傳已使香港政府感到驚懼，顯然廣東海盜肆虐的情況已經嚴重到無以復加，英商輪船恐亦將深受其害。果不其然，河內輪劫案後數日，11 月中旬即發生新寧輪劫案(SS *Sunning* Piracy)，正是英商輪船遭殃。新寧輪係英商太古輪船公司(China Navigation Company Ltd.)所屬輪

---

[39] 在香港總督給殖民部的報告中，雖然稱新豐輪隸屬於一家名為「中國郵輪航運公司」(China Mail Steamer Navigation Company)的船商，但如比對其他英國方面的資料，新豐輪應是屬於輪船招商局。見 "Paraphrase Telegram from the Governor of Hong Kong to the Secretary of State for the Colonies," 6 October 1926," CAB/24/181:0072、FO371/11671; "Latest Piracy: *Hsinfung* Taken to Bias Bay; "HK Seaplane in Pursuit; Shanghai Steamer on the Way to Canton," *The China Mail*, 5 October 1926; H. G. W. Woodhead, ed., *The China Year Book* (Shanghai : The North-China Daily News & Herald, 1912-1939)。其次，據新加坡報紙報導，這是英國海軍在遠東地區第一次使用飛機來偵察海盜據點，該報導認為當所有辦法均無法制止海盜之後，英國應該採用新的方法－飛機來打擊海盜。因此，英國海軍「中國艦隊」(China Station)應維持一支強而有力的空軍武力。英國海軍情報報告中，也證實在新豐輪劫案後，曾派遣海上飛機前往大亞灣上空巡航，但可惜並未有所收穫。見"Shipping News," *The Singapore Free Press and Mercantile Advertiser*, 15 November 1927; Naval Intelligence Division, Naval Staff, Admiralty, *Confidential Admiralty Monthly Intelligence Report*, No.106 (15 March 1928), pp.43, CO129/507/3.

[40] "Decipher of A Telegram from the Governor of Hong Kong to the Secretary of State for the Colonies," 13 November, 1926, FO371/11671.

船，在從上海出發經廈門前往香港途中，於 1926 年 11 月 15 日下午遭到偽裝乘客的海盜攻擊。海盜在制服船上船員幹部與武裝警衛後，順利挾持輪船。不過 16 日清晨，部份船員趁海盜不注意之際，發動反攻，奪回艦橋的控制權，並固守在艦橋區域抵禦海盜的持續攻擊。海盜因遲遲無法攻破艦橋，最終憤而縱火燒船，並分乘兩艘救生艇逃逸，離去時據稱並挾持 1-2 名外國乘客離去。[41]

新寧輪劫案發生後，香港總督立刻要求海軍出動軍艦，同時也調派兩排的陸軍士兵以及警察人員前往援救。[42]港督的命令明顯有違英國政府禁止軍隊登上中國領地作戰的規定，因此港督、海軍「中國艦隊」總司令與陸軍指揮官也立即分向殖民部、海軍部與陸軍部補請授權。在港督給殖民部部長的電文中，強調先前的動武請示電文均未獲殖民部回覆，此次「大亞灣海盜劫掠英國新寧輪，並綁架了兩名歐洲籍婦女，因此有必要採行海陸聯合軍事行動，且已經執行中」。港督並要求殖民部「給予陸軍指揮官、「中國艦隊」總司令與他本人充分的授權，來處理此次暴力案件」。[43]

至於駐港陸軍指揮官，亦向陸軍部報告「應港督與艦隊司令之請，已派遣兩排印度步兵加入海軍分遣艦隊，立即前往大亞灣援救遭到海盜綁架的兩名歐洲籍婦女」，但是已下令他們「在未獲得陸軍部電報授權前，不得登岸」。[44]

英國海軍「中國艦隊」總司令則在收到港督請求後，隨即派遣五艘艦船組成援救行動艦隊趕往大亞灣水域，包括重巡洋艦復仇號(HMS *Vindictive*)、航空母艦赫密斯號(HMS *Hermes*)、輕巡洋艦派遣號、掃雷護衛

[41] "Telegram from the Governor of Hong Kong to the Secretary of State for the Colonies," 23 November1926, FO371/11671.

[42] "Memorandum Respecting Piracy Suppression Received from Sir Miles Lampson," dispatch No. 1030, 21 September 1927, CAB/24/202: 0024.

[43] "Decipher of Telegram," from the Governor of Hong Kong to the Secretary of State for the Colonies, 16 November 1926, FO371/11671.

[44] "Secret Paraphrase," from G.O.C. Hong Kong to the War Office, 16 November 1926, FO371/11671.

艦藍鐘號(HMS *Bluebell*)與蜀葵號(HMS *Hollyhock*)：[45]

表 10-2：新寧輪劫案英國海軍援救行動艦隊編組[46]

艦名	艦型	標準排水量(噸)	編制人員
HMS *Vindictive*	重巡洋艦(航母)	9750	690
HMS *Hermes*	航空母艦	10950	680
HMS *Despatch*	輕巡洋艦	4650	350
HMS *Bluebell*	掃雷護衛艦	1200	77
HMS *Hollyhock*	掃雷護衛艦	1200	77

藍鐘號率先趕到新寧輪被劫現場，並逮捕了還在新寧輪上的數名海盜。但絕大部份海盜早已改乘救生艇逃離，並傳聞挾持有兩名歐洲籍婦女。因事態緊急，「中國艦隊」總司令提威特在尚未取得海軍部授權的情況下，即於 11 月 16 日發出命令，允許馳援各艦必要時可以派遣武裝部隊登陸，進行大亞灣海盜巢穴掃蕩作戰，條件是：1.未能尋獲遭擄的歐洲籍婦女，2.同時香港警方認為唯一拯救該婦女的方式即是登岸迫使海盜放人，3.或是從遭到逮捕的海盜口中，已經確認海盜巢穴的村落所在。[47]

然而，稍後在海軍部給「中國艦隊」總司令的正式訓令中，卻對派遣部隊登陸一事持相當保留的態度。海軍部認為，在目前資訊情報不充分的情況下，除非確認遭擄的歐洲籍婦女為英國人，否則不應由英國採取行動。其次，即使確認婦女被擄上岸，然而海盜一旦發現英國海軍採取登陸行動，可能會立刻將婦女帶往內陸地區或是或直接殺害，屆時英國海軍的

[45] "Decode of Telegram," from Commander-in-Chief, China Station to Admiralty, 16 November 1926, FO 371/11671.

[46] 各艦資料引自：Parkes O. and Maurice Prendergast ed., *Jane's Fighting Ships* (London, Sampson, Low, Marston, 1919), pp.75, 123, 125 & 133.
(http://freepages.genealogy.rootsweb.ancestry.com/~pbtyc/Janes_1919/Index.html) (Online Data)

[47] "Decode of Telegram," from Commander-in-Chief, China Station to Admiralty, 16 November 1926, FO 371/11671.

登陸行動可能進退維谷，一方面深陷其中，但卻又不太可能完成援救任務。一般來說，英國海軍最不願見到的情況是與中國人發生新的戰鬥與衝突，「因為就算是為了對付海盜，也要防止過度涉入中國內政」。所以海軍部規定，除非滿足「1.有英國女性被擄、2.所有援救手段如交涉、贖金等俱告無效、3.確認海盜巢穴，且登陸救援不會涉及到危險或大規模的行動」等三個條件，否則不准許英軍登陸作戰。[48]如比較「中國艦隊」總司令與英國海軍部正式訓令對於執行登陸作戰的條件，即可知道兩者有一定程度的差異。

上述海軍部授權訓令，事實上並非海軍部自行發布，而是歷經英國政府高層相當複雜的決策過程。在收到香港方面的緊急動武請求後，11 月 16 日英國帝國總參謀長米爾尼 (Field Marshal George Milne, Chief of the Imperial General Staff, CIGS) 立刻邀請外交部助理次卿韋斯雷理(Victor Wellesley, Assistant Undersecretary, Foreign Office)等至陸軍部一同會商；會中，陸軍部部長沃辛頓伊凡斯(L. Worthington-Evans, Secretary of War Office)認為茲事體大，建議應由內閣作最後的定奪。也因此，動武問題稍後被送到了唐寧街，由首相鮑德溫(Stanley Baldwin, Prime Minister)作主。鮑德溫隨即緊急會召開議，除陸軍部部長、海軍部第一大臣(First Lord of the Admiralty)等外，鮑德溫特別要求外交部部長張伯倫(Austen Chamberlain, Secretary of Foreign Office)必須參與會議，最後在張伯倫的建議下，做成上述三項登岸動武條件，並交由海軍部發往「中國艦隊」總司令，作為新寧輪劫案營救行動的遵循方針。[49]所以，此動武條件乃是由首相、外交部部長、帝國總參謀長、陸軍部部長、海軍部第一大臣等人會商後拍板定案，而決策的主要制訂者，無庸諱言的是外交部部長張伯倫。換言之，受到張伯倫的影響，登岸動武條件受到非常嚴格的限制。

所以，除了海軍部發出訓令之外，陸軍部在給駐港陸軍總指揮官的訓

---

[48] "Decipher of Telegram," from Admiralty to Commander-in-Chief, China Station, 16 November 1926, FO371/11671.

[49] "SS *Sunning* Piracy," Minutes of Colonial Office, 16 November 1926, CO129/495.

令中，雖然同意立即出兵行動，但亦強調「兩排步兵應遵從已獲得英國政府授權的海軍艦隊司令指揮」。[50]換言之，陸軍部隊如要執行登陸行動，應遵從海軍部發給「中國艦隊」總司令的正式授權訓令，亦即必須滿足上述條件方能登岸動武。

　　至於殖民部，則明顯被排除在前述決策過程中，所以此事在殖民部內部引起相當大的反彈聲浪。一來是殖民部一直要等到決策確定後，才間接經由外交部官員的電話獲知此事。對於關係香港殖民地如此重大的決策，首相、外交部與軍方卻未事先徵詢殖民部的意見，自然會造成殖民部的不滿，認為此舉將會破壞「跨部會之間的合作」。其次，登岸動武條件中，提及必須先採取所有援救手段，包括必要時可以提供贖金。殖民部官員對於贖金一事，更是持反對意見，因為如果英國政府以贖金換回人質，不啻是向海盜宣告退讓態度。殖民部官員即諷刺此條件，根本是讓英國從原先掃蕩海盜的立場，轉而變成「直接鼓勵（海盜）的政策」("a policy of direct encouragement")。也因此，殖民部官員建議殖民部部長愛默利(L.C.M.S. Amery)，在未來的內閣會議中，應該表達「最強烈的抗議」。[51]

　　由於新寧輪劫案當日（16 日）首相鮑德溫在唐寧街首相官邸召開的乃是「緊急會議」("a hastily assembled meeting")，故隔日，英國內閣召開正式會議，以確認海軍援救行動的尺度。1926 年 11 月 17 日的英國內閣會議上，在殖民部的建議下，再度檢討了新寧輪劫案的處理原則，修正原先訓令，決議給予香港方面更大的援救行動權限，並放寬登陸援救行動的條件：待援救的人質不限於英國婦女、不以提供贖金為援救手段、同意必要

---

[50] "Secret Paraphrase," from the War Office to G.O.C. Hong Kong, 16 November 1926, FO371/11671.

[51] 殖民部助理次卿葛蘭敦(G. Grindle, Assistant Undersecretary, CO) 在內部備忘錄中，建議殖民部部長應該在內閣會議中發言警告：「支付贖金，可能有鼓勵海盜的危險」。次卿威爾遜(S.H. Wilson, Undersecretary, CO)則表示「他能理解外交部致力於阻止不成熟的報復行動，但起碼基於過去的尊重，他們還是應該先讓我們知道到底做了什麼。」威爾遜並嘲弄道：「如果必須要支付贖金，我認為應該要由國庫來負擔！」見"SS *Sunning* Piracy," Minutes of Colonial Office, 16 November 1926, CO129/495.

時可以採取登陸行動且不排除摧毀海盜村落。[52]從上述內閣決議內容，不難看出殖民部的意見後來顯然主導了內閣決策方向，也推翻先前外交部部長張伯倫在首相官邸的建議。如果比較新寧輪劫案後三次登陸援救行動原則，可以清楚其中差異：

表10-3：1926年新寧輪劫案英國海軍登岸動武條件			
	「中國艦隊」總司令命令	海軍部正式授權訓令	英國內閣決議
發布時間	11月16日稍早	11月16日稍晚	11月17日上午
登岸動武條件	1. 未能尋獲被擄的歐洲籍婦女	1. 未能尋獲被擄的歐洲籍婦女，且被擄的人質須確認為英國籍	1. 未能尋獲人質（不限英國籍婦女）
	2. 香港警方認為英軍登岸是援救人質的唯一方法	2. 所有援救行動俱歸無效（包括提供贖金）	2. 所有援救行動俱歸無效（但不包括提供贖金）
	3. 已確認海盜巢穴所在	3. 確認海盜巢穴，且登陸行動不致引起大規模衝突	3. 確認海盜巢穴
備註	滿足上述條件1與2，或是1與3，即可登岸動武	須同時滿足上述三條件，方可登岸動武	滿足前三條件時，可以執行登陸行動，且不排除摧毀海盜村落
主導者	香港總督、英國海軍「中國艦隊」總司令	外交部部長張伯倫	殖民部

---

[52] "SS Sunning Piracy," Minutes of Colonial Office, 17 November 1926, CO129/495; "Cabinet 58(26)," Extract from Conclusions of A Meeting Held on Wednesday 17 November 1926, CO129/495.

　　從新寧輪劫案後，英國政府兩度修正訓令來看，外交部與殖民部顯然在英國海盜政策的處理上彼此角力，以致造成決策反覆。[53]外交部為避免影響複雜的中英關係，傾向在香港總督的動武行動上扮演踩煞車的角色，以防止情況失控惡化。但殖民部則試圖維護香港總督的立場，以便讓其有充分的權限處理援救事宜。

　　新寧輪劫案發生後，港督原先之所以採取積極軍事行動，乃因該輪被劫之初，最先傳到香港的報告誤稱船上有兩名歐洲女子遭到海盜擄走。[54]例如在太古輪船公司 11 月 16 日從香港發往倫敦總公司的電報中，即稱「大部份海盜已乘坐小艇逃往大亞灣，並挾帶兩名歐洲籍女性乘客」。[55]所幸經查證遭海盜劫持的並非兩名歐洲籍婦女，而是一名英國籍男性混血兒。[56]雖然該名人質最終還是下落不明（可能已遭殺害或是棄置海中），但是英國海軍艦艇後來成功在海上即攔截到逃逸的海盜船，並順利緝獲了所

---

[53] 英國海軍「中國艦隊」總司令本人即對此番動武決策兩度變更感到納悶，在其與美國駐港澳總領事的私人談話中，即透露新寧劫案發生後，他原先所下命令，乃是授權海軍艦艇可派遣人員登陸，以切斷海盜登岸路線；但是稍後卻接到來自倫敦的訓令，不准其派軍登陸。然而，隔日英國政府又收回前令，授權可以採取登陸行動。美國駐港澳總領事館在之後即將此事呈報給美國國務院與駐北京公使館。換言之，美國政府亦知曉此番英國動武決策反覆之事。見"Piracy of the SS *Sunning*," American Consul General, Hong Kong to the Secretary of State, Washington　& J.V.A. MacMurray, American Minister, Peking, 23 November 1926, RIAC 893.8007/18.

[54] "Memorandum Respecting Piracy Suppression Received from Sir Miles Lampson," dispatch No. 1030, 21 September 1927, CAB/24/202: 0024.

[55] 太古輪船公司的電報乃轉引自該公司給英國外交部的信件中，見"Piracy in China Water," from Managers, China Navigation Company Ltd. to the Secretary of State for Foreign Affairs, 16 November 1926, FO371/11671.又例如新加坡《海峽時報》也即曾引自香港方面的消息，報導新寧輪劫案中被劫人質包括一名俄國女子，由海盜挾持乘小艇逃去，後由英國軍艦 HMS *Verity* 號攔截，順利解救人質，並逮捕海盜。見"Tables Turned on Pirates: Further Details of *Sunning* Fight," *The Strait Times*, 19 November 1926.

[56] 在太古公司經理 11 月 17 日給英國外交部的信件中，即依據香港電報，已澄清被擄之人並非歐洲女子而是一名男子。見"*Sunning* Piracy," from J. W. Swire, John Swire & Sons Ltd. to G.A. Mounsey, Foreign Office, 17 November 1926, FO371/11671.

有海盜（11 名已死、23 名遭到逮捕）。也因此，英國海軍分遣艦隊在 11 月 18 日即完成任務返回香港，船上的陸軍武裝部隊最後並未執行登陸行動。[57]

在 11 月 17 日的英國內閣會議上，殖民部雖然致力於支持香港方面的援救行動，主張放寬登岸動武的條件。然而事實上，殖民部官員還是相當擔心香港總督會利用新寧輪劫案爲藉口，推動更大規模的武力報復行動。爲了避免香港總督之後貿然執行登陸行動，殖民部部長愛默利在 11 月 20 日又另以電報訓令香港總督：

> 英國政府正在認真考量要採取何種措施來鎮壓廣東的海盜，我希望能夠盡快答覆（香港總督所提的海陸武力進剿方案）......，關於最近在香港邊界發生的海盜事件......，英國政府雖然表示同情，但有鑑於整體情況的困難度與棘手度，英國政府還是決定堅持：在沒有獲得英國政府的特別訓令之前，無論如何不得在香港邊界以外的地方動用英國軍隊。[58]

所以，在英國政府尚未對武力進剿方案做成最終決策前，殖民部不准許香港總督在沒有獲得授權的情況下自行派遣軍隊離開香港、登陸廣東執行軍事掃蕩行動。事實上，根據殖民部內部評估，即研判香港總督似乎有意藉

---

[57] 英國海軍部在 11 月 17 日稍晚也通知外交部：已經逮捕所有的海盜，除了一名英籍混血兒據報溺斃外，其餘英籍乘客均平安無事，原先所謂遭劫持的「兩名歐籍婦女」證實只有一名，且已早已獲得援救，所以並未執行登陸行動。見"SS *Sunning* Piracy," Minutes of Colonial Office, 17 November 1926, CO129/495; "Secret Paraphrase," from G.O.C. Hong Kong to the War Office, 18 November 1926, FO371/11671. 海盜在新寧輪上縱火後，除了部份海盜仍留在船上外，其餘海盜則分乘兩艘救生艇離去，英國海軍藍鐘號隨後緝獲其中一艘救生艇，並逮捕艇上的 10 名海盜，至於另外一艘救生艇則下落不明，香港當局研判該艇可能已經在海上翻覆而被當地木船所救走。至於被英國海軍逮捕的海盜，後來經香港法院審理，其中 6 人被判處死刑。見"Telegram from the Governor of Hong Kong to the Secretary of State for the Colonies," 23 November 1926, FO371/11671; "The *Sunning* Piracy: Six Sentenced to Death in Hong Kong," *The Strait Times*, 28 January 1927

[58] "Telegram from the Secretary of State for the Colonies to the Governor of Hong Kong," 20 November 1926, FO371/11671.

此事件，向英國政府推銷其武力報復政策。[59]

　　從上述從新寧輪劫案的善後處置過程中，可知英國政府各部會與港督之間對於派遣武裝部隊登岸作戰一事有相當大的歧見。然而，港督還是再次向殖民部強調，英國政府應充分授權港督、艦隊司令與陸軍指揮官採取行動處理海盜問題，因為「在現場的人，最能夠評估行動的風險」。[60]

六、香港政府與英商組織持續推動武力進剿政策

　　11 月 23 日由香港總督召開的「香港防衛委員會」(Hong Kong Defense Committee)，[61]正式通過動武進剿海盜政策，聲稱要有效解決海盜問題，英國政府必須要充分授與港督、艦隊司令、陸軍指揮官動用武力的權力。香港政府堅持採取強硬態度來處理海盜問題，與當時粵英關係緊張有很大的關係。因為粵英合作既不可行，只能由英軍獨立行動。[62]英國駐香港陸軍指揮官也草擬完成了具體的陸上作戰計畫，預計派遣 10 名軍官率領其他 256 名士兵在警探與翻譯的陪同下登岸作戰，目的地則是大亞灣范和港主要的海盜聚落；行動中，除了執行搜查任務外，必要時亦可摧毀部份沿岸村落。陸軍指揮官認為上岸執行任務時應該不太可能遇到太大的抵抗，甚至可能只有些微的反抗行動，因為海盜只有手槍、步槍與少量的土砲等武

---

[59] "SS *Sunning* Piracy," Minutes of Colonial Office, 16 November 1926, CO129/495.

[60] "Despatch from the Governor of Hong Kong," 21 November 1926, cited from "Memorandum Respecting Piracy Suppression Received from Sir Miles Lampson," dispatch No. 1030, 21 September 1927, CAB/24/202: 0024. 事實上，在先前的電報中，香港總督已要求英國政府應授權其本人、陸軍總指揮官、海軍准將等「處理邊界暴力事件的指揮之權」("direction to deal with frontier outrages")。見"SS *Sunning* Piracy," Minutes of Colonial Office, 16 November 1926, CO129/495.

[61] 「香港防衛委員會」應是防衛司署、保安局成立前，香港殖民地政府內部處理殖民地整體防務（包括殖民地防衛、警察、治安、出入境安全等事務）的協調委員會。

[62] "Memorandum Respecting Piracy Suppression Received from Sir Miles Lampson," dispatch No. 1030, 21 September 1927, CAB/24/202: 0024.

器。行動任務時間將以 24 小時爲限，希望能在最短的時間內獲得最大的成果。登陸行動的目的則在於 1.逮捕任何發現的海盜（如果可能的話，將其移交給中國官方）、2.摧毀已確認的海盜聚落。爲了確認村落位置，英國海軍應另外派遣水上飛機與當地的情報人員合作。最後，在摧毀村落前，應先張貼告示，並通知當地耆老讓村民事先撤出，以避免誤傷非武裝人員。「香港防禦委員會」則在 11 月 29 日的會議上正式確認陸軍指揮官所提的行動方案，並建議：「假如無法獲得廣州政府的合作，我們應自行決定時間採取獨立行動，而無須等待下一次輪船劫案的發生」。雖然「香港防禦委員會」仍不放棄與廣州當局的合作，要求授權英國駐廣州總領事努力獲得廣州方面的合作，並試圖以威脅手段來迫使廣州當局讓步：「如果不願合作，英國政府決定將採取獨立行動」，希望藉此獲得廣州方面的合作。[63]但事實上，以當時粵英關係緊張對立的情況來看，要促成雙方合作剿盜之事談何容易！顯而易見，以港督爲首的香港各級官員已下定決心不再容忍廣東海盜問題，因此只要廣州方面拒絕合作，英國將立即展開獨立軍事行動，直搗大亞灣的海盜巢穴。

　　駐港陸軍指揮官草擬完成武力進剿計畫後，還透過陸軍部，試圖遊說外交部支持此提案。在 12 月 1 日的電報中，陸軍指揮官聲稱此計畫已經大幅調整港督在 6 月 30 日所提的武力進剿方案，登陸軍事行動將嚴格限制範圍，也不會採取「無差別」作戰（亦即對於海盜以及平民等非武裝人員將會有所區別），因此希望英國政府能授權駐廣州總領事立即與廣州當局展開交涉，威脅其如果拒絕合作，英國將自行採取獨立行動，無須等待下

---

[63] "Secret Paraphrase," from G.O.C. Hong Kong to the War Office, 29 November 1926, FO371/11671. 英國外交部收到香港陸軍指揮官的武力方案以及「香港防衛委員會」的決議後，頗不以爲然，認爲此時是否要採取武力行動，仍必須等待英國內閣做最後的拍版定案。此外，英國駐廣州代理總領事璧約翰也有出席 11 月 29 日的「香港防衛委員會」，並受命將與廣州當局交涉合作之事，但英國外交部卻未收到璧約翰的相關報告與請示。顯然璧約翰此時所作所爲，其實並未獲得英國外交部的同意與授權。見"Proposed Action against Chinese Pirates," Minutes of Foreign Office, 4 December 1926, FO 371/11671.

一次海盜事件的發生。陸軍指揮官最後還強調此電報內容已事先獲得港督與廣州總領事的認同。[64]

此外，新寧輪的母公司－太古輪船公司為了聲援港督的武力進剿方案，早在劫案發生之初，即於 11 月 16 日致函英國外交部部長張伯倫 (Austen Chamberlain)，大力鼓吹以「強而有力的行動」解決大亞灣海盜問題。

> 我們必須督促部長…，英國政府有責任採取必要措施來保護英國百姓及其財產的安全。很明顯的，在過去幾個月裡，英國就應該對大亞灣海盜巢穴採取強而有力的行動，以終止目前的亂象…。海盜一直都是人類的公敵，但令我們難以理解的是，為何現今我們卻不用相同的方式（武力）處置他們？尤有要者，我們堅信這樣的（武力）行動，並不會危及到與中國輿論之間的和緩關係…，反而會讓中國變得更好。[65]

11 月 24 日，該公司又再度致函英國外交部，除強調海盜問題造成英商重大損失，僅新寧輪維修費用就須耗費該公司約 14500 英鎊外，信中還特地引述「英商中華社會」(China Association，舊譯「中國協會」)[66]香港分處的意見，準備串連上海與倫敦分處，建議英國政府「對大亞灣（海盜）採取適當的行動」，並強調「該行動原先幾乎已經執行，但卻被外交部所阻止」。[67]

---

[64] 陸軍指揮官表示「港督在諮詢廣州總領事後，已經批可此電報」，見"Secret Paraphrase," from G.O.C. Hong Kong to the War Office, 1 December 1926, FO371/11671.

[65] "Piracy in China Water," from Managers, China Navigation Company Ltd. to the Secretary of State for Foreign Affairs, 16 November 1926, FO371/11671.

[66] China Association 傳統上常翻譯為「中國協會」，但根據殖民部檔案中，由該組織給殖民部的部份信簡中，在頁頭部份，即列印有「英商中華社會」六個中文字，顯然這是該組織對外的正式中文名稱，故本章乃依此為準。可參見"China Association, London to the Under Secretary of State for the Colonies," 22 December 1924, CO129/487.

[67] "J.W. Swire, John Swire & Sons Ltd., London to Sir Victor A. Wellesley, Foreign Office," 24 November 1926, FO371/11671.不過，英國外交部對太古洋行此信函內容亦頗有不滿，在內部備忘錄中即反諷新寧輪未能恪遵相關防盜規定才是造成海盜得逞的主要原因。見

尤有要者，由於「英商中華社會」的積極運作，在英國國會與商業界有著相當影響力的「中國委員會」(China Committee)[68]也介入關切英國政府處理廣東海盜問題的進度。「中國委員會」主席少斯伯羅(Lord Southborough)乃為此致函英國外交部關切此事，表達與「英商中華社會」持相同立場，並詢問在現今國際法規範下，英國採取武力行動是否可行，以及英國政府對於制止「這難以容忍」的海盜問題是否已有良方。[69]少斯伯羅同時也將「英商中華社會」香港分處的來電，轉致給英國殖民部，並引述電文，強調海盜問題觸犯所有的國際法規定，建請英國政府應採取獨立行動。[70]究其實際，在「英商中華社會」香港分處給「中國委員會」主席少斯伯羅的電文中，即坦言由於新寧輪劫案的發生，意謂著他們應該向英國政府施壓，因為「就飽受海盜威脅的航運公司與人員來說，英國政府應立即與中國地方當局合作進剿大亞灣海盜，否則英國政府應表明將自行採取獨立行動，不容許海盜繼續猖獗」。[71]「中國委員會」乃是由部份英國國會議員所創立，其目的乃是「為英國看守在中國的利益，並在相關問題上協助英國政府並提供建言」，該委員會的成立曾受到英國外交部的歡迎。曾任香港律師，時為英國下議院議員的拉克(H.W. Looker)亦為「中國委員會」成員之一。其實，「中國委員會」除了有許多國會議員擔任成員外，還與許多商業團體有著密切關係，例如「英商中華社會」、英國工業

"Protection against Piracy in Chinese Waters," Minutes of Foreign Office, 4 December 1926, FO 371/11671.

[68] "China Committee: Former Hong Kong Lawyer A Member," *The China Mail*, 7 April 1926.

[69] "Lord Southborough to Sir Victor Wellesley, Foreign Office," 29 November1926, FO371/11671.英國外交部則答以英國政府各部門正在仔細評估處理廣東海盜問題的最後處置之道，待有所決策後再行通知。見"Piracy in Chinese Waters," Minutes of Foreign Office, 6 December 1926, FO371/11671.

[70] "Lord Southborough, Chairman, China Committee to G. Grindle, Under Assistant Secretary, Colonial Office," 3 December 1926, CO129/497.

[71] "Telegram from China Association, Hong Kong to Lord Southborough, China Committee, London," 24 November 1926, CO129/497.

聯合會 (Federation of British Industries)、倫敦商會 (London Chamber of Commerce)、布拉德福商會 (Bradford Chamber of Commerce)、曼徹斯特商會 (Manchester Chamber of Commerce) 等。因此，「中國委員會」的出面關切此事，自然對英國政府相關決策，有一定程度的影響。簡言之，由上述過程，不難看出香港的英商組織普遍支持港督的武力方案，同時也對外交部試圖阻止此案略露不滿之意，故計畫透過英商在華最重要的商業組織「英商中華商會」進行遊說，並經由「中國委員會」主席少斯伯羅對英國政府外交部、殖民部直接施加壓力。

　　新寧輪劫案也引起英國國會議員的關注。1926 年 11 月 24 日，下議院議員斐爾法克斯(James Fairfax)即針對新寧輪劫案質詢外交部部長，除了詢問有無英國婦女遭到綁架外，甚至還懷疑劫案背後是否有中國政府運作的痕跡。外交部部長張伯倫澄清並無英國婦女遭到綁架，同時也強調此案為單純海盜事件，與中國政府並無絲毫關係。[72]12 月 13 日，前述「中國委員會」的成員之一、下議院議員拉克又為廣東海盜問題提出質詢，詢問英國政府是否已經向廣州當局提出共同進剿大亞灣海盜的要求。但外交部次長拉克藍普生(Godfrey Locker-Lampson)則表示英國政府正在整體評估究竟該採取何種措施來處理大亞灣海盜問題，但在達成最後決策前，英國政府還是希望由廣州當局自行處理海盜問題為宜。另外一位議員麥克連(Neil Maclean)顯然對外交部的答覆深表不滿，反諷道「處理公海上的海盜問題，難道不是英國商業的最高優先考量嗎？」[73]由上述質詢焦點，可以略窺幾個重要訊息。首先，斐爾法克斯有關中國政府與海盜案件的質詢，其實反映出英國對於中國相關問題的緊張與焦慮。因為五卅事件後，中（粵）英關係陷入嚴重對立，一時之間風聲鶴唳，任何攻擊英國商民、船隻的行為，都有可能被部份英國人理解為帶有反英的政治目的。而張伯倫

---

[72] "Oral Answers," 24 November 1926, His Stationery Majesty's Office (Great Britain), *The Parliamentary Debates: House of Commons* (London: His Stationery Majesty's Office) (hereafter referred to as HC Deb) , vol. 200, cc377-378.

[73] "Oral Answers," 13 December 1926, HC Deb, vol. 200, cc2545-6.

的答覆，則試圖釐清社會案件與政治案件的不同，避免有不當聯想，造成
英國國內對於中英關係的誤解。由此也可以看出英國外交部當時對於廣東
海盜問題的基本態度：海盜是一回事、政治是另外一回事，兩者應該脫勾
處理。其次，拉克之所以追問與廣州當局的交涉進度，顯然與香港政府正
推動的武力進剿方案息息相關，因爲該方案執行的前提是廣州當局拒絕英
國的合作請求，故必須先確定粵英雙方的交涉結果。至於麥克連，則應是
不滿英國首相傾向在未達成決策應由廣州當局自行處理的態度，因爲這意
謂英國政府現階段還不準備對廣東大亞灣海盜問題直接採取武力進剿行
動。簡單來說，拉克、麥克連的質詢，背後可能都有英商運作遊說港督武
力進剿方案的痕跡。

七、英國政府決策經過（一）相關部會的意見與「海外國防委員會」的討論

自 1926 年 6 月 30 日起，香港總督多次要求正視海盜問題，並請求同
意授權出兵進剿大亞灣海盜，但英國政府內部顯然態度較爲謹慎，[74]各相
關部會頻繁交換意見，並仔細評估此政策的風險與可行性。例如殖民部在
9、10 月間即曾兩度徵詢外交部對於武力進剿計畫的看法，[75]但外交部亦不
敢輕易表態，而是以機密電報進一步詢問駐華公使與駐廣州總領事的意
見。[76]一直要到 10 月 29 日，隸屬於英國內閣「帝國國防委員會」
(Committee of Imperial Defense)轄下的次級委員會─「海外國防委員會」

---

[74] 殖民部甚至一度將香港總督的動武建議案擱置。見"Prevention of Piracy: Use of Armed
Patrol Launches in China Delta," Minutes of Colonial Office, 5 March 1927, CO129/506/8.

[75] "G. Grindle, Colonial Office to the Under Secretary of State, Foreign Office," 4 September &
12 October 1926, FO 371/11671.

[76] "F. Ashton Gwatkin, Foreign Office to the Under Secretary of State, Colonial Office," 21
October 1926, FO 371/11671.

(Committee of Oversea Defense)[77]才正式開會討論香港總督的海盜進剿計畫，並彙整外交部、海軍部、陸軍部、空軍部等各部會以及駐華使領機構的意見，以評估港督行動計畫的可行性與可能引起的複雜問題。

關於英國外交部的意見，根據內部備忘錄資料，相關官員承認廣東海盜問題十分嚴重，也覺得從軍事觀點來說，港督所提的武力進剿計畫確實可行，能有效解決大亞灣海盜，但是必須做進一步的政治評估。特別是港督在採取任何行動前，必須先諮詢外交部的意見，清楚告知軍事行動的詳細內容與範圍：

> 關於政治考量而言，我們的難處在於必須根據未來的情況演變，才能做出決定是否要派遣軍隊。因此，英國政府不太可能在事前即（給港督）開出空白支票，授權其軍事行動...。所以（假如又發生類似輪船劫案），我們原則上同意港督建議派遣軍隊採取行動，但是在行動前，必須由倫敦做最後的決定。

不過，就政治風險來說，外交部官員還是認為派遣海軍艦艇在大亞灣海域執行巡邏任務遠比派遣軍隊登上中國陸地作戰來的好。[78]

在駐華使領部分，英國原駐廣州總領事傑彌遜(J. Jamieson)「極力贊同港督的提案，以便掃除大亞灣的海盜巢穴」。[79]但代理總領事璧約翰(J. F. Brenan)則對港督計畫不無質疑，因為在無法確認海盜身份的情況下，貿然出兵大亞灣，將會傷及無辜，屆時英國可能面臨「野蠻虐待無辜村民」的

---

[77] 「帝國國防委員會」成立於 1902 年，其原先僅是作為英國首相的國防事務諮詢委員會。但到了 1910、20 年代，此委員會功能日益重要，除了跨部協調陸、海、空等三軍事務外，也成為負責大英帝國整體國防戰略規劃的重要委員會。英國首相為委員會主席，內閣各部會首長，以及重要的軍職、文職首長，還包括海外各自治領的首相等均為委員會的成員。至於「海外國防委員會」則屬於「帝國國防委員會」轄下的次級委員會，專門負責籌劃英國本土以外的國防戰略事務。關於英國「帝國國防委員會」的演變過程及其職能，可以參見 Franklyn Arthur Johnson, *Defense by Committee: the British Committee of Imperial Defense, 1885-1959* (London, etc. : Oxford University Press, 1960)一書。

[78] "Piracy on the China Coast," Minutes o f Foreign Office, 9 September 1926, FO371/11671.

[79] "Piracy on the China Coast," Minutes o f Foreign Office, 9 September 1926, FO371/11671.

指控。因此璧約翰提出替代性方案：由港督原先建議的攻擊，改為派遣一小批軍隊佔領海盜村落，待村民撤退後，再將該區移交給中國軍隊駐防。璧約翰坦承雖已多次向廣州當局提議粵英合作剿匪，但卻徒勞無功，因此應向廣州當局下達正式通牒，如果再次發生海盜事件，英國將採取獨立行動進剿海盜。璧約翰最後的態度為：「如果替代方案無法執行，則應採行港督計畫，因為總比什麼都不做好」。[80]璧約翰的建議後來獲得英國外交部的支持，在給殖民部的答覆中，外相「張伯倫爵士大致上同意璧約翰對港督提案的修正方案，而且認為英國如果派遣軍隊前往大亞灣，應該由海軍，而非陸軍部隊來執行。」[81]

不過，英國外交部認為在處理海盜問題上，還是應該促使讓中國當局出面來處理，盡量避免派遣英國軍隊登上中國土地。因為英國的行動，可能會導致全中國的反英宣傳，有損英國利益。英國外交部並提出廣東海盜對策的三步驟：第一步、外交警告：與廣州當局交涉並提出「明確警告」，要求廣州當局採取措施清剿海盜，否則如再次發生英船遭到劫掠案件時，英國將採取「獨立行動」自行處理；第二步、海軍巡邏，如廣州當局未能採取有效措施，則出動英國海軍巡邏中國沿岸地區，但不得派員登陸行動；第三步、海軍動武，如英國海軍巡邏行動無法奏效，再將香港總

[80] "Telegram from Consul General, Canton to British Minister", cited from "Telegram from British Minister, Peking," October 14, 1926, CAB/24/181:0072、FO371/11671.. 不過，駐港陸軍指揮官與海軍准將均反對廣州總領事的替代方案，因為英軍佔領該地不但無助於遏止海盜事件（因為海盜可輕易轉移陣地），而且對英國來說「既不方便又耗費甚大」。見"Memorandum Respecting Piracy Suppression Received from Sir Miles Lampson," dispatch No. 1030, 21 September 1927, CAB/24/202: 0024.此外，英國駐華外交使領均主張動武時機應限制在「下一次英船劫案發生之後」，但英國殖民部官員則對此持保留態度，且不太確定香港總督金文泰是否願意接受此動武條件。見"Notes of Oversea Defense Committee," Minutes of Colonial Office, 16 October 1926, CO129/496.
[81] "F. Ashton Gwatkin, Foreign Office to the Under Secretary of State, Colonial Office," 21 October 1926, FO 371/11671.

督的計畫，或是廣州總領事的替代方案列入考慮。[82]

至於英國三軍部份，海、陸、空軍等，也各有考量。海軍部方面，則贊同香港總督的計畫，認為派軍登陸摧毀海盜據點與組織，是處理海盜問題唯一有效的方法。另外一方面，海軍部相當反對外交部所提派遣海軍巡邏中國沿岸地區的建議，因為大亞灣範圍遼闊，要執行巡邏任務必須動員大規模海軍艦艇，至少須調派三艘軍艦長期執行巡邏。尤有甚者，即或動用海軍巡邏，也不可能有效根絕海盜問題。陸軍部方面，態度相當模稜兩可，一方面反對外交部所提的海軍巡邏建議，也反對廣州總領事所提的替代方案，因為駐港陸軍兵力有限，無法有效佔領大亞灣沿岸地區；另外一方面，陸軍部也質疑香港總督的海陸出擊計畫，認為此舉將違背英國既來的對華政策：避免大規模軍事介入中國內政。空軍部方面，則強烈反對駐港海軍准將所提動用飛機轟炸海盜村落的建議，因為「勢必將造成無辜百姓的傷亡，（英國）將會背上殘忍非人道的行為的指控，有損英國尊嚴」。[83]

至於殖民部方面，則將重點放在儘速制訂動武計畫，以及如何因應外交部傾向以外交解決的基本態度。根據殖民部內部備忘錄，殖民部官員並不反對外交部向廣州當局提出交涉，但認為在交涉前英國政府應該儘速制訂明確的動武計畫。否則一旦向廣州當局提出抗議交涉，並威脅英國將採取獨立軍事行動後，如又發生英輪劫案，但英國政府卻尚未批准動武計畫，以致於無法在第一時間採取行動，屆時英國又將如何自處？而英國先前的抗議交涉與動武威脅，也將淪為虛張聲勢而已，有損英國威信。故殖民部官員認為，英國政府的當務之急，乃是盡快通過並批准香港總督府所提的動武計畫。其次，外交部保守的態度尤其令殖民部官員感到擔憂，特

[82] Foreign Office, "Draft Telegram to British Minister, Peking" October 1926, FO371/11671; "Memorandum by the Oversea Sub-committee of the Committee of Imperial Defense," 8 November 1926, CAB/24/181:0072.

[83] 英國軍方，包括海軍部、陸軍部、空軍部的態度，均見於"Memorandum by the Oversea Sub-committee of the Committee of Imperial Defense," 8 November 1926, CAB/24/181:0072.

別是英國擬議中的因應計畫一旦排除較爲激烈的軍事動武手段,甚至連海軍巡邏方案也可能被質疑是不適當之時,英國又將如何在海盜問題上反制廣東當局?雖然外交上口頭的威脅確實有時也能產生部份效果,但殖民部堅信「消極縱容,終將一事無成」。因此,殖民部官員認爲應該直接與外交部溝通此類問題。[84]

由於 1926 年 10 月 29 日「海外國防委員會」會議上各部會意見相左,無法達成共識,[85]因此「海外國防委員會」在綜整各部會討論以及參酌駐華使領機構的建議與意見後,在 11 月 8 日提出備忘錄,建議:第一、在動用軍事武力之前,英國仍應再與廣州當局交涉,要求採取立即有效的措施來鎮壓海盜,如若不然,再發生任何有損英國利益的海盜事件,英國將動用軍隊處理。第二,香港總督府應立即擬定一套作戰計畫,且獲得海軍部、陸軍部、空軍部的批准,該方案應盡量避免引起中國當局的不滿。第三,動用陸軍佔領大亞灣沿岸地區、動用海軍艦隻巡邏大亞灣水域,或是動用空軍轟炸等建議方案,均不切實際情況,因此英國動武方案將以香港總督原先所建議的計畫爲準。第四,英軍應自行採取行動,不必要中國軍隊在場,因爲要成功進剿海盜有賴於「行動迅速」。而且,爲了避免造成政治上的問題,英軍不應與北京政府的海軍合作。第五,因爲英軍準備採行的海陸聯合報復行動,可能涉及到國際法問題以及英國整體對華政策,因此任何行動方案在批准前,必須參考外交部的意見。[86]

由上述決策過程可知,英國政府內部各部會間在對華政策上的不同看法。廣東水域層出不窮的海盜事件,對在華英商利益造成極大的威脅,而香港總督處於英商的直接壓力之下,只能提出海陸聯合進剿海盜的建議;

---

[84] "Memorandum of Oversea Defense Committee," Minutes of Colonial Office, November 1926, CO129/496.

[85] "Memorandum of Oversea Defense Committee," Minutes of Colonial Office, November 1926, CO129/496.

[86] "Memorandum by the Oversea Sub-committee of the Committee of Imperial Defense," 8 November 1926, CAB/24/181:0072.

殖民部同樣基於香港殖民地利益的考量，也力主採取軍事行動。海軍部則質疑外交部的提議，因爲海軍巡邏需耗費大量艦隻人力，遠超過駐港海軍所能負擔，況且僅憑海軍巡邏根本無法解決海盜問題，故支持香港總督的計畫方案。但外交部所關注的不是單一的廣東海盜問題，而是從整個中國局勢演變著眼，謹慎處理中英關係，同時爲避免侵犯中國主權領土、引起不必要的衝突，一直試圖阻止香港總督計畫的執行，希望將軍事行動盡量侷限在海上層次，由海軍巡邏大亞灣水域，反對派遣部隊登上中國領土。然而另外一方面，外交部的謹慎態度，在殖民部眼中卻又變成過於消極，以致於漠視海盜情況惡化而不作爲。因爲外交威脅交涉如果沒有明確的動武計畫爲後盾，不過只是空言恫嚇罷了，並不能有效解決問題。

八、英國政府決策經過（二）「帝國國防委員會」的決議

　　另外一方面，英國外交部後來的立場顯然又更趨保守，對於「海外國防委員會」的諸多建議亦有所不滿。早在給「海外國防委員會」的回覆中，英國外交部即曾希望調整備忘錄中部份文字：例如「將採取行動」改爲「將考慮採取行動」、加入「符合國際法的要求」，以及「應先與廣州當局聯繫」等字句，不難看出英國外交部對於動武行動的諸多疑慮與顧忌。外交部甚至不諱言表示現階段英國在華局勢惡劣，不宜採取過於激烈的行動：

> 在目前關鍵時刻，除了草擬電報以及向廣州當局表達抗議之外，我們不想再做任何其他的行動了！假如上述行動無法奏效，我們也不同意香港總督提議的要立即採取軍事行動。我們不想要驟然下決定，更不想要在事先即被一個決策所限制。目前中國局勢非常危險，我們絕對不贊成大亞灣的軍事佔領行動。等之後，或許情勢有所改變，（再採取軍事行動）將不會有任何的傷害。[87]

---

[87] 引文中「不」字加底線，乃因英文原文如此："not"，見"Foreign Office to Major G. N. Macready," 8 November 1926, FO 371/11671.

顯而易見，英國外交部最終還是傾向以外交手段來處理廣東大亞灣海盜問題，而不樂見香港總督所鼓吹的軍事行動。

香港新寧輪劫案發生後，1926 年 11 月 17 日，英國內閣又正式召開會議，商討兩大問題，一為新寧輪劫後英國的緊急行動、二為英國對於廣東大亞灣海盜問題的整體政策。經過討論後，英國內閣雖然批准了海軍的援救行動，但是對於英軍是否應該登陸中國境內處理海盜問題，依然懸而未決，仍有相當矛盾，故決議應由「帝國國防委員會」做進一步的研商。究其實際，英國面臨的抉擇，乃是應否將廣東海盜劫掠事件視為是單純的海盜行為，逕自以武力處理，抑或必須將英國軍隊登陸中國領土後，可能牽涉到「整個中國的國際情況」("the whole international situation in China")一併列入考慮。雖然嚴格來說，廣東大亞灣沿岸區域並不在廣州當局的實質控制之下，但英軍在此地登陸行動依舊可能引起強大反彈，從而引起國際關注。[88]換言之，英軍一旦在中國境內動武處理大亞灣海盜，可能引起的國際問題與列強質疑，正是英國感到棘手的癥結所在。這其實也是英國外交部擔心的主要原因。

1926 年 11 月 26 日，英國內閣「帝國國防委員會」開會討論「海外國防委員會」的建議事項，會議上外交部長張伯倫(Austen Chamberlain)再度質疑香港總督的海陸動武計畫：

> 香港總督總是希望派遣軍隊登上中國領土，燒毀海盜村落。他（張伯倫）自己則是傾向海上的行動，而且絕對反對派兵登陸中國，除非參謀首長 (Chiefs of Staff)認同該計畫以現有資源是可行的，而且不會冒著引發更大行動的風險。

張伯倫並要求在委員會做出最後決定前，應由駐香港海軍准將與陸軍指揮官做出軍事行動的完整報告，以便參謀首長們能評估情況，供「帝國國防委員會」作最後決定。最後，「帝國國防委員會」決定將港督動武計畫交由參謀首長會議(Chiefs of Staff Sub-Committee) 做進一步的評估，以供委員

---

[88] "Cabinet 58(26)," Extract from Conclusions of A Meeting Held on Wednesday 17 November 1926, CO129/495.

會參考。[89]

　　事實上，根據殖民部內部資料，在「帝國國防委員會」開會討論之前，殖民部已事先接獲通知，表示港督的武力進剿提案會暫時遭到擱置，理由則是與新寧輪劫案有關。因為委員會研判，新寧輪劫案中船員們的勇敢行為（發動反攻、擊退海盜，並奪回船隻控制權），在某種程度上來說，已對廣東海盜產生顯著的嚇阻作用，所以短時間內應該不會再有新的英輪劫案發生。也因此英國政府無需急於批准港督的武力進剿方案。[90]殖民部也立刻將委員會準備擱置提案的消息以電報告知香港總督，並要求其盡可能及早將詳細的因應對策送交給殖民部。[91]

　　與此同時，香港方面擬定的詳細作戰計畫也提交到殖民部，該計畫包含陸、海空三軍協同作戰：

> 登陸地點將盡可能靠近范和港（大亞灣東北角，海盜巢穴），皇家海軍將準備吃水淺的小艇以供運輸與實際登陸之用。黎明前將執行登陸行動，並由水上飛機在范和港投擲煙霧彈。……黎明後一個半小時，登陸部隊將進入村莊，並包圍入口。在確定平民百姓撤離後，將摧毀屬於海盜的房子。如逮捕到海盜，可能的話，將移交給地方當局。除非登陸部隊遭到攻擊，否則不會有進一步的行動。如果登陸時遭到攻擊，海軍艦隻將動用火砲、機槍提供掩護。動用的軍隊數量將包括10名軍官與256其他階級士兵，預計在24小時內完成行

---

[89] "Extract from the Minutes of the 218th Meeting, Committee of Imperial Defense," 25 November, 1926, CAB/24/184:0006.

[90] 殖民部雖然力挺香港總督的動武方案，但也事先預期到外交部不太可能會在此議題上放手，所以除非真正再有英輪劫案發生，否則外交部不會同意處理動武計畫。其次，殖民部也分析即使委員會後來採用香港總督的動武計畫，殖民部也不太可能獲得充分的授權，因為詳細的動武計畫仍須各部會共同會商方能決定，而且也還需要由外交部透過駐華使領館先向廣州當局進行外交施壓的動作。見"SS *Sunning* Piracy," Minutes of Colonial Office, 24 November 1926, CO129/495.

[91] "Paraphrase Telegram from the Secretary of State for the Colonies to the Governor of Hong Kong," 24 November 1926, CO129/495.

動。[92]

　　12 月初，參謀首長會議經開會討論，原則上同意香港所提的作戰計畫，確認該計畫「是非常小規模的軍事行動，限定作戰範圍，也避免引發更大的行動」，附帶條件是禁止使用煙霧彈，因為可能讓海盜提前逃逸，且會造成英軍使用瓦斯毒氣的錯誤印象。另外，參謀首長會議認為粵英合作進剿海盜仍是最好的選擇，因此廣州總領事應立即與廣州當局交涉合作事宜，即使行動時只有中國官員在場亦可，而且英軍出擊時機，不應定位為主動的懲罰性行動，而應等待下一次海盜事件發生後為宜。[93]

　　12 月 16 日，英國內閣「帝國國防委員會」參酌參謀首長會議的建議後，正式決議：1.外交部應立刻諮詢廣州總領事的意見，並探詢與廣州當局合作進剿海盜的機會，如廣東方面拒絕，則威脅英國將採取獨立行動；2.殖民部應立即通知香港總督，在下一次海盜事件發生後，與海軍、陸軍當局執行預定計畫；3.海軍部、陸軍部也應分別訓令駐港海軍准將、陸軍指揮官準備執行計畫。[94]

　　事實上，在參謀首長會議的報告提出後、「帝國國防委員會」正式召開前，殖民部與外交部即已開始展開私下磋商，殖民部最終同意在三個條件基礎上與外交部協調合作：1.外交部應努力獲得廣州政府的合作，並威脅要採取獨立行動；2.假如廣州政府拒絕與英國合作，也不願意自行採取適當的剿盜行動，則英國政府應原則上批准報復行動計畫；3.除非再次發生英船劫案或有危及英人生命安全，否則軍事報復計畫將不會實施。由上述三項條件，可以略窺殖民部與外交部私下協調的重點。首先，是確立與廣州當局的合作交涉，為處理廣東海盜問題的優先考量。其實在殖民部內部備忘錄中，也可以清楚看到殖民部相關官員已認清到廣東海盜問題並非

---

[92] "Report by the Chiefs of Staff," 9 December 1926, CAB/24/184:0006. 香港總督府隸屬於殖民部，故其所有提案與計畫均需由殖民部再提交給英國內閣與帝國國防委員會。

[93] "Report by the Chiefs of Staff," 9 December 1926, CAB/24/184:0006.

[94] "Extract from the Minutes of the 219th Meeting, Committee of Imperial Defense," 16 December 1926, CAB/24/184:0006.

一件單純的問題，而必須放在英國與廣州政府互動的大格局下一起思考。「因爲一旦採取莽撞的軍事行動，極可能破壞英國與廣州之間的和諧關係，也會讓廣州當局內部的極端分子有機可乘」。不過，一旦前述合作交涉破局，則英國政府應批准香港所提的軍事報復計畫。這顯然是外交部與殖民部之間的一次條件交換。殖民部同意支持外交部力主的外交解決方案（亦即優先與廣州交涉合作剿盜），但條件是萬一合作交涉未能有正面的結果，則外交部須同意支持後續的軍事報復行動。其次，則是動武時機必須限制在下一次英輪劫案發生之後。就殖民部的立場而言，原先比較希望能夠授權香港方面自行決定採取軍事報復行動的時機（或立即），而無庸再等待下一次英輪劫案的發生。不過，殖民部官員坦承，外交部也可能會採取反制手段，例如在動武時機上再加上一條但書，亦即香港在採取軍事行動之前，必須先取得英國政府的特殊授權；如此，勢必將大幅限制香港方面的反制作爲。所以，動武時機原則的確定，同樣也是外交、殖民兩部彼此妥協的結果。[95]簡單來說，歷經殖民部與外交部私下協調與條件交換後，雙方對於廣東海盜問題的處置程序已有共識：外交交涉優先，並以批准軍事報復計畫作爲交換條件，動武時機則選在雙方都能接受的下一次英輪劫案發生之後。所以，「帝國國防委員會」的三項決議，雖然名義上是根據參謀首長會議的建議，但其實也是外交部與殖民部檯面下事先協調的共識結果。

　　「帝國國防委員會」作成決議的同日（16 日），陸軍部即將批准軍事行動之事告知香港陸軍指揮官，並授權指揮官之後可奉港督之命採取軍事行動，無須事前再向陸軍部請示，但是強調軍事行動必須「作爲是報復行動」，在下一次海盜事件發生之後才能執行， 同時也不准許在作戰中使用煙霧彈。海軍部也將類似訓令通知英國海軍「中國艦隊」總司令。[96]

---

[95] "CID Meeting, Thursday, December 16, " Minutes of Colonial Office, 14 December 1926, CO129/495.

[96] "Secret Paraphrase," from the War Office to G.O.C., Hong Kong, 16 December 1916, FO371/11671.

　　至於殖民部，則在 12 月 22 日正式將「帝國國防委員會」三項重要決議告知香港總督，不過有所但書：一旦情況有變，如廣州政府採取實際行動處理海盜問題，則香港方面即不得採取獨立行動，除非「英國政府認為廣州政府未能履行進剿海盜的責任」，屆時才能再採取行動。[97]

　　英國外交部則是 12 月 23 日正式以電報通知英國駐華使領館（正本給北京公使館，副本給上海、廣州總領事館以及香港總督府）：

> 　　在經過全盤考量之後，英國政府決定廣州總領事應立刻通知廣州政府：由於日益增加與不受控制的海盜問題，造成外國航運在南中國海域種種令人無法容忍的情況。再者，廣州總領事應該請求廣州政府與英國海軍與陸軍當局合作採取有效措施，以終結這些（海盜）活動；同時，也應給予其明確的警告，假如再拒絕合作，甚至不願派遣代表到行動現場的話，英國將被迫採取有嚴格限制目標的獨立行動，就在下一次劫掠英船或威脅英國航行的海盜事件發生之後。[98]

英國外交部並詳述整個海陸聯合作戰計畫的細節，包括登陸作戰的範圍與時間、使用武器的限制、海盜聚落與人犯的後續處置等。不過，外交部在最後還是強調英國是否採取登陸軍事作戰，主要仍須視廣州當局的反應與行動而定；特別是在尚未確認廣州政府相關行動的「真實性」與「成效」之前，應該暫時停止執行作戰計畫。

　　外交部與殖民部在給駐華使領館與香港總督的訓令中，均帶有所謂的但書，亦即軍事行動須配合與廣州方面的交涉結果。事實上，在前述「帝國國防委員會」決議之後，外交部遠東司司長蒙思(G.A. Mounsey, Head of the Far Eastern Department, FO)[99] 即於 12 月 23 日在外交部召集一次跨部會

---

[97] "Cypher Telegram from the Secretary of State for Colonies to the Governor of Hong Kong," 22 December 1926, FO371/11671.

[98] "Cypher Telegram from Foreign Office to Mr. O'Malley (Peking) (Repeat to Canton, Hong Kong & Shanghai)," 23 December 1926, FO371/11671.

[99] 蒙思是在 1926 年初接掌英國外交部遠東司司長，事實上在蒙思接任司長職位之初，還曾遭到部份國會議員的質詢，認為遠東司司長的職位調動似乎意謂著英國的遠東政策有所更張。但外交部部長張伯倫強調蒙思的接任並不會改變英國的既定政策。見"Oral

議，協調各部會在廣東海盜問題的處置上採取一致的態度。會中，蒙思傳達外交部部長張伯倫的意旨，希望即使這段期間再度發生英輪劫案，也應避免採取獨立的軍事懲罰行動；特別是軍事行動必須等到英國政府接獲駐廣州總領事與香港總督進一步的報告後再做定奪。外交部此時謹慎的態度倒是也獲得殖民部官員的支持與同意。[100]究其實際，在早先殖民部內部備忘錄中，殖民部官員即已坦承有必要「通知香港總督須有所克制」("tell Governor to hold his hand")。[101]

簡單來說，英國外交部與殖民部之所以試圖暫時壓下軍事報復行動，顯然與 1926 年 12 月英國駐廣州總領事館、香港總督府與廣州政府之間的交涉進程有非常大的關係。因為廣州政府在英國多次威脅之下，態度似乎有所改變，略露與英國合作的意願，也準備採取軍事行動。先是在前述 11 月底「香港防禦委員會」決議後，英國駐廣州代理總領事璧約翰在沒有取得英國外交部的正式授權前，即於 12 月 2 日與廣州當局展開交涉，會商合作的可能性，但並未有令人滿意的結果，雙方依舊不歡而散。會談過程中，璧約翰曾威脅道，如果粵方不採取剿盜行動，也不接受粵英合作進剿海盜的建議，英國只能自行其事，採取獨立行動來處理海盜問題。廣州當局代表乃痛斥這是對中國主權的侵害。璧約翰則反唇相譏，如果廣州方面利用此事進行反英宣傳，英國將公布所有交涉內容，揭露廣州既不剿盜，又拒絕粵英合作的無能態度。[102]然而，透過此次交涉，卻帶來了粵英合作

Answers to Questions," 10 February 1926, His Stationery Majesty's Office (Great Britain), *The Parliamentary Debates: House of Commons* (London: His Stationery Majesty's Office) (hereafter referred to as HC Deb), vol. 191, c1022.

[100] "Committee of Imperial Defense," Minutes of Colonial Office, 23 December 1926, CO129/495.

[101] "Committee of Imperial Defense," Minutes of Colonial Office, 21 December 1926, CO129/495.

[102] "Memorandum Respecting Piracy Suppression Received from Sir Miles Lampson," dispatch No. 1030, 21 September 1927, CAB/24/202: 0024; "Proposed Action against Chinese Pirates," Minutes of Foreign Office, 4 December 1926, FO 371/11671.

的新契機。因爲廣州當局內部的軍政要員譚延闓、李濟深等，[103]似不反對粵英合作剿盜，並透過外交部向總領事釋出善意，希望雙方召開一次聯席會議商討合作方案。12 月中，廣州當局與香港政府雙方代表在廣州會議，不過再度令英國失望的是：粵方代表定義的粵英合作，並非實質性的一同進剿海盜，而是仍由粵方自行負責剿盜，英方僅能被動地防止海盜逃入香港，粵英合作再度破局。[104] 因此，英國外交部企圖利用外交交涉，以威脅手段迫使廣州當局接受粵英合作的企圖，最終仍告失敗。換言之，依照英國內閣「帝國國防委員會」原先決議，之後只要再一次發生英船劫案，香港方面即可以對大亞灣海盜展開海陸軍事行動。

九、小結

　　自 19 世紀中期英國在香港建立殖民地後，即飽受華南海盜之苦，特別是毗鄰香港的廣東海盜問題。在 1850-60 年代以及 1920-30 年代兩個海盜高峰期內，均對英國在華利益以及香港往來中國各地航運交通，構成極其嚴重的威脅。[105]也因此，英國政府嘗試以各種方式來尋求海上秩序的恢復，前者高峰期內英國選擇與清朝地方政府合作，一同打擊海盜勢力，而後者高峰期內，則由於粵英關係的緊張對立，使得合作政策無以爲繼，故不得不籌思其他反制之道。

　　其次，由本章論證可知，1920 年代英國政府內部在處理廣東海盜的因

---

[103] 譚延闓爲國民黨元老，廣州國民政府成立後歷任國民政府委員、軍事委員會委員、國民革命軍第二軍軍長、中央政治委員會主席，北伐後又代理國民黨中央黨部主席，爲廣州當局重要軍政要員。李濟深在國民政府成立後任國民革命軍第四軍軍長，北伐後任國民革命軍總參謀長，留駐廣州。關於兩人生平，見徐友春主編，《民國人物大辭典》，李濟深條，頁 323-324、譚延闓條，頁 1644。

[104] "Memorandum Respecting Piracy Suppression Received from Sir Miles Lampson," dispatch No. 1030, 21 September 1927, CAB/24/202: 0024.

[105] A. D. Blue, "Piracy on the China Coast," *Journal of the Hong Kong Branch of the Royal Asiatic Society*, Vol.5 (1965), pp.69-85.

應對策上，有著不同的路線之爭。雖然依據《英皇制誥》(*Hong Kong Letters Patent*)與《皇室訓令》(*Hong Kong Royal Instructions*)，香港總督代表英王，全權統治香港殖民地，且兼任駐港英軍總司令；[106]不過，總督的權力主要還是以香港殖民地爲限，一般來說，總督不應介入與中國地方政府之間的事務，更無權調動駐香港英軍在中國領土、領海內執行軍事行動。此類外交、軍事行動，理論上均應由英國駐華外交領事官員以及海陸軍指揮官來負責。換言之，即使香港深受廣東海盜之苦，香港總督均不得自行採取行動來處理中國境內的海盜。但是香港總督金文泰顯然極度不滿意現況發展，認爲廣州當局完全無意解決海盜問題，而傳統外交交涉途徑又陷入僵局毫無突破的可能，因此金文泰才透過殖民部向英國政府正式提案，希望授予其針對廣東海盜問題的動武權限。無庸諱言，此舉某種程度上逾越了英國外交部在對華政策與施爲上的主導權，同時一旦動武，也可能帶來非常嚴重的外交問題，讓外交官員難以善後。即是之故，圍繞廣東海盜問題的反制對策，其實牽涉到英國殖民系統與外交系統之間的角力與掣肘。

　　以殖民地利益爲重的殖民部、香港總督府比較傾向動用武力來解決海盜問題，海軍與陸軍當局也多半附和強硬路線，但以整體對華利益爲思考點的外交部、駐華公使，則顧忌較多。首先，無庸諱言的，在處理廣東海盜問題上，香港總督府很明顯扮演著最爲關鍵的角色，一直持續推動各種措施，以試圖解決海盜問題。而香港總督背後，還體現著英商在中國與香港的重大商業利益，督促行政部門必須盡快解決麻煩的廣東海盜問題。尤有要者，在華的英商團體除了影響香港總督外，往往也會串連英國本土的商業組織，形成強大的政治遊說集團，試圖主導英國對華政策。然而，另外一方面，英國外交部卻體現出迥然不同的立場，以異常謹慎的態度來看待軍事進剿行動。這主要還是受到廣州當局的北伐與中央政府政權可能轉移的中國大環境變動所影響。北伐的順遂，使得原先的廣州當局一躍成爲

---

[106] "Proclamations," *The Hong Kong Government Gazette* (20 April 1927), pp.220-231.

長江中下游地區的主人翁，而長江流域又是英國在華利益的核心所在，所以投鼠忌器，英國外交部不得不慎重考慮軍事行動可能引發反英運動與中英關係惡化等負面作用。特別是廣州當局自孫文推動聯俄容共政策以來，布爾什維克的影響力與日劇增。各類反英運動背後都可以看見布爾什維克宣傳的影子。香港總督推動的武力行動，稍有不慎即可能被宣傳為英國帝國主義侵華行徑，足以引起另一波反英運動。

　　總結來說，對英國政府而言，以最小的成本解決廣東海盜問題，同時避免不必要的中英衝突與反英運動是首要考量。是以，最好的方式莫過於粵英合作，因此英國方面不厭其煩地一再經由廣州總領事，向廣州當局尋求粵英合作進剿海盜的可能性。但廣州當局的漠視不理，使得粵英合作模式無法成功。英國政府只能退而求其次，以粵方的置之不理為藉口，威脅自行派兵進剿。而英國政府最後雖批准港督的計畫，但仍不放棄粵英合作的模式，同時又擔心軍事行動可能引發不必要的政治問題，故一再設限軍事行動的範圍，動武時機也選在再一次發生英船劫案之後，目的即在合理化英軍的報復行動，同時降低可能產生的反彈聲浪。

第十一章 以暴制暴：英國海軍的懲罰性武力剿盜行動

一、前言

> 應該讓國民政府知道他們虧欠英國海、陸軍甚多，如果不是英國
> 海、陸軍的駐防輪船與巡邏水域，恐怕沒有中國人敢在海上旅遊或
> 經商往來。假如沒有英國海、陸軍的話，毫無疑問的，各個航線上
> 的海盜劫案將會大幅提高。
>
> 英國海軍「中國艦隊」總司令（1928年11月）[1]

1920 年代的中國，內部正陷於軍閥割據分裂、戰爭對峙不斷的困境
裡，無論是中央還是地方政府，既無力也無心處理海盜問題。因此，憤怒
的英國人最終還是忍無可忍，痛斥中國政府放縱廣東海盜、坐觀其侵犯英
船而無動於衷，故決定以暴制暴，藉口海盜乃國際公罪，無視中國領土主
權，自行派遣海軍武力登上陸地去進行懲罰報復行動。於是乎在 1927 年
出現一個相當不協調的歷史畫面，英國從香港大張旗鼓地派出現代化海軍
艦隊，有重巡洋艦、輕巡洋艦，還有當時最新型的航空母艦與艦載機，以
及船上上千名的海軍水兵與陸軍士兵，而他們要消滅的對象，竟然只是廣
東大亞灣沿岸幾處村落裡大約十來名海盜，海盜的武裝力量也不過幾把步
槍與手槍，以及數艘小木船！

在廣州政府進剿海盜行動的承諾沒有兌現之後，我們就清楚知道廣
州政府並非真的想幫助我們解決海盜問題，因此我們決定如果再發
生英船遭劫事件，就要派遣一支獨立武力前往大亞灣。我們並沒有
等很久。3月21日，英船合生輪在從汕頭前往香港途中遭到海盜的毒
手。獲知劫案消息後不久，一支英國海軍登陸武力立即被派往大亞

---

[1] "Telegram from Commander-in-Chief, China, to Admiralty," 29 November 1928, CAB/24/202: 002; CO129/507/3.

灣，焚燬該區幾處海盜屋舍。(英國海軍情報處《每月情資報告》，1928年3月) [2]

然而，另外一方面，廣東當局卻對英軍的片面攻擊行為感到憤恨不平，痛斥為「英國帝國主義」行徑。[3]時至今日，事發地點的稔山(今屬惠東縣)百姓似乎仍然對此一歷史事件念念不忘、餘恨尤存，直指為英軍「侵略」行動。在 2003 年出版的《惠東縣志》即將之描述為「稔山慘案」：

> 1927年3月23日，英國侵略軍「中國遠征隊」1000多人，乘5艘軍艦入侵稔山，在范和港登陸，還出動4架飛機狂轟濫炸，死傷1000多人，燒毀民房2000多間，製造一起轟動中外的稔山慘案。[4]

不過，事實真相究竟如何？英軍的報復行動中，燒毀的屋舍與造成死傷的情況，是否果真如《惠東縣志》所言的嚴重？抑或所謂的「慘案」，只是被宣傳出來的，而《惠東縣志》的描述，僅是承襲當時反帝宣傳的餘韻而已？

本章試圖以小觀大，從廣東海盜問題切入，透過北伐期間英國政府處理廣東海盜的作為，亦即英軍發動的三次軍事剿盜報復行動，來反思其背後所體現的時代意義。其次，也將深入分析國民政府方面，如何透過外交交涉與訴之輿論的雙重管道，來間接反制英國的侵略之舉。再者，英國的軍事報復行動其實爭議性極高，也牽涉到相當複雜的條約與國際法問題。雖然依據晚清以來的條約，規定中英雙方應共同會商處理海盜問題，但並未容許英國軍隊自行登岸剿盜；況且依據當時國際慣例，海盜罪雖為萬國公罪，但各國剿盜行動原則上還是以公海為主，並不能任意進入他國領域(領海、領土)內進行軍事行動。換言之，縱然英國是廣東海盜的受害者，但英軍三次軍事行動其實還是不免背負侵害中國主權的質疑。

---

[2] Naval Intelligence Division, Naval Staff, Admiralty, *Confidential Admiralty Monthly Intelligence Report*, No.106 (15 March 1928), p.41, CO129/507/3.

[3] 〈政治工作人員與新聞記者聯席會議：發起反英屠殺稔山民眾示威大會〉，〈總政治部通令宣傳英兵屠殺稔山民眾案〉，《廣州民國日報》，1927 年 3 月 31 日 6 版。

[4] 惠東縣地方志編纂委員會編，《惠東縣志》(北京：中華書局，2003)，頁 88。

二、北伐、反英局勢下的中英海盜問題交涉

　　廣東大亞灣水域自古即爲海盜猖獗之地，19 世紀中期英國在香港建立殖民地以來，從香港往來中國沿海航線，也屢屢受到大亞灣海盜攻擊。在地理位置上，大亞灣位處廣東惠州西南一隅，此灣最東北角緊鄰稔山鎮，該鎮轄下范和岡（該村名稱，除范和岡外，亦有稱范和港、範和港、飯籮崗等）[5]、蟹洲、海洲三村均背山面海，村民多半以討海爲生。而 1920 年代的惠州，在軍事、政治上呈現相當動盪的局面，備受戰火摧殘，以致民不聊生。惠州所屬的東江流域原爲陳炯明麾下部隊長期控制，但歷經陳炯明叛變，以及國民革命軍數度東征，雙方軍隊彼此相互攻伐，駐軍更動、百姓徵調情況頻繁。國民黨、共產黨決裂之後，惠州南部惠陽、海豐、陸豐等地則又成爲共黨反抗國民政府統治的的重要戰場。到了 1920 年代後半期，惠州南部各處幾乎已成爲農民軍（共軍）、陳炯明殘部，以及土匪各據山頭的混亂情況，而國民政府對於此處的控制力則一直相當薄弱。也因此，沿海地區例如范和岡、蟹洲、海洲等村部份百姓乃挺而犯險，從事海盜勾當。而毗鄰大亞灣的香港，往來中國沿海各港的商船航路，則成爲此批海盜覬覦的對象，受害最深。

　　1926 年 11 月，英國倫敦《泰晤士報》(*The Times*)曾發文指責中國是海盜之國，廣東海盜更是其中翹楚，然而廣州當局「卻不思處理，也不願與英國海軍進行合作」；但同時卻也呼籲廣州當局反思：隨著北伐成功，廣州努力成爲中國的中央政府，但如要獲得國際認同，應該要展現能力，清除廣東附近的海盜問題。[6]此則評論反映出，隨著國民革命軍北伐順利，廣

---

[5] 大亞灣東北角與稔山相連處的狹小水域即爲范和港，岸上村落亦名范和，又稱「飯籮崗」，均爲當地方言諧音，意指該村地貌形似飯籮。見廣東省惠陽地區地名委員會編，《廣東省惠陽地區名志》（惠陽：廣東省地圖出版社，1987），頁 142 與頁 17、18 之間所附之惠東縣地圖。

[6] 《泰晤士報》乃是在新寧輪劫案(SS *Sunning* Piracy)發生後，針對中國海盜問題所作的整體評論。1926 年 11 月，英商太古輪船公司所屬的新寧輪，在從廈門前往香港途中遭到僞裝乘客的海盜的攻擊，並企圖將之劫往廣東大亞灣水域，但因船員的奮力抵抗，海盜最

州當局即將成為中國新主人之際,廣東海盜問題已非原先地方層次、單純的粵英問題,英國的海盜因應對策必須放到更大的格局去思考,尤其需要顧及到整個中國事態的發展。

另外一方面,英國政府內部經過複雜的政策辯論與部會角力,最終在1926 年底認可香港總督所提的軍事行動計畫。[7]是年 12 月 16 日,英國內閣「帝國國防委員會」(Committee of Imperial Defense)正式決議,授權外交(駐華使領)、殖民(香港總督)、海陸軍等部會開始執行動武計畫,實行程序為:英國駐廣州總領事應即與廣州當局展開交涉,繼續推銷粵英合作剿盜方案,如果仍遭到拒絕,則威脅英國將自行採取獨立懲罰行動,並由香港總督與駐港海軍司令、陸軍指揮官共同準備執行計畫,並在下一次海盜劫持英輪事件發生後,即派遣軍隊登陸進剿廣東大亞灣的海盜巢穴。[8]

英國之所以仍不放棄粵英合作的模式,主要還是希望避免引起反英運動與破壞英國與廣州當局的關係。[9]然而,中國局勢巨變的程度,卻超乎英國想像。廣州國民政府遷到武漢後,在蘇聯顧問鮑羅廷的支持下,開始策動新一波的反英運動,[10]同時也推動所謂的革命外交。1927 年 1 月,在國

後縱火燒船並乘坐小艇離去。見"Plea for Strong Action," *The Times*, 19 November 1926.

[7] "Governor, Hong Kong, to the Secretary of State for the Colonies," 30 June 1926, CAB/24/181:0072; "Cypher Telegram from the Secretary of State for Colonies to the Governor of Hong Kong," 22 December 1926, FO371/11671.

[8] "Extract from the Minutes of the 219th Meeting, Committee of Imperial Defense," 16 December 1926, CAB/24/184:0006.

[9] "Report by the Chiefs of Staff," 9 December 1926, CAB/24/184:0006.

[10] 最新一波反英運動的導火線,分別是 1926 年 9 月的萬縣事件,以及 11 月的天津英租界國民黨員移交案。萬縣事件筆因於英商輪船浪沈川軍木船,川軍報復強扣英船,最後演變成英國海軍砲轟萬縣的重大衝突。天津國民黨人移交案,則是天津英租界巡捕逮捕在租界活動的國民黨員,且不顧國民政府的反對,將人員移交給北京政府。這兩個事件均刺激反英輿論的滋長,也引起英國與廣州當局間的緊張。萬縣事件可以參見李健民,〈民國十五年的四川萬縣慘案〉,《中央研究院近代史研究所集刊》,19 (臺北,1990.6),頁 387-420;天津英租界國民黨人移交案,可以參見應俊豪,〈英國與中國南北兩政府—北伐初期天津英租界國民黨人引渡案研究(1926)〉,《中華軍史學會會

民政府策動下，動員民眾強行進入漢口、九江英國租界，英軍爲避免衝突而撤退，國民政府順勢接管租界。由於駐華海軍力量不足以收回租界，英國公使館參贊歐瑪利(Owen O'Malley)只能與國民政府代理外交部長陳友仁交涉租界移交事宜。[11]與此同時，香港與廣州當局之間也呈現出詭譎多變的情況，廣州當局在中英邊境的沙頭角組織農民軍，有蠢蠢欲動之勢，香港總督則急調蘇格蘭邊防軍防守邊界，以防排英運動波及香港。[12]

　　在日趨緊張的中英關係之下，1927 年 1 月 27 日，一艘從新加坡前往香港的英國商船雙美輪(SS *Seang bee*)，又遭到海盜劫持至大亞灣。[13]香港總督認爲廣州當局的剿盜行動，「明顯是沒有效果的」，故向殖民部建議英國應堅決採取獨立的軍事行動，但卻遭到外交部的反對。因爲此時國民革命軍兵鋒已指向蘇杭滬一帶，且上海也發生第一次工人暴動，列強紛紛增兵上海，擔心上海租界亦會重蹈漢口、九江覆轍。值此局勢異常緊張之際，英國外交部認爲任何登陸或是燒毀海盜據點的軍事行動，將會改變世界輿論對英國的觀感，也會影響歐瑪利與陳友仁之間的談判。因此英國外交部建議目前仍應採取外交交涉或抗議模式，堅持香港在採取任何軍事行動前均須事先與駐華公使和參贊歐瑪利商議，並取得其同意。[14]英國駐廣

刊》，第 12 期（臺北，2007.9），頁 61-84。

[11] 郭廷以，《近代中國史綱》（香港：香港中文大學出版社，1989），頁 552-553。

[12] 〈港督向粵政府抗議：反對中國軍隊在英界邊境組農民軍〉，《世界日報》，1927 年 2 月 15 日第 3 版。

[13] 依據該船船長陳述，海盜偽裝一般乘客在新加坡登船，途中發起攻擊，洗劫船上財物，並劫持輪船前往大亞灣。海盜最後在大亞灣附近登岸，並綁架五名乘客，以勒贖贖金。此外，根據香港警方線民事後的調查，這五名被綁架的乘客後來以 6 萬元的價格，在汕頭進行換贖。見"*Seang Bee* Returns: Piracy Problem," *The Singapore Free Press and Mercantile Advertiser*, 19 February 1927; "Reprot by A. Reynolds, Acting Chief Detecive Inspector, Hong Kong," 28 December 1927, CO129/507/3.

[14] 駐華公使亦向外交部建議：「此時的行動可能會危及歐瑪利在漢口的交涉」。見"British Minister to Foreign Office," 1 February 1927 & "Telegram from Foreign Office," both cited from "Memorandum Respecting Piracy Suppression Received from Sir Miles Lampson," dispatch No. 1030, 21 September 1927, CAB/24/202: 0024.

州總領事隨後在廣州與李濟深，公使館參贊臺客滿(Eric Teichman)則在武漢
與陳友仁分別展開了交涉，但均沒有具體的結果。李濟深反指香港才是海
盜的窩藏地，但允諾廣州將會在一週內採取進一步的行動剿盜。陳友仁則
在給臺客滿的照會中，駁斥英國擬派兵攻擊海盜據點的計畫，是「毫無用
處的，非但不能解決公海上的海盜問題，反倒只會激怒海盜進行報復」，
建議英國如要協助剿盜，不如派遣一艘砲艦堵在大亞灣入口處，以防止海
盜脫逃，同時強化無線電聯繫與在港口執行嚴格的搜查，因為「海盜組織
多半在是在登船的港口籌畫劫掠輪船的密謀，而不是在大亞灣的聚落」。
[15]李濟深與陳友仁口徑一致，均指海盜根據地在香港，至於海盜劫掠事件
頻傳乃是由於英國當局與港口疏於查緝海盜組織，以及未能防範海盜挾帶
武器登船所致。

其實，對英國來說，廣州當局對於英國所提進剿海盜或粵英合作的要
求，一直採取敷衍的態度。1927 年初，廣州當局曾大張旗鼓派出軍隊進剿
大亞灣一處所謂的海盜據點。此次軍事行動最後雖然擊潰海盜，但因其頑
強抵抗又擁有機關槍，故粵軍傷亡頗重。[16]然而，根據英國駐廣州領事的
研判，粵軍的軍事行動乃是打著進剿海盜的名義，實則在肅清異己，因為
粵軍攻擊對象，是一支與廣州當局為敵的軍隊。[17]英國海軍情報處亦痛斥
廣州當局將雙美輪劫案歸咎於某位反廣州當局的將領，聲稱該將領與海盜

---

[15] "Aide-memoire from Mr. Eugene Chen to Mr. Teichman," March 19, 1927, cited from
"Memorandum Respecting Piracy Suppression Received from Sir Miles Lampson," dispatch
No. 1030, 21 September 1927, CAB/24/202: 0024; "Telegram from Mr. Eric Teichman, at
Hankow, to H.M. Minister, Peking," 20 March 1927, *Sessional Papers Laid before The
Legislative Council of Hong Kong 1927* (hereafter referred to as *SP 1927*), No.7, p.172.

[16] "Attack on Bias Bay: Cantonese Force Raids Chinese Pirates," *The Strait Times*, 29 January
1927.

[17] 英國總領事認為被粵軍攻擊的部隊「雖然行為與海盜無異」，但並非真正的海盜，而是
廣州當局的「政敵」見"Memorandum Respecting Piracy Suppression Received from Sir
Miles Lampson," dispatch No. 1030, 21 September 1927, CAB/24/202: 0024.

結盟，並表示有明確證據證明海盜組織的總部設在香港。[18]英系報紙即譏諷廣州當局的剿盜行動「與其所說是攻擊海盜，倒不如說是鎮壓叛軍」。[19]顯而易見，在英國駐華官員心目中，正忙於北伐的國民政府無意正視英國要求的海盜問題，一方面持續反對英國提供合作或自行進剿的計畫，二方面則是一再宣稱要派兵清剿，卻敷衍了事，或是反控海盜組織設在香港。至此時刻，港督、駐華公使、駐廣州總領事被迫認清到要處理海盜問題，可能僅剩英國自行出兵進剿一個選項，但關鍵還是必須顧及中國局勢的演變發展以及上海的情況。

簡單來說，1927 年中國局勢的發展，實已使得英國陷入兩難的窘況。隨著北伐軍事行動進展到長江中下游，以及國民政府順勢推動的反帝民族主義運動，英國在長江流域既有的優勢地位已遭到挑戰。為了確保長江中下游各口岸的安全與利益，英國在華海軍艦艇多半雲集上海，以備不時之需，但也因此使得海軍武力備多力分，原先部署在香港附近水域的海軍艦艇調度自然較為吃緊。廣東海盜則沒有浪費此良機，充分利用這段空窗期，繼續肆虐於華南與香港附近水域，劫持英國船隻。[20]雖然英國內閣早在 1926 年底即已對廣東海盜動武之事達成決議，然而上海形勢的演變，某種程度上牽制了海軍動向，迫使英國對廣東海盜動武一事必須持較謹慎的態度；同時，一旦對廣東海盜動武，也可能引起不可預料的反英運動，從而牽動上海形勢的發展。職是之故，廣東海盜問題遂與上海形勢演變掛上鉤，掣肘了英國政府的海盜因應方略，不敢貿然執行早先所擬定的動武計畫。

---

[18] Naval Intelligence Division, Naval Staff, Admiralty, *Confidential Admiralty Monthly Intelligence Report*, No.106 (15 March 1928), p.41, CO129/507/3.

[19] "Bias Bay Captured," *The Singapore Free Press and Mercantile Advertiser*, 3 January 1927.

[20] 英國《錫蘭時報》一則有關大亞灣海盜問題的評論，即認為上海局勢的緊張造成英國海軍無力兼顧南方水域，亦是廣東海盜繼續猖獗的主因之一。見 *Times of Ceylon*, 3 September 1927, cited from "Bias Bay: Ceylon Papers Comment on Raid," *The China Mail*, 21 September 1927.

三、合生輪劫案與英國海軍第一次軍事懲罰行動

1927 年 3 月 21 日，再度傳出大亞灣海盜劫持英國商船的事件。英國怡和輪船公司(Indo-China Steam Navigation Co.)一艘航行青島、上海、汕頭、廣州與香港等港口之間的合生輪(SS *Hopsang*)遭到海盜劫持至大亞灣。[21]因合生輪為貨船(Cargo Boat)，並不適用〈防範海盜規則〉等相關規定，故船上並未配置武裝警衛。[22]據香港警方調查，該批海盜為數約 18 名，原先計畫搶劫的對象是另外一艘輪船海寧輪（SS *Hainning*，客輪），但該船因故並未進入汕頭港，故海盜乃轉而以合生輪為目標。他們可能是利用合生輪在汕頭起卸貨物時，趁隙偷渡上船，然後藏匿在輪船貨物之中。海盜洗劫完船上財物後，將輪船駛至大亞灣水域，再由數艘舢舨船接應登岸。在搶劫過程中，有 1 名荷蘭籍乘客受到輕傷。[23]其次，根據合生輪船主事後指證，海盜之一疑似為之前 1926 年新寧輪(SS *Sunning*)劫案的慣盜，[24]故兩案極可能為同一批海盜集團所為。[25]

尤有要者，歷經海盜劫掠事件後，合生輪順利從大亞灣平安駛至香港，但香港警方卻在該輪船上查獲了數量龐大的走私軍火，包括 9 枝手

---

[21] 合生輪為怡和輪船公司所屬貨船，排水量約 2000 多噸，主要航行於香港、廣州、汕頭、上海、青島之間運送貨物。合生號此行乃由上海出發，行經汕頭短暫停泊起卸貨物後，在前往廣州途中於大亞灣東南角的平海水域遭到偽裝乘客的海盜劫持。據合生輪買辦稱，此次被劫損失現金共計約一萬餘元，然船上貨物則未有損失。見〈合生輪船被劫〉，香港《工商日報》，1927 年 3 月 23 日第 2、3 版。

[22] "Another Piracy: Jardine Cargo Steamer Seized," *The China Mail*, 22 March 1927.

[23] 海盜將輪船劫持至大亞灣附近即施放來福槍以為訊號，岸上亦有同夥以槍聲回應，之後數艘舢舨船出現，靠近輪船接應海盜離去。見"*Hopsang* Piracy: Dutch Passenger Who Resisted, The *Hai Nning* Escape," *The China Mail*, 23 March 1927.

[24] 新寧輪為太古洋行所屬輪船，由上海經廈門前往香港途中，於 1926 年 11 月 15 日，遭到偽裝乘客的海盜劫持，隔日船員幹部乘機發動逆襲重新取回控制權，海盜則另乘小艇逃逸。"Tables Turned on Pirates: Further Details of Sunning Fight," *The Strait Times*, 19 November 1926.

[25] 〈合生輪船被劫續誌〉，香港《工商日報》，1927 年 3 月 24 日第 2 版。

槍、20 架李維斯機槍(Lewis machine guns)、19800 發步槍子彈、280 發手槍子彈、25 排機槍子彈等。據查可能是引擎室的華籍員工挾帶走私上船。[26]該批軍火以德制為主，英制、西班牙制次之，火力強大，市價高達數千元。香港警方為追查此批軍火來源，還特地扣留全船船員與買辦，後經查證，極可能是合生輪上已逃逸的火夫挾帶上船，走私的目的地應為廣州。[27]所幸先前劫掠該輪的海盜，並未理會船上貨物，只洗劫船上船員艙、買辦艙內的財物，以及攜走了「幾袋豆子」。[28]

　　合生輪劫案發生後，雖然英國殖民部及北京公使館均以上海局勢緊張，工人發生暴動，國民革命軍也正進逼上海而來，主張先觀望上海情況再決定是否採取軍事懲罰行動；[29]但香港總督還是在 3 月 22 日下達了進攻命令，23 日清晨英國駐港海軍艦艇襲擊大亞灣稔山鎮附近的海盜據點，並派員登陸燒毀屋舍。[30]

　　　官方表示，由於最近的海盜事件，英國航空母艦HMS *Hermes*號，以及兩艘巡洋艦，在今天早上對大亞灣執行了軍事行動。傍晚時艦隊回到香港，行動非常成功……。此次行動乃是因為英國怡和輪船公

---

[26] "Arms Seizure: Details of Haul on the *Hopsang*," *The China Mail*, 24 March 1927.

[27] 合生輪原訂從汕頭啟航後，先往廣州，之後再前往香港。但因發生劫案，合生輪乃改變航線，不經廣州，直接前往香港報案。香港警方最後將此批查扣的走私軍火全數沒收充公。見〈合生輪船員尚被扣留〉、〈合生輪船被劫後之所聞〉、〈合生輪船軍火充公〉，香港《工商日報》，1927 年 3 月 26 日第 2 版、3 月 28 日第 3 版、3 月 31 日第 2版。

[28] "*Hopsang* Piracy: Dutch Passenger Who Resisted, The Hai Nning Escape," *The China Mail*, 23 March 1927.

[29] 駐華公使的態度是：「雖然他傾向採取直接行動，但還是要看上海的情況而定」。殖民部亦認為上海的情況是首要考量，香港任何行動均應先取駐華公使的同意。見"The British Minister, Peking to the Consular General, Shanghai," 23 March 1926 & "The Colonial Office to the Governor of Hong Kong," 22 March 1927, both cited from "Memorandum Respecting Piracy Suppression Received from Sir Miles Lampson," dispatch No. 1030, 21 September 1927, CAB/24/202: 0024.

[30] 〈獸兵出發時之耀武揚〉，《廣州民國日報》，1927 年 3 月 26 日第 5 版。

司合生輪被海盜劫掠而決定的。[31]

根據香港英文《德臣西報》(*The China Mail*)的報導，英國海軍總共調派五艘軍艦參與此次突襲大亞灣海盜據點的軍事行動：[32]

表 11-1：1927 年 3 月英國海軍突襲大亞灣行動艦隊編組[33]			
艦名	艦型	標準排水量(噸)	編制人員
HMS *Frobisher*	重巡洋艦	9750	690
HMS *Hermes*	航空母艦	10950	680
HMS *Delhi*	輕巡洋艦	4650	350
HMS *Marazion*	掃雷艦	800	74
HMS *Foxglove*	掃雷護衛艦	1200	77

英國海軍大張旗鼓地動用航空母艦、重巡洋艦等火力強大的軍艦陣容來對付小小的大亞灣海盜據點，顯見英國海軍與香港總督對於此次進剿行動的重視。尤其此次行動中使用的航母，乃是一戰後期英國設計的新型航空母艦，1923 年甫完工，可承載 15 架艦載機。[34]英國動用航母的原因，可能與大亞灣水域遼闊，需要飛機勘查詳細地形與海盜聚落位置，以利軍隊登陸與作戰行動有關。[35]其次，除了海軍艦艇外，此次行動還動用了為數約 300 名的陸戰隊，負責登陸作戰。英國海軍艦隊在 3 月 23 日凌晨駛抵

---

[31] "Action Against Chinese Pirates: British Expedition to Bias Bay," *The Times*, 24 March 1927.

[32] "Bias Bay Evil: British Navy Takes Drastic Action," *The China Mail*, 24 March 1927.

[33] Parkes O. and Maurice Prendergast ed., *Jane's Fighting Ships* (London, Sampson, Low, Marston, 1919), pp.75, 77, 123, 133 & 135.
(http://freepages.genealogy.rootsweb.ancestry.com/~pbtyc/Janes_1919/Index.html) (Online Data)

[34] 關於 HMS *Hermes*，可以參見海軍史網站：http://www.naval-history.net/xGM-Chrono-04CV-Hermes.htm（資料擷取時間，2010 年 8 月 31 日）

[35] 《德臣西報》即稱「整個行動過程中，HMS *Hermes* 的艦載飛機都在上空觀察並報告情況」。香港《工商日報》亦稱英軍進行登陸行動時，「同時以飛機在空中窺探一切」。見 "Bias Bay Evil: British Navy Takes Drastic Action," *The China Mail*, 24 March 1927；〈英水兵痛剿大亞灣海盜〉，香港《工商日報》，1927 年 3 月 25 日第 3 版。

大亞灣范和港附近水域後，因受制於水位淺，艦隊乃停泊警戒，陸戰隊（港警隨行）則乘坐 17 艘小艇，兵分三路登岸進行摧毀海盜村落作戰。[36]英軍在登岸前，首先以機關槍對空鳴槍，藉以示威同時警告百姓，登岸後再由通曉「客籍語言」的華籍警探、通事等，向居民宣告行動目的，「勸諭各戶，令於最短速時間從速搬出」，「英兵亦將各人驅逐」。待居民全數撤出後，英軍「乃先以茅草，繼以炸藥，盡將賊巢焚燬，該處所有漁拖大眼雞船，一律焚燬」。[37]總計此次行動，龜洲、蟹洲、海洲三村屋舍，除廟堂保留不燒外，其餘房屋多數盡遭到英軍焚燬，毀損屋舍近百間（龜洲、蟹洲兩村屋舍被毀約 30 間、海洲屋舍約 50-60 餘間），燒毀船隻約 27 艘（小船 20 艘、大船 7 艘）。[38]英軍在撤退前並到處張貼（發送）中文布告，解釋此次行動來由：「大英政府示：此次科罰該村，乃因該處鄉近居民，迭次劫掠英國商船之故，嗣後如該處鄉近居民再有劫船隻事情，當必亦照懲罰。」[39]簡言之，英軍行動程序為：先鳴槍示警，繼以口頭勸導、武力驅散，最後再炸毀民居與焚燒船隻。《廣州民國日報》亦稱英國海軍在香港警司、副警司、偵緝處長、華人探長與通事等人員陪同下，兵分三路，從惠陽稔山鎮的海洲、龜洲、蟹洲登岸，並在驅趕當地民眾離開後，

---

[36] "Bias Bay Evil: British Navy Takes Drastic Action," *The China Mail*, 24 March 1927.

[37] 隨行港警由香港警察司胡樂甫(E.D.C.Wolfe)率領，除英籍探目外，尚有華探幫辦 1 名、華籍探目 4 名、通事 2 名，其中華籍幫辦、探目與通事等人「皆善操客籍語言」，「因大鵬灣及大亞灣附近村落，皆客籍人故也」。〈英水兵痛剿大亞灣海盜〉，香港《工商日報》，1927 年 3 月 25 日第 3 版。

[38] 〈英水兵痛剿大亞灣海盜〉，香港《工商日報》，1927 年 3 月 25 日第 3 版。不過，根據日本海軍軍令部統計資料，英國海軍此次行動共燒毀民屋 140 戶、戎克船 40 艘，見日本海軍軍令部編，〈支那二於ケル海賊被害狀況一覽〉(大正 10 年以降昭和 4 年 9 月末調)，《軍令部常報第 28 號》，國情第 6 號，1929 年 10 月 25 日，日本外務省外交史料館藏，《支那海賊關係雜件》，第二卷，F-0139/0298-0304。

[39] 〈英艦佈告一紙〉，收錄在〈廣東省政府呈英國軍艦及飛機到惠陽縣屬稔山海面焚屋殺人造成慘案請嚴重交涉〉，國史館藏，《國民政府檔案》，1927 年 10 月 21 日，典藏號001070553005。

縱火燒屋。[40]（英國海軍第一次軍事懲罰行動可以參見圖 11-1）

圖 11-1：1927 年 3 月英國海軍第一次軍事懲罰行動圖
（登陸進剿大亞灣海盜）

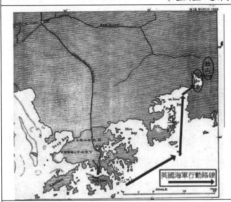 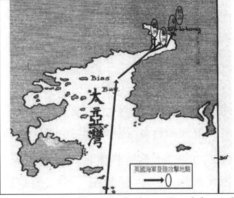

圖片來源：Naval Intelligence Division, Naval Staff, Admiralty, *Confidential Admiralty Monthly Intelligence Report*, No.106 (15 March 1928), CO129/507/3.

　　由上述英軍登陸後的行動過程來看，此次行動顯然屬於無差別掃蕩作戰。因爲行動中雖然盡量避免傷害人命，但現實情況不可能分辨海盜與良民，亦無法確認海盜真正居所與船隻，故只能將大亞灣龜洲、蟹洲、海洲三村全數視爲海盜據點，所有屋舍、船隻則不分青紅皂白一律焚燬。

　　此次行動有雙重目標。第一個目標，是在不傷害人命的前提下，盡可能摧毀所有已知的海盜村落。第二個目標，則是摧毀海盜村落附近所有的木船及其他船隻。[41]

因此，不難看出英國海軍一方面試圖在技術上消除海盜生存條件，即透過摧毀居所與行船工具，淨空大亞灣沿海村落，從而拔除海盜賴以維生的社會根基，二方面則從心理上產生威嚇作用著手，即藉由無差別行動，大肆

---

[40]　〈獸兵登陸時之情形〉、〈施行大屠殺之慘狀〉，《廣州民國日報》，1927 年 3 月 26 日第 5 版。

[41]　"Bias Bay Evil: British Navy Takes Drastic Action," *The China Mail*, 24 March 1927. 上海《申報》也援引路透社香港消息，稱英軍此次進剿海盜之目的有二：「一、毀群盜聚集之二村，而不傷害生命；二、毀灣中之小舟」。見〈香港英海軍痛剿海盜記〉，《申報》（上海），1927 年 3 月 25 日第 6 版。

破壞，以及廣貼懲罰布告，藉此宣示英國嚴懲海盜與報復的決心，讓當地百姓心生畏懼，進而達到嚇阻海盜劫掠英船的目的。

其次，軍事行動中英國竟然動用航空母艦與巡洋艦來懲罰大亞灣海盜，可見香港總督府對於廣東海盜問題的深惡痛絕。香港英文《德臣西報》即痛斥廣州當局的毫不作為：

> 香港政府多次嘗試與廣州政府合作處理大亞灣海盜問題。然而，廣州政府雖一再重申做好進剿準備，但事實上卻毫無真正的行動。廣州政府所做的唯一行動，只是趕走這個區域的政敵……。廣州政府從未致力於鎮壓大亞灣的海盜，無論是派兵進剿海盜村落，或是在該區駐紮軍隊以維持秩序，防止海盜攜帶劫掠品登岸。[42]

香港《工商日報》亦引某西文報稱此次軍事行動肇因於廣州當局不願與英國合力剿匪，在海盜屢次劫掠英船、「忍無可忍」的情況下，香港政府只能「單獨為之」。

> 本港船隻屢被大亞灣之海盜劫掠，上星期……合生輪又復被劫，本港當道忍無可忍，乃命科比沙號、靴美士號、達賴號、馬拉辰號、反霍士格立號五艘軍艦前往該處剿匪……。事前港政府嘗請（廣東）省政府合力剿匪，但省政府始終不能照辦，為保護行旅起見，港政府不能不單獨為之。[43]

路透社則從倫敦探詢英國政府此次軍事進剿行動背後的動機，亦指稱因廣州當局在反英風潮後，未能有效處理廣東海盜問題，嚴重危害到英人生命財產安全，故必須予以反制：

> 路透社探悉（英國）政府現考慮香港附近之海盜問題，因粵當道雖迭經抗議，迄未能有切責行動也，自排貨風潮後，廣州海盜增多，為生命財產之大患，故必設法應付之。[44]

---

[42] "Bias Bay Evil: British Navy Takes Drastic Action," *The China Mail*, 24 March 1927.

[43] 〈英水兵痛剿大亞灣海盜〉，香港《工商日報》，1927 年 3 月 25 日第 3 張。

[44] 「路透社（3 月）23 日倫敦電」，見〈香港英海軍痛剿海盜記〉，《申報》上海，1927 年 3 月 25 日第 6 版。

不過，此軍事行動卻引起國民政府的強烈不滿，武漢當局與廣州當局分別向英國使領官員提出嚴正抗議，痛斥此次軍事行動侵害了中國的領土主權，要求香港政府道歉，並保證以後不再發生同樣事情。但英國方面堅稱只有國民政府確實解決海盜問題，英國海軍才會停止採取類似鎮壓海盜的行動。[45]

此外，由於香港政府斷然採取軍事行動，事先並未知會英國駐華使領館，故導致當時正在進行外交交涉的英國駐廣州代理總領事璧約翰(J.F. Brenan)陷入相當尷尬的局面。合生輪劫案後，由於璧約翰並未掌握到香港動武消息，故他還是依照往例與廣州當局展開正規交涉，要求其迅速派兵採取掃蕩行動。然而，隨後即傳出英國軍方動武的消息，故廣州當局嚴辭譴責璧約翰不守信用("bad faith")。璧約翰本人對此也頗有微詞。[46]換言之，如此勢將造成英國在玩兩面手法的印象，亦即一方面由璧約翰出面督促廣州立即處理，但同時英國海軍卻在背後偷偷採取軍事行動。

四、英國海軍後續的軍事懲罰行動

香港總督對於海盜問題的處理態度相當明確，即是以戰逼「合」，藉由採取獨立的軍事行動，迫使國民政府同意與英國一同合作進剿海盜。1927 年 4 月，香港總督任命的「新寧輪劫案調查委員會」('*Sunning*' Piracy Commission)針對海盜事件原因與因應對策做出了報告，同樣也聲言支持港督的武力進攻計畫。該委員會認為英國政府應向廣州當局持續施壓，以推動粵英合作進剿海盜；但如果遭到拒絕，「英國將有充分的理由採取獨立

---

[45] 廣州當局是在 3 月 26 日向英國總領事提出抗議，武漢當局則是由陳友仁在 4 月 5 日向英國公使館參贊臺客滿(Eric Teichman)提出抗議。"Memorandum Respecting Piracy Suppression Received from Sir Miles Lampson," dispatch No. 1030, 21 September 1927, CAB/24/202: 0024.

[46] "H.B.M. Consul-General, Canton to H.M. Minister, Peking (Repeated to Governor, Hong Kong and Commander-in-Chief, China Station)," 31 May 1928, CO129/508/4.

行動，消滅惡名昭彰的海盜巢穴」。[47]

1927 年 5 月 6 日發生豐富輪(SS *Feng Fu*，原中文船名不詳，此處為音譯)被大亞灣海盜劫持事件後，雖然豐富輪乃華籍輪船與英國無關，[48]但香港總督還是透過廣州總領事，再次提醒廣州當局：

> 豐富輪劫案證明大亞灣海盜依然活躍……如果中國當局仍然拒絕英國的合作，卻又無法自行解決大亞灣海盜問題的話，只要再有英國船隻遭到海盜劫持，英國海軍將會採取獨立的報復行動，進剿大亞灣海盜。英國政府決不再容許大亞灣海盜劫持英國船隻而無庸付出代價。[49]

7 月 20 日，又發生挪威籍輪船索爾維肯輪劫案(SS *Solviken* Piracy，原中文船名不詳，此處為音譯)，香港總督依然透過英國駐廣州總領事向國民政府發出「警告」：希望國民政府接受粵英合作剿盜的方案，否則如再有英商輪船遭劫，英國將再度自行採取軍事懲罰行動。[50]

（一）日陞輪劫案(SS *Yatshin* Piracy)與第二次軍事懲罰行動

1927 年 8 月 30 日，又發生一件英船遭劫案件：英國怡和輪船公司所

---

[47] "Report of the *Sunning* Piracy Commission," 19 April 1927, *SP 1927*, No.3, pp.57-69.

[48] 根據英商太古輪船公司安慶輪(SS *Anking*)船長的報告，豐富輪(SS *Feng Fu*)是在從廣州前往上海途中遭到偽裝乘客的海盜攻擊。海盜洗劫乘客財物（價值約 10000 元）後，將輪船劫遲至大亞灣附近，轉乘前來接應的船隻登岸離去。見"Telegram from Butterfield and Swire S.S. *Anking* at Amoy (Captain Scott)," 9 May 1927, *SP 1927*, No.7, p.173.

[49] "Despatch from the Governor of Hong Kong, to H.M. Consul-General, Canton," 11 May 1927; "Note from H.M. Consul-General, Canton, to Ministry for Foreign Affairs, Canton." 12 May 1927, *SP 1927*, No.7, pp.172-174.

[50] 索爾維肯輪是挪威籍輪船，從香港出發預計前往西貢，但在航行途中遭到偽裝乘客的海盜劫持至大亞灣。海盜襲擊過程中，造成外籍船長身受重傷，二副與無線電操作員亦遭到槍擊。"Despatch from the Governor of Hong Kong, to H.M. Consul-General, Canton," 21 July 1927; "Letter from H.M. Consul-General, Canton, to Ministry for Foreign Affairs, Canton," 25 July 1927, *SP 1927*, No.7, pp.179-180.

屬,原定香港出發,經由汕頭駛往上海的日陞號輪船,在離開汕頭後不久,即遭到 18 名偽裝乘客的海盜劫持。在日陞號在出航前,香港警察當局即已事前接獲重要情資,警告有海盜集團準備在汕頭登船劫持該輪。故日陞號船長與船員幹部也對從汕頭登船的旅客及行李進行搜查,但最終還是未能阻止海盜事件的發生。主要原因似與港口與輪船檢查制度的重大缺漏有關:部分船員有時賺取外快,常將個人所屬艙房空間私自租與乘客,導致查緝人員無從掌握船員艙房內的海盜行蹤。日陞號輪船劫案的海盜即是藏匿於此類船員艙房內,待輪船航行出海後,再持槍械發動突擊,挾持船長幹部,並控制輪船。海盜得手後隨即將船上乘客財物洗劫一空,並強迫日陞號輪船改駛至廣東大亞灣,挾帶 7 名華籍乘客與掠奪品登岸。海盜離開日陞號後,因為又有不明快艇靠近輪船,為避免遭到其他海盜第二次的洗劫,日陞輪乃改變行程加快駛往香港求援。[51]

早在 1927 年 7、8 月間,英國駐華公使、廣州總領事、香港總督以及海軍司令等已經針對懲罰行動達成共識,一旦再發生海盜襲擊英船事件,駐港海軍將可立刻採取軍事行動進攻海盜據點。[52]所以當日陞號海盜事件發生後,英國海軍隨即在 9 月 1 日凌晨展開大規模的報復行動,摧毀大亞灣兩個海盜村落,同時燒毀港口內的船隻。類似 1927 年 3 月的第一次懲罰行動,英國海軍仍舊派遣由 5 艘軍艦組成任務艦隊,其中有 2 艘航空母艦、1 艘輕巡洋艦、1 艘驅逐艦與 1 艘護衛艦;預備登陸作戰的士兵人數則約 500 名,並由香港警察司胡樂甫、副警司京氏率領 18 名香港警探隨

---

[51] 海盜在離船前,還特別警告日陞輪船長必須立刻駛離,否則將會有其他海盜集團意圖染指。見 "*Yatshing* Piracy: Passengers Treated with Consideration," *The China Mail*, 2 September 1927;〈日陞輪被海盜騎劫詳情〉,《香港華字日報》,1927 年 9 月 2 日第 2 張第 2 頁。

[52] 1927 年 7-8 月間,英國駐華公使、廣州總領事、香港總督以及海軍司令之間彼此往來電文,均強調一旦發生海盜劫持英船事件,海軍即可採取行動進行報復。見 "Memorandum Respecting Piracy Suppression Received from Sir Miles Lampson," dispatch No. 1030, 21 September 1927, CAB/24/202: 0024.

行，英國海軍航空母艦亦派出飛機在大亞灣上空偵察。[53]

表 11-2：1927 年 9 月英國海軍突襲大亞灣行動艦隊編組[54]

艦名	艦型	標準排水量(噸)	編制人員
HMS *Argus*	航空母艦	15775	495
HMS *Hermes*	航空母艦	10950	680
HMS *Danae*	輕巡洋艦	4650	350
HMS Sirdar	驅逐艦	1075	90
HMS *Foxglove*	掃雷護衛艦	1200	77

英國海軍此次行動目標為位於大亞灣東北角，稔山鎮兩個知名的海盜聚落：長排與范和港。當英軍快艇靠近，原先停靠岸邊的多數木船即紛紛快速駛離以避戰禍，僅有 10 艘木船因未及駛離而慘遭到英軍焚燬。英軍從海洲登岸後，立刻進入長排村搜查海盜屋舍，似因該村居民拒絕透露海盜屋舍的確切所在，登陸部隊乃焚燬其中約 40 間屋舍作為報復與警告手段，直至村中耆老出面指出海盜屋舍所在後方始罷手。不過，為了避免在當地引起麻煩，英軍在進行焚燬行動時，特意避免波及到宗祠廟宇等建築物，並事先將屋舍內的牲畜移出。完成長排村的焚燬工作後，英軍隨後趕往范和村，準備突擊另一處海盜據點，該村耆老聞訊立刻告以海盜屋舍的確切所在。但英軍到達時，該海盜似已在先前與他人鬥毆而死，故英軍遂將 5 間海盜屋舍盡行焚燬，並未波及其他無辜村民房舍。最後，英軍離開前，還是一如前例，在村莊廣發告示，再次警告如有劫掠英船事件發生，英軍仍將重返報復。（英國海軍第二次報復行動參見圖 11-2）[55]

---

[53] "Bias Buy Raid: Five British Warships Take Part in Demonstration," *The China Mail*, 2 September 1927.

[54] Parkes O. and Maurice Prendergast ed., *Jane's Fighting Ships*, pp.75, 103, 123, 128, & 133.

[55] "The *Yatshing Piracy*," 1 September 1927, *The China Year Book, 1928* (Shanghai : The North-China Daily News & Herald, 1912-1939), pp.696-698. 不過，依據《香港華字日報》的報導，英軍部隊在進入長排村後，村民皆早已聞風逃離，英軍隨即逕行縱火燒村，待燒毀約 40 間房舍後，才有該村耆老數名出面與英軍會晤並清楚告以海盜屋舍（5 間）所在，

圖 11-2：1927 年 9 月英國海軍第二次軍事懲罰行動圖
（登陸進剿大亞灣海盜）

圖片來源：Naval Intelligence Division, Naval Staff, Admiralty, *Confidential Admiralty Monthly Intelligence Report*, No.106 (15 March 1928), CO129/507/3.

　　雖然突擊行動前，香港當局已決定第二次登陸作戰不再採取第一次的無差別掃蕩作戰，而是只燒毀「確定是海盜所有的屋舍」，其目的在於分化當地百姓，鼓勵其供出海盜行蹤。[56]然而，由上述過程可以清楚得知，英軍爲了報復長排村民的不合作態度，最終還是進行了某種程度的無差別掃蕩作戰。其次，由稔山鎮海洲、長排、范和等村居民的反應來看，英軍的無差別報復行動也確實已經發揮一定的作用，村中耆老似已逐漸默認並消極接受英軍行動，多半只能被迫出面幫英軍帶路、指出海盜屋舍所在，

英軍乃再安裝炸藥將其焚燬。換言之，在英軍焚燬的 45 間房舍中，僅有 5 間確認爲海盜屋舍，其他 40 間均爲無辜村民所有。見〈英軍警會剿大鵬灣海賊〉，《香港華字日報》，1927 年 9 月 3 日第 2 張第 3 頁。上海《申報》引述路透社香港電的消息，亦有類似報導，指稱英軍先故意縱火燒村，以脅迫村民供出海盜嫌犯的住所。見〈英海軍焚燬盜村〉，《申報》（上海），1927 年 9 月 3 日第 7 版。

[56] 據香港總督事後的報告，「村民對此表達感謝之意」。見"Minutes of A Meeting to Discuss Anti-Piracy Measures," Held at the Japanese Legation at 11 a.m. 16 November 1927, 日本外務省外交史料館藏，《支那海賊関係雑件》，第一卷，F-0138/0180-0183。

以免殃及其他村人屋宅。例如根據《香港華字日報》的報導，當英軍登陸海洲時，「村耆出見海軍，力言海賊不在該村，並願指示賊黨匿跡之所」；而在英軍開始在長排村縱火焚燬屋舍後，「隨有村耆數名，出晤軍警，願指示海賊寓所」；至於范和港，則是英軍初到，「村耆亦允指示日陞輪劫案有關之著名賊屋」。[57]稔山各村耆老為免英軍報復行動與屋舍焚燬之災，只能選擇將海盜據點供出。

（二）高州輪劫案(SS *Kochow* Piracy)與第三次軍事懲罰行動

正當英國海軍在大亞灣進行軍事懲罰行動之際，在廣東西江水域又發生另外一起嚴重的海盜劫持英船事件。1927 年 9 月 1 日，高州輪由香港出發循西江水域前往梧州途中，在三水附近遭到海盜的劫持。[58]輪船上雖然配置有印度籍的武裝警衛(Indian Guards)，但卻被海盜制服。船上的英籍輪機長因試圖用手槍反擊，慘遭海盜開槍擊中頭部，並棄屍江中。該批海盜們並宣稱之前的挪威籍索爾維肯輪劫案亦是他們所為，此次劫持高州輪更是策劃已久，先前已多次嘗試動手，惜因未有適當機會而作罷。海盜最後將高州輪押往太平 (Tapinghu)與石岐一帶，攜帶贓物分乘小艇與舢舨船登岸逃逸。高州輪的買辦及其屬下與部份乘客亦被海盜當作人質擄走。[59]

早在高州輪劫案發生之前，香港警察當局即已接獲情資，有海盜計畫劫持香港經西江往來梧州之間的輪船航班。而劫持高州輪的搶匪，據悉乃是西江水域太平附近有名的海盜集團。此類盜匪以往素靠向往來航行的船隻強迫勒索通行費為生，但因西江水域沿岸海盜集團甚多且需索無度，輪

---

[57] 〈英軍警會剿大鵬灣海賊〉，《香港華字日報》，1927 年 9 月 3 日第 2 張第 3 頁。

[58] 根據英國駐華使館的資料，該船為懸掛英旗的輪船，但船東為華人。《香港華字日報》則稱高州輪為香港泉利公司所屬產業，見"Memorandum Respecting Piracy Suppression Received from Sir Miles Lampson," dispatch No. 1030, 21 September 1927, CAB/24/202: 0024；〈高州輪被劫之港訊〉，《香港華字日報》，1927 年 9 月 3 日第 2 張第 2 頁。

[59] "The *Kochow* Piracy," 1 September 1927, *The China Year Book, 1928*, pp.698-699.

船公司在忍無可忍、繳無可繳的情況下於是拒絕再繳納通行費。西江水域
各海盜集團乃展開報復行動,除於 1927 年 8 月左右開始即肆意開槍轟擊
航行經過的輪船以為示威手段外,更派出海盜假扮乘客窺伺輪船航班與上
下客貨情形,準備直接動手劫持輪船。輪船公司為免遭受劫難,只能採行
聯航策略因應,即多艘輪船組成船團一起航行,並在船上被配置足夠的武
裝警衛,防止海盜生事。同時,英國海軍派駐在西江的船艦也強化在該水
域的巡邏任務,以確保往來香港與梧州船隻的安全。[60]但很明顯的,船商
與英國海軍的防護行動,僅能一時嚇止海盜,只要稍有疏漏不察之處,海
盜即趁虛而入劫持輪船。

獲悉高州輪劫案後,有鑑於中國當局無所作為,英國海軍立刻決定採
行另外一次軍事懲罰行動,西江分遣艦隊(West River Flotilla)派出飛蛾號
(HMS *Moth*)、秋蟬號(HMS *Cicala*)、松雞號(HMS *Moorhen*)等三艘砲艦,在
艦隊指揮官統率下趕往西江水域。

表 11-3:1927 年 9 月英國海軍突襲西江水域艦隊編組[61]

艦名	艦型	標準排水量(噸)	編制人員
HMS *Moth*	昆蟲級砲艦	645	53
HMS *Cicala*	昆蟲級砲艦	645	53
HMS *Moorhen*	內河砲艦	165	31-37

到達西江水域後,英國海軍先派遣陸戰隊登上太平,將居民驅離後,縱火
焚燬沿岸一帶的房舍。接著三艘砲艦再駛往石岐附近,因該地亦為海盜活
動區域,英國海軍在警告百姓撤離後,對城鎮施行砲擊,共計發射 18 枚
砲彈。此次軍事懲罰行動後,英國當局對外正式公發佈告如下:

> 英國海軍西江分遣艦隊在太平、石岐進行了一次軍事行動。太平乃
> 是海盜出入的村落,因此在警告驅離百姓後將沿岸屋舍焚燬。石岐

[60] 〈高州輪被劫情形續詳〉,《香港華字日報》,1927 年 9 月 5 日第 2 張第 2 頁。

[61] Naval Intelligence Division, Naval Staff, Admiralty, *Confidential Admiralty Monthly Intelligence Report*, No.106 (15 March 1928), pp.36-37, CO129/507/3. 至於砲艦相關數據, 則見 Parkes O. and Maurice Prendergast ed., *Jane's Fighting Ships*, pp.93-94.

則是海盜登陸的村落，故在驅離百姓後，發射18枚砲彈轟擊村落。
行動中，英國方面無人死傷，中國方面相信亦無人員傷亡。據報廣
州軍隊正在調往該地進剿海盜。[62]

香港英文《士蔑西報》（*The Hong Kong Telegrph*）事後亦引據官方正式報
告，稱高州輪劫案中有英籍輪機長遇害，而太平、石岐「兩村窩藏海賊，
人所共知」，太平之「海賊」更與「西江各輪三次劫案有關」，故英國海
軍乃決定對之施行「懲戒海盜辦法」，派艦縱火與砲轟以「懲治劫匪」。
[63]簡言之，英國海軍此次行動比諸前兩次又愈見激烈，雖然行動本身並未
造成百姓死傷，但除了縱火焚燒屋舍外，甚至還動用殺傷力極大的艦砲轟
擊城鎮，藉此威嚇地方百姓的意味也更加濃厚。[64]（英國海軍第三次報復行
動參見圖 11-3）

圖 11-3：1927 年 9 月英國海軍第三次軍事懲罰行動圖（進剿西江海盜）

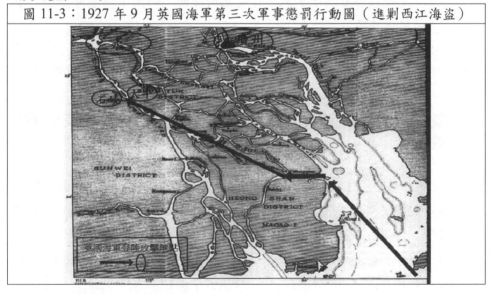

---

[62] "British Naval Raid," *The China Year Book, 1928*, p.699.

[63] 《士蔑西報》關於英艦攻擊行動的報導，轉引自〈英艦焚燬賊村房屋〉，《香港華字日
報》，1927 年 9 月 6 日第 2 張第 2 頁。

[64] 英艦砲擊太平等「賊巢」後，隔日一艘輪船航經該處，仍見「茅寮餘火未熄」，不過據
查太平一地並「無多屋宇，祇隔若干地方則有茅寮三數間而已」。見〈英艦砲擊賊
巢〉，《香港華字日報》，1927 年 9 月 5 日第 2 張第 2 頁。

圖片來源：Naval Intelligence Division, Naval Staff, Admiralty, *Confidential Admiralty Monthly Intelligence Report*, No.106 (15 March 1928), CO129/507/3.

　　其次，高州輪劫案發生後，一時之間風聲鶴唳，香港往來梧州、江門等航線輪船公司紛紛自危，除強化自身防禦能力外，也尋求香港與海軍當局的保護：

> 自來往港梧（香港梧州線）之高州輪船在太平沙被海盜行劫後，一般港梧船紛紛設法防禦，而往來港江（香港江門線）輪船見此，亦恐有不測，大利、安利兩輪且實行裝置無線電，並派人請求港政府派艦保護。現據某船東述稱，政府現已加派淺水艦，沿途保護，故每日港江輪來往，至少有三艘兵艦相迎，或出現於東西馬寧灣泊，或停在鶯哥嘴一帶海面，且有時沿途保護至江門北街而後已。（廣東）省政府亦有兵艦加派，停碇北街海面，如聞不測事件發生，即適時開往救援……。[65]

歷經高州輪劫案以及英國海軍的報復行動，面對無以復加的海盜劫掠事件，香港總督府也只能消極地協調英國海軍與廣州當局提供更多的保護。

五、廣州當局（國民政府）的反制之道：輿論宣傳與外交交涉同時並進

　　1927 年 3 月 23 日英國逕自派遣陸海（空）軍登岸進剿海盜聚落後，因英軍行動屬於突擊性質，即凌晨發動登陸行動，迅速驅趕村民、焚燒村落、船隻，行動完成後則隨即撤回所有兵力；因此，雖然國民政府在稔山鎮附近的惠陽縣駐有軍隊，但並未在第一時間察覺英軍行動。換言之，英軍的登陸報復行動，並未與附近駐防粵軍發生直接衝突。事實上，這也是英軍原先規劃報復行動的主要原則，亦即發動突擊、事畢即撤，避免與粵軍正面衝突。[66]

---

[65]　〈港江航線加艦保護〉，《香港華字日報》，1927 年 9 月 9 日第 2 張第 2 頁。

[66]　海陸聯合突擊行動計畫乃是由香港總督府委請駐港陸軍總指揮官所擬定，整個軍事行動以 24 小時內完成為限。關於突擊行動計畫細節，可以參看由香港總督府提交給英國政

　　然而，當上述行動逐漸傳開之後，廣東局勢即陷入相當緊張的情況。[67]駐守惠陽的第 18 師隨即電報英軍的「焚殺」行動，據該師政治部主任黃鳴一給國民革命軍總政治部留守主任孫炳文的電文中，即稱「英兵二百餘人在惠陽屬稔山殺村民二千餘家、死千餘人，情形嚴重，現正謀對付」。[68]廣州當局獲悉後反應異常激烈，展開一系列反帝宣傳攻勢。總政治部留守主任孫炳文召開緊急會議決定「宣示英帝國主義者焚殺之罪惡」、「喚起全國民眾對付香港英帝國主義」，稍後並舉辦政工人員與新聞記者聯席會議，發動輿論宣傳抨擊英國帝國主義。總政部亦通令各級政治部「對于此案努力宣傳，及蒐集資料供各報發表」。[69]廣州當局機關報《廣州民國日報》將此事定調為英國帝國主義者為干涉北伐行動而施行的砲艦政策與屠殺行為：

> 英帝國主義者......欲實行其武力干涉中國政策......（見革命軍克復上海）香港英帝國主義者以在滬殺計不得逞，乃......改變方針，轉向吾粵之惠陽縣屬、毗連香港之稔山地方一帶施行大屠殺，用飛機四架、砲艦數艘、獸兵數百......借剿匪為名......水路航空同時並舉，將該處......十餘村落全數焚劫，焚燒村戶二千餘家、死亡千餘

府參謀首長會議的報告。見 "Report by the Chiefs of Staff," 9 December 1926, CAB/24/184:0006.

[67] 例如為了擔心遭到反英（外）暴動的波及，美國駐廣州總領事即下令廣州附近所有美國人應儘速撤到香港。總領事認為英國的進攻行動雖然尚未引起動亂，但已造成廣州當局溫和派與激進派的分裂，美國教會創立的嶺南學校(Canton Christian College)部份職員也已開始罷工。見 "The Minister in China (MacMurray) to the Secretary of State," 28 March 1927, *FRUS, 1927*, Vol. II, p.269.

[68] 〈黃鳴一電孫炳文轉蔣中正英兵二百餘人在會楊社山殺村戶二千餘家情形嚴重正謀對付〉，1927 年 3 月 27 日，國史館藏，《蔣中正總統文物》，典藏號 002090103011003。

[69] 〈十八師政治部之電報〉、〈總政治部之緊急會議〉，〈總政部今日招待新聞記者：討論英人又在惠陽慘殺案〉，〈政治工作人員與新聞記者聯席會議：發起反英屠殺稔山民眾示威大會〉，〈總政治部通令宣傳英兵屠殺稔山民眾案〉，《廣州民國日報》，1927 年 3 月 26 日 5 版與 9 版、3 月 28 日第 4 版、3 月 31 日 6 版。

人。[70]

孫炳文在給蔣中正報告中，亦引據報載稱「英兵三百餘人…在惠陽屬之毗連香港之稔山地方焚殺村戶二千餘家、死六千餘人，情勢嚴重，此間各界已謀應付」。[71]換言之，廣州當局及其輿論機關試圖將英國懲罰海盜的軍事行動複雜化，將其納入北伐大革命的時代背景中，渲染成英國為阻礙北伐，故意在革命根據地與後方的廣東省策動惠陽屠殺。[72]為了達到上述目的，就必須強化英軍濫肆屠殺的形象，因此由所謂「惠州各界援助稔山慘案大會」敘述的「慘案真相」乃是：

> 3月23日上午8時，……英兵兩百餘人……分頭登陸，隨即亂放步槍，向村民大肆屠殺，人民倉促卒莫及逃避，為槍射擊死傷枕籍，情形極慘。同時在砲艦上施放開花大砲，向后州、三領州、龜洲等鄉轟擊，登時火煙瀰漫，各州村落經此掃射，完全變為瓦礫之場，死傷無算。彼砲艦仍繼續向內地隨時施放大砲，又同時飛機四架徊翔天際，施放炸彈，村民呼天莫救、喊地莫聞，只得在英帝國主義者如宰如屠……[73]

事實上，根據事件後不久惠陽縣縣長羅俊所呈報的慘案詳情，則與前述故事版本大相逕庭，似應較為公允，也與前述英國報告內容相近，雖仍指控英軍有砲轟以及燒村之舉，但卻詳述英軍登陸時即「散發傳單，命鄉人速

---

[70] 〈香港英帝國主義水兵及飛機在惠陽屬稔山地方大施屠殺〉，《廣州民國日報》，1927年3月26日5版。

[71] 〈黃鳴一電孫炳文轉蔣中正英兵二百餘人在會楊社山殺村戶二千餘家情形嚴重正謀對付〉，1927年3月27日，國史館藏，《蔣中正總統文物》，典藏號002090103011003。3月28日，孫炳文又將英軍出兵稔山一案通電給各重要軍、政、黨等單位，見〈孫炳文等電蔣中正陳友仁等據報英派飛機士兵於稔山地區焚殺村民情勢危急已謀應付中〉，1927年3月28日，國史館藏，《蔣中正總統文物》，典藏號002090103012023。

[72] 另一篇社論即稱「惠陽的大屠殺，是英帝國主義搗亂革命勢力的狡獝陰謀的一貫政策」，見趙慕儒，〈社論：我們要認識英帝國主義的屠殺政策〉，《廣州民國日報》，1927年3月31日2版。

[73] 〈惠州各界電告稔山慘案真相〉，《廣州民國日報》，1927年3月31日5版。

離該鄉」，之後才縱火燒村與砲轟屋舍。當地中國人死傷者多半乃因護屋
心切而不幸慘遭火焚，亦有見屋舍被毀憤而自殺者。文中並未提及英軍士
兵或砲艦有刻意殺人者。

> 23日上午6時，有英艦5艘、飛機2架、英兵二千餘人、華人英兵十餘
> 人同時到達稔山海口，紛紛登陸，飛機則徊翔天際，（並）散發傳
> 單，命鄉人速離該鄉。駛入魚后洲之戰艦2艘，則發砲轟擊，計龜洲
> 六十餘戶盡化灰燼，海州四十餘戶、房屋百餘間，亦被焚去四五十
> 間，計三洲合被焚房屋五百餘間、被用電油燒斃婦人洪林氏一口。
> 範和岡鄉人則因見英兵欲來焚屋，即集眾大聲呼抗，致被英艦開砲
> 擊毀房屋數間。當時起出被擄英女二人。焚殺後景況：各鄉既被焚
> 燬，難民之無家可歸者，觸目皆是。當時龜洲鄉有憤激自縊者數
> 人，又有鄉婦二人撞石自盡，慘不忍睹。[74]

如果仔細比對「稔山慘案大會」與惠陽縣所描述的事件經過，可知前者顯
係加油添醋後的版本，目的無非在藉此鼓動公眾輿論，以為外交之助。與
此同時，廣州當局也策動示威遊行與抗議運動，一時之間風聲鶴唳，廣州
沙面英租界陷入警戒狀態，香港總督則大幅增兵中英邊界以確保廣九鐵路
南段的安全。[75]

　　除了前述的輿論宣傳、示威造勢外，廣州當局也為此案與英國進行外
交交涉。[76]3 月 26 日，廣州當局照會英國廣州總領事館，抗議英國以進剿

---

[74] 惠陽縣縣長羅俊在第一次電文報告中，只稱「梗(23)日晨突有英艦四艘、飛機二架到縣
屬稔山海面，砲燬龜洲、厚洲、三嶺洲民房千餘間，隨派兵登陸到稔山範和崗等鄉，勒
限本日交擄交匪，否則實行砲燬等情」。但因此報告過於簡單，廣東省政府乃命惠陽縣
再「速查實情報告」，故惠陽縣乃又呈報第二次詳情報告，亦即本章中引文所述。見
〈廣東省政府呈英國軍艦及飛機到惠陽縣屬稔山海面焚屋殺人造成慘案請嚴重交涉〉，
國史館藏，《國民政府檔案》，1927 年 10 月 21 日，典藏號 001070553005。關於惠陽
縣此篇報告，《廣州民國日報稍後》亦有刊載，見〈惠陽縣長呈報稔山慘案詳情〉，
《廣州民國日報》，1927 年 4 月 2 日 2 版。

[75] 〈粵人對英艦炮擊比亞斯灣事件：示威〉〈英兵四千增防廣九路：稔山慘案…粵當局確
於二十七日提出嚴重抗議〉，《世界日報》，1927 年 4 月 1 日第 3 版

[76] 惠陽縣在 1927 年 3 月 24 日即將稔山事件以電報方式呈報廣東省政府，省政府乃電請外

海盜爲名，入侵大亞灣、登陸燒毀村屋，侵害中國領土主權、有違國際法：

> 英兵到拜亞士灣（大亞灣）登陸，係侵犯我國領土主權，縱火焚燒民居船隻，更屬殘暴之舉，至藉口剿匪，懲罰良民，以爲報復，尤爲近代法律觀念之所不容。況剿辦該灣海盜一事，自經發生新寧劫案以來，本政府已迭次派兵進剿，……縱一時未盡蕩平，香港政府豈容藉口一、二新生盜案，逕遣英兵登陸，橫施此類不法行爲，且事前貴總領事官並未將香港政府此種軍事行動通知我方。[77]

4 月 5 日，武漢國民政府外交部長陳友仁正式向英國外交官員抗議英軍焚燒民居之事。5 月，廣州當局兩度照會英國，認爲廣東海盜問題僅是摧毀大亞灣內的海盜據點是毫無用處的，因爲「大亞灣海盜劫掠事件，是香港、新加坡與上海海盜組織的成果」。所以必須從來源，先消滅上述地方的海盜組織，才能根本解決海盜問題。[78]7 月初，廣州當局又以強硬口吻痛責英國以武力介入中國內政事務，嚴重侵害中國主權，同時也嚴詞駁斥香港總督的合作進剿海盜要求：

> 任何一個主權國家，均不可能接受與外國合作鎮壓其境內海盜的要求。外國不應以此爲藉口，就侵害一個友善國家的主權……。英國縱火、殺害無辜百姓的行動，是不恰當與殘忍的，不但違反國際法慣例，也將抵觸人道原則。[79]

交部提出嚴重抗議。見〈廣東省政府呈英國軍艦及飛機到惠陽縣屬稔山海面焚屋殺人造成慘案請嚴重交涉〉，國史館藏，《國民政府檔案》，1927 年 10 月 21 日，典藏號 001070553005。

[77] 〈外交部抗議英兵在拜亞士灣焚殺：提出嚴重抗議〉，《廣州民國日報》，1927 年 3 月 28 日 3 版。

[78] "Note from the Ministry for Foreign Affairs, Canton," 6 & 28 May 1927, cited from "Memorandum Respecting Piracy Suppression Received from Sir Miles Lampson," dispatch No. 1030, 21 September 1927, CAB/24/202: 0024.

[79] "Note from the Canton Government," 2 July 1927, cited from "Memorandum Respecting Piracy Suppression Received from Sir Miles Lampson," dispatch No. 1030, 21 September 1927, CAB/24/202: 0024.

　　7 月 29 日，國民政府外交部長伍朝樞給廣州總領事的照會信中，則再次強調廣東海盜大本營在香港，大亞灣不過只是海盜逃亡路線而已，故英軍進攻此地並無法解決海盜問題；至於英國所提進剿廣東海盜之事，伍朝樞則聲稱此為國民政府的當務之急，但卻無庸英國操心。[80]

　　由上述經過，可以發現廣州當局（國民政府）採取兩面手法來處理英國的大亞灣軍事進剿行動：一方面是對內，利用英軍焚燒村落的事實來進行宣傳，將之「慘案化」，成為反帝宣傳的素材，鼓動公眾輿論，進而為北伐行動張勢；[81]二方面則是對外，仍是依循一般外交途徑來交涉此事，試圖從國際法與現實情況，來阻止英國的後續行動。首先就對內輿論宣傳來說，廣州當局刻意不提廣東海盜問題的來龍去脈與對英船的重大危害，只是一味地誇大英軍的暴行。[82]究其實際，英國進攻大亞灣稔山鎮的軍事行動，僅為單純報復性質，目的在燒毀海盜村落以儆效尤，非在殺害村民。遑論此行動如果真如《廣州民國日報》所言造成千人死亡，恐早已成為民國史上第一大慘案，其嚴重度亦將超越五卅事件！其實，關於此次英

---

[80] 伍朝樞以發生於 1927 年 7 月 20 日的索爾維肯輪劫案(SS *Solviken* Piracy)為例，認為「充分證明海盜組織是設在香港」，因為海盜是在香港偽裝乘客登船，而大亞灣不過作為海盜登岸卸下劫掠物品之用。 "Letter from Ministry for Foreign Affairs, Canton, to H.M. Consul-General, Canton," 29 July 1927, *SP 1927*, No.7, p.181.

[81] 有趣的是，稔山事件發生後，廣東省政府特別要求惠陽縣應「責成鄉民勿茲事端」，惠陽縣則在收到指示後，隨即「勸導該處鄉民靜候解決」。換言之，廣州當局一面要求作為事件實際受害者的惠陽縣民勿茲生事端，二方面卻利用稔山事件為素材，以鼓動整個公眾輿論。此兩面手法可以盡收稔山慘案的輿論宣傳之效，卻又可以避免引起更大的中英衝突事件，實乃高明的作法。見〈廣東省政府呈英國軍艦及飛機到惠陽縣屬稔山海面焚屋殺人造成慘案請嚴重交涉〉，國史館藏，《國民政府檔案》，1927 年 10 月 21 日，典藏號 001070553005。

[82] 日本外務省亦注意到廣州當局的輿論宣傳策略，稱在英軍行動之後，3 月 26 日《廣州民國日報》、《國民新聞》等機關報即大幅報導英國帝國主義的行動已造成「惠陽稔山地方民宅兩千餘戶遭到焚燬、死者千餘人」，同日廣州當局總政治部也召集新聞記者，講述宣傳手法，3 月 29 日則策動示威運動。〈外國側ニ於テ執リタル海賊取締ニ關スル強力手段ノ事例〉，日本外務省亞細亞局第二課資料，日本外務省外交史料館藏，《支那海賊關係雜件》，第一卷，F-0138/0139-0141.

軍行動僅《廣州民國日報》大肆宣傳，國內其他各大報均未跟進。連國民黨在上海的機關報《民國日報》亦只稱「粵人因英兵焚燬良民村莊大爲憤恨，國民政府已對衆聲明，將採取充分計畫，交涉英人暴行」，並未渲染英軍有殺害百姓之事。[83]其次，從廣州當局與國民政府外交部的對英交涉過程來看，其訴求基本上是從國際法著眼，強調英軍登陸惠陽稔山焚燒民居一事已嚴重侵犯中國主權，廣東海盜問題本爲中國內政事務，無論如何不須英國越俎代庖，亦無粵英合作的可能；況且就現實情況而言，廣東海盜犯罪網絡遍及海外，大亞灣水域僅爲其撤退路線，進剿此地村落也無法根絕海盜行爲。

　　1927 年 8 月底日陞輪劫案後，因英軍再次對大亞灣沿岸村落採取軍事行動，爲了反制英軍暴行，廣州、香港、汕頭等三地工人抵制英輪行動，隨即如火如荼地展開，造成英船駛抵港口時無法起卸貨物。工人並串連商會，希望共襄盛舉，同時也試圖聯繫上海商會與工人，以便同步採取抵制行動。[84]這些有計畫、有組織的工人抵制英輪行動，背後可能即是廣州當局運作的結果。

　　9 月發生高州輪劫案後，英國海軍又在珠江流域策動新一波報復行動，動用軍艦攻擊太平、石岐等處，國民政府方面則再度透過外交途徑，由外交部在 9 月 7 日向英國駐廣州代理總領事璧約翰遞交了第一次的抗議照會。10 月 19 日，廣東特派交涉員陳長樂又照會璧約翰，要求依法懲處與此暴行有關的官員，同時也保留求償的權利。11 月 10 日，陳長樂正式針對英軍攻擊事件提出賠償、懲兇、保證等三項要求，希望英國方面應針對砲擊所造成的損失給予賠償，懲罰下令動武的官員，以及保證將來不會發生類似的攻擊行動。在抗議照會中，陳長樂強調：

　　　　從地方損失的情況來看，英國砲艦的行爲是殘酷、不人道且毫無理

---

[83] 〈粵人對英兵放火之激昂〉，《民國日報》（上海），1927 年 3 月 29 日 4 版。

[84] 此三處商會雖未立即同意採取抵制行動，但由於碼頭工人的罷工，實際上已造成上海往來廣東、香港的貨物出口受阻停頓。見〈兩處抵制英輪〉，《申報》（上海），1927 年 9 月 17 日 13 版。

由的。尤有要者，此行為侵害中國主權，也破壞了中英關係。因此，我第三次遞交抗議照會以及兩份損失報告，要求香港政府必須賠償這些損失，並嚴厲懲處負責的官員，同時為了雙方友誼關係，也應保證將來不會有類似行為發生。[85]

至於求償清單，則引據由南海縣與高明縣所提交的兩份損失統計：

表11-4：廣州當局所提的求償清單（1927年11月）		
來源	英軍攻擊地點	損失金額(元)
南海縣報告	太平村	570260
高明縣報告	扶麗村（石岐村）	2192
總計		572452

雖然 9 月至 11 月間廣東特派交涉員曾為英國海軍的攻擊行動三度遞交抗議照會，但英國駐廣州代理總領事璧約翰卻故意置之不理。在給英國駐華公使藍浦生(Miles Lampson)的報告中，璧約翰嘲諷道：

> 我對於此照會的唯一評論是，假如廣州當局真的能夠有效控制這些村落，並且有辦法執行詳細的損失調查的話，他們應該也要有能力阻止海盜這幾個月來利用這些村落為根據地進行劫掠行動。[86]

換言之，璧約翰認為英國根本無須回應廣州的求償要求，因為廣州當局完全無法有效治理這些村落，故此類損失統計也顯得毫無意義。

是年 12 月底，新任廣東特派交涉員朱兆莘只得再度照會英國總領事，要求通知香港總督立即處理後續事宜。此外，除了原先的求償要求外，朱兆莘又提新的額外求償清單：[87]

---

[85] "Letter from Ch'en Cheong-lok, Commissioner for Foreign Affairs, Canton," 10 November 1927, CO129/507/3.

[86] "J. F. Brenan, Acting Consul General, Canton to Miles Lampson, British Minister, Peking," 14 November 1927, CO129/507/3.

[87] "Letter from Chu Chao-hsin, Commissioner for Foreign Affairs, Canton," 31 December 1927, CO129/507/3.

表11-5：廣州當局第二次所提的額外求償清單（1927年12月）[88]

項目	數量	損失情況	估價(元)	備註
大型駁船	1	被英軍焚燬	360	
中型駁船	1	被英軍焚燬	250	
小型駁船	1	被英軍焚燬	200	
大型木屋	1	被英軍焚燬	240	
中型木屋	1	被英軍焚燬	190	
小型木屋	1	被英軍焚燬	140	
來福槍	10	被英軍焚燬	1800	每枝180(元)
來福槍	10	被英軍沒收	1800	每枝180(元)
總計			4980	

　　除了外交抗議外，廣州當局也試圖動員群眾力量，透過經濟抵制的方式來反擊英國海軍的報復行動。廣州當局雖然表面上宣示性地將部分勒索輪船的西江海盜槍決，並派出軍艦巡弋河道，表達解決西江海盜問題的決心，[89]但同時經濟抵制運動似乎也悄然醞釀。9月中旬之後，懸掛英國旗的輪船在從香港經西江水域往來梧州時，即發現廣州、肇慶等地已陸續開始展開抵制行動。每逢英國旗船駛抵時，原先負責接駁的駁船均拒絕駛近，導致該處客貨運輸均告中斷，但懸掛華旗的輪船則完全不受影響，照常由駁船接送客貨。肇慶當局甚至下令禁止懸掛英國旗的船隻在該地起卸客貨，造成英國與香港輪船運輸的重大損失。[90]

[88] "List of Losses Incurred as the Result of the Burning of Taipinghu, etc., by British Warships," CO129/507/3.

[89] 〈槍決勒收西江行水匪黨〉、〈實行派艦保護河道〉，《香港華字日報》，1927年9月24日第3張第2頁。

[90] 〈輪船不載肇慶貨客之原因〉、〈高州輪船停泊肇慶情形〉，《香港華字日報》，1927年9月13日第3張第2頁、9月24日第3張第2頁。

六、檢討分析與另覓良方

從 1927 年 3 月至 9 月，英國海軍先後三次出擊進行「獨立懲罰行動」(independent punitive action)，並派遣軍隊登陸燒毀海盜村落與船隻：

表 11-6：英國海軍登陸懲罰廣東海盜行動表（1927）

海盜劫船時間	受害船隻	英軍行動時間	英軍登岸攻擊地點
1927.3.21	SS *Hopsang*	1927.3.23	廣東大亞灣沿岸
1923.8.30	SS *Yatshin*	1927.9.1	廣東大亞灣沿岸
1927.9.1	SS *Kochow*	1927.9.3	廣東西江沿岸

1927 年 3 月、9 月英國海軍兩度對大亞灣地區懲罰用兵後，部份英文報紙即曾對其大表肯定之意，認為這是處理廣東海盜問題唯一可行的良方，並嘲弄中國海盜「小兒科式的把戲」終將遭到英國海軍的懲戒，鼓吹英國應採取更多激烈的行動來制止香港附近水域的海盜亂象：

> 英國海軍艦隊司令已派遣第二次的懲罰行動，大亞灣的海盜據點又再一次遭到摧毀…。假如第二次的行動仍證明無法奏效、未能制止中國海盜繼續其小兒科式的把戲的話，英國海軍將會採取更為激烈的措施…。唯一能夠處理大亞灣海盜問題的方法，就是無須警告，逕自派遣一支軍隊登陸作戰，給予海盜以牙還牙的懲罰。[91]

（一）軍事進剿行動的成效

關於這三次登岸懲罰行動，英國駐華使館事後檢討，坦承雖然「此類行動會有明顯的弊病，但只要廣州當局不擔負起責任，認真處理海盜問

---

[91] 關於英國海軍將「制止中國海盜小兒科式的把戲」，其原文乃是用 "..to weam the Chinese pirates from their playful ways…"。該語句字面意義乃指大人教訓小嬰孩（中國海盜），使其斷奶並終止幼稚行為，其實則帶有西方以家長式權威管教不聽話的中國小孩之意。見 *Times of Ceylon*, 3 September 1927, cited from "Bias Bay: Ceylon Papers Comment on Raid," *The China Mail*, 21 September 1927.

題，英國只能一再採取相同的懲罰行動，因為這是唯一能夠產生嚇阻作用的方法」。[92]

　　1927 年 11 月香港總督金文泰(Sir Cecil Clenmenti)在北京外交團「防制海盜措施委員會」上報告動用海軍武力登陸進行懲罰行動的成效，亦認為「有很好的結果。有一段時間沒有再發生海盜事件。」[93]在 1928 年 1 月給殖民部部長的報告中，香港總督金文泰更是大力讚揚「懲罰措施的功效」("efficacy of the punitive measure")：1927 年 3 月與 9 月的軍事行動後，香港方面曾擔心英軍的報復行動可能引起不必要反彈，但事實上當地百姓「完全沒有任何負面觀感的跡象」；更重要的是，英軍行動成功分化了一般守法的大眾與海盜組織，並迫使前者團結起來反對後者。[94]因為根據香港警察派往大亞灣沿岸區域調查的線民回報，在 9 月英軍攻擊稔山、范和岡、長排等地鎮村後，該區耆老與仕紳曾在 12 月召開一次大會，要求當地主要海盜首領林才秀等人必須負責賠償遭英軍焚燬的屋舍，同時也議決未來任何參與海盜案件之人，均將被逮捕並移交給有關當局。地方耆老仕紳的堅決態度，也迫使海盜幫眾在策劃劫案時必須更為小心謹慎，以防消息走漏。[95]

---

[92] "Memorandum by the British Legation, Peking," 23 September 1927, 日本外務省外交史料館藏，《支那海賊關係雜件》，第一卷，F-0138/0145-0148.

[93] "Minutes of A Meeting to Discuss Anti-Piracy Measures," Held at the Japanese Legation at 11 a.m. 16 November 1927, 日本外務省外交史料館藏，《支那海賊關係雜件》，第一卷，F-0138/0180-0183。

[94] "Cecil Clementi, Governor, Hong Kong to L.C.M.S. Amery, Colonial Office," 22 December 1927, CO129/507/3.

[95] 此線民乃是香港警方所屬的「大亞灣線民」(Bias Bay informer)，客家人，自稱為「往來香港、下涌、稔山及其他大亞灣區域的行商(travelling trader)」。根據該線民估計，村民大會乃是在 1927 年 12 月 13 日召開，除了主持會議的耆老仕紳外，大約還有約兩百名的村民參與了會議。不過，該線民也在報告中坦承，他無法判斷耆老仕紳最後是否會真的會去執行村民大會的決議。至於報告中所提到的林才秀，則是策劃 1927 年 1 月雙美輪劫案的主要海盜首領，該輪遭綁架的 5 名人質後來被勒贖 6 萬元，並在汕頭進行交贖。"Reprot by A. Reynolds, Acting Chief Detecive Inspector, Hong Kong," 28 December 1927, CO129/507/3.

　　英國海軍情報處在 1928 年初的報告中，雖然坦承外界對於軍事懲罰行動曾頗有質疑，但還是強調軍事懲罰行動已成功迫使海盜必須轉移陣地，而對海盜來說要去另覓大亞灣的替代地點其實並非容易之事。海盜在大亞灣有著很深的人際網絡組織，因此極易藏匿擄獲品與行蹤，但在其他地方卻不見得可以如此便利。所以，英國海軍在大亞灣的軍事懲罰行動，不但懲罰了海盜，同時也能夠預防海盜事件的一再發生。[96]

　　其次，也可以進一步分析英國在處理廣東海盜問題上態度的轉變。雖然 1926 年底英國政府即已做出準備採行軍事懲罰行動的決策，但受到國民政府北伐與反英運動等複雜局勢的影響，英國外交部與駐華使領人員對於動武問題不無疑慮，也擔心會影響到上海的安危。1927 年 3 月 23 日香港政府採取的軍事懲罰行動，不過是總督單方面的權宜決策，事先並未取得殖民部或駐華公使的同意。然而，在 3、4 月間，中國的情況又有很大的改變。上海、南京先後發生暴動，尤其南京暴動情況尤為嚴重，多名外人被殺，英國領事亦受傷，列強決定採取強硬措施進行報復，英、美海軍艦艇乃砲擊南京。4 月，清黨行動在南京、上海廣州等地展開，國共之間衝突不斷，國民政府內部亦分化成南京與武漢兩派，南京堅決反共，武漢則仍與中共合作。7-8 月間武漢國民政府亦與中共分道揚鑣，接著便是中共的武裝行動與國民政府間的內戰。[97]簡言之，國民政府本身內部的分化，加上列強間對於中國局勢動盪所導致損及外人利益事件，立場已逐漸重回較為激烈的砲艦外交路線，[98]此類事態發展一方面削弱國民政府與英抗衡的力量，另一方面則強化英國在處理海盜問題上的立場。因此，1927 年下半年英國對於直接出兵進剿廣東海盜的軍事行動，不但立場漸趨堅

[96] Naval Intelligence Division, Naval Staff, Admiralty, *Confidential Admiralty Monthly Intelligence Report*, No.106 (15 March 1928), p.39, CO129/507/3.

[97] 郭廷以，《近代中國史綱》，頁 556-566。

[98] 關於 1927 年 3 月南京事件中，列強如何以激烈型砲艦外交來因應中國北伐中所推動的革命外交，可以參見應俊豪，〈1920 年代列強對華砲艦外交的分析研究〉，《多元視野下的中華民國外交》（臺北：國立政治大學人文中心，2012），頁 1-26。

定,行動的規模與範圍也日漸擴大。1927 年 10 月愛仁輪劫案(SS *Irene Piracy*)發生後,[99]香港總督金文泰又擬議只要再次發生英輪劫案,駐香港的英軍即會在大亞灣沿岸地區展開新一波的軍事報復行動,且無論是登陸的軍隊人數抑或是準備摧毀的村莊範圍,其規模預計均將超越前三次。[100]

(二)軍事進剿行動的檢討

英國除了積極實施軍事懲罰行動,動用海陸軍隊攻擊海盜據點,燒毀房舍與船隻,同時也一再向廣州當局施壓,要求派遣軍隊鎮壓大亞灣水域的海盜,希望藉此遏止廣東海盜猖獗的現象。[101]然而,強硬的軍事行動最後是否有達到英國預設的目標呢?

首先,事實的結果證明,英國海軍的三次進剿行動依舊未能逼使廣州當局出面解決海盜問題。廣州當局在英軍行動後並未對大亞灣區域展開大規模清剿海盜行動,僅惠州警備司令、國民革命軍第 18 師師長胡謙曾在1927 年 8 月派遣軍隊進剿大亞灣海盜,但也只捕獲 1 名海盜,且該名海盜在支付 800 元罰金後隨即獲釋。[102]而胡謙本人更是在進剿海盜行動後不久

---

[99] 愛仁輪為華輪,隸屬於輪船招商局,1927 年 10 月在從上海前往廈門途中,遭到偽裝乘客的海盜襲擊,並將其劫往廣東大亞灣。"British Submarines to Rescue in Bias Bay," *The Strait Times*, 21 October 1927.

[100] "A Telegram from Commander-in-Chief, China Station," cited from Despatch from Miles Lampson, British Legation, Peking to Austen Chamberlain, Foreign Office, London, 18 November 1927, CO129/507/3.

[101] 英國外交部次長 G. Locker-Lampson,在下議院針對議員質詢中國水域海盜問題時,曾聲稱廣州當局最後在英國壓力下,選擇與英國合作,派遣軍隊進攻大亞灣水域,順利擊斃大批海盜。見"Oral Answers," 14 November 1928, His Stationery Majesty's Office (Great Britain), *The Parliamentary Debates: House of Commons* (London: His Stationery Majesty's Office) (hereafter referred to as HC Deb), vol. 222, pp. 857-9.

[102] "Reprot by A. Reynolds, Acting Chief Detecive Inspector, Hong Kong," 28 December 1927, CO129/507/3.

即因與第 25 師師長李漢魂衝突而慘遭殺害。[103]英國駐廣州總領事館即研判，廣州當局官員雖然多次重申有意願處理海盜與土匪問題，但事實上由於政府內部軍事將領之間的激烈傾軋，造成「無人願意或膽敢派遣軍隊前往偏遠地區去維持秩序」。例如胡謙本人即與李濟深不合，也與盤據在惠州地區的陳炯明殘部有衝突。英國總領事館認為，大亞灣海盜所劫掠的跨洋輪船航線，對於胡謙來說並無任何利益上的損失，反倒可以利用海盜問題來困擾香港當局，同時也可以「藉此牽制在廣州的政敵」。胡謙遭殺害後，取而代之的張發奎、黃琪翔等人，不但部眾軍紀不佳，同時也與主持廣州軍政的李濟深、黃紹竑等瀕臨衝突的邊緣，「因此，同樣也不可能採取任何有力的行動，來保護航運」。[104]換言之，受到內部矛盾衝突的牽制，1927 年廣州當局並未因為英軍的獨立軍事行動，而具體改變對於大亞灣海盜問題的處理態度。

　　其次，廣東內外水域的海盜劫掠情況並未有顯著改善。大亞灣海盜劫案即仍然此起彼落。例如 1928 年 5 月的德安輪劫案(SS *Tean* Piracy)、[105]9

---

[103] 胡謙，江西人，畢業於日本士官學校，為同盟會成員，晚清民初歷任贛軍營長、參謀、處長等職。1923 年孫文在廣州成立大本營後，曾任軍務局局長、代理軍政部次長、黃埔軍校教育長等職。1926 起，任國民革命軍第 6 軍第 18 師師長，駐防惠州，並兼任惠州警備司令。1927 年秋天，因與第 25 師師長李漢魂所部衝突而遭到殺害。見徐友春主編，《民國人物大辭典》（石家莊：河北人民出版社，1991），胡謙條，頁 563。

[104] "J.F. Brenan, Acting Consul-General, Canton to Miles Lampson, British Minister, Peking," 17 November 1927, CO129.507/3. 其實英國總領事館的研判相當精確，廣州內部確實暗潮洶湧，有一觸即發之勢。當時國民政府內部正處於寧漢對立、清黨、分共等對立緊張局勢下，而廣州情況也隨著張發奎率軍南下後而日趨複雜。不久之後，1927 年 11 月下旬，張發奎、黃琪翔等即利用李濟深離粵之機，聯合李福林發動武裝政變，驅逐黃紹竑等桂系勢力，宣布擁護汪精衛的武漢政權，史稱「廣州事變」。見郭廷以，《近代中國史綱》，頁 558-564。

[105] 德安輪為英商太古輪船公司往來越南海防與海南海口之間的輪船，1928 年 5 月，廣東海盜偽裝乘客在海口登船，將船隻劫持到廣東大亞灣，幸好海關船艦與英國海軍軍艦趕到拯救。"The *Tean* Piracy," *The China Year Book, 1929-30* (Shanghai：The North-China Daily News & Herald, 1912-1939), p. 801.

月的安慶輪劫案(SS *An King* Piracy)，[106]劫掠過程中不乏有英籍船員傷亡。
況且，很明顯的，從安慶輪劫案中的海盜行為模式來看，當初香港當局發
動軍事行動攻擊大亞灣的海盜據點，並不會終止海盜事件，因為只會迫使
海盜轉移登岸陣地，從大亞灣遷到東邊的紅海灣，然後繼續劫掠輪船。[107]
至於廣東珠江內陸水域的海盜情況，同樣也沒有轉好的趨勢。英國駐廣州
總領事館在 1927 年 11 月的報告中，即強調「目前廣東省內陸水道的海盜
與土匪搶劫事件仍然不受控制，貿易只能夠在惡劣的困境中進行」。[108]英
國海軍砲艦知更鳥號 (HMS *Robin*)在前往西江水域三水、西南鎮等處調查
海盜活動情況後，也表示該水域海盜勢力盛行，英商亞細亞輪船公司
(Asiatic Petroleum Company)所雇拖船在 1927 年 11 月初即曾在三水、西南鎮
附近遭到海盜攻擊。而經過英國海軍的調查，此批海盜竟然就是 9 月時在
太平沙附近劫持高州輪的同一批海盜。他們活動的範圍廣及南海、佛山一
帶。換言之，前述英國海軍的第三次武裝懲罰行動，並不能有效阻止海盜
繼續犯案。[109]又例如 1928 年 1 月的山南海輪劫案(SS *San Nam Hoi* Piracy，
該輪原中文船名不詳，此處為音譯)，則更是造成慘重死傷，英籍大副與兩
名印度警衛因此喪命。[110]顯而易見，英國海軍報復行動所產生的嚇阻作

---

[106] 安慶輪為英商太古輪船公司往來新加坡與香港之間的大型客輪，1928 年 9 月，數十名
的海盜偽裝乘客在安慶輪途經海南海口後發動突襲，將輪船劫往廣東大亞灣東面的紅
海灣。搶劫過程中，英籍船員試圖抵抗，但大副、輪機長不幸當場慘遭擊斃，船長與
三副也負傷。"The *An King* Piracy," *The China Year Book, 1929-30*, pp. 801-802.

[107] "Oral Answers," 14 November 1928, HC Deb, vol. 222, pp. 857-9.

[108] "Acting Consul-General Brenan to Sir M. Lampson," 17 November 1927, CO129/507/3.

[109] 由於此類攻擊事件頻傳，知更鳥號砲艦艦長還特地透過亞細亞石油公司代表的聯繫，與
三水、小欖等地的警察首長會晤，以求解決之道。"Report from A.L. Poland, Lieutenant
Commander, Commanding Officer, HMS *Robin* to the Commodore, Hong Kong & the Senior
Naval Officer, West River," 11 November 1927, CO129/507/3.

[110] 1928 年 1 月的山南海輪劫案發生在香港與廣東江門間的西江水路上：為數約 15-30 名
的海盜偽裝乘客在廣東江門登上英船山南海輪，之後於航程中趁機發動突襲，船長與
船員們積極抵抗，最終雖然擊退海盜，卻還是造成三死四傷的悲劇：英籍大副與兩名
印度籍武裝警衛遭到擊斃，另外 4 名印度武裝警衛則負傷。"The *San Nam Hoi* Piracy,"

用，成效相當有限。

　　事實上，英國海軍內部對於懲罰性軍事剿盜行動，可能也不同的看法。根據美國駐港澳總領事館掌握的消息，第一線的英國海軍官兵雖然完全遵從命令，在大亞灣沿岸執行焚燬村落的軍事行動，但實際上在心理卻是相當「不情願的」。負責執行任務的英國海軍官兵似乎認爲他們「只是在破壞和平百姓的家」。特別是當英軍士兵登岸後，當地許多中國村民其實都表現的相當友善，還曾協助其渡河，然而他們最後卻恩將仇報，反倒將百姓的村莊焚燬。某位負責執行報復行動的英國海軍艦長私下亦曾表示，他並不認爲英軍所「破壞的房舍是屬於海盜的」，而且軍事行動也「不可能會有好的結果」。英國海軍「中國艦隊」總司令提威特(Rear Admiral Sir Reginald Tyrwhitt, Commander-in-Chief, China Station)後來甚至直接表態，「報復剿盜行動根本無助於嚇阻海盜犯案，而必須另謀他圖。[111]

　　究其實際，早在 1927 年 9 月下旬北京外交團的〈中國水域海盜問題〉通報中，即對列強使用軍事武力進剿海盜行動下了初步的評語：

> 過去的經驗已經告訴我們，要動用外國海軍武力去懲罰海盜，或是組織陸軍遠征軍去攻擊海盜可能居住的村落，都是極端困難與幾乎不可能之事。唯有對窩藏海盜組織的社群施以整體的懲罰，才有可能根絕海盜的罪行。然而，外國政府自然不可能同意採取如此極端的措施。[112]

派遣軍隊登岸剿盜不但會引起極大的爭議，也不可能根絕海盜現象！除非英國政府下定決心，不顧人道或國際輿論，將所有海盜出沒的村落全部毀掉，但這又與戰爭行爲有何差異？後續的反作用力也不是英國政府所能承

H. G. W. Woodhead, ed., *The China Year Book, 1929-30*, p.799; "From China," Mr. Brenan, Canton to the British Legation, Peking," 18 January 1928, CO129/507/3.

[111] "Prevention of Piracy," Roger Culver Tredwell, American Consul General, Hong Kong & Macao to the American Minister, Peking & the Secretary of State, Washington, 7 November 1927, RIAC/893.8007/39.

[112] "Piracy in Chinese Waters," Circular 142, 21 September 1927, 日本外務省外交史料館藏，《支那海賊関係雑件》，第一卷，F-0138/0149-0150.

擔的。

再者，軍事報復行動可能引起的中國反英情緒，也是英國必須列入考量的。英國駐廣州總領事璧約翰在給英國公使藍浦生的報告中，即坦承目前三次的軍事進剿行動是否能夠有效防制海盜猶未可知，但卻已經在廣州引起仇英情緒。更令璧約翰擔憂的，不只是廣州政府內部，甚至對於公眾輿論有著重大影響力的學生階層，都已產生「可觀的仇英傾向」：

> 對於那些瞭解事情經過的人來說，或許會理解這些仇英情緒乃是不理智的。然而，問題是，這些人並不瞭解所有的事情，他們只知道聽從中國輿論的各種宣傳。也因此，無論他們的仇恨是如何的不理智，在現實上我們就必須慎重評估他們的仇恨。

璧約翰雖然不太願意去評估海軍報復行動是否真的能夠有效嚇阻海盜，但卻「不得不強調，如果海軍繼續此類行動，以目前廣州公眾情緒的騷動情況來說，勢必將會引起新一波的反英運動與經濟抵制」。[113]

（三）情況改變與另謀他法

首先，在英國駐華公使館的努力推動下，自 1927 年 11 月起，北京外交團英、美、日、法、義五國公使開始進行「反制海盜措施會議」(Committee Appointed by the Diplomatic Body to Discuss Anti-Piracy Measures)，共同會商解決中國海盜問題之法。[114]也因此，英國駐華公使藍浦生與香港總督金文泰決定，應等待透過國際合作模式來處理廣東海盜問題，至於軍事報復行動則應停止，並由英國海軍「中國艦隊」總司令採行預防海盜措

---

[113] 此份報告除了給英國駐華公使藍浦生外，同時也將副本送給英國外交部、香港總督府、上海總領事館以及英國海軍「中國艦隊」總司令。見"J.F. Brenan, Acting Consul-General, Canton to Miles Lampson, British Minister, Peking," 17 November 1927, CO129.507/3.

[114] "The Charg'e in China (Mayer) to the Secretary of State," 17 November 1927, *FRUS, 1927*, Vol. II, pp.331-333.

施。[115]換言之，尋求國際合作已為英國此時最優先的防盜策略，並取代現行的獨立軍事進剿海盜行動。

其次，自 1928 年開始，粵英關係也逐漸有了很大的變化，原先的對立逐漸呈現出較為和緩的態勢。主政廣州當局的李濟深也與英國、香港政府發展出不錯的互動關係，李濟深甚至兩度親自向香港總督金文泰表達有解決廣東海盜問題的意願與決心。職是之故，如果再度發生英船劫案時，英軍究竟是否仍應循 1927 年模式立即採取軍事報復行動一事，金文泰本人態度也有所改變。他傾向調整現行方案，主張在英軍正式採取軍事報復行動前，英國應透過駐廣州總領事館與廣州當局進行交涉，督促其採取具體行動進剿海盜，同時也提供英國海陸軍的合作與協助。除非廣州當局拒絕自行採取行動，也不願意與英國合作，否則英軍不應該進行軍事報復行動。況且，金文泰也坦承英軍的報復行動，事實上對於嚇阻海盜的成效不大。因為要真正處理大亞灣海盜問題，英軍不能僅是報復而已，而必須派遣軍隊實際佔領大亞灣地區一段時間（不少於一週）。不過，軍事佔領方案牽涉過大，除必須詳細評估劫案性質與佔領計畫外，且還需英國政府的正式授權，所以並非可以立即執行。因此，金文泰認為「現階段對大亞灣進行報復行動，並無任何有效的作用」。[116]

尤有要者，英國內閣「帝國國防委員會」所屬的「參謀首長附屬委員會」(Chiefs of Staff Sub-Committee) 在 1929 年 1 月報告中，終於坦承武力政策無助於解決海盜問題：

> 雖然已經嘗試懲罰性行動，但它們並不能成功地阻止海盜事件。因為不太可能藉此捕獲海盜，而且還可能造成與海盜活動無關之人一定程度的傷害……。因此，既有的懲罰行動，充其量只有短暫的效果。[117]

---

[115] "Notes of A Meeting at the Foreign Office on Wednesday, " 18 January 1928, CO129/507/3.

[116] "C. Clementi, Government House, Hong Kong to Major General C.C. Luard, General Officer Commanding Troops, South China Command," 7 May 1928, CO129/507/3.

[117] "Report by the Chiefs of Staff Sub-Committee," 30 January 1929, CAB/24/202: 0024.

換言之，軍事懲罰行動證明不但無法解決海盜問題，反倒有可能造成無辜百姓的損失。

當軍事懲罰行動亦無法奏效之際，英國又開始苦思其他的因應方案，例如與其大費周章自行派兵或是要求廣州當局去剿海盜，倒不如直接在商船上部署士兵。因為海盜行蹤飄忽不定難以掌握，故進剿成效有限，但是一般來說除了珠江流域的海盜事件外，廣東海盜劫持商船的模式卻是固定的，即「內部海盜」模式。所謂的「內部海盜」(internal piracy)，指得是海盜並非另外乘船從外部攻擊商船，而是偽裝乘客登船，再伺機從內部發動攻擊，劫持輪船。[118]因此要降低海盜事件的發生率，除了必須在港口執行嚴格檢查，防止海盜挾帶武器登船以外，如果直接在船上部署正規的武裝士兵，不但可以增加嚇阻力量，更可以大幅強化商船因應海盜攻擊的反擊能力。其次，除了透過英國海軍武力的保護外，也有部分英國商船最後選擇妥協，仍繼續雇用武裝警衛來抵禦海盜攻擊。[119]而更等而下之的商船，則甚至藉由支付海盜首領保護費的形式，來換取航行的安全。例如有些新加坡船商即以每艘船每年 2000 元為代價，透過香港的秘密組織，將保護費轉交給海盜首領，從而免除海盜攻擊。[120]

七、英國派員登陸剿盜的正當性問題：條約與國際法

自香港政府採取軍事懲罰行動，自行派員登陸攻擊海盜據點之後，香港一個負責調查海盜劫持事件的委員會，在其報告中針對英國的行動提出了解釋，強調進剿海盜是一種「普遍性的國際責任」，既然中國當局不願

---

[118] "Report by the Chiefs of Staff Sub-Committee," 30 January 1929, CAB/24/202: 0024.

[119] 應俊豪，〈海盜的挑戰：民國初期英國在華航運業的武裝警衛防盜方案〉，中國海洋大學主辦，第五屆「海峽兩岸海洋海事大學藍海策略校長論壇暨海洋科學與人文研討會」，青島，2014.9.19.

[120] "Hong Kong Clubs: Skippers Buy Off Pirate Chiefs," *The Singapore Free Press and Mercantile Advertiser*, 9 October 1929.

處理，英國自然可以採取行動：

> 如果廣州當局拒絕與英國合作，那英國政府採取獨立行動清剿海盜
> 據點的行動將可以充分地合理化，因為這是普遍性的國際責任。[121]

在英國駐華公使館向北京外交團遞交的中國水域海盜問題備忘錄中，亦清
楚點出中國當局對於海盜問題負有「條約義務」(treaty obligation)與「普遍
性的國際責任」(general international duty)。如果中國當局無力自行處理，又
不願接受列強的合作時，相關列強自然有「清楚的權利」，可以採取「必
要的措施來保其利益」。[122]究竟英國進行的軍事懲罰行動所牽涉到「普遍
性的國際責任」為何，還有英國行動是否符合中英之間的條約規定，則需
深入探究。

依據 1858 年《中英天津條約》，關於英國人船在華遇盜受害問題的處
理規定，共有四款，分別是第十八、十九、五十二與五十三款。第十八款規
定中國對英人有保護之責，對於傷害英人及其產業的匪徒亦需加以彈壓：

> 英國民人，中國官憲自必時加保護，令其身家安全。如遭欺凌擾
> 害，及有不法匪徒放火焚燒房屋或搶掠者，地方官立即設法派撥兵
> 役彈壓查追，並將焚搶匪徒，按例嚴辦。

第十九款規定英船在中國水域遇搶，中國必須負責追緝海盜，並將失物歸
還英人：

> 英國船隻在中國轄下海洋，有被強竊搶劫者，地方官一經聞報，即
> 應設法查追拿辦，所有追得賊物，交領事官給還原主。

第五十二款授權英國海軍可因「捕盜」需要，駛入中國水域，且中國當局
還應予以協助：

> 英國師船，別無他意，或因捕盜駛入中國，無論何口，一切買取食
> 物、甜水，修理船隻，地方官妥為照料。船上水師各官與中國官員
> 平行相待。

---

[121] "Recommendations and Conclusions of the Sunning Piracy Commission," CAB/24/202: 0024.

[122] "Memorandum by the British Legation, Peking," 23 September 1927, 日本外務省外交史料
館藏，《支那海賊關係雜件》，第一卷，F-0138/0145-0148.

第五十三款則是當中國水域海盜影響中外商務時，可由中英雙方共同會商剿盜之法：

> 中華海面每有賊盜搶劫，大清、大英視為向於內外商民大有損礙，意合會議設法消除。[123]

由上述諸款規定，可知中國應保護所轄領域（領地及領海）內之英人英船，對於搶劫英人英船之賊盜負有追緝之責，而必要時英國得逕自派遣海軍艦艇追捕中國水域內之海盜，或是要求中英共同會商解決之道。因此關於廣東海盜問題的處理之道，英方部份訴求似乎合乎條約規定，即追究中國政府保護英人英船與肅清海盜之責，以及要求中國政府與英國合作剿盜。然而，條約雖曾規定英國海軍得因捕盜駛入中國水域，卻並未言明可以登岸直接進剿海盜。國際條約基本乃是採列舉主義，凡非明文規定者，英國自然不得自行演繹擴充。其實，從《中英天津條約》上述四款規定中，可以清楚看出關於英人英船在華遇盜受害案件的處理方式，不論發生在中國陸地與水域，均是由中國肩負最大的剿辦權力與責任。而英國所獲得的條約權利，不過侷限在可以處理水域內的海盜問題（派遣海軍艦艇進入中國水域捕盜）。但海盜一旦登岸或是在陸上設立巢穴據點，剿辦權責則均歸中國，英國只能要求中國儘速剿辦，或是要求中英會商解決之道。況且條約中只規定中英「會議」解決海盜之法，並未明確指明由中英雙方一同出兵在陸上進剿海盜。換言之，除了水域上的海盜，英國可以處理外，至於陸地上的海盜，英國只能要求中國處理，或是要求中國一同開會討論解決之法。因此依照條約精神，英國固然可以追究中國剿盜不力之責，但無論如何卻不能自行派兵登岸剿盜。

　　其次，除了條約爭議外，英國海軍直接進剿中國海盜，還牽涉到國際法層面的問題。1927 年 11 月北京外交團原先所擬給廣州當局的外交照會中，即曾提及類似的措辭：「海盜被認為是人類社會的公敵，而鎮壓海盜

---

[123]　〈中英天津條約〉（1858 年），收錄在黃月波等編，《中外條約彙編》，頁 6。

則是所有文明國家政府應肩負起的國際責任」。[124]英系報紙《京津泰晤士報》(*The Peking & Tientsin Times*)曾大力主張應由英國海軍（與各國合作），逕自出兵進剿廣東海盜，則「定可於數月之內將南部海盜剿辦肅清」，因為外國海軍出兵攻擊廣東海盜乃國際法所容許：

> 國際法中，視海盜為人類之公敵，而海盜無論在何處作為，何國人所犯，任何國家之法庭皆得而審訊懲罰之。此亦國際法之成例也。故此英國船於海上捕獲中國海盜，則無將該海盜移交中國當局之義務也。[125]

新加坡英文報紙《海峽時報》(*The Strait Times*)亦宣稱英國在南中國海展開的「清除（海盜）政策」，已為廣東海盜敲了喪鐘，因為「國際法認定海盜為罪犯，所以任何國家都可以攻擊海盜」。[126]上述報導所提到的國際法觀點，可以從 19 世紀美國知名國際法專家惠頓(Henry Wheaton)所著的《萬國公法》(*Elements of International Law*)一書找到立論根據，其中提及海盜的緝捕審判之權，不歸海盜隸屬之國所獨有，而是世界各國皆可行使：

> 各國船隻無論公私，行於大海者，其本國皆得操專權以管制之。然此例但言管制本國律法之案，至於海盜等干犯公法，則非獲罪于某國，乃獲罪于萬國也，無論捕之在何國，或捕之在大海，攜至何國，其國若有法院能司其事者，便有權可審之也。各國按例緝獲海盜等罪犯，若有法院能司其事者，即有權可審之……。[127]

換言之，海盜為「獲罪于萬國」，因此萬國均得捕之、審之。這種國際法主張來自於對於海盜罪的普遍管轄權(Universal Jurisdiction)觀點。自 17 世

---

[124] "The Charg'e in China (Mayer) to the Secretary of State," 17 November 1927, *FRUS, 1927,* Vol. II, pp.331-333.

[125] 見外交部條約司譯件，〈中國南部之海盜〉，譯 1924 年 4 月 15 日《京津泰晤士報》，中央研究院近代史研究所藏，《北京政府外交檔案》，03/46/029-29-002。

[126] "An Occasional Note," *The Strait Times*, 22 July 1927.

[127] 此段引文乃依據晚清傳教士丁韙良所（W.A.P. Martin）翻譯的《萬國公法》，見 Henry Wheaton 原著，丁韙良譯，《萬國公法(*Element of International Law*)》（北京，崇實館，1864），卷 2，頁 34。

紀西伐利亞條約(Treaty of Westphalia)簽訂以來，歐洲逐漸樹立主權國家的
觀念，國家對於領地、領海及其國民擁有絕對的管轄權，但海盜罪的處
理，卻往往被視爲是主權國家管轄權的例外情況。因爲任何國家只要抓到
海盜，即可審判處決之，無論其國籍或是拘捕的地點。換言之，「普遍管
轄權的存在，以幾個世紀以來，任何國家有權起訴任何海盜的看法，雖然
只是一種抽象的論點，卻從未受到挑戰。」[128]

　　但是第一次世界大戰之後，1920 年代國際社會對國際法層次下的海盜
定義，已有著嚴格規範化的傾向。1924 年底，國際聯盟行政院(Council of
League of Nations)應國聯大會要求，決議任命一個「國際法逐步法典化專家
委員會」(Committee of Experts for the Progressive Codification of International
Law)，[129]來處理國際法法典化，並針對各重要國際法問題提出建議，其中
對於海盜的定義也有所討論。雖然國聯各成員國對於國際法層次下的海盜
問題處理上，最終並未達成共識。[130]但 1926 年初由專家委員會所提出的
「制止海盜行爲草案」（"Draft Provision for the Suppression of Piracy"），還
是嘗試去定義國際法層次的海盜問題，「主張海盜行爲是指在公海上爲私
人目的所爲的劫掠或對人的非法行爲，因此，排除了領海內及爲政治目的
的行爲」。[131]1927 年底，國民政府外交部長伍朝樞即曾依據上述草案，來
檢討中國的海盜問題，主張外國海軍不得任意介入中國水域附近發生的劫

---

[128] Eugene Kontorovich, "The Piracy Analogy: Modern Universal Jurisdiction's Hollow
Foundation," *Harvard International Law Journal*, Volume 45, Issue 1 (Winter 2004), pp.183-
238.

[129] Manley Ottmer Hudson, "The Progressive Codification Of International Law," *American
Journal Of International Law*, Vol. 20, no. 4 (October 1926), pp 655-669. 關於國聯「國際
法逐步法典化」的相關歷史資料，亦可以參見"United Nations Documents on the
Development and Codification of International Law," *Supplement to American Journal of
International Law*, Volume 41, No. 4 (October, 1947), pp.29-148.

[130] Azubuike, Lawrence "International Law Regime Against Piracy," *Annual Survey of
International & Comparative Law*, Vol. 15, Iss. 1(2009), pp.43-59.

[131] 黃立，何田田，〈海盜罪的國際法規制〉，《太平洋學報》2009 年第 09 期，頁 1-6。

持船隻事件，因爲此類案件均不符合國際法下定義的海盜行爲：

> 國際犯罪（海盜）的構成要素在於：在公海上危害生命財產、在海
> 洋上無差別地攻擊各國商船、在精神與意圖上有著普遍敵意。因此
> 海盜被視為是「人類的敵人」，任何國家的船隻只要能夠將其拘捕，
> 即可享有審判權。這種依據國際法的海盜罪定義，不但獲得許多頂
> 尖法官的支持，國聯的「國際法進步法典化」專家委員會也在1926
> 年2月提出權威性的論述，並通知國聯成員國。[132]

換言之，海盜犯罪的構成要素之一即是必須是發生在公海上的劫掠行爲，
因此發生在中國領海水域內的劫掠行爲並不構成國際法定義下的海盜行
爲，外國海軍當然無權以普遍管轄權來進行干涉。

　　尤其是，根據近來西方學者的研究，關於海盜罪的普遍管轄權，畢竟
僅是一種理論，而非實際情況。因爲考之歷史，幾百年來真正依據此原則
而審判的海盜實在屈指可數。[133]換言之，海盜罪普遍管轄權的觀點，雖然
人人熟知，但在現實情況中卻甚少去真的實踐它；亦即它只是一種想當然
爾的國際法觀點，而非行之有年的慣例。

　　關於英軍越界登陸懲罰海盜軍事行動涉及到的國際法問題，及其背後
所隱含的帝國主義心態，亦可從國民黨香港支部發佈的宣言略窺一二。該
宣言痛斥英國軍事行動的「罪惡」，乃在於縱兵越界，以及明知此行爲有
違國際法規定，但卻執意爲之：

> 查世界公例，尊重自己的土地，也應該尊重他人的土地，尊重自己

---

[132] 伍朝樞引據國際法的海盜罪問題，主要乃是針對 1927 年 10 月的愛仁輪劫案與英國海軍
的攻擊行動而論：廣東海盜將輪船招商局輪船所屬愛仁輪劫持至廣東大亞灣，但正在
該灣巡邏英國軍艦卻以愛仁輪遭海盜挾持且拒絕服從停船受檢為由，逕行開砲攻擊，
導致愛仁號中彈失火沈沒，24 名乘客因此溺斃。〈國民政府外交部長伍朝樞致英使藍
浦生照會〉，1927 年 12 月 22 日，國民新聞社，見"A Note from Dr. C.C. Wu, Minister
of Foreign Affairs of the Nationalist Government to Sir Miles Lampson, H.B.M. Minister," H.
G. W. Woodhead, ed., *The China Year Book, 1929-30*, pp. 795-797.

[133] Eugene Kontorovich, "The Piracy Analogy: Modern Universal Jurisdiction's Hollow
Foundation," *Harvard International Law Journal*, Volume 45, Issue 1, pp.183-238.

> 的主權，也應該尊重他人的主權……凡軍隊經過他國的境界必先要
> 照會那國的政府，和該管的地方官允准方可，英帝國主義者並無照
> 會，貿然率兵艦飛機侵越國境，他明知對於道理和法律上是說不去
> 的，他敢公然為之，就是藐視我國，以為無如之何，這是帝國主義
> 更為可惡之點。[134]

由此不難看出 1920 年代中期以後中國各地出現的反英風潮，事實上其來
有自：英國自以為是的帝國主義行徑，往往違背或逾越西方自行定義國際
成例，勢必讓中國人憤恨難平，如再加上布爾什維克式反帝宣傳(Bolshevik
Anti-Imperialism Propaganda)的刻意渲染，火上加油，反英風潮自然極易形
成。

八、小結

　　1925 年五卅事件之後，粵英關係形同決裂，原有的共同合作剿盜模式
無以為繼，但廣東海盜問題卻日益惡化，對香港往來中國各地航運路線構
成嚴重威脅，是以香港總督府屢次提案應由英軍自行動武懲治廣東海盜。
但是另外一方面，隨著國民革命軍北伐軍事行動的順遂，英國外交部與駐
華外交使領則極度關切中國局勢的重大演變，擔心北京政權即將傾覆。換
言之，此時英國政府陷入兩難之境，究竟應該顧及與國民政府發展更為友
善關係，還是不顧一切先處理香港方面苦思解決的廣東海盜問題？

　　1927 年 9 月英國駐華公使館的海盜問題備忘錄中，回顧英國因應廣東
海盜問題的對策，不外乎督促中國政府剿盜，以及提供粵英合作的建議，
但事實上英國也持續思考如何以自己力量來解決海盜問題。

> 雖然英國一方面從不停止督促中國當局採取行動，同時也經常提供
> 合作，但還是必須自行策劃對策以應付現有的情況。而英國的因應
> 對策，部份是屬於保護性質的，但也有部份是屬於懲罰性質的。

---

[134] 〈香港支部反抗英兵越界焚殺稔山同胞宣言〉，《廣州民國日報》，1927 年 4 月 4 日
第 6 版。

因此，除了強化對英國商船的保護措施外，如何以暴制暴、採取軍事懲罰行動來進剿海盜，同樣也是英國海盜對策的重要選項。[135]

　　然而，英國政府內部，尤其是外交部對於軍事懲罰行動有相當顧慮，深怕會引起不必要的反英運動。自孫文確立聯俄容共政策以來，廣州當局即與蘇俄、中共保持親密合作關係，極具感染煽動與殺傷力的反帝宣傳與經濟抵制，也就成為廣州當局推動反英運動時的兩大利器。加上廣州國民政府自展開北伐軍事行動以來，攻勢順遂，不久已掩有江南半壁，隱然有成為中國新主人的架勢，這也迫使英國不得不正視與慎重看待此時的國民政府，亟思與之開展新的關係。所以雖然香港總督一直迷信動用武力才是解決廣東海盜的根本方法，但英國政府依舊遲遲未敢落實先前已拍板定案的軍事懲罰行動。

　　不過，這層顧忌隨著中國局勢演變與列強對華政策的調整，而有很大的運作空間。首先是蔣介石逐漸掌握國民政府，並向江浙財閥與英美勢力靠攏，而與蘇俄、中共劃清界限。其次，以美國為首的列強，也因為擔心北伐行動過激，有可能挑戰列強在華既有的特權地位，而選擇適當介入，於是在南京事件中動用砲艦外交，以軍事報復行動壓制中國革命外交的氣焰。換言之，1927 年中國革命陣營的內部分裂與路線調整，以及列強對於北伐軍事行動從靜觀調整為適當介入，從而促成 1927 年英國武力進剿海盜政策的持續落實。

　　1927 年英國三次動用海軍艦隊進剿廣東海盜，第一次固然是香港總督自行推動武力進剿政策最佳的寫照，但後續兩次則獲得英國政府的強力背書，可視為是當時英國對華政策重要的一環。可惜此政策不過實行約一年多，即證明是荒誕可笑的。英國動用大批軍力，以不成比例的海軍巨艦大砲，來圍剿只有手槍與步槍的海盜，但其結果卻只換來海盜轉移陣地，廣東海盜依然繼續馳騁在南中國海上，任意劫持英國輪船、殺害英籍船員。

---

[135] "Memorandum by the British Legation, Peking," 23 September 1927, 日本外務省外交史料館藏，《支那海賊関係雜件》，第一卷，F-0138/0145-0148.

於是英國海盜防制政策急轉直下，從積極武力進剿又再回歸到最原始的消極自保對策：海盜既然剿之不盡，倒不如強化商船自身的防禦力量，亦即派遣武裝士兵登船戒護，讓海盜不敢劫持船隻，或降低海盜得手的機會。事實證明，在中國局勢混亂的大前提下，英國既然無力改變中國亂象、也不可能根除所有海盜，那麼建立被動但有效的商船防禦機制，而非英國海軍主動進剿，或許才是因應海盜問題的不二法門。然而，這可能又將引起英國海軍與船商之間的角力與爭議，究竟保護商船安全是海軍的義務，還是船商本身的責任。

另外一方面，對於英國片面的軍事行動，廣州當局（國民政府）則採取相當具有彈性的雙重手法予以反制。其一是內部宣傳，將英軍懲治海盜、焚燒村落舉動貼上帝國主義暴行的標籤，並藉由渲染事件過程，刻意將其損害程度大幅提高，操作成「慘案化」，使之與反帝宣傳結合，激起百姓憤慨之心，進而為北伐行動張勢。其二則是對英交涉，表面下透過正規外交管道交涉此事，要求賠償道歉，但檯面下則策動小規模經濟抵制運動，形成壓力、以商逼政，藉此箝制英國的武力政策。

最後，如從果國際法的角度來重新檢視英國的軍事剿盜行動，也有相當可議之處。因為英國聲稱的海盜問題普遍管轄權，不過是一種抽象的國際法概念，並非行之有年的國際慣例。既然幾百年來連歐洲國家都甚少去實踐海盜問題的普遍管轄權，那為何英國在處理廣東海盜問題上，卻執意採取軍事行動，並以海盜罪的普遍管轄權為依據呢？同樣的情況如果發生在歐洲其他主權國家之間，即或發生海盜襲擊英船事件，除官方外交抗議交涉外，很難想像英國會以普遍管轄權為由，真的派遣海軍到海盜所屬之國去進行懲罰報復，甚至派兵登陸去燒毀村落。說穿了，英國不過利用抽象的國際法觀點，來合理化其侵犯中國領土主權的行為。這也是近代以來國際強權政治的實然面，強大的國家隨時可以使用國際法上任何的觀點，來掩飾其行動背後所牽涉到的侵害他國主權問題。

結論

　　近代以來，英國等西方列強藉由軍事武力與外交條約的雙重手段，成功打開清王朝封閉的大門。中國沿海港灣，陸續成為外人活動往來與貿易通商的主要所在與通道。然而，華南水域海盜活動頻繁的老問題，同樣也起起伏伏地困擾著英國。尤其晚清太平天國之亂以及民國軍閥割據分裂期間，地方秩序因戰亂影響而遭到嚴重破壞，不少百姓流離失所，部份即鋌而走險，做起打家劫舍、勒索商旅的無本生意。而沿海水域海盜肆虐現象，自然也如同內陸地區棘手的土匪問題一樣，出現高峰期的趨勢。在這樣的環境下，晚清時期英國仍是依循傳統砲艦外交的手法，藉由展現海軍武力與援引條約規定，要求清政府必須妥善解決海盜問題，並與西方列強共同合作，出兵剿滅海盜勢力。某種程度上，此套模式還算運作得宜，故在中外軍事協力剿盜行動後，大都能夠勉強壓制住蠢蠢欲動海盜勢力。但到了民國軍閥混戰時期，情況與晚清有相當大的差異。因為大一統的中央政府不復存在，南方各省又與北京政府敵對，呈現出半獨立的狀態。英國經常苦無有效的交涉對口單位，北京政府雖在口頭上每每表示會積極處理華南海盜問題，但事實上對於南方各省毫無控制能力，遑論展開剿盜行動。而南方各省主事當局，外部忙於對抗北京政府，內部則彼此角力、擴充地盤，爭取有利的生存空間，既無暇也無意去認真處理海盜問題。再加上民國以來，特別是五四政治運動以降，中國民族主義意識日趨高漲，對於西方列強介入屬於中國內政事務的海盜問題，抱持戒慎態度，故多次拒絕英國合作剿盜的請求。也因此，英國必須絞盡腦汁苦思各種可能的解決方案。

　　1920 年代英國人眼中的中國海盜問題，事實上多半指的就是廣東海盜問題。因為當時英國在華商業與貿易利益集中在東南沿海各省以及長江與珠江兩大流域，而此類區域正是當時中國海盜勢力活躍的主要地區，除長江流域海盜問題外，華南水域與珠江流域海盜問題的重要元兇，幾乎都與廣東海盜脫不了關係。橫行在上海以南、新加坡以北水域，最為惡名昭彰的公海海盜，即是來自於廣東東南方大亞灣沿岸地區的海盜勢力。而珠江水域的海盜案件，則與盤據在廣東內河水路沿岸地區的各股海盜關係密切。香港殖民地密邇廣東，彼此商貿連動、唇齒相依，而連結上海、香港、新加坡間的輪船航線，更是英國在亞洲經貿命脈的主要幹線。不論是基於確保商業利益，還是為了維護國家尊嚴，英國均不可能長期容忍廣東海盜對於此江海水域航行安全與英國船隻的騷擾。即是之故，英國一直致力於謀求廣東海盜問題的根本解決之道。

　　而英國在處理廣東海盜問題的基本對策，簡言之，即是剿防並重。一方面建構防禦體系，透過各種手段強化自身防盜與嚇阻能力，盡量讓海盜無機可趁，使其放棄劫船企圖。在民間防盜手段部份，乃是經由立法程序，強制規範英國航運公司，必須改造船體、隔離艙房、配發船員武器，以及雇用武裝警衛等，以提升商船自身的防盜能力。其次，在軍方防盜體系部份，則是規劃海軍巡邏與護航方案、派遣武裝士兵駐防商船，以及推動國際海軍防盜合作行動等，將實質軍事力量投入到防盜工作上，藉由優勢軍力的展現，以有效嚇阻海盜勢力。另外一方面則是更為積極、甚至較具侵略性的剿盜策略，亦即規劃軍事行動，直接針對大亞灣、珠江等海盜活動的根據地進行有效打擊，使其無法繼續立足、生存與活動。以軍事剿盜執行模式來說，英國的優先考量，自然是與中國地方當局建立合作關係，共同採取海、陸聯合軍事進剿行動，徹底瓦解海盜巢穴與根據地。但如受到中國局勢動盪或是中英關係不睦，以致無法獲得中國當局的合作時，英國也不排除採取獨立軍事進剿行動，從香港派出特遣艦隊，執行登陸作戰，逕自將海盜聚落及其犯案工具等一舉破壞。

一、防盜立法與強化商船防盜能力的努力與成效檢討：商船的要塞化與武裝化

　　1920 年代廣東海盜問題日益嚴重，但受到中國政局動盪不安、內部紛擾的影響下，廣州當局既無力也無暇解決此問題。香港毗鄰廣東，則首當其衝，香港往來中國各地航運商船每每成為海盜下手的對象。為了根本解決海盜問題，英國政府甚至意圖直接派兵掃蕩海盜聚落，但是受到中英關係緊張與第一次世界大戰後新國際局勢的牽制，英國也不太敢輕舉妄動，以免引起群眾反英風潮或是其他列強的猜忌。即是之故，在廣州當局無力解決、英國政府又不能逕自處理的情況下，為了確保航運安全，自然也只能無奈地將處理廣東海盜問題的重點，放在防盜的範疇，亦即如何採取有效措施才能防止海盜登船，以及如何強化英國商船的防盜能力，以便必要時能夠擊退海盜攻擊。

　　早自 1860 年代開始，為了確保香港周邊海域航行安全，英國陸續在香港著手進行海盜防制立法工作，諸如海盜審判與懲戒、武器禁運、強化船長與船員的防盜責任等規定，在晚清時期即略具雛形。1914 年香港總督府又頒布〈防範海盜則例〉與〈防範海盜章程〉，強制規定凡航行危險水域的商船均必須設置防盜措施，包括船隻內部結構（艦橋與輪機區域）的要塞化、華人艙房與行李間的隔離上鎖設備、武裝警衛班的部署、船長與船員幹部的配備武器等等。其目的即在於藉由強化英國商船的防盜能力，以收嚇阻海盜劫船之效。到了 1920 年代，由於廣東海盜問題愈形惡化，英船劫案頻傳，香港總督府除了更加致力於強化與落實既有商船防盜規定外，又進　步著重英國船商公司與船長、船員幹部在防盜上的責任，強制規定須竭盡全力抵抗來自的海盜攻擊，否則香港總督府有權追究其失職之過。事實上，英國與香港政府均致力於從過去發生的劫案中獲取經驗與教訓，去補強現有防盜規定，以提高商船本身的防盜能力。

　　然而，香港在防盜立法上的強制規定，卻逐漸引起船商與海事相關從業人員的反彈，從早期的工會請願、罷工運動，到後期〈少數報告〉的提

出,均強調〈防範海盜章程〉等防盜規定,在實際運作上,並無法有效防止海盜犯案。特別是與中國沿海航運利益密切相關的海員與機工工會、商會、船商集團等多次試圖從各個面向抨擊現行〈防範海盜章程〉的嚴重疏漏。他們質疑這些防盜規定徒然只是迫使船商與船員付出不必要開支與生命,來應付根本防不勝防、難以抵禦的海盜襲擊行動。而英文報紙輿論也經常隨之起舞,附和其觀點,嚴辭批判政府劣政。在輿論壓力下,面對民間的反對聲浪,香港政府也曾嘗試亡羊補牢,一再調整並修正防盜規定。英國政府更是慎重其事地召開由外交、殖民、貿易、海軍、陸軍等相關部會代表共同與會的「跨部會議」進行研商,同時也安排民間代表出席提供意見,以疏通官民間的歧見。但是在歷經內部專業評估與詳細討論後,英國政府依然堅持〈防範海盜章程〉有其存在的必要性。至於目前防盜成效之所以不彰,主要原因在於防盜規定本身不夠完整周延,再加上船商與海事從業人員多未能嚴格恪遵防盜規定,以致讓海盜有機可趁。因此,如何更進一步調整並改善既有的防盜架構,強化商船防盜能力,則是英國政府未來持續努力的方向。

　　不過,即便如此,英船劫案仍是一再發生,海盜更是囂張地視英船為禁臠。官方與民間多年來對於商船防盜方向的辯駁、檢討、修正與改良,最終似乎仍然無助於防範廣東海盜的劫掠行動,意謂英國與香港政府制訂的防盜架構有著很大的缺陷。英國《經濟學人》雜誌早在 1924 年 5 月的一篇評論,即有意無意間點出箇中窘況:

> 政府防盜規定不時地一再修正,也有其(必須調整的)急迫性。船員規定必須攜帶手槍、印度警衛在巡邏船艙時必須將步槍子彈上膛、船艙內部必須以鐵窗作隔間、艦橋必須鐵絲網做防護,以及其他防盜措施等。然而海盜劫案卻一再發生,在防禦設計上一個又一個的疏漏之處被發現,所以又必須制訂更多的規定。

又例如海盜往往偽裝乘客登船,所以必須在港口進行行李檢查,然而即使在碼頭進行完整的登船檢查措施,海盜似乎還是有辦法成功挾帶武器登船。為了確保內河輪船的航行安全,所以又規定必須由武裝汽艇護航,但是珠江流域廣闊，所以也只能保護到珠江主幹道的航運，至於西江水道則顯得力有未逮。海軍執行巡邏任務，固然可以嚇阻海盜犯案，但是在艦艇數量有限的情況，如果要進行有效的巡邏制度，則似乎又要面臨新的難題，亦即英國政府必須擴充在華海軍武力才有辦法應付。[1]看來上述每一項新的防盜措施似乎都是迫切重要，但不禁令人懷疑的，到底哪些規定才能真正解決問題、有效防範海盜？如此件件椿椿，一個又一個，何時才有寧日？ 換言之，一個問題解決了，似乎另一個新的問題又馬上出現了！每當制訂一條新的防盜規定，就會發現還需要制訂更多的規定。所以英國與香港政府十餘年來一再地補破網，卻只是發現有更多的破洞需要縫補。

尤有要者，官方所制訂的〈防範海盜章程〉，籌劃一堆防盜機制，幾乎讓商船變成了「漂流要塞」("floating fortress")，甚至規定船員們必須「竭盡全力迎擊」("resisit to the uttermost")海盜。但船商們卻認為官方防盜方向完全錯誤，一旦海盜控制商船，船員所能做的就只能投降了，因為如此才能確保商船本身不會受到海盜的破壞。況且，將〈防範海盜章程〉奉為防盜規臬，究竟是否正確？事實上，香港方面不論如何強化商船防盜措施，只要中國沿岸港口無法建立有效的登船檢查制度，防堵策略就不可能奏效，海盜仍會由中國港口偽裝乘客登船，而船員們也難以對抗海盜所發動的武裝突襲。[2]也因此，原先對於防盜規定的討論，最後才會演變成英國官、民之間彼此攻訐指責的舞台。

簡言之，透過 1920 年代香港防盜立法爭議的整體檢討，可以非常清楚地看到，在現實環境的考驗下，〈防範海盜章程〉的侷限性展露無遺，其成效一直備受質疑與挑戰。而歷經十餘年的親身驗證，英國在跌跌撞撞、修修補補間似乎逐漸認清到，要根除海盜問題，僅靠立法強化防禦措

---

[1] "The Position in Hong Kong (By A Correspondent)," 9 May 1924, *The Economist*, 99:4219 (5 July 1924), pp.7-8.

[2] "Hongkong - The Changing Scene - The Piracy Problem - Trade - A Government Loan (From Our Correspondent)," 5 November 1927, *The Economist*, 105:4399 (17 December 1927), pp.22-23.

施─如藉由嚴密的檢查制度防止海盜挾帶登船、透過隨船武裝警衛來提高戒護能力、要求船長與船員幹部隨身攜帶武器以抵抗海盜、強制裝設無線電設備以便能夠緊急對外求援等─基本上恐怕都是無濟於事的。因為此舉非但會引起海事相關從業人員的反彈與消極抵制，也可能挑起船商與海軍之間的對立，但在實際航行情況中，海盜卻還是一樣在船隻上繼續逞兇。況且，究竟是否該立法嚴格規定或是鼓勵船長、船員與警衛們竭力抵抗海盜的攻擊行動，同樣也是異常棘手的抉擇。因為一旦劫案發生，船員幹部與武裝警衛竭盡全力的抵抗，雖然有些許的機會能夠擊退海盜奪回船隻控制之權，但萬一失敗或雙方陷入對峙僵局，其結果恐將比不抵抗更為嚴重。不抵抗的結果，充其量只是船上財物被劫，海盜一般而言不會破壞船隻，也不會主動傷害船上人員，故除了財物損失外，事後對於船商與相關人員而言不會有多大的影響。然而一旦選擇抵抗，海盜多半會採取極為血腥的報復手段，除了殘殺船上乘客外，更為恐怖的是，因為海盜罪是公認的殺頭死罪，對於海盜來說，劫案失敗等於就是死刑，所以海盜犯案時如果遭遇抵抗，只要眼看情勢不佳，有非常大的可能性會選擇玉石俱焚，亦即縱火燒船，屆時勢必船毀人亡，損失也會極其慘重。1926 年新寧輪劫案的下場即驗證了一切。[3]所以，與其窮盡心力思考如何透過立法手段來防制海盜登船與抵抗搶劫，倒不如改變方向，直接由軍事當局規劃海軍防禦體系來承擔防盜的責任，或是動用武力從根本上解決海盜源頭。

---

[3] 　特別是受到新寧輪劫案的影響，英國方面對於船員、警衛是否要堅決抵抗海盜攻擊一事陷入極其矛盾的情緒當中。甚至連英國海軍高級官員也是處於相同的焦慮。例如 1929 年日船デリー九劫案發生後，在英國駐香港海軍准將希爾(R. Hill, Commodore, Hong Kong)給「中國艦隊」總司令的報告中，竟一再出現此類矛盾的評語，例如反抗成功固然可以提振士氣，但是與其可能失敗而導致船毀人亡，倒不如什麼都不做，就讓海盜劫掠還比較好。換言之，希爾的報告似乎在慶幸デリー九於劫案發生時沒有採取積極抵抗措施，不然可能重演新寧輪的悲劇。所以希爾在報告中的結論是：「這證明了，重要的不是當劫案已經發生了再去反制它，而是如何讓海盜案件完全不可能發生」。見 "Notes on *Deli Maru* Piracy (12 September 1929)," from R. Hill, Commodore, Hong Kong to the Commander-in-chief, China Station, 1929, CO129/521/2.

二、防盜軍事策略上的部署與成效檢討：從海軍自行防盜邁向國際軍事合作防盜

　　除了透過立法手段強化商船本身的防盜能力外，英國政府也沒有輕忽海軍在防盜任務上的重要作用。為了有效因應海盜問題，英國海軍擬有一整套防範海盜的方略，包括海軍巡邏、武裝汽艇護航等，而且針對情況發展，又提出檢討與改善之道。雖然在第一次世界大戰結束後，受到財政預算緊縮的影響，英國政府已逐步裁減海軍武力規模。但 1920 年代為了因應廣東海盜對英國在華航運安全的威脅，英國海軍在有限的海軍艦船實力下，仍試圖規劃出其他看似可行的防盜體系。特別是香港與廣東貿易有著極為緊密相連的臍帶關係，但廣東珠江流域的航運情況卻長期受到盤據在西江等支流水道海盜勢力影響，商船往來常常有遭到劫持攻擊的風險。為了確保香港與廣東內陸水域航行安全，維護英商在該區的龐大商業利益，英國駐華海軍官員試圖從諸多方案中規劃出看似較為可行的防範海盜之法。西江分遣艦隊指揮官即先後提出了兩種方案。其一是擴大武裝汽艇方案。其二則是船團護航體系。

　　武裝汽艇非正規海軍船艦，不受華盛頓海軍限武條約的規範，且其成本開支較為低廉，多為向民間承租汽艇，再從「中國艦隊」抽調其餘海軍人力攜帶武器裝備來部署。武裝汽艇上的武力部署，由 1 名軍士官統率 9 名士兵組成，並配屬小型火砲與機槍、步槍作為主要武器。一般來說，雖然武裝汽艇的攻擊力量稍嫌薄弱，但卻具有吃水淺、速度快、機動性強的特性，可以在水深較淺的珠江分支水路中航駛，適足以彌補火力強大、但吃水較深、航行易受阻的正規軍艦。而由海軍軍艦與武裝汽艇混合編組的防盜武力，則最能夠在珠江支流水路中發揮積極作用。也因此，英國駐西江分遣艦隊指揮官試圖提出擴編武裝汽艇的方案，來強化護航防盜能力。

　　但以擴大武裝汽艇方案來說，姑且不論其防盜成效，僅是牽涉到維持既有的三艘武裝汽艇經費開支問題，就在英國海軍與香港政府之間造成嚴重歧見而難以解決，遑論要進一步擴大編制。1924 年武裝汽艇方案初始規

劃的開支分攤原則，是香港總督府與英國海軍共同分攤，其汽艇租用維持費用由香港支應，海軍人力與武裝費用則由海軍負責。省港大罷工期間，因商船停開、航運貿易中斷，香港總督府即不願再支付武裝汽艇的租用與維持費，故武裝汽艇只好全由英國海軍接手，充作輔助艦艇，用以維護英國在沙面租界周邊水域的安全，並處理附近罷工抵制與反英運動等問題。1926 年省港大罷工結束後，航運恢復，英國海軍要求香港總督府也必須分攤武裝汽艇開支，後來雖達成協議，但是後續幾年內香港總督府與海軍彼此對於分攤比例原則一直有意見，最後竟還造成英國海軍部的極度不滿，嚴辭指責香港總督府推卸責任，讓海軍承擔香港殖民地的防盜花費。究其實際，武裝汽艇開支問題，反映出一項長期爭論，亦即香港周邊中國水域的防盜問題，究竟是屬於香港總府還是英國海軍的職責。香港總督府認爲廣東雖然毗鄰香港殖民地，但仍屬於中國，故其水域航行安全，不應由殖民地政府承擔，而應由帝國政府負責，所以應由英國海軍承擔。但英國海軍則指控廣東水域航行安全問題，基本上都是與香港航運利益密切相關，所要保護的商船也以往來香港與廣東之間爲主，故體現的是殖民利益，應該由殖民地政府，亦即香港總督府負責。此項爭議，雖歷經 1920 年代後半期多次協商，但仍無法達成雙方都滿意的共識，最後決定在 1930 年時正式解編。武裝汽艇方案在英國在華防盜史上也就暫時劃上句點。

　　至於船團護航方案，則是在海軍艦艇數量有限的情況下，所採取不得不的防盜策略。諸如一戰期間英國海軍爲突破德軍潛艦封鎖，曾將商船組成船團，由海軍艦隊集體保護。而船團護航防盜方案也是如此。因爲受限於海軍艦艇數量，不可能爲每一艘單獨航班，即派出一艘軍艦進行護航。所以在海盜犯案高風險期間，將數艘商船航班集中，由英國海軍派出艦艇統一進行護航，不但可以節省海軍負擔，也可卻可以確保航程中不致有海盜攻擊行動發生。但是此舉卻會造成香港與廣東間英船航班大亂，極度不利貿易發展。況且船團航行期間，必須保持一致航速，也將造成航速較快的新式輪船，必須降速以配合老舊商船，導致航程時間大幅增加，不但會增加油料耗費，對航運營運會造成影響，更會削弱英國船商在華南航運市場上的競爭力。因此，英國船商普遍對於船團護航方案表達強烈反對態度，一般來說，除非情況特殊（例如掌握到確切的海盜犯案情資），或是海盜活動已嚴重到失控的情況，否則決不應輕易採取此法。

　　換言之，船團護航方案本身即是一件知易行難的方案，要落實絕非易事。除了要顧慮組成船團對於商務活動的諸多阻礙與英商的強烈反彈外，還必須注意船團護航時海軍艦隻的組成情況。特別是在英國海軍艦隻數量不足的情況下，船團護航任務先前多半也仰賴武裝汽艇來支援協助。但是如同前述所言，在大罷工與經濟絕交期間以及之後，英國海軍部、殖民部與香港政府為了現有武裝汽艇的經費開支問題問題，已發生嚴重歧見，且影響到武裝汽艇本身的存廢問題。因此，關於船團護航方案，對英國來說，無論如何絕非輕易可行的防盜方案。即是之故，英國海軍所規劃的防盜體系，無論是武裝汽艇方案，還是船團護航方案，雖然看似有一定程度的成效，但實際上卻不易落實，常需面對來自來內、外的反彈與質疑聲浪。尤有要者，就實際的防盜成效作用，此類方案充其量也只是消極防禦、治標不治本的作法。英國駐港海軍當局即坦承此類措施充其量只能協助抵禦「已經登上船的海盜攻擊，卻無法阻止海盜的登船與避免海盜案件的發生」。[4]

　　簡言之，英國海軍提供的巡邏與防護，即使能夠有效嚇阻海盜，但卻又還需要多少的海軍艦艇，才能提供在華英商滴水不漏的保護呢？因此，雖然英國方面一再調整防盜策略，但總是無法趕上變化，而似乎唯一不變的是，就是廣東海盜依然自由地馳騁在大洋與江面上，海盜問題仍是無法獲得有效的解決。

　　當英國海軍自行建構的防盜體系不易落實且成效有限的情況下，英國政府也開始思考其他層面的軍事防盜規劃。雖然僅單憑英國一國海軍之力

---

[4] 例如 1926 年的新寧輪劫案(SS *Sunning* Piracy)、1929 年的海清輪劫案(SS *Haiching* Piracy)均屬於成功抵禦海盜攻擊但卻損失、犧牲慘重的案例。見"Anti-Piracy Measures in Force at Present," cited from "Anti-Piracy Measures," *Admiralty Chart*, NO.1962, Hong Kong to the Brothers, 1930, CO129/521/3.

沒有辦法有效防範廣東海盜劫案的發生，但如果集合諸國海軍之力呢？廣東海盜雖然多以劫持中國與英國船隻爲主要活動形式，然並未排除其他各國船隻作爲劫持對象，故其他國籍商船劫案雖比不上英船劫案頻繁，但仍不時發生。故廣東海盜所造成的華南水域航運安全問題，列強諸國亦同樣深受其擾。因此，英國如能利用廣東海盜所造成的普遍性威脅，藉由北京外交團的平臺，以多國協商機制，形成國際共識，從而引進列強海軍之力，擴大並深化既有海軍防盜體系。直言之，對英國來說，國際海軍合作防盜計畫將有一箭三鵰之利，其一是收外交聯合施壓之效，將英國一國的廣東海盜問題，擴大爲列強共同的廣東海盜問題，藉此營造出列強聯合對華交涉的態勢，大幅強化對中國政府（尤其是廣州當局）施加的外交壓力，迫使其採取更爲積極的態度來處理海盜問題；其二，是收海軍合作之效，列強海軍聯合防盜計畫一旦成形，集各國海軍之力，可以進一步擴大海軍護航、巡邏體系的範圍，次數頻率也將隨之提高，必定對廣東海盜造成極大的嚇阻壓力，不敢再輕易犯案；其三，是節省英國海軍開支，透過引進列強海軍之力，英國本身非但不用額外增加海軍開支，連原先輔助性的武裝汽艇或許也可以裁撤，相關艦艇油料耗費與人員編制也可隨之減少，故可收減少海軍開支之利。

　　因此，在 1927 年北京外交團英、美、日、法、義五國公使防盜會議上，英國公使與香港總督均出席與會，積極推銷英國所提的五國外交與海軍聯合防盜計畫，也獲得其餘四國駐華公使相當正面的回應。可惜的是，在五國公使進一步請訓各國政府，以取得正式授權與批准之際，美國政府卻在關鍵時刻緊急踩了煞車，美國國務院在參酌遠東司內部評估意見以及海軍亞洲艦隊的專業建議後，訓令駐華公使不得加入英國計畫。影響所及，連原先已同意參加的法國與義大利，稍後也決定跟隨美國腳步，一同退出聯合防盜行動，從而導致英國計畫胎死腹中。而英國原先的規劃的列強海軍合作防盜計畫，最終只能縮小到只有日本與英國繼續參加。然而或許是受到美、法、義等國先後退出的影響，日本政府此時雖仍同意與英國合作防盜，但實際上卻流露出意興闌珊的態度，對於雙方海軍合作層級與規模也極度限縮,消極地只願派出一艘軍艦參與行動,所謂英、日海軍合作防盜計畫,也只是徒具虛名而已。

在國際海軍合作防盜計畫失敗之後,加上前述香港總督府在英國船商與海事從業工會等民間壓力下,被迫調整防盜立法,不再強制規定商船必須聘僱武裝警衛,使得英國商船必須赤裸裸地自己面對廣東海盜的直接威脅。在商會遊說與民間輿論的攻訐影響之下,英國海軍被迫只得繼續承擔並擴大保護英國商船航行安全的責任。而採行的具體方案,則是由英國海軍抽調士官兵,取代原先成效不佳的印度武裝警衛,充當英國商船的隨船保鏢。士兵駐防商船護衛方案,後來又進一步擴大保護規模,含括新加坡與華南兩大航線,換言之,北起上海、南至新加坡的廣大水域內,英國商船均由英國海軍調派士官兵攜帶武器登船戒護。後來在兵力調度的考量下,除了海軍外,又將英國在亞洲的陸軍部隊納編,包括華北指揮部、華南指揮部、馬來亞指揮部等均須派出士兵參與駐防商船護衛方案。在英國海、陸軍士兵擔任第一線的保護任務下,確實發揮極大的效力,凡是有英國士兵登船戒護的商船均因此免於廣東海盜的威脅,故備受英國船商、工會與輿論的稱頌。然而,此方案實行期間,英國軍方卻早已不堪防盜任務負荷,而怨聲載道、反彈連連,多次痛斥英國船商將防盜工作完全轉嫁軍方,使得海、陸軍當局竟為了民間防盜工作而疲於奔命,非但兵員人力調度異常吃緊,也影響到正常戰備任務,一旦在亞洲發生緊急情況,恐將難以因應。由於軍事當局的強烈反彈,英國政府決定終止士兵駐防商船護衛防盜方案,到了 1930 年初,海、陸軍士兵即不再擔任商船護衛工作,故此方案僅短暫實行約兩年左右的時間。在士兵撤離後,英國商船的防盜工作,最終似乎又回到原點,各船商只能自行思考如何強化商船本身的防盜能力,並在香港警察當局的協助下,付費雇用各類型的武裝警衛力量。[5]

---

[5] 1930 年當海、陸軍士兵撤防後,英國船商在香港警察當局的協助規劃與組訓下,多在雇用印度、白俄、華人等各類型武裝警衛方案中自行擇一採用。參見應俊豪,〈海盜的挑戰:民國初期英國在華航運業的武裝警衛防盜方案〉,第五屆「海峽兩岸海洋海事大學校長論壇暨海洋科學與人文研討會」,山東青島,2014 年 9 月 19 日。

三、中（粵）英軍事合作剿盜行動的運用與成效檢討：正規與「非正規」合作並重

　　1920 年代英國人急於處理的中國海盜問題，因主要犯案元兇搭多來自於廣東，故在地緣屬性上就是廣東海盜問題。也因此，英國如欲謀求海盜問題的根本解決，確保在華航運業的航行安全，勢必得與廣東地方當局合作。早自晚清時期，英國即與廣州當局建立共同剿盜的合作模式，但到了民國時期，由於受到中國主權觀念日益覺醒的影響，廣東方面曾多次婉拒英國介入處理屬於中國內政事務的海盜問題。然而，在 1920 年代前半期，英國利用孫文亟欲尋求外來援助，以推動北伐等革命事業的契機，又與廣州當局重新建立共同剿盜的合作關係。廣東方面由粵軍第三軍軍長李福林主導，英國方面由海軍駐西江分遣艦隊（高級軍官）作為對口與聯繫單位，有計畫、有步驟地逐一處理廣東珠江流域的海盜聚落。雙方合作的剿盜模式，原則上以粵軍為主、負責陸上直接作戰，正面進剿海盜，而英國海軍則充當輔助性角色，主要派遣船艦協助運送粵軍兵力、提供掩護砲火，以及執行封鎖河道、防止海盜逃亡等任務。事實上，英國方面為了維持雙方合作剿盜關係，甚至不惜違反中立與軍火禁運原則，以金援合作的方式，由香港總督府撥付經費，暗中資助粵軍，雖然名義上僅為協助粵軍購買軍事剿盜行動時所需的燃煤，但事實上可能還涉及到更為敏感的武器與彈藥援助。[6]

　　在 1924-1925 年間，中（粵）英雙方多次針對西江、東江的海盜聚落，展開攻擊行動。合作期間雖然一度歷經商團事件，導致中（粵）英關係陷入低潮，但雙方共同剿盜行動並未受到影響，仍然有計畫地執行。一

---

[6] 美國駐廣州總領事即認為，為了推動中（粵）英軍事合作剿盜行動，英國提供廣東方面的援助，應該不只限於物資方面，也應該還包括武器與彈藥等。李福林本人也承認曾獲得英國方面的武器與彈藥援助。見"Pirate Suppression and Other Matters in the Canton Consular District," Douglas Jenkins, American Consular General, Canton to Jacob Gould Schurman, American Minister, Peking, 20 March 1924, RIAC 893.8007/12；莫紀彭筆錄，李業宏整理補充，〈李福林自述〉，《廣州文史》，第 49 輯（1995）。

直要到 1925 年 6 月，廣州群眾為了聲援上海罷工，譴責五卅事件，發動示威遊行，但卻遭到租界的英、法守軍開槍攻擊，英國軍艦也砲轟市區，造成百姓死傷。廣州沙基、沙面慘案發生後，廣州當局開始對英實行絕交，並積極策劃反應與省港大罷工等運動，中（粵）英關係完全決裂，一年多來的合作剿盜行動也自此劃上句點。

　　英國事後檢討一年多來中（粵）英軍事合作剿盜的得失，評估成效事實上相當有限。負責執行的英國海軍即認為廣東各地駐軍派系極其複雜，除了粵軍外，還有滇、桂、湘等省客軍，往往各佔地盤，爭奪稅收與資源；即使粵軍本身，不同部隊傾軋爭權的情況也是十分嚴重。英國雖然與粵軍合作進行剿盜行動，但卻經常遭到其他地方軍隊的敵視與抵制。其次，廣州當局內部極其不穩定且反英傾向日漸顯露，也質疑與英國合作剿盜的正當性，故每當中（粵）英互動稍有齟齬，合作剿盜行動即有遭到中斷的可能性。再者，從剿盜對象的擇定到進攻行動的安排等主導權均在粵軍身上，英國海軍僅是負責提供護航、掩護、運兵及封鎖河道等被動、輔助性任務，所以無法確切掌握軍事剿盜行動的實質內容與情況。特別是粵軍往往將叛軍、地方割據勢力與海盜混為一談，因此所謂的中（粵）英合作行動，有時也可能並非單純的剿盜性質，而是粵軍利用英國海軍為打手、鎮壓廣東境內反對勢力的權宜運用。如此，將會使得英國在不知情的情況下，陷入危險境地，並遭到其他列強的質疑，因為英軍竟然違反中立，成為粵軍打手，介入廣東境內的派系內戰與地盤爭奪。況且，英國海軍剿盜行動的主要合作對象－第三軍軍長李福林及其福軍－組成複雜（三教九流）、紀律不佳、素行不良，故有匪軍之稱，且在粵軍各軍中戰力最弱，而英國與這樣一支豺狼之師合作，如若該軍在剿盜行動中有不當的惡劣行徑（諸如濫抓海盜充數、指良為盜，且不經審判程序，隨意殺人等），則英國勢必也將被牽扯進去，而遭受外界違反人道的批判與譴責。這也是英國外交部評估中（粵）英合作剿盜行動具有相當高的政治風險之因。

　　此外，中（粵）英合作剿盜同時也深受雙方互動關係發展與英俄角力所影響。自孫文推動聯俄容共政策以來，廣州當局與蘇俄關係日益密切，

在俄國顧問團、中共的協助下，反帝、反英宣傳行動逐漸開始醞釀。這自
然引起英國的疑懼與猜忌，尤其是毗鄰廣東的香港政府，擔心廣州當局會
進一步「赤化」，從而影響到香港與在華商務利益，故也籌思反制之道。
例如商團事件的產生，某種程度而言，即是英俄粵三方緊張情況下而造成
的擦槍走火。而香港政府爲了處理廣東海盜問題，積極推動中（粵）英軍
事合作，並透過各種手段拉攏廣州當局內部的「溫和派」，甚至不惜以秘
密金援方式支持對英友善的軍事將領，就某種程度而言，其實也帶有藉此
與「激進派」、「布爾什維克」與蘇俄對抗的意圖在內。不過，金援合作
剿盜方案畢竟是高度敏感性的問題，也牽涉到一定程度的政治風險。英國
雖然可以藉此培養親英勢力以抗衡廣東內部的紅色力量，但是一旦金援之
事曝光，英國不但可能得面臨干涉中國內政、資助地方割據勢力的質疑，
也將遭到其他列強的責難。

　　尤有要者，除了與廣州當局的合作外，英國方面還曾與所謂的「叛
軍」合作。因為最惡名昭彰的海盜根據地廣東大亞灣，乃位於粵東惠州南
方一帶，而此處長期由陳炯明殘部所控制，並非廣州當局所能處理。因
此，1925 年初在香港警察的牽線聯繫下，繞過英國駐廣州總領事館，利用
財政援助爲手段，由駐香港海軍直接與陳炯明殘部軍官合作，共同進攻大
亞灣地區的海盜巢穴。雖然剿盜行動中，多由「叛軍」主導，英國海軍艦
艇僅協助運兵，但是部份香港軍警人員還是曾登陸觀察剿盜行動，並記錄
海盜成員遭到刑訊的過程。此次軍事行動因由香港總督府逕自執行，事前
並未通知英國駐華使領機構，包括駐北京公使以及廣州總領事均不知情，
故引起英國外交部的不滿，認爲與叛軍的合作剿盜行動過於敏感，爭議也
過大。後來英國海軍駐廣州情報官法瑞中校(Lieutenant Commander C.M.
Faure, Intelligence Officer, Canton)也出面質疑香港與陳炯明殘餘勢力建立合
作關係的正當性。英國外交部也同聲譴責香港總督府與陳炯明有不當的合
作關係，其殘部更與大亞灣海盜關係匪淺，故要求殖民部與香港總督府檢
討並調整相關作爲。

四、獨立軍事剿盜行動的決策過程與成效檢討：自行派兵登陸剿盜的爭議及其限制

五卅事件、沙基慘案後，中國出現大規模反英風潮，中英之間陷入極度緊張的關係。特別是在省港大罷工期間，廣州當局堅持採取抵制英國政策，雙方呈現出敵對決裂的局面。然而，廣東海盜卻並未隨著中（粵）英僵局而暫歇旗鼓，相反地，他們仍繼續在華南水域襲擊往來船隻，英國商船同樣亦無例外。1925 年底英商太古輪船公司通州輪劫案的發生，更令英國感到震驚：廣東海盜不再只以在華南與東南亞水域活動爲滿足，而開始涉足華北水域，因爲通州輪即是在上海往天津的航路上，於山東近海附近，遭廣東海盜襲擊，並將其劫往南方的大亞灣水域。通州輪劫案帶給英國最大的啟示與教訓，就是廣東海盜問題又進一步惡化了，連南方人較少活動的華北水域也成爲廣東海盜的劫掠場域。到了 1926 年上半年，又接連發生好幾起輪船劫案，廣州當局雖曾多次承諾會予以處理，但實則不過是敷衍了事，海盜問題依然嚴重困擾著香港與中國各口岸間的航運往來。

上述情況終於使得香港總督府痛定思痛，決定徹底檢討過去的反制海盜策略。考量到中（粵）英雙方關係陷於決裂、敵對狀態，暫時似無重新恢復的可能性，廣州當局既不願接受合作剿盜方案，也沒有自行解決海盜問題的能力，所以香港總督府建議應採取更爲積極主動的手段來鎮懾海盜，亦即如果再有英船遭到劫掠，英國應該立即採取海陸聯合軍事行動，逕自直接攻擊廣東海盜的淵藪－大亞灣沿岸地區，以爲懲罰報復並嚇阻該地的海盜勢力。香港總督府的提案，也獲得英國駐香港海、陸軍當局的支持，認爲由英軍獨立執行有限度的軍事剿盜行動並非難事，在海軍艦艇協助下，僅需派遣兩百多名士兵登陸作戰即可達成目的，且任務時間大約不過兩天左右。

對於香港總督府的大膽計畫，由於牽涉到派兵登陸中國境內執行軍事作戰行動，爭議性極大，不但關係到英國對華政策的調整，也必須顧及其他條約列強的態度，故英國政府一時之間也無法決定。但廣東海盜問題的

日趨惡化，卻迫使英國政府無法一再採取拖延與模糊態度。香港總督提案後，在 1926 年下半年，又接連發生數起重大商船劫案，元兇仍是惡名昭彰的廣東大亞灣海盜，顯示情勢依然相當急迫。接著英商太古輪船公司新寧輪又在從上海前往香港途中，遭到廣東海盜的襲擊。因謠傳有歐洲籍女乘客遭到海盜挾持劫走，爲了援救人質，英國政府也正式授權香港總督府必要時可以採取登岸行動。此事雖證明係屬誤傳，但已一度引起香港殖民地與英國政府內部的緊張與恐慌，更加認清到廣東海盜可能帶來的重大威脅，有必要重新檢視英國的因應對策。新寧輪劫案後，香港總督府與航運利益密切相關的英商集團，即開始組織遊說力量，試圖影響英國政府的決策，以擴大香港總督在剿盜動武行動上的權限。在太古輪船公司與「英商中華社會」 (China Association)的積極運作下，對英國國會與商界有極大影響力的「中國委員會」(China Committee)出面關切此事，向外交部、殖民部施加壓力。部份國會議員也提出類似質詢，要求英國政府必須注意廣東局勢發展，並正視香港總督所提的武力剿盜方案。

在香港總督府的多次請求以及商界團體的持續遊說下，英國內閣「帝國國防委員會」轄下的「海外國防委員會」開始著手評估獨立武力進剿海盜方案的可行性，並邀集外交、殖民、海軍、陸軍、空軍等各有關部會代表共同會商討論。外交部明確表達反對的態度，認爲英國處理廣東海盜問題的作法仍應以外交警告與海軍巡邏等溫和手段爲主，除非必要不應採取過於激烈的獨立懲罰軍事行動。殖民部的看法則與外交部迥異，建議應儘速制訂動武計畫，質疑外交部的態度過於消極，因爲英國如果繼續縱容與漠視海盜劫掠英船的行徑，只會使得問題更行惡化。至於軍方各部會，雖然對於進剿行動的性質多略有質疑，不支持在中國境內進行大規模軍事佔領行動，也不贊成使用殺害力過大的致命武器，但傾向可以採取時間短的小型登陸突擊行動。之後，香港總督府的武力進剿方案被送交至「帝國國防委員會」作最後的討論與定奪。雖然外交部一再以須顧及中國與國際局勢演變發展，不應與廣州當局交惡，並避免引起國際問題等爲由，強力反對通過進剿方案，但「帝國國防委員會」在參酌參謀首長會議的專業軍事評估報告後，認為限定範圍的小規模軍事行動即可達到預期目標，故在1926 年底正式決議通過香港總督府建議的進剿方案，不過帶有但書：英國駐廣州總領事館仍應盡最大努力再與廣州當局進行交涉，探詢合作剿盜的可能性，但如廣州方面仍持續拒絕與英國合作，也不願採取積極作為自行處理海盜問題，則只要再次發生英船劫案，英軍將立即自行採取獨立報復軍事行動。英國駐廣州總領事館隨即與廣州當局展開交涉，香港方面也派出代表至廣州會商可能的解決方案，然而最後的結果卻令人英國失望，廣州當局依然拒絕與英國合作進剿海盜。換言之，依照前述決議，香港總督府的獨立動武方案將在下一次英船劫案後啟動。

英國並沒有等待很久，1927 年 3 月英商怡和輪船公司合生輪劫案發生，犯案兇手依然是英國人深惡痛絕的廣東大亞灣海盜。因此，駐香港的英國海、陸軍部門立刻籌組一支行動艦隊（納編航空母艦、巡洋艦、掃雷艦等五艘軍艦）浩浩蕩蕩地前往大亞灣，執行鎮壓海盜的任務。行動過程中，除了海軍艦隊在外海戒護、艦載飛機在空中執行巡邏與觀察任務外，近 300 名陸軍部隊則扮演主要角色，乘坐小艇登陸，執行無差別掃蕩作戰。英軍登岸後，驅散大亞灣沿岸稔山鎮龜洲、海洲、蟹洲等三村居民，將所有房屋（寺廟除外）、船隻盡數焚燬，並警告村民，未來如再協助海盜犯案，英軍終將再次復歸懲罰該村。同年 8 月底，又發生英商怡和輪船公司日陞輪劫案，犯案海盜同樣還是來自大亞灣沿岸地區，因此英軍再次發動軍事懲罰行動，編組由五艘海軍軍艦構成的行動艦隊，登陸的陸軍部隊則在稔山鎮長排、范和港兩村執行海盜屋宅的破壞行動。其中，長排村因一度拒絕供出海盜所在，而遭到英軍將全村屋舍焚燬的報復。9 月初，又有另外一艘香港籍的商船高州輪在廣東西江水域遭到海盜襲擊，英軍又編組三艘內河砲艦前往事發地點太平、石岐一帶，在驅散村民後，以艦砲轟擊村落，遭成大量屋舍起火毀損。

自 1927 年 3 月至 9 月，英軍一共執行了三次軍事懲罰行動，雖未傷害人命，但焚燬大亞灣與西江沿岸數百戶民居，其目的無外乎藉由以暴制暴的手段，直接壓制當地極其活躍的海盜勢力，同時也對廣州當局造成強大壓力，間接以戰逼「合」，迫使其出面與英國合作處理海盜問題。然而，依據英國內部檢討報告，其成效卻是相當有限的。首先，即使英軍登陸行動確實對於廣州當局領導班子造成不小震撼與衝擊，但是受到廣東內部權力鬥爭與派系傾軋的牽制，暫時無暇顧及海盜問題。所以，英國嘗試以戰逼「合」的圖謀，並未發揮作用。其次，英國軍事報復行動對於海盜勢力來說，雖然初始具有一定程度的威嚇作用，但有效期甚短。不出幾個月，海盜即重新復出，或是轉移陣地，繼續劫掠英國船隻。因此，英國三次軍事進剿行動，同樣也無法順利癱瘓海盜未來的活動能力。再者，英軍打著剿盜為名，派遣士兵登陸行動，任意破壞村莊屋舍，燒毀船隻，因逾越中外條約規定，侵犯中國主權與領土，故引起廣州當局與國民政府極大反彈，藉機大肆宣傳英軍暴行，利用反帝國主義輿論，鼓動中國百姓的反英情緒。一旦情勢惡化，重演五卅事件後的大規模抵制英商、英貨運動，恐將嚴重影響英國在華商業貿易利益，適得其反。尤有要者，海盜雖屬國際公罪，但各國追緝海盜行動範圍一般以海上水域為主，並不包括陸上剿盜，而英國藉剿盜為名，派兵登陸他國領土，任意破壞屋舍，顯然有違當時國際慣例，也可能引起其他列強的側目，釀成國際事件。因此，簡言之，英軍逕自採取的獨立進剿行動，固然可以直接宣洩長期以來英國人對於廣東海盜的不滿情緒，但無庸諱言地，軍事行動成本相當高（軍事行動所動員的龐大人力、艦隻調度、油料耗費等），後續可能引發的政治風險更是難以預測，然而實際收效卻不成比例的低。在歷經三次進剿行動及詳細政策評估之後，片面武力進剿行動，對英國來說，無論如何終究並非一種划算的海盜解決方案。

　　總而言之，英國歷經多年的努力與嘗試，防盜與剿盜措施並重，一方面透過立法手段，提高商船本身的防盜能力，同時也強化海軍巡邏、護航的保護範圍，並經由外交手段嘗試引進國際軍事合作防盜計畫；另外一方面則仍不放棄動用武力解決海盜的作法，致力於推動中（粵）英軍事合作剿盜行動，甚至不惜透過非正規的管道，以金援粵軍部隊方式或是與叛軍協作。但是防盜措施終究只是消極、被動抵禦海盜，成效有其限制，英國也無法繼續容忍廣東海盜對於英船的騷擾與對大英帝國尊嚴的踐踏。至於原先看似樂觀的國際合作防盜計畫，後來則因美國政府的表態反對，以及法、義兩國的跟進，而告胎死腹中。所以在與海盜掙扎奮鬥的過程中，英國曾幾度欲化被動為主動，將希望寄託於剿盜行動上。然而，廣州當局受到中國局勢動盪不安、內戰頻繁與派系爭鬥的掣肘，已無餘力與心力處理海盜問題。而英國致力推動的中（粵）英軍事合作剿盜行動，姑且先不論其是否能夠徹底落實以及成效如何，卻經常受雙方關係或是反英運動的影響，而被迫中斷。在苦無其他良策可施的情況下，英國也只能選擇更為激烈的反制手段，漠視中英條約、國際慣例等對於處理外國海盜問題時應遵循的主要原則，動用優勢的海、陸軍武力，逕自採取獨立軍事行動。即是之故，英國政府決定授權香港總督府可直接派兵登陸中國領地，進剿可能的海盜根據地，焚燬村落與船隻，希望藉此產生嚇阻作用，使海盜不敢再劫掠英船。然而，這依然無助於解決廣東海盜問題。廣東沿海港灣甚多，海盜可輕易轉移陣地，加上海盜事業獲利甚豐，吸引不少原先從事海上活動的百姓投入，人力來源不虞匱乏，因此即使消滅或捕獲一批海盜，馬上又有其他其海盜投入其中。

　　其實早在 1923 年香港一個負責調查海盜事件的委員會即已相當有遠見地，看出廣東海盜問題的關鍵所在：

> （香港）殖民地無論採取何種措施來防範海盜，均成效有限，除非附
> 近的中國領地內，能夠建立公眾秩序。罪惡的根源是在殖民地水域
> 之外。[7]

「罪惡的根源是在殖民地的水域之外」，一語道破廣東海盜問題的核心。只要中國內政與混亂局面無法改善，無論英國採用何種剿防策略，廣東海盜問題均不可能根治。唯有當中國內政秩序恢復，對地方社會的控制力強

---

[7] "Memorandum Respecting Piracy Suppression Received from Sir Miles Lampson," dispatch No. 1030, 21 September 1927, CAB/24/202: 0024.

化時，才能從根本上斷絕海盜的來源。否則，中國動盪不安的情況持續，廣東沿海社會即可以源源不絕地提供海盜所需的人力與環境。

徵引書目

一、檔案資料

（一）中文檔案

1.《中央前五部檔案》（中國國民黨黨史館藏）

2.《北京政府外交檔案》（中央研究院近代史研究所檔案館藏）

3.《國民政府公報》（國史館藏）

4.《國民政府外交部檔案》（中央研究院近代史研究所檔案館藏）

5.《國民政府檔案》（國史館藏）

6.《蔣中正總統文物》（國史館藏）

（二）英文檔案

1. (Great Britain) *Colonial Office, Original Correspondence: Hong Kong* (CO129)，香港公共圖書館藏，微捲檔案(Microfilm)。

2. (Great Britain) *Foreign Office, General Correspondence, Political, China, 1905-1940* (FO371)，中央研究院近代史研究所圖書館藏，微捲檔案 (Microfilm)。

3. (Great Britain) *The Cabinet Papers*(CAB) ，英國國家檔案局藏。

4. (Great Britain) *The Parliamentary Debates: House of Common*(HC Deb)，英國國家文書出版署。

5. (Hong Kong) *Sessional Papers Laid before The Legislative Council of Hong Kong* (SP) ，香港公共圖書館藏。

6. (Hong Kong) *Hong Kong Government Gazette*，香港公共圖書館藏。

7. (United States) *Records of the Department of State Relating to the Internal Affairs of China, 1910-1929* (RIAC) ，中央研究院近代史研究所圖書館藏，微捲檔案 (Microfilm)。

8. (United States) *Papers Relating to the Foreign Relations of the United States* (FRUS)

（三）日文檔案

1.《支那海賊関係雑件》（日本外務省外交史料館藏）

二、報章

（一）中文報章

1.《世界日報》

2.《香港華字日報》

3.《工商日報》

4.《大漢公報》

5.《申報》

6.《廣州民國日報》

7.《南方都市報》

（二）英文報章

1. *The China Express and Telegraph*

2. *The China Mail*

3. *The China Year Book*

4. *The Daily Telegraph*

5. *The Economist*

6. *The Hong Kong Daily Press*

7. *The Hong Kong Telegraph*

8. *The North China Herald*

9. *The Peking & Tientsin Times*

10. *The Shanghai Times*

11. *The Singapore Free Press and Mercantile Advertiser*

12. *The South China Morning Post*

13. *The Strait Times*

14. *The Times*

（三）日文報章

1.《滿州日日新聞》

三、專書、彙編、方志

（一）中文部份

1. 惠頓 (Henry Wheaton)，丁韙良譯，《萬國公法 (*Element of International Law*)》，北京：崇實館，1864。

2. 中國社會科學院近代史研究所翻譯室編，《近代來華外國人名辭典》，北京：中國社會科學出版社，1984。

3. 石源華主編，《中華民國外交史辭典》，上海：上海古籍出版社，1996。

4. 吳翎君，《美國與中國政治(1917-1928)：以南北分裂政局為中心的探討》，臺北：東大圖書公司，1996。

5. 吳翎君，《美國大企業與近代中國的國際化》，臺北：聯經，2012。

6. 李恩涵，《北伐前後的「革命外交」(1925-1931)》，臺北：中央研究院近代史研究所，1993。

7. 李健民，《五卅慘案後的反英運動》，臺北：中央研究院近代史研究所，1986。

8. 汪毅、許同莘、張承棨編，《清末對外交涉條約輯》，臺北：國風出版社，1963。

9. 周康燮主編，《1927-1945 年國共鬥爭史料匯輯（第一集）》，臺北：存萃學社、大東圖書公司，1978。

10. 杭士基(Noam Chomsky)，李振昌譯，《海盜與皇帝—真實世界的新舊國際恐怖主義(*Pirates and Emperors, Old and New: International Terrorism in the Real World*)》，臺北：立緒文化，2004。

11. 松浦章，卞鳳奎譯，《東亞海域與臺灣的海盜》，臺北：博揚文化，2008。

12. 青雲中學校長室編，《青雲之光》，香港：中國評論學術出版社，2006。

13. 唐啟華，《北京政府與國際聯盟（1919-1928）》，臺北：東大圖書公司，1998。

14. 唐啟華，《被廢除不平等條約遮蔽的北洋修約史(1912-28)》，北京：社會科學文獻出版社，2010。

15. 徐友春主編，《民國人物大辭典》，石家莊：河北人民出版社，1991。

16. 國防部史政編譯局編，《中國戰史大辭典一人物之部》，臺北：國防部史政編譯局，1992。

17. 張力，《國際合作在中國：國際聯盟角色的考察(1919-1946)》，臺北：中央研究院近代史研究所，1999。

18. 莫世祥，《中山革命在香港 (1895-1925)》，香港：三聯書店，2011。

19. 郭廷以，《近代中國史綱》，香港：香港中文大學出版社，1988。

20. 惠東縣地方志編纂委員會編，《惠東縣志》，北京：中華書局，2003。

21. 黃月波等編，《中外條約彙編》，上海：商務印書館，1935。

22. 賈楨等修，《籌辦夷務始末‧咸豐朝》，北京：中華書局重印，1979。

23. 廣東省惠陽地區地名委員會編，《廣東省惠陽地區名志》，惠陽：廣東省地圖出版社，1987。

24. 歐陽世昌編，《順德華僑華人》，北京：人民出版社，2005。

25. 應俊豪，《「丘八爺」與「洋大人」—國門內的北洋外交研究（1920-1925）》，臺北：國立政治大學歷史系，2009。

26. 應俊豪，《外交與砲艦的迷思：1920 年代前期長江上游航行安全問題與列強的因應之道》，臺北：臺灣學生書局，2010。

（二）外文部份

1. Fox, Grace Estelle. *British Admirals and Chinese Pirates, 1832-1869*. London: K. Paul, Trench, Trubner & Co., ltd., 1940.

2. Fung, Edmund S. K. *The Diplomacy of Imperial Retreat: Britain's South China Policy, 1924-1931*. Hong Kong; New York: Oxford University Press, 1991.

3. Graham, Gerald S. *The China Station: War and Diplomacy, 1830-1860*. Oxford: Oxford University Press, 1978.

4. Hamilton, Sheliah. *Watching Over Hong Kong: Private Policing 1841-1941*. Hong Kong: Hong Kong University Press, 2008.

5. Hay, John Charles Dalrymple. *The Suppression of Piracy in the China Sea 1849*. London: Stanford, 1889.

6. Hill, Samuel Charles. *Episodes of Piracy in the Eastern Seas, 1519 to 1851*. British India Press, 1920.

7. Iriye, Akira. *After Imperialism: The Search for a New Order in the Far East, 1921-1931*. Cambridge, Mass.: Harvard University Press, 1965.

8. Kent, James. *Commentaries on American Law*. New York: O. Halsted, 1826.

9. Murray, Dian H. *Pirates of the South China Coast 1790-1810*. Stanford: Stanford University Press, 1987.

10. Phillimore, Robert. *Commentaries on International Law*. Philadelphia: T. & J. W. Johnson, 1854.

11. 川島真，《近代中國外交の形成》，名古屋：名古屋大學出版會，2004。

12. 村上衛，《海の近代中國－福建人の活動とイギリス・清朝》，名古屋：名古屋大學出版會，2013。

四、期刊論文、專書論文

（一）中文部份

1. 川島真，〈再論華盛頓會議體制〉，金光耀、王建朗主編，《北洋時期的中國外交》（上海：復旦大學出版社，2006），頁81-90。

2. 王家儉，〈十九世紀英國遠東海軍的戰略布局及其「中國艦隊」在甲午戰爭期間的態度〉，《臺灣師大歷史學報》，第40期（臺北，2008.12），頁57-84。

3. 臼井勝美，〈凡爾賽・華盛頓會議體制與日本〉，《中國をめぐる近代日本の外交》，陳鵬仁譯，《近代日本外交與中國》（臺北：水牛出版社，1989），頁 19-53。

4. 呂芳上，〈北伐時期英國增兵上海與對華外交的演變〉，《中央研究院近代史研究所集刊》，第 27 期（臺北，1997.6），頁 187-229。

5. 唐啟華，〈北洋外交與「凡爾賽─華盛頓體系」〉金光耀、王建朗主編，《北洋時期的中國外交》（上海：復旦大學出版社，2006），頁 47-80。

6. 張俊義，〈20 世紀初粵港政局之互動〉，《嶺南近代史論：廣東與粵港關係(1900-1938)》(香港：商務印書館，2010)。

7. 張俊義，〈英國政府與 1924 年廣州商團叛亂〉，《廣東社會科學》，2000 年第 3 期。

8. 莫紀彭筆錄，李業宏整理補充，〈李福林自述〉，《廣州文史》，第 49 輯（1995）。

9. 陳耀煌，〈粵東農民運動發展與中國共產黨之關係（一九二二至一九二六）〉，《近代中國》，第 126 期（臺北，1998.8），頁 28-51。

10. 黃立，何田田，〈海盜罪的國際法規制〉，《太平洋學報》，2009 年第 09 期，頁 1-6。

11. 應俊豪，〈1920 年代列強對華砲艦外交的分析研究〉，《多元視野下的中華民國外交》（臺北：國立政治大學人文中心，2012），頁 1-26。

12. 應俊豪，〈1920 年代前期長江航行安全問題與中外爭執〉，政大人文中心，《國際法在中國的詮釋與應用》（臺北：政大出版社，2012），頁 1-33。

13. 應俊豪，〈1920 年代前期英國對長江上游航行安全的評估與檢討〉，《海洋文化學刊》，第 13 期（基隆，2012.12），頁 75-101。

14. 應俊豪，〈1920 年代美國對於國際合作防制中國海盜問題的態度與反應〉，《國史館館刊》（已通過審查，出版中）。

15. 應俊豪，〈宇水輪劫案、華洋衝突與美國的態度〉，政大人文中心，《近代中國的中外衝突與肆應》（臺北：政大出版社，2014），頁 117-144。

16. 應俊豪，〈美國海軍在長江流域的武力介入與外交折衝：中美宜昌大來喜案研究（1923）〉，《東吳歷史學報》，第 27 期（臺北，2012.6），頁 99-148。

17. 應俊豪，〈英國與中國南北兩政府─北伐初期天津英租界國民黨人引渡案研究

（1926）〉，《中華軍史學會會刊》，第 12 期（臺北，2007.9），頁 61-84。

18. 應俊豪，〈海軍武嚇、上海中立化與合作政策：江浙戰爭期間列強對華舉措分析〉，《國立政治大學歷史學報》，第 36 期（臺北，2011.11），頁 1-84。

19. 應俊豪，〈通州輪劫案與中英關係：從海軍合作、外交交涉到法權爭議〉，政大人文中心，《全球視野與中國外交史新論》（已通過審查，出版中）。

（二）外文部份

1. "United Nations Documents on the Development and Codification of International Law," *Supplement to American Journal of International Law*, Volume 41, No. 4 (October 1947), pp.29-148.

2. A. D. Blue, "Piracy on the China Coast," *Journal of the Hong Kong Branch of the Royal Asiatic Society*, Vol.5 (1965), pp.69-85.

3. Lawrence Azubuike, "International Law Regime Against Piracy," *Annual Survey of International & Comparative Law*, Vol. 15, Iss. 1(2009), pp.43-59.

4. Dian H. Murray, "Pirate in the Pearl River Delta," *Journal of the Hong Kong Branch of the Royal Asiatic Society*, Vol.28 (1988), pp.69-85

5. Eugene Kontorovich, "The Piracy Analogy: Modern Universal Jurisdiction's Hollow Foundation," *Harvard International Law Journal*, Volume 45, Issue 1, pp.183-238.

6. Manley Ottmer Hudson, "The Progressive Codification Of International Law," *American Journal Of International Law*, Vol. 20, no. 4 (October 1926), pp 655-669.

五、研討會論文

1. 應俊豪，〈生計之爭、債務糾紛與兵匪為禍：1920 年代前期美國海軍在長江流域武力介入的標準與時機〉，國立臺灣海洋大學海洋文化研究所、上海海洋大學海洋文化研究中心主辦，「2012 海峽兩岸海洋文化專題學術研討會」，基隆，2012.12.12。

2. 應俊豪，〈海盜的挑戰：民國初期英國在華航運業的武裝警衛防盜方案〉，中國海洋大學主辦，第五屆「海峽兩岸海洋海事大學藍海策略校長論壇暨海洋科學與人文研討會」，青島，2014.9.19。

3. 應俊豪，〈1920 年代美國對中國海盜問題的理解與檢討〉，國立臺灣海洋大學海洋文化研究所主辦，「2014 海洋文化國際學術研討會暨海峽兩岸東亞沿海地區與島嶼文化學術研討會」，基隆，2014.10.23-24。

六、博碩士學位論文

（一）中文部份

1. 江定育，《民國東南沿海海盜之研究》（中壢：中央大學歷史所碩士論文，2012）

（二）外文部份

1. Chi-hua Tang, *Britain and the Peking Government, 1926-1928* （London: London School of Economics and Political Science PhD Dissertation, 1991）

2. Christopher John Bowie, *Great Britain and the Use of Force in China, 1919 to 1931* (Oxford: Oxford University Ph.D. Diss.,1983)

3. Dian H. Murray, *Pirates in the South China Seas in the 19th Century* (Ithaca, New York: Connell University PhD dissertation, 1979)

4. 龍康琪(Lung, Hong-kay), *Britain and the Suppression of Piracy on the Coast of China with Special Reference to the Vicinity of Hong Kong 1842-1870* (Hong Kong: Hong Kong University Master thesis, 2001)

七、網路資料

1. http://www.legislation.gov.uk/ukpga/Vict/57-58/60；

2. http://www.naval-history.net/xGM-Chrono-04CV-Hermes.htm

3. http://freepages.genealogy.rootsweb.ancestry.com/~pbtyc/Janes_1919/Index.html)

國家圖書館出版品預行編目資料

英國與廣東海盜的較量
——一九二〇年代英國政府的海盜剿防對策

應俊豪著. – 初版. – 臺北市：臺灣學生，2015.03
面；公分

ISBN 978-957-15-1647-9(平裝)

1. 外交政策 2. 英國

578.41   104004774

英國與廣東海盜的較量
——一九二〇年代英國政府的海盜剿防對策

著　作　者：應　　　　俊　　　　豪
出　版　者：臺 灣 學 生 書 局 有 限 公 司
發　行　人：楊　　　　雲　　　　龍
發　行　所：臺 灣 學 生 書 局 有 限 公 司
　　　　　　臺北市和平東路一段七十五巷十一號
　　　　　　郵 政 劃 撥 帳 號 ： 0 0 0 2 4 6 6 8
　　　　　　電　話 ： (0 2) 2 3 9 2 8 1 8 5
　　　　　　傳　眞 ： (0 2) 2 3 9 2 8 1 0 5
　　　　　　E-mail：student.book@msa.hinet.net
　　　　　　http://www.studentbook.com.tw
本 書 局 登
記 證 字 號：行政院新聞局局版北市業字第玖捌壹號

印　刷　所：長 欣 印 刷 企 業 社
　　　　　　新北市中和區中正路九八八巷十七號
　　　　　　電　話 ： (0 2) 2 2 2 6 8 8 5 3

定價：新臺幣六八〇元

二 〇 一 五 年 三 月 初 版